O Rio de Janeiro Setecentista

Nireu Cavalcanti

O Rio de Janeiro Setecentista

A vida e a construção da cidade
da invasão francesa até a chegada da Corte

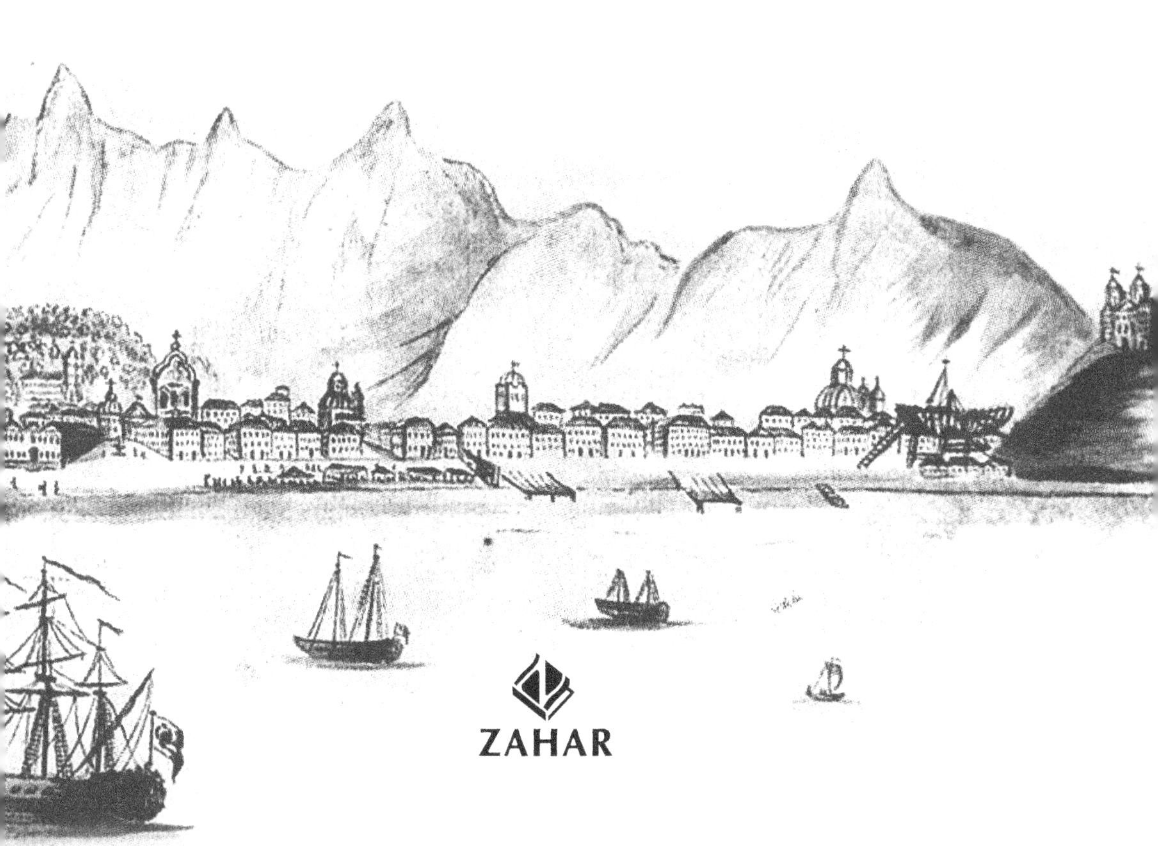

ZAHAR

Jorge Zahar Editor Ltda.
rua Marquês de S. Vicente – 1º
22451-041 Rio de Janeiro, RJ
tel (21) 2529-4750 | fax (21) 2529-4787
editora@zahar.com.br | www.zahar.com.br

Grafia atualizada respeitando o novo
Acordo Ortográfico da Língua Portuguesa

Projeto gráfico e diagramação: Victoria Rabello

Capa: Folio Design

Ilustração de capa: *Grande aqueduto no Rio de Janeiro*, 1802, aquarela de William Alexander, coleção Maria Cecília e Paulo Fontainha Geyer/Museu Imperial/MinC/IPHAN; desenho do autor sobre foto de Augusto Malta; detalhe de desenho do Tratado de Alberti; desenho do autor sobre original de Lygia da Fonseca da Cunha; desenho de Rugendas

CIP-Brasil. Catalogação na fonte
Sindicato Nacional dos Editores de Livros, RJ.

Cavalcanti, Nireu, 1944-
C366r O Rio de Janeiro setecentista : a vida e a construção da cidade da invasão francesa até a chegada da Corte/Nireu Cavalcanti. – Rio de Janeiro: Zahar, 2004.
il.

Anexos
Inclui bibliografia
ISBN 978-85-7110-753-3

1. Rio de Janeiro (RJ) – História – Século XVIII. 2. Rio de Janeiro (RJ) – Usos e costumes. 3. Rio de Janeiro (RJ) – Planejamento urbano. 4. Arquitetura – Rio de Janeiro (RJ) – História – Século XVIII. I. Título.

CDD: 981.5431
03-2174 CDU: 94 (815.31)

Aos queridos pais Júlio e Maria exemplos de honradez, dignidade, dedicação aos filhos e amor pela cultura.

Às queridas pessoas que me engrandecem
os momentos atuais

Regina de Paula
esposa
fecunda
gerou
Thiago,
Andréa.
Na Tese
me fecundaram

Luitgarde
caminho
seguro
de irmã

Anna Victória,
Egídia
amigas.

A Luís de Camões (1524-1580),
autor do belo soneto

Amor é fogo que arde sem se ver;
É ferida que dói e não se sente;
É um contentamento descontente;
É dor que desatina sem doer;

É um não querer mais que bem querer;
É solitário andar por entre a gente;
É um não contentar-se de contente;
É cuidar que se ganha em se perder;

É um estar-se preso por vontade;
É servir a quem vence, o vencedor;
É ter com quem nos mata lealdade.

Mas como causar pode o seu favor
Nos mortais corações conformidade,
Sendo a si tão contrário o mesmo amor?

Siglas usadas neste livro

I. *Arquivos e bibliotecas da cidade do Rio de Janeiro*

ACM	Arquivo da Cúria Metropolitana, Rio de Janeiro
AGC	Arquivo Geral da Cidade, Rio de Janeiro
AGM	Arquivo Geral da Marinha
AHE	Arquivo Histórico do Exército
AHMHN	Arquivo Histórico do Museu Histórico Nacional
AHI	Arquivo Histórico do Itamaraty
AMSB	Arquivo do Mosteiro de São Bento, Rio de Janeiro
AMHN	Arquivo do Museu Histórico Nacional
AN	Arquivo Nacional
ASCM	Arquivo da Santa Casa da Misericórdia, Rio de Janeiro
AVOTNSCBM	Arquivo da Venerável Ordem Terceira de Nossa Senhora da Conceição e Boa Morte
AVOTSFP	Arquivo da Venerável Ordem Terceira de São Francisco de Paula
BCC	Biblioteca Cardeal Câmara, Arquidiocese do Rio de Janeiro
BN	Biblioteca Nacional
CBG	Colégio Brasileiro de Genealogia, Rio de Janeiro
IHGB	Instituto Histórico e Geográfico Brasileiro

II. *Arquivos e bibliotecas de Portugal*

ACL	Academia das Ciências de Lisboa
ADB	Arquivo Distrital de Braga
AGAL	Arquivo Geral da Alfândega de Lisboa
AHML	Arquivo Histórico Militar de Lisboa
AHTCL	Arquivo Histórico do Tribunal de Contas de Lisboa
AHUL	Arquivo Histórico Ultramarino de Lisboa
ANTTL	Arquivo Nacional da Torre do Tombo de Lisboa
BNL	Biblioteca Nacional de Lisboa
BPADB	Biblioteca Pública e Arquivo Distrital de Braga
BPADE	Biblioteca Pública e Arquivo Distrital de Évora
GEAEML	Gabinete de Estudos Arqueológicos de Engenharia Militar

III. *Arquivo e bibliotecas da cidade de Madri*

BNM	Biblioteca Nacional

IV. *Arquivos e bibliotecas da cidade de Paris*

BNP	Biblioteca Nacional

Observação: as fontes de pranchas, mapas, figuras, quadros e tabelas encontram-se listadas ao final do volume, à p. 376.

Sumário

Anexos

Lista de ilustrações

Pranchas (*entre págs. 250 e 251*)

Mapas

Figuras

Apresentação

Este é um livro sobre a história urbana da mais importante cidade da colônia portuguesa da América do século XVIII. Teve como ponto de partida a tese de doutoramento — "A cidade de São Sebastião do Rio de Janeiro: as muralhas, sua gente, os construtores (1710-1810)" — apresentada em outubro de 1997 no Programa de Pós-Graduação em História Social do Instituto de Filosofia e Ciências Sociais, da Universidade Federal do Rio de Janeiro, cuja orientação coube, no Brasil, a Maria de Lourdes Viana Lyra e, em Portugal, a Maria João Madeira Rodrigues. Revestido de nova roupagem para melhor ajustar-se a interesses não estritamente acadêmicos, o presente texto, fiel ao leque variadíssimo das matérias originalmente tratadas pela tese, buscou evidenciar-lhe o escopo principal: apresentar, passo a passo e de vários ângulos, as grandes transformações pelas quais passou o Rio de Janeiro setecentista entre os anos de 1710 — quando se deu a primeira invasão francesa comandada por Jean François Duclerc — e 1810, data da criação da Academia Militar, berço da engenharia brasileira, uma entre as muitas medidas tomadas pelo governo português interessado em colocar o Brasil no rumo do progresso e a cidade à altura de sua nova condição de sede do Império Português.

O fato de ter escolhido como marco-limite do período a ser estudado o ano 1810, e não 1808 — o da transferência da Corte portuguesa para o Rio de Janeiro — foi proposital, por responder melhor às minhas preocupações. Importava emoldurar com justeza os tempos da cidade tipicamente colonial, aquela que o príncipe regente d. João encontrou de fato, em sua mudança para o Brasil. Ainda que se possa dizer que os primeiros passos objetivando transformar o Rio de Janeiro tenham sido dados sem nenhuma demora, não foi de imediato que se operou a transfiguração da cidade. Considerar, portanto, esse curto período de dois anos, em que se gestava sua nova fisionomia, como fazendo parte dos tempos coloniais do Rio de Janeiro pareceu-me analiticamente correto.

Portanto, em função do recorte adotado, os estudos sobre o Rio de Janeiro setecentista circunscrever-se-ão ao perímetro urbano da cidade, tal como chegou a ser definido para fins de cobrança da Décima Urbana, em 1808. A forma como transcorreu a implantação da cidade, os aspectos físicos da área por onde ela se espraiou, bem como as transformações urbanas ocorridas ao longo do período demarcado, serão diretamente analisados — ou estarão permanentemente articulados aos vários assuntos que, distribuídos pelos dez capítulos deste livro, buscam recompor, de maneira integrada, a fisionomia não só física, mas também social, econômica e política do Rio de Janeiro no século XVIII.

Acontecimentos marcantes e de natureza diversa ocorreram nesse período, interferindo na transformação posterior da cidade. Entre eles cabe salientar: as invasões dos franceses nos anos de 1710 e 1711; a instalação do Tribunal da Relação em 1751; a transferência, em 1763, da sede do vice-reinado que, deixando Salvador, estabeleceu-se no Rio de Janeiro; e, 45 anos depois, a conversão da cidade em capital do Reino, em decorrência da trasladação da família real e da Corte portuguesa para o Brasil.

A análise da bibliografia pertinente ao tema e à época permite que se diga inexistirem trabalhos que, do ponto de vista específico da história urbana, se preocupem em tratar a cidade do Rio de Janeiro como um todo. Aliás, os estudos urbanísticos sobre as cidades brasileiras no período colonial têm sido escassos, em parte por serem poucos os arquitetos interessados no aprofundamento da história, como ramo consorciado ao saber arquitetônico, em função da falta de incentivo à pesquisa histórica nos cursos universitários de arquitetura. Por sua vez, os programas de pós-graduação que poderiam ensejar várias vertentes de especialização pouco têm investido no enfoque histórico como campo promissor para investigação do arquiteto que, via de regra, se preocupa mais com o planejamento e desenho urbanos ou com a tecnologia da construção do que com a teoria e história da arquitetura. No entanto, algumas obras pioneiras devem ser mencionadas pela importância que têm para o estudo da cidade do Rio de Janeiro: *Quatro séculos de arquitetura* (1965) e *Formação de cidades do Brasil colonial* (1968), de Paulo Santos, e *Evolução urbana do Brasil, 1500–1720*, de Nestor Goulart Reis Filho. Nesse sentido, a proposta que trago visa contribuir para minorar essa lacuna.

Se busquei no livro a integração de olhares de procedência diversa sobre um mesmo objeto — a cidade setecentista do Rio de Janeiro — foi porque da própria simbiose das metodologias afins, construídas pela história e pela arquitetura, é que brotou o esquema básico deste texto. Dito de outro modo, sua subdivisão em três partes — "As Cinco Muralhas", "O Rio de Janeiro e sua Gente" e "A Cidade e seus Construtores" — corresponde à forma de proceder de um arquiteto quando desenvolve o projeto da obra que lhe foi solicitada. Seus primeiros passos são dados na direção do conhecimento dos condicionantes — o terreno, a insolação, a ventilação, sua situação no território urbano, a disponibilidade financeira do cliente, as leis disciplinadoras das edificações, as tecnologias e materiais disponíveis. Fiel a esse partido busquei levantar, na primeira parte do trabalho, os condicionantes que, ao longo da história da cidade de São Sebastião do Rio de Janeiro, tornaram-se responsáveis pela fisionomia que adquiriu quando chegou ao primeiro decênio do século XIX. Esse mapeamento obedeceu a critérios analíticos que agruparam os condicionantes da cidade em conjuntos lógicos, identificados e discutidos em "As Cinco Muralhas" — a mesológica, a do medo, a jesuítica, a colonial e a da barreira social — que correspondem aos cinco capítulos iniciais.

Resolvida a parte dos condicionantes, o momento seguinte do ato de projetar é aquele em que o arquiteto examina o cliente para quem será realizada a obra em toda a sua complexidade: seu perfil social, cultural, profissional, seus sonhos, mitos, idiossincrasias, estilo de vida, visão de mundo, relações familiares e extrafamiliares.

Estavam, assim, sugeridos não só os limites, mas também o próprio conteúdo da segunda parte do livro em que a população da cidade foi tomada como cliente, ao mesmo tempo solicitante e usuária do projeto encomendado. Era necessário bem caracterizá-la do ponto de vista de sua composição social e de sua condição vassala, recortada, por sua vez, em condição vassala das "pessoas honradas" e condição vassala das "pessoas de pouca importância". Face à existência de uma barreira rígida entre esses dois campos, o domínio de uma profissão impunha-se como estratégia de reconhecimento social e de instrumento ascencional. Foi então que aprofundei o estudo de algumas categorias de destaque: a dos livreiros, a dos profissionais do ensino, do teatro, da música e da saúde. Ao delas tratar, preocupei-me em ilustrar a maneira específica pela qual cada uma adquiria a formação exigida, bem como se dava o controle por instâncias superiores do posterior exercício profissional.

Ao lado da luta pelo domínio de uma profissão, as formas coletivas de agremiação — tanto as de origem religiosa, como as irmandades, quanto as de origem laica, representadas pelas sociedades e academias, ou ainda as motivadas por interesses econômicos, como a Mesa do Bem Comum do Comércio — se impuseram como traços marcantes da sociedade enfocada e a elas dediquei o espaço que mereciam.

Investigados os condicionantes e bem conhecidos o perfil e as intenções do cliente, o arquiteto chega ao momento propriamente dito da criação, em que a resposta — ou a solução encontrada — se confunde com a materialização da proposta, a qual traz embutidas a formação acumulada e as tendências expressivas com as quais esse profissional se identifica. Cabe-lhe, então, acompanhar o processo construtivo para que a execução seja fiel ao protótipo. Conclui-se a intervenção, surge o marco e, com ele, a referência urbana.

Ora, podemos considerar a terceira parte do livro, "Os Construtores", como uma reprodução mimética desta última fase do ato criativo arquitetônico. Nela, o que predomina é a análise do resultado de um processo, o estudo da cidade construída, em que são inicialmente abordadas a produção imobiliária, a tipologia das edificações distribuídas territorialmente pelas freguesias urbanas da Sé, São José, Candelária, Santa Rita e Engenho Velho, a classificação dos logradouros e a repartição e concentração dos bens imobiliários e individuais. Em seguida, dediquei-me a revelar a formação exibida pelos "profissionais da construção", categoria tomada em seu sentido mais amplo, de modo a incluir os projetistas e os artífices em geral, os quais compareceram com as respectivas biografias enriquecidas de novos dados que pude recolher no decorrer da pesquisa, e com as principais obras de sua autoria.

Finalmente, como convinha e não podia faltar, convido o leitor a dar um passeio pela cidade de São Sebastião do Rio de Janeiro tal como se apresentava nos primeiros anos do século XIX. Circunscrevi o trajeto à rua Direita (atual Primeiro de Março), a principal entre todas as da cidade, reconstituída graficamente com desenhos conjecturais fiéis às informações coletadas. Nessa parte conclusiva, cala-se a palavra, fala mais alto o traço.

PRIMEIRA PARTE

As Cinco Muralhas

Na tentativa de melhor entender a cidade do Rio de Janeiro dos Setecentos buscarei identificar não um, mas os vários condicionantes responsáveis por sua configuração, entre os quais comparecem, sem dúvida, os de natureza ambiental e geográfica, mas não só; os de natureza política, econômica, administrativa e histórica se impuseram com tanta ou maior força à análise, a partir do momento que percebi estarem na origem dos traços dominantes de sua configuração. Refletiam-se todos no tipo de edificações e no traçado urbano da cidade colonial que passou a sediar a Corte portuguesa nos anos iniciais do século XIX.

Para tratar com maior clareza expositiva e analítica da articulação desses condicionantes, lancei mão do elemento físico e histórico da "muralha". Tendo também desempenhado, enquanto cinturão de defesa, uma função limitativa e definidora da cidade concebida como um mundo à parte, a apropriação metafórica do termo muralha pareceu-me servir maravilhosamente como ferramenta conceitual para falar do que a etnociência entende por domínio: "uma classe ou categoria conceitual que contém um grupo de categorias-membros, com pelo menos uma característica comum, a qual estabelece que estas pertencem à classe".

Quer isso dizer que, no momento em que se percebe e se recorta um domínio, traça-se uma fronteira — ou "uma muralha": no intradomínio, ficam todas as coisas que se encontram profundamente articuladas e até mesmo hierarquizadas; do lado de fora todas aquelas que não lhe dizem respeito.

Assim, para entender as feições da cidade do Rio de Janeiro do século XVIII, delineadas ao longo do tempo, construí quatro domínios de condicionantes, que convencionei chamar de Muralhas: a "Muralha Mesológica", que trata do ambiente e do sítio da cidade; a "Muralha do Medo", que incidia sobre a população, fisicamente consubstanciada na muralha de pedra que de fato existiu; a "Muralha Jesuítica", que entrava em conflito com as terras públicas; a "Muralha Colonial", que condicionava e submetia a cidade aos ditames da Corte; e, por fim, a "Muralha das Barreiras Sociais", que dividia a população em dois grandes grupos: o menor, formado pelas "pessoas honradas", detentoras de privilégios, e o outro, das "pessoas de pouca importância" ou "plebeus", a grande maioria da população. Essa maioria tinha que diuturnamente enfrentar a barreira imposta pela elite dominante senhora do poder político, econômico, social e cultural no Reino de Portugal e seus domínios.

Capítulo I

A Muralha Mesológica

São componentes da Muralha Mesológica: o sítio localizado na região denominada baía de Guanabara e o território onde foi implantada a cidade, suas dimensões físicas lineares, forma, relevo, tipo do solo, vegetação; a relação terra-água; o abastecimento de água potável; o clima.

Assentamento da cidade provisória: prolegômenos[1]

O primeiro momento dessa Muralha remonta a 1531, quando os irmãos Pero Lopes de Souza e Martim Afonso de Souza receberam o comando da expedição de reconhecimento da costa brasileira e a missão de combater os invasores estrangeiros, principalmente os franceses, presentes também na região da Guanabara. A expedição chegou ao Rio de Janeiro em abril daquele ano e foi assim descrita no diário de navegação: "Sábado, 30 de abril, no quarto d'alva, éramos com a boca o Rio de Janeiro, e por nos acalmar o vento, surgimos a par de uma ilha que está na entrada do dito rio [ilha da Laje], em fundo de 15 braças de areia limpa. Ao meio dia se fez o vento do mar, e entramos dentro com as naus. Este rio é mui grande; tem dentro oito ilhas, e assim muitos abrigos."

Na Guanabara, permaneceram os irmãos por três meses — tempo suficiente para que Pero Lopes pudesse fabricar pequenas embarcações, consertar outras e enviar um grupo para explorar o interior com a finalidade de colher informações sobre a existência, nesse território, de ouro e pedras preciosas.

Como marco simbólico da posse dessas terras construiu Pero Lopes, próximo à desembocadura do rio ao qual foi dado o nome Carioca, a primeira casa portuguesa na Guanabara. Era "uma casa forte, com cerca por derredor", edificada com pedra, a anunciar à população indígena local que os portugueses tinham vindo para ficar.[2]

Em seguida, prosseguiram viagem, aportando em outra baía, mais ao sul, e nela fundaram uma vila que chamaram de São Vicente. Essa porção de terra seria logo depois doada a seu fundador, Martim Afonso de Sousa, enquanto Pero Lopes de Souza ganharia uma faixa de terra de 50 léguas de costa onde se situava a Guanabara, em decorrência da criação pelo rei, em 1534, do regime de capitanias. Em São Vicente, Martim Afonso permaneceu por alguns anos, ao passo que seu irmão Pero Lopes voltou a Portugal, para de lá seguir em nova missão oficial às Índias, delas não regressando por ter desaparecido em naufrágio, perto da ilha de Madagascar.

A capitania de São Vicente prosperou, e a ela foram anexadas as terras da capitania natimorta de Pero Lopes de Sousa, fato que ampliou o seu já imenso território, cujo perímetro foi identificado por frei Gaspar da Madre de Deus ao reconhecer que passara a englobar as áreas correspondentes aos domínios dos posteriores governos de Minas Gerais, Mato Grosso, São Paulo e Rio de Janeiro.[3]

Compreende-se que Martim Afonso de Sousa não dispusesse de gente nem de recursos para manter dois núcleos urbanos tão distantes entre si — um em São Vicente e outro na Guanabara —, o que resultou no abandono desse último, transformado em fácil presa de grupos estrangeiros nele interessados. Os franceses se adiantaram e em 1555 apossaram-se da região. Comandados por Villegaignon e seu sobrinho Bois la Comte, os invasores franceses, aliados aos tupinambás, puseram em prática o projeto da França Antártica no Brasil.

Durante cinco anos o governo português tentou negociar com o governo francês a retirada dos invasores de sua colônia. Não obtendo sucesso pela via diplomática, ou talvez sentindo-se com forças e recursos necessários para o confronto armado, Portugal enviou à Guanabara, em 1560, uma esquadra sob o comando do governador-geral do Brasil, Mem de Sá, que destroçou as fortificações dos franceses e tupinambás, expulsando-os da região.

Logo após a vitória sobre seus inimigos, Mem de Sá retirou-se, abrindo campo livre aos sobreviventes foragidos nas matas interioranas da região. Assim voltaram os poucos franceses e seus aliados a ocupar a orla da baía, onde construíram duas novas fortificações: uma, na região da Carioca, chamada de Uruçu-Mirim, e outra batizada de Paranapuam, na ilha do Gato, depois denominada Governador.

Essa segunda investida dos franceses e tupinambás na Guanabara levou o governo português a rever sua posição de protelar a ocupação da região. Foi então que optou pela construção de uma cidade, logo que conseguisse novamente expulsar os invasores. A belíssima região da costa brasileira, já conhecida pelo nome de Guanabara, foi o ponto escolhido para sua implantação, bem à margem do imenso espelho-d'água do oceano Atlântico, altamente piscoso, cercada por um cinturão de restinga e várzea, pontilhada de pequenos morros, e contida por uma cadeia de montanhas cobertas de espessa floresta.

Para essa dupla tarefa, o rei enviou uma esquadra de Lisboa sob o comando do jovem Estácio de Sá que, se bem-sucedido, se converteria no primeiro governador da capitania a ser constituída. Em sua chegada ao Brasil, a esquadra recebeu reforços de homens provenientes da Bahia, Espírito Santo e São Vicente e, após os acertos necessários, suas tropas desembarcaram nas terras da Guanabara em 1º de março de 1565, na altura do sopé do morro Cara de Cão, local hoje denominado Urca. Sem dúvida a região da Guanabara respondia satisfatoriamente às premissas econômicas, geopolíticas e militares nas quais o rei, secundado por seus conselheiros, se baseara para fundar a cidade. O local permitia a instalação de um excelente porto, fundamental para o comércio atlântico; suas características geográficas facilitavam a defesa contra ataques estrangeiros; sua estratégica situação tornava possível o controle da extensa orla marítima que ia daquele ponto ao extremo sul da costa, além de permitir a interiorização no continente, em busca de metais e pedras preciosas.

Convém destacar que, toda vez que se tratava da fundação de cidades, o governo português instruía a autoridade responsável de dois importantes documentos: o "Regimento" e o "Foral". Estabeleciam eles as normas jurídicas, administrativas e de estruturação do poder local, além de traçarem diretrizes gerais para a escolha do sítio e constituição da vila ou cidade. Lamentavelmente, no caso da cidade do Rio de Janeiro, nem o Foral nem o Regimento — que de regra deviam ter acompanhado Estácio de Sá —, apesar de citados na documentação referente às sesmarias, jamais foram localizados, restando a dúvida se realmente o fundador da cidade de São Sebastião do Rio de Janeiro trouxera-os ou não consigo.[4]

Tendo sido previamente decidido o local de fundação da nova cidade, cabia a Estácio de Sá escolher, entre a orla e o interior da baía, o melhor sítio para implantá-la. Obedecendo a razões estratégico-militares optou por ocupar, provisoriamente, uma área nas cercanias do morro Cara de Cão, próxima à entrada da baía, com boa visibilidade para controlar os núcleos inimigos situados na Carioca e que oferecesse condições favoráveis de circulação e de entrada e saída de suas embarcações. Anchieta assim descreve os passos preliminares:

> logo ao seguinte dia, que foi o último de Fevereiro, ou primeiro de Março, começaram a roçar em terra com grande fervor e cortar madeira para a cerca, sem querer saber dos Tamoios nem dos Franceses, mas como quem entrava em sua terra, se foi logo o capitão-mor a dormir em terra, e dando ânimo aos outros para fazer o mesmo, ocupando-se cada um em fazer o que lhe era ordenado por ele, a saber: cortar madeira, e acarretá-la aos ombros, terra, pedra, e outras cousas necessárias para a cerca, sem haver nenhum que a isso repugnasse; desde o capitão-mor até o mais pequeno todos andavam e se ocupavam em semelhantes trabalhos; e porque naquele lugar não havia mais que uma légua de água ruim, e esta era pouca, o dia que entramos choveu tanto que se encheu, e rebentaram fontes em algumas partes, de água boa num poço, que logo se fez; e como esta esteve em termos de se poder beber, secou-se de todo a lagoa, e além disto se achou uma fontezinha num penedo d'água muito boa, com que todos se alegraram muito, e se vão firmando mais na vontade que traziam de levar aquela obra a cabo, vendo-se tão particularmente favorecidos da Divina Providência.[5]

Assentada a cidade provisória, Estácio de Sá organizou-lhe uma mínima estrutura político-administrativa e judiciária. Foram então nomeados o ouvidor, o escrivão de sesmaria, o tabelião e outras autoridades. Constituída essa estrutura básica, deu-se início à distribuição das terras em forma de sesmarias, tendo em vista o desenvolvimento da futura cidade.

Duas dentre elas, coladas uma à outra, foram doadas no mesmo mês de julho: a primeira, no dia 1º, foi entregue à Companhia de Jesus, medindo duas léguas em quadra; a segunda, medindo uma légua e meia por duas — portanto menor que sua vizinha —, foi destinada pelo próprio Estácio de Sá ao "rocio e termo" da cidade.[6]

A velha casa de pedra construída por Pero Lopes de Souza em 1531 tornou-se o marco inicial para a medição da sesmaria do rocio da cidade, em cujo interior deveria obrigatoriamente se levantar a urbe de São Sebastião.

Definidas essas questões, a empreitada seguinte consistia na marcação do exato local das primeiras construções. Chegava-se assim ao sítio cuja circunscrição haveria de atender a determinadas qualidades e condições. O Regimento que orientou Tomé de Souza, primeiro governador-geral do Brasil, na tarefa de escolha do sítio onde implantaria a cidade que veio a se chamar Salvador, na Bahia, nos fornece alguns parâmetros que podem ser tomados como indicadores do que deve ter ocorrido no caso da cidade do Rio de Janeiro. Em primeiro lugar, o encarregado deveria encontrar um terreno apropriado onde fosse possível construir uma povoação grande com fortaleza, bom porto e dotado de "sítio sadio e de bons ares e que tivesse abastança de água e posto em que bem possam amarrar os navios".[7]

Como se pode observar, o Regimento prescrevia como imprescindível para escolha do local apropriado não apenas a possibilidade de nele se construir um eficiente porto. Exigia também que o sítio reunisse um conjunto de qualidades ambientais: local sadio, bons ares e água em abundância.

É interessante notar que tais recomendações coincidem com as de Vitruvius, arquiteto romano, autor de importante obra concebida cerca de 30 a.C., *Os dez livros sobre arquitetura*, na qual reunia ensinamentos básicos que se tornaram referência essencial aos posteriores tratados dessa área do conhecimento. Vitruvius converteu-se em fonte teórica e conceitual obrigatória dos técnicos e intelectuais ligados à cultura greco-romana, como é o caso dos portugueses. No livro I, capítulo IV, o autor trata, por exemplo, do "sítio e a cidade", expondo seu ponto de vista a respeito da edificação de uma urbe. O sítio escolhido, segundo ele, exige "um solo seco, consistente, varrido por ventos saudáveis, com boa água para a população. Os logradouros e as edificações devem ser dispostas de modo a aproveitarem os benefícios da boa insolação".[8]

O tema é de tal importância que a Bíblia também trazia ensinamentos importantes sobre a relação entre a resistência do solo e as possibilidades construtivas de uma edificação. Falando por meio de parábolas sobre o Reino de Deus, Jesus dizia:

> aquele, pois, que ouve as minhas palavras e as põe em prática é semelhante a um homem prudente, que edificou sua casa sobre a rocha. Caiu a chuva, vieram as enchentes, sopraram os ventos e investiram contra aquela casa: ela, porém, não caiu, porque estava edificada sobre a rocha. Mas aquele que ouve as minhas palavras e não as põe em prática é semelhante a um homem insensato, que construiu sua casa sobre a areia. Caiu a chuva, vieram as enchentes, sopraram os ventos e investiram contra aquela casa, e ela caiu, e grande foi a sua ruína. (Mateus 7, 24-27.)

Assim, originárias de várias fontes, as noções relativas à importância do local apropriado para se implantar uma cidade coincidiam quanto aos pré-requisitos básicos, atingindo diversamente seu público-alvo: os ensinamentos bíblicos eram de domínio universal dos cristãos; as ordenações dos Regimentos ou Forais, do conhecimento das autoridades e dos funcionários públicos; os de Vitruvius, familiares a todos que se dedicavam à arquitetura e à construção.

Ora, no território da sesmaria pública, o local que oferecia as melhores condições para instalação de um porto, facilidades de defesa do local e presença de boa água era a região da Carioca. Tais qualidades levaram Estácio de Sá a escolhê-la para sítio da cidade quando fossem expulsos os invasores, razão pela qual foi nela realizada a cerimônia de posse das terras públicas, em 24 de julho de 1565, bem próximo à casa de pedra, como registra João Prosse, futuro almotacel da cidade.[9]

Se bem pensarmos, que outro grave motivo teria levado Estácio de Sá a deixar a segurança da sua fortaleza e conduzir um robusto cortejo de moradores e povoadores para a banda da Carioca, distante menos de mil metros da fortificação inimiga de Uruçu-Mirim (dos franceses e tupinambás), colocando-os sob sério risco de vida, senão a certeza de que aquele ponto era, sem sombra de dúvida, o mais apropriado para a implantação da cidade? Que outro local, simbolicamente, poderia melhor sediar a cerimônia de posse das terras? Ali corria a melhor água potável, garantia de saúde para a população consumidora, fornecida pelo rio Carioca, quase um riacho de leito estreito, enaltecido e representado, porém, de forma tão marcante nos mapas sobre a região quanto seus companheiros Macacu, Iguassu, Inhomirim e Magé, que desaguavam na baía de Guanabara. Se os cartógrafos da época assim o realçaram era porque a fonte de boa água se apresentava como fundamental para garantir a saúde dos que vinham de fora para aquela região.[10]

Pelo longo período de 23 meses a baía de Guanabara foi palco das escaramuças de dois grupos que se autodenominavam os senhores da terra, até a chegada do grande reforço português, ou seja, da esquadra enviada de Lisboa sob comando de Cristóvão de Barros e que contou com forças arregimentadas em São Vicente, Espírito Santo e Bahia sob as ordens do governador-geral do Brasil, Mem de Sá. Essa tão esperada esquadra aportou na cidadela portuguesa em 18 de janeiro de 1567. Dois dias após deu-se o cruento combate de Uruçu-Mirim, com vitória dos portugueses e perdas de muitas vidas para ambos os lados. Entre os mortos e feridos das forças portuguesas estavam o comandante Gaspar Barbosa, vindo de Porto Seguro, e o fundador da cidade, Estácio de Sá, que, gravemente atingido, faleceu poucos dias após.

Outra sangrenta batalha ocorreu na ilha do Gato, entre as forças inimigas aquarteladas em Paranapuam e os vitoriosos portugueses. Destruídos os dois principais redutos e arrasadas outras pequenas trincheiras inimigas, tornaram-se os portugueses e seus aliados senhores definitivos da Guanabara.

O sítio definitivo: primeira malha urbana

Com a morte de Estácio de Sá, a tarefa de transferir a cidade para seu sítio definitivo passou a ser de Mem de Sá. Após consultar os homens importantes da cidade, ele optou por sua mudança da Carioca para o alto de um morro coberto de matas, mais para o interior da baía, cedendo à ótica dos ditames militares a respeito de segurança. Os trabalhos iniciais para edificação da nova cidade foram pelo próprio Mem de Sá assim descritos:

> e por o sítio onde Estácio de Sá edificou não ser para mais que para se defender em tempo de guerra com parecer dos capitães e doutras pessoas que no dito Rio de Janeiro estavam escolhi um sítio que parecia mais conveniente para edificar nele a cidade de São Sebastião o qual o sítio era de um grande mato espesso cheio de muitas árvores e

> grossas em que se levou assaz de trabalho em as cortar e a limpar o dito sítio o edificar uma cidade grande cercada de trasto de 20 palmos de largo por outros tantos de altura toda cercada de muro por cima com muitos baluartes e fortes cheios de artilharia. E fiz a igreja dos padres de Jesus onde agora residem telhada e bem concertada, e a sé de três naves também telhada e bem concertada, fiz a casa da câmara sobradada telhada e grande, a cadeia, as casas dos armazéns e para a fazenda de sua alteza sobradadas e telhadas e com varandas, dei ordem e favor ajuda com que fizessem outras muitas casas telhadas e sobradadas, tendo isto feito por se rebelarem uns principais que estavam em umas fortalezas de muitas cercas dei sobre eles e os desbaratei, e se mataram muitos o que foi causa de tornarem novamente a pedir pazes, mandei vir muitos moradores muito gado para povoar a dita cidade o qual se dá muito bem de que há já grande criação. Por me vir novas, que o gentio da capitania do Espírito Santo estava alevantado e tinha mortos muitos brancos foi necessário ir-lo socorrer e fui com parecer dos capitães e moradores da terra, e deixar por capitão da dita cidade do Rio de Janeiro a Salvador Correa de Sá meu sobrinho o qual ainda agora sustento à minha causa.[11]

Essa substantiva descrição da cidade do Rio de Janeiro, sua primeira crônica oficial, torna evidente a preocupação com a defesa militar quando detalha as características da cercadura, feita de grossos muros com 4,40m de espessura e de altura. Também chama a atenção a informação referente aos prédios públicos construídos com dois pavimentos, quando teria sido mais simples e rápido fazê-los com apenas um. Creio que isso se deu, mais uma vez, por questão de segurança: um observador situado no andar superior do sobrado teria plena visão por sobre o topo da muralha, descortinando, assim, toda a baía de Guanabara e, principalmente, sua entrada. Em tudo, até na construção de seus prédios, prevaleceram as preocupações de ordem econômica e com a defesa da cidade.

Se o sítio no alto do morro, inicialmente chamado do Descanso e após a construção da fortaleza de São Januário batizado como morro do Castelo, apresentava vantagens do ponto de vista estratégico-militar, padecia de outro lado de sérios problemas limitadores do crescimento e futuro desenvolvimento da cidade. Isso porque eram escassas as fontes de água, exíguas as áreas planas ou de declividade suave que permitissem a implantação das edificações, além de o solo apresentar composição propícia ao desmoronamento caso se realizassem grandes cortes em suas encostas. A abundante vegetação que cobria o morro citada por Mem de Sá era uma capa protetora de seu solo. Derrubá-la para levantar edificações ou abrir logradouros seria expor o terreno às copiosas chuvas causadoras de desabamentos de encostas, como as que de fato ocorreram por diversas vezes em anos posteriores.

A região circunvizinha ao morro do Castelo era dominada por lagoas, charcos, manguezais e terrenos baixos que volta e meia se alagavam com as frequentes chuvas que se despejavam sobre o Rio de Janeiro. Essa várzea quase nivelada com o mar da baía, dificultando-lhe o escoamento das águas, possuía poucas áreas secas que permitissem a ocupação imediata com edificações. Além disso o nível das águas subterrâneas era bastante alto, tornando o terreno muito úmido, problema agravado pela natureza do solo, constituído de terras argilosas e aluvionais, ricas em matérias orgânicas que desprendiam gases fétidos e prejudiciais à saúde das pessoas.[12]

A combinação do baixo nível do terreno com a composição argilosa-aluvional do solo, o clima tropical quente e subúmido, o alto índice pluviométrico e a existência de lâminas de águas estagnadas — tudo isso tornava o sítio impróprio à instalação da cidade e inadequado segundo os ensinamentos citados por Vitruvius, lembrados pela Bíblia e pelo Regimento dado a Tomé de Souza.

Por isso o sítio escolhido por Mem de Sá converteu-se em "muralha" a exigir esforços permanentes e aplicação de grandes recursos para que se pudesse ultrapassá-la, no sentido de promover o crescimento de núcleo urbano e garantir ambiente saudável à sua população.

A essas dificuldades somaram-se outras. A prática de ocupar terreno alagadiço, com a finalidade de sobre ele construir uma cidade, representava grande desafio à pouca experiência urbanística portuguesa acumulada nessa área. (MAPA 1)

Exemplos extraordinários de esforço técnico visando transformar a natureza do território, de modo a servir de chão seguro a uma cidade, foram anotados por Lamego, quando, ao se referir ao Rio de Janeiro, ressaltou a luta hercúlea de seus moradores e relembrou que somente as experiências da Cidade do México, na América espanhola, e Amsterdã, na Europa, poderiam assemelhar-se ao caso do Rio de Janeiro.[13]

Instalada a cidade no morro do Castelo, era necessário, além de assegurar circulação aquática pela baía e pelos diversos rios que nela desaguavam, abrir caminhos por terra para a circulação das pessoas pelo continente. O primeiro que surgiu veio para ligar o alto do morro com a várzea e a orla marítima onde se localizava o porto. Outro importante foco de interesse para a população — a água potável proveniente da fonte do rio Carioca — demandava também uma via de acesso. Para ligar a cidade encastelada no morro a esses pontos de interesse surgiram as ladeiras que vieram a se chamar da Misericórdia, do Castelo e a do Poço do Porteiro, ou da Ajuda.

Em 1590 os monges beneditinos recém-chegados à cidade ocuparam o alto do morro existente na sesmaria que lhes fora doada por Manoel de Brito de Lacerda. Nele já existia uma capela edificada por Aleixo Manoel (o velho) em 1582, dedicada a Nossa Senhora da Conceição.[14] Um outro morro, já conhecido na época pelo nome de Santo Antônio, em homenagem à capela existente na área que lhe era dedicada, foi destinado em 1591 aos frades carmelitas. Preferiram esses religiosos repassar essa propriedade para os frades franciscanos que lá se instalaram em 1607. Um pouco mais afastada desse morro, voltada para a direção sul, o devoto Antônio Gomes do Desterro construiu em sua propriedade uma capela dedicada a Nossa Senhora do Desterro que emprestou seu nome à região de entorno. Outro devoto, Miguel Carvalho Cardoso, edificou uma capela dedicada a Nossa Senhora da Conceição no alto do morro pertencente ao padre Salsa, local que passou a ser conhecido pelo mesmo nome da santa. Na direção sudoeste, depois do mangue de São Diogo, os jesuítas construíram em sua sesmaria um engenho, já ativo em 1579, uma casa de recreio e uma capela.[15] Todos esses pontos deram origem a novos caminhos, cujos trajetos passariam de preferência por trechos de terrenos secos ou que exigissem o menor volume de obras e, consequentemente, de recursos. Seus traçados, bem como as larguras e o alinhamento que iam adquirindo, expressavam os imperativos da natureza. (MAPA 2)

A partir dessa malha básica a população foi ocupando as laterais dessa área e criando pouco a pouco novas ligações entre os caminhos, recorrendo quando neces-

Mapa 1

Território do Rio de Janeiro na época da fundação da cidade, segundo Eduardo Canabrava Barreiros

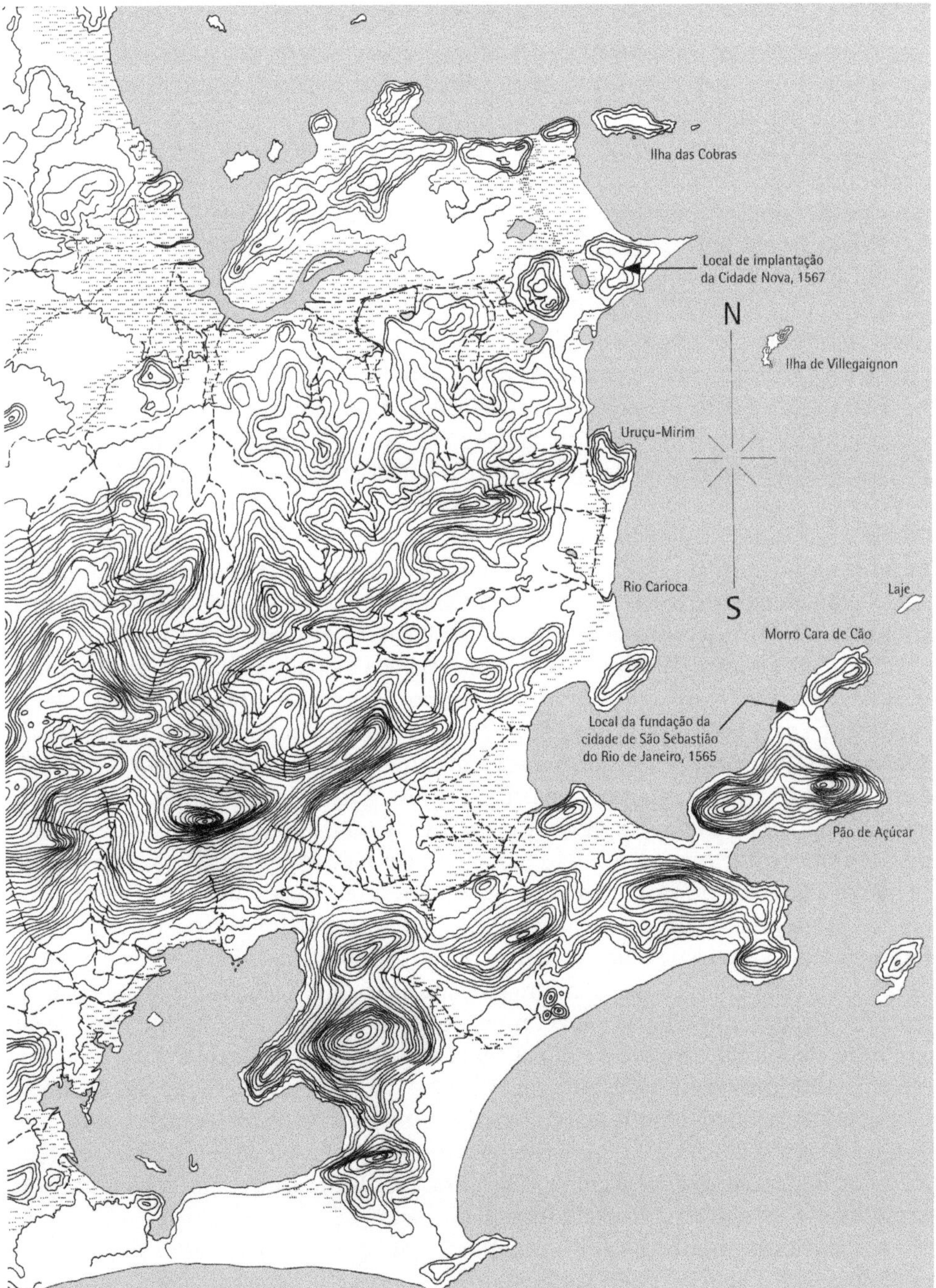

Mapa 2

Traçado dos primeiros caminhos da cidade
de São Sebastião do Rio de Janeiro

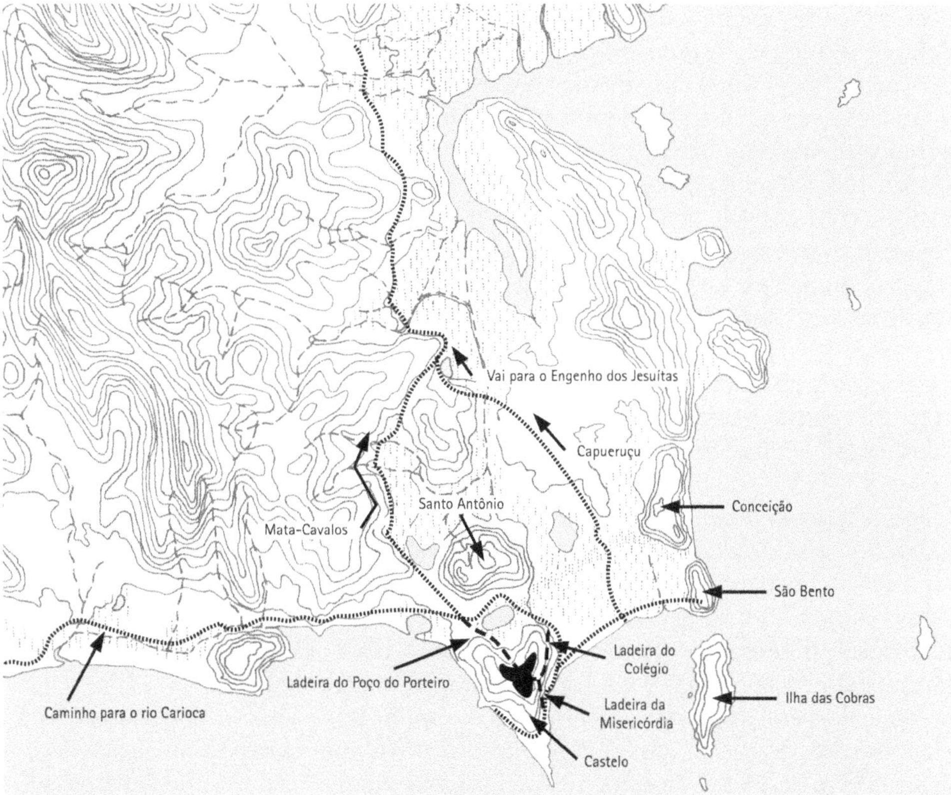

sário ao aterramento dos terrenos. À medida que a população ia conquistando a restinga e a várzea e elegendo-as dinamicamente como sítio da cidade, o antigo núcleo construído por Mem de Sá entrava em processo de decadência. As capelas da várzea, de acesso mais cômodo, foram progressivamente atraindo os fiéis. Rendidos à realidade, os vereadores, em 1637, deliberaram construir a Casa da Câmara e Cadeia na parte baixa da cidade, abandonando o morro do Castelo, cuja vitalidade só foi assegurada graças aos jesuítas, que aí mantiveram sua moradia e o colégio, atraindo os estudantes e fiéis à cidade alta, já considerada a essa época como a "cidade velha".

Ocupação das várzeas: aterramentos e drenagem

Consagrada a várzea como o território a ser ocupado pela cidade, fizeram-se necessárias intervenções transformadoras de suas características geomórficas, realizadas por indivíduos, instituições e sobretudo pelo Estado em seus diversos níveis político-administrativos, que empreenderam desmatamentos, obras hidráulicas, terraplenagens voltadas ao saneamento, exigindo todas elas intensa mão de obra, equipamentos, conhecimentos técnicos e recursos financeiros.

O cronograma das obras amoldava-se às possibilidades concretas da conjugação dessas quatro precondições. Primeiro foram abertas valas para a drenagem superficial do terreno e aterrados os trechos mais baixos da várzea. Obra mais complexa e dispendiosa — o aterramento das lagoas — só poderia se realizar posteriormente, quando estivessem disponíveis maiores recursos humanos e financeiros. Para ambas as modalidades de aterro foram carreados materiais dos trechos altos da restinga e da várzea, bem como do desbastamento dos morros da região, alterando substantivamente a configuração do sítio e consequentemente da paisagem. O aterramento das lagoas, por sua complexidade e pela aplicação de grandes somas de dinheiro, foi uma tarefa assumida exclusivamente pelo governo da capitania. As obras corretivas do sítio, no entanto, supunham conjugação de esforços em três níveis: a Câmara, com sua pequena receita, participaria com somas modestas; o governo da capitania, também com pouca largueza de recursos, com outra parte. Caberia à Coroa, o setor mais rico, concorrer com a maior parcela, permitindo que um percentual dos impostos recolhidos ficasse localmente retido em forma de empréstimo destinado às obras de urbanização da cidade do Rio de Janeiro. O aterramento das cinco principais lagoas existentes na área — Boqueirão, Desterro, Pavuna, Santo Antônio e Sentinela — se fez ao longo de mais de duzentos anos a partir da fundação da cidade. Coube ao vice-rei d. Luís de Vasconcelos e Sousa concluir o aterro da última lagoa, a do Boqueirão, que já estava com sua área do espelho-d'água bastante reduzida em consequência das obras realizadas por seus antecessores. Graças a esse aterro, a cidade ganhou o seu primeiro jardim público, projetado por Mestre Valentim e inaugurado em 1783.

Vencidos esses desafios, a realização das obras remanescentes drenando toda a extensão do mangue de São Diogo, e imprescindíveis para a expansão da cidade, que já havia bem perto dele chegado no início do último quartel do século XVIII, passou a ser a preocupação dos administradores públicos. É preciso ressaltar que com o saneamento dessa zona a cidade poderia adquirir uma superfície de dimensões quase equivalentes à área que já ocupava. No entanto ela ainda continuava espremida entre dois polos: de um lado, a vizinha sesmaria dos jesuítas, bastante próspera, que exercia sua pressão a partir da área hoje correspondente ao bairro de São Cristóvão; de outro, a cidade, que, tendo crescido significativamente, já encostava no manguezal, visto como um entrave a dificultar as constantes travessias da população entre os dois polos. Era portanto necessário criar novas alternativas de acesso à única via de ligação existente — a do Mataporcos —, muito longa e tortuosa. Tornara-se imperativa a consolidação da antiga trilha — cidade/ponte — que unia as áreas hoje correspondentes ao Campo de Santana e ao bairro de São Cristóvão, reduzindo de forma significativa as distâncias entre elas. No mapa da cidade datado de 1791 essa trilha já aparece cruzando o mangue de São Diogo.[16]

A Corte portuguesa, ao se instalar no Rio de Janeiro em 1808, encontrou o manguezal parcialmente drenado e já consolidada a estrada em cima do antigo desenho da trilha. Várias ruas também tinham sido abertas, e algumas delas se apresentavam com muitas edificações levantadas na área conhecida na época como "Cidade Nova". O mapa de 1808 registra essa ocupação.[17]

Além dessa conquista que ampliava o território continental por meio de obras de drenagem e aterro, os governantes e a população ultimaram esforços para avançar sobre o mar. Inicialmente aterraram uma larga faixa que se estendia desde a praia da ponta do Calabouço até o morro de São Bento. O mar, que antes quebrava suas ondas bem perto das atuais igrejas de São José e Santa Cruz dos Militares — erigida no local antes ocupado pelo antigo Forte de Santa Cruz —, foi, com o aterro, recuado. Grande parte da atual praça Quinze foi roubada ao mar por obras realizadas nos séculos XVII e XVIII.

Assim, se a solução técnica adotada pela população e pelos governantes no sentido de drenagem, enxugamento e aterro de lagoas e baixios da várzea e dos pântanos por um lado redundou no aumento da superfície territorial disponível para ocupação da cidade, por outro lado não resolveu ao menos o problema de escoamento das águas pluviais e servidas e o da umidade do solo. Ao contrário agravou-os, em virtude da multiplicação das construções que cobriam grande parte da superfície do terreno, diminuindo a área livre necessária à absorção das águas. Por sua vez, o desmatamento das encostas dos morros, os cortes realizados para retirada de material destinado aos aterros e a construção de novos prédios contribuíram para o surgimento de novos problemas, como o crescente desabamento de encostas e um maior volume de águas conduzidas em direção à várzea.

Talvez, numa visão profética dos problemas que se abateriam sobre a cidade, o governador Luís Vahia Monteiro, conhecido pela alcunha de O Onça, propôs em 1726, no bojo da discussão sobre o amuralhamento da cidade, a abertura de um largo e profundo canal navegável, ligando o braço de mar que penetrava pelo mangue de São Diogo (hoje Cidade Nova) e passando pela lagoa da Sentinela (na atual rua Frei Caneca), para daí seguir até a praia do Boqueirão, na altura do atual Passeio Público. Como a proposta não foi aprovada, continuaram-se os aterros, acompanhados de drenagem superficial do terreno. Essa decisão, que envolvia sérios inconvenientes, legou à população o aborrecimento de ter de conviver com o permanente problema de atoleiros, enchentes, a presença de mosquitos e outras mazelas, sobretudo em determinadas ruas da cidade.

São muitos os documentos que tratam da precariedade de logradouros em decorrência de estagnação de águas, como por exemplo o requerimento de 1731 dirigido pelos vereadores aos religiosos do Convento de Santo Antônio, em que protestavam pelo fato de os moradores terem sido impedidos pelos frades de retirarem material da encosta do morro para aterrar seus logradouros.[18]

Por esse relato pode-se concluir que a população era convidada a arcar com parte das despesas com aterros e drenagem das ruas em que tinham suas casas. A Câmara, por sua vez, não concorreria com recurso algum em dinheiro vivo, restringindo-se a permitir que os moradores retirassem cascalhos da pedreira que lhe pertencia. Ao longo do tempo tal prática conduziu à cristalização de uma norma: a Câmara, o governo da capitania e os moradores de uma determinada área associavam-se com a finalidade de realizar obras de melhoria em locais determinados.

Esse tipo de associação ocorreu, por exemplo, quando do arruamento da antiga chácara do sargento-mor Pedro Dias Paes Leme, no período de governo do vice-rei marquês do Lavradio. Era uma vasta área de baixios, compreendendo o interior do polígono formado pelas atuais ruas do Riachuelo, Frei Caneca, Visconde do Rio Branco, Pedro I e a rua do Lavradio. Sua ocupação levou muitos anos até formar a malha urbana definitiva registrada nos mapas produzidos no século XIX. O histórico dessa urbanização foi feito pelo engenheiro militar José Correia Rangel de Bulhões, autor do projeto de parte desse arruamento. Em depoimento ao conde de Resende dizia ele:

> o terreno de que se trata há mais de 30 anos atrás não era mais que um grande pântano cortado de lagoas e presentemente existe como se mostra no Plano cortado de ruas, cultivado, e com muitas propriedades... além disto as travessas abertas neste terreno, e outras que se houverem de abrir, serão muito úteis a benefício do Povo, e *será este o meio mais fácil de conseguir a extinção dos pântanos* que ainda ocupam este terreno pelo aterro, que de necessidade se há de fazer nas ruas, *e os que os Povoadores hão de fazer para formarem as suas casas*; pois no corpo da cidade, já não há larguezas, e este é o lugar mais propício para o aumento da mesma cidade: extintos os pântanos deste terreno resultará grande benefício ao Povo pela purificação do ar, que presentemente não é muito saudável pela evaporação úmida e pestífera que se eleva frequentemente dos pântanos.
>
> A rua do Lavradio foi traçada e beneficiada há perto de 30 anos por cima de um pântano impraticável: o Senado tomou ao seu cargo o aterro da largura da rua e os Povoadores tomaram logo porções de pântanos para um e outro lado, e foram aterrando e pouco a pouco fizeram útil grande porção deste terreno inútil, o mesmo aconteceu na Estrada de Matacavalos, na rua nova do Conde da Cunha, na rua dos Inválidos e acontecera na travessa A, B e na travessa E, F, a primeira aberta em terreno úmido e a segunda por terreno todo pantanoso e impraticável.[19]

Essa região baixa, cuja urbanização foi iniciada pelo marquês do Lavradio, localizava-se em área afastada da orla marítima. À medida que a cidade espraiava-se pelo interior continental, afastando-se da beira-mar, agravava-se o problema de retenção das águas. Quanto maior fosse a distância que separava os logradouros do mar, maior deveria ser sua declividade em busca de escoamento das águas. Essa medida técnica requeria novas obras de aterro para elevar o leito desses logradouros, bem como a necessária pavimentação com material impermeável que lhes garantisse uma superfície a mais lisa possível. Eram obras que exigiam tecnologias, materiais sofisticados e de custo elevado. Poucos moradores tinham condições de enfrentá-las. Portanto, se no início foi compensatória a estratégia adotada pela Câmara de Vereadores de incentivar o loteamento dos terrenos nas zonas alagadas, cabendo-lhe apenas a obra superficial de aterro do leito da rua, e, aos "povoadores", altear seus lotes e conservar o logradouro, a médio e longo prazo evidenciou-se impraticável e problemática para as administrações posteriores.

Apesar disso devemos reconhecer que se tratava da opção possível a uma Câmara de Vereadores sempre queixosa de parcas receitas e desafiada pelos imperativos decorrentes de uma urbanização extremamente complexa. É o que se conclui da resposta dos vereadores a uma solicitação do ouvidor-geral, Marcelino Pereira Cleto, em que apresentaram, em 3 de janeiro de 1791, uma relação das fontes de renda que exemplificava bem a penúria do poder municipal. Dos dados fornecidos extrai-se a composição da renda auferida pela Câmara: renda das aferições = 2.503$000rs; renda das cabeças = 1.261$000rs; renda do ver-o-peso = 1.521$500rs; renda de foros = 600$000rs; renda de laudêmios = 110$000rs; renda do talho (carne verde) = 5.168$510rs. Total = 11.164$010rs.[20]

Os valores que aparecem nesse relatório referentes às rendas dos foros e laudêmios eram irrisórios, contradizendo as expectativas que presidiram a doação por Estácio de Sá e Mem de Sá de uma sesmaria à Câmara. Pensavam eles que, com a cobrança de foros e laudêmios, os vereadores pudessem retirar uma receita capaz de cobrir os gastos com a administração e obras na cidade. No entanto, no caso do Rio de Janeiro, isso não ocorreu. Vários problemas específicos dessa sesmaria pública acabaram por reduzir-lhe o volume, em consequência da omissão das sucessivas administrações da Câmara em controlar o recolhimento dos foros e laudêmios, e a displicência com que olhavam a sonegação de impostos por parte dos foreiros. Segundo os vereadores, depois de descontadas as despesas fixas da Câmara, sobravam-lhes apenas 7.708$790rs para os gastos com material administrativo, contratação de pessoal para tarefas de apoio, doações solicitadas pela Coroa — geralmente bastante significativas —, obras de manutenção da cidade e realização de outras novas. Era de fato uma quantia irrisória se comparada ao preço de construção de um sobrado de três andares, que não ficava por menos de 2.500$000rs. Por essa razão, a Câmara de Vereadores tinha que apelar ao vice-rei, à Coroa e aos moradores todas as vezes que precisava realizar algum projeto de maior porte, como a construção da Casa da Câmara, de chafarizes, de grandes aterros, pontes, canalização de rios, construção de cais etc. Essa dependência financeira da Câmara ao governo da capitania e à Coroa gerava um comportamento viciado: de um lado, os vereadores não se esforçavam para aumentar a renda municipal, porque tinham a quem recorrer; de outro, ao assim procederem, perdiam sua capacidade de atuar de forma autônoma. Tal dependência aumentava à medida que a cidade se desenvolvia. Mais e mais ela tinha que se haver com novos gastos oriundos das obras que surgiam requerendo uma soma maior de recursos capaz de financiá-las.

Note-se que muitas das deficiências apresentadas pela cidade foram consequência das opções técnicas adotadas para corrigir a decisão de implantá-la na várzea, acarretando o aterramento dos brejos e lagoas e a extinção do manguezal.

Se aparentemente a cidade parecia estar livre dos alagados, por não se manifestarem nos períodos de estiagem e insolação intensa, continuava a padecer de outros incômodos. Nos logradouros não calçados, os moradores conviviam nos períodos de seca com o problema da poeira que se desprendia da camada superficial do aterro. A cada chuva um pouco mais forte, porém, inundavam-se de água, e as ruas não pavimentadas ou de baixa declividade viravam verdadeiros atoleiros pontuados de poças d'água estagnadas que se misturavam às águas poluídas provenientes dos quintais das casas, dos cemitérios, dos hospitais, do matadouro e de outras fontes poluidoras, multiplicando os perigosos focos de doenças.

A documentação consultada registra variados exemplos que refletem esse mal-estar ocasionado pelas péssimas condições ambientais que cercavam a cidade e continuaram a prevalecer mesmo depois de virado o século XVIII. Em 1818, os moradores da rua da Prainha, transversal à das Violas (atual Teófilo Otoni), encaminharam suas queixas contra a existência de uma vala pública que corria ao longo do leito da rua e vivia constantemente entupida. Com a estagnação de águas pluviais, o ambiente tornava-se doentio, fétido e tão cheio de mosquitos, que já não se aguentava "habitar nas ditas casas".[21]

Os moradores da rua das Violas protestaram em 1827 junto à Câmara por sofrerem também durante longos anos com seu alagamento, denunciando que as águas estagnadas provocavam doenças nos moradores, como as "sezões".[22]

Em resposta, os vereadores alegaram mais uma vez falta de recursos e de profissionais para a execução da obra solicitada. Aliás, não só a Câmara, também a intendência da polícia fugiu de suas responsabilidades, tornando evidente a indefinição de competências quanto ao cuidado da cidade.

Em busca de boa água

As dificuldades resultantes da escolha do sítio da cidade não se restringiam às questões analisadas. A dificuldade se desdobrava e até se agravava quando o assunto era abastecimento de água potável. Ora, numa época em que os veios d'água deveriam correr próximos às casas para facilitar a coleta individual, a escolha de uma região que oferecesse essa vantagem se colocava de forma primordial para a comodidade e saúde da população. No entanto, a cidade que se instalara no alto do morro do Castelo carecia de qualquer fonte natural, obrigando os moradores a abrirem poços com muita profundidade, tarefa bastante dispendiosa. O poço mais acessível ao uso público da população — o Poço do Porteiro —, aberto por Mestre Vasco, ficava no sopé do morro, na sua parte plana voltada para a lagoa do Boqueirão.[23] A partir do momento em que a cidade passou a ocupar a planície, tornou-se mais fácil encontrá-la, pois nessa circunstância a água aflorava em poços de pouca profundidade. Tal comodidade, porém, era descompensada pela má qualidade do líquido captado, pois na baixada perdia em potabilidade e gosto, apresentando-se geralmente salobra. Convinha continuar buscando-a no distante rio Carioca, essa sim, plenamente potável.

À medida que a população da cidade crescia, o comércio de água proveniente do rio Carioca aumentava. Pessoas viviam do fornecimento direto do precioso líquido à porta dos moradores. No entanto, essa comodidade tornou-se proibitiva para muitas pessoas, em função do alto preço cobrado pelos aguadeiros. Confirmava-se o caráter inadiável da canalização desse rio e a condução de suas águas até os chafarizes públicos da cidade. Só assim poderia chegar gratuitamente a todos os seus habitantes.

Foi então que o governador e a Câmara tomaram as primeiras providências para a construção do aqueduto que traria água até o centro da cidade. Para a obtenção de recursos ficou definido, em 23 de dezembro de 1617, o "subsídio pequeno sobre os vinhos". Em 1624 finalmente foi contratado o mestre de obras Domingos da Rocha para edificar um aqueduto em madeira, alcançando a cidade na altura do Campo de Santo Antônio. A construção arrastou-se por muitos anos e, embora precária, teve o mérito de servir de ensaio para as que viriam a se realizar posteriormente. O ouvidor-geral, em correição na Câmara de 7 de setembro de 1641, cobrou dos vereadores as providências para que a canalização chegasse até o Campo de Nossa Senhora da Ajuda, próximo à área da cidade já densamente ocupada. Passaram-se dezoito anos, e a obra da canalização do rio Carioca ainda continuava inconclusa, apesar de os vereadores considerarem-na um grande melhoramento voltado ao "bem-comum".

Finalmente, coube ao governador Aires de Saldanha (gestão 1719-25) o privilégio de ver jorrar, em 1723, nas dezesseis bicas de bronze do chafariz que edificou no largo de Santo Antônio, atual largo da Carioca, a tão necessária, esperada, pura e cristalina água do rio Carioca.

Contraditoriamente, esse mesmo chafariz que oferecia uma água saudável deu origem a dois problemas. Com o transbordamento dos tanques localizados na base do chafariz, um imenso lamaçal tomou conta do largo de Santo Antônio, transformando-o num foco de mosquitos e doenças. Para saná-lo foi construída, em direção ao mar, uma extensa vala de escoamento que ia dar na Prainha, hoje conhecida como praça Mauá, percorrendo as atuais ruas Uruguaiana (antes conhecida como rua da Vala) e a do Acre. O custo da obra recaiu sobre a Fazenda Real uma vez que a Câmara de Vereadores não dispunha de recursos para realizá-la. O mestre pedreiro Domingos de Oliveira executou-a só até a metade de sua extensão. Tendo sido preso, foi substituído, em 25 de setembro de 1738, por Vicente de Oliveira Franco.[24]

O segundo problema atingiu o próprio rio Carioca, na prática dividido em dois trechos, cada um deles recebendo tratamento diferenciado por parte das autoridades e da população. O trecho que ia da nascente até a parte da chamada "mãe d'água", o ponto inicial do aqueduto, permaneceu sob severa vigilância das autoridades encarregadas de preservar a mata ao longo de seu percurso. Já o trecho que partia da "mãe d'água" e descia até o mar, na praia do Flamengo, foi abandonado pela fiscalização pública. Ao longo de todo o seu caminho instalou-se um verdadeiro colar de lavanderias públicas, bebedouros de animais e reservatórios de lixo e esgoto. Em curto espaço de tempo as águas estavam poluídas. Antes apenas o trecho final do rio podia ser usado para lavagem de roupa e bebedouro de animais, como atesta a carta de sesmaria passada pela Câmara ao nobre fidalgo Francisco de Pina, em 16 de fevereiro de 1611:

> com tal que ele não fará prejuízo e água da dita Carioca, antes a terá limpa como se requer e não plantará coisa alguma assim de roça como de bananais e legumes e as mais coisas que se plantam. Ao longo do dito Rio ficarão cobertas de mato virgem, o qual não derrubará, nem se cortará de maneira que esteja sempre em pé, e quando servir-se do dito Rio com sua água assim para beber e lavar a roupa fará na parte e lugar para isso.[25]

Merece destaque essa rigorosa legislação ambiental de proteção das águas do rio Carioca, uma vez que, ao preservar as matas, assegurava a vida de seus afluentes que com ele se encontravam em sua descida ao mar, atravessando os atuais bairros de Laranjeiras e Cosme Velho. Lamentável contudo foi o não cumprimento da dita lei.

A obra do aqueduto realizada durante a administração de Aires Saldanha sofreu grandes reformas no governo de Gomes Freire de Andrade, que, concluídas em 1750, lhe imprimiram as mesmas feições que hoje conhecemos.

Os chafarizes se multiplicaram distribuindo as águas do Carioca até o seu limite de abastecimento, quando a administração pública resolveu valer-se de outros rios, como o Maracanã, cujas águas foram conduzidas até o chafariz do Campo de Santana. Em carta de 1773, o marquês do Lavradio dá uma ideia sobre a rede de chafarizes existentes, pois a

> cidade, que é populosa, e importante não haviam senão duas fontes, que ambas vinham da mesma mãe, conduzida parte por arcos, e outra parte por aqueduto subterrâneo feitos por tal modo, que depois de terem custado muito dinheiro, a todo o instante se estavam entupidos, e o Povo passando pela grande consternação de passar sede enquanto dos subúrbios da Cidade em partes distantes lhe não traziam os seus criados alguma água para beberem, acha-se hoje pois providenciado em parte este negócio tendo-lhe procurado descobrir outras águas, ainda que com muito trabalho, com bem moderada despesa, e já correm duas excelentes fontes mas cada uma delas com diferentes nascimentos, e brevemente haverá outra em um dos Bairros; que mais a necessitava, porque é o que fica mais distante dos que havia, e das que agora fizeram.[26]

Os demais vice-reis ampliaram a rede de abastecimento d'água construindo novas fontes que, no total, somavam 11 chafarizes, cuja relação organizamos a partir de documentos variados:[27] a) chafariz da Carioca, no antigo Campo de Santo Antônio, depois chamado largo da Carioca. Construção do governo Aires Saldanha; b) primeiro chafariz no largo do Paço, obra do conde de Bobadela, Gomes Freire de Andrade, no centro da praça, posteriormente demolido; c) chafariz de Mestre Valentim, obra de d. Luís de Vasconcelos e Souza, no largo do Paço em substituição ao construído pelo conde de Bobadela, ainda hoje existente; d) chafariz da Glória, no caminho da Glória, obra do marquês do Lavradio; e) pocinho da Glória, no largo da Glória, obra antiga; f) chafariz das Marrecas, na rua dos Barbonos, hoje Evaristo da Veiga, realização de d. Luís de Vasconcelos e Sousa; g) fonte dos Amores, projeto do Mestre Valentim, no Passeio Público, obra de d. Luis de Vasconcelos e Sousa; h) chafariz do largo do Moura, obra do conde de Resende; i) chafariz no largo do Capim, também do conde de Resende; j) chafariz no Campo de Santana, obra iniciada no governo do vice-rei d. Fernando José de Portugal; k) chafariz do Lagarto, na altura da lagoa da Sentinela, hoje rua Frei Caneca, obra do governo d. Luís de Vasconcelos e Souza.

Clima e insalubridade

Calor, sufocamento, cansaço, umidade, chuva, insolação causticante eram expressões muito usadas pelas pessoas que residiam ou estavam de passagem pelo Rio de Janeiro para expressar as sensações de desconforto com o clima tropical subúmido da cidade. A experiência e os estudos científicos desenvolvidos na época, ligados aos fenômenos naturais, mostravam que para minorar o rigor desse clima era fundamental uma boa circulação dos ventos frescos das brisas marinhas e terral, a criação de espaços sombreados, a desumidificação do ambiente e a ocupação preferencial dos terrenos secos.

Havendo uma conjugação correta do fator climático com o sítio submetido à intervenção humana, a cidade poderia ganhar em qualidade ambiental, opinião que não era partilhada por todos. Muitos dos que residiam no Rio de Janeiro setecentista consideravam seu clima como doentio e prejudicial à saúde, principalmente os europeus que vinham de regiões mais amenas. Os vice-reis registravam em suas correspondências as doenças que os acometiam ao chegarem à cidade, em função, principalmente, das condições climáticas adversas. O primeiro vice-rei, conde da Cunha, ao solicitar à Corte para ser substituído alegou como motivo de seu pedido as enfermidades de que padecia na cidade. Em carta a Francisco Xavier de Mendonça Furtado, secretário de Estado da Marinha e Conquistas (gestão 1762-70), agradecendo-lhe sua interferência junto à Corte, listava as doenças que o atacavam — "defluxos, sarnas, impigens, e outras semelhantes misérias" —, todas prejudiciais a seu trabalho e muito comuns no Rio de Janeiro.[28] Desses mesmos males também reclamavam os escravos, comerciantes e militares.

O conde da Cunha atribuía não só ao clima, mas também à casa dos vice-reis no largo do Paço e ao seu entorno, a responsabilidade por suas moléstias. Por isso resolveu transferir-se para o alto do morro do Castelo, ocupando como residência a antiga moradia dos jesuítas, por ser local mais saudável. Com o aval do rei, que obteve para realizar seu intento, fez grandes obras de adaptação do prédio, das quais não desfrutou por ter concluído seu mandato logo que as terminou.

Seu sucessor, o conde de Azambuja, que parecia já ter chegado enfastiado com sua responsabilidade de governar a capitania do Rio de Janeiro (em 1767), não perdia a oportunidade, em correspondência dirigida à Corte, de pedir transferência para Portugal, alegando viver em permanente estado de morbidade provocada pelo ambiente insalubre. Apesar das ponderações feitas por seu antecessor em defesa da transferência da residência do vice-rei para o Castelo, Azambuja preferiu permanecer na antiga morada, pelo incômodo que representava o acesso ao morro. Segundo ele, "para descer um Pacabote (espécie de carruagem), era sempre preciso amarrar-se-lhe uma roda". Para o conde de Azambuja, o velho Paço apresentava as vantagens de ficar bem situado, perto de tudo, e permitir a realização das paradas militares. Dizia ele que as más condições ambientais do lugar em que se situava a casa do governo não eram especificidade do local, "mas comum a toda a Cidade, e o fétido se evitou" com as obras que mandou realizar no Largo do Paço e no palácio.[29] No mesmo ano, em 26 de outubro, o vice-rei ainda voltou ao assunto, dizendo ter sido acometido por fortes e repetidas vertigens que, durante quase todo o mês de setembro e princípios de outubro, o tornaram incapaz de trabalhar.[30]

Mais tarde, o marquês do Lavradio, em carta ao amigo João Gomes de Araújo, datada de 23 de junho de 1770, dizia não passar bem na cidade do Rio "porque o ar que aqui se respira é sumamente prejudicial à saúde".[31]

O ideário urbanossanitarista

As condições ambientais do sítio onde se localizava a cidade do Rio de Janeiro foram todas bastante discutidas no encontro de 1798, promovido pelos vereadores e ao qual compareceram como convidados alguns profissionais da saúde. O registro desse importante debate organizado em forma de perguntas e respostas revela as questões que preocupavam os vereadores, reproduz os diagnósticos correntes e indica as respectivas soluções. Inclui também os pontos de vistas dos médicos Antônio Joaquim Malheiros, Bernardino Antônio Gomes e Manoel Joaquim Marreiros, que aprofundavam os diagnósticos e acrescentavam opiniões de outros profissionais estrangeiros, peritos nas questões debatidas. Só então apresentavam suas propostas, algumas concordantes com as sugeridas pelos vereadores, outras absolutamente singulares. Esse precioso documento, publicado na íntegra em 1813, no jornal *O Patriota* sintetiza todo o ideário urbanístico do século XVIII, abraçado pelo poder público, pelos técnicos e pela população em geral.[32]

Da leitura desse documento pode-se concluir que todos concordavam com o diagnóstico de que as águas estagnadas nos terrenos baixos da várgea da cidade — por impossibilidade de escoamento em decorrência do baixo nível do terreno com relação ao nível do mar —, o acúmulo de lixo e de dejetos nos terrenos baldios, nos logradouros da periferia e nas praias do centro da cidade e o sepultamento dos mortos no interior das igrejas e cemitérios ao lado eram responsáveis pelo aparecimento de doenças endêmicas e epidêmicas na população, tais como sarna, impinge, escorbuto, elefantíase, formigueiro etc. (doenças de pele em geral), as verminoses e outras como a hepatite, as febres renitentes, a morfeia ou lepra, a bouba e tísica ou tuberculose. As más condições ambientais provocavam os grandes surtos epidêmicos de disenteria, bexiga, sarampo, gripes e das "tosses convulsivas", como a coqueluche, que grassou no Rio de Janeiro a partir de 1797. Para combater esses males foram propostas algumas medidas como a drenagem dos terrenos alagados (construção de valas e canais) e os aterros dos charcos. Propuseram também os vereadores e profissionais da saúde que proprietários subissem o nível do piso do pavimento térreo das suas edificações cerca de 50cm em relação ao logradouro e que fossem rearborizados os morros e terrenos vazios. Sugeriram ainda que se proibissem os enterros no interior das igrejas, a criação de cemitérios públicos e obras de higienização do matadouro.

Com relação ao ambiente doentio da cidade do Rio, decorrente, segundo essas autoridades, do clima quente e subúmido da região e da dificultosa circulação dos ventos — pela presença dos morros de São Bento, da Conceição, de Pedro Dias (Senado), do Castelo e do traçado de algumas ruas —, foram propostos como solução: a abertura de novos logradouros perpendiculares às ruas existentes de grande comprimento, e de outras ruas perpendiculares à orla marítima para canalizarem a brisa marinha; o incentivo ao exercício físico; a mudança de hábitos alimentares da população, sugerindo-se o aumento do consumo de verduras e frutas e a diminuição de comidas quentes, como feijão, inhames, chá etc. Quanto à cortina formada pelos morros que circundavam o Rio de Janeiro, propuseram o arrasamento do morro do Castelo e o de Pedro Dias (do Senado), considerados os mais prejudiciais à circulação do ar.

A sugestão foi encaminhada ao príncipe regente d. João, quando este chegou à cidade. Por sua vez, o regente solicitou o parecer técnico de seu físico-mor, dr. Manoel Vieira da Silva, que se mostrou desfavorável à demolição do morro do Castelo, alegando que ele não representava obstáculo à saúde pública porque

> as montanhas entram na ordem da grande economia da natureza; elas são destinadas a fins, que o homem não deve perturbar; eles são outros tantos condutores de maté-

> ria elétrica; são os grandes reservatórios, não só das águas, mas também dos corpos minerais, de que alguns são fáceis a inflamar-se, logo que estejam em contato com a atmosfera; servem a estabelecer uma certa ordem de atração em todo o globo; e quem não vê que somente em distância de povoações se devem tentar semelhantes demolições, quando o estado da sociedade o chegue a exigir! ... Temos demonstrado, que a atmosfera própria desta cidade, e o morro do Castelo, considerados isoladamente são por si muito débeis obstáculos à Saúde Pública; *ver-se-á agora a grande força que adquirem na sua reunião as outras grandes causas, que sendo obra dos homens, podem receber a sua extinção da mão que lhe deu a origem.*[33]

A proposta de arrasamento dos morros do Senado e do Castelo continuou a ser encaminhada ao longo do século, tendo se iniciado o desmonte do primeiro morro a partir do último quartel do século XIX; o segundo só seria demolido a partir de 1920.

Capítulo II

A Muralha do Medo

A ocupação das terras americanas que couberam ao reino de Portugal se fez, como nas demais colonizações, com o extermínio total ou parcial da população autóctone, provocando uma relação conflituosa, de suspeita e temor entre o colonizador, sempre desconfiado em relação à amizade e à paz oferecidas, e os colonizados, que buscavam sinais mais claros sobre as intenções do forasteiro invasor.

A cidade do Rio de Janeiro foi assentada sobre as bases turbulentas dessa relação. Sua fundação representou o derramamento de muito sangue humano, que empapou o solo e tingiu de rubro as águas da baía. Sangue de portugueses do Reino e da colônia, de mamelucos, de índios temiminós e tupinambás, de pretos escravos da distante Guiné e dos franceses da malsucedida França Antártica.

O medo em face dos inimigos de primeira hora

Os homens que vieram para fundar uma nova cidade sabiam que as mesmas mãos que usariam para construir a igreja, o prédio público e a residência se levantariam para matar e ferir outros homens com dureza belicosa. Na paz seriam construtores, na guerra, soldados. Esse foi o começo da cidade de São Sebastião do Rio de Janeiro, amesquinhada no interior de uma paliçada de barro, situada inicialmente no sopé do morro Cara de Cão, com sua população acuada face à ameaça constante de ataque dos inimigos franceses e tupinambás. Mal nascia e já contava com a presença de contendores desejosos de destruí-la. Mesmo depois de transferida para o morro do Castelo, após a expulsão dos inimigos, o medo e a tensão continuavam a habitar cada um de seus moradores sempre temerosos com a perspectiva de uma possível revanche. Antecipando-se aos presumíveis ataques, portugueses e aliados buscaram aniquilar os potenciais focos de ameaça. Mem de Sá relata que, no momento mesmo em que construíam a cidade, foram obrigados a desbaratar agrupamentos de tupinambás, matando muitos deles e poupando a vida dos que se entregavam pedindo clemência.

Tal investida não foi suficiente. Reorganizados em sua aldeia do outro lado da baía, na região de Niterói, os tupinambás, cuja presença foi atestada por Jacques de Vaulx du Clay em seu mapa publicado em 1579, continuavam ameaçando. (MAPA 3) Em 1575, numa ação ousada, aprisionaram sete moradores do Rio e muitos índios temiminós que eram comandados por Arariboia. Foi a gota-d'água para que o governador Antônio de Salema organizasse uma tropa composta de 400 homens brancos, entre eles mui-

Mapa 3

Baía de Guanabara representada por Jacques de Vaulx

tos senhores importantes de Santos, como José Adorno e Brás Cubas, e de setecentos índios amigos, todos sob a proteção espiritual dos jesuítas. A decisão de Antônio de Salema era varrer do território localizado entre Niterói e Cabo Frio os tupinambás e franceses que encontrasse. Exitosos nessa tarefa, mataram-se mais de mil deles, entre os quais 500 prisioneiros indefesos, barbaramente executados diante de seus familiares. As viúvas e os filhos desses índios tupinambás foram distribuídos como troféu de guerra entre os comandados por Antônio de Salema, para os servirem como escravos. Para casa, pois, levaram pessoas ressentidas e traumatizadas pela guerra e pela morte de seus entes queridos. Se antes viviam apreensivos com possíveis ataques externos de franceses e índios, passaram a conviver com uma nova possibilidade de serem atacados, internamente, pelos silvícolas escravizados.[34]

O medo em face dos inimigos ocasionais

Ao longo da história da cidade do Rio de Janeiro, a esses dois inimigos de primeira hora — franceses e tupinambás — se somaram outros, quase todos inimigos ocasionais, fruto das relações políticas internacionais da Coroa portuguesa com outros países. Assim, holandeses, espanhóis e ingleses foram por um período de tempo classificados como inimigos. Virada a página daquela atritada relação política, a Coroa determinava que os inimigos de ontem passassem a ser doravante tratados como amigos, não se importando com o sentimento de rejeição da população que já se cristalizava contra eles.

Por isso, a cada embarcação que apontava na entrada da baía, a primeira reação era de ansiedade e dúvida: quem vinha lá? Amigo ou inimigo? Se embarcação inimiga, reacendiam-se o medo, a angústia e o pânico; se amiga, o alívio e a alegria. Nesse balouço dos humores das relações diplomáticas, nesse pendular sentimento de amizade e ódio, cresceu a população, e com ela a cidade. Não é outra a razão de, na encruzilhada de um partido urbanístico a ser tomado, ter prevalecido o viés militar da fortificação e da defesa; e, no planejamento das políticas e das ações públicas, ter dominado a preocupação com a segurança interna e externa da região.

No entanto, não só as perspectivas da invasão que fisicamente batia à porta de entrada da cidade explicavam o clima de insegurança vivenciado pela população. Outras contendas, igualmente decorrentes das flutuações das relações políticas entre Portugal e demais países da Europa — travadas, porém, em campos de batalha geograficamente distantes —, foram também responsáveis pela construção dessa "muralha do medo" que cingia psicologicamente governantes e governados.

Nenhum outro exemplo ilustra com tanta eloquência os efeitos desse vaivém entre amizade e inimizade provocado pelas sucessivas rupturas e reatamentos de relações políticas quanto o episódio da Colônia do Sacramento, fundada em 1679 pela expedição que saiu da cidade do Rio de Janeiro com sete naus, levando cerca de mil homens e comandada pelo governador d. Manoel Lobo.

O bravo comandante terminou prisioneiro dos argentinos e espanhóis e como tal veio a falecer. Apesar dessa tragédia inicial, a Colônia do Sacramento cresceu, tornando-se um enclave luso-brasileiro no território cisplatino-espanhol.

O medo originário da relação senhor-escravo

Não só os inimigos externos, de procedência variada, provocaram o medo nos moradores da cidade. Ele também podia brotar de dentro de casa.

Com o incremento do tráfico negreiro, e o consequente aumento da população escrava, a relação antagônica entre homens livres e cativos tornou-se onipresente. Passaram os senhores a desconfiar de seus escravos, temendo que pudessem se voltar contra eles ou contra a unidade produtiva. No seio de uma relação desigual, cotidianamente vivenciada no interior do espaço doméstico, podia ser que um belo dia, buscando romper com as condições de submissão e pressão, o escravo se insurgisse contra seu dono, cometendo atos de rebeldia e sabotagem. Essa era uma apreensão difusa e latente, que podia se tornar aguda e real. Por isso, dela pouco se fala. Tem-se efetivamente notícia de uma outra modalidade de insubordinação, representada pela existência dos quilombolas, escravos fugitivos que, tendo rompido sua condição de sujeição, se aglutinavam para formar comunidades com o componente explícito de resistência negra. Ainda que especialmente afastados dos centros urbanos, esses quilombolas não cortavam de vez seus laços familiares, nem deixavam de recorrer a relações de conveniência na busca de sua sobrevivência material. Por isso, as autoridades que buscavam extingui-los esforçavam-se também em descobrir com quem entretinham relações e como se comunicavam com os comerciantes.[35] E por saberem que nem todos os vínculos haviam se quebrado é que as famílias desses senhores nutriam a preocupação de, numa dessas suas incursões, tornarem-se alvo de agressão por parte de quilombolas.

De outro lado, temiam também que, nesses contatos, fosse insuflado um desejo de fuga que, multiplicado, poderia causar prejuízos ao sistema escravagista. Daí a montagem de um forte esquema repressivo, em que se combinavam estratégias de natureza variada — política, militar, religiosa — para assegurar o escravismo e tranquilizar a parcela não cativa da população. Essas foram medidas que lograram sucesso. De fato, na cidade do Rio de Janeiro e em seu recôncavo, até o término da escravidão no Brasil, em 13 de maio de 1888, não se tem notícia de qualquer revolta de escravos de grandes proporções, como a de Palmares.

O medo das doenças

Não só de homens tinha medo a população. A proliferação de doenças ocasionadas pelas adversas condições ambientais que envolviam a cidade consistia em outra fonte de temor para seus habitantes. Não apenas dos charcos e manguezais podiam elas brotar; penetravam também pelo porto da cidade, trazidas pelas embarcações. Aliás, do mar podiam chegar tanto o bom quanto o ruim. Se dele vinha a boa notícia, a novidade, o amigo, o parente, a encomenda, o presente, a mercadoria, o escravo, o funcionário, o governante, o religioso, o esperado socorro, os elos, enfim, que solidificavam os vínculos da cidade do Rio com as demais do Brasil e as do outro lado do Atlântico, chegavam também o inimigo ameaçador, a má notícia, a Inquisição persecutória, a doença severa.

O medo vira verdade: aconteceram as invasões

Em 7 de agosto de 1710, sob o comando de Jean François Duclerc (?-1711), voltavam os velhos inimigos franceses, apontando na entrada da baía e usando como disfarce a bandeira da Inglaterra.[36] De nada valeu o artifício. Alertadas pela espionagem portuguesa que trabalhava em território francês, as autoridades do Rio de Janeiro puderam se preparar para enfrentar a iminente invasão. Sob intenso bombardeio das baterias de Santa Cruz e São João, a esquadra francesa teve que recuar, tomando o caminho da ilha Grande, onde fundearam e aproveitaram para saquear fazendas e engenhos. Dali se dirigiram a Guaratiba, onde finalmente puderam desembarcar as tropas invasoras. Foi desse ponto que marcharam em direção à cidade, passando por Camorim, Jacarepaguá e Engenho Novo, até alcançarem o Engenho Velho dos jesuítas, onde pararam para descansar. A cidade estava preparada para o enfrentamento, com as suas diversas forças dispostas nos locais estratégicos. Os franceses, porém, conseguiram atingir o centro da cidade, passando pela lagoa do Boqueirão, pelas ruas da Ajuda e São José, rumando em direção ao largo do Carmo (atual praça Quinze). Nessa região densamente construída é que se deram os grandes embates dos quais saíram derrotados os invasores. Muitas foram as mortes para ambos os lados: 70 para o Rio de Janeiro e cerca de 400 para os franceses.

Os prisioneiros mais importantes foram confinados nos conventos de Santo Antônio e do Carmo, e o chefe Duclerc, no Colégio dos Jesuítas. Outros, ainda, foram enviados para as prisões da Bahia e de Pernambuco.

Duclerc — que a pedido havia sido transferido para a casa do ajudante de tenente Gomes da Silva, em 18 de março de 1711 — foi assassinado por um grupo de encapuçados, fato que acarretou sérios problemas de relações diplomáticas entre as monarquias portuguesa e francesa.

A vitória dos habitantes locais contra os invasores tornou a população mais autoconfiante, e o sistema de defesa da cidade passou a constituir o orgulho das autoridades. As fortalezas de Santa Cruz e de São João haviam demonstrado que o fogo de suas baterias formava uma muralha intransponível aos navios inimigos. Porém, o modo como os franceses ingressaram foi um alerta sobre a fragilidade da defesa quando a incursão inimiga se dava pelo flanco da cidade, a partir do interior continental. Não havia qualquer fortaleza pensada para a defesa interna. Todas tinham sido construídas para enfrentar o inimigo que vinha do mar.

Enquanto na cidade do Rio de Janeiro ainda se festejava a vitória, na França já se armava uma poderosa esquadra que viria reparar a vergonha da derrota sofrida e vingar a morte de Duclerc. Contavam os franceses obter bons lucros com os saques planejados, com os quais pretendiam cobrir os prejuízos e as dívidas contraídas em função do empreendimento fracassado. Sob o comando de René Duguay-Trouin (1673-1736) à frente de mais de quatro mil homens distribuídos em 17 navios fortemente armados, partiram os franceses em 7 de junho de 1711 rumo ao Brasil. Mais uma vez a espionagem portuguesa descobriu a tempo de avisar o governador do Rio de Janeiro, Francisco de Castro e Morais, sobre o novo projeto de invasão. Antes da entrada dos franceses, que se deu a 12 de setembro, chegou de Portugal no dia 25 de agosto um emissário trazendo notícias do planejado ataque. Dispunham portanto as autoridades e a população da cidade de 19 dias para organizar a defesa. Com novas informações trazidas pelo sargento-mor de Cabo Frio, no dia 2 de setembro, de que pescadores tinham avistado uma poderosa esquadra francesa na altura da ilha de Santa Ana, confirmou-se a iminência do ataque, que veio a ser colocado em dúvida pelo mesmo sargento-mor uma semana depois. Sem que se averiguasse a fundo a contrainformação, o governador deu ordens para que fosse desmontado todo o esquema de resistência, segundo ele desnecessário e dispendioso. Assim, foram desguarnecidas as fortalezas de Santa Cruz e São João.

No dia 12, por volta das 13 horas, enquanto caía intenso nevoeiro sobre a baía de Guanabara, a esquadra francesa protegida pela bruma ultrapassou a linha de tiro das fortalezas da barra antes de ser vista pelas sentinelas. Quando estas se deram conta e foram acionadas as baterias contra os navios dos invasores, já não foi possível impedir o ataque e a entrada na baía. Apenas com avarias insignificantes, os 17 navios postaram-se diante da cidade com seus poderosos armamentos praticamente intactos.

Intensas batalhas navais foram travadas, tendo os franceses conquistado posições estratégicas importantes até o desembarque total de sua tropa de infantaria, que ocupou os morros do Castelo, São Bento e da Conceição. Nesse momento, o governador e seu estado-maior já tinham há muito tempo abandonado a cidade, no que foram seguidos por parte da população. Restaram alguns grupos de militares que desobedeceram às ordens superiores e membros das forças auxiliares, como a dos estudantes. Além da incursão humilhante dos invasores na cidade nos dias 20 e 21, tempestades terríveis carregadas de apavorantes raios e trovões desabaram sobre ela, dificultando a fuga dos moradores que ainda permaneciam impedidos de ultrapassar os caudalosos canais em que se transformara a área urbana.

A tropa francesa, bem-organizada e sob firme comando, continuou combatendo os núcleos desorganizados de resistência. Mesmo o aguerrido grupo comandado por Bento do Amaral Coutinho, que enfrentou com muita bravura os franceses na altura da lagoa da Sentinela, perto do atual Campo de Santana, foi aniquilado, e com ele caiu seu bravo comandante.

Senhores absolutos da situação, os franceses saquearam o Rio de Janeiro enquanto se processava a negociação do resgate com o governador e seu estado-maior. Acertados os termos, os invasores levaram consigo 240 contos de réis em dinheiro, cem caixas de açúcar e 200 bois, além dos bens e produtos saqueados, em parte revendidos aos próprios moradores da localidade.

Com isso, a cidade foi seriamente espoliada. Vários foram os prédios destruídos pelos bombardeios, pelo fogo ou mesmo pelo vandalismo de parte da tropa francesa. A rapina chegou a tais níveis que até mesmo os comandantes franceses a reprovaram, mandando, por causa dela, decapitar três de seus soldados. É oportuno ressaltar que a destruição não atingiu apenas o patrimônio imobiliário público e privado, mas também o documental e artístico, danificados no interior dos prédios públicos, igrejas e casas particulares. Sobre os efeitos dessas ações devastadoras existem diversas referências posteriores à invasão, feitas por entidades e instituições como as irmandades de São José, do Rosário, de Santo Antônio da Mouraria e outras, que declararam não mais possuir os seus primeiros livros e a cópia de seus estatutos, por terem sido destruídos pelos franceses, em 1711.[37]

Em preciosa descrição, o general francês Lagranje dá uma ideia do grau de abastecimento em que se encontrava a cidade no momento da invasão e da extensão do saque realizado por sua tropa:

> quanto a víveres e munições estava a cidade bem aprovisionada, já que a frota de comércio do reino, havia pouco chegada, suficientemente de tudo a provera; encontrando-se, em consequência, cada morada abastecida para dois meses, coisa que se podia facilmente aquilatar em virtude da superabundância de farinhas, aguardentes, carnes salgadas, peixe seco, bacalhau, óleos e manteiga. As velas, sobretudo, existiam em quantidade superior a 400.000 libras nas lojas e nas próprias casas particulares; naquelas vendidas a dois escudos a libra, quantidade essa de espantar, apesar do malbarato e desperdício de grandessíssima porção dela durante as vigílias noturnas de serviço.
>
> Nunca se viu, em parte alguma, tamanho acúmulo de mercâncias oriundas de Portugal, França, Inglaterra, Itália e Índias, trazidas pelas frotas de comércio. Constituía-se, por si só, cada residência, verdadeiro depósito de tudo quanto mais curioso havia proveniente da Europa, China, Índias Orientais, Pérsia e Japão; sendo o montante de tais riquezas avaliado em quatro milhões. Nossos soldados destruíram, porém, durante o saque e pilhagem, tal proporção de porcelanas, móveis chineses de uso e de adorno em laca, espelhos, cristais, quadros, banquetas e arcas de marfim e de madeiras odoríferas, bem como um sem-número mais de objetos preciosos, que, por isso, se perdeu um cabedal avaliado em três milhões. Além disso, muito concorreram, também, para sua ruína, não só os incêndios casuais e propositais, ocorridos durante a fuga de nossos inimigos, como, da mesma forma, o violento bombardeio da cidade.[38]

Passado o pesadelo, a população voltou para contabilizar as perdas, recompor os bens destroçados e buscar explicações para a tragédia, apontando culpados e destacando heróis. Entre os culpados foram incluídos o governador Francisco de Castro de Moraes e todo o alto comando militar, os 70 cristãos novos que se encontravam presos e foram libertados pelos franceses, os que passaram informações ou permaneceram na cidade tranquilamente misturados aos invasores, em boa paz. Entre os heróis, o mais reverenciado foi Bento do Amaral Coutinho,[39] em cuja homenagem escreveram-se louvações em prosa e verso, inclusive o poema que leva o nome "Relação do sucedido no Rio de Janeiro no ano de 1711", de anônima autoria:

> Este varão cujo dó / nos há de sempre cobrir / nas ocasiões de investir / disse — *Primero soy yo* // Fiado no animoso, / da vitória estava certo, / mas por maior desconto / o quis a sorte matar. // e chegamos a chorar. / *El mayor amigo el muerto* / vai-te o varão alentado / vai-te a possuir a glória, // que fostes cá nesta história. / *El dictoso desdichalo* / Serás sempre celebrado // em todo o Antártico polo, / e enquanto a Fama em seu colo / toma seu nome, e o publica.[40]

O medo questiona as técnicas e estratégias de defesa

Além dos prejuízos materiais, financeiros, documentais e humanos que causaram, as duas invasões francesas tornaram evidente a vulnerabilidade do sistema de defesa da cidade, no qual haviam sido investidos durante 150 anos grandes somas de recursos públicos e de contribuições recolhidas ao longo de diversas gerações. Questionou-se também a capacidade técnica dos engenheiros e estrategistas militares portugueses com relação ao domínio da ciência das fortificações. Aquele foi um momento importante para a administração pública rever as estratégias e detectar as causas do fracasso do sistema de defesa do Rio de Janeiro.

Após amplo debate sobre essa questão no Conselho Ultramarino, e dos pareceres de notáveis engenheiros portugueses, como o do brigadeiro Manoel de Azevedo Fortes — autor do famoso tratado de engenharia denominado *O engenheiro português* — e do tenente-general e cosmógrafo Luis Serrão Pimentel — autor do livro *Método lusitânico de desenhar fortificações das praças regulares e irregulares* — o rei decidiu enviar à cidade um especialista em fortificações, o engenheiro militar João Massé (técnico francês que servia a Portugal), para uma análise mais apurada da situação. Vinha ele com a incumbência de avaliar problemas, propor alterações e sobretudo projetar uma muralha de pedra capaz de proteger a cidade de ataques vindos do interior continental.

Acompanhando o novo governador nomeado, d. Francisco Xavier de Távora (gestão 1713-16), João Massé chegou à cidade em 1713, encontrando-a guarnecida com 15 fortificações: Santa Cruz, São João, São Thiago, São Sebastião, da Praia Vermelha, Villegaignon, da Praia do Saco, de Nossa Senhora da Boa Viagem, da Ilha das Cobras, da Laje, Reduto da Prainha, de São Bento, da Conceição, da Praia de Santa Luzia e de Gragoatá.[41]

Tendo aprovado no geral a distribuição dessas fortificações, o engenheiro francês propôs reformar algumas e aumentar a potência das baterias de outras, principalmente as de Santa Cruz, São João e Ilha das Cobras, porta de entrada da baía de Guanabara. Com o intuito de revigorar a defesa, projetou mais uma fortaleza, a se construir na pequena ilha de pedra chamada de Laje que dividia a entrada da barra em dois canais, além da muralha para proteger a retaguarda da cidade.

A Fortaleza da Lage era uma proposta antiga que dividia as opiniões dos técnicos. Os críticos argumentavam que os custos das obras não compensavam os benefícios, porque as fortalezas de Santa Cruz e São João já guarneciam a entrada da baía. Tais argumentos haviam levado a Coroa a protelar sua edificação. Todavia, com a invasão de Duguay-Trouin, a posição hesitante do governo mudou a favor da imediata construção.

Iniciadas as obras, João Massé denunciou ao rei o fato de seu projeto para a Fortaleza da Lage não estar sendo obedecido pelo responsável da execução, o engenheiro militar Manoel de Mello e Castro. Interpelado, ele expôs as razões das alterações que julgou necessárias, em carta datada de 2 de julho de 1720, na qual afirmava que Massé chegara doente e, do alto do morro do Castelo, deitado numa rede, observara a ilha da Laje. Baseado nessa observação à distância projetou a fortaleza ovalada e que

> se não podia acomodar o ovado senão com a parte mais pequena do menor diâmetro; por cuja causa foi preciso mudar-se a figura e fazer-se a de um hexágono com os

dois lados maiores para a defensa do Canal e entrada dos navios e com um ângulo mui obtuso que fica quase em circunferência; que pelos outros lados não entram navios e nesta forma fica com muito melhor defensa a entrada da Barra.[42]

Percebe-se que Manoel de Mello e Castro discretamente criticava o projeto de João Massé, atribuindo seus defeitos ao pouco conhecimento da cidade, onde permanecera apenas por 40 dias, grande parte dos quais passados na cama. Dava a entender nas entrelinhas que Massé desconhecia o local da fortaleza. Por isso projetara-a com base na observação à grande distância, o que lhe dificultava dominar corretamente o espaço concreto da ilha da Laje. Curioso é o fato de nem as autoridades nem o engenheiro responsável pela obra, ambos conhecedores da configuração da ilha, terem com antecedência alertado João Massé sobre a inexequibilidade do formato ovalado por ele adotado.

O medo constrói sua muralha de pedra

A proposta de construção de uma nova muralha cercando a cidade para defendê-la representava uma volta às suas origens, quando foi concebida como praça de fortificação, localizada primeiramente na região da Urca e, mais tarde, no morro do Castelo. Diria mesmo que, além de um retorno às origens, um novo amuralhamento significava um retrocesso, pelas seguintes razões: a primeira e antiga muralha levantada ainda existia, porém já sem nenhuma função. Não chegara a desempenhar o papel de um cinturão delimitador que contivesse o núcleo urbano, encerrado num perímetro programado para ser preenchido, pouco a pouco, por novas construções levantadas nas áreas vazias, até chegar à saturação, transbordando, em seguida, para o externo. Ora, não foi assim que sucedeu com a área amuralhada pelos fundadores da cidade. Nela permaneciam grandes vazios, e muito pouco havia sido edificado, de modo a confundir um observador incauto que se ativesse àquele espaço para ajuizar sobre o crescimento da cidade.

De fato ele ocorrera, mas na contramão do dinamismo característico das cidades amuralhadas que só ultrapassavam seus limites artificialmente construídos, em busca de novos espaços, em virtude de uma pressão exercida a partir do interno, causada pela alta densidade populacional e habitacional atingidas, ou da necessidade de abrigar segmentos da sociedade excluídos do direito de habitar no núcleo urbano oficial. O crescimento extramuro da cidade do Rio de Janeiro, que se deu pela ocupação das várzeas circundantes, não obedeceu àquele princípio. Ocorreu em razão de conveniências autônomas, seguindo uma dinâmica própria e dando as costas ao morro do Castelo que, do ponto de vista de sua vitalidade urbana, nunca alcançara seu ponto máximo. Ao contrário, estagnado no tempo, o núcleo original convertera-se em espaço vazio de sentido, embora continuasse anacronicamente cercado.

No entender do governador Francisco de Távora, porém, a construção de uma nova muralha se justificava duplamente; serviria para coibir a fuga das pessoas da cidade e para guarnecer a retaguarda continental.[43] No entanto, apesar de convencido de sua relevância estratégica, o rei, considerando elevado os custos de sua execução, ordenou ao governador que a data do início das obras fosse protelada.

O projeto de João Massé havia considerado como espaço a ser protegido a faixa de terreno que corria junto ao mar, com início na ponta da Fortaleza de São Thiago, localizada no sopé do morro do Castelo, e término no trapiche da Prainha que ficava na base do morro da Conceição. Pelo interior, corria por sobre uma linha imaginária que unia o morro do Castelo ao da Conceição, passando por detrás da capela de Nossa Senhora do Rosário dos Pretos, com porta de entrada na rua da Quitanda do Marisco, atual rua da Alfândega. (MAPA 4)

Mapa 4

Projetos de fortificação da cidade do Rio de Janeiro – 1713-1730
(João Massé, Vahia Monteiro)

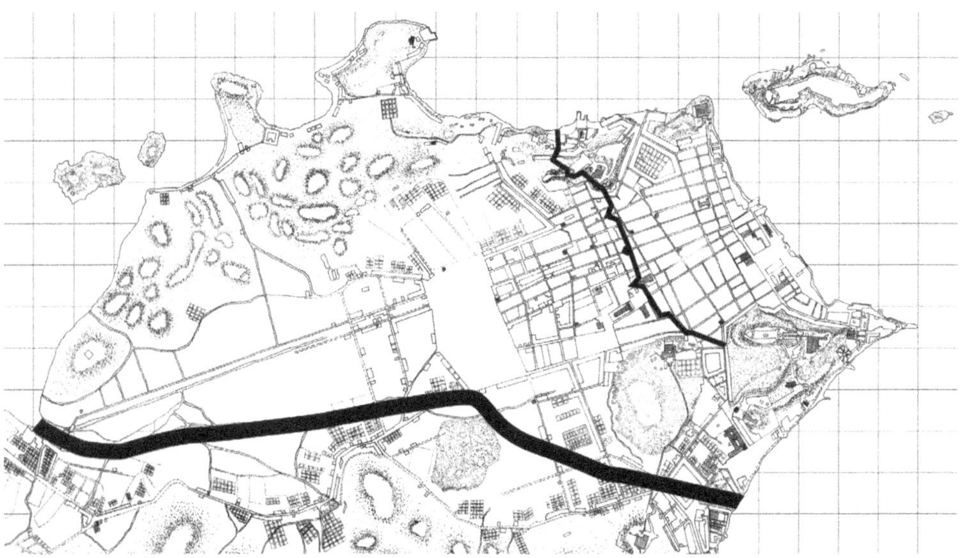

Canal projetado por Vahia Monteiro
Muralha projetada por João Massé

Tal circunscrição pode ser considerada um marco definitório do que passaria a vogar daquele momento em diante como cidade. O traçado da nova muralha reinterpretava e redefinia o espaço tipicamente urbano: ou seja, coincidia com o território situado no interior daquelas fronteiras físicas que, apesar de jamais terem concretamente atingido a estatura ou a integridade do circuito projetado, sempre foram urbanisticamente tomadas como referência. A linha limítrofe recuara, de modo que áreas antes consideradas pertencentes à periferia, pela força intervencionista do projeto da muralha, foram anexadas ao perímetro do centro urbano. Não foram só esses os efeitos decorrentes da nova distinção de espaços. Também o antigo centro do morro do Castelo, já esvaziado com essa nova divisão, perdeu de vez o status de centro, tornando-se zona morta e desprezada.

O caráter abrupto de requalificação dos espaços que o projeto da nova muralha introduziu não respeitou o ritmo espontâneo e gradativo de diferenciação de áreas contíguas que, a partir de um centro, passam a ser, num continuum, classificadas de arrabalde ou subúrbio, em seguida de zona semirrural, mais adiante de rural, até atingir a classificação de natural, consagrando uma categorização compartilhada pela população. De uma hora para outra uma linha divisória muito nítida definia dicotomicamente os territórios em dentro (cidade) e fora (arrabalde).

Desse modo, áreas circunvizinhas à capela de Nossa Senhora do Rosário, até bem pouco antes consideradas arrabaldes, viraram cidade de uma hora para outra.

A muralha projetada também produziu uma hierarquização valorativa do espaço circunscrito. Nele adquiriram mais importância ainda o Centro (rua Direita e adjacências) e a zona portuária. Logradouros inteiros ou trechos deles passaram a ser mais valorizados, à medida que da muralha se afastavam. Num processo inverso, nas áreas externas a seu perímetro, quanto mais perto da muralha se localizava, mais cobiçado e caro se convertia o terreno ou o imóvel.

Um outro aspecto imposto pelo projeto de João Massé levantou grande celeuma: a criação de uma faixa de terreno livre, circundando a muralha, na qual era proibido construir. A administração municipal, que já sofria com a pouca arrecadação de foros sobre seus terrenos, com essas novas limitações impostas pelo projeto viu-se ainda mais prejudicada, transformando-se em opositora contumaz de sua construção. Como os vereadores não podiam contestar frontal e abertamente a muralha — já que o rei a aprovara —, passaram a torpedeá-la por vias transversas.

Nesse meio tempo foi nomeado governador da capitania do Rio de Janeiro Luis Vahia Monteiro (gestão 1725-32), militar intransigente quando se tratava de executar as ordens que recebia da Corte. Entretanto, não deixou o governador de tecer críticas ao projeto de João Massé, apontando-lhe sérios problemas relativos à defesa da cidade. Não compreendia a razão de haver ficado desguarnecido o trecho próximo ao morro de Santo Antônio. Se o inimigo o ocupasse, lá de cima, situado em ponto relativamente mais alto que a muralha, podia descortinar toda a cidade e facilmente bombardeá-la. Além disso, ao seu alcance ficariam o aqueduto e o chafariz, situados pelo projeto na parte externa à muralha. Quando bem quisesse poderia cortar todo o abastecimento de água.

O projeto de João Massé foi também criticado por não ter deixado terreno livre para o exercício no seu interior de algumas atividades como o criatório e a pequena produção agrícola, capazes de alimentar a população no caso de cerco inimigo de longa duração. Em substituição ao trabalho de Massé, o governador encaminhou à Corte proposta de um outro projeto de sua autoria, descrito em carta enviada ao rei em 7 de julho de 1726, na qual propunha um canal navegável ligando a região do atual Passeio Público ao canal do Mangue, transformando a região do Centro da cidade numa ilha, como se pode observar também no mapa anterior.[44]

A proposta de Vahia Monteiro, a meu ver bastante superior à de João Massé, não foi aprovada pelo rei, que lhe ordenou continuar a construção da muralha já iniciada.

Em março de 1718, o governador Antônio de Brito de Meneses (gestão 1716-19) informava que já havia sido construída parte da muralha, com a altura de 1,76m e, em poucos pontos, 2,20m. Informava ainda que haviam sido "observados na sua largura os 14 palmos (3,08m) que lhe desenhou o brigadeiro Massé, e também na distância dos contrafortes, de 25 palmos (5,50m) de um a outro".[45]

Foram também recolhidas mais duas notícias sobre o andamento de sua construção e aspecto: a primeira procede de José da Silva Pais, engenheiro militar a serviço no Rio de Janeiro, que, no ano de 1736, observou que o muro se encontrava "levantado pouco mais de quatro palmos do terreno natural, o qual é preciso se conserve e acabe, dando-lhe melhor direção e defenções, que ele não tinha, como se verá da planta e só a maior dificuldade será o terra plano".[46]

A segunda informação foi retirada de um jornal de campanha da nau *L'Arc-en Ciel*, arribada ao Rio de Janeiro em 1748, no qual se encontrava registrada a construção da muralha que era construída de pedra e "liga de massa forte e preta, de aparência pouco sólida". Dizia ainda o informante que o "muro tinha a altura de um peitoril e fechava a parte da cidade que olhava para o campo".[47]

Como se pode ver, as observações contendo medidas e extensão da parte construída da muralha sempre variavam, de modo a indicar que os informantes se referiam a trechos diferentes da mesma obra.

A verdade é que, embora a passos lentos, a construção avançava, e o governador Vahia Monteiro, homem crítico mas obediente, não hesitou em fazer cumprir as determinações do projeto que impediam a edificação nos terrenos situados na faixa circundante colada à muralha. Desobedientes, os vereadores agiam na contramão incentivando os moradores a ocupá-los. O governador era também da opinião de que não se devia construir nas áreas extramuro sem que antes os terrenos vazios situados no intramuro tivessem sido ocupados. Esse ponto de vista tornou sua relação com os vereadores ainda mais conflituosa, mas ao final foi o que prevaleceu, com o reforço da provisão real de 10 de outubro de 1730, pela qual se proibia a construção de novas casas na área extramuro e obrigava os proprietários a edificarem nos terrenos vazios do intramuro, num prazo máximo de dois anos. Estabelecia ainda a provisão que os vereadores publicassem editais, divulgando amplamente junto à população da cidade as normas nela contidas. Inconformados com essa decisão, recorreram os vereadores ao rei, argumentando que muitos terrenos localizados no interior da muralha gozavam de isenção de foro, prejudicando a arrecadação da receita da Câmara, que chegara a níveis ínfimos e insuportáveis. Reclamavam também do fato de o traçado da nova muralha não corresponder a uma leitura correta do que já poderia ser considerado centro, por oposição à periferia.[48] Muitos terrenos edificados que deveriam ter sido incluídos no perímetro da muralha ficaram do seu lado de fora.

Tais argumentos não convenceram o rei, que manteve a provisão de 1730 com todas as suas restrições de edificação. Em razão disso, o crescimento da cidade teve de se dar pelas encostas dos morros do Castelo e da Conceição ou pela verticalização dos prédios.

Com a morte de Vahia Monteiro, o severo defensor das normas referentes à muralha, o governo foi exercido provisoriamente pelo militar mais graduado Manoel de Freitas da Fonseca, até a posse de Gomes Freire de Andrade (gestão 1733-63), que se mostrou bastante tolerante com as novas construções extramuro, inclusive as que invadiam a mencionada faixa de segurança, constante do projeto de João Massé. Nesse particular os vereadores também fecharam os olhos, de forma que os moradores da cidade, livres de qualquer fiscalização e já esquecidos da invasão francesa de Duguay-Trouin, passaram a construir suas casas tão próximas à muralha, que algumas delas tinham-na como parede. Sem qualquer constrangimento alguns encaminhavam requerimentos à Câmara, "pedindo licença para edificarem casas junto à muralha velha da cidade".[49]

Desrespeitada, a muralha passou a ser destruída pelos que dela retiravam pedras para suas construções, sem encontrarem resistência alguma por parte das autoridades. Ilustra bem essa agressão o pedido do padre jesuíta Gabriel de Malagrida — responsável por cuidar das obras dos seminários da Companhia de Jesus —, dirigido ao governador do Rio de Janeiro. Pretendia extrair da muralha a quantidade necessária de pedra para poder construir um novo seminário na cidade. Em resposta, o governador interino José Antônio Freire de Andrade, em 14 de agosto de 1756, deferiu o pedido, permitindo aos jesuítas a retirada de 400 braças (880m), concedidas a título de doação, em tempo sustada pelo rei d. José I, que tomara conhecimento da esdrúxula oferta.[50]

Paradoxalmente a muralha de João Massé, que fora projetada para defender a cidade contra os invasores, acabou sendo relegada e destruída pelas autoridades e a população que objetivava defender.

Tal desfecho encontra razão na proposta adotada pelo projeto que lhe deu origem. Tendo partido de um ponto de vista equivocado, e sendo elaborada por alguém que não dominava a realidade urbana local, a muralha de João Massé não conseguiu convencer a população sobre sua utilidade, nem aglutinar os diversos grupos que tinham influência sobre a cidade. Tornou-se assim alvo de destruição.

Em contrapartida, a segurança da cidade do Rio de Janeiro continuava a se fazer prioritariamente pelo controle do mar. Essa era a opinião do conde de Oeiras, o futuro marquês de Pombal, que, em importante carta ao marquês do Lavradio, alertava sobre os inimigos e possíveis invasores ingleses, franceses e espanhóis. Nessa correspondência aproveitava para transmitir a posição de compromisso do monarca com a cidade do Rio de Janeiro: "o maior e o mais importante interesse que hoje tem a Coroa de Portugal é o da segurança e conservação da Praça do Rio de Janeiro em um estado respeitável, que cubra e proteja aquela capitania".[51]

A despeito dos comentários de Lord Byron — que estivera no Rio em 12 de agosto de 1764 — ridicularizando o sistema de defesa da cidade, a Coroa considerava-o bem-estruturado e quase invencível.[52] Mesmo assim continuava se preocupando com a segurança da capitania do Rio de Janeiro. Resolvendo reforçá-la, o governo de Portugal enviou uma comissão de estudos composta por especialistas na matéria, todos a serviço do alto comando de seu exército: o general João Henrique Böhm (alemão), o brigadeiro Jacques Funck (sueco), o ajudante engenheiro Francisco João Roscio (português) e o coronel engenheiro José Custódio de Farias (português), que chegaram ao Rio de Janeiro no ano de 1767, quando governava a cidade o vice-rei conde da Cunha (gestão 1763-67). Dois anos depois, em 1769, o novo vice-rei, marquês do Lavradio, solicitou a três membros daquela equipe — Funck, Roscio e Custódio de Farias — uma proposta de melhoria do sistema de segurança da cidade, inclusive um estudo sobre uma nova muralha. (MAPA 5)

Na análise comparativa desses três projetos apresentados identificam-se pontos coincidentes e sugestões isoladas. Roscio e os demais concordaram quanto à necessi-

Mapa 5

Projetos de fortificação da cidade do Rio de Janeiro – 1769
(Jacques Funck, João Roscio e José Custódio de Farias)

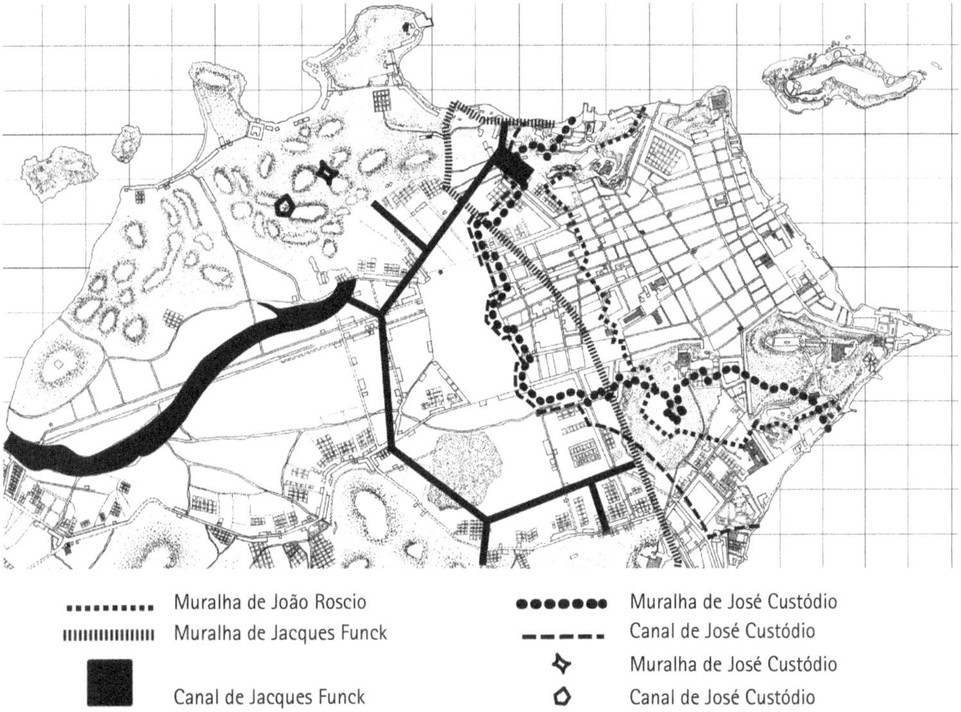

dade de modificar o traçado da antiga muralha (a de João Massé), no sentido de fazê-la avançar em direção ao mangue de São Diogo (hoje correspondente à área que vai do Campo de Santana até a praça da Bandeira). Concordaram também com a incorporação do morro de Santo Antônio ao espaço murado.

Apenas Funck também inseria a área da lagoa do Boqueirão e do largo da Lapa no intramuro projetado. Além disso, Custódio de Farias e Funck propunham a construção de canais para servir de fosso de defesa, correndo ao longo da parte externa do traçado da muralha.

Unânimes também foram esses especialistas em sugerir a construção de grandes cisternas com capacidade suficiente para garantir, por um longo período, o fornecimento de água à população sitiada, em caso de corte dos canais normais de abastecimento.

Junto aos projetos apresentados seguiram as propostas orçamentárias para execução das obras. A de Custódio de Farias[53] chegou a um total de 94.000$000rs, ou seja, uma quantia oito vezes superior à receita anual da Câmara de Vereadores e quase a uma e meia inferior ao rendimento de 1770 da Alfândega do Rio de Janeiro.[54]

Como os custos foram considerados demasiadamente altos, nenhuma das três propostas foi executada. A Coroa, seriamente preocupada com as questões das fronteiras do extremo sul do Brasil e com a Colônia do Sacramento, preferira dar-lhes prioridade e para elas canalizar as economias provenientes da capitania e da cidade do Rio de Janeiro. Nem mesmo administrativamente podiam seus governantes dividir suas atenções, naquele momento concentradas em resolver os problemas da conflituosa Região Cisplatina, para onde frequentemente eram obrigados a se deslocar.

A cada vez que recrudesciam os embates nas fronteiras sulinas, os projetos de obras urbanizadoras da cidade do Rio de Janeiro eram postos de lado. Até mesmo a construção da igreja da Sé Catedral foi em consequência muitas vezes interrompida.

Se grande parte da população se ressentia da ausência dessas melhorias, havia uns poucos que buscavam tirar proveito da situação, entre eles os contrabandistas, que sem nenhum pudor transacionavam com outros contrabandistas de origem francesa, inglesa e espanhola — assíduos frequentadores das costas da capitania —, provendo as tropas e também outros negociantes da cidade com os produtos negociados.[55]

Embora nenhuma outra invasão, após as de 1710 e 1711, tivesse ocorrido durante o século XVIII, a população do Rio de Janeiro ainda carregava consigo as marcas das lutas anteriores e o medo de poder um dia ser novamente atacada. A muralha de pedra levantada no segundo decênio do século, embora semidestruída e rejeitada por outros motivos, permanecia como lembrança física e justificada desse medo. As cicatrizes daquela que convencionamos chamar "Muralha do Medo" metamorfosearam-se em outras cicatrizes, de várias formas perceptíveis: a manutenção das diversas fortalezas consumidoras de recursos; a circulação regular de tropas pela cidade; as cadeias entupidas de pretos, pardos, cabras e índios; a presença constante de navios de guerra da esquadra real ancorados no porto do Rio de Janeiro. Continuaram também visíveis pela ausência de investimentos em obras de urbanização coerentes com sua magnitude — afinal era a segunda mais importante cidade da monarquia portuguesa —, pela carência de prédios públicos monumentais para abrigar o Tribunal da Relação, a Casa da Moeda, a Casa dos Vice-Reis (proibida de ser chamada de palácio), a Casa da Câmara, a Casa dos Contos (Erário Régio) e a Alfândega; pela inexistência de hospitais e estabelecimentos de ensino e tantos outros que poderiam embelezar a cidade, sem mencionar a interrupção da construção da Sé Catedral, sempre a edificação marcante das cidades do Reino Português.

Por falta de investimentos públicos — desviados para a guerra —, esses órgãos e serviços quase sempre ocupavam prédios adaptados. Mesmos os construídos especialmente para abrigar a Alfândega, o Senado da Câmara e a cadeia eram acanhados e contidos, denunciando os poucos recursos aplicados em suas construções. Por essa razão, salvo o belo aqueduto da Carioca, a mais importante obra pública do século XVIII na cidade — além do Paço, que apresentava alguma monumentalidade —, os melhores e mais imponentes prédios construídos no Rio de Janeiro colonial pertenciam a particulares, tanto os palácios residenciais dos ricos da época, como as igrejas, conventos, mosteiros e seminários edificados pelas irmandades, ordens religiosas ou pelo clero secular.

Capítulo III

A Muralha Jesuítica e as Terras da Câmara de Vereadores

Seria impossível, na sequência do levantamento dos condicionantes que ajudam a entender a cidade do Rio de Janeiro tal como ela chegou ao século XVIII, deixar de apontar a existência de mais uma muralha, a das terras jesuíticas, e sua intrincada articulação com as terras públicas. Na verdade elas formam como que duas faces de uma mesma moeda e se impõem como questões absolutamente indissociáveis. No entanto, essa indissociabilidade temática, que se constrói em torno de um eixo relacional — a Companhia de Jesus e o Estado —, não se dá ao longo do tempo da mesma forma, podendo ser resultante de ações complementares e convergentes ou de posições competidoras e conflituosas. Ao enfocarmos como núcleo deste capítulo a origem e o devir de duas sesmarias — de um lado a dos jesuítas e de outro a do rocio e termo da cidade —, objetivamos acompanhar as transformações dessas relações, as quais inicialmente se mostram amistosas e depois se transformam em querelantes, tendo sempre os limites das terras como motivo e, como partes em disputa, os inacianos e a Câmara do Rio de Janeiro. Além disso, ao examinarmos paralelamente o tratamento dispensado pelos vereadores às terras públicas, será possível melhor perceber em que medida ele determinou não só o formato do parcelamento futuro da área urbana bem como o perfil dos proprietários dos lotes.[56]

Na fundação da cidade de São Sebastião do Rio de Janeiro destacaram-se, entre seus protagonistas principais, os portugueses chefiados por Estácio de Sá e os religiosos da Companhia de Jesus. É sabido que, entre outros, dela participaram os padres Manoel da Nóbrega, José de Anchieta, Gonçalo de Oliveira e Luiz da Grã, agentes ilustres que ajudaram a escrever a própria história do Brasil. Enquanto Estácio de Sá comandava seus homens no sentido temporal, os jesuítas guiavam-nos espiritualmente, levando-lhes a palavra de Deus e tentando convencê-los de que a guerra travada contra os ímpios franceses e os tupinambás era necessária tanto quanto sua expulsão da Guanabara era importante para a maior glória da monarquia portuguesa e da Igreja católica. Na sangrenta batalha de Uruçu-Mirim, travada na região da Carioca, estavam à frente das forças lusitanas não apenas Estácio de Sá, com a espada desembainhada, mas também José de Anchieta, empunhando sua cruz, numa demonstração conjunta e determinada do Estado português e da Companhia de Jesus.

Ainda com sua gente na paliçada no sopé do morro Cara de Cão, sem conseguir dominar o território guanabarino ocupado pelos franceses e tupinambás, Estácio de Sá já iniciava a distribuição das terras entre seus companheiros, muito provavelmente convencido de que, uma vez transformados em proprietários, teriam um motivo a mais para enfrentar os invasores: na luta pela defesa de suas propriedades, a ação dos combatentes seria sem dúvida mais aguerrida.

Entre as várias sesmarias então doadas interessa-nos estudar com maior profundidade duas delas: uma destinada à Companhia de Jesus, registrada historicamente como passada em 1º de julho de 1565, medindo duas léguas em quadra; outra do rocio e termo da cidade doada, no dia 16 do mesmo mês e ano, medindo uma légua e meia de testada por duas de sertão, ou seja, de profundidade. Limítrofes e contíguas desde o início, essas duas sesmarias iriam esbarrar-se ao longo da história, em função da própria condição de vizinhas lindeiras.

Os originais das escrituras que sumiram no tempo

A bibliografia que trata das sesmarias do Rio de Janeiro e do tombo das terras municipais revela a dificuldade ou mesmo a impossibilidade de acesso direto aos documentos originais de doação das sesmarias dos jesuítas e da Câmara.

Tomemos como fio condutor monsenhor Pizarro, historiador da cidade do Rio de Janeiro que elaborou um resumo das sesmarias registradas no cartório do 1º Ofício, criado em setembro de 1565. Em seu trabalho, que abrange todas as escrituras relativas a um extenso período que se inicia em 1º de setembro de 1565 e se encerra em 16 de abril de 1796, Pizarro deixava entrever que a sua tarefa foi penosa, por causa das más condições de conservação apresentadas pelos documentos que consultou. Alguns livros daquele cartório, sobretudo os de números 5, 6 e 7, encontravam-se bastante danificados, com ausência de folhas ou folhas ilegíveis. Outros haviam desaparecido, como os de números 14, 15, 21 e 26, razão pela qual algumas sesmarias, cujas datas de doação se enquadravam no período acima mencionado, não foram registradas por Pizarro. Outras ainda não foram incluídas por critérios que ele próprio adotou, no momento em que optou por deixar de fora as sesmarias de pequenos terrenos.[57] Tal lacuna, todavia, foi em parte suprida quando mais recentemente o Arquivo Nacional recuperou, entre estas últimas, aquelas cujas datas de doação correspondiam aos anos 1594-95 e 1602-5.[58] No entanto, no mesmo Arquivo Nacional, depositário da documentação dos cartórios, entre os quais os do 1º Ofício, não se encontram os primeiros livros consultados por Pizarro e correspondentes aos de números 1 a 16, cujo último registro datava de 22 de novembro de 1593. Desse modo, tornou-se impossível o acesso aos textos originais das escrituras de doação das duas sesmarias selecionadas para o estudo em tela, uma vez que as mesmas não foram integralmente transcritas no resumo elaborado por Pizarro, nem se tem notícia dos livros iniciais do 1º Ofício, os quais deveriam conter tais documentos. Resta, portanto, a referência dos traslados de ambas as sesmarias, estes sim disponíveis e acessíveis.[59] O da sesmaria dos jesuítas tornou-se em boa hora conhecido com a publicação do trabalho do jesuíta Serafim Leite, em 1964, na *Revista do Instituto Histórico e Geográfico Brasileiro*.[60] Por essa via, fica-se sabendo que o escrivão da Real Fazenda Eleodoro Eobano recebeu, no dia 1º de setembro de 1567, o jesuíta Luiz da Grã, que lhe apresentou não só a Carta da sesmaria da Companhia de Jesus, doada pelo capitão-mor Estácio de Sá, em 1º de julho de 1565, mas também as devidas confirmações provenientes de Mem de Sá e do rei, como se costumava ritualmente proceder. Fica-se igualmente sabendo ter sido aquele escrivão o responsável pela redação do primeiro documento, isto é, da Carta da sesmaria que confirmava a doação, a qual só veio a ser registrada no livro da Real Fazenda dois anos depois, por insistência dos jesuítas.

Esses fatos nos conduzem a reputar como original o documento exibido por Luiz da Grã e a confiar na integridade da transcrição realizada por Eleobano. Segundo esse traslado, a sesmaria dos jesuítas se situava a partir de

> uma água, que poderá estar desta cidade légua e meia, a qual chamamos Iguaçu, do nascimento dela até onde entra na baía e ao longo dela, digo da baía, para a banda do noroeste, cortando ao direito, até uma tapera, que se chama Inhaum. Outro tanto em quadra pela terra, adentro, em o que receberá mercê, digo grande caridade e mercê.[61]

Essas seriam portanto as coordenadas da sesmaria doada aos jesuítas. Por sua vez, a primeira sesmaria da Câmara, criada a partir de uma petição assinada por 23 povoadores da cidade de São Sebastião, também um traslado, só veio a ser registrada no momento em que foi pedida sua confirmação pelo governador Mem de Sá.

Ao analisarmos os termos desse traslado, duas questões devem ser ressaltadas: a primeira diz respeito ao fato curioso de tão importante documento do arquivo da Câmara ter sido entregue ao escrivão por um "escravinho", incumbido de ser seu portador por quem, de direito e obrigação, ou seja, o próprio escrivão Diogo de Oliveira, deveria pessoalmente ter desempenhado a função. A segunda questão tem mais a ver com o futuro dessa sesmaria, cujo traslado não cita os vizinhos lindeiros, como obrigavam as Ordenações do Reino, para que ficassem bem-determinados os limites das propriedades contíguas, informação sempre contida nas cartas de sesmarias. Por exemplo, a carta da sesmaria doada a Pedro Burgos e Marim Paris por Estácio de Sá, em 7 de setembro de 1565, definia claramente os limites e os vizinhos: "600 braças da banda dalém desta Fortaleza começando da data [terra] de Diogo de Braga correndo a Quariu." O mesmo acontece com a de Antônio Marins, doada em 23 de março de 1568, que não deixa de mencionar as "3.000 braças ao longo do mar e 6.000 braças para o sertão, principiando a medir de Eubirapitanga *acabando na data de Diogo da Rocha*."[62]

Portanto, aceitando como verdade ter a doação da sesmaria dos jesuítas antecedido à da Câmara, é evidente que tanto os povoadores solicitantes quanto Estácio de Sá teriam feito menção dos vizinhos lindeiros — no caso, a Companhia de Jesus —, seja no auto da petição, seja na própria carta de sesmaria. Todavia, ambos os traslados mencionados omitem essa referência.

O pedido de confirmação da sesmaria da Câmara foi assinada por 23 moradores, muitos dos quais posteriormente assumiram postos importantes na administração pública: Cristovão Monteiro foi nomeado ouvidor; Gaspar Rodrigues, escrivão do 2º Ofício de Notas; Manoel Gomes e Pedro da Costa (este, o primeiro escrivão da sesmaria da cidade) também escrivães, mas do 1º Ofício de Notas. Além disso, esses 23 moradores foram muito bem aquinhoados com porções de terra, a exemplo de Antônio Marins que chegou a receber três sesmarias, num total de 10.500 braças de testada, área de terreno superior à da Câmara, que depois foi subtraída quando seu donatário abriu mão de uma delas em benefício dos temiminós de Arariboia, em Niterói. Caso semelhante aconteceu com Manoel de Brito, cavaleiro fidalgo da Casa Real, que recebeu duas sesmarias e depois doou uma ao Mosteiro de São Bento, na cidade, curiosamente já livre de foro à Câmara.

Pode-se dizer que a morte precoce de Estácio de Sá e a volta de Mem de Sá para a Bahia permitiram que esses moradores, ocupando postos na administração pública, tivessem acesso mais fácil e direto à documentação da Câmara, dos cartórios e da Real Fazenda, o que lhes abria caminho, caso desejassem, para alterar documentos, no sentido de atender a seus interesses. Se na verdade tais alterações ocorreram, constitui fato de impossível comprovação, pois não restaram documentos básicos para sua averiguação.

A medição das terras públicas e a querela com os jesuítas

Para que a doação de uma sesmaria viesse a se consolidar era preciso cumprir, pela ordem, as seguintes exigências: celebrar a cerimônia de sua posse da terra para demonstrar que estava realmente livre e desimpedida; obter a confirmação da doação junto a uma autoridade de nível superior ao do doador inicial; e, por fim, executar a medição das terras, nelas fincando os marcos definidores de seus limites. No que respeita à sesmaria da Câmara, as duas primeiras etapas foram cumpridas: o próprio Estácio de Sá presidiu a cerimônia de posse da sesmaria do Rocio e Termo da cidade, e Mem de Sá, na qualidade de governador-geral do Brasil, confirmou-a. Porém, da medição, os vereadores se descuidaram. Passaram-se 80 anos para que, finalmente, em 1642, a Câmara tomasse as providências necessárias enviando à Corte seu procurador, João de Castilho Pinto, munido de petição na qual denunciava que as terras públicas tinham sido usurpadas por pessoas poderosas, e relembrava que só o rei poderia interferir para que essas terras fossem demarcadas. Para isso, o monarca deveria "mandar provisão para que se meçam as terras do Concelho, conforme as cartas de sesmaria, e assim todas as mais da dita capitania e se dê a cada um o seu, e se acabem muitos males e mortes, que sobre medições de terras sucedem".[63]

Atendendo ao pedido dos camaristas, o rei d. João IV promulgou a provisão de 7 de janeiro de 1643, na qual ordenou a "medição, demarcação, e tombo de todos os bens, terras, e mais propriedades pertencentes à dita Câmara" e prescreveu que se tomasse "verdadeira informação dos lugares, por onde os ditos bens e propriedades partem e confrontam", para em seguida "demarcar por marcos, e divisões naquelas causas em que não houver dúvida", e finalmente fazer constar dos autos públicos que seriam assentados num Livro de Tombo.[64]

Contudo, antes mesmo de a medição entrar em campo, já a Companhia de Jesus e o procurador da Real Fazenda do Rio de Janeiro a questionaram e acabaram por conseguir protelar, por mais 25 anos, o início de sua realização.

Finalmente, no dia 25 de maio de 1667, sob o comando do ouvidor-geral, dr. Manoel Dias Raposo; dos juízes sargento-mor Baltazar Botelho da Afoncequa e Simão Botelho de Almeida; dos vereadores sargento-mor Francisco de Macedo Freire, Jerônimo Negrão e Thomé da Silva; do procurador Antônio Furtado de Mendonça e do escrivão Jorge de Souza Coutinho, foi dada a partida ao processo de medição da sesmaria da Câmara, tomando como referência inicial o local onde existira a Casa de Pedra, situada junto ao sítio primitivamente conhecido como praia da Aguada dos Marinheiros e mais tarde, no século XVII, como praia do Sapateiro Gonçalves.

No dia seguinte os vereadores, além de poderem testemunhar o começo da colocação dos marcos, pelo que vinham lutando já há algum tempo, são contemplados com mais uma área de terras públicas: "a sesmaria dos sobejos", ou seja, a área que abrangia todos os terrenos situados para o lado da cidade e o mar, que se reconheceram fora do rumo da testada, já de posse da Câmara, em razão dos diversos aforamentos que havia feito em data anterior àquela medição.[65]

Enquanto isso, a medição seguia seu curso, aparentemente sem problemas, até chegar à região de São Cristóvão. Nesse momento, apresentaram-se o procurador da Companhia de Jesus e outros padres, exibindo os documentos de sua sesmaria e sustentando que, segundo estes, se via estarem sua terras sendo invadidas. E, para crescerem em razão, diziam terem-nas recebido em data anterior às da Câmara. Diante de tais argumentos, o ouvidor, dr. Manoel Dias Raposo, ordenou seus medidores a continuarem o trabalho, sem contudo fincarem os marcos. Prosseguindo nessa tarefa, os encarregados foram delimitando as terras públicas que beiravam as jesuíticas até alcançarem 2.620 braças. Estavam, portanto, ainda muito longe do final do trabalho, que só seria concluído no momento em que conseguissem completar as seis mil braças de sertão, quando a Companhia de Jesus logrou o que desejava: embargar definitivamente a empreitada da medição. Indo mais longe ainda, os jesuítas atuaram nos bastidores até conseguirem que o ouvidor terminasse sendo preso a mando do governador. Diante de tal arbitrariedade, os vereadores enviaram à Lisboa o monge beneditino Mauro Assunção para, em nome da Câmara, solicitar a libertação do dr. Manuel Dias Raposo.[66]

O processo dessa medição pôs a descoberto o grave problema que envolvia as terras públicas. Através dele, puderam os vereadores e as demais autoridades da cidade se dar conta que a área da sesmaria da Companhia de Jesus se sobrepunha à área tida como pertencente à sesmaria da Câmara, numa extensão de cinco mil braças situadas ao longo de seus limites interioranos. Ou seja: 42% do total de suas terras eram reivindicadas como próprias pelos inacianos.

Deram-se também conta os mesmos vereadores de uma outra espantosa realidade. Uma imensa faixa de terreno que corria entre o rumo noroeste e a orla marítima havia — pela marcação que seguia as direções dos documentos trasladados — ficado fora do perímetro da sesmaria dada à Câmara, inclusive o território hoje correspondente à Urca, sobre o qual Estácio de Sá fundara a cidade, e a área do morro do Castelo para a qual, anos mais tarde, Mem de Sá a transferira. Isso porque o documento apresentado pelos jesuítas, e que foi aceito como o oficial, continha a indicação de um eixo de direção "nornoroeste" — o uso desse tipo de eixo não era usual nos documentos de sesmaria — que deveria ser marcado, com bússola, a partir da Casa de Pedra, no sopé do atual morro da Viúva. A leitura atenta do texto da sesmaria dada por Estácio de Sá especifica que a medição devia ser feita "ao longo da costa", como se poderá ver na carta de confirmação dessa sesmaria feita por Mem de Sá, em 16 de agosto de

1567. A mesma ausência de indicação de rumo "nornoroeste" na sesmaria da Câmara é confirmada na transcrição resumida desse documento feita pelo monsenhor Pizarro, consignada no livro 3º do 1º Ofício de Notas que cobre os anos de 1567 e 1568. Pizarro assim registra as medidas da sesmaria dada por Estácio de Sá: "4.500 braças em quadra para Rocio e pastos de gado, *correndo direito ao longo da Costa* e 6.000 para o sertão, e mais 6 léguas de terra em quadra, em 10.10.1567", dada por Mem de Sá. (grifo meu)

Procede o questionamento: seria possível a um homem tão experiente como Mem de Sá, governador-geral do Brasil, conhecedor de toda a legislação sobre sesmarias, ditada pelas Ordenações do Reino em seu Livro IV, cometer o engano de excluir o berço da cidade da terras públicas do Rio? Como poderia igualmente Estácio de Sá, conhecedor da região guanabarina, doar quase que simultaneamente duas sesmarias cujos territórios se sobrepunham, em grande parte, um ao outro?

Não faz sentido: algum fato, alguma adulteração dos termos originais deve ter ocorrido sem que se possam apontar datas ou autores. Com isso, ficaram as dúvidas, permaneceram as zonas ambíguas, os limites malresolvidos, sempre a nutrir querelas entre as partes envolvidas.

Sustada a primeira medição da sesmaria do Concelho puderam os jesuítas e os proprietários de terrenos situados na "sesmaria dos sobejos", que não pagavam foro à Câmara, respirar aliviados: os documentos que apresentaram e anexaram aos processos judiciais foram reconhecidos e legitimados, uma vez que dúvidas não chegaram a ser levantadas sobre sua autenticidade.

Vez ou outra, porém, pedidos de reabertura de um novo processo de medição partiam de vereadores recém-eleitos e empossados, até que d. João V resolveu, através da provisão real de 14 de abril de 1712, retomá-la. Para tanto, designou o ouvidor-geral, instruindo-o a efetivar nova demarcação da sesmaria da Câmara, "sem embargo das sesmarias mais modernas".[67] Decidiu também o rei, instado por petições dos vereadores, recomendar aos governadores da capitania do Rio de Janeiro não mais doarem sesmarias no perímetro das terras da cidade, lembrando-os, através de carta de 3 de fevereiro de 1713, que somente "as terras devolutas dos Sertões" estavam sob sua jurisdição, enquanto que as públicas da cidade se mantinham sob a jurisdição da Câmara.[68]

Atendida nesse seu pleito, a Câmara da cidade do Rio de Janeiro, no entanto, aguardou mais 40 anos para que tal provisão fosse cumprida. Sob a condução do ouvidor dr. Manoel Monteiro de Vasconcelos, os trabalhos da segunda medição, finalmente, foram iniciados em 16 de outubro 1753, não sem enfrentar novas dificuldades postas pelos jesuítas, sempre discordantes de sua realização. Finalmente, concluída a tarefa em 2 de setembro de 1754, ficava regularizada a doação das duas sesmarias e reconhecidas as terras públicas da cidade do Rio de Janeiro, ainda que com grave perda de seu território. (MAPA 6)

O processo de espoliação do patrimônio da cidade

O patrimônio territorial da cidade viu-se diminuído, não só pela ação dos jesuítas e outros proprietários de terra, mas também pela má gestão de alguns vereadores e fun-

Mapa 6

Traçado dos limites da Sesmaria da Câmara segundo o engenheiro Henrique de Beaurepaire Rohan

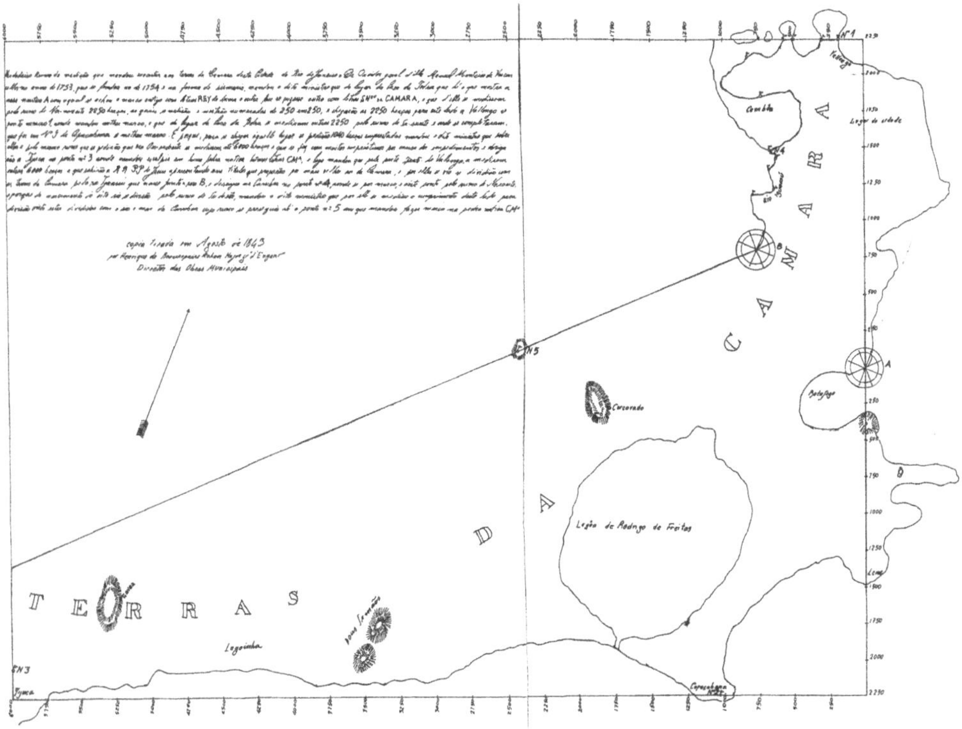

cionários da Câmara. Não bastava o fato de muitos proprietários não pagarem o foro à Câmara por terem conseguido isenção de seus terrenos, alguns deles verdadeiras chácaras dentro da cidade, como a do Mosteiro de São Bento e a dos jesuítas, no morro do Castelo. A espoliação do patrimônio territorial público também se dava de outra forma. Pessoas que gozavam de prestígio junto aos vereadores, em virtude dos laços de parentesco e compadrio que com eles mantinham, ou de qualquer outro tipo de tráfico de influência, conseguiram receber avantajadas sesmarias pelas quais pagavam foros irrisórios, agravando ainda mais o problema já existente da fraca arrecadação da Câmara. Se, ao contrário, ciosos de sua função de administradores da coisa pública, tivessem agido diversamente, no sentido de parcelar a terra em pequenos lotes, o suficiente para que neles os foreiros pudessem construir seus prédios, teriam atendido não só à necessidade de aumento da renda da Câmara, mas também respondido à necessidade presente e futura de uma maior oferta de terrenos. Deveriam ter se preocupado com o desenvolvimento vindouro da cidade e seu crescimento demográfico, responsável pela demanda de novas moradias e outras edificações voltadas para o comércio e serviços. Ouvindo, porém, interesses mais mesquinhos, depois de terem diretamente se beneficiado, deram margem a que proprietários dos terrenos alodiais e os foreiros das grandes glebas passassem a especular com suas terras, arrendando-as aos pedaços, a preços altíssimos.

Em consequência, um grupo de arrendatários, sentindo-se profundamente injustiçado, resolveu em 1769 denunciar ao rei os grandes proprietários de áreas urbanas e a própria Câmara de Vereadores do Rio de Janeiro, que confundia "a data do povo com a de seu patrimônio", passando a dividi-la desigualmente em benefício de uns poucos.[69] Visando comprovar a veracidade de suas denúncias, o grupo de arrendatários citava nominalmente alguns grandes proprietários, tendo o cuidado de levantar o valor do foro pago à Câmara e a quantia arrecadada com o arrendamento de suas terras, conforme demonstrado no QUADRO 1.

Quadro 1

Listagem dos nomes dos grandes proprietários denunciados por seus arrendatários, valor dos foros pagos e arrecadação com arrendamentos, no decorrer da década 1770.

Grandes proprietários	Foros pagos à Câmara	Arrecadação com arrendamentos
Ordem 3ª do Carmo	1$000rs	por pequena parte arrendada = 223$700
João Luiz Telles	1$920rs	por uma pequena parte = 300$000
Herdeiros do cap. Antônio Vidal	1$200rs	400$000
Domingos Gonçalves de Sá e Almeida	0$500rs	de uma casa que serve de parede as suas terras como vedação = 157$800
Abade de São Bento Laudêmio	1$200rs	200$000, além de 10% que cobrava de chácara em Botafogo
Capitão Joaquim da Silva Lisboa	2$400rs	180$000, chácara no Catete; foi vereador
Viúva de Antônio da Rocha		"os demais na mesma forma"

Numa clara demonstração de coragem, os arrendatários puseram a nu aos olhos do rei o corrupto processo de espoliação do patrimônio territorial da cidade do Rio de Janeiro e o desvirtuamento da finalidade das terras públicas que se achavam "desigualmente divididas entre uns poucos de povoadores, quando tinham sido destinadas não só para estes, mas sim para os mais vindouros, que igualmente a povoassem, entre os quais devia repartir a proporção de sua respectiva necessidade e não da ambição de cada um". Chegaram também a comparar o que ocorria na cidade do Rio com o que se passara na cidade de Tavira, em Portugal, e a solicitar ao rei que fossem aplicados os mesmos procedimentos corretivos, ou seja, a restituição à Câmara das terras arrendadas pelos foreiros e o pagamento direto pelos arrendatários do foro relativo às suas parcelas de terra, transformando-os assim em foreiros.

Grande foi a repercussão dessa denúncia na Corte, que encaminhou o caso para exame do Conselho Ultramarino. Os conselheiros interpelaram os vereadores, deles cobrando explicações e, do chanceler da Relação, Luiz José Duarte Vieira, um relatório.

Com o objetivo específico de aprontarem uma resposta condizente com a interpelação, a Câmara se reuniu, em sessão de 15 de março de 1779, sob a presidência do juiz de fora, dr. Gonçalo Teixeira de Carvalho, que teve como coadjurantes os vereadores João Muniz da Silva, mestre de campo Miguel Antunes Ferreira, o capitão Manoel Barbosa dos Santos, o procurador, tenente José Luiz da Motta e mais 19 pessoas da nobreza da terra, entre homens de negócio, ex-vereadores, ex-procuradores e advogados.

Mesmo diante do flagrante escândalo, a Câmara não reconheceu a procedência das denúncias e formulou uma resposta corporativa que bem reflete a composição do conjunto de pessoas presentes à sessão de 15 março. De fato, além dos três vereadores em exercício de seu mandato, pode-se observar que, das 19 pessoas da nobreza da terra convocadas, dez eram ex-vereadores: Anacleto Elias da Fonseca, Antônio José Coelho, Bartholomeu José Vahia, Francisco Pernes Lisboa, João Pinto da Cunha e Souza, Joaquim da Silva Lisboa, José Caetano Alves, Luiz Barbosa de Sá, Luiz Pereira de Souza e Miguel de Alvarenga Braga. É compreensível, portanto, que, cerrando fileiras, buscassem se defender ao máximo das acusações, afirmando jamais ter existido, durante toda a longa história da Câmara, algum vereador que houvesse exercido seu mandato em benefício próprio ou de parentes. Acorreram, ainda, em defesa dos grandes sesmeiros, alegando que, pelo fato de terem investido em seus imóveis, podiam e estavam em seu pleno direito de cobrar pelo arrendamento de parte de suas sesmarias.

Apenas três vozes dissonantes se levantaram contra a posição tomada pela maioria. Eram elas de José de Pinho Leão de Sá, de Manoel Rodrigues Barros e de Manoel Rodrigues Silva, que por coincidência não haviam exercido mandato de vereador. As demais rezaram neste tom:

> porém a verdade é que este Senado possui apenas duas léguas de terras dentro da Cidade, e Subúrbio, as quais não estão possuídas pelos ricos e poderosos como se diz. Há duzentos anos, que se concederam, e foram repartidas a duas e três braças, em tempo que não haviam ricos, nem poderosos, nem eles podiam ser tantos em número que pudessem abranger todos estes retalhos; e a maior parte é possuída pelos pobres, que têm edificado nela.[70]

Ao assim reagirem, os vereadores desperdiçaram uma oportunidade preciosa de reaver grande parte das terras públicas, pois, pela proposta dos arrendatários denunciantes, cada foreiro ficaria apenas com o terreno no qual estivesse situado prédio para uso próprio com atividade comercial ou residencial.

O chanceler da Relação, Luiz Duarte Pereira, para poder produzir o relatório cobrado pelos conselheiros ultramarinos, quis primeiro ouvir os depoimentos de pessoas seletas. Para tanto convocou o capitão Luiz Gago Machado, ex-vereador (com 75 anos); o dr. Miguel Rangel de Souza, ex-procurador e escrivão da Câmara (com 66 anos); e o advogado Manoel Antunes (com 70 anos), todas pessoas maduras e experientes na matéria. Ao mesmo tempo solicitou, de André Martins de Brito, escrivão da Câmara, informações sobre os principais foreiros possuidores de grandes áreas na cidade. Na relação aprontada pelo escrivão apareceram novos nomes, além dos já citados pelos arrendatários em sua denúncia: o de Manoel Casado Vianna, proprietário da Chácara do Casado, situada no Campo de São Domingos e arrendada para 11 pessoas que lhe pagavam 98$180rs; e o de Pedro Dias Paes Leme, mestre de campo, proprietário de chácara situada na parte posterior ao Morro de Santo Antônio e arrendada a 12 pessoas que lhe pagaram 125$750rs.

De posse desses dados, e já tendo ouvido os depoimentos, o chanceler concluiu seu relatório condenando os vereadores por terem permitido que um dos citados na denúncia, Joaquim da Silva Lisboa, participasse do processo de elaboração da resposta da Câmara, com direito a voz e voto.

Cumprindo sua função, o Conselho Ultramarino opinou pela restituição à Câmara dos terrenos não ocupados pelos foreiros, e sugeriu à rainha, dona Maria I, que estendesse ao Brasil os dispositivos legais que regulamentavam os aforamentos dos bens dos concelhos e baldios, confirmando a lei de 23 de julho de 1766 e o alvará de 26 de outubro de 1745, segundo o qual o povo da cidade Rio de Janeiro e seu termo estaria obrigado a pagar à Câmara exclusivamente "o equivalente foro a respeito da porção que cada um possui, não excedendo de 5% dos rendimentos, na forma da Lei".[71]

Apesar da convergência dos pareceres do chanceler e dos membros do Conselho Ultramarino recomendando a devolução ao patrimônio da Câmara das terras dos sesmeiros que estivessem arrendadas, nada de concreto aconteceu. As propriedades continuaram a pertencer às pessoas denunciadas, que mais tarde as passaram a seus herdeiros. Com isso, as pessoas mais pobres e de pouca importância ficaram sem poder ter acesso direto ao foro pago à Câmara pelos lotes ocupados, tendo de se sujeitar à exploração dos proprietários de grandes glebas de terra. Inviabilizava-se, assim, para essa camada da população, a possibilidade de ter casa própria na área central da cidade. (MAPAS 7 e 8)

Mapa 7

Grandes chácaras arrendadas pela Câmara de Vereadores, situadas no perímetro urbano da cidade do Rio de Janeiro, século XVIII

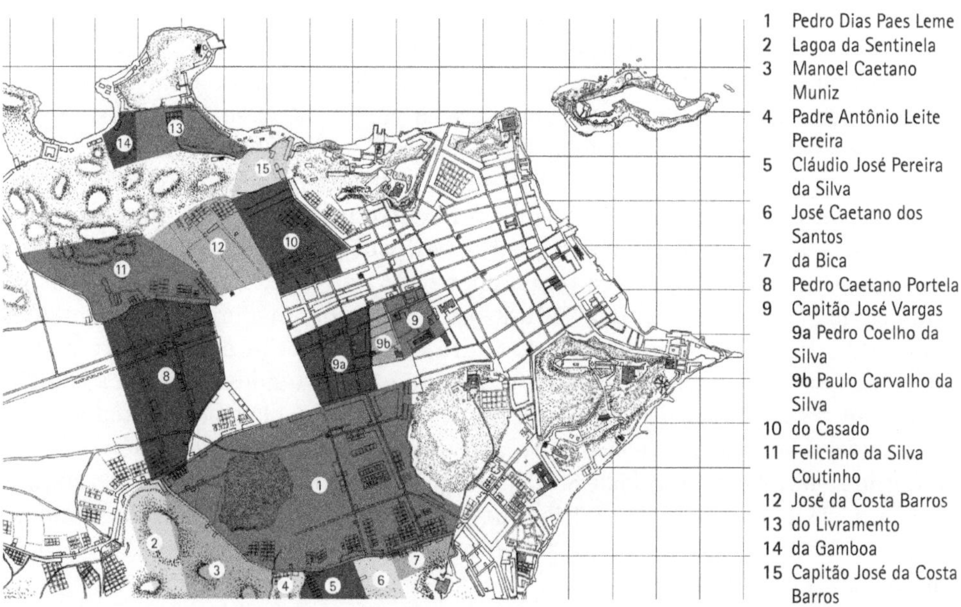

Mapa 8

Mapa dos logradouros e áreas da cidade do Rio de Janeiro sobre cujos terrenos os proprietários não pagam foro à Câmara de Vereadores

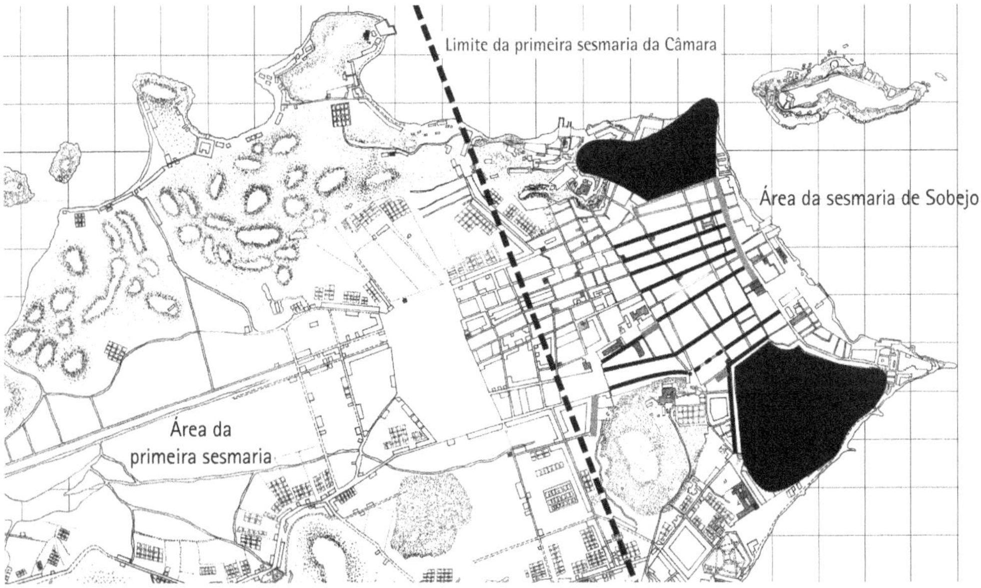

■ Toda a área e logradouro
- - - - - - - - Lado direito (par) do logradouro
——— Lado esquerdo (ímpar) do logradouro

O rompimento da muralha jesuítica

Passados os anos heróicos da consolidação da cidade de São Sebastião do Rio de Janeiro, durante os quais os objetivos e interesses do Estado, da Igreja e dos povoadores convergiam, os conflitos entre a Companhia de Jesus e os antigos parceiros começaram a aflorar. Os jesuítas já haviam prosperado economicamente. As fazendas de gado, os engenhos de açúcar, suas lavouras e olarias, as madeireiras e as caieiras pertencentes à Companhia de Jesus alcançaram um tal nível de produção que, a partir de um certo momento, muitos senhores de engenho, fazendeiros e comerciantes começaram a encará-las como concorrentes.

Não só nessas atividades se desenvolveram os inacianos. Tornaram-se igualmente grandes proprietários de bens imóveis na cidade. Além da chácara no morro do Castelo em que tinham o colégio, o seminário, a igreja e a horta, os jesuítas possuíam imóveis nas ruas da Alfândega, Candelária, Direita, Dom Manoel, Ouvidor, Rosário e das Violas, como também nas travessas do Guindaste, da Quitanda e na Praia do Peixe. Ao todo, somavam 71 prédios cujos aluguéis rendiam, em 1759, 6.551$040rs e diversificavam-se quanto ao tamanho e a destinação de uso, como pode ser observado no Quadro 2.

Quadro 2

Localização dos imóveis na cidade do Rio de Janeiro pertencentes à Companhia de Jesus segundo algumas características e rendimento de aluguéis (c.1760)

Logradouros	Características dos imóveis dos jesuítas						
	total	3pav	2pav	térrea	loja	terreno	rendimentos
Rua da Alfândega	6	3	3	-	-	-	520$000rs
Rua da Candelária	1	1	-	-	-	-	65$000rs
Rua Direita	31	3	15	11	1	1	3.767$120rs
Rua Dom Manoel	6	-	-	6	-	-	242$400rs
Trav. do Guindaste	4	-	4	-	-	-	99$800rs
Rua detrás do Hospício	1	-	1	-	-	-	72$000rs
Rua do Ouvidor	2	-	2	-	-	-	255$000rs
Praia do Peixe	3	2	1	-	-	-	680$400rs
Trav. da Quitanda	12	-	-	12	-	-	539$200rs
Rua do Rosário	4	-	4	-	-	-	220$120rs
Rua das Violas	1	-	1	-	-	-	90$000rs
Total	71	5	27	37	1	1	6.551$040rs

Fora da área urbana, os inacianos possuíam imenso patrimônio imobiliário em São Cristóvão, Engenho Velho, Engenho Novo, Santa Cruz e muitas outras propriedades conforme indica o mapa de Serafim Leite. (MAPA 9)

A demonstração de tamanho sucesso, construído com base na mão de obra escrava africana e no trabalho dos índios aldeados, irritou os senhores de terra, que, para desenvolverem suas fazendas, empregavam índios mantidos cativos. Ora, contra a escravização dos índios sempre se levantaram os jesuítas buscando o apoio do papa e da monarquia portuguesa. Do rei conseguiram o alvará de 30 de julho de 1609, que declarava livres todos os índios que viviam no território brasileiro, e, do papa Urbano VII, a abrangência do Brasil no reconhecimento, pela Igreja católica, da liberdade dos índios, até então restrito apenas à América espanhola. A partir de então, ou seja, de 1639, ninguém mais poderia aprisionar ou vender índios no Brasil, e os que transgredissem nessa matéria, a Igreja ameaçava com a pena de excomunhão.

Foi imediata a reação dos senhores de escravos índios que atuaram no sentido de obter da Corte um abrandamento daquela proibição, reformulada nos seguintes termos: só em decorrência de "justa guerra" poderiam os índios ser escravizados. Essa atenuante abriu uma perigosa brecha para o desenvolvimento das entradas e bandeiras sertanistas que percorriam os interiores do Brasil à caça de índios, sobretudo daqueles que viviam na região sul, em aldeias jesuíticas. Tais investidas foram denunciadas, em 1638, pelo prelado do Rio de Janeiro, dr. Lourenço de Mendonça, que, em relatório encaminhado, informou ao rei sobre o aprisionamento de cerca de 60 mil índios aldeados para serem vendidos aos moradores de São Paulo e do Rio de Janeiro. Denunciou ainda o prelado que esses caçadores das entradas levavam os índios "mui-

Mapa 9

Propriedades da Companhia de Jesus na capitania do Rio de Janeiro

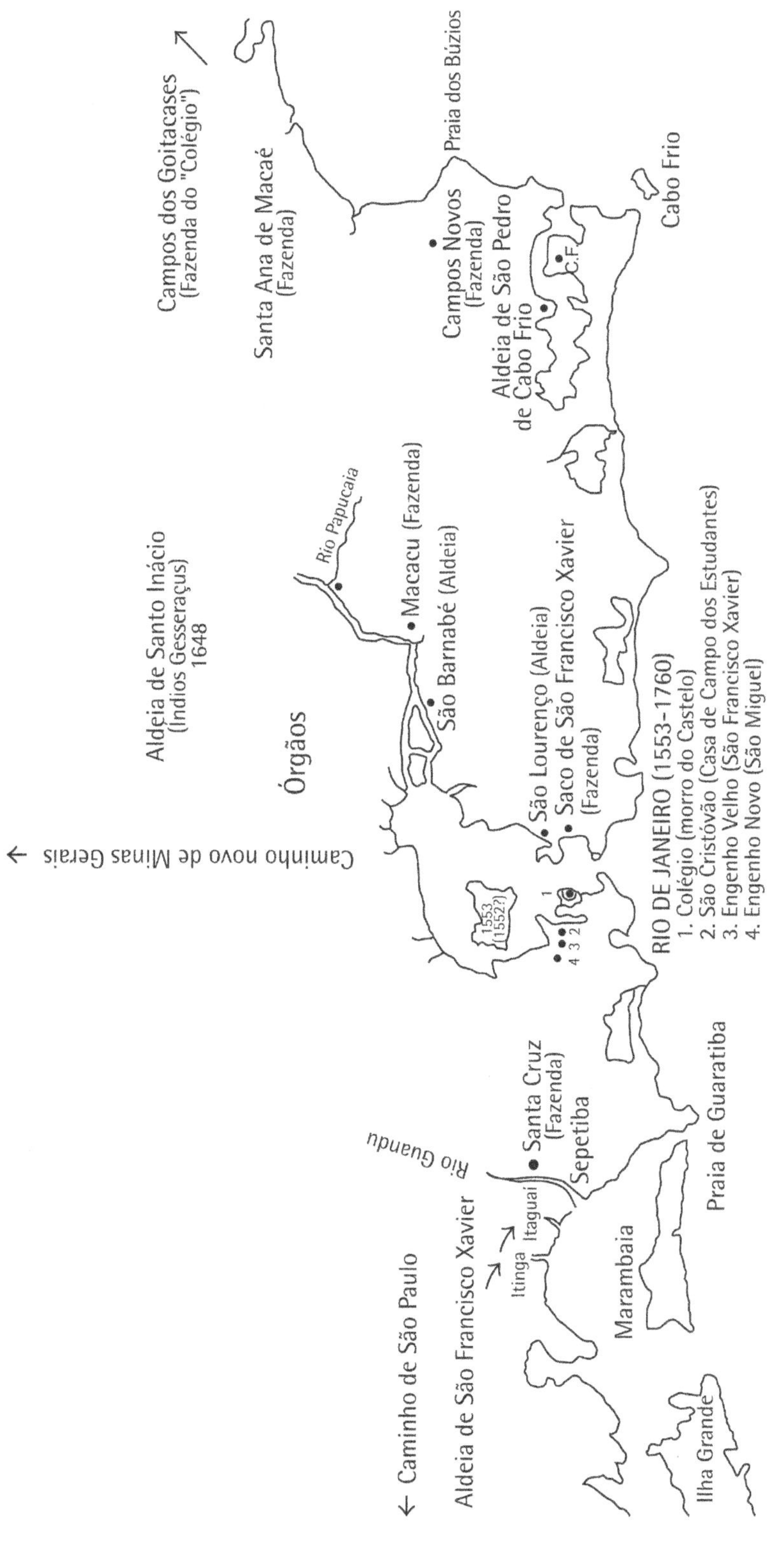

tas vezes presos com cadeias e algemas. E o pior é que alguns ministros da Justiça, que foram do Rio de Janeiro às ditas vilas por correição, os trouxeram da mesma maneira presos, e se pagaram neles das custas que as partes lhes deviam".[72]

Intransigentes e contumazes em sua luta contra a escravidão dos índios, os jesuítas bateram de frente, principalmente contra senhores de terra e contra todos aqueles que, desobedientes à Igreja e ao rei, insistiam em caçá-los, algemá-los e submetê-los ao cativeiro. Em consequência, contraíram muitas inimizades que, com o tempo e novos episódios, só fizeram crescer. De fato, os inacianos tornaram-se ainda mais impopulares quando em 1660 tomaram partido do governador Salvador Correa de Sá e Benevides, contra quem haviam se levantado os comerciantes, os militares e os vereadores da cidade do Rio de Janeiro. Acabaram esses últimos por destituir Salvador Correa de Sá, em razão das arbitrariedades cometidas, e por nomear Agostinho Barbalho Bezerra como governador interino. Ausente da capitania do Rio de Janeiro, o governador deposto recrutou — a partir da vila de Santos, onde se encontrava — paulistas para sua tropa, reforçada com índios cedidos pela Companhia de Jesus. Assim, Benevides marchou para o Rio de Janeiro e atacou a cidade, saindo vitorioso do confronto. Senhor da situação, o governador decretou o enforcamento do líder da rebelião, Jerônimo Barbalho Bezerra, e de mais outros presos. Tal procedimento provocou a revolta dos moradores locais, que passaram a vincular os padres jesuítas a todos aqueles que haviam apoiado Salvador Correa de Sá e Benevides.[73]

Nova área de conflito se interpôs entre os inacianos e um heterogêneo grupo de pessoas que exploravam os manguezais da baía de Guanabara. Tratava-se de lenhadores, donos de curtumes, produtores de cal extraído da casca de mariscos, carvoeiros, exportadores de varas para os vinhedos de Portugal, fornecedores de madeira para construção, principalmente para confecção de telhados e catadores de caranguejos. Enfrentando a diversidade desse contingente, não recuaram os padres na defesa que faziam da preservação dos manguezais, levados por um duplo interesse: de um lado, tinham que defender sua sesmaria contra a invasão de intrusos, sobretudo no trecho de São Cristóvão, separado da cidade por uma verdadeira muralha natural formada pelo mangue de São Diogo; de outro, compreendiam o importante papel desempenhado pelos manguezais e sua vegetação, necessários para manter as condições de reprodução do ciclo de vida de muitas espécies de peixes e crustáceos. Desse ponto de vista, pode-se dizer que os jesuítas foram os primeiros nessa cidade do Rio de Janeiro a levantar a voz em favor da preservação dos manguezais.

Dessa forma a proibição dos jesuítas à entrada de pessoas nos mangues contíguos às suas terras gerou veementes protestos dos que os exploravam. Contaram elas com o apoio dos vereadores que, em 1677, os denunciaram à Corte por estarem exorbitando de seus direitos de proprietários, ao pretender regular os manguezais, cujas áreas, por pertencerem às zonas de marinha, eram consideradas áreas públicas. O Conselho Ultramarino, tendo acatado o pedido dos vereadores, instruiu o governador Mathias da Cunha no sentido de sustar a intromissão desses religiosos em território que não lhes dizia respeito.[74]

Em outra oportunidade os jesuítas também se desgastaram, quando entraram em atrito com as autoridades governamentais, mais especificamente com o governador Gomes Freire de Andrade.

No começo as relações que no Rio de Janeiro os jesuítas mantinham com o governador eram muito fraternas. Tinham até participado, com a presença de um padre da Companhia de Jesus que integrava a Academia dos Seletos, de uma cerimônia na qual Gomes Freire de Andrade, pouco antes de partir para o sul da colônia, havia sido calorosamente homenageado. No entanto, pouco tempo depois o mesmo governador, estando à frente das forças que acabaram por destruir as Missões, diretamente os combateu. Por algum tempo essa situação de ambiguidade se manteve. Um fato novo, porém, ocorrido em Portugal, fez com que ele se posicionasse definitivamente contra a Companhia de Jesus. Refiro-me às desastradas palavras proferidas por Gabriel Malagrida, membro da Companhia de Jesus, em obra publicada logo após à tragédia do terremoto que destruíra em 1755 grande parte de Lisboa. Malagrida atribuiu tamanho desastre a um castigo de Deus, pelo nível de devassidão a que chegara a Corte portuguesa. Em represália, o rei resolveu destituir o santo jesuíta, são Francisco de Borja, da função de protetor do Reino Português e de seus domínios contra os terremotos, entronizando, em seu lugar, a Virgem Santíssima.[75] A esses fatos juntaram-se outros de extrema gravidade, que vieram a estremecer de vez as relações do governo português com a Companhia de Jesus. Suspeitava-se que, no atentado ao rei d. José I, ocorrido em 3 de setembro de 1758 — um crime de lesa-majestade, o mais hediondo que pudesse ser cometido —, os jesuítas estivessem envolvidos.

Ora, todos esses acontecimentos se passaram no contexto de uma aguda crise já instalada entre o governo português e a Companhia de Jesus e que ao longo de mais de duzentos anos se enraizara em todos os territórios do Reino. Entretanto, é importante nesse instante ressaltar que a vulnerabilidade da Companhia de Jesus não decorria somente de suas conflituosas relações com um governo temporal. Simultaneamente ela se tornara alvo das ações disciplinares da própria Igreja católica, quando o papa Benedito XIV, pelo breve de 1º de abril de 1758, instituiu a Reforma da Companhia de Jesus, nomeando como reformador responsável o patriarca de Lisboa, cardeal Saldanha, para executá-la em todo o Reino de Portugal.[76] Na sequência desse processo, d. Antônio do Desterro, bispo do Rio de Janeiro, foi instituído em 22 de maio de 1758 pelo patriarca de Lisboa, para, na qualidade de responsável local pela Reforma da Companhia de Jesus, implementá-la em seu bispado.[77] Foi então que d. Antônio do Desterro nomeou o padre Antônio José dos Reis Pereira e Castro para exercer a função de secretário-adjunto e convocou 41 pessoas, sediadas no Rio de Janeiro, com quem os jesuítas haviam se relacionado, para responderem a oito perguntas que buscavam averiguar os desvios dogmáticos, morais e éticos dos membros daquela instituição religiosa. O inquérito também versava sobre a obediência ou não dos jesuítas às regras de sua ordem. No seu conjunto, tais perguntas transpiravam o antagonismo latente existente entre a Igreja e a Companhia de Jesus.

> 1. Se sabem ou ouviram que os Religiosos da Companhia de Jesus neste Bispado têm faltado à observância Regular dos seus Estatutos, e inteiro cumprimento dos seus votos tanto nos seus Conventos, Colégios e casas de residências como fora deles.
>
> 2. Enquanto de pobreza, se são comerciantes fazendo negociações públicas, ou particulares, se compraram por menos para vender por mais, e se faziam conduzir fazendas ou outro algum gênero de uma para outra parte, por interesses de lucros ou

câmbios contratando por si, ou por diversas pessoas ainda pelos seus mesmos escravos fazendo fábricas, manufaturas, ou artefatos por intento meramente de negócios.

3. Se vexaram os povos especialmente os seus vizinhos com demandas injustas para lhes tirarem as terras que lhes não pertenciam, e se para terem sentenças a seu favor nisto, ou em outra qualquer cousa, procuravam, e induziam testemunhas falsas, ou se com dinheiro e dádivas moviam os oficiais de Justiça, e outras quaisquer pessoas que para isso concorressem conseguindo com falsidades o que lhes não era devido por Justiça: ou se para este fim das suas conveniências particulares e injustas usavam de papéis falsos com Escrituras, ou outros quaisquer documentos falsificados.

4. Enquanto ao voto da Obediência, se ensinavam ou praticavam Ritos, Doutrinas falsas ou opiniões errôneas contra os Decretos Canônicos, Concílios gerais, Bulas Pontifícias e contra as Leis de S. Majestade Fidelíssima, opondo-se com qualquer pretexto a sua inviolável observância, ou persuadindo, movendo, e aconselhando alguma pessoa para que os não cumprisse com a devida e necessária obediência.

5. Se eram arrogantes querendo que todos lhes fossem subordinados ainda contra o que entendiam tendo por inimigos da Companhia todos aqueles que não condescendiam com as suas vontades, lhes obedeciam, e se a estes por vingança procuravam fazer-lhes o mal que podiam, e malevolência ser de todos temidos e obedecidos compelindo-os por estes meios injustos a falta da observância da Lei de Deus, digo das Leis Divinas e humanas e só cumprirem indefectivelmente os preceitos das suas vontades e os meios de seus interesses.

6. Sobre o voto de Castidade; se vivem ou se viveram castamente nas cidades, Aldeias que administravam. Se tinham, ou tiveram tratos menos lícitos, e continuados com pessoas que podiam causar algum perigo próximo de pecado, se nas conversações e trato comum eram honestos, ou se falavam, e aconselhavam alguma cousa que criasse escândalo nesta matéria da castidade.

7. Se nas suas Aldeias em que serviam de Párocos aos índios que administravam cumpriam inteiramente as suas obrigações não só vivendo com observância Regular dos Votos que professaram mas também no que lhes pertencia pelo ofício dos Pastores ensinando os rudimentos de Nossa Santa Fé Católica pregando-lhes as verdades Evangélicas, e preceitos da Igreja, persuadindo-os, e movendo-os a sua indefectível observância, administrando-lhes os sacramentos, e demais pasto Espiritual sem negligência ou omissão.

8. Se tratavam os índios com caridade sem lhes perturbar ou impedir o uso das suas liberdades proibindo-lhes a comunicação com as pessoas brancas, e que do necessário para a côngrua sustentação dos Padres que lhes administravam as Aldeias os compeliam com castigos a trabalhar usurpando-lhes os lucros do seu trabalho e rendimentos e as suas propriedades e se com efeito os castigavam com crueldade prendendo-os, flagelando-os, e degradando-os de uma para outra parte excedendo nisto os limites de uma Paternal Correção; se também exercitavam com eles jurisdição, não só política, Moral, mas também civil, e criminal sendo seus Legisladores e Juízes decidindo as suas controvérsias e contratos, punindo-lhes os seus débitos sem intervenção de Justiça alguma Eclesiástica ou Secular.[78]

Percebe-se pelo tom indutivo impresso a essas perguntas o estreito espaço de liberdade concedido às respostas dos depoentes, que mais parece terem sido chamados para confirmar um conceito já formado sobre a conduta dos padres em juízo. Não trazia o interrogatório perguntas abertas convidando a testemunha a se expressar livremente. Por isso não se pode saber se o silêncio de Domingos Barbosa de Azevedo, que nada respondeu, ou a parcimônia dos depoimentos prestados pelo capitão João Carneiro da Silva, pelo padre José de Almeida Silva e por Pedro José Augusto, os quais se ativeram a apenas uma ou duas perguntas, foi ou não uma forma de dizer que nada sabiam de desabonador sobre os jesuítas.

É pertinente observar que a maior parte dos interrogados concentrou-se nas 2ª, 3ª, 7ª e 8ª perguntas. As acusações referentes à má relação dos jesuítas com os índios foram recorrentes: os padres os exploravam obrigando-os a trabalhar gratuitamente três dias por semana em prol da Companhia; eram violentos no trato, aplicando-lhes severos castigos; mantinham relações sexuais com as índias, e vários deles com elas tiveram filhos.

Além das respostas dadas pelas 41 pessoas convocadas, o relatório final do reformador também incluiu o depoimento escrito do ex-jesuíta Bento Pinheiro d'Orta da Silva Cepeda, o relatório do ex-visitador da Companhia Francisco de Almeida e alguns outros processos retirados do próprio arquivo da Companhia de Jesus. O resumo desse relatório foi publicado em 1905 por Vieira Fazenda, em sua vasta e importante obra *Antiqualhas e memórias do Rio de Janeiro*. Nela, Vieira Fazenda afirma ter sido Cepeda o redator daquele resumo, posição aceita por Serafim Leite em sua *História da Companhia de Jesus no Brasil*. No entanto, o que se pôde apurar é que o resumo do famoso relatório publicado é da autoria do secretário-adjunto de d. Antônio do Desterro e portanto de sua inteira responsabilidade. Por muito tempo, porém, esse relatório, escrito num tom bastante agressivo, foi tomado como o depoimento redigido por Cepeda. Na verdade, trata-se de dois textos diferentes. A certeza definitiva dessa duplicidade me veio quando finalmente pude encontrar, no Arquivo Histórico Ultramarino, o verdadeiro depoimento de Cepeda, por ele assinado e redigido em estilo mais brando que o adotado pelo relatório que por muito tempo lhe fora equivocadamente atribuído.

> A Companhia, Ex.mo Sr., estava já hoje neste Brasil como um esqueleto do Instituto, e hediondo cadáver da verdadeira observância; porque já nem sombras eram estes Padres dos primeiros, que para cá vieram. Nos Nóbregas, Anchietas, Almeidas e Paivas se acabou o espírito com que Santo Inácio fundou esta Religião: porque com horrorosa metamorfose aquele zelo da salvação das almas, aquela profunda humildade, com que o Santo Patriarca criou a sua Companhia, se trocou em espírito de torpe ambição, e monstruosa soberba; não aquela moderação no falar, e pureza de vida, com que no princípio tanto se acreditaram os Jesuítas. Se mudou em soltura escandalosa de língua, e lastimosa devassidão de costumes. ... Não me resta mais que pedir a V. Ex.a. *que o meu nome nesta informação se não faça público*. Deus guarde a meretíssima Pessoa de V. Ex.a. Rev.ma por largos anos, como esta Diocese de a muitos.
>
> Beija humildemente os pés A V. Ex.a Rev.ma seu mais obediente indigno filho BentoPinheiro d'Orta da Silva Cepeda. Rio de Janeiro 26 fevereiro de 1760.[79]

Tendo já encerrado como reformador seu relatório e permitido que 78 inacianos — entre eles o padre Cepeda — pudessem abandonar a Companhia para ingressar em outra ordem religiosa ou mesmo no clero secular, d. Antônio do Desterro é pelo rei comunicado da expulsão dos jesuítas de Portugal e de suas colônias. Junto a essa comunicação recebe do rei d. José I a missão de acompanhar o aprisionamento dos jesuítas, de enviar para a Corte os proscritos e de registrar-lhes os bens confiscados. Embora — pode-se supor — profundamente embaraçado por causa das medidas conciliatórias que acabara de tomar, não hesitou o bispo em cumprir fielmente as ordens do monarca. Sobre sua respeitosa obediência não deixa dúvidas na carta que dirigiu ao rei, demonstrando todo o empenho em cumprir suas ordens

> executadas com pronta exação, não todas, porque a Reforma dos Padres da Companhia; e a sua expulsão, e extermínio, como V.M. será ciente pelas respectivas Secretarias de Estado: todas as mais serão da mesma sorte executadas, *não só por força da minha fiel obediência*; mas também pelo gosto de ver a estes povos pela alta providência das Reais Ordens de V.M. de todo livres das opressões, violências, e injustiças com que eram vexados pelos Padres da Companhia.[80]

No momento em que os padres da Companhia de Jesus no Rio de Janeiro foram expulsos, já não contavam com o apoio de importantes setores da população, em virtude dos sucessivos atritos que com eles haviam tido e sobre os quais já discorri. Os moradores não mais os confundiam com os Nóbrega, Anchieta, Almeida, Grã e Paiva, tão reverenciados como esteios da fundação e construção da cidade de São Sebastião do Rio de Janeiro. Os jesuítas contemporâneos que conheciam representavam, ao contrário, o avesso daquela imagem que carinhosamente levavam guardada no santuário de suas lembranças. Praticamente eles já tinham sido desterrados de sua consideração antes mesmo que a Corte se decidisse por sua expulsão. Quando em 1759 ela de fato sucedeu, as já enfraquecidas muralhas, que por tanto tempo a Companhia de Jesus havia sustentado em detrimento da expansão da cidade, acabaram por ruir.

Os bens imóveis que lhes foram confiscados passaram à Coroa, que anos depois resolveu leiloá-los. Centenas de famílias que alugavam seus prédios ou arrendavam parte de seus terrenos puderam, a partir desse momento, adquirir as propriedades que ocupavam.

Além disso, com o desaparecimento das linhas limítrofes de sua sesmaria — verdadeiras barreiras que represavam a cidade, impedindo-a de expandir-se naturalmente para o interior do continente — o Rio de Janeiro pôde crescer no decorrer do século XVIII em direção a São Cristóvão, Tijuca, Andaraí, Pedregulho, São Francisco Xavier, Engenho Novo, e expandir-se pela atual zona norte, até alcançar os terrenos da Câmara na Freguesia de Irajá e, daí em diante, espalhar-se pela baixada de Santa Cruz.[81]

Capítulo IV

A Muralha Colonial

O entendimento do sentido do sistema colonial — ou seja, as razões do comportamento de Portugal em relação às suas colônias ultramarinas — é de suma importância para que se possa fazer uma leitura das ações que incidiam diretamente sobre aquela que, entre todas, era considerada a principal conquista do Reino luso: a colônia portuguesa da América.

Em última análise, estamos falando da ideologia que se fazia onipresente permeando as ordens régias, as provisões, as leis, os editais, os alvarás, os pareceres, enfim, toda a legislação modeladora das relações estabelecidas entre a metrópole e as colônias. O poder absoluto do rei e o direito inquestionável da metrópole sobre "suas conquistas" constituíam a própria lógica do sistema colonial, e todos agiam convencidos da validade desse modelo, a ponto de os conselheiros ultramarinos serem capazes de seguir à risca as ordens reais e as colocarem em prática sem questionamentos. E, quando chamados a opinar sobre um determinado assunto ou problema que lhes era solicitado pela Corte, o faziam segundo as normas dominantes, se externando em textos claríssimos, como este que se segue:

> as conquistas Ultramarinas, valendo a razão por autoridade, são patrimônio de primeira ordem do Rei; e de segunda dos Vassalos primitivos, os meios com que se conseguiram, demonstram a quem são obrigados: e havendo posto El Rei a sua direção, o seu cuidado, a sua fazenda, e os Vassalos, o resto em Tributos, a essa proporção é justo, que de um e dos outros sejam logradas, de muitos modos rendam ao Rei, e só por um modo aos Vassalos; e sendo este pervertido, vem a perder o seu ficando das mesmas conquistas tributários.
>
> *O único modo dos Vassalos é o comércio.* A comunicação é precisa entre o Reino, e as conquistas; e a permutação das cousas, sobre necessária, é indispensável. Da permuta resulta o comércio; e *deve ser dirigido em utilidade dos indivíduos do Reino*; por ser um direito adquirido sobre a cousa que o causa.
>
> Para que o seja, tem suas máximas a política mercantil, entre as quais é a primeira: *a condução dos gêneros das conquistas para o Reino, na forma mais simples possível, e sem mudar espécie: o açúcar em grão, e não em doces; o cacau em grão também, e não em chocolate; o tabaco em corda, e não em pó, a sola em couro, e não em sapatos; o ouro em barra, e não em moeda.*
>
> Funda-se a razão desta máxima em duas utilidades grandes do Reino, filhas do bom governo. Por ele, se acha importante lograr os frutos sobejos das conquistas, com a porção menor possível da substância do Reino, e não das conquistas. *Ambas cousas se logram, conduzidos os gêneros na forma mais simples; porque tem menos de valor,*

> *quanto lhes falta de composição; e dão mais que obrar aos oficiais do Reino, para os reduzir nas espécies em que hão de ser consumidas.*[82]

Fazendo uso de imagens corriqueiras, esse conselheiro, que preferiu manter-se sob o anonimato, traçou o modelo que prevalecia nas relações de Portugal com a colônia brasileira. Tal discurso foi produzido para responder e orientar uma discussão que tratava da conveniência ou não de se ter uma Casa da Moeda no Brasil, ensejada provavelmente pelo fechamento, em 1714, da que existia no Rio de Janeiro, e mais tarde reaberta em Salvador, na Bahia.[83] Portanto, próximo a essa data, deve ter sido escrito o discurso do conselheiro anônimo, pois, no códice o documento segue-se a outro, datado de 1714, versando sobre as fortificações do Rio de Janeiro.

Nesse período, era monarca o jovem d. João v, que assumira o trono sete anos antes, ou seja, em 1707, notabilizando-se pela abertura de seu governo às novidades da cultura iluminista. Contando com o suporte financeiro resultante sobretudo do ouro, dos diamantes e também de açúcar, fumo, couro e especiarias tropicais provenientes do Brasil, pôde o reinado de d. João v dedicar-se ao desenvolvimento cultural de Portugal e investir em obras suntuosas em Lisboa, visando transformá-la numa opulenta cidade que pudesse alinhar-se às demais sedes das monarquias ilustradas da Europa. Para que essa meta pudesse ser atingida, era necessário que o projeto da monarquia portuguesa referente à sua colônia na América fosse, no período em tela, além de bem-estruturado, claro em seus objetivos, assim delineado: a) manutenção do modelo de organização político-administrativa baseado num conglomerado de capitanias, cuja inter-relação não interessava à metrópole com um governador à frente de cada uma delas, investido de poderes limitados e submetido às decisões superiores da Corte. O exercício dessa governança era alvo da constante fiscalização praticada por outros empregados do Estado, como o ouvidor-geral, o juiz de fora, o juiz da comarca, o provedor da Fazenda Real, os vereadores e alguns outros vassalos de confiança do rei, que sistematicamente alimentavam o Conselho Ultramarino com informações e relatórios de denúncias sobre desvios cometidos pelos governadores; b) introdução da figura do vice-rei, cuja finalidade formal, mais do que efetiva, era representar mais proximamente o monarca, sem, contudo, gozar do mesmo poder decisório concedido aos vice-reis das colônias americanas da Espanha; c) total dependência do comércio colonial à Metrópole com proibição de compra e venda de produtos a países estrangeiros; d) forte restrição de indústrias manufatureiras em todo o território da colônia, só sendo permitidas algumas poucas ligadas ao setor agropastoril, como os engenhos de cana de açúcar e aguardente, as casas de farinha de mandioca, os curtumes e as fábricas têxteis, desde que voltadas à produção de tecidos grosseiros; e) diversificação do setor agrícola para atender à necessidade da substituição de importações de Portugal, com ênfase nas culturas do arroz, do café e do trigo e o incentivo à produção do anil, algodão, a cochonilha, a seda, o cânhamo, o couro, os pigmentos, a madeira para a indústria naval e as essências e outros materiais a serem usados na fabricação de medicamentos e perfumarias; f) estímulo ao aumento populacional favorecendo os casamentos da população branca com os nativos da terra, como aconteceu no Pará, Maranhão e região centro-oeste, imprescindível para efetuar a real ocupação e integração desses territórios ao domínio político e econômico português; g) proibição da abertura de universidades no Brasil.

A respeito desse projeto colonial, foram selecionadas algumas intervenções sobre as quais me deterei, em virtude de terem, no decorrer do século XVIII, mais diretamente repercutido sobre a cidade do Rio de Janeiro e sua população e, no seu conjunto, integrarem o domínio de questões afins que convencionei chamar de "Muralha Colonial". Nessa muralha serão primeiramente enfocadas várias medidas de cunho econômico, mercantilista, industrial e agropastoril. A análise da lei sobre o luxo conhecida como "Pragmática" permitirá, em seguida, conhecer com que detalhes o governo português coibiu o luxo no Reino e nas colônias, além de restringir uma série de atividades a ele economicamente correlacionadas. Por último, o levantamento das principais medidas que decorreram da transferência da Corte portuguesa para o Rio de Janeiro e que tiveram impacto sobre a cidade demonstrará os importantes passos dados em direção ao rompimento da Muralha Colonial.

Comércio, comerciantes

Para entender o nexo entre a prática diuturna dos comerciantes da praça do Rio de Janeiro do século XVIII e as leis que os regiam, faz-se necessário situá-los no âmbito das práticas mercantilistas que se desenvolveram na península Ibérica, e particularmente em Portugal, durante o período pombalino. Como alerta Francisco J.C. Falcon, elas não foram sempre uniformes, ajustando-se conforme as necessidades que apontavam a conveniência de se dar maior ou menor importância a esta ou aquela prática mercantilista do "governo ilustrado". No seu conjunto, contudo, elas se articulavam a um "sistema" que tinha na Junta do Comércio o seu epicentro e se subdividiam em três campos: o do "fomento à produção"; o da "política comercial do Reino e em seus domínios"; e o campo das "medidas fiscais" e da "reestrutura financeira".

Dentre os três campos referidos, são as práticas ligadas às circulações de mercadorias que tendem a predominar. Pode-se dizer que elas são consequência da obediência aos princípios formulados no item XVIII do decreto que em 1755 cria a Junta do Comércio: "o aumento e dilatação do mesmo comércio, compreendemos nesta denominação, assim à mercadoria em grosso, como as vendas pelo miúdo".[84] Ao estimular esse tipo de atividade, o governo português reforçava uma tradição segundo a qual era pacífico considerar, conforme já foi visto na citação do anônimo conselheiro ultramarino, que o "único modo dos vassalos é o comércio. A comunicação é precisa entre o Reino, e as conquistas; e a permutação das cousas, sobre necessária, indispensável. Da permuta resulta o comércio".

Sendo uma das poucas atividades permitidas aos colonos vassalos, muitos deles se entregaram a atividades comerciais variadas conforme sua capacidade.

Podemos alinhar os homens de negócios que atuavam na praça comercial do Rio de Janeiro em três grandes conjuntos: os comerciantes miúdos, chamados "retalhistas", ou "homens de vara", ou ainda "mercadores de loja"; o grupo dos negociantes de "grosso trato" ou de "sobrado", formado de destacados importadores e exportadores, senhores de grande cabedal; os "capitalistas", aqueles que "viviam de seus bens ou rendas", participando eventualmente da compra e arremate de mercadorias e da sua revenda, sem contudo se organizarem formalmente por meio de firma estabelecida.

Como arquiteto chama-me a atenção para o fato de que essa distinção tenha se reproduzido no uso que faziam de edificações preexistentes para abrigar os estabelecimentos comerciais correspondentes. Assim, do ponto de vista da tipologia da edificação ou de seus pavimentos, a "loja" (ou "logea", como se escrevia na época) significava, além do espaço utilizado para a oficina ou venda de mercadoria de comerciantes retalhistas, o pavimento térreo de um sobrado ou a edificação térrea de apenas um pavimento, com acesso direto à rua, de modo a facilitar o ingresso dos fregueses.[85] Era bem menor e mais modesta que um sobrado, geralmente utilizado pelos comerciantes de grosso trato. Esses negociantes, cujo número girava em torno de 130 pessoas, eram em sua grande maioria reinóis originários da região norte de Portugal.[86] É interessante notar que essa predominância de homens do norte no comércio também se verificava em Lisboa.[87] Foi outrossim registrada pelo vice-rei marquês do Lavradio, ao tratar dos negociantes do Rio de Janeiro, a respeito de quem tinha opinião depreciadora, como pode ser observado em seu relatório sobre o governo da capitania:

> por serem a maior parte destas gentes *naturais da Província do Minho*, gentes de muita viveza, de um espírito muito inquieto, e de pouco ou nenhuma sinceridade, sendo para notar que podendo adiantar-se muito estes povos na sua lavoura e indústria com o trato daquela gentes, que na sua Província são os mais industriosos, e que procuram tirar da terra todas as utilidades que lhes são possíveis, *neste ponto em nada tem adiantado os povos*, porque logo que aqui chegam não cuidam em nenhuma outra cousa que em se fazerem senhores do comércio que aqui há, *não admitirem filho nenhum da terra a caixeiros*, por donde possam algum dia serem negociantes.[88]

O predomínio "destas gentes naturais", principalmente "das Províncias do Minho", não se restringia aos limites da capitania do Rio de Janeiro. Muitos negociantes de grosso trato estendiam seu raio de influência por uma vasta região, fornecendo dinheiro a juros a vários pequenos comerciantes. O negociante Brás Carneiro Leão, o mais rico de todos, por exemplo, era um deles. Administrava diversos negócios ligados à importação e exportação, possuía engenhos, navios e numerosos imóveis urbanos de grande valor. Natural do Porto, mantinha ligações comerciais no Reino, com as cidades de Lisboa e sua cidade natal, além de Angola e Benguela, na África. No Brasil, atuava no Rio de Janeiro, Salvador, Recife, Vila Rica, Sabará e Serro do Frio, entre outras localidades.[89]

Assim como Brás Carneiro Leão, outros negociantes de grosso trato também atuavam nas capitanias compreendidas na área de jurisdição do Tribunal da Relação, chegando a estender-se até as colônias espanholas, como se pode concluir da análise do abaixo-assinado promovido por alguns negociantes do Rio de Janeiro em 1799. Nesse instrumento petitório, os signatários agradeciam a intervenção que em seu favor fizera Florêncio da Roza junto ao vice-rei de Buenos Aires, dele conseguindo o resgate das mercadorias que pertenciam aos negociantes do Rio de Janeiro e que haviam sido saqueadas por dois navios de corsários franceses. Subscreveram esse abaixo-assinado 24 negociantes, entre os mais importantes do Rio de Janeiro.

Cada um desses importantes homens de negócio vinculava-se a outros domiciliados em Lisboa ou na cidade do Porto, formando assim uma sólida rede que lhes garantia o privilégio de estabelecer o preço dos produtos vendidos no Rio de Janeiro num patamar que lhes interessava. Os pequenos e médios comerciantes que porventura importassem mercadorias a preços mais baixos não tinham como romper o bloqueio dos negociantes de grosso trato, pois lhes era quase impossível fornecer mercadorias a crédito. Portanto, o preço dos produtos vendidos por esses atacadistas era definido por eles unilateralmente.

Tentando furar o cerco desse quase monopólio mercantil, o vice-rei Marquês do Lavradio instituiu uma grande feira no Largo da Glória onde os compradores do interior poderiam adquirir os produtos ofertados por mercadores de todos os níveis, tendo a liberdade de estabelecer seus próprios preços num mercado público concorrencial.[90] Essa iniciativa, no entanto, não teve vida longa.

Os membros da administração na metrópole passaram a ver o porto do Rio de Janeiro com certa apreensão a partir do momento em que se tornou o principal escoadouro da produção aurífera das Minas Gerais, incorporando o comércio cisplatino e o de outras regiões da colônia. Isso requeria cuidados especiais, preventivos contra a possibilidade de contrabandos ou saque de mercadorias por navios piratas estrangeiros. Um dos membros do Conselho Ultramarino, em seu parecer de 26 de janeiro de 1714, disse temer que no Brasil, "especialmente nas vizinhanças do Rio de Janeiro", houvesse interrupção do comércio e incremento de transações irregulares dos navios estrangeiros, com a população da colônia facilitando, ao longo da costa do Rio de Janeiro até Santos, o exercício do contrabando, que ofertava produtos a preços menores do que os fornecidos por Portugal, até porque eram de "segunda ou terceira mão".

> depois de os comprar aos estrangeiros em Europa, os transporte e hão de por maior preço: vindo a resultar daquele tal comércio a ruína de Portugal, e o aborrecimento dos habitantes do Brasil para com os Portugueses, logo que vierem no inteiro conhecimento do que estes ganham sobre as fazendas que lhe levam a eles.[91]

Nesse relato o conselheiro deixava muito claro qual era a estratégia de exploração praticada pela Corte em relação à colônia brasileira, exploração que se fazia necessária para assegurar as finanças de Portugal, como a justificava Sebastião José de Carvalho e Mello, futuro marquês de Pombal:

> o reino não podia mais. A monarquia estava agonizando. Os ingleses tinham peado esta nação, e a tinham debaixo da sua pendência; eles a haviam insensivelmente conquistado, sem ter provado algum dos inconvenientes das conquistas: o povo estava atado ao carro da sua política; não havia mais remédio, nem mais meios para quebrar as suas pensões. O Estado ligado por todas as partes, longe de poder tirar-se das cadeias, agravava sempre de mais a mais aquelas que o avassalavam ao sistema da Grã-Bretanha. Os ingleses tinham posto em obra para todo o tempo, a máxima que os leva a destruir, ou ao menos a enfraquecer todos os outros sistemas, para aumentar a força do seu. O governo português não tinha já alma; todas as suas partes estavam sem vigor. Cada peça esperava para se mover, que tudo estava desesperado.[92]

Esse estado de agonia levou o governo português ao longo do século XVIII a estabelecer uma série de normas protetoras envolvendo o comércio colonial, para lhe assegurar a estabilidade pretendida. Primeiro cuidou de regulamentar a entrada de navios estrangeiros nos portos brasileiros através da ordem régia de 1º de outubro de 1715, proibindo a comercialização entre pessoas da cidade com a tripulação desses navios. Permitiu, no entanto, que os navios fossem consertados nos estaleiros da cidade e se abastecessem no comércio local.[93] Caso os responsáveis por essas embarcações estrangeiras não dispusessem de dinheiro para efetuar o pagamento de suas dívidas, poderiam saldá-las, lançando mão de mercadorias ou mesmo de escravos que eram negociados. No primeiro caso, as mercadorias não perecíveis deveriam ser enviadas para Lisboa e, no caso dos escravos, praticava-se o leilão — uma forma de se recolher impostos mais elevados sobre a mercadoria negociada que a proveniente das transações comerciais.

Outra importante iniciativa protetora do comércio regular entre Brasil e Portugal foi o alvará de 6 de dezembro de 1755, proibindo a comercialização realizada pelos "comissários volantes", isto é, por pessoas que não tinham casa comercial estabelecida e que adquiriam mercadorias em Portugal ou na própria colônia brasileira e revendiam-nas, por exemplo, no Rio de Janeiro.[94] A erradicação desse tipo de comércio era importante para manter a hegemonia dos negociantes de grosso trato e eliminar a concorrência, embora fragmentária, desses mercadores volantes. Para atender aos pedidos das tripulações dos navios mercantes que praticavam o pequeno comércio, o rei promulgou outro alvará discriminando quais produtos poderiam ser levados para o Brasil para serem dessa forma comercializados. Foram incluídos na listagem: presunto, paio, chouriço, sardinha, azeitona, alecrim, alho, louro e vassoura de palma do Algarve. Havia uma outra relação de produtos referentes àqueles que, originários da colônia portuguesa da América, poderiam ser adquiridos: farinha de mandioca, coco, melaço, louça de cerâmica, cuia, tabuleiro e pequenos animais como saguim, macaco, papagaio e outros animais vivos ou empalhados. Todos, enfim, produtos sem importância comercial para os negociantes de grosso trato, razão pela qual não questionaram o alvará, até porque sabiam que a permissão da prática de pequeno comércio causava prazer aos marinheiros, amenizando um pouco a dura lida dos embarcadiços.[95]

Para o comércio colonial foi também importante o alvará de 17 de janeiro de 1757, reduzindo os juros anuais de 6,4% para 5%, o que fez os capitalistas mudarem de direção: em vez de privilegiarem a especulação financeira, passaram a investir mais nas atividades produtivas.[96]

Fábricas proibidas

A colônia portuguesa da América, além de fornecedora de produtos agrícolas, foi estruturada para funcionar como mercado consumidor da produção fabril de Portugal, sendo permitido que em território brasileiro se instalassem tão somente manufaturas não concorrenciais. Assim, na capitania do Rio de Janeiro e em sua capital, havia legalmente estabelecidas fábricas para produção de açúcar e aguardente, para descascar arroz, descaroçar algodão e para produzir o anil, todas voltadas ao beneficiamento de determinados produtos agrícolas. As fábricas restritas à cidade eram poucas. Entre elas havia os curtumes para beneficiamento do couro do gado vacum, a fábrica de corda de João Hopman, usando fibra da planta nativa chamada guaxima, e pequenas oficinas produzindo pentes, guarda-sóis etc. Quanto às fábricas têxteis, só poderiam funcionar os empreendimentos produtores de tecidos grosseiros, destinados à confecção principalmente das vestes dos escravos. Apesar da vigência dessa proibição, consta que pessoas, às escondidas, foram ampliando e diversificando as pequenas manufaturas têxteis, valendo-se de recursos próprios, fato que foi denunciado.

> Da cidade do Porto passou para o Rio de Janeiro José Maria Morais Manso, para ali fabricar Galões de Ouro e Prata. Foi mandado ensinar e remetido por Francisco Cardia Neto da mesma Cidade por ordem de Francisco Vaz de Carvalho do Rio de Janeiro e ali almoxarife. Não levou teares, mas sim medidas necessárias e depois disso lhe foram pentes, retroses, fio de ouro e prata e todas as mais miudezas precisas para a laboração. Consta que esta Manufatura vai em aumento e que principiou a coisa de cinco anos. Também consta que F. Xavier tem ali alguns teares mas deste não há notícia tão miúda como do primeiro. Agora se pedem cardas para ceudar e encomendar lã e algodão e *se nas Américas se introduzem as Manufaturas não as necessitarão deste Reino.*[97]

Chegaram às mãos do intendente da polícia da Corte, Pina Manique, esta denúncia e outras, dando parte de manufaturas existentes no Rio de Janeiro e em outras capitanias, produtoras de tecidos finos e até bordados com fio de ouro e prata, galões e outros produtos proibidos por lei. Com base nessas denúncias, Pina Manique escreveu alentado relatório sobre a questão, enviando-o em 1784 ao secretário de Estado, Martinho de Mello e Castro, para que a rainha dona Maria I, ciente das transgressões, pudesse tomar as medidas cabíveis, inclusive quanto aos teares para fabricação de tecidos finos de algodão e seda existentes em Minas Gerais.

Ressalte-se nos documentos acima transcritos a grande preocupação do governo português com as consequências negativas para o comércio e indústria da metrópole, advindas da existência de estabelecimentos concorrentes nas colônias. O relatório resultou no alvará de 5 de janeiro de 1785, estabelecendo o fechamento das fábricas, manufaturas ou teares em todo o território do Brasil e, consequentemente, também no Rio de Janeiro.[98]

Percebe-se existir, pela análise desse alvará, claros indícios do que era o "projeto Brasil" nos planos da monarquia portuguesa: a colônia deveria restringir-se à extração de ouro e diamantes, ao comércio alimentado pelos negociantes de Portugal e à produção agropastoril. A colônia portuguesa na América precisava de "colonos e cultivadores", e não de "artistas e fabricantes".

Funcionando como uma muralha de proibições, o alvará impedia que a cidade do Rio de Janeiro caminhasse na direção do desenvolvimento industrial atingido pelo mundo europeu. Sua aplicação prejudicou de imediato, 16 fábricas, cujos proprietários eram 13 homens e três mulheres.

Das 16 fábricas têxteis extintas foram retirados alguns teares — ao todo também 16, sendo a maior parte proveniente daqueles estabelecimentos produtores de tecidos com fios de ouro e prata —, enviados a Lisboa sem que seus proprietários fossem minimamente indenizados pelas perdas de seus equipamentos. (QUADRO 3)

Entre os cinco proprietários dos teares que fabricavam tecidos com fios de ouro e prata, galões e outros produtos proibidos pela lei "Pragmática", de 1749, destacava-se o caso do francês Jacó Munier, nascido em Lyon, França. Batizado em 1º de julho de 1755, veio para o Rio de Janeiro já adulto e se casou com Thereza Vitoria Darrigue, filha do famoso e rico cirurgião, também de origem francesa, João Baptista Darrigue — que deu nome ao logradouro em que vivia, conhecido como Beco de João Batista, nas proximidades do largo de Santa Rita.

Quadro 3

Fábricas têxteis na cidade do Rio de Janeiro atingidas pelo alvará de 1785

Proprietários	Localização	Observações
Fábricas produtoras de tecidos de ouro e prata		
Jacó Munier	rua dos Ourives Velha*	5 teares, sendo 4 armados e 1 desarmado
José Antônio Lisboa, cap.	rua dos Ourives Velha	3 teares
José Maria Xavier	rua dos Ourives Velha	1 tear
Miguel Xavier de Moraes	rua dos Ourives Velha	1 tear
Sebastião Marques Vaz	em frente à Igreja N.Sª Mãe dos Homens	2 teares grandes e um menor desarmado
Fábricas de tecidos de lã, linho e algodão		
Anna Maria	—	teares de panos grossos; às vezes produzia toalhas e guardanapos
Antônio José	—	idem
Antônio de Oliveira Amaral	—	idem
Custódio José	—	idem
Francisco São José	—	idem
João Monteiro Celi	rua da Vala	4 teares de panos grossos de algodão, às vezes fabricava cobertores felpudos de algodão, toalhas e guardanapos
José Francisco	defronte da Sé	3 teares armados e 1 desarmado
José Luiz	rua da Vala	3 teares armados e 2 desarmados
Manoel de Moraes	—	idem
Maria Antônia	—	idem
Maria da Esperança		idem

* A rua dos Ourives Velha corresponde, atualmente, à rua da Quitanda; e a rua da Vala, à Uruguaiana.

Nos proclamas de seu casamento, Jacó Munier declarou ser profissional de "tecer galões".[99] Quando da Devassa de 1794, contra os membros da Sociedade Literária, foi inquirido como suspeito por ser de origem francesa, como se verá adiante.

A presença do capitão José Antônio Lisboa, natural de Lisboa, no rol dos proprietários das fábricas têxteis atingidas não deve passar despercebida. Esse capitão, agraciado com o título de cavaleiro professo na Ordem de Cristo, possuía vários imóveis no Centro da cidade do Rio e uma bela chácara em Laranjeiras. Tratava-se de pessoa influente no desenvolvimento urbano da cidade. Seu filho, que levava o mesmo nome do pai, foi mais tarde fundador da Aula de Comércio no Rio de Janeiro e ministro da Fazenda em 1830, além de membro do Instituto Histórico e Geográfico Brasileiro, fundado em 1838.

Quanto aos proprietários de fábricas mais modestas, ressalta-se a presença de três mulheres, o que se explica pela compatibilidade da tecelagem fabril com as tarefas domésticas e a tendência, em Portugal, de se utilizarem pessoas do sexo feminino nesse ramo manufatureiro.

Foi possível também localizar o documento em que José Francisco da Silva, um dos citados na listagem do quadro anterior, adquiriu em 1784 uma fábrica que pertencera a Bento José Abreu Guimarães. A importância desse documento decorre do fato de retratar as miudezas de uma pequena sociedade estabelecida em função de um empreendimento fabril no qual José Francisco da Silva, empresário e tecelão de profissão, mas homem de poucos recursos, associou-se a Manoel José da Rosa, possuidor de cabedal suficiente para pagar os 119$000rs estabelecidos pelo valor da tecelagem.[100] Na escritura de venda do estabelecimento consta que Bento José de Abreu Guimarães era dono de uma fábrica de teares lavrados, devidamente equipada, e que "tudo comprou e fez à sua custa e está possuindo pacificamente sem contradição alguma". [101]

O texto dessa escritura ainda traz outras informações, como a de que José Francisco era tecelão alfabetizado, pois assinou a escritura com caligrafia perfeita, enquanto o sócio, Manoel José, era analfabeto e casado com mulher tecelã. Conforme os atributos de cada um, dividiram os dois sócios as funções a serem desempenhadas no empreendimento fabril: José Francisco seria o administrador e mestre da fábrica, e Manoel José, encarregado de "ajudar nas tintas, pelar pau, botar as teias e o mais que puder fazer".

Acertaram ainda os sócios que todos os tecidos fabricados com fios adquiridos pelo estabelecimento seriam computados como fazendo parte da produção geral da fábrica, mesmo que representasse um trabalho da esposa tecelã de Manoel José. Em contrapartida, toda vez que ela tecesse com fios produzidos "pelas suas mãos ou engenho", o produto lhe pertenceria integralmente.

Cumpre salientar que a coibição da produção atingiu toda e qualquer fábrica — e não apenas os estabelecimentos têxteis — com extremo rigor, em todo o território da colônia portuguesa na América. Analisando um manuscrito que mapeia todos os estabelecimentos fabris existentes até o ano de 1801, "nas cidades de Lisboa, e nas mais cidades, e vilas do Reino, e suas conquistas", é possível verificar que, das 611 fábricas então computadas, somente quatro continuariam funcionando no Brasil: uma cordoaria na Bahia, pertencente a Thomas de Souza, e três de atanados (couro curtido) no Rio de Janeiro, pertencentes a Antônio Pinto de Miranda, Feliciano Gomes Neri e Francisco José dos Santos. [102]

Essa muralha que estancava a indústria do Brasil começou a ser rompida após a chegada da Corte em 1808, com a promulgação, pelo príncipe regente d. João, do alvará de 1º de abril do mesmo ano, que determinava:

> Eu o Príncipe Regente. Faço saber aos que o presente alvará virem: que desejando promover e adiantar a riqueza nacional, e sendo um dos mananciais dela as manufaturas e a indústria, que multiplicam e melhoram, e dão valor aos gêneros e produtos da agricultura e das artes, e aumentam a população, dando que fazer a muitos braços e fornecendo meios de subsistência a muitos dos meus vassalos, que por falta deles se entregariam aos vícios da ociosidade.[103]

Com esse alvará encerrava-se a visão de que o Brasil só precisava de "colonos e cultivadores" para o seu desenvolvimento econômico. Perdurava ainda a ideia de que não deveria possuir universidade, pois a fonte do saber se localizava em Coimbra.

A bem-vinda indústria das embarcações

Era mais que natural que um povo de navegadores como o português desenvolvesse a indústria naval nas cidades portuárias que criou na sua colônia na América. Pode-se dizer que essa atividade teria começado com Pero Lopes de Souza, quando esteve na Guanabara em 1531, pois, segundo registrou em seu diário, se deteve por três meses na região e, durante esse período, recolheu "mantimentos para um ano, para 400 homens", e foram construídos "dous bargantins de 15 bancos".[104]

Interessante exemplo dessa atividade industrial foi o contrato firmado em 1739 entre o licenciado Ignácio Gomes de Lira e o carpinteiro Gabriel João de Santiago para que este fabricasse um "iate" de 80 palmos (17,60m) de quilha limpa, pelo preço total de 1.210$800rs.[105]

No ato da assinatura do contrato o proprietário pagou 170$000rs, comprometendo-se a saldar os restantes 200$000rs assim que o iate estivesse cintado. É importante ressaltar que com o valor dessa embarcação poder-se-ia construir um pequeno sobrado, prova do grande volume de recursos que giravam na cidade do Rio de Janeiro em função das atividades portuárias e da indústria naval.

Entre os envolvidos nos processos de compra e venda de embarcações pôde-se identificar atuando nas duas últimas décadas do século XVIII 25 negociantes de grosso trato, cujos nomes também haviam sido citados pelo vice-rei, conde de Resende, como os mais importantes da cidade do Rio de Janeiro, entre eles Braz Carneiro Leão, João Siqueira da Costa e Manoel Caetano Pinto. Aliás, no que toca ao tráfico ultramarino, convém neste instante frisar a política que foi empreendida pela Junta do Comércio de Lisboa — sob cuja alçada recaíam todos os aspectos atinentes àquele tráfico — visando favorecer de todas as maneiras as construções de navios no Reino e no Brasil, inclusive quanto à reserva de madeiras necessárias à sua construção. Em reforço a essa política o governo português editou o alvará de 12 de novembro 1757, em "que estende a preferência para a navegação aos navios construídos no Brasil pelos proprietários ali moradores".[106]

Objetivando dimensionar a importância da indústria e do comércio naval para a economia da cidade do Rio de Janeiro, levantaram-se 42 escrituras de compra e venda de embarcações registradas em seis livros dos cartórios do 1º e 2º Ofício e Notas, referentes aos anos de 1785, 1795, 1805. Essas transações alcançaram a casa dos 114.770$810rs, quantia que daria para adquirir, por exemplo, 50 sobrados na rua mais valorizada da cidade, ou seja, na rua Direita. (QUADRO 4)

Quadro 4

Tipos, quantidade e valor de embarcações vendidas na praça do Rio de Janeiro. 1785, 1795 e 1805

Tipos de embarcação	Quantidade	Valor
Barco	2	550$400rs
Bergantim	15	57.496$550rs
Chalupa	2	5.100$000rs
Corveta	2	7.200$000rs
Galera	2	1.200$000rs
Navio	1	22.000$000rs
Pingue	2	2.900$000rs
Sumaca	16	28.123$860rs
Total	**42**	**144.770$810rs**

Encomendas de embarcação de grande porte também ocorreram, como foi o caso da nau que a Coroa determinou ao vice-rei, o conde da Cunha, que fosse construída na cidade do Rio segundo o projeto da embarcação enviada da Corte. Para responsável pela execução da nau foi designado o mestre carpinteiro da ribeira, Antônio da Silva, que se encontrava na Bahia e acabara de construir uma nau nos estaleiros de Salvador. Para a execução dessa honrosa tarefa — cuja nau iria integrar a esquadra real — foi necessário realizar obras preparatórias visando construir um estaleiro e preparar o espaço da "ribeira das naus". Referindo-se a esses preparativos, descreve o vice-rei conde da Cunha, em 1764:

> logo que deste Porto saiu a fragata N.Sª da Madre de Deus e as mais que foram na sua conserva principiei a fabricar a nova ribeira em que se deve fazer a nau S. Sebastião; para este fim se fez um muro desde a calçada de S. Bento até o Cais de Brás de Pina, no canto deste se fez a única porta com que ficou, e desta até quase ainda deve ficar a proa da nau, continua um grande telheiro, em que trabalha a gente de machado, e a entrada da porta do lado do mar, se fez uma grande casa para formas, e debaixo desta um grande cômodo para carpinteiros e entalhadores. O estaleiro está quase acabado que como vai feito de boa cantaria, e é todo fundado sobre água, tem consumido tempo, não imaginado.[107]

No tocante à madeira a ser usada na construção do navio, informa o conde da Cunha que o fornecimento tinha sido dificultado pela inexperiência dos madeireiros em "moverem paus de tão excessivos comprimentos, e grossuras, porém com o tempo, e cuidado, se irão vencendo as dificuldades, que todos os dias se nos inovam". Quanto ao mestre carpinteiro responsável pela construção da nau — Antônio da Silva —, o vice-rei estava preocupado com que não pudesse "vencer a lida em que está metido, a fim de estabelecer, ou ordenar uma nova Ribeira, em que são precisos tantos, e tão diversos preparativos". Orgulhoso com sua obra, o conde da Cunha informava que estava enviando num saco a "Planta e ata da mesma Ribeira".

A madeira necessária ao empreendimento foi encomendada às "pessoas que assistem no termo de Macacu, e costumam fazer negócio em madeiras".[108] Todavia, com o andar da obra, viu-se que era necessário utilizar troncos de grande comprimento, exigência que os fornecedores se mostraram incapazes de atender, obrigando o vice-rei a enviar carpinteiros e oficiais militares para extraírem das matas de Macacu a madeira requisitada. Além dessas preciosas informações, o conde da Cunha noticiou a descoberta dos pinheiros de Viamão e de Paranaguá, de qualidade excelente para a construção de mastros, afirmando que enviara algumas amostras para a Corte analisar e decidir se tal madeira podia ser utilizada na fabricação da nau, a qual batizou de *São Sebastião*:

> A nau S. Sebastião tem tido grande embaraços, por não haver quem se atrevesse a dar as madeiras grandes para ela, pelo que por conta da Real Fazenda as tenho mandado cortar, e transportar para a Ribeira o que tem causado excessiva demora; porém já os braços se lhe vão metendo e vai-se trabalhando nela com o devido cuidado. Sendo também feitas as diligências possíveis para saber se os *pinheiros de Viamão* são capazes para mastros, o seu excessivo peso me faz parecer que não podem ter o préstimo para o qual os procuramos, porém esta mesma qualidade de paus mais sólidos, e mais leves os temos de duas qualidades; em *Paranaguá* em a altura de 25 graus e 30 minutos, das suas qualidades; mando a V. Ex.ª duas pontas pequenas e um pedaço de tábua que ainda que bastantemente larga; o descobridor me assegura que de mais de doze palmos (2,64m) de largo se podem torar, e facilíssimo o seu embarque nele; pelo que se a qualidade for boa, temos feito uma descoberta muito mais útil que o que procuramos achar em Viamão, que pela distância em que estava, e dificuldades dos transportes, e embarques, nos seria de pouca utilidade a sua bondade, ainda que a tivesse.[109]

O comandante inglês Lord Byron, que esteve na cidade do Rio de Janeiro em agosto de 1764, registrou a construção da nau *São Sebastião* e teceu considerações elogiosas sobre os profissionais carpinteiros e calafates que também haviam trabalhado em consertos dos navios da esquadra inglesa. Como os ingleses geralmente tinham o costume de depreciar os trabalhos realizados por gente portuguesa, o fato de Lord Byron ter reconhecido que os calafates do Rio de Janeiro, empregados na construção da nau *São Sebastião*, eram hábeis profissionais que utilizavam técnicas sui-generis, é uma demonstração da importância e qualidade da obra em plena fase de execução.

Passaram-se três anos, e a construção da grande nau ainda não chegara a seu termo, levando o conde da Cunha a se desculpar pelo atraso, motivado, segundo ele, pela incompetência do substituto do mestre e velho carpinteiro, profissional exímio que se encontrava bastante doente. Na verdade, temia o conde da Cunha que ele viesse a falecer antes de terminar a obra. Apesar de todos esses reveses, no entanto, era grande seu contentamento com o andamento e a qualidade da empreitada, pois a nau, segundo o vice-rei, era

> construída de madeiras tão excelentes, que me parece se não tem visto outra tão bem fabricada. Fica-se acabando de assoalhar a coberta, e no convés se estão também acabando de meter as curvas. Os bailéus do porão (que são os melhores, que tenho visto) estão feitos; e em toda ela se trabalha com muitas gentes, e se Deus quiser, que vá com bom sucesso à Lisboa, parece-me que S.M. não deixará de a ver com gosto e V. Ex.ª de se satisfazer da lembrança que teve de que aqui se fizesse. *Rio a 9 de abril de 1766.*[110]

Finalmente, quatro anos após o pedido real, a nau São Sebastião ficou pronta e pôde zarpar para Lisboa em 19 de agosto de 1767, carregando consigo o atestado da capacidade empresarial do vice-rei, o emprego de antigas e tradicionais madeiras brasileiras de boa qualidade, além da adoção do pinho de "Parnaguá" (hoje conhecida como Paranaguá), e a competência do velho mestre Antônio da Silva e de sua equipe de carpinteiros, entalhadores, pintores e calafates.[111] O resultado era muito lisonjeiro para os habitantes da cidade, que haviam demonstrado terem sido capazes de construir em seu próprio estaleiro uma nau de grande porte medindo 59,60m de comprimento, 15,50m de boca e 13,00m de pontal.

O custo final da *São Sebastião* — excetuando-se o suposto valor da madeira cortada a mando do vice-rei, e a doada pelo Mosteiro de São Bento e o Convento do Carmo, segundo nos informa d. Clemente Nigra — alcançou os 50.000$000rs.[112] Se compararmos esse valor parcial com o custo de um outro navio construído nessa mesma época na Bahia — a nau *Santo Antônio* e *São José* (1761-63), orçada em 135.000$000rs —, podemos ter uma ideia do impacto que tal encomenda real causou na indústria naval da cidade do Rio de Janeiro, na segunda metade do século XVIII.[113]

A nau *São Sebastião*, também conhecida como "Nau Serpente", em razão da escultura de dragão que levava em sua proa, participou de eventos importantes da história de Portugal e do Brasil. Foi ela que transportou em 8 de julho 1816 as infantas dona Maria Isabel e dona Maria Francisca de Assis — acompanhadas do marquês de Valadão e do visconde de Asseca — para a Espanha, a fim de lá se casarem, a primeira, com o rei espanhol Fernando VII, e a segunda com seu irmão, o infante d. Carlos Maria Izidoro. Também fez parte da frota que foi a Viena em 1817 buscar dona Maria Leopoldina Josefa Carolina, filha do imperador Francisco II, esposa do príncipe d. Pedro de Alcântara. Por fim, teve em 1818 o mesmo destino dos velhos navios: foi desmanchado no Arsenal de Lisboa, e suas partes aproveitáveis, usadas em outras embarcações.

Contradizendo o discurso oficial do vice-rei conde da Cunha, um escritor anônimo atribuiu à construção dessa nau os enormes prejuízos causados à praça do Rio de Janeiro, levando muitos de seus comerciantes e lavradores à falência

> porque alguns anos lhe fez tirar do engenho e roças os escravos e gados para a condução das madeiras com que fez construir uma nau em cujo trabalho lhe fez perder quase

todos: a sua tirania concorreu para desertarem da cidade acima de doze mil pessoas; por pequenas causas degradou para o presidio de Caconda infinita gente, e alguns Homens de Negócio aonde morreram e as sua Casas se desgraçaram.[114]

A condição portuária da cidade do Rio de Janeiro levava naturalmente parte dos negociantes a se tornarem proprietários dos navios mercantes que serviam suas empresas, enquanto a outra parte investia na própria indústria naval.[115] Muitas famílias que nela moravam viviam em função do comércio portuário e da indústria de embarcações, enquanto outras tinham seus chefes ou filhos empregados nas respectivas tripulações; além disso um grande contingente se profissionalizou no ofício e na arte de construir ou reparar bergantins, navios, galeras etc. Outros se especializaram em produzir utensílios como tonéis, pipas ou móveis para equipá-los. Era portanto diversificado o conjunto de trabalhadores voltados às obras navais como carpinteiros, marceneiros, pintores, calafates, tanoeiros, entalhadores e outros para os quais não faltava serviço, pois eram numerosos os pedidos de reparo. Uma única relação apresentada, em 1799, por 23 proprietários, aponta a necessidade de se contratarem 336 carpinteiros e 432 calafates especialistas na arte de construir embarcações.[116]

Diversificação da agricultura

Na primeira metade do século XVIII a produção agrícola da capitania do Rio de Janeiro se concentrava em torno de dois produtos: a cana de açúcar e a mandioca.

O primeiro passo na direção da diversificação desse quadro foi dado com a cultura do arroz, que já em 1756 alcançava um bom nível de produção, motivando o sargento-mor Antônio Lopes da Costa e seu sócio Antônio Marques Guimarães a solicitarem do rei licença para montar uma fábrica de descascar arroz na região de São Cristóvão. Contudo, foi sob a direção do negociante Manoel Luiz Vieira — que a partir de 1759 tomou a dianteira da fábrica — que a cultura do arroz recebeu impulso, atingindo uma boa posição na escala de produtos do Rio de Janeiro destinados à exportação. Podemos apontar como causa desse incremento duas razões, sendo a primeira delas a segurança que dava Manoel Luiz Vieira aos produtores, financiando-lhes o plantio e assegurando-lhes o preço mínimo de venda do arroz. A segunda razão se prendia ao fato de a fábrica de descascar arroz ter alcançado um maior nível de produtividade com a introdução dos inventos fabricados pelo irmão do negociante, Jerônimo Vieira de Abreu, acelerando assim o processo de descascamento do cereal.[117]

Pela mesma época, ou seja, entre 1760 e 1762, coube ao Rio de Janeiro a honra de ter sido a porta pela qual o café entrou no sudeste e sul do Brasil. As primeiras sementes ou mudas de café teriam sido trazidas do Maranhão a mando do desembargador dr. João Alberto Castelo Branco, que para a cidade carioca se transferira em função de sua nomeação como chanceler do Tribunal da Relação, em 9 de agosto de 1759.[118] Dessas mudas vingaram apenas as que foram plantadas, uma, no quintal da casa em que residia o desembargador, à ladeira do morro de Santo Antônio; outra nos terrenos do Mosteiro de Santa Teresa; e duas na horta do convento dos frades barbadinhos, à rua dos Barbonos, atual Evaristo da Veiga, bem no local em que hoje se encontra o Quartel Militar. Desses últimos pés, que floriram mais cedo e melhor que os outros, recebeu o holandês João Hoppman algumas sementes, que plantou em sua chácara de Mataporcos. No entanto, foi d. José Joaquim Justiniano de Mascarenhas Castelo Branco, que regeu a diocese do Rio de Janeiro de 1774 até 1805, quem impulsionou a propagação dos cafeeiros a partir do plantio que fizera em sua fazenda do Capão (hoje Inhaúma). Dali retirou logo boas mudas doando-as ao padre Antônio Couto da Fonseca, proprietário de um sítio em Mendanha, ponto de partida da irradiação da cultura cafeeira que chegou a Resende e de lá se espalhou pelo vale do Paraíba afora, o que está graficamente indicado no mapa "Cafezais da terra carioca".[119] (MAPA 10)

Cumpre salientar que, já em 1779, a produção da lavoura cafeeira transcendia o nível do consumo doméstico e interno, gerando um excedente direcionado ao mercado externo. No ranking dos principais produtos agrícolas cultivados no Rio de Janeiro no último quartel do século XVIII, o café figurava, em 1779, com 57 arrobas produzidas, passando para 3.496 em 1792 e atingindo o brilhante terceiro lugar, com 44.399 arrobas em 1806.

Nesse contexto, importa mostrar como a cultura dessa rubiácea vulgarizou-se por entre as chácaras do centro e dos arrabaldes da cidade do Rio de Janeiro, tornando-se seu plantio bastante expressivo, a ponto de os pés de café dominarem os "arvoredos" que cobriam as propriedades. A veracidade dessas afirmações vem comprovada por alguns exemplos. Tinha Antônio Pereira da Terra em sua chácara, da rua Matacavalos — atual rua do Riachuelo — várias espécies arbustivas plantadas, segundo nos informa seu inventário *post mortem*, aberto em 1785:

> 2 pés de araçás, 18 soqueiras de bananeiras, 1 pé de cacau, *28 pés de café*, 1 pé de coqueiro da Bahia, 4 pés de coqueiros dendê, 33 pés de goanduzeiros, 1 pé de jabuticabeira, 4 pés de jambeiros, 25 pés de laranjeiras, 3 pés de limoeiros, *18 pés de macieiras*, 5 pés de mamoeiros, 1 pé de mangueira, 4 pés de romãs.[120]

Nessa propriedade o café só perdia para os "guanduzeiros", uma espécie de leguminosa, passando à frente das laranjeiras e mesmo das macieiras — fruteira que mantinha vivos os laços do proprietário com suas terras em Portugal.

A mesma supremacia do café se verificava na chácara do negociante de grosso trato Antônio José da Silva, situada na esquina do Largo do Machado com a rua do Catete. Arrolados no inventário *post mortem* de 24 de março de 1809 desse proprietário aparecem:

> 4 pés de açafroeiras, bananal, 10 pés de cabaceiros, 2 pés de cacau, *3200 pés de cafeeiros grandes e 386 pequenos*, 8 pés de coqueiro dendê, 4 pés de figueiras, 1 pé de fruta do conde, 3 pés de grumixameiras, guanduzeiros, 10 pés de laranjeiras, 1400 pés de laranjeiras pequenas, 51 pés de laranjeiras da China, 1345 pés de laranjeiras seletas e algumas Bahia, 22 pés de enxertos de tangerina, 5 pés de limoeiros azedos, 3 pés de limoeiros doces, 78 pés de macieiras, 28 pés de parreiras, 4 pés de romãzeiras, 3 pés de tamarineiros pequenos.[121]

Mapa 10

Localização das primeiras plantações de café no Rio de Janeiro, segundo Silvio Fróes de Abreu

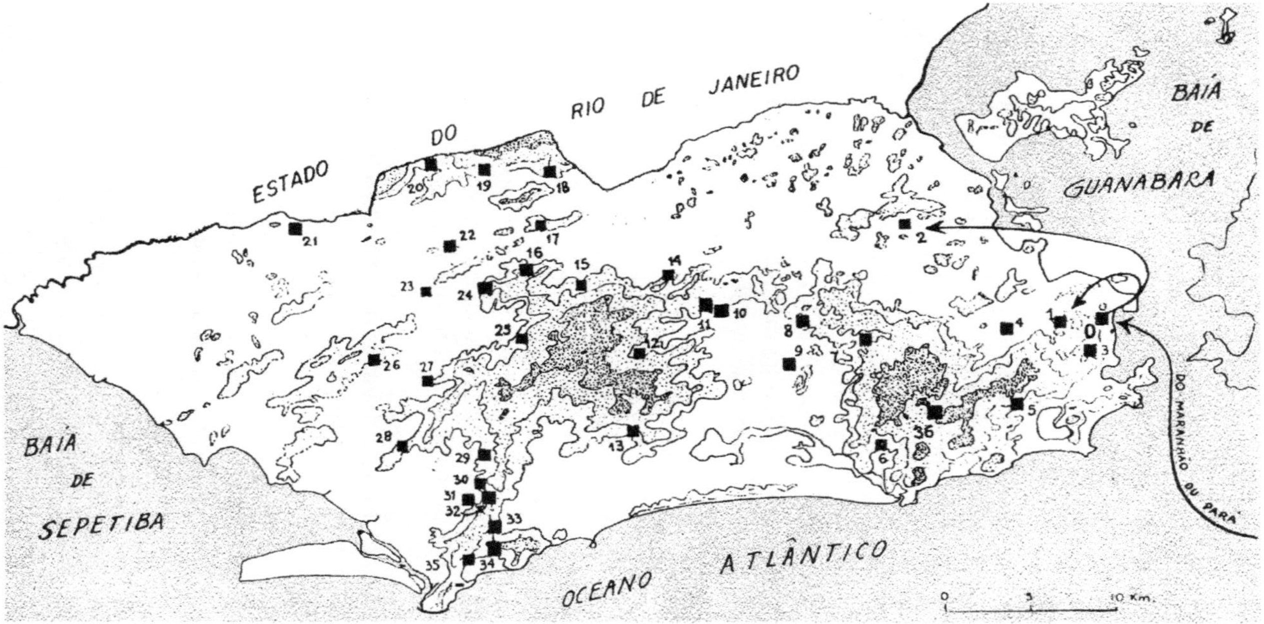

CAFÈZAIS DA TERRA CARIOCA: como estavam localizados nos séculos 18 e 19, segundo trabalho de Sílvio Fróes Abreu, que observa: "O mapa indica os pontos onde foi cultivado o café no território que é o D. Federal [hoje Estado da Guanabara]. 0—É a chácara dos Barbonos, onde hoje é a Rua Evaristo da Veiga, que recebeu as primeiras mudas, vindas do Maranhão ou Pará. 1—Chácara do holandês João Hoppman, no Rio Comprido, onde se fêz a primeira cultura em grande escala. 2—Chácara do Bispo, em Inhaúma, uma das primeiras a ter essa cultura. 3—Chácara em Laranjeiras, do Conde Hogendorp, general e amigo de Napoleão. 4.—Fazenda do Portão Vermelho, perto da Praça Saenz Pena, onde o café foi cultivado até o começo dêste século. 5—Propriedade do Dr. João Borges, na Gávea, que até alguns anos passados ainda produzia café. 6—Fazenda do Pica-Pau, na Serra da Tijuca, vertente de Jacarepaguá. 7—Fazenda do Engenho da Serra. 8—Fazenda da Covanca. 9—Fazenda do Engenho d'Água na elevação sôbre a planície de Jacarepaguá hoje tombada como monumento histórico. 10—Fazenda da Taquara, dos Barões da Taquara, hoje monumento histórico. 11—Sítio do Cafundá, na Taquara, em Jacarepaguá. 12—Sítio Pau da Fome, no vale do rio Grande. 13—Vargem Pequena. 14—Fazenda do Realengo. 15—Fazenda do Bangu. 16—Fazenda do Lamarão. 17—Fazenda dos Coqueiros. 18—Fazenda do Mendanha. 19—Fazenda do Guandu da Serra. 20—Fazenda do Rio da Prata do Mendanha. 21—Fazenda dos Palmares. 22—Fazenda do Pedregoso. 23—Fazenda das Capoeiras. 24—Fazenda do Viegas. 25—Fazenda da Cachoeira do Cabuçu. 26—Fazenda da Magarça. 27—Fazenda da Cachamorra. 28—Fazenda do Mato Alto. 29—Fazenda do Morgado. 30—Fazenda da Ilha. 31—Fazenda do Engenho de Fora, 32—Fazenda da Grota Funda. 33—Fazenda do Rio Mundo. 34—Fazenda das Piabas. 35—Fazenda do Grumarim ou Grumari. 36—Fazenda do francês Lesesne. Além dessas catalogadas pelo exame de textos antigos, certamente haveria muitas outras que cultivaram também o precioso arbusto que ainda hoje é o sustentáculo da economia brasileira. A maior parte dessas antigas fazendas de café tem seu nome lembrado na toponímia atual". (*Op. cit.*, p. 182).

Também o boticário Antônio Pereira Ferreira, quando faleceu em 1798, deixou plantados em sua chácara perto da lagoa Rodrigo de Freitas

> *1.289 pés de cafés, 139 pés de cafés pequenos*, 134 pés de laranjas, 340 pés de laranjas, pequenos, 12 pés de cacaus adultos e 5 pequenos, 2 de amendoeira, 5 de jambeiros, 8 de grumixamas, 9 limoeiros, 8 cajueiros, 2 ameixeiras formadas, bananeiras, plantação de mandioca nova.[122]

Além do arroz e do café, a Coroa solicitou aos vice-reis que fossem desenvolvidas outras culturas, como a da caneleira, do anil, do linho cânhamo, da amoreira — para criatório do bicho-da-seda — do trigo e da cochonilha.[123] O linho cânhamo e o trigo, embora plantados no Rio de Janeiro, foram principalmente cultivados no Rio Grande de São Pedro e em Santa Catarina. Os outros produtos citados se deram muito bem na cidade e arredores, estendendo-se até Campos dos Goytacazes. Em carta escrita ao tio, o marquês do Lavradio faz interessante relato, em 1773, sobre o andamento das culturas da amoreira, do anil e do arroz:

> a respeito de minha plantação de amoreira, como o ano passado foi infinitamente chuvoso, não pude adiantar este negócio, quanto eu desejava, porém já me acho com duas mil e quatrocentas pegadas, arrebentadas, bastantemente crescidas, e frondosas, e seguro a V.Ex.ª que parece incrível, o como estas árvores aqui produzem, e crescem; tive o desgosto nesta Plantação de me morrerem mais de cinco mil, porém este ano, em que estamos segundo o que parece, esperancei-me ressarcir aquela perda, e que fique plantado ainda maior número daquele, que o ano passado perdi; ficara também feitas bastante lavouras de Anil, e se vão fazendo outras várias; a que se tem descoberto o modo de o fabricar e reduzir a massa, que eu tenho mandado ensinar a todas as pessoas, que o querem saber: mostram todos grande apetite neste ramo de comércio, que pode ser importantíssimo, ainda que eu creio, que ainda hoje a maior parte do gosto, que mostram, é mais por lisonja a mim, que por conhecerem a sua utilidade, porém o tempo lhes mostrará que deste obséquio eles hão de ser os que se aproveitem, e para mim ficará a satisfação de lhes ter aberto mais este caminho para os seus interesses.
>
> A respeito do arroz também trabalho a ver se posso por este importante negócio em forma, que ele fique mais permanente: este negócio é hoje o mais melindroso, porém trabalho em ver se posso vencer as dificuldades, que se oferecem.[124]

Das culturas exploradas no Rio de Janeiro, as que mais prosperaram foram as do arroz e do anil, apresentando momentos de grande produção em função dos incentivos dados pelo Estado, por intermédio do vice-rei. Em importante relatório elaborado pelo responsável do governo no acompanhamento da cultura do anil, verifica-se que em 1784 havia 268 fábricas, das quais 71 situavam-se nas chácaras dos arrabaldes da cidade do Rio, sendo 30 no trecho que ia da praia de Santa Luzia até Jacarepaguá e no sentido da zona sul (Lapa, Glória, Catete, Flamengo, Laranjeiras, Botafogo, Lagoa Rodrigo de Freitas, Gávea e Tijuca); 30 no caminho que partia de Mataporcos (na altura do atual largo do Estácio) e se prolongava até o Engenho Novo; 11, na parte localizada entre o morro da Conceição e o Catumbi. As demais se espalhavam pelo interior da capitania até Campos dos Goytacazes.[125] Em seu relatório o autor destacou como as duas mais antigas fábricas de anil da cidade do Rio as pertencentes a Manoel da Costa Cardoso (1772) e a Antônio Ribeiro (1773).

No final do século XVIII, o secretário de Estado da Marinha e Conquista (depois Ultramar), d. Rodrigo de Souza Coutinho, grande entusiasta do desenvolvimento da agricultura no Brasil e fiel à lógica do sistema colonial português — segundo a qual não se deveria incentivar a indústria nas colônias —, encaminhou ao vice-rei conde de Resende uma proposta de criação, no Rio de Janeiro, de uma sociedade de crédito agrícola. Para isso ordenou ao vice-rei que convocasse, por meio de editais, os "Negociantes e Capitalistas" para participarem da elaboração desse seu "Plano". O conde de Resende cumpriu à risca as recomendações de d. Rodrigo, mas, para sua surpresa, os homens de negócio não se entusiasmaram com a ideia nem responderam ao convite que lhes fora feito. Resolveu então o vice-rei redigir pessoalmente o esboço da proposta dessa sociedade, para agilizar a pauta de discussão na reunião programada com 36 negociantes de grosso trato entre os mais importantes da cidade.[126]

O frustrado processo de criação de um banco de fomento à agricultura planejado pelo governo da Monarquia portuguesa ensejou — fato inusitado — uma atitude de rebeldia dos negociantes de grosso trato do Rio de Janeiro. O normal, o esperado, seria que atendessem ao pedido real sem questionarem a oportunidade ou a viabilidade da proposta. A maneira pela qual essa elite de homens importantes reagiu transmitia sinais que prenunciavam novos tempos, bem como a aurora ansiada de uma nova modalidade de relacionamento entre vassalos da colônia brasileira e a Coroa portuguesa.

O luxo condenado

Do ouro que brotava das Minas Gerais uma quinta parte do que era oficialmente declarado pertencia ao rei e servia para ampliar o orçamento do Reino. Assim, com o aumento da receita proveniente do ouro do Brasil, d. João V pôde realizar grandes obras em Lisboa, como o aqueduto das Águas Livres e o monumental palácio e convento de Mafra. Pôde ainda esse monarca, cognominado o "Magnânimo", não só exibir sua opulência quando enviou a Roma em 1716 uma embaixada para estar com o papa Clemente XI, mas também contratar artistas estrangeiros, principalmente italianos, para atuarem em Portugal. Pôde enfim criar a imagem de uma monarquia ilustrada e rica, investindo na cidade sede da Corte para que refletisse a grandiosidade que desejava para seu reinado. Ora, se apenas um quinto do ouro brasileiro foi o suficiente para promover Portugal e até permitir que d. João V presenteasse o Vaticano com "cento e oitenta e oito milhões de cruzados",[127] os outros quatro quintos restantes, que permaneciam na colônia brasileira e circulavam no mercado, deveriam ter servido para enriquecer parcela da sua população, composta sobretudo de negociantes, capitalistas e mineradores que viviam em sua maior parte nas capitanias do Rio de Janeiro e Minas Gerais. Foi então que, em virtude dessa concentração de riqueza, fortes mudanças econômicas, sociais e culturais ocorreram, as quais, consequentemente, se refletiram nas vilas e cidades.

Fora com a utilização da mão de obra escrava, adquirida notadamente junto a negociantes das praças do Rio de Janeiro, da Bahia e de Pernambuco, que essa riqueza pôde ser acumulada. Importa salientar que, nessa transação comercial, os traficantes de escravos usavam como mercadoria de escambo alguns produtos brasileiros como o fumo, a aguardente, o açúcar, a farinha de mandioca, realimentando dessa forma o setor primário da economia na colônia. Ou seja, os produtores rurais ganhavam indiretamente com esse comércio de escravos indispensáveis à mineração.[128]

Afora a quantidade de ouro oficialmente declarada e registrada, e que servia de base para o cálculo do quinto a ser recolhido pelo governo português, havia uma outra parte não declarada que se mantinha fora do controle e ensejava a prática de atividades econômicas clandestinas, como por exemplo o empreendimento de uma grande fábrica produtora de barras de ouro e de moedas em Minas Gerais, na região de Paraopeba. Era dono dessa fábrica um ex-padre oratoriano, Inácio de Souza Ferreira, que, ao ser descoberto como responsável pela atividade clandestina que mantinha, foi preso pelas tropas do governo de Minas de Gerais, em 1731, e teve seu empreendimento destruído.[129] Tal fato funcionou como um alerta à Corte sobre a ocorrência da prática de sonegação de impostos, que se havia difundido no Brasil, e sobre a perigosa possibilidade de ourives da colônia cunharem moedas sem controle algum do governo. A fiscalização recrudesceu e na década seguinte, em 1742, foram os ourives e lavrantes do Rio de Janeiro acusados de estarem produzindo moedas falsas. O governador interino, Mathias Coelho de Souza, comunicou o fato à Corte e baixou um bando com a finalidade de estabelecer uma zona da cidade em que todos os profissionais da ourivesaria ficariam confinados com suas oficinas num mesmo lugar. Dizia o bando:

> grande quantidade de oficiais de ourives de ouro, e prata que tem concorrido para esta cidade, e ainda para o Recôncavo dela de várias partes, dá a presumir, que vivendo em lugares possam cooperar para algumas desordens. Ordeno outrossim que os tais ourives de ouro, e prata que quiserem trabalhar pelo seu ofício serão obrigados a morar da rua que principia à Santa Rita direita ao Parto, voltando a de São José, até a mesma Igreja, e pela mesma rua acima até a dos Pescadores, que vai a dita igreja de Santa Rita, ficando quaisquer ruas para se estabelecerem, o que farão no tempo de dois meses, que se contarão da publicação deste; como também os mais oficiais, que residirem fora da cidade trabalhando pelo seu ofício de ourives, e não fazendo a referida mudança para onde se lhes declara, serão presos, até ordem de S.M.; e pagarão logo executivamente cem mil réis e, havendo denunciante se lhe dará metade da dita condenação.[130]

A evidência de que parte do ouro produzido nas minas brasileiras não era declarada, e a comprovação da prática do contrabando no Brasil, somadas ao déficit crescente da balança de pagamento de Portugal — que, em 1705-15, chegou a 389 mil libras esterlinas, em 1716-30 cresceu para 441 mil e, em 1731-50, pulou para 769 mil —,[131] levaram o monarca a promulgar em 24 de maio de 1749 a Lei Extravagante, denominada "Pragmática", já usada por seus antecessores. Essa lei tratou, em seus 31 capítulos, do luxo dos adornos, dos vestuários, das "carruagens, móveis e lutos, o uso das espadas por pessoas de baixa condição, e outros diversos abusos".[132] Apesar das medidas de contenção de gastos tomadas pela Pragmática, o déficit comercial português continuou crescendo, só chegando ao equilíbrio a partir de 1780, quando a produção de ouro de Minas Gerais já entrara em declínio.

Os efeitos dessa Pragmática, no que tange à economia da capitania do Rio de Janeiro, foram quase nulos, visto que a balança de pagamento relativa a Portugal continuou sendo deficitária, como nos mostra Eulália Lobo, principalmente no período que se intercala entre os anos 1776 a 1800, registrando um acúmulo negativo da ordem de 3.714.690.077$000rs.[133] Em contrapartida, grandes foram os efeitos provocados pela Pragmática sobre os costumes da população local, a arquitetura de suas edificações e sobre todo o conjunto de móveis e objetos a ela ligados. Com essa lei os moradores da cidade do Rio de Janeiro foram fortemente privados em seus prazeres mundanos de se vestirem e se adornarem com luxo, de se transportarem em coches finamente elaborados, de circularem acompanhados de numeroso séquito de escravos domésticos, de realizarem festas pomposas ou até de gastarem excessivamente com funerais. Ao justificar o cabimento da lei, o rei d. João v proferiu interessante discurso sobre o luxo e suas perniciosas consequências para o Estado:

> Faço saber aos que esta Lei e Pragmática virem, que pela obrigação, que tenho, de atalhar os prejuízos dos meus vassalos, não pude deixar de advertir com desprazer, *quanto lhes tem sido pernicioso o luxo*, que entre eles se tem introduzido de algum tempo a esta parte. Este foi sempre um dos males, que todo o sábio governo procurou impedir, como origem de ruína não só da fazenda, mas dos bons costumes; e contra ele se armou frequentemente a severidade das leis suntuárias, para que evitando os povos a despesa, que malogravam em superfluidades, o Estado se mantivesse mais rico, e se não extraísse dele a troco de frívolos ornatos, que com um breve uso se consomem, a mais sólida substância, que convém conservar para estabilidade das suas forças, e aumento do seu comércio. Não se descuidou nesta parte o selo dos reis, meus predecessores, antes se opor à desordem dos gastos com diversas Pragmáticas, que em quanto foram observadas, deram a conhecer a grande utilidade, que resulta das suas providências; mas prevalecendo, como ordinariamente sucede, a inclinação e gosto das novidades, paulatinamente se foram pondo em esquecimento tão proveitosas disposições; e o dano que vão experimentando os meus vassalos, excita o meu paternal cuidado a procurar desenraizá-lo com eficazes remédios.[134]

Todavia, desse "cuidado paternal" estavam excluídos o monarca e sua Corte, que podiam continuar vivendo luxuosamente. Também, em certa medida, ficaram de fora as "igrejas e o culto divino", bem como os religiosos, obrigados contudo a encaminhar previamente ao rei todo e qualquer pedido de importação de produtos ou ornamentos a serem aplicados nas edificações sacras e profanas. Esse novo tipo de controle vinha reforçar um outro, existente desde 1739, que estabelecia o envio ao governador da capitania e ao provedor da Fazenda Real dos desenhos dos projetos dos templos a serem construídos ou reformados, mesmo que se tratasse de uma capela a ser erigida na cidade ou em qualquer engenho ou fazenda.[135]

Quanto às vestes, a Pragmática estabelecia que não poderiam ter "enfeites, telas, brocados, tissus, galacés, fitas, galões, passamanes, franjas, cordões, espiguilhas, debruns, borlas, ou qualquer outra sorte de tecido, ou obra em que entrasse prata ou ouro fino ou falso, nem risco, cortado à semelhança de bordado".[136] Também a roupa confeccionada com tecido simples, produzido em Portugal, não poderia apresentar, ainda que fosse num pequeno detalhe, bordados proibidos, aplicações de "cristais, nem outras pedras, ou vidros, que imitem as pedras preciosas, nem pérolas falsas, que imitem as finas, nem vidrilhos de qualquer cor ou forma". Para a confecção das roupas dos lacaios, chamadas librés, só poderia ser usado o tecido fabricado em Portugal e seus domínios, desde que não fosse encarnado, cor distintiva das vestes dos serviçais da Corte.

No tocante aos móveis e veículos, o rei se pronunciou, por meio da Pragmática, com bastante severidade: "Proíbo deste dia em diante fazer de novo móveis alguns de casa, em que entre prata, nem ouro fino ou falso, ou bordadura, de qualquer sorte ou matéria que seja, e só poderão ser douradas, ou prateadas as molduras dos espelhos, painéis, placas e pés de bufetes."[137]

Não menos rigoroso foi em relação às "carruagens, liteiras e cadeiras de mão", pois proibiu o uso de

> ouro, fino ou falso, nem bordados, nem metal dourado, ou prateado, assim no corpo da carruagem, como no jogo, e nas peças da amarração, e dos arreios; nem poderão ser estas, e as guias, e as coberturas das mesmas carruagens, liteiras e cadeiras, e dos machos, e outras bestas delas, senão do couro negro ou de moscóvia, ou de oleado, conforme o ministro a que servirem; e os tejadilhos não terão mais que uma ordem de pregaria. Somente permito, que no corpo das carruagens a quatro rodas, liteiras, seges de arruar, e cadeiras de mão possam pôr-se os filetes dourados, ou prateados. ... não trarão *pintadas figuras, máscaras e países, mas somente escudos de armas, ou cifras com alguma moderada tarja.*[138]

Os veículos de "campo" só podiam ser pintados de uma única cor, comportando apenas um filete em cor diversa. Já os arreios não podiam conter prata ou ouro, fosse fino ou falso.

Com relação à decoração das edificações, a Pragmática estabelecia no capítulo v que

> será outrossim proibido pratear, ou dourar paredes, tetos, portas, janelas, ou quaisquer outras partes das casas. Os transgressores deste Capítulo incorrerão na pena de perdimento dos móveis, e de a metade do valor do dourado, ou prateado, que se achar nas paredes, e outras partes das casas, que logo se mandará apagar. Permito porém, que se conserve tudo o que neste gênero se achar feito até o tempo da publicação desta Lei; e que as sedas com ouro, xarões e bordados, que vierem da Ásia em naus portuguesas possam ao diante empregar-se para ornato das casas, mas não em vestidos.

A Pragmática entrou em detalhes referentes a todos os aspectos, inclusive os ligados às cerimônias fúnebres, regulamentando os espaços a serem utilizados, os tipos de caixão permitidos, o número de tochas e castiçais que poderiam ser acesos e outras minúcias, enfim, que tinham por finalidade coibir o fausto dos enterros das pessoas ricas.[139]

Os negros e pardos, escravos ou livres, também foram incluídos na disciplina da Pragmática, em seu capítulo IX, e ameaçados com o degredo para a ilha de São Thomé, caso reincidissem em atos contrários ao estabelecido na lei.

> Por ser informado dos grandes inconvenientes, que resultam nas Conquistas, da liberdade de trajarem os negros, e os mulatos, filhos de negro, ou mulato, ou de mãe negra, da mesma sorte que as pessoas brancas proíbo aos sobreditos, ou sejam de um ou de outro sexo, ainda que se achem forros, ou nascessem livres, o uso não só de toda a sorte de seda, mas também de tecidos de lã finos, de holanda, esguiões, e semelhantes, ou mais finos tecidos de linho, ou de algodão; e muito menos lhes será lícito trazerem sobre si ornatos de joias, nem de ouro ou prata, por mínimo que seja.

Os comerciantes e profissionais ligados aos itens considerados proibidos foram ameaçados com severas punições e, em contrapartida, previa-se a premiação dos que os denunciassem.

Outras leis correlacionadas à mesma questão do controle do luxo foram posteriormente estabelecidas. Entre elas podemos citar a de 24 de janeiro de 1756, que aumentava as penas aplicadas aos mulatos e pretos do Brasil condenados por portarem armas proibidas; a lei que ampliava os efeitos da Pragmática sobre os contrabandos, datada de 14 de novembro de 1757; o alvará que proibia a importação de louça estrangeira, de 7 de junho de 1770; e, de 7 de dezembro do mesmo ano, a que proibia a importação de chapéus estrangeiros.[140]

Entre todas essas leis complementares, a que causou maior repercussão sobre a vida da cidade e mais diretamente pesou sobre 440 famílias que se viram, da noite para o dia, impedidas de exercer sua profissão, foi a que sobreveio à carta de denúncia do conde da Cunha, em 1766, dirigida a Francisco Xavier de Mendonça Furtado, na qual pedia ao rei que fossem tomadas sérias medidas contra a prática da ourivesaria na cidade do Rio de Janeiro. Eram os ourives acusados de falsificarem moedas e contrabandearem ouro, prata e pedras preciosas.

É oportuno observar que tal legislação buscava controlar a manifestação de opulência e poder dos homens ricos da cidade do Rio de Janeiro, alguns várias vezes mais ricos que muitos de Portugal. Não era politicamente conveniente que a externalização das formas luxuosas de viver viesse a ofuscar a imagem do próprio vice-rei, o mais alto representante do monarca no Brasil. Ressalte-se que havia na cidade do Rio de Janeiro, no período analisado, um grupo de negociantes de grosso trato e de senhores de engenho — num total de 25 nomes, como nos mostra Fragoso —, extremamente ricos, cuja fortuna individual variava entre 55.519$920rs a 926.759$480rs, ou seja, quantia muito superior à acumulada pelos expoentes de Lisboa, cuja riqueza oscilava entre 6.000$000rs a 65.000$000rs.[141]

A análise do conteúdo das proibições reunidas na Pragmática e nas leis subsequentes nos leva a concluir que os maiores efeitos dos cerceamentos então impostos se fizeram sentir na área da arquitetura e de alguns ofícios desenvolvidos por artistas e artesãos.

O despojamento aplicado às edificações de proprietários particulares residentes na colônia, salvo raras exceções, não foi compensado pelas obras edificadas pelo

Estado, as quais, além de serem muito poucas, também apresentaram-se pobres em revestimentos sofisticados. Portanto, não seria exagero apontar a Pragmática como uma das responsáveis pela falta de monumentalidade e opulência das construções levantadas no Rio de Janeiro ao longo do século XVIII.

A presença da Corte no Rio de Janeiro e o rompimento da muralha colonial

A trasladação da Corte portuguesa em 1808 para o Rio de Janeiro é tema de particular interesse no contexto deste trabalho, que vem enfocando passo a passo as transformações por que passou a cidade durante o período colonial do século XVIII. Sem sombra de dúvida, nenhum outro fato de tamanha magnitude política até então ocorrera que pudesse se responsabilizar por tantas e rápidas mudanças nos âmbitos econômico, cultural e urbanístico daquela cidade quanto a decisão estratégica de se "transplantar a Metrópole" para a colônia.

No dizer de Maria de Lourdes Viana Lyra, a vinda da Corte assegurava o domínio da parte mais rica do império luso — o Brasil — e sobretudo salvava o Reino e a monarquia portuguesa.[142] A cidade do Rio de Janeiro, cuja importância política só datava propriamente de um século — depois de começada a exploração das minas, e de cujos melhoramentos tinham apenas iniciado a se ocupar bem mais tarde os vice-reis, marquês do Lavradio, Luís de Vasconcelos e conde de Resende —, viu-se da noite para o dia constituída, segundo a mesma autora, em "cabeça" e "nexo" da unidade imperial, a partir do momento em que nela passavam a residir a rainha e seu filho, o príncipe regente d. João, a Corte e o gabinete. Com a transferência da sede da monarquia para o Rio de Janeiro, que nas décadas imediatamente anteriores já vinha passando por modificações urbanísticas, a cidade não só ganharia notável impulso num curto espaço de tempo, como veria, conforme as observações de Oliveira Lima, crescer extraordinariamente o movimento de seu porto e aumentar o comércio de sua praça. E à medida que a Corte portuguesa ia dando mostras de permanecer sediada na América, o Rio de Janeiro tornou-se palco de fabuloso incremento cultural e passou a exercer uma influência civilizatória sobre toda a colônia.[143]

É bem verdade que essas consequências não se circunscreveram, rigorosamente falando, aos dois anos que se seguiram à chegada do príncipe regente, d. João, e que correspondem aos limites derradeiros do período objeto de análise deste livro. Contudo, não se pode negar que as medidas que lhes deram origem e imprimiram vigoroso dinamismo à cidade foram de pronto plantadas e rapidamente germinaram.

No entanto, sobre esse impactante fator que representou a trasladação da família real, dos tesouros reais e de parte significativa do aparelho de Estado português para o Rio de Janeiro, só me deterei inicialmente naqueles aspectos que possam nos ajudar a dimensionar os ajustes que se fizeram necessários para a "aposentação" da Corte. Em seguida, destacarei, do conjunto de reformas e diretrizes logo encaminhadas pelo monarca visando remover os entraves em desacordo com os novos tempos, e colocar a sociedade rumo ao progresso, aquelas que, mais diretamente, afetaram a cidade.

Os companheiros na travessia

A vinda da Corte para o Rio de Janeiro deve ser também analisada do ponto de vista do impacto sobre a cidade provocado por esse contingente de pessoas que se mudaram para o Brasil nos dois primeiros anos (1808 e 1809), gerando forte demanda habitacional. Segundo consta na historiografia sobre o assunto foram aproximadamente 15 mil as pessoas que participaram dessa fuga. Alojar essa multidão, da noite para o dia, representava, caso os números fossem verdadeiros, um insolúvel problema urbano. Segundo as estatísticas demográficas da época as 15 mil pessoas correspondiam a 25% da população urbana do Rio e a 8% da população de Lisboa.

Como profissional habituado a análise espacial, intrigava-me o fato de a cidade do Rio, com o estoque de habitações que tinha, poder abrigar de repente tanta gente. Intrigava-me também a acomodação dessa multidão no espaço dos navios que nessa data aqui aportaram. Comecei então a duvidar fortemente da veracidade daqueles números: 20 mil, 15 mil ou 8 mil pessoas? Viabilizar uma fuga de mais de uma dezena de milhar de pessoas, traçada no mais absoluto sigilo, num curto espaço de tempo de dois ou três dias, correspondentes ao período de resistência contra as forças inimigas que avançavam sobre a cidade de Lisboa, isso parece-me fora de qualquer razão.

Outro fato que também põe em cheque a fantasia dos 15 mil acompanhantes é a capacidade de acomodação das embarcações comerciais e de guerra da época, dimensionadas para 80 passageiros em média, deles excluída a tripulação. Seriam necessários, adotando-se esses cálculos, que houvesse sido constituída uma frota gigante de 1.875 embarcações para carregar 15 mil pessoas, fato que seguramente não aconteceu. Aportaram no Rio de Janeiro, nos anos de 1808 e 1809, menos de 30 embarcações trazendo a Corte e os acompanhantes.

Baseando-me nas anotações que fiz ao longo da pesquisa, busquei reconstituir o movimento de navios ocorrido nos dois anos (1808-9) de mudança da Corte para o Rio. Chegaram ao porto da cidade, em 1808, a fragata *Minerva* com 78 passageiros, o bergantim *Voador* com 39, o navio *Princesa do Brasil*, a fragata *Andorinha* e a nau *Conceição e Santo Antônio* cada uma com 19 passageiros. O navio *D. Henrique* transportou 16 passageiros, e o bergantim *Lebre*, quarenta. A nau *Rainha de Portugal* trazia as filhas de d. João e duas de suas tias; a nau *Afonso de Albuquerque*, a princesa dona Carlota Joaquina e quatro infantas, e a nau *Príncipe Real*, a rainha dona Maria I, o príncipe regente d. João e seus três filhos, entre os quais o príncipe d. Pedro. Nesse mesmo ano aportou a nau *Medusa*, na qual vinha o futuro conde da Barca, Antônio de Araújo de Azevedo. Em setembro desse mesmo ano chegou na fragata inglesa *Stork* o núncio apostólico, d. Lourenço Caleppi.

Somando as diversas listas desses passageiros cheguei ao total de 211 pessoas para o ano de 1808 e 233 pessoas para 1809, sendo 132 os passageiros que vieram no navio inglês *Almirante Nelson*, e os demais em vários navios portugueses. Portanto, minhas anotações apontam para 444 pessoas, entre as quais 60 membros da família real e da alta nobreza portuguesa que chegaram ao Rio de Janeiro nos dois anos em questão.

É evidente que deixei de fora a tripulação dessas embarcações, por se tratar de população em trânsito que nelas permanecia durante o período de fundeamento na baía de Guanabara. A cidade do Rio de Janeiro, sendo o porto mais importante do Brasil na época, estava estruturada para receber normalmente a população de passagem de grandes frotas num mesmo momento.[144]

Assim, os 450 ou 500 acompanhantes deslocados com a família real são números que não atenuam em nada o impacto que sobre o Rio de Janeiro representou a transferência da Corte portuguesa.

Desembarcado de uma fantasia e conduzido à real expressão numérica dos que emigraram naquela memorável ocasião, foi possível perceber que não havia necessidade de exagerar nos números para poder aquilatar o alcance político das transformações resultantes dessa imensa reviravolta, qual seja, o fato inédito de uma metrópole transferir-se para a sua colônia.

A consequência desse erro numérico — 15 mil, 16 mil, até 20 mil pessoas que acompanharam a família real — consagrado pela historiografia é o discurso equivocado segundo o qual essa multidão, protegida pela antiquíssima legislação de Aposentadoria (ajuda de custo para aluguel de moradia a algumas pessoas que estavam a serviço da Coroa), causou a expulsão de suas casas de número igual de moradores da cidade do Rio de Janeiro. Os defensores dessa tese deixaram de se perguntar aonde teriam ido alojar-se os 15 mil desabrigados?

As pesquisas que venho realizando sobre a questão da Aposentadoria e sua aplicação no Brasil, em função da vinda da Corte no período de 1808 a 1823, ano de sua extinção pela legislação brasileira, apontam para o diminuto número de cerca de 120 processos.

As medidas de impacto

Uma vez a Corte instalada na cidade do Rio de Janeiro, tornou-se necessário adaptá-la e dar-lhe condições legais de transformar-se realmente em capital do Império luso.

Obviamente deve ter incomodado muito o fato de a família real ser recepcionada numa igreja catedral de feições modestas e que pertencia a uma irmandade de pretos devotos de Nossa Senhora do Rosário e de São Benedito. Foi essa a razão por que, ao se aproximar a Semana Santa, em abril de 1808, o príncipe regente mudou a sede da catedral para a Igreja de Nossa Senhora do Carmo, próxima ao palácio, no então largo do Paço (atual praça Quinze); também transformou a capela do ex-convento dos carmelitas, ao lado, em Capela Real.

Do conjunto de medidas tomadas e leis publicadas com esse propósito de adequar a cidade para sede da Monarquia portuguesa, destacaremos as mais significativas para o desenvolvimento econômico, urbanístico e cultural do Rio de Janeiro.

De interesse geral para o Brasil, porém muito importante para o Rio de Janeiro, citamos o alvará de 1º de abril de 1808, que, anulando o de 1785, determinava a abertura de fábricas e manufaturas no Brasil: "Ordeno que daqui em diante seja lícito a qualquer dos meus vassalos, qualquer que seja o País que habitem, estabelecer todo o gênero de manufaturas."[145]

Igualmente importante para o Rio de Janeiro foi o decreto de 13 de maio de 1808, estabelecendo na lagoa Rodrigo de Freitas a Real Fábrica de Pólvora. Preocupava-se a Corte com essa região afastada, que com a instalação da fábrica tornou-se uma área de expansão que logo ganharia melhores estradas interligando-a com o núcleo urbanizado.

Todavia foi o alvará de 7 de junho de 1808, que instituiu o tributo da Décima Urbana sobre todos os prédios da cidade do Rio de Janeiro, aquele que maior impacto provocou sobre a população, além de reconfigurar o contorno do perímetro urbano da cidade. Até aquele momento, os proprietários de imóveis urbanos não pagavam qualquer imposto territorial (ou predial), com exceção do foro à Câmara, caso os terrenos a ela pertencessem. Esse novo tributo foi repassado pelos proprietários aos inquilinos, acarretando uma elevação do valor do aluguel, que por sua vez tornou caro o custo de vida na cidade.

Para aumentar os recolhimentos relativos à Décima Urbana os vereadores, a pedido do secretário de Estado da Fazenda (gestão 1808-17), d. Fernando José de Portugal, ampliaram o perímetro urbano da cidade, estendendo-o no sentido sul até o rio Carioca, em Laranjeiras, e para oeste, até pouco depois da Capela do Divino Espírito Santo, em Mataporcos, nas margens do rio Comprido.

> Sendo presente neste Senado o Ofício dirigido por V.Ex.ª ao Desembargador Juiz de Fora Presidente com data de 3 do corrente para o mesmo Senado proceder a uma nova demarcação do termo desta Cidade tornando-se esta matéria em deliberação, considerando-se os limites até onde se estendem, ou estão estendendo as ruas da Cidade, assentou o Senado que seriam limites racionais segundo o estado atual das cousas, por um lado o Rio das Laranjeiras, por outro o Rio Comprido e por outro o mar em toda a sua circunferência e para certeza desta demarcação assentou igualmente mandar por marcos na ponte do Catete junto ao Rio das Laranjeiras e nas duas pontes que estão na passagem do Rio Comprido, quando tudo isto seja da aprovação de S.A.R.[146]

Do ponto de vista da história urbana, a documentação derivada desse alvará nos permite hoje dispor de um conjunto de informações mais completas sobre o patrimônio imobiliário da cidade do Rio de Janeiro.

O alvará de 23 de agosto de 1808, reestabelecendo a Junta do Comércio, veio fortalecer os negociantes de grosso trato da cidade do Rio de Janeiro que assumiram as cadeiras de deputados da Junta. A criação do Banco do Brasil em 21 de janeiro de 1809 também foi muito importante para a cidade, não só por exigir uma edificação para sua sede, mas principalmente por promover o rompimento com a prevalência do esquema antigo de empréstimo entre pessoas, que fazia da transação financeira uma troca de favores.

Outro alvará benéfico para a economia dos senhores de engenhos da capitania, muitos deles moradores da cidade, foi o de 21 de janeiro de 1809, reafirmando a legislação anterior, que garantia aos proprietários a exclusão da penhora dos bens pertencentes ou vinculados a seus engenhos.

Para o desenvolvimento da região de Valongo, Gamboa e Saúde foi muito positivo o decreto de 21 de janeiro de 1809, estabelecendo a demarcação dos terrenos de marinha necessários aos armazéns e trapiches da cidade, reafirmando a vocação da região voltada às atividades portuárias.

O alvará de 25 de janeiro de 1809, que vinculava a confirmação da sesmaria dada à medição das terras do beneficiário, foi medida essencial para diminuir os permanentes problemas de limites entre as propriedades.

Já o alvará de 28 de abril de 1809, isentando do pagamento de impostos as matérias-primas a serem usadas nas manufaturas, propiciou o renascimento das indústrias na cidade do Rio de Janeiro. Também foi importante o deslocamento dos frades carmelitas, que deixaram o largo do Paço e se transferiram para o largo da Lapa, onde localizaram seu convento.

Três leis beneficiaram a área da saúde: o decreto de 28 de julho de 1809, estabelecendo o cargo de "provedor-mor da saúde" da Corte e do Brasil, separando esta função da já existente de "médico da Câmara"; o alvará de 5 de novembro de 1809, criando a Escola Anatômica, Cirúrgica e Médica (que começou a funcionar já em 1809); e o alvará de 22 de janeiro de 1810, estabelecendo a quarentena na ilha de Boa Viagem, em Niterói, das pessoas recém-chegadas por navio sob suspeitas ou confirmação de doenças contagiosas.

Por fim, a carta régia de 4 de dezembro de 1810, criando a Real Academia Militar para a formação em ciências matemáticas e de "observações" físicas, químicas, mineralógicas e de história natural, teve grandes repercussões. Como o curso não era restrito apenas aos militares, essa academia converteu-se no embrião do ensino da engenharia civil no Brasil, mais tarde se transformando na Escola Central de Engenharia, depois Escola Politécnica.[147] Foi a Real Academia Militar o núcleo formador dos primeiros urbanistas do país, como o visconde de Beaurepaire Rohan, autor do primeiro Plano Diretor para a cidade do Rio de Janeiro em 1843.[148]

Como já enunciei na introdução, a escolha do ano de 1810 como marco finalizador do período analisado neste trabalho que trata da história urbana da cidade do Rio está diretamente ligada à fundação da Academia Militar. A partir de então a cidade passou a ser pensada por profissionais formados na convivência com os problemas urbanos locais e discutidos na academia.

Além das leis promulgadas, a própria transformação em sede da Monarquia influenciava o viver da cidade, requalificava a valorização de seus espaços, como aconteceu com o bairro de São Cristóvão, a partir do presente feito à Alteza Real, pelo rico comerciante Elias Antônio Lopes, de um palacete situado em vasta chácara, que se transformou numa região densamente construída, adquirindo quase uma imagem urbana. No trabalho anônimo "Relação das festas que se fizeram no Rio de Janeiro, quando o Príncipe Regente ... etc.", encontra-se pormenorizada descrição da propriedade:

> A primeira cousa notável que me lembra dizer-te, é a generosa oferta, que o negociante e Cidadão desta cidade, Elias Antônio Lopes, fez da sua chácara (Quinta) a S.A.R., e que o mesmo SENHOR se dignou aceitar. A dita chácara é uma das melhores cousas que há para o Sul. Está situada na bela planície de São Cristóvão, diante desta cidade cousa de meia légua à beira-mar. No meio dela se eleva uma colina de espaçosa grandeza, sobre a qual está edificado o mais soberbo Palácio, que há nas Américas; pois só a varanda que tem em roda, e são de arcaria, tem mais de *300 janelas todas envidraçadas*. Quando S.A.R. entrou ali pela primeira vez, disse a Elias Antônio, que o acompanhava: Eis aqui uma varanda Real, Eu não tinha em Portugal uma cousa assim. Hoje, res-

> pondeu Elias, hoje é que Vossa Alteza a faz Real com a sua presença. No dia seguinte às 9 da manhã foram levantadas as Armas Reais no pórtico do Palácio, e ao mesmo tempo subiu ao ar uma girândola de foguetes, que anunciou a todos esta inauguração. Desde aquele dia começou a chamar-se a dita chácara Quinta de S. Cristóvão. ... S.A.R. mandou fazer na mesma um belo jardim, que dois regatos de cristalinas águas podem regar abundantemente. A grandeza desta Quinta poderá ser de uma légua em circuito, tudo planície, à exceção da colina em que está edificado o Palácio. S.A.R. querendo gratificar a Elias Antônio tão generosa oferta, que os mesmos Fidalgos avaliam em 400.000 cruzados [160.000$000rs], houve por bem nomeá-lo Comendador da Ordem de Cristo, Fidalgo da Casa Real, e Administrador da mesma Quinta.[149] (grifos meus) (PRANCHA 1)

A consagração da Quinta da Boa Vista como palácio de campo do príncipe regente, enfatizando o uso da região como área propícia ao lazer, promoveu a região de São Cristóvão, que de mera área de chácaras de negociantes endinheirados — mas despossuídos de títulos que os inserissem no rol das pessoas honradas — converteu-se em espaço apropriado à nobreza. Fez-se necessário, a partir da doação, melhorar os acessos à Quinta Real, atrair vizinhos que investissem em belas moradias de campo e transformar o espaço externo ao palácio em formoso jardim para o deleite nas horas de ócio da família real e seus convidados, apagando assim o aspecto de chácara rural de cunho produtivo que tinha antes.

Essas foram tarefas para arquitetos e paisagistas, para o intendente-geral da Polícia e as demais autoridades incumbidas dos espaços de moradia, trabalho e lazer dos monarcas, que na cidade possuíam palácio reservado a despachos e moradia, e palácio de campo, em São Cristóvão.

Nas imediações, e no próprio Campo de Santana, se instalaram nobres como o conde de Belmonte e o conde de Redondo. Essas presenças ilustres exigiam melhorias urbanas e, assim que foi concluído o chafariz no Campo de Santana — obra que vinha se arrastando por mais de dez anos —, cuidou-se de sua inauguração sob o comando do intendente-geral da Polícia, Paulo Fernandes Viana. Esse chafariz e o pequeno jardim no Campo de Santana indicavam que a Coroa iria investir na urbanização da região do mangue de São Diogo, intensificando as intervenções iniciadas no século XVIII pelos diversos vice-reis.

No sentido inverso, dirigindo-se à zona sul, pessoas importantes da nobreza portuguesa que vieram acompanhando a família real ocuparam chácaras. Na região da Glória se instalaram os marqueses de Belas e do Lavradio, no Largo do Machado a princesa Carlota Joaquina montou sua casa de campo; no Catete, a condessa de Cadaval ocupou um sobrado. Outras pessoas nobres se espalharam por esses bairros e Botafogo, carreando para a região obras de melhorias de infraestrutura assumidas pelo poder público.

As obras iniciais de urbanização foram de pequeno porte porque as atenções dos governantes e os recursos disponíveis voltavam-se para a restauração de Portugal. Portanto, quando a Missão Francesa chegou ao Rio de Janeiro, em 1816, encontrou uma cidade moldada e que fora construída durante 252 anos por reinóis, brasileiros, cariocas, brancos, pretos, pardos, cabras, índios e caboclos.

Não podemos deixar de mencionar ainda os efeitos dos novos tempos nas relações da Câmara dos Vereadores com os poderes superiores. Como já tivemos oportunidade de realçar, até então os governadores, e depois os vice-reis, em maior ou menor grau, interferiam na gestão da cidade, doando terrenos pertencentes à sesmaria da Câmara, nomeando funcionários para os seus quadros, abrindo ruas, como fizeram o conde da Cunha e o conde de Resende, decidindo sobre os locais onde deveriam se estabelecer as feiras, como fez o marquês do Lavradio, e tantas outras ações administrativas que atropelavam as atribuições dos vereadores. Tratava-se, porém, de interferências pontuais e esparsas no tempo. Com a chegada da Corte as coisas mudaram de figura, a partir da nomeação do intendente-geral da Polícia da Corte, cujas funções colidiam e se sobrepunham às da Câmara. Entre essas podemos citar a administração do abastecimento de água para a população, a realização de obras de calçamento dos logradouros, a abertura de valas e normas edilícias determinando os elementos que poderiam ser afixados nas fachadas dos prédios.

Como as receitas da Câmara sempre foram diminutas e nem receberam reforço quando a cidade se tornou sede da Corte, não lhe sendo concedida nem mesmo parcela do imposto proveniente da Décima Urbana, os vereadores foram se ajustando a essa nova relação e se transformaram em pedintes de verbas junto às autoridades da Corte para realizarem as obras por eles propostas ou solicitadas pela população. As pessoas ou grupos que tinham acesso direto a membros da Corte também utilizavam esse atalho, esvaziando o papel da Câmara como gestora da cidade. Sem recursos para realizar obras, sem poder político — os vereadores só eram convocados para os casos em que as normas estipulavam a obrigatoriedade da participação da Câmara —, transformaram-se, na prática, em legitimadores das decisões tomadas pelo intendente-geral da Polícia ou pelos secretários de Estado. Ou mais: converteram-se em autores de posturas, em grande parte para atender aos interesses da cúpula cortesã e de organizadores das festas oficiais da cidade ou dos eventos propostos pelos membros da Corte.

Capítulo V

A Muralha das Barreiras Sociais

> Não há empresa mais árdua, nem mais sublime, que reinar com acerto, moderação e prudência nas tempestades da República. Sustentar o imenso peso da Monarquia, conciliar os súditos a uma só vontade, rendê-los suavemente ao jugo da Lei, domar as sinistras inclinações e diversos pareceres do juízo humano, triunfar da tenacidade, e repugnância de conspirar para o bem público, reduzi-los a pronta execução de seus deveres. Arrancá-los, finalmente, da desgraça e do infortúnio é impossível ao homem frágil e mortal por natureza. É necessário um superior impulso, uma Mão Onipotente para o fortalecer e levantar aos ofícios de tanta Majestade. O Príncipe assim munido é, quem unicamente, como Pai comum, da eminência, onde o colocou aquele Deus imortal, dilata a vista providente ao bem de seus Vassalos; é quem os rege; e aplica apesar de insuperáveis obstáculos aos gloriosos fins do Supremo Império.[150]
>
> Francisco Rodrigues Xavier Prates
> Professor Régio, RJ (1774)

Pode-se dizer que as estruturas sociais básicas das populações que formavam as cidades do mundo português no século XVIII, tanto na metrópole europeia como na colônia da América, caracterizavam-se por sua particular complexidade. Conhecê-las se torna fundamental para, no contato das relações polares mais abrangentes dos súditos com o monarca, ou dos ordenantes com os ordenados, destacarmos a subdivisão existente entre as gentes da colônia em "pessoas honradas" e "plebeus" e percebermos como estes últimos traçavam estratégias para conseguir ascender socialmente. Essa almejada passagem de um patamar a outro da escala social era para alguns poucos exequível, porém extremamente difícil, para um amplo conjunto de categorias sociais, como veremos adiante.

Em abordagem bastante esquemática é possível inicialmente distinguir como fazendo parte dessa estrutura social: de um lado, o reduzido e exclusivo grupo formado pelo monarca, a rainha, os príncipes e infantes de ambos os sexos, com os quais se alinhavam os estrangeiros de passagem ou a serviço de suas nações; de outro, a grande maioria da população, formada pelos súditos, quer aqueles que viviam no Reino, quer os que habitavam nos territórios ultramarinos. Somente os súditos radicados no Reino poderiam participar politicamente do governo, ao se fazerem representar no Conselho dos três estados formado pelo clero, nobreza e povo. Essa representação tripartite, chamada Cortes Gerais, deveria funcionar como foro assessor e conselheiro do rei. Dizemos "deveria" porque, além de rarissimamente convocadas, tal subdivisão não passava de um esquema formal do organograma político do governo monárquico.

Na realidade, porém, não existiam normas explícitas que regulassem e efetivassem a escolha dos próprios membros representantes de um estado (ou ordem), que, descaracterizados e alijados de qualquer poder, dificilmente eram chamados pelo monarca.

Nos tempos de d. João III (1521-57), a periodicidade da convocação das Cortes Gerais pelo rei foi alongada para dez anos, resolução que as projetou mais ainda nas sombras. A partir de então, somente em tempos aflitivos — crise do final da dinastia de Avis, triunfo dos Felipes, restauração da independência — é que seriam lembradas. As de Lisboa, em 1579 e 1691, e as de 1697 — a última de sua "história de vida pré-constitucional" — só serviram para cumprir um ritual conforme às leis tradicionais e para firmar ideológica e politicamente a dinastia nascente dos Bragança. Estava em curso a efetivação do absolutismo político que se acentuou no século XVIII: d. João V (gestão 1707-50) e d. José I (gestão 1750-77) nunca as convocaram "dada a ciência certa e o poder absoluto de que estavam revestidos".[151]

O jurista brasileiro Cândido Mendes de Almeida, ao analisar o fortalecimento do poder absolutista da monarquia portuguesa, assinalou o esvaziamento das Cortes Gerais, sepultadas, segundo ele, pela medida provisória de 1642 — em que reconstitui, em parte, o Conselho das Índias com o nome de Conselho Ultramarino. Em fevereiro de 1870, em suas *Notas filológicas, históricas e exegéticas*, assim concluiu:

> O Poder Real absoluto alçando cada vez mais a fronte, deslumbrado com os exemplos dos Estados conterrâneos de que era tipo a França de Luiz XIV, não conheceu mais óbices à sua vontade.
>
> D. João V iludiu e pôs termo à convocação das Cortes, lançando impostos sem ouvi-las. D. José I, ou antes o seu potente Ministro, desconheceu-as, desconsiderou-as e proscreveu-as; reconhecendo em si a alta e independente Soberania, que recebia imediatamente de Deus a fim de transmiti-la ao seu Ministro para bem usufruí-la, pois neste regime o Rei reina, e os Ministros ou validos governam e administram.
>
> No reinado de D. João V o perfume de liberdade dos Juristas, que acima notamos, desaparece; o servilismo mais vulgar ocupa as posições; e se transparece alguma liberdade em escrever é nas lutas contra a Santa Sé, que a Realeza afaga e auxilia com mais ou menos empenho, segundo permite o estado de suas relações com Roma.[152]

Parece-me portanto difícil explicar as vivências das gentes na colônia portuguesa da América, com todas as suas ambiguidades e complexidades, lançando mão do esquema formal classificatório — clero, nobreza e povo —, extraído do organograma da Monarquia lusitana e aplicado mecanicamente a uma nova realidade. Se ele já não se adequava ao entendimento do que se passava no Reino, muito menos serviria como instrumento de análise das difíceis e tortuosas veredas pelas quais ia se expressando a sociedade colonial, que não tinha nem mesmo representantes de seu clero, nobreza ou povo nas Cortes Gerais. Aliás, é preciso que se saiba: na "Planta da Sala em que Sua Majestade fez às Cortes" inexiste qualquer assento reservado à representação das colônias. (FIGURA 1) Ausência que funciona como epifania daquela dificuldade de enquadramento conceitual a que me referi.

Por isso, em vez de seguir de perto um modelo teórico rígido que toma a vida social da colônia como ilustração pura e simples das sociedades estamentais clássicas, prefe-

Figura 1

Planta da sala das Cortes Gerais na Monarquia Portuguesa

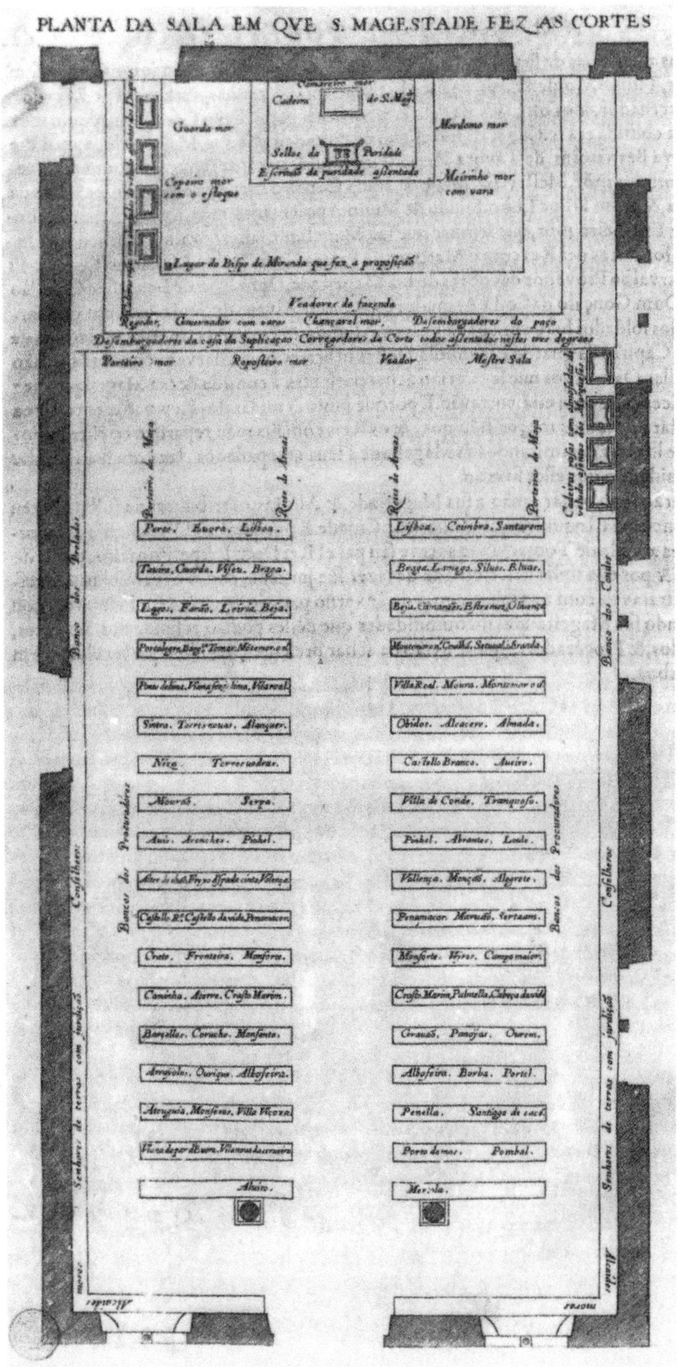

ri trilhar caminhos que levassem às estruturas organizativas concretas da sociedade do Rio de Janeiro setecentista. Optei por desvendar a classificação identificatória de grupos e segmentos de moradores, sua organização econômica e expressão cultural, afloradas no dia a dia e nas ocasiões especiais. Por esses caminhos busquei sempre dar os braços a todas as gentes, salientando as pessoas de pouca importância, consideradas subalternas, indignas ou infectas pelos setores dominantes. Toda vez que me parecia enriquecedor, rompi com o anonimato encoberto pelo coletivo, para chamar à boca de cena casos, pessoas de carne e osso que conferissem a essa espécie de etnografia social da cidade de São Sebastião do Rio de Janeiro do século XVIII maior calor, transparência de realidade e densidade humana. Sempre que possível levei até a última consequência a abordagem peculiar ao arquiteto, profissional acostumado a enxergar a cidade como um espaço pleno de lugares e vias, prédios e interiores, resultados das gentes que nela viveram e edificaram. Por isso cuidei de localizar, figurar e descrever sítios e construções onde os casos, eventos e atividades analisados ocorreram.

As várias categorias de súditos

Ao entrar em contato com inúmeros documentos de fonte primária, tomados como discurso de uma cultura e de uma época, foi metodologicamente possível reconhecer as categorias sociais mais recorrentes na época considerada, as quais já possuíam, em sua quase totalidade, um rótulo explícito de entendimento comum da sociedade e cunhado por seu discurso dominante. Quer isso dizer: as categorias distinguidas são fruto do viés de quem (e do segmento social a que pertence) as utiliza e profere. Cumpre dizer que, nos limites desse trabalho, deixei de explorar o outro caminho possível de recorte de categorias que parte da autorrepresentação dos sujeitos que a sustentam. Ao contrário, as categorias sociais que apresento a seguir são designações construídas a partir do externo, muito provavelmente interiorizadas pelos indivíduos que as carregavam.

Eram portanto súditos do rei os moradores da cidade de São Sebastião do Rio de Janeiro: os *portugueses reinóis* cujos registros confirmam terem nascido na metrópole ou, simplesmente, *portugueses* — aqueles que, embora tivessem nascido na colônia, eram filhos e netos de portugueses reinóis; os *estrangeiros*, pessoas não nascidas em Portugal, e seus respectivos filhos não naturalizados portugueses; os *índios amigos*, nativos que viviam em aldeias ou que não atacavam os povoadores; os *escravos*, quer de nação (os nascidos na África), quer crioulos (nascidos no Brasil, de pais pretos), quer ainda os escravos pardos, mulatos e cabras; os *ex-escravos alforriados* e seus filhos nascidos após a alforria, chamados livres; os *impuros* ou de *origem suspeitosa*, como os cristãos-novos, em virtude de sua ascendência judaica, e também os mouros e os ciganos.

Por dentro dessas explícitas categorias de súditos que se podem denominar *de raiz*, em razão de sua pertença a um mesmo princípio classificatório — a origem ou ascendência —, perpassava uma nova categoria de natureza diversa, ainda sem nome e em gestação, aninhando-se nas entranhas tanto dos homens brancos e caboclos de ascendência portuguesa, quanto dos mulatos ou negros forros, todos eles nascidos na colônia.

Era normal que isso acontecesse, pois já se vivia no século XVIII um período pontilhado de um sentimento fugidio de nacionalidade que lentamente ganhava corpo — como percebe Fernando A. Novais — nos domínios da intimidade e do cotidiano, espaço matriz e nutriz por excelência do processo de tomada de consciência, por parte dos "colonos", da situação colonial de exploração e que se exprimiu nas inconfidências, ante-salas da epifania, mais à frente, do sentimento pátrio.[153]

Abrangendo as categorias *de raiz* — que internamente podiam abrigar diferenciações hierarquizando os indivíduos conforme sua posição social — se sobrepunha uma outra classificação construída a partir da ausência ou presença de titularidade honorífica. O fato de um súdito poder associar sua condição de "português reinol" à condição de "pessoa honrada" era o bastante para que passasse a fazer parte da elite privilegiada que tinha acesso aos altos cargos públicos, às posições de destaque nas cerimônias, aos direitos individuais e familiares especiais e, sobretudo, ao reconhecimento real obtido por mérito. Alcançar, portanto, o título de "pessoa honrada" passou a ser um objetivo dos que se sabiam e eram vistos como plebeus.[154]

Segundo o capítulo XLI do livro *Tratado jurídico das pessoas honradas*, os nobres faziam parte do universo das pessoas honradas, donde estavam excluídos os plebeus. Distinguiam-se aqueles pelo pertencimento a uma das três ordens hierárquicas da nobreza: a "principal nobreza do reino", a "nobreza distinta" e a "nobreza ordinária". Uma infinidade de honrarias se encaixavam, correspondentemente, nesses três níveis de nobreza. Para um melhor entendimento dessa à primeira vista emaranhada rede, elaborei, com as informações do citado *Tratado*, um quadro sinótico em que os títulos de honraria concedidos e reconhecidos aparecem sempre correlacionados ao seu grau de nobreza, que convencionei distinguir usando a letra *a* para a "nobreza principal do Reino", a letra *b* para indicar a "nobreza distinta" e a *c* para distinguir a "nobreza ordinária". Ocorre, algumas vezes, de um mesmo título — por exemplo, o de fidalgo — corresponder a mais de uma nobreza, em função de qualificações internas. Quando isso acontece, o rótulo do título, na SINOPSE que apresento adiante, faz-se acompanhar das letras-legendas.

Entre as 11 categorias maiores de pessoas honradas que aparecem nesse quadro sinótico, somente a dos letrados — compreendendo os doutores, os licenciados e os bacharéis, todos pertencentes à nobreza ordinária, o mais baixo grau de nobreza — poderia representar para os não portugueses naturais da colônia uma porta aberta ao mundo das pessoas honradas. Portanto, aos plebeus da colônia, o acesso à nobreza ordinária só se dava por meio de sua diplomação por alguma universidade, a de Coimbra de preferência, ou, caso ainda raríssimo, em consequência de um ato praticado considerado extraordinariamente importante para a Monarquia.

A vigilância para que não se transgredissem as normas de acesso à nobreza e ao título de pessoa honrada era obra de todo dia. Portugueses moradores na colônia e portadores, com seus descendentes, de título nobiliárquico entravam em conflito com patrícios plebeus "por quererem ter igualdade com as pessoas de maior distinção", como deixa claro esta petição ao rei (12 de março de 1746):

> Senhor, como na dita carta se acha a cláusula de advertir V.M. que é serem alguns dos moradores e vizinhos deste Povo oriundos ou naturais desse Reino, não era impedimento para entrarem nos cargos honrados da República, se aliás tivessem as qualidades que requer a Ordenação, as provisões e o costume, e no Brasil dificultosamente se achará pessoa que se persuada não ter nobreza, em tal forma que ainda os homens que nesse Reino são jornaleiros, caixeiros, trabalhadores, oficiais mecânicos e outros semelhantes em passando a América, de tal sorte se esquecem dos seus tratos que querem ter igualdade com as pessoas da maior distinção. Acontece com os naturais da terra, filhos e netos destes, querendo uns e outros naturais e forasteiros de inferior condição atropelar a nobreza principal e servirem os cargos honrosos da República.[155]

Sempre que uma pretensão indevida esbarrava nos interesses de "pessoas honradas", a reação vinha de pronto. Por se sentirem prejudicadas em seus privilégios, elas multiplicavam os obstáculos para impedir que os pretendentes lograssem a ascensão social pretendida. A Justiça assegurava aos portadores de título honorífico o direito de querelarem contra um pretendente que buscava galgar uma posição mais alta na escala social, caso não exibisse os pré-requisitos que lhe eram exigidos.

Fatos ocorridos na cidade do Rio de Janeiro, no primeiro terço do século XVIII, ilustram bem essa semeadura de obstáculos pelos oponentes rivais, quando, por volta de 1710, os vereadores contestaram a nomeação do dr. Francisco de Sequeira Machado ao cargo de médico da Câmara, acusando-o de descender de cristãos-novos, categoria excluída do acesso a cargos públicos; ou quando, em 1729, em momento de eleição, se insurgem contra a infiltração nos quadros da vereança de pessoas "indignas", como os "homens de vara e côvado e outros semelhantes comerciadores" — isto é, retalhistas —, ou ainda dos mulatos, gente "de baixa esfera".[156]

Sinopse das honras concedidas aos súditos e distribuídas entre os três graus de nobreza, *Tratado jurídico das pessoas honradas*

HONRAS
Parentes da Casa Real (*a*)
Grandes do Reino (*a*)
Membros do Conselho do Reino (*a*)
Titulares com grandeza (*c*) — duque, marquês, conde com ou sem grandeza (*c*) — visconde, barão
Senhores de terras com senhorio de povoação e fidalguia de solar (*c*)
Alcaides-mores do castelo do rei (*c*)
Pessoas de tratamento distinto (*a*)
Pessoas chamadas de dom (*b*)
Membros do Desembargo do Reino (*b*)
Letrados licenciados (*c*) doutores bacharéis formados

continua

Fidalgos

- assentados no livro do rei (*c*)
- do conselho (*a*)
- cavaleiros (*a*), (*b*)
  - ordem militar — grão-mestre, comendador, grão-cruz
  - confirmados
  - de linhagem
- capelães (*a*)
- moços (*a*)
- de solar (*a*)
- feitos por especial mercê do rei (*c*)
- de cotas de armas (*b*)
- rasos (*c*)
- de linhagem (*a*)
- escudeiro (*a*)
  - geral
  - tomados pelo rei
  - de linhagem

(*a*) nobreza principal; (*b*) nobreza distinta; (*c*) nobreza ordinária

Esses dois casos ruidosos geraram volumosos processos, encerrados com ganho de causa pelos vereadores que acorreram em defesa dos direitos das pessoas tituladas. A querela, ocorrida no século XVIII, acabou sendo resolvida com base em instrumentos legais produzidos no século anterior — os alvarás de 12 de novembro de 1611 e de 29 de julho de 1643, a carta régia de 13 de novembro de 1664, a ordem régia de 12 de dezembro de 1697, e a carta régia de 23 de janeiro de 1701 —, que, no seu conjunto, objetivavam garantir a exclusividade do exercício da vereança às "pessoas honradas". Os denunciantes, vereadores com títulos de nobreza, não tiveram condescendência nem mesmo com as pessoas ricas da cidade do Rio de Janeiro que possuíam cabedal suficiente para levarem vida de "nobreza". Para eles só deveriam pleitear o cargo os que tivessem "foros de graduação da casa de Vossa Majestade com moradia de moços fidalgos, fidalgos ou as pessoas de notória nobreza, conhecidas por tais e principais nas suas terras, sem contradição alguma dos cidadãos daquela cidade".

Por sua vez, os governantes também se cercavam de cuidados quando se tratava de preenchimento de cargos importantes da administração pública. Exemplar foi o caso envolvendo Francisco Cordovil de Sequeira Mello, que pleiteara a propriedade do ofício de provedor e contador da Fazenda Real e vedor da gente de guerra da capitania do Rio de Janeiro. Por trás dos bastidores, o Conselho Ultramarino, preocupado em colher informações sobre o requerente, solicitou que, "em segredo", o juiz de fora da cidade do Rio, o provedor da comarca de Évora e mais testemunhas confiáveis buscassem averiguar sobre a "pureza de sangue" de Francisco Sequeira, que, ao final do processo, foi nomeado pela portaria de 2 de março de 1743.[157]

Ser brasileiro

A análise dos documentos revela que entre os vassalos da colônia alguns declaravam positivamente ter uma nacionalidade — por exemplo, a portuguesa —, acrescida da informação sobre a localidade de nascimento — por exemplo, a cidade de Braga, Guimarães ou Lisboa. Outros, nascidos no Rio de Janeiro, se identificavam como "portugueses de pais e avós". Havia também os que, por não se sentirem portugueses, silenciavam sobre a nacionalidade que ainda não possuíam, limitando-se a declarar positivamente quanto à sua naturalidade, ou seja, quanto à província ou cidade de origem. Entre os que não se qualificavam pela nacionalidade, situava-se uma gama diversificada de súditos que buscavam complementar sua identidade utilizando-se de vários recursos. Assim, os índios não se declaravam pela nação indígena a que pertenciam — os coroados, os guarulhos ou os tupis, ou temiminós —, mas pela vila-aldeia a que estavam ligados. Às vezes achavam importante afirmar-se como índios, agregando traços característicos de sua raça, como aconteceu com Miguel Duarte, que fez questão de marcar sua imagem pela menção ao "porte de cabelo corrido".[158] Da mesma forma, os ciganos qualificavam-se como "ciganos", e os pretos vindos da África revelavam a "nação" de origem, como "mina", "cassange", "benguela" etc. Já os pretos nascidos no Brasil dispunham de um termo próprio para se classificar — "crioulo" —, enquanto os mulatos pardos ou cabras se identificavam primeiro pela cor e, em seguida, pela condição jurídica, isto é, como escravo de fulano de tal, alforriado ou livre. Só em seguida acrescentavam o local de nascimento: Ouro Preto, Parati, Rio de Janeiro etc. É o caso de José Ramos, que se apresentou como um "pardo, escravo que foi do defunto reverendo mestre frei Ignácio da Madre de Deus".[159]

Mesmo os brancos identificavam-se apondo a seu nome a localidade de nascimento: "da cidade do Rio de Janeiro", "da vila de Santo Antônio de Sá", "de Campos dos Goytacazes" ou de outra cidade ou vila. Assim fez o cirurgião Manoel Bruno dos Santos ao pleitear o posto de cirurgião-mor do Regimento de Infantaria de Milícias da Vila de Parati (30 de julho de 1801), apresentando-se como "branco, filho de pais incógnitos, natural da cidade do Rio de Janeiro", sem nenhuma referência à nacionalidade.[160] Assim procedendo, Manoel Bruno e muitos outros apenas confirmavam uma prática corrente nos territórios portugueses ultramarinos.

Na sequência de um processo lento de tomada de consciência, os moradores da América portuguesa viam-se primeiro como conquistadores e povoadores, para, em seguida, como ainda explica Fernando A. de Novais, se descobrirem como "paulistas, "pernambucanos", "mineiros" etc., até se identificarem como "brasileiros", e, ainda mais adiante, se expressarem oficialmente como "brasileiros".

De fato, são escassos os documentos que trazem o termo "brasileiro" como categoria de significado abrangente para se referir, em oposição aos portugueses, aos naturais da colônia, percebida como unidade territorial e comunidade de destino. As poucas fontes encontradas nas quais a palavra "brasileiro" foi utilizada nessa nova acepção — de identidade do indivíduo à terra natal (pois, no início, brasileiros significavam comerciantes do pau-brasil) — situam-se na última metade do século XVIII e início do século XIX.

A mais antiga que conseguimos recolher refere-se a uma carta do vice-rei, conde da Cunha, a Francisco Xavier de Mendonça Furtado (16 de junho de 1764). Nessa correspondência o termo brasileiro surge num discurso eminentemente depreciativo das qualidades dos "naturais" da capitania. É utilizado quase como sinônimo de "mole", "frouxo", "doente" e igualado, desse ponto de vista, aos açorianos. Mesmo assim, e a despeito de seu uso pejorativo, a designação "brasileiros" identificava os nascidos em território da colônia portuguesa da América.[161]

Entende-se que, em contexto extraoficial, o termo "brasileiro" aparecesse mais facilmente, sem maiores consequências. No âmbito oficial, contudo, evitava-se o uso explícito da categoria, por denotar uma constatação — politicamente inconveniente aos interesses da Coroa — da metamorfose que vinha se operando. Assim, nesse jogo de evitação, rodeava-se a expressão "brasileiro", valendo-se de eufemismos como "Partido do Brasil" (=brasileiros) em oposição a "Partido de Portugal" (=portugueses), utilizados, por exemplo, na missão ordenada pelo vice-rei, d. Luís de Vasconcelos e Souza, em 1780, para apurar a razão de haver, no convento de São Boaventura, em Macacu, um maior número de noviços brasileiros que de portugueses.

Cuidava-se, portanto, de não difundir o uso da palavra "brasileiro", ausente de leis, alvarás, portarias, cartas régias ou outro veículo oficial do governo. Cuidava-se simultaneamente de controlar o equilíbrio das duas forças presentes na colônia: os portugueses e os não portugueses, estes últimos à beira de se entenderem como brasileiros.

Em texto que trata da administração do marquês de Pombal, escrito em Amsterdã no ano de 1786, já aparece claramente, no capítulo 5º, a referência "brasileiros", criticados por mandarem suas filhas para os conventos de Portugal, em prejuízo da formação de famílias brancas, na colônia.[162]

Foi preciso que Portugal sofresse a invasão dos franceses para que o teor e a frequência desse relacionamento conflituoso entre moradores da América portuguesa se modificassem.

Às vésperas da saída da Corte de Lisboa para o Brasil, o príncipe regente d. João enviou, aos 2 de outubro de 1807, uma mensagem dirigida a todos os "fiéis vassalos habitantes do Brasil", em cujo cabeçalho aparece o termo "brasileiro", jamais utilizado até aquele momento pela mais alta autoridade da Monarquia portuguesa.

Apesar da ousadia estampada no título da mensagem, conhecida e publicada como "Carta aos brasileiros", o príncipe regente ainda mantinha no corpo do texto a expressão "habitantes do Brasil", aplicada à população da mais importante colônia do Reino português. A utilização simultânea desses dois termos parece, desse modo, refletir a importância política de ainda se prorrogar um estado de ambiguidade perceptiva e designativa que não ofuscava em nada a novidade do emprego real da palavra "brasileiros". Era oportuna no momento e correspondia às mudanças relacionais que estavam se processando. Proferir a palavra "brasileiros" não ameaçava mais a manutenção da Monarquia lusitana, porque ela se compunha, sem atritos, com a qualidade de "portugueses" atribuída indistintamente a todos "os vassalos habitantes do Brasil".[163]

Tais mudanças lançam as bases para a adoção de novas posturas. Em documento de 3 de agosto de 1809, o bacharel Ângelo José de Almeida Silva Amado, natural do Rio de Janeiro, que se encontrava com sua família em Lisboa, ao solicitar passaporte para retornar à cidade onde nascera, declarou-se, diante de autoridade legal, "brasileiro de nação". [164] Tratava-se de momento muito especial: a Corte portuguesa trasladara-se para o Brasil, fato que pode ter encorajado o jovem bacharel, levantando a antiga cortina da censura, a revelar a identidade de brasileiro que trazia escondida no peito.

Os índios

> Uma liberdade constrangida é como o ar encerrado nas estreitas concavidades da terra, que com repetidos abalos pretende solicitar a fuga, principalmente os índios que se veem tão oprimidos.
>
> Capitão-mor da Aldeia de São Barnabé, RJ.
> Índio João Batista da Costa. (1779)[165]

Nos meados do século XVIII, eram poucos os índios bravios que viviam escondidos nas matas ao longo do rio Paraíba do Sul, como os coroados. Outros grupos se concentravam em Campos dos Goitacases. Os demais viviam nas cidades ou encontravam-se aldeados sob a administração do Estado, tendo simbolicamente à frente um índio como capitão-mor.

Tratava-se, portanto, de uma população desenraizada, sem identidade própria, submetida a uma Monarquia cujo chefe vivia em terras longínquas. Concentrada em aldeias distantes das cidades, essa população indígena não se relacionava com os demais moradores da capitania a não ser nos dias de feira, quando vendiam seus produtos artesanais ou agrícolas, ou quando trabalhavam na construção de obras públicas realizadas nas cidades. Esse isolamento não facilitava o casamento dos índios com os "civilizados e brancos", prática muito comum no início da colonização. Tal distanciamento contribuía para que fossem vistos pela população citadina como seres exóticos, embora muitos de seus membros descendessem de índios. Por sua vez, a aldeia não era a reconstituição do viver indígena, mas a imitação de uma vila portuguesa, com as casas arruadas em volta da igreja dominadora, espacial e culturalmente, e a escola ensinando a língua e a cultura portuguesas.

Os índios eram vassalos que permaneciam sob a proteção especial da Monarquia portuguesa, responsável por assegurar, em nome de Deus, tão somente a moradia, o tecido para suas vestimentas, um pouco de terra para a lavoura de subsistência e trabalho para os homens nas obras públicas. Não havia qualquer projeto governamental ou da Igreja visando ao desenvolvimento econômico da população aldeada, como, por exemplo, montar um engenho de açúcar, uma olaria industrial, um estaleiro para fabricação de embarcações etc. O dinheiro obtido com o arrendamento de parte das terras da aldeia era arrecadado pelo administrador colocado pelo governo e por ele gerenciado. Aos índios tocava o produto da venda de seu artesanato e das poucas sobras da lavoura e do pescado, produzidos em escala restrita de subsistência familiar. Com essas parcas fontes de renda, não conseguiam acumular recursos que lhes permitissem crescer economicamente para poderem se libertar da tutela do Estado e da Igreja.

Esse dramático quadro foi traçado em 1757 pelo bispo do Rio de Janeiro, d. Antônio do Desterro, em correspondência com a Corte, na qual se posicionava contrário ao aldeamento, por considerar que a Diocese não dispunha de recursos nem de sacerdotes suficientes para atender às demandas que dele provinham.[166] As aldeias existentes, criadas, segundo o bispo, sem "estimação", haviam se transformado em antros de "bêbados". Em vez da política de aldeamento em núcleos isolados, propunha ele que os meninos aprendessem ofícios mecânicos e fossem inseridos no convívio da sociedade para se tornarem plenamente civilizados e poderem, de livre vontade, fixar-se nas cidades. Se esses índios profissionalizados optassem por regressar às suas aldeias, serviriam de difusores dos valores cristãos e civilizados. Para as meninas, o bispo sugeria que fossem "repartidas por casas honradas" para serem criadas com civilidade. Educadas, essas índias poderiam casar-se com os rapazes das cidades, evitando que eles se unissem a "mulatas e pretas", como ocorria com frequência. Para d. Antônio do Desterro a miscigenação entre índios civilizados e brancos era importante, pois declarou conhecer "algumas famílias das mais nobres desta terra, que procediam de índias tiradas das aldeias de São Barnabé e São Lourenço, que são aldeias desse recôncavo e certissimamente se estas índias não tivessem saído de suas aldeias, não teriam hoje netos tão honrados".

Anote-se que a proposta de d. Antônio do Desterro partia do princípio de que os índios não tinham sentimento familiar, cultura própria ou possibilidade de autonomamente dirigirem seus projetos. Para ele o importante era implantar outra política diferente da que fora utilizada até o momento: a do aldeamento dos índios sob o controle do Estado. No fundo, os índios eram vistos como objetos, tanto pelo Estado quanto pela Igreja.

Além desses graves problemas de deculturação, pobreza e isolamento nas aldeias, os índios estavam permanentemente sob ameaça de perda das terras que, embora doadas, jamais foram demarcadas pelo governo. Pouco valia o alvará de 23 de novembro de 1700, no qual o rei determinara:

> hei por bem e mando que a cada Missão se dê uma légua de terra em quadra para sustentação dos Índios e Missionários, com declaração, que cada Aldeia se há de compor ao menos de 100 casais e sendo de menos, e estando algumas pequenas, ou separadas umas das outras, em pouca ou menos distância, se repartirá entre elas a dita légua de terra em quadra.[167]

As dimensões das sesmarias a serem dadas aos índios eram pequenas, considerando-se que, normalmente, um único indivíduo — não índio — recebia terras para nelas formar sua fazenda medindo 1,5 por três léguas. No entanto, para cem casais de índios se destinava uma sesmaria menor. Com essa política de oferecer o mínimo de terras aos índios, o governo limitava a população aldeada, reduzindo-a à produção indispensável para sua sobrevivência. E, ainda assim, essa pequena sesmaria que lhes cabia era cobiçada pelos senhores de terra que as invadiam ou pressionavam o Estado no sentido de rever tais doações. Além disso, como muitas das terras indígenas não chegaram a ser demarcadas, frequentemente os vizinhos se aproveitavam do fato como pretexto para avançarem os limites de suas propriedades, diminuindo ainda mais a área das aldeias.

Nos meados do século XVIII havia na capitania do Rio de Janeiro apenas 12 aldeias com alguma importância, sendo as mais próximas de sua capital a de São Lourenço, em Niterói, em terras próprias pertencentes aos descendentes dos índios temiminós de Arariboia, e a de São Francisco Xavier, em terras que pertenciam à Companhia de Jesus, em Itaguaí.

Eram vários os problemas vivenciados por esses índios aldeados. A respeito deles o capitão-mor João Baptista da Costa encaminhou à rainha dona Maria I, em 1779, um vasto relatório trazendo contundentes denúncias contra o desembargador Manoel Francisco da Veiga e o diretor da aldeia de São José del Rei Feliciano Joaquim de Souza, acusados de não prestarem contas dos rendimentos anuais dos foros das terras da aldeia arrendadas a terceiros, calculados em 800$000rs. Mais graves foram as denúncias de que o diretor, com a conivência do desembargador, tratava os índios com agressões, injúrias e obrigava-os a trabalharem para si sem nada lhes pagar, impondo-lhes, inclusive, a prática do roubo nos "matos para fazer lenha".[168] Segundo o denunciante, cada índio produzia dez feixes de lenha por dia, vendidos na cidade do Rio, ficando o dinheiro com o referido diretor. Ao regressar para Lisboa, Feliciano J. de Sousa deixou em seu lugar o sargento-mor José Pires Tavares, que deu continuidade às mesmas arbitrariedades, chegando a prender e espancar o genro do capitão-mor, João B.C., e a cuspir na "cara de sua esposa". O capitão-mor narrou as penas que lhe foram impostas por denunciar as violências que os índios sofriam em sua aldeia de São José del Rei. Encarcerado por três meses na cidade do Rio, queixou-se por não ter sido "ouvido nem admitido a se ouvir os seus requerimentos, nem o Ex.mo Marquês Vice-rei (Lavradio) atendido a patente que tinha e as honras que logra todas dadas por Vossa Real Majestade". O relatório do capitão-mor João B.C., ainda continha as reivindicações dos índios de sua aldeia que se resumiam a seis itens principais: extinção do cargo de diretor da aldeia e retorno da função administrativa ao índio nomeado como capitão-mor; verba para ornamentação da igreja e permissão para que nela se realizassem as festas religiosas, inclusive a Semana Santa; dote de 200$000rs para a moça índia que fosse se casar; dote para patrimônio postulante da carreira sacerdotal; aumento salarial para o capitão-mor, que recebia apenas 4$000rs mensais.

Vale observar que, à exceção da primeira reivindicação, que reflete melhor a preocupação com a autonomia indígena, as demais podem e ajustar-se perfeitamente aos pleitos que faria uma liderança de qualquer vila não indígena.

A aldeia de São Francisco Xavier em Itaguaí — fundada pelo jesuíta Anchieta, no último quartel do século XVI, em terras da Companhia e que vieram mais tarde a pertencer à Fazenda Real após a expulsão daquela ordem religiosa em 1759 — também apresentava sérios problemas. O índio José Pires Tavares, capitão-mor da aldeia, conseguira ir pessoalmente a Lisboa, em 1786, para entregar documento denunciando as arbitrariedades cometidas pelo governo local contra os índios aldeados em São Francisco Xavier de Itaguaí.[169] O Conselho Ultramarino já possuía vários relatórios elaborados pelas autoridades governamentais, como o do juiz de fora, Gonçalo Teixeira Coelho (2.10.1779), o do conselheiro José Luiz França (28 de agosto de 1783) e o do inspetor da Real Fazenda de Santa Cruz, sargento-mor Manoel Joaquim da Silva e Castro (15 de maio de 1784). Todos se mostraram indignados com o estado de degradação em que se encontrava a aldeia, arruinada em seus costumes, a pobre "cultura ou lavoura das terras"; e eivada de "vícios horrorosos, inteiramente prejudiciais à religião e ao Estado".[170]

Diante da versão apresentada pelo capitão-mor José Pires Tavares, que contradizia as acusações dos relatórios já arquivados, o Conselho Ultramarino solicitou do vice-rei, Luís de Vasconcelos e Souza, maiores esclarecimentos. Por sua vez, o vice-rei convocou alguns ministros e deputados da Junta do Comércio do Rio de Janeiro, e o desembargador e procurador da Real Fazenda, dr. Roberto Car Ribeiro, para examinarem em conjunto o processo. A resposta chegou desfavorável aos índios e acrescida da informação de que as terras não lhes pertenciam, mas sim à Companhia de Jesus, sua legítima proprietária. Argumentaram eles que os jesuítas, ao fundarem a aldeia, não doaram terras aos índios e constituíram como usufrutuário do território o primeiro missionário, Ignácio Pinheiro. Desse modo, com a morte de cada missionário usufrutuário, as terras sempre voltavam ao patrimônio da Companhia, que, ao ser expulsa do Brasil, teve todo o seu patrimônio imobiliário incorporado aos bens da Real Fazenda. Ora, como esta não fizera nenhuma doação de terras aos índios de Itaguaí, eles nada tinham a reclamar.

Tal parecer vinha ao encontro dos interesses dos homens de negócio do Rio de Janeiro que pretendiam adquirir as terras férteis da baixada, tanto as da Fazenda de Santa Cruz quanto as de Itaguaí, sede de engenhos dos jesuítas e vizinhas às da aldeia dos índios.

Com o passar dos anos, essa e todas as demais aldeias espalhadas no território da capitania do Rio de Janeiro se arruinaram e suas terras, na maior parte, passaram a ser de particulares.

O Estado, na qualidade de protetor e administrador das aldeias da capitania do Rio de Janeiro, teve o mérito de assegurar a liberdade física dos índios e de defendê-los contra a violência dos colonos. Todavia, fraquejou como promotor do desenvolvimento econômico e social das comunidades indígenas. No entanto em questão de pouco mérito foi atuante, como salvaguardar a seu modo a "pureza de sangue" dos aldeados. Ilustra bem a situação vivenciada pelo índio José Dias Quaresma, capitão-mor da aldeia de Ipuca, punido por haver se casado com uma preta e considerado "indigno de exercer o posto de capitão-mor, por ser o primeiro que devia servir de exemplo aos mais", como nos relata Norbeto de Souza.

Os ciganos

Os ciganos padeciam nas mãos dos dirigentes portugueses, que deles tinham uma imagem negativa. Preocupado em romper com a maneira de ser desse grupo e em enquadrá-lo nas normas da sociedade portuguesa, o governo estabeleceu o alvará de 20 de setembro de 1760, segundo o qual os ciganos eram reconhecidos por seus "prejudiciais costumes" e pela insubordinação às leis vigentes. Eram também tidos como ladrões de cavalos e de escravos, formadores de grupos de assaltantes de estradas, grupo marginal à sociedade, gente inútil. Por essa razão, o rei em "termos mais fortes e eficazes", se dizia no dever de inseri-los na "vida civil" obrigando-os a entregar judicialmente os jovens da comunidade ao Estado, cujos mestres se encarregariam de capacitá-los para exercer um ofício mecânico. Aqueles que estivessem em idade de servir ao exército deveriam ser convocados, e os excedentes, enviados para as obras públicas, recebendo "justo salário". O alvará recomendava a não concentração de jovens ciganos num mesmo regimento militar ou numa mesma obra. Quanto às atividade comerciais, foi-lhes proibida a prática de seu tradicional comércio com animais e escravos. Com referência ao costume cigano de habitar em barracas e ranchos provisórios, foi pedido às administrações locais para reuni-los em "bairros separados", desde que em pequenos grupos. Especial atenção deveria ser dada às operações de desarmamento dos ciganos, não lhes sendo permitido o porte de armas, nem mesmo daquelas que diziam ser de adorno. As mulheres não deveriam vagar pelas ruas, mas permanecer recolhidas às suas próprias casas e exercer atividades domésticas típicas das não ciganas.

A disposição do governo em enquadrar esse povo nas leis e costumes portugueses era tão firme que ele estabeleceu, no citado alvará, o rito sumário sem direito a "apelação ou agravo" para quem o desrespeitasse. O condenado recebia como pena o degredo por toda a vida para a ilha de São Tomé ou do Príncipe.

Quando o alvará chegou ao Rio de Janeiro, em 1760, era governador Gomes Freire de Andrade, que prontamente o aplicou, obrigando os ciganos a residirem numa área externa à muralha da cidade, próxima ao Rocio (atual praça Tiradentes). Esse trecho, que passou a se chamar campo e rua dos Ciganos, se situava estrategicamente próximo ao controle dos fiéis das igrejas de São Jorge, da Lampadosa, de São Francisco de Paula e da Sé, estabelecida, na época, na igreja do Rosário. Os militares, que tinham um campo de treinamento em área próxima, mantinham-nos sob estreita vigilância.

Apesar dessas medidas repressivas, a relação do governo e da sociedade com os ciganos era ambígua. Se por um lado tentava-se desestruturar seu *modus vivendi*, por outro lado eram valorizados os seus traços culturais. Nas festas oficiais realizadas na cidade do Rio como exemplo a comemorativa em 1762 do nascimento do príncipe da Beira, portanto posterior ao alvará de 1760 — contava-se com a apresentação de um grupo exibindo "com primor a dança cigana". O autor do registro dessa festividade assim descreveu a performance do grupo:

> foi a que primeiro se viu, a dança das ciganas, constava de dezesseis moças ricamente enfeitadas, que formando uma contradança o fizeram com primor, e o povo se transportou a tantos vivas, que fez demorar-se o entendimento no equívoco, se aquele aplauso procedia mais do agrado do baile, que da estimação do sexo.[171]

Cristãos-novos

O Brasil representava para os cristãos-novos uma oportunidade de vida menos sobressaltada, em razão da distância física do Tribunal do Santo Ofício da Inquisição, que em Portugal não lhes dava trégua. Mesmo assim, continuavam a ser importunados. Não haviam conseguido livrar-se dos visitadores da Inquisição e de vizinhos querelentos, virtuais delatores de sua origem de "infecta nação". Padres e paroquianos acompanhavam de perto o procedimento de cada cristão-novo, anotando se comungava ou não, se ia regularmente à missa, se participava das procissões e era generoso nas doações para as obras pias, ou se tinha hábitos estranhos, peculiares aos judeus. Havia também o perigo decorrente das visitas pastorais cujos relatórios, posteriormente enviados a Lisboa, podiam conter denúncias a respeito desse ou daquele morador, praticante de normas judaicas. As delações podiam algumas vezes ser motivadas por um desejo de vingança, de inveja ou cobiça dos bens do acusado, sem nenhuma comprovação de sua qualidade de cristão-novo.

No Rio de Janeiro setecentista, o primeiro processo contra os cristãos-novos data de 30 de junho de 1709, resultando na condenação de 12 pessoas, entre as quais três mulheres. Dois anos após, em outro auto de fé, foram condenados 26 réus; e em 1714, um número maior ainda, envolvendo 78 pessoas acusadas de práticas judaizantes.[172] Os processos inquisitórios se repetiram, com menor frequência, até o ano de 1771, quando o rei d. José I iniciou uma nova política, coibindo a perseguição aos cristãos-novos no Reino de Portugal e seus domínios.

Via de regra, as denúncias que deram origem a esses processos eram infundadas e baseadas em informações imprecisas, como as fornecidas por frei Agostinho de Santa Maria, em sua obra intitulada *Santuário mariano*, que narrava as visitas pastorais realizadas no Brasil no ano de 1714.[173] Ao descrever o Santuário de Nossa Senhora da Ajuda — onde depois se instalou o Convento de Nossa Senhora da Conceição da Ajuda, na atual Cinelândia —, situado no "arrebalde da cidade", anotou que, no início, os cristãos-novos cuidavam bem da igreja e eram fervorosos devotos da padroeira. No entanto, para o autor, isso era pura fachada, porque de fato cultuavam uma "certa Maria de Judá, e se diminuiu aquele antigo concurso e também a festividade. E hoje se lhe faz simples festa no seu dia".

Insinuações parecidas apontando a dissimulação de cristãos-novos poderiam dar origem a nefastos processos movidos pelo Tribunal do Santo Ofício da Inquisição.

O número de moradores ou naturais do Rio de Janeiro que foram, no século XVIII, envolvidos como cristãos-novos heréticos, segundo listagem de processos da Inquisição feita por Eduardo Prado, chegou a 123.[174] Nessa relação estão arrolados alguns cristãos-velhos, visados por terem parentes ou haverem se casado com cristãos-novos, vítimas de acusações vagas e irresponsáveis como as feitas por Catherina Soares Brandôa contra a família de Catharina Marques. Dizia ela que tendo participado, em 1700, de uma festa de boda de Catharina Marques, filha de opulento contratador fluminense, pôde presenciar o fato de, na hora do banquete, homens e mulheres ocuparem salas separadas, um costume tipicamente judaico. Algumas mulheres — ainda acrescenta — "zombaram dela por motivo de não ser judia, e a incitaram às práticas da sua religião".

Um mero boato insinuando que fulano ou sicrano pertencia à "infecta nação" em razão de sua fala, sangue ou prática de costumes judaicos era o suficiente para que o acusado se tornasse alvo do Tribunal da Inquisição. Imediatamente genealogistas de confiança, por ele nomeados, desvendavam o histórico biográfico do acusado referendando as denúncias que contra ele se levantavam.

O caso do tenente-coronel Sebastião da Fonseca Coutinho, natural do Rio de Janeiro, proprietário do Ofício de Escrivão das Execuções e Ouvidoria Geral da cidade, rico comerciante e dono de engenho, é um exemplo dos excessos cometidos e da iniquidade dos processos conduzidos pelo Tribunal do Santo Ofício da Inquisição (processo nº 2.225).[175] Sebastião Coutinho, preso no mesmo período que a família Barros — estudada por Lina Gorenstein[176] —, com quem mantinha laços de amizade, foi enviado como réu para Lisboa (2 de julho de 1714). Só após seis anos, já inocentado, Sebastião obteve licença da Mesa do Tribunal para regressar ao Rio de Janeiro, vindo a falecer em sua terra natal (2.7.1721).[177]

Ora, pela leitura do testamento de Sebastião Coutinho, pude constatar que se tratava de um homem profundamente católico e praticante. Pertencia à Ordem Terceira do Carmo e era filiado, entre outras, às irmandades da Misericórdia, de Nossa Senhora da Boa Morte dos Homens Pardos, de Nossa Senhora do Rosário dos Pretos, e de Nossa Senhora do Monte do Carmo. Era casado na Igreja católica com Catharina de Moura, com quem teve seis filhos. Na qualidade de fiel católico, pediu para ser enterrado na Igreja do Carmo, vestido com o "hábito de Nossa Senhora do Monte do Carmo". Pediu também que, por sua alma, fossem rezadas mil missas. Confirmou ainda, em seu testamento, que nessa igreja desejava ser sepultado na "entrada da porta principal, junto da pia de água-benta". Em cumprimento às promessas que fez para livrar-se da cadeia — gesto indiscutível de um religioso fervoroso —, ordenou a seus testamenteiros que pagassem as graças recebidas: a) 50$000rs ao Senhor do Bom Fim, em Setúbal, pela promessa que fizera para que o santo o livrasse da prisão; b) uma coroa de prata à Nossa Senhora da Cabeça, na Sé da cidade do Rio de Janeiro, por havê-lo livrado da cadeia. Quanto à regularização das anualidades devidas às suas irmandades, determinou que seus testamenteiros só pagassem àquelas que ainda o tinham como irmão, instruindo o contrário caso seu nome já tivesse sido por elas riscado. Sebastião Coutinho deixa assim entrever a discriminação que os denunciados e processados pela Inquisição sofriam, até mesmo por parte de suas irmandades.[178]

A questão dos cristãos-novos se apresentara delicadíssima para a Corte portuguesa: envolvia a Igreja, principal parceira do monarca, e exigia do governo uma saída diplomática que não entrasse em choque com sua fundamental aliada. Com firmeza, d. José, "Rei, Senhor Soberano, Protetor e Supremo Magistrado" decretou, pelo alvará de 24 de janeiro de 1771, o início do processo de sustação em seu Reino das perseguições religiosas aos chamados cristãos-novos. A justificativa usada pelo rei, nesse alvará, é uma riquíssima peça de teor político, jurídico e histórico. Recorreu à história de Portugal e à de outras monarquias europeias, citando exemplos de união entre duas famílias. Argumentava ele: mesmo que uma delas tivesse "princípios escuros", a multiplicação das gerações permitira que os novos descendentes gozassem de todas as "prerrogativas e honras competentes ao corpo da natureza", em função de uma delas ter origem nobre. Recorreu ainda ao fato de que o rei d. Manoel, em seu alvará de 1º de março de 1507, estabelecera que em Portugal não se praticaria qualquer ação, norma ou outro qualquer ato contra os cristãos-novos e que eles seriam "favorecidos e tratados como próprios cristãos-velhos, sem deles serem distintos e apartados em cousa alguma". Portanto, a perseguição que contra eles se cometia só interessava aos inimigos de Portugal, entre os quais não se enquadravam nem a Santa Igreja Católica, nem os seus fiéis súditos. Inimigos, estrategicamente nomeados, foram os "famigerados" jesuítas e a Monarquia espanhola do período felipino, que injustamente governou Portugal de 1580 a 1640, no lugar do prior do Crato. Este último, português de tradicional família, fora preterido na época sob a acusação de ter sangue de cristão-novo. Assim, d. José I, em sua argumentação, esquivou-se de chocar-se contra a Igreja, concentrando toda a culpa nos jesuítas e na Espanha filipina, interessados na luta intestina entre portugueses. Portanto, a Monarquia lusitana, por esse alvará, não tinha como ser acusada pela Igreja Católica de estar a ela se opondo ou mesmo criando-lhe problemas. Continuava o Tribunal do Santo Ofício da Inquisição sob o domínio da Santa Sé, cuidando porém das questões a ela pertinentes. O rei, respeitando as áreas de competência, passou contudo a controlá-lo, trazendo para si a última palavra sobre os casos. Com esse artifício jurídico poderia alterar a conclusão do Tribunal da Inquisição, se bem lhe parecesse.

O governo português tinha conhecimento de que o preconceito contra os cristãos-novos encontrava-se profundamente enraizado nas pessoas e nas instituições. Por isso, envolveu de sigilo o alvará de 24 de janeiro de 1771, estabelecendo o prazo de dois anos para que todos se adaptassem às novas regras jurídicas. Cabia aos magistrados:

> em segredo de todos os Tribunais a que pertence dando os Presidentes deles um novo e específico juramento aos Ministros de observarem exata e inviolavelmente sem interpretação, modificação, ampliação, ou restrição alguma, quaisquer que eles sejam e não obstante quaisquer Leis, Regimentos, Glosas, Decretos, Decretais, Estilos e Opiniões de Doutores, que sejam em contrário, porque todos e todas mando que cessem e hei por derrogados para este efeito somente de meu *motu* próprio.

Transcorridos os dois anos de adaptação ao alvará, o rei transformou-o na lei de 25 de maio de 1773, tornando universal o fim da discriminação contra os cristãos-novos em Portugal e seus domínios. Mesmo assim, atitudes discricionárias continuaram a ocorrer, o que levou o rei a baixar o aviso de 11 de março de 1774, mandando que os corregedores das comarcas examinassem todos os estatutos das "confrarias, irmandades e outras semelhantes corporações" assim como as Câmaras de Vereadores e pessoas,

> de corrompidos corações e pensamentos tão bárbaros, que rebelando-se contra todos os princípios da racionalidade, de caridade cristã e de inviolável respeito que devem às Leis de Sua Majestade se atrevam a escogitar meios e modos para fraudarem e transgredirem com cavilações a religiosa observância.

Foi graças a esse aviso que algumas exigências impostas ao postulante a sacerdote do clero secular de São Pedro mudaram radicalmente. Antes desse ato encontravam-se, entre os 28 itens a serem respondidos sobre o pretendente ao sacerdócio, duas alíneas discriminatórias relativas aos descendentes de judeus: a) "se é ou foi Herege, Apostata da nossa Santa Fé, ou filho, ou neto de infiéis, Hereges, Judeus, ou Mouros, ou que fossem presos, e penitenciados pelo Santo Ofício"; b) "se tem parte de nação hebreia, ou de outra qualquer infecta, ou de negro, ou mulato".[179]

Com essa decisão, a Monarquia portuguesa consagrou sua disposição de punir e impedir qualquer discriminação a seus vassalos por questões religiosas. Graças a essa nova atitude do governo, o cidadão português com ascendência judaica, Francisco Antônio Ribeiro de Paiva, pôde receber o grau de doutor na Faculdade de Filosofia da Universidade de Coimbra em 1779, respaldado pelo aviso Real de 5 de janeiro do mesmo ano.

Portanto, os cristãos-novos portugueses devem tributo ao monarca d. José I e seu ministro marquês de Pombal por terem encerrado, oficialmente, a época da discriminação que os acometia.

Os escravos

A colonização da América por portugueses, espanhóis, holandeses, ingleses e franceses tinha no trabalho escravo um dos pilares de sua viabilização econômica e desenvolvimento. Se no início coube às populações indígenas locais desempenhar este papel, a partir da intensificação do comércio escravista foram os africanos que assumiram no Brasil quase integralmente a mão de obra servil.

A comercialização dos pretos africanos para o trabalho escravo foi legitimada pela Igreja Católica, dominante na Europa, através das "bulas do papa Nicolau v (6.1.1456); Calixto III (3 de março de 1455); Xisto IV (21 de junho de 1481) e Leão x (3 de novembro de 1514)".[180]

Por sua vez, a Monarquia portuguesa estabeleceu a estrutura jurídica e comercial necessária à existência legal e rentável da escravidão em seu território. Montou também um discurso justificativo dessa exploração de seres humanos como escravos, que pode ser resumido em seis itens básicos: a) o tráfico se baseava em transações comerciais legais e semelhantes a quaisquer outras de natureza mercantil — os negociantes portugueses compravam na África, de agentes locais, a mercadoria (pretos escravos), pagando todos os impostos e taxas exigidas; b) os africanos comprados já se encontravam em estado de escravidão em seu próprio continente; c) o tráfico era realizado sob a fiscalização e proteção da Monarquia portuguesa e não decorria de incursão violenta contra pessoas livres no território africano, mas sim de compra legal de pessoas já escravas; d) a Monarquia portuguesa, tradicionalmente vinculada à religião católica, entendia que exercia seu dever civilizatório e cristão retirando os pretos escravos da barbárie em que viviam na África, pois tornava-os cristãos e civilizados segundo os valores da Europa ocidental; e) a colonização das extensas terras de seus variados domínios só seria possível com a escravidão dos africanos uma vez que em Portugal não havia excedente populacional para essa tarefa; f) a escravidão de um indivíduo era, pela Monarquia, oficialmente considerada uma circunstância de caráter transitório, juridicamente contrária ao direito natural à liberdade, que facultava ao escravo formas legais para adquiri-la.

Calcados nesse discurso oficial, os senhores de escravos, seja os de grande plantel, seja os de apenas um único escravo, sentiam-se moralmente convencidos de que tinham direito a possuir pessoas cativas. Os papéis nessa sociedade eram claros e bem-delineados: de um lado, o senhor escravista, reconhecido e legitimado pela aquisição de escravos por meios legais via compra, troca, herança, doação ou nascimento de uma outra sua escrava; de outro lado, os escravos, tanto os recém-chegados, vivendo em terra distante e estranha, quanto seus filhos, já nascidos em cativeiro (crioulos), aprisionados a um aparato jurídico e cultural do Estado e de uma sociedade escravista. As regras estavam postas: os proprietários de escravos tinham direitos legalmente assegurados que se estendiam não só sobre os escravos mas também sobre os filhos nascidos em cativeiro; mas tinham também o dever de alimentá-los, vesti-los, abrigá-los, cuidar de sua saúde, tratá-los com humanidade, conceder-lhes o sábado livre (carta régia de 31 de janeiro de 1701), o domingo para descanso, de torná-los cristãos filhos de Deus — inclusive batizar obrigatoriamente os escravos menores de 10 anos de idade — e de conceder-lhes alforria "pelo amor de Deus" (gratuita), condicional, ou por venda ou troca. Em contrapartida, os escravos lhes deviam fidelidade, obediência, respeito, dedicação, sua prole e, sobretudo, sua força de trabalho para que o retorno do investimento de seus senhores fosse rendoso. Os direitos e deveres de cada personagem nessa relação escravista também tratavam do procedimento das partes quando uma delas morria: no caso do escravo, seu senhor era obrigado a propiciar-lhe enterro digno e cristão; no caso do senhor, o herdeiro receberia a posse do escravo.

Nessa relação de natureza arbitrária e antagônica — em que o senhor visava a um retorno mais lucrativo do capital aplicado, e o escravo, sua liberdade —, desenrolou-se a história econômica, social e cultural da sociedade da colônia portuguesa na América e, consequentemente, na cidade do Rio de Janeiro, até a proclamação da Lei Áurea, em 13 de maio de 1888, a qual extinguiu, oficialmente, a escravidão no território brasileiro.

Na capitania do Rio de Janeiro os escravos que escolheram a via ilegal da fuga — para os quilombos, ou não — foram poucos, mas o suficiente para provocar a reação das autoridades e dos respectivos "senhores" e, sobretudo, causar intranquilidade à população moradora na hinterlândia, que temia os assaltos e roubos praticados pelos negros fugitivos. Contra esses quilombolas foram desencadeadas ações e providências governamentais objetivando eliminá-los. Poderosa era a recomendação dada aos senhores de escravos para que evitassem formar seu plantel com membros de uma única nação. Com isso intentava-se dificultar a confabulação e organização entre assemelhados. Conformando-se ao disposto, os comerciantes passaram a trazer escravos de diversas nações africanas, algumas delas em disputa entre si. Para reforçar o controle contra a fuga dos escravos e repressão aos quilombolas foi criada a função do capitão-do-mato, e postas à disposição das autoridades organizações militares regulares e auxiliares. Passaram a existir normas proibindo o porte de armas — tanto as brancas, como facas, facões, espadas, espadins e canivetes, quanto as de fogo — e os escravos de circularem sem permissão de seus senhores. Havia outras mais severas ainda, constantes do alvará de 3 de abril de 1741, estabelecendo como punição aos escravos infratores, quando da primeira fuga, a marca a ferro com a letra "F" de fujão e, no caso de reincidência, o corte de uma das orelhas.

A ameaça dos quilombolas levou a Corte a conceder porte de arma às pessoas importantes que circulassem ou residissem em região infestada de escravos fugitivos, como os senhores de engenho e autoridades que moravam na cidade do Rio de Janeiro.[181] Citava-se como exemplos o caso do provedor da Casa da Moeda, José da Costa Matos, proprietário de fazenda em Tinguá, que requereu em 1765 porte de arma, que lhe foi concedido; e o pedido feito, entre outros, pelos moradores da vila de Santo Antônio de Sá, em 1763, ao governador interino, o bispo d. Antônio do Desterro. Este, conhecedor da opressão que os escravos "calhambolas" impingiam a esses moradores, tomou exitosamente as devidas providências, como se pode depreender de carta do bispo à Corte, narrando suas ações criminosas:

> hostilizavam os referidos povoadores nos roubos de animais domésticos, e os frutos das sementeiras, insultando nas estradas aos viajantes, tomando-lhes os dinheiro, despindo-os das roupas com que se trajavam, deixando-os maltratados e feridos, fazendo

mortes e incendiando casas com público escândalo das justiças; e por conhecermos a atividade do tenente-coronel Miguel Antunes Ferreira lhe ordenamos fizesse ajuntar os capitães-do-mato e mais pessoas das tropas Auxiliares para extirpar os ditos rebeldes de suas estâncias: o que com efeito executou o dito coronel, prendendo a muitos dos sobreditos, cujo êxito pôs em restabelecimento o sossego dos comarcanos.[182]

A captura do escravo fugido representava um custo muitas vezes acima das possibilidades de alguns proprietários, que passaram a apelar para soluções extraordinárias, como a associação de pessoas que arcassem com as despesas da operação em troca do ganho de parte dos escravos recapturados ou do valor obtido com a venda dos mesmos. É o caso da moradora do Porto da Estrela, Catharina de Santa Ana, que em 1795 estabeleceu um contrato com Antônio Alvares Felipe, morador na cidade do Rio de Janeiro.[183] Outros, embora tivessem recursos, como o guarda-mor José Ferreira de Castilho, morador em Campo Grande, arrabalde da cidade do Rio, preferiram extirpar o foco rebelde e perturbador da boa ordem entre seus escravos. José Ferreira de Castilho concedeu a alforria ao pardo Izidoro, seu escravo quilombola, condicionando-a porém à ida do mesmo para Angola, onde deveria permanecer residindo.[184]

Pesquisando no Arquivo Nacional os inventários *post mortem* de 120 pessoas que residiam na capitania do Rio de Janeiro entre 1750 a 1810, encontrei listados 1.718 escravos. Dentre eles somente 15 foram classificados pelos avaliadores como "raivoso", "fujão", "ladrão" e "quilombola" — termos utilizados para os escravos problemáticos e menos cotados que os demais.

Analisando tais dados pude listar 1.114 (64,8%) pessoas negras do sexo masculino e 604 (35,2%) do feminino. É uma proporção que não corresponde às apresentadas pelas estatísticas gerais da população da capitania do Rio de Janeiro, que em geral variavam em torno de 52% para os homens e 48% para as mulheres.

Quanto às faixas etárias dessa população escrava, subtraídos os 209 escravos cujas idades não são citadas, a maioria, como era de se esperar, ou seja, 895 (59,3%) indivíduos, situava-se na faixa entre 16 a 45 anos, idade em que tinham plena capacidade de produção. Quanto aos indivíduos com 55 anos e mais de idade, foi possível computar 122 (8%) escravos, número expressivo se considerarmos as baixas condições de vida dessa população servil.[185]

A julgar como reveladores esses dados extraídos dos inventários, como explicar o fato de que apenas uma minoria de escravos tenha optado por conquistar a sua liberdade pela fuga? A pergunta está a exigir dos especialistas em escravidão no Brasil análise mais profunda e resposta convincente.

Os alforriados

Em 1796 viviam na capitania do Rio de Janeiro 182.757 pessoas, sendo 109.811 os pretos e miscigenados.[186] Desses, 23,4% eram livres, bem menos numerosos que os que permaneciam escravos, mas bem mais numerosos que os quilombolas que optaram ilegalmente pela liberdade.[187]

Duas eram as possibilidades de libertação que se abriam aos que permaneciam escravos: ou alcançá-la via legislação do Estado abolindo a escravidão, ou via ruptura das estruturas político, econômica e social vigentes, por meio de ação revolucionária.

O caminho legal só ocorreu, no século XVIII, para o restrito território de Portugal, com o objetivo de sustar a ida de escravos para as suas cidades, principalmente a de Lisboa, por serem mais necessários nas colônias. Desse modo, o governo português estabeleceu o alvará de 19 de setembro de 1761, pelo qual proibia a entrada de pretos e pretas no Reino. Disse o rei:

> que fazendo nos Meus Domínios Ultramarinos uma sensível falta para a cultura das terras e das minas, só vêm a este continente ocupar à ociosidade e se precipitam nos vícios, que dela são naturais consequências: E havendo mandado conferir os referidos inconvenientes, e outros dignos da Minha Real providência, com muitos Ministros do Meu Conselho, e Desembargo, doutos, timoratos e zelosos do serviço de Deus e Meu e do Bem Comum, com cujos pareceres Me conformei: Estabeleço, que do dia da publicação desta Lei nos portos da América, África e Ásia; e depois dos referidos portos, e um ano a respeito dos terceiro, se não possam em algum deles carregar, nem descarregar nestes Reinos de Portugal e do Algarve, *preto ou preta* alguma: Ordenando, que todos os que chegarem aos sobreditos dia da publicação desta, fiquem pelo benefício dela *libertos e forros*, sem necessitarem de outra alguma Carta de manumissão ou alforria. (grifos meus)

Tentando burlar o alvará — que usara a expressão "pretos escravos" —, alguns negociantes ou proprietários passaram a levar escravos mulatos ou pardos. Seis anos se passaram para que as autoridades agissem no sentido de corrigir essa falha, estabelecendo-se no aviso de 2 de janeiro de 1767 que a mesma proibição também concernia aos mulatos ou pardos. Quanto aos miscigenados que tinham ingressado em Portugal como escravos, entre 1761 e 1767, ficou estabelecido no aviso que deveriam ser relacionados para que o rei tomasse sobre eles a decisão que julgasse mais justa.

Permaneciam como tais e regidos pela legislação anterior os escravos que já se encontravam no território de Portugal antes do alvará (1761). É importante realçar que, nos textos das diversas normas exaradas sobre a referida questão, há passagens interessantes de condenação à escravidão, o que deve ter provocado conflitos de consciência em algumas pessoas: como considerar indesejada a escravidão em Portugal, e ao mesmo tempo cabível nas colônias?

Para estudo da questão da alforria no Rio de Janeiro analisei os livros de cartórios de Ofícios e Notas (1º, 2º e 4º, falta o 3º) existentes no Arquivo Nacional do Rio de Janeiro, adotando uma série decenal que iniciasse em 1755 e findasse em 1805. Essa fonte documental, no que respeita à alforria, é a mais completa, e os casos consignados em "papel particular", não legalmente anotados, foram certamente muito poucos, porque só o registro em cartório dava garantia da validade da alforria.

Tendo examinado 21 livros de Ofícios e Notas, selecionei 940 escrituras contendo no total 1.129 alforrias.[188] A grande maioria das escrituras, 891 ao todo, foi passada por senhores brancos alforriando 1.056 escravos. Não obstante a grandeza desses números, importa chamar a atenção para existência significativa de uma parcela de

73 escravos alforriados por senhores de origem preta, parda ou cabra, fato intrigante que nos revela que alguns, entre os libertos, teriam continuado, em sua nova condição de alforriados, a adotar a prática da escravidão.

Com os dados provenientes dessas escrituras construí quatro tabelas contendo: a) informações gerais sobre todos os alforriados, tanto os libertos por senhores brancos, como os libertos por senhores pretos ou miscigenados; b) dados específicos extraídos desse macrouniverso, para a análise, em separado, de alforrias concedidas por senhores pretos ou pardos; c) informações sobre os tipos de alforria praticada — onerosa, gratuita, condicional e coartada; d) os alforriados, segundo tipos de miscigenação e nação africana de origem. (TABELAS 1, 2, 3, e 4).

Tabela 1

Distribuição dos alforriados por tipos de alforria, segundo sexo e grupos de idade (1755-1805)

Sexo e grupos de idade dos alforriados	Total alforriados		Tipos de alforria							
			Onerosa		Gratuita		Condicional		Coarctada	
	abs.	%	abs.	%	abs.	%	abs.	%	%	%
Homens	**416**	**36,8**	**195**		**143**		**73**		**5**	
0 a 14 anos	67		33		22		12		-	
15 anos e mais	349		162		121		61		5	
Mulheres	**713**	**63,2**	**376**		**219**		**111**		**7**	
0 a 14 anos	82		27		36		19		-	
15 anos e mais	631		349		183		92		7	
Total	**1.129**	**100,0**	**571**	**50,6**	**362**	**32,1**	**184**	**16,3**	**12**	**1,0**

Tabela 2

Alforriados por sexo e grupos de idade, segundo cor e local de origem (1755-1805)

Cor e locais de origem dos alforriados	Total		Sexo e grupos de idade dos alforriados			
			Homens		Mulheres	
	abs.	%	0 a 14 anos	15 anos e mais	0 a 14 anos	15 anos e mais
Mestiços e crioulos do Rio de Janeiro	**684**	**60,6**	**67**	**183**	**80**	**354**
Pardo ou mulato	348		46	78	53	171
Cabra	52		5	17	8	22
Crioulo	284		16	88	19	161

continua

Cor e locais de origem dos alforriados	Total		Sexo e grupos de idade dos alforriados			
			Homens		Mulheres	
	abs.	%	0 a 14 anos	15 anos e mais	0 a 14 anos	15 anos e mais
Pretos de nações africanas	**445**	**39,4**	-	**166**	**2**	**277**
Angola	138		-	52	-	86
Benguela	78		-	28	-	49
Cabo Verde	7		-	5	-	2
Cassange	5		-	2	-	3
Congo	31		-	17	-	14
Ganguela	10		-	5	-	5
Mina	78		-	26	-	52
Rebolo	38		-	11	-	27
Não especificada	**34**		-	**10**	**1**	**23**
Outras	**26**		-	**10**	-	**16**
Total	**1.129**	**100,0**	**67**	**349**	**82**	**631**

Tabela 3

Alforriados de senhores ex-escravos* por tipo de alforria, segundo sexo e grupos de idade (1755-1805)

Sexo e grupos de idade dos alforriados	Total alforriados		Tipos de alforria							
			Onerosa		Gratuita		Condicional		Coarctada	
	abs.	%	abs.	%	abs.	%	abs.	%	%	%
Homens	**13**	**17,8**	**6**		**3**		**4**		-	-
0 a 14 anos	2		1		1		-		-	
15 anos e mais	11		5		2		4		-	
Mulheres	**60**	**82,2**	**18**		**17**		**25**		-	
0 a 14 anos	7		1		1		5		-	
15 anos e mais	53		17		16		20		-	
Total	**73**	**100,0**	**24**	**32,9**	**20**	**27,4**	**29**	**39,7**	-	

* Tabela construída a partir da Tabela 2, destacando do conjunto de alforriados um subuniverso, os alforriados de senhores forros (ex-escravos, portanto).

Os dados das tabelas 1 e 3, quando comparados, evidenciam que o comportamento dos senhores pretos libertos que alforriavam seus escravos era muito semelhante ao adotado pelos senhores brancos, sendo as duas categorias parcimoniosas em generosidade quando se tratava de libertá-los gratuitamente. Esses são indícios importantes da dominância de uma ideologia escravista, absorvida igualmente por brancos, pretos ou pardos possuidores de escravos. São reflexos do baixo nível de rejeição ao sistema escravista, compartilhado por ex-escravos que, uma vez livres, vislumbravam e concretizavam a oportunidade de também se tornarem senhores proprietários de escravos.

Tabela 4

Alforriados de senhores ex-escravos* por sexo e grupos de idade, segundo cor e local de origem (1755-1805)

Cor e locais de origem dos alforriados	Total		Sexo e grupos de idade dos alforriados			
			Homens		Mulheres	
	abs.	%	0 a 14 anos	15 anos e mais	0 a 14 anos	15 anos e mais
Mestiços e crioulos do Rio de Janeiro	**33**	**45,2**	**2**	**7**	**7**	**17**
Pardo ou mulato	5		2	1	-	2
Cabra	4		-	-	3	1
Crioulo	24		-	6	4	14
Pretos de nações africanas	**40**	**54,8**	**-**	**4**	**-**	**36**
Angola	10		-	1		9
Benguela	12		-	1		11
Cabo Verde	1		-	1		
Cassange	-		-	-		
Congo	1		-	1		
Ganguela	-		-	-		
Mina	9		-	-		9
Rebolo	2		-	-		2
Não especificada	-		-	-		-
Outras	5		-	-		5
Total	73	100,0	2	11	7	53

* Tabela construída a partir da Tabela 2, destacando do conjunto um subuniverso, os alforriados de senhores forros (ex-escravos portanto).

Outra constatação que salta aos olhos é a primazia das mulheres em relação aos homens quando se trata da proporção de alforriados por gênero. Os números absolutos e relativos refletem esse fenômeno: enquanto aquelas somavam 713 alforrias (63,% sobre o total), esses não ultrapassavam a marca de 416 casos (equivalente a 37% dos casos registrados).

Se atentarmos ainda para o fato de que havia muito mais escravos homens que mulheres, como explicar essas cifras? Como puderam as escravas acumular o necessário para adquirir sua alforria com a prestação de serviços miúdos como cozinheiras, lavadeiras, quitandeiras, parteiras, costureiras, bordadeiras, passadeiras, doceiras, enfermeiras, amas de leite, todos ofícios de pouco ganho?

Considerando-se as 1.129 alforrias computadas (TABELA 1), vê-se que a maioria foi obtida com ônus (50,6%) que, somado às condicionais (16,3%) e às coarctadas (1%), totalizam 68%. Esse é outro dado surpreendente, pois mostra que apenas uma minoria dos senhores de escravos agia com generosidade e espírito cristão na hora de alforriar seus servos gratuitamente em retribuição aos "bons serviços" ou pelo "amor" que diziam ter por eles. Mais surpreendente ainda é o fato de as mulheres escravas terem sido beneficiadas por alforria gratuita em menor proporção que os escravos homens. Assim, enquanto entre as mulheres escravas a alforria chegou ao patamar de 31%, entre os homens atingiu os 34%. Ora, se as escravas trabalhavam no serviço da casa, portanto usufruindo da convivência diária com seus senhores, por que estes não se apiedaram delas a ponto de alforriá-las gratuitamente em maior proporção?

A maioria das alforrias *condicionadas* estabelecia que o escravo deveria servir bem o seu senhor até sua morte, a partir da qual poderia gozar da liberdade, como se de "ventre livre nascera". Apesar de ser uma forma de deixar fragilizado o escravo forro em potencial, uma vez que dependia do bom humor e do beneplácito do seu senhor, não encontrei, nesses 21 livros de Ofícios e Notas consultados, um único caso de suspensão da alforria *condicional*. Todavia, em outro livro não pertencente à série decenal utilizada, vem registrado o caso do senhor Luiz José de Andrade, morador em Campos dos Goytacazes, que em 1805 desfez a alforria dada a seu escravo Antônio, de "Nação Angola", porque havia ele mudado de comportamento, tornando-se um mau escravo, ao faltar-lhe com o "respeito devido ao seu senhor, levantando-se contra ele e fugindo de seu poder há mais de quatro anos".[189]

A forma de alforria por *coarctação* — permitindo ao escravo trabalhar livremente por um período determinado, ao fim do qual deveria pagar o valor estipulado por seu senhor — não foi muito usada pelos senhores de escravos na capitania do Rio de Janeiro, segundo os dados por nós arrolados, chegando apenas a 12 casos.

Por fim, lembro que esse elevado índice de alforrias especialmente *onerosas* (50,6% do total), se, por um lado, mostra que a relação senhor-escravo era muitas vezes vista como um negócio, por outro lado indica a pujança de uma economia que permitia a prática da poupança pela população escrava, a qual economizava, da pequena parte que lhe cabia, o suficiente para comprar sua própria liberdade. Como era de se esperar, os escravos que nasceram no Rio de Janeiro, ou seja, os crioulos, os pardos e os cabras, se alforriaram em maior número do que os "novos", isto é, os que nasceram e vieram da África. (TABELAS 2 e 3)

Algumas alforrias se davam por via judicial ou em decorrência de ordem expressa da Corte, atendendo ao justificado pedido do escravo por sua liberdade. Como exemplo dessa via escolhi alguns casos ilustrativos. Destaco primeiro o caso do pardo Silvestre, morador no Porto da Vala, Rio de Janeiro, que apelou à clemência do rei para que fosse estipulado o seu "devido valor", a fim de que o pudesse pagar e, assim, obter sua alforria; seu senhor Antônio de Sá Brandão negava-se a libertá-lo e foi denunciado por seu gênio violento. Alegando temer "uma morte desumana" em decorrência dos "impulsos e castigos bárbaros" que Antônio Sá Brandão lhe impingia, o pardo Silvestre qualificou de "insuportável" a modalidade de sua escravatura, o que justificava sua apelação. Não contestou a condição de escravo em si mesma, deixando entrever que o cativeiro poderia tornar-se suportável se os tratos de seu senhor para consigo fossem mais humanos.[190]

Não menos eloquente é o caso do preto Felipe, escravo de Custódio Martins Ribeiro que em 1787 apelou à rainha denunciando o seu senhor por não querer aceitar os 256$000rs estipulados para sua alforria. Segundo Felipe havia 29 anos que servia a Custódio, rendendo-lhe anualmente com seu trabalho, entre 38$000rs a 48$000rs. Reclamava que além do lucro que lhe dava, ainda tinha de arcar com a despesa de sua "própria vestimenta", o que não era de sua obrigação.[191] Obviamente não interessava a esse senhor a alforria de escravo tão lucrativo, pois, se em vez de concedê-la, aplicasse a mesma quantia a juros de mercado (5% ao ano), teria de rendimento anual 12$800rs, bem menos do que lhe lucrava o escravo. Daí a relutância de Custódio em se desfazer de sua "galinha dos ovos de ouro".

Casos como esses nos ajudam a compreender quão complexa era a cultura escravista que tomara conta da sociedade da capitania do Rio de Janeiro e de sua capital no século XVIII. Toda pessoa livre ambicionava possuir um escravo que lhe servisse e gerasse rendimentos. Bastante ilustrativo dessa complexidade foi o caso da preta forra Quitéria Correa, mendiga moradora da cidade que, tendo recebido "várias esmolas pelos fiéis de Deus", economizou o suficiente para comprar a escrava Mariana (Mina) e sua filha Maria, de seis anos, e doá-las aos seus queridos netos, José Correa e Anna Joaquina.[192]

Notas à Primeira Parte

Capítulo I — *A Muralha Mesológica*

[1] Os conceitos metafóricos sobre "muralha" foram baseados em BRAUDEL, Fernand. *Civilização material, economia, capitalismo, séculos XV–XVIII*. Vol.1: "As estruturas do cotidiano: o possível e o impossível". Trad. Telma Costa. São Paulo: Martins Fontes, 1995, p.450. TYLER, Etephen A. *Cognitive Anthropology*. Nova York: Holt, Rinehart and Winston, 1969, p.8. Os prolegômenos da história da cidade do Rio de Janeiro tratados nesta parte estão exaustivamente estudados, entre outros, pelos seguintes autores: COARACY, Vivaldo. *Memórias da Cidade do Rio de Janeiro*. Rio de Janeiro: J. Olympio, 1965; CRULS, Gastão. *Aparência do Rio de Janeiro*. Rio de Janeiro: J. Olympio, 1965, vol.1, FLEIUSS, Max. *História da Cidade do Rio de Janeiro*. São Paulo: Melhoramentos, [1928?]; FREIRE, Felisberto. *História da cidade do Rio de Janeiro*. Rio de Janeiro: Tipografia da Revista dos Tribunais, [1912?], vol.II (1564-1700); SERRÃO, Joaquim Veríssimo. *O Rio de Janeiro no século XVI*. Lisboa: Comissão Nacional das Comemorações do IV Centenário do Rio de Janeiro, 1965, vol.1, 2. VARNHAGEN, Francisco Adolfo de. *História geral do Brasil*. Belo Horizonte: Itatiaia; São Paulo: Edusp, 1981. vol.1.

[2] SOUSA, Pero Lopes de. *Diário da navegação*. Introdução de J.P. Leite Cordeiro e notas de Eugênio de Castro. São Paulo: Obelisco, p.36 (Cadernos de História, nº 6).

[3] MADRE DE DEUS, Gaspar da, frei. *Memórias para a história da capitania de São Vicente*. Prefácio de Mário Guimarães Ferri. Belo Horizonte: Itatiaia, São Paulo: Edusp, 1975. p.31.

[4] A referência documental do Foral e do Regimento pode ser atestada pelo traslado da sesmaria da cidade, dada por Mem de Sá (16.8.1567), transcrito por Roberto Jorge Haddock Lobo em sua obra: *Tombo das terras municipais*. Rio de Janeiro: Câmara Municipal [c.1861].

[5] ANCHIETA, José de. *Cartas: informações, fragmentos históricos e sermões*. Belo Horizonte: Itatiaia; São Paulo: Edusp, 1988, p.259.

[6] BLUTEAUD, D. Raphael, em seu *Vocabulário português e latino*... Coimbra: Collegio das Artes da Companhia de Jesus, 1712 dá o significado de "rocio" (ou rossio): "praça, ou espécie de prado na Villa ou cidade e 'termo da cidade': limite, espaço que abrange a jurisdição dos seus juízes."

[7] Regimento de Tomé de Sousa (17.12.1548) publicado em BRASIL. Instituto do Açúcar e do Álcool. *Documentos para a história do açúcar*. Rio de Janeiro: Serviço Especial de Documentação Histórica, 1954, p.48.

[8] VITRUVIUS. *The Ten books on Architecture*. Traduzido por Morris Hicky Morgan. Nova York: Dover, cap.V p.21-4.

[9] "Cerimônia de posse das terras doadas", transcrito por FERREIRA, João da Costa. *A cidade do Rio de Janeiro e seu termo: ensaio urbanológico*. Rio de Janeiro: Imprensa Nacional, 1933, p.244.

[10] FILHO, Álvaro Teixeira. *Roteiro cartográfico da Guanabara e cidade do Rio de Janeiro, século XVI e XVII*. Rio de Janeiro: Livraria São José, 1975. Ver, sobretudo, os mapas. a) "Lile e Fort des Français". "Carta do Rio de Janeiro", de André Thevet, de 1560 (original da Biblioteca Nacional), p.40; b) "La Baie de Guanabara d'aprés Thevest". "Carta do Rio de Janeiro, de 1575" (original da Biblioteca do Itamarati), p.42; "Carta do Rio de Janeiro, de Luiz Teixeira, e de 1586", (original da Biblioteca da Ajuda), Lisboa, p.53.

[11] In: *Anais da Biblioteca Nacional*, vol.XXVII (27), p.144.

[12] CAVALCANTI, Jerônimo. "A geografia urbana e sua influência sobre o urbanismo superficial e subterrâneo". *Revista Brasileira de Geografia*, jan.-mar. 1942, p.68.

[13] LAMEGO, Alberto Ribeiro. *O homem e a Guanabara*. Rio de Janeiro: IBGE - Conselho Nacional de Geografia, 1964, p.170.

[14] BELCHIOR, Elysio de Oliveira. *Conquistadores e povoadores do Rio de Janeiro*. Rio de Janeiro: Brauliana, 1965. p.306.

[15] MELLO, Carl Egberth Vieira de. *O Rio de Janeiro no Brasil quinhentista*. São Paulo: Giordano, 1996, p.149.

[16] CUNHA, Lygia da Fonseca da. *Álbum cartográfico do Rio de Janeiro (séculos XVIII e XIX)*. Rio de Janeiro: Biblioteca Nacional, 1971. Ver: "Plano da cidade do Rio de Janeiro elevado em 1791. Offerecido no Ilmo. Senhor Conselheiro Luis Beltrão de Gouveia e Almeida, Chanceller da Rellação desta Cidade".

[17] CUNHA, Lygia Fonseca da. "Planta da cidade de S. Sebastião do Rio de Janeiro. Levantada por ordem de S.A.R. o Príncipe Regente Nosso Senhor no ano de 1808 Feliz e Memorável época de sua chegada à dita cidade".

[18] Carta que escreveu o Senado ao Guardião do Convento de Santo Antônio desta cidade sobre a pedreira e barreira do povo (1.9.1731) *Revista do Arquivo do Distrito Federal*. Rio de Janeiro: Prefeitura do Distrito Federal, vol.1, 1950, p.106-7.

[19] BN, Manuscritos, cód. 7, 3, 24. Figura 1; BN, Iconografia, Arc. 28-146. "Plano feito por Ordem do Ilmo e Exmo Senhor Conde de Resende vice Rei e Capitão General de Mar e Terra do Estado do Brasil", grifos meus.

[20] AN, Seção Histórica, Documentos do Senado da Câmara, cx.500, pacote 1.

[21] BN, Manuscritos, cód.II 35-10-7.

[22] BN, Seção de Manuscrito, cód.II -34-26-24.

[23] Mestre Vasco, porteiro da cidade, foi quem abriu esse poço, franqueando ao público o precioso líquido. BELCHIOR, E.O. Op.cit. p.487.

[24] AN, 1º Ofício de Notas, livro 103 (25.9.1738).

[25] AGC, Manuscritos, livro de Aforamentos (1609-21).

[26] LAVRADIO, marquês do. *Cartas do Rio de Janeiro (1769-1776)*. Rio de Janeiro: Arquivo Nacional, 1975.

[27] Para maior aprofundamento do assunto, consultar a obra CORREA, Magalhães. *Terra carioca: fontes e chafarizes*. Rio de Janeiro: *Imprensa Nacional*. Revista do IHGB, vol.170, 1939.

[28] AHUL, Avulsos RJ, cx. 90, doc.41 (31.11.1767).

[29] AHUL, Avulsos RJ, cx. 91, doc.55 (9.5.1768).

[30] AHUL, Avulsos RJ, cx.93, doc.32 (26.10.1768).

[31] LAVRADIO, marquês do. Op.cit. p.188.

[32] BN, Jornal *O Patriota*, microfilme PR-SOR - 24 vol.1.

[33] SILVA, Manoel Vieira da. *Reflexões sobre alguns dos meios propostos por mais conducentes para melhorar o clima da cidade do Rio de Janeiro*. Rio de Janeiro: Imprensa Régia, 1808, p.8-10. A obra pode ser consultada no IHGB, cód.197.10.10, nº 2, grifos meus.

Capítulo II *A Muralha do Medo*

[34] BELCHIOR, Elysio de Oliveira. *Conquistadores e povoadores do Rio de Janeiro*. Rio de Janeiro: Livraria Brasiliana, 1965, p.436-7.

[35] GOMES, Flávio dos Santos. *História de quilombolas: mocambos e comunidades de senzalas no Rio de Janeiro, século XIX*. Rio de Janeiro: Arquivo Nacional, 1995, p.58-63.

[36] Para desenvolver o tema consultei as seguintes obras: a) FRAGOSO, Augusto Tasso. *Os franceses no Rio de Janeiro*. Rio de Janeiro: Biblioteca do Exército, 1950; b) LAGRANGE, Louis Chancel. "A tomada do Rio de Janeiro em 1711 por Duguay-Trouin". Texto inédito em francês. Introdução, e notas por Mario Ferrreira França. Rio de Janeiro: Separata da *Revista do IHGB*, vol.270, 1966.

[37] ROHAN, Amadeu de Beaurepaire. *Memória histórica da Igreja e da irmandade de S. José.* Rio de Janeiro: Tipografia do Jornal do Comércio. 1923, p.58-69.

[38] LAGRANJE, L.C. Op.cit. p.60.

[39] Sobre Bento do Amaral Coutinho, que à frente de paisanos e estudantes opôs resistência aos invasores franceses até encontrar a morte, ler: SANTOS, Lery: *Pantheon fluminense: esboços biográficos.* Rio de Janeiro: Tip. G. Leuzinger, 1880. p.209-14.

[40] BNL, Reservados, cód.3253, p.179.

[41] AHUL, Avulsos RJ, cx.9, doc.38 (4.12.1711).

[42] AHUL, Avulsos RJ, cx.12, doc.38.

[43] FERREZ, Gilberto. *O Rio de Janeiro e a defesa do seu porto, (1555-1800).* Rio de Janeiro: Serviço de Documentação Geral da Marinha, 1972, p.56. Essa obra é muito importante para os estudos sobre fortificações da cidade do Rio, pela riqueza de documentação textual e iconográfica que contém.

[44] Carta do governador Luiz Vahia Monteiro ao rei de Portugal em 7.7.1726. In: *Revista Documentos para a História da Cidade do Rio de Janeiro.* Rio de Janeiro: Arquivo do Distrito Federal, vol.v, p.14, 1954.

[45] Carta do governador Brito de Meneses publicada por: FERREIRA, João da Costa. A cidade do Rio de Janeiro e seu termo. Rio de Janeiro: *Imprensa Nacional,* 1933, p.79.

[46] Parecer do engenheiro José da Silva Pais sobre a muralha de João Massé, publicado por: FERREZ, Gilberto. "Uma arribada francesa ao tempo de Bobadela - 1748" (notas). In: *Revista do IHGB*, vol.280, p.251, jul.-set. 1968.

[47] "Diário da nau francesa L'Arc-en-Ciel", publicado por: FERREZ, G. Op.cit. p.250.

[48] *Revista de Documentos para a História da Cidade do Rio de Janeiro.* Rio de Janeiro: Arquivo do Distrito Federal, vol.I, 1950, p.99-100.

[49] AHUL, Castro Almeida RJ, n. 12942 (1746).

[50] AHUL, Avulsos RJ, cx.60, doc.58.

[51] FERREZ, Gilberto. "Século XVIII, século pombalino do Brasil". Op.cit., p.501.

[52] BYRON, John. *Viaje del comandante Byron al rededor del mundo hecho ultimamente de ordem del almirantazgo de Inglaterra.* Madri: Imprensa Real de la Gazeta, 1769, p.79. "Traduzido del inglês por el Doc. Don Casimiro de Ortega". Eis os comentários de Lord Byron: "Estas fortificaciones parecen tan formidables á los Portugueses, que tienen la vanidade de creer, que todo el Poder Naval de la Europa, no podria desalojarlos; pero yo me atrevo á aseverar, que bastarian seis Navios nuestros de linea para destruir en pocas horas todas sus Baterias."

[53] MAGALHÃES, J.B. "A defesa do Rio de Janeiro no século XVIII". *Revista do IHGB*, vol.200, jul.-set., 1950, p.15. Rio de Janeiro: Departamento de Imprensa Nacional.

[54] AHTCL, Erário Régio, Livro 4057, "Recolhimento da Alfândega do RJ (1762-1791)".

[55] Entre esses contrabandistas merecem ser citados: Lourenço de Carvalho e o alferes João Carvalho, moradores respectivamente de Parati e Ilha Grande, apontados como os maiores da região. Cf. "Memória de algumas cousas sucedidas nesta cidade do Rio de janeiro". S/d BN, Seção de Manuscrito, cód.MSS, 7-3-1.

Capítulo III *A Muralha Jesuítica e as terras da Câmara*

[56] Nesse capítulo usei como fonte as seguintes obras: LOBO, Roberto Jorge Haddock. *Tombo das terras municipais.* Rio de Janeiro: Câmara Municipal [c.1861]; FERREIRA, João da Costa. *A cidade do Rio de Janeiro e seu termo: ensaio urbanológico.* Rio de Janeiro: Imprensa Nacional, 1933; ARAÚJO, José Pizarro de Souza Azevedo. "Relação das sesmarias da capitania do Rio de Janeiro: extraídas dos livros de sesmarias e registros do cartório do tabelião Antonio Teixeira de Carvalho, de 1565 a 1796". In: *Revista do IHGB*, vol.63, p.93-153.

[57] BRASIL, Ministério da Justiça. Op. cit., p.VI.

[58] BRASIL. Ministério da Justiça. *Tombos das Cartas das sesmarias do Rio de Janeiro*. Rio de Janeiro: Arquivo Nacional, 1967.

[59] No Arquivo Nacional a série dos livros do 1º Ofício de Notas começa pelo de nº24 com documentos datados de 11 de março de 1594 a 12 de junho de 1595. Esse livro é o citado por Pizarro como de nº17.

[60] LEITE, Serafim. "Terras que deu Estácio de Sá ao Colégio do Rio de Janeiro: a famosa sesmaria dos jesuítas, documento inédito quinhentista". In: *Revista do IHGB*, Rio de Janeiro, vol.264, p.331-53, jul./set. 1964.

[61] Apud. "Texto da Sesmaria doada aos jesuítas". LEITE, Serafim. Op.cit., p.339.

[62] Escrituras das sesmarias de Diogo de Braga e Diogo da Rocha, resumidas por: ARAÚJO, J.P.S.A., Op.cit., p.94, 100, grifos meus.

> Saibam quantos este instrumento de confirmação de Carta de Sesmaria do Rocio do Concelho, e Termo desta Cidade, dado, e confirmado a requerimento dos povoadores, e situadores dela virem, que no ano do Nascimento de Nosso Senhor Jesus Cristo de mil quinhentos e sessenta e sete anos, aos dez dias do mês de outubro do dito ano, em as pousadas de mim escrivão abaixo nomeado, *apareceu um escravinho de Diogo de Oliveira, escrivão da Câmara desta Cidade*, e pelo dito escravo me foi apresentado um Auto de apresentação de uma petição, que os moradores e povoadores ... desta Cidade de São Sebastião, que ora Vossa Senhoria novamente situou, que em todas as partes do Reino de Portugal as Cidades têm grandes Rocios ao redor para pastos de gados, como seja cousa mui necessária; e porque esta Cidade de São Sebastião até o presente não tem Rocio limitado, e se espera com ajuda de Deus ser muito povoada, a além dos moradores, que ora tem, virem muitos do Reino, e de outras partes viver a esta terra; pelo que tem necessidade de grandes pastos para gados, e para também ao redor fazer roças de mantimentos, que são dadas de Sesmaria, por a terra não estar ainda segura para se nela estenderem a cultivar, e fazer mantimentos; pelo que — Pedem a Vossa Senhoria lhes *limite por Rocio desta Cidade até o lugar de Piraquá em que pedem três léguas pouco mais ou menos, as quais pedem tenha para todas as partes em redondo, sem tributo nenhum, que sendo menos se não pode pastorar os gados por a maior parte desta terra estar em matos bravios, e ser necessário derribarem-nos para darem ervagem para os gados, que ao presente aqui ao redor não tem, no que receberão mercê.* ... ao qual requerimento o dito Capitão-Mor Estacio de Sá, saiu com seu despacho nas costas da petição, e requerimento, que vista a petição ser justa dava aos suplicantes para pastos e Rocios desta Cidade, que ora edificado tinha, em nome de El-Rei nosso Senhor, e por seu mandado, e do seu governador geral Mem de Sá, lhe dava uma légua e meia de terra, começando da casa da pedra ao longo da baía até onde se acabar: e para o diziam: e lhes passasse Pedro Fernandes, escrivão dela, Carta ou Provisão, e dela lhe fosse dado posse, porque assim o havia por serviço do dito Senhor, o qual despacho foi feito a dezesseis de Julho do ano de sessenta e cinco; e por quanto as ditas terras estavam em matos, e alguma ou todas as tinha dado a pessoas, as quais só delas lograriam as primeiras novidades, e então ficariam à Cidade como dizia, mas que desde então as havia por dadas, e pudessem tomar a dita posse, como no dito despacho mais largamente é conteúdo, o qual está assinado pelo Capitão-Mor Estácio de Sá.

[63] Traslado da Sentença dos Oficiais da Câmara do Rio de Janeiro. Doc. nº 5 dos Apensos ao Tombo das Terras Municipais, publicado por LOBO, R.J.H. Op.cit, p.82-3.

[64] Ibid., p.84-5.

[65] O significado do termo "sesmaria dos sobejos" é fornecido por Roberto Jorge Haddock Lobo, vereador da Câmara do Rio de Janeiro que, nos meados do século XIX, empreendeu uma pesquisa para levantar dados a respeito das terras públicas da cidade com o intuito de aperfeiçoar o recolhimento de impostos para a municipalidade. A pesquisa resultou num dos mais completos trabalhos sobre todos os terrenos que a Il.ma Câmara Municipal possuía dentro e fora dos limites da cidade do Rio de Janeiro quer como senhoria direta, quer como usufrutuária, provenientes de diferentes origens e concessões, legitimadas e autenticadas. Distingue essas terras em sete sesmarias e sobre todas elas descreve a situação, as dimensões, bem como as datas de doação das terras correspondentes. Tendo-se tornado uma referência marcante para aos estudiosos da cidade, deve ser consultado. O texto se encontra na Biblioteca do Arquivo Geral da Cidade do Rio de Janeiro.

[66] FERREIRA, João da Costa. Op.cit., p.39.

[67] LOBO, Roberto J.H. Op.cit., p.18.

[68] FERREIRA, João da Costa. Op.cit., p.61.

[69] AHUL, Avulsos RJ, cx. 119, doc.92, grifos meus.

Representam a V.M. os moradores da Cidade do Rio de Janeiro, que pedindo os primeiros povoadores da mesma Cidade para si, e mais vindouros terras públicas para logramento do povo sem pensão, ou atributo algum, e sendo-lhes concedidas em nome de V. Mag. légua e meia de circunferência da mesma Cidade, e outra tanta dos seus respectivos sobejos, e baldios para patrimônio da Câmara, esta confundindo a data do povo com a do seu patrimônio entrou a aforar, e cobrar laudêmios da terra que o povo pediu, e se lhe concedeu seu foro, ou outra pensão: e para que este prejuízo se fizesse mais sensível para o futuro, *repartiram os primeiros Camaristas entre si, seus amigos, e a Compadres toda a referida terra pública*, ficando nesta forma os poucos, que igualmente tinham sido contemplados na mesma graça, sem terras que cultivar. E porque aumentando-se a povoação desta Cidade nos termos em que hoje se acham e vendo os moradores dela, que uma porção tão grande das terras públicas, em que todos se podiam acomodar, se achava desigualmente dividida entre uns poucos de povoadores, quando tinham sido destinadas não só para estes, mas sim para os mais vindouros, que igualmente a povoassem, entre os quais devia repartir a proporção da sua respectiva necessidade, e não da ambição de cada um como no Foral da mesma Câmara se recomenda, não tiveram outro remédio, que sujeitarem-se a arrendar a mesma terra pública por exorbitantes pensões a esses mesmos foreiros da Câmara, sem que neles tivessem benfeitorias algumas; sendo estas benfeitorias, as que unicamente aumentam o valor da pensão, e que radicam nos possuidores, e cultivadores o direito de as disporem livremente como o recomenda o mesmo Foral: de que resultou excessivo prejuízo, que hoje sentem, não só porque pagando os foreiros uma limitada pensão, que não excede de 2$400rs por 300 e mais braças das terras públicas, que cada um ocupa, e dividindo-a em pequenas porções cobram do povo avultada quantia de tantos mil cruzados; mas também porque querendo o povo aliviar-se deste peso, que oprime no decurso de tantos anos, se tem visto vexado com demandas, sem que nelas atendam os Magistrados as leis, aos Forais da Câmara, e seus respectivos provimentos, que uniformemente proíbem pagar-se pensões das terras públicas, e muito mais que estas se dividissem desigualmente entre os primeiros povoadores, que estes não eram só os contemplados, mas sim também todos os mais vindouros que atualmente estão povoando a mesma Cidade com a sua cultura e benfeitorias.

70 AHUL, Avulsos RJ, cx.127, doc.42.

71 AHUL, Avulsos RJ, cx.135, doc.45.

72 BNM, Documentos do Brasil, cód.2369.

73 COROACY, Vivaldo. Op.cit. p.164-72.

74 Ibid., p.198.

75 AHUL, Avulsos RJ, cx.62, doc.4 (9.7.1757). Carta do rei ao bispo comunicando que São Francisco de Borja não era mais o protetor contra os terremotos.

76 CASTIGLIONI, Carlos. *História de los papas*. Barcelona: Labor, 1948, vol.2, p.498.

77 AHUL, Alvará nomeando d. Antônio do Desterro Visitador e Reformador no seu bispado, da Companhia de Jesus; AHUL, Avulsos RJ, cx.67, doc.65.

78 AHUL, Auto da Devassa da Companhia de Jesus no Brasil aberto em 26 de janeiro de 1760, Avulsos RJ, cx.67 doc 65.

79 AHUL, Avulsos RJ, cx.67, doc.65, grifos meus.

80 AHUL, Avulsos RJ, cx.67, doc.66, grifos meus.

81 Segundo LOBO, R.J.H., op.cit., p.XIV, trata-se de terrenos realengos sitos na freguesia de Irajá, uns já reconhecidos como foreiros antes do ano de 1660 e outros aforados pela Câmara em hasta pública em virtude da resolução tomada em vereação de 6 de julho de 1794.

Capítulo IV *A Muralha Colonial*

82 BNL, Fundo Geral, cód.1539, p.219. "As casas da Moeda no Brasil são o assunto deste papel que por serviço de sua idade, que Deus guarde nos mandou fazer o Exmo Senhor Marquês da Fronteira, para saber de nós o que sabemos delas, se devem existir ou não". (grifos meus)

[83] GONÇALVES, Cleber Baptista. *Casa da Moeda do Brasil: 200 anos de história*. Rio de Janeiro: Imprinta, 1984, p.92.

[84] FALCON, Francisco José Calazans: *A época pombalina: política econômica e monarquia ilustrada*. São Paulo: 1982, p.446-50.

[85] SILVA, Antonio de Moraes. *Diccionario da lingua portuguesa*. Lisboa: Tipografia Lacerdina, t.2, 1813, p.290, verbete "Mercador".

[86] CAVALCANTI, Nireu Oliveira. "Passaportes de viajantes que saíram do Rio de Janeiro: o regresso dos reinóis (1769-1779)". *Revista do Instituto de Estudos Brasileiros*. Universidade de São Paulo, Instituto de Estudos Brasileiros.

[87] PEDREIRA, Jorge Miguel Viana. "Os negociantes de Lisboa na segunda metade do século XVIII: padrões de recrutamento e percursos sociais". Separata da *Revista do Instituto de Ciências Sociais da Universidade de Lisboa*, nº 116/117, 1992, p.407-40.

[88] "Relatório do marquês do Lavradio..." *Revista do IHGB*, vol.16, p.452, jun.1843, grifos meus.

[89] AN, 2º Ofício de Notas, livro 129 (9.12.1794).

[90] RELATÓRIO (...) doc. cit., p.459. Sobre os negociantes de grosso trato e o comércio atlântico no Rio de Janeiro, ver: a) FLORENTINO, Manolo Garcia. *Em costas negras: uma história do tráfico atlântico de escravos entre a África e o Rio de Janeiro (séculos XVIII e XIX)*. Rio de Janeiro: Arquivo Nacional, 1993; b) FRAGOSO, João Luiz R. *Homens de grossa aventura: acumulação e hierarquia na praça mercantil do Rio de Janeiro, 1790-1830*. Rio de Janeiro: Arquivo Nacional, 1992; c) LOBO, Eulália M.L. *História econômica do Rio de Janeiro*. Rio de Janeiro: Ibemec, 2 vols., 1978; d) SANTOS, Corcino Medeiros dos. *O Rio de Janeiro e a conjuntura atlântica*. Rio de Janeiro: Expressão e Cultura, 1993. Para análise das políticas comerciais da Corte para o Brasil ver: a) NOVAIS, Fernando A. *Portugal e Brasil na crise do antigo sistema colonial (1777-1808)*. São Paulo: Hucitec, 1989; b) PEDREIRA, Jorge Miguel Viana. *Estrutura industrial e mercado colonial Portugal e Brasil (1780-1830)*. Carnaxide: Difel, 1994.

[91] BNL, Fundo Geral, cód.1539 (26.1.1714).

[92] MELLO, Sebastião José de Carvalho e. *Cartas e outras obras seletas do marquês de Pombal*. Lisboa: Typ. Marques Leão, 1823, p.103.

[93] BNL, Coleção Pombalina, cód.462, p.58 (1.10.1715).

[94] AN, Biblioteca, OR. nº 1.988, "Coleção das Leis, Decretos e Alvarás que compreende o feliz reinado del Rei fidelíssimo D. José I". Alvará de 6.12.1755.

[95] Idem.

[96] Alvará de 17 de janeiro de 1757 proibindo dar-se dinheiro a juro senão a cinco por cento anualmente. PORTUGAL. *Ordenações Filipinas*, livros IV e V. Lisboa: Fundação Calouste Gulbenkian, reprodução fac-símile da edição feita por Cândido Mendes de Almeida, Rio de Janeiro, 1870, p.1044-45.

[97] AHUL, Avulsos RJ, cx.299, doc.30, s/d, grifos meus. Segundo a indicação identificadora da caixa ela contém documentos do século XVIII.

[98] "Documentos oficiais inéditos": relativos ao alvará de 5 de janeiro de 1785, que extinguiu no Brasil todas as fábricas e manufaturas de ouro, prata, sedas, algodão, linho, lã etc. *Revista do IHGB*, Rio de Janeiro, p.228-9.

> Eu a Rainha. Faço saber aos que este Alvará virem: que sendo-me presente o grande número de fábricas e manufaturas, que de alguns anos a esta parte se tem difundido em diferentes capitanias do Brasil, com grave prejuízo da cultura e da lavoura, e da exploração das terras minerais d'aquele vasto continente; porque havendo nele uma grande e conhecida falta de população, é evidente que quanto mais se multiplicar o número dos fabricantes, mais diminuirá o dos cultivadores, e menos haverá que se possam empregar no descobrimento e rompimento de uma grande parte d'aqueles extensos, domínios, poderão prosperar nem florescer por falta do benefício da cultura, não obstante ser esta a essencialíssima condição com que foram dadas aos proprietários delas: e até nas mesmas terras minerais ficará cessando de todo, como já tem consideravelmente diminuído, a extração do ouro e diamantes, tudo procedido da falta de braços, que devendo empregar-se nestes úteis e vantajosos trabalhos, ao contrário os deixam e abandonam, ocupando-se em outros totalmente diferentes, como são os das referidas fábricas e manufaturas: e consistindo a verdadeira e sólida riqueza nos frutos e produções da terra, as quais somente se conseguem por

meio de colonos e cultivadores, e não de artistas e fabricantes: e sendo além disto as produções do Brasil as que fazem todo o fundo e base, não só das permutações mercantis, mas da navegação e do comércio entre os meus vassalos habitantes destes reinos e daqueles domínios, que devo animar e sustentar em comum benefício de uns e outros, removendo na sua origem os obstáculos que lhe são prejudiciais e nocivos: em consequência de tudo o referido hei por bem ordenar que todas as fábricas, manufaturas ou teares de galões, de tecidos ou de bordados de ouro e prata: de veludos, brilhantes, setins, tafetás, ou outra qualquer qualidade de seda: de belbutes, chitas, bombazinas, fustões, ou de outra qualquer qualidade de fazenda de algodão ou de linho, branca ou de cores: e de panos, baetas, droguetes, saetas, ou de outra qualquer qualidade de tecidos de lã; ou os ditos tecidos sejam fabricados de um só dos referidos gêneros, ou misturados e tecidos uns com os outros; excetuando tão somente aqueles dos ditos teares e manufaturas em que se tecem ou manufaturam fazendas grossas de algodão, que servem para o uso e vestuários dos negros, para enfardar e empacotar fazendas, e para outros ministérios semelhantes; todas as mais sejam extintas e abolidas em qualquer parte onde se acharem nos meus domínios do Brasil.

[99] ACM, Banhos, maço 117, nº55 (1780).

[100] ACM, Banhos, maço 117, doc.55 (1780).

[101] AN, 1º Ofício de Notas, livro 151 (26.1.1781).

[102] "Mapa das fábricas que se tem estabelecido na cidade Lisboa, e nas mais cidades", BN, Seção de Manuscritos, cód.II. 31-4-16.

[103] Alvará de 1º.4.1808, permitindo fábricas no Brasil, publicado por GASMAN, Lydinéa. *Documentos históricos brasileiros*. Rio de Janeiro: Fename, 1976, p.93.

[104] SOUSA, Pero Lopes. Op.cit.

[105] AN, 1º Ofício de Notas, livro 105, cx.12.863 (25.8.1739).

a) que o dito Mestre porá todo o tabuado que for necessário para o dito iate sendo capaz e revisto por ele dito Ignácio Gomes;
b) fundo de tapinhoã com da grossura de 2 polegadas livres da serra e para os altos de que for necessário de óleo, sendo bom da grossura de 2 dedos;
c) toda a madeira necessária será de lei, boa e capaz de receber talha e mastros e cabrestantes que for necessário;
d) a Câmara bem feita forrada aparelhada com três beliches aonde seu dono quiser toda fechada com suas curvas, dois em cada vão da sorte que o dono determine, com duas cintas fora a tábua do canto quebrado da grossura necessária;
e) um baileo para a gente dar de tabuado com sua escada necessária sem beque;
f) duas curvas boas e mogio, seu Leme acabado, suas fêmea e macho com a sua cama, tudo que no alto e coberta houver limpo a enxó seus pés de carneiro;
g) não levará nada o dito Mestre de suas mãos de fazer a carreira, e ele dito Ignácio Gomes será obrigado a dar todo o necessário para a dita carreira e pagará aos oficiais para o mesmo efeito;
h) não faltando comodidade necessária se o iate tiver prejuízo em o lançar ao mar todo o prejuízo e gasto será por conta do Mestre o qual será obrigado a fazê-lo em esta Cidade em o melhor sítio que houver em parte onde não seja necessário grande carreira;
i) o Mestre será obrigado também não levar nada de suas mãos da fatura dos ditos mastros e ele dito outorgante será obrigado a pagar aos oficiais que trabalharem;
j) o dito Mestre será obrigado a por a madeira a talha ou dita talha em seu lugar dando-a o dono como também será obrigado o dito Mestre a dar toda a ferragem para o cortado a saber: pregadeira, clavilhas que necessário forem o qual será obrigado a assistir ao calhar dos mastros, e achá-los e fará seu corrimão no postalo com seu friso e será toda a ferragem boa da sorte que a obra a pedir;
k) tudo que tocar a calafate será por conta do dono e o repregar; também será por conta do calafate e terá seus pórticos na Câmara corredios e nas bandas abertas;
l) será obrigado a fazer-lhe quatro escaveiras em a proa e na popa duas secretas e o Mestre obrigado a fazer o paiol dando ele dito outorgante todo o necessário;
m) se por sua culpa o iate dentre em oito meses, que se contarão da fatura desta escritura ficará o dito Mestre com o iate se o dono lhe parecer e reporá todo o dinheiro que se lhe tiver dado a tempo de se meter nos cofres reais quando a frota vá depois dos oito meses.

[106] FALCON, J.C. Op.cit., p.452.

[107] AHUL, Avulsos RJ, cx.77, doc.28, 2.3.1764. Sobre o Arsenal da Marinha e construção da nau *São Sebastião* ver: GREENHALGH, Juvenal. *O Arsenal de Marinha do Rio de Janeiro na História 1763-1822*. Rio de Janeiro, 1951. A parte referente ao período colonial vai da página 2 a 35.

[108] AHUL, Avulsos RJ, cx.76, doc.58 (26.12.1763).

[109] AHUL, Avulsos RJ, cx.80, doc.44 (3.2.1765). Carta do conde da Cunha a Francisco X.M.F, grifos meus.

[110] AHUL, Avulsos RJ, cx.85, doc.21 (9.4.1766). Carta do conde da Cunha a Francisco X.M.F., grifos meus. Chamo a atenção para o fato de o vice-rei ter designado a cidade utilizando-se da forma abreviada — "Rio", o que mostra a antiguidade do uso.

[111] AHUL, Avulsos RJ, cx.89, doc.57 (19.8.1767).

[112] GREENHALGH, J., Op.cit. p.27. Em nota de rodapé, o autor nos informa que a construção de um navio do porte da nau *São Sebastião* ficaria, na Inglaterra, por 126.000$000rs.

[113] ANTTL, Conselho Ultramarino, maço 317, cx.425 (1763-64). Conta da despesa com a fatura da *Nau Santo Antônio e São José*, que findou no ano de 1763, Ribeira da Bahia.

[114] ANTTL, Questões Ultramarinas, Casa Forte, maço 78, grifos meus.

> Reflexões sobre a decadência do Brasil atribuída, em parte, às Companhias de Comércio, s/d. Desejando eu, e devendo como Leal Vassalo concorrer de qualquer forma para o bem do País e aumento da causa pública e conhecendo as vantagens que hão de resultar ao aumento da lavoura deste País, pondo-se em prática o Sábio, e vasto Plano sobre que V.Ex.ª quer ouvir os Negociantes desta Cidade, e convidá-los para entrarem com ações a formar um fundo donde saiam empréstimos com juros para os lavradores, que necessitam, ou para erguerem fábricas de novo, ou para fazerem preparar as já estabelecidas, não posso contudo entrar para o Caixa que se propõem sem enervar as forças do giro do meu comércio, e sem diminuir o Tráfico e Lavoura de cinco Engenhos e de outro que estou principiando a construir. Eu nunca dei nem dou dinheiro a juro por minha conta, girando tanto Comércio como a V.Exª é patente não posso conservar dinheiros amortecidos em caixa. *Quantos se cobram se empregam não só no giro do comércio que faço para o que são precisos aqui os gêneros que se exportam para Portugal a dinheiro de contado, e vendendo-se as fazendas fiadas para Minas, Rio Grande, e outras partes com grandes esperas; mas também para o fabrico, e custeio dos Engenhos, e suas Lavouras, que sendo vastas e de grande porte, exigem grandes despesas para os prover, ora de gados e escravos, ora de ferragens, e cobres; só podem ter dinheiro em Caixa os Capitalistas, que não negociam, e quando muito dão dinheiro a juros.* Eu tenho empregado muito cabedal em fazendas, construindo-as de novo, enxugando pauis com muitas e profundas valas, e rompendo e arroteando terrenos bravios, e derrubando matos, forcejando assim para aumentar o meu patrimônio; tenho sido um Vassalo útil ao Estado nos dois ramos do comércio e Agricultura, que tanto influem na utilidade dele, tornando férteis e cultivados imensos terrenos inúteis e incultos, e pagando grandes quantias dos devidos Direitos de Sua Majestade. *Pelo que venho de expor só com o fim de justificar a minha escusa, parece evidente que a isenção que suplico é fundada em razão pois como lavrador de cinco Engenhos (em que entram dois com dois ternos de moenda) e outro que estou principiando todos de grande porte e quase todos por mim construídos, necessito eu mesmo de grandes fundos para o seu custeio e conservação, além do que tenho por vezes assistido a vários Senhores de Engenhos para ser depois pago com efeitos.* Estes são os justificados motivos que tenho de por na respeitável presença de V.Ex.ª Que parece-me escusar-me legitimamente de concorrer agora para o fundo que se destina em benefício da lavoura deste País e para animar aos Agricultores, e que permite Grande prosperidade, se lhes não existissem e não fossem tão ponderosas de mui boa vontade concorrera. Eu, assim como tenho feito em tudo o mais para que tenho sido mandado a bem do Real serviço porque conhecendo que quanto possuímos e as próprias vidas se devem ao bem público, como fiel Vassalo desejo o seu aumento e prosperidade de Portugal e seus Domínios por quem tanto se interessa a Nossa Augusta Soberana com Solícito e Maternal Desvelo. Deus Guarde a V.Ex.ª Rio de Janeiro, 26.9.1799. De Vossa Ex.ª O mais humilde criado. Brás Carneiro Leão.

[115] Assinaram petição ao vice-rei conde de Resende 15 negociantes de grosso trato proprietários de navios pediram dispensa da obrigação de pararem no porto da Bahia pelos inconvenientes e prejuízos que sofriam: Antônio Gomes Barroso, Antônio José da Costa Barbosa, Bernardo José Ferreira Rebelo, Brás Carneiro Leão, Elias Antônio Lopes, Francisco Xavier Pires, João Francisco da Silva e Souza, João Gomes Barroso, João Marcos Vieira, Joaquim José da Costa, José Dias da Cruz, José Gonçalves dos Santos, Manoel Caetano Pinto, Manoel Velho da Silva, Thomaz Gonçalves. AN, Correspondência dos vice-reis, cód.68, livro 15, p.225.

[116] AN, Avulsos RJ, cx.177, doc.20 (20.9.1799), p.227-9.

[117] Como será melhor visto no cap. II da segunda parte desse livro, Jerônimo Vieira de Abreu foi o autor de vários inventos.

[118] Sobre a história do café na capitania do Rio de Janeiro ver, entre outros: CRULS, Gastão. *Aparência do Rio de Janeiro.* Rio de Janeiro: J. Olympio, 1965, vol.1, p.188-93; FERREZ, Gilberto. *Pioneiros da cultura do café na era da Independência.* Rio de Janeiro: Conselho Federal de Cultura, 1978; GERSON, Brasil. *O ouro, o café e o Rio.* Rio de Janeiro: Brasiliana, 1965, p.41-138.

[119] A narrativa referente aos caminhos do café pelas terras da capitania do Rio de Janeiro seguiu a descrição de MAGALHÃES, Basílio. *O café na história, no folclore e nas belas-artes.* São Paulo: Editora Nacional, 1980, p.64.

[120] AN, Inventário *post mortem*, Antônio Pereira da Terra, cx.7.157, nº9.047, grifos meus.

[121] AN, Inventário *post mortem*, cx. 5.422, nº17, Antônio José da Silva, grifos meus.

[122] AN, Inventário *post mortem*, Antônio Pereira Ferreira, nº8.384, cx.7.118 (4.1.1798), grifos meus.

[123] Ao tratar da Academia Científica (cap. II da segunda parte deste livro), forneço mais detalhes sobre essas culturas específicas.

[124] AN, Marquês de Lavradio, cód.1.096 — "Carta de amizade escrita ao Ex.mo Rev.mo Sr. Principal d'Almeida" em 11.6.1773.

[125] AHUL, Avulsos RJ, cx.133, doc.48; cx.135, doc.32-A (7.4.1785).

[126] AN, Correspondência dos vice-reis, cód.68, livro 15, p.323-33. Relação dos 36 maiores negociantes do Rio de Janeiro segundo o conde de Resende: Amaro Velho da Silva, Anacleto Elias da Fonseca, Antônio da Cunha, Antônio Gomes Barroso, Antônio José Lopes, Antônio Luiz Fernandes, Bernardo José Ferreira Rebelo, Brás Carneiro Leão, Caetano José de Almeida, Domingos Alves Ribeiro Guimarães, Domingos José Ferreira, Elias Antônio Lopes, Felipe da Cunha Vale, Francisco Pinheiro Guimarães, Francisco Xavier Pires, João Alvares da Cunha, João Fernandes Vianna, João Francisco da Silva e Souza, João Gomes Barroso, João Marcos Vieira, João Siqueira da Costa, José Caetano Alvares, José Dias da Cruz, José Gonçalves dos Santos, José da Mota Pereira, José Pereira Guimarães, José Pinto Dias, José Rodrigues Fragoso, Luiz Antônio Ferreira, Luiz Monteiro da Silva, Manoel Caetano Pinto, Manoel de Souza Meireles, Manoel Velho da Silva, Pantaleão Pereira de Azevedo, Roque da Costa Franco e Thomaz Gonçalves. Sobre a importância política e intelectual de D. Rodrigo de Souza Coutinho, ver: LYRA, Maria de Lourdes Viana. Op. cit.

[127] MELLO, Sebastião José de Carvalho e (marquês de Pombal). *Cartas e outras obras seletas do marquês de Pombal.* Lisboa: Tip. D. Marques Leão, 1823, p.122.

[128] Sobre o tráfico de escravos e os produtos do escambo, ver: FLORENTINO, M.G. Op. cit., p.171-8.

[129] LIMA JUNIOR, Augusto de. "Barras de ouro e moedas falsas". In: *Notícias Históricas.* Rio de Janeiro, 1955, p.179-218.

[130] Bando sobre moedas falsas e para que os ourives se submetam a um arruamento. AHUL, Castro Almeida RJ, cx. 44, doc.11.720 (14.5.1742).

[131] MARQUES, A.H. de Oliveira. *História de Portugal.* Lisboa: Palas, 1972, vol.2, p.290-1.

[132] Coleção cronológica de leis extravagantes posteriores à nova compilação das ordenações do reino publicadas em 1603. AN, Biblioteca, OR 1.781, t.2.
Sou servido nomear para na minha ausência governarem, e regerem estes meus Reinos, o Marquês de Abrantes, meu muito amado e prezado Primo; Francisco da Cunha de Menezes, Tenente General dos meus Exércitos; o Principal Castro, do Meu Conselho, e Regedor das Justiças; Pedro de Mello Breyner do Meu Conselho, que servirá de Presidente do Meu Real Erário, na falta e impedimento de Luiz de Vasconcelos e Souza que se acha impossibilitado com as suas moléstias; Dom Francisco de Noronha, Tenente General dos Meus Exércitos e Presidente da Mesa da Consciência e Ordens; e, na falta de qualquer deles, o Conde Monteiro Mor, que tenho nomeado Presidente do Senado da Câmara, com a assistência dos dois secretários, o Conde de Sampaio, e, em seu lugar Dom Miguel Pereira Forjaz, e do Desembargador do Paço, o Meu Procurador da Coroa, João Antonio Salter de Mendonça, pela grande confiança que de todos eles tenho, e larga experiência que eles têm tido das coisas do mesmo governo; tenho por certo que os Meus Reinos e povos, serão governados e regidos por maneira que a minha consciência seja desencarregada, e eles governadores cumpram inteiramente a sua obrigação, enquanto Deus permitir que eu esteja ausente desta Capital [Lisboa], administrando a Justiça com imparcialidade, distribuindo os prêmios e Castigos conforme os merecimentos de cada um ...

133 LOBO, E.M.L. Op.cit., p.65, tabela 1.6.

134 Coleção cronológica de leis extravagantes etc., Op.cit., grifos meus.

135 Ordem régia, de 2.4.1739. AN, Seção Histórica, cód.126, vol.1.

136 Coleção cronológica de leis extravagantes etc., Op.cit., cap. I.

137 Ibid., cap. V.

138 Ibid., cap. VI, grifos meus.

139 Ibid., cap. XVII.

140 CARNEIRO, Manuel Borges. *Mappa chronológico das Leis e mais disposições de Direito Português*. Lisboa: Impressão Régia, 1816.

141 FRAGOSO, J.L.R. Op.cit. p.261, tabela 15-9; PEDREIRA, Jorge Miguel Viana. "Os negociantes de Lisboa na segunda metade do século XVIII: padrões de recrutamento e percursos sociais". Separata da *Revista do Instituto de Ciências Sociais da Universidade de Lisboa*, 116/117, vol.27, 1992, p.422.

142 LYRA, M.L.V. Op.cit., p.111.

143 LIMA, Oliveira. *Dom João VI no Brasil*. Rio de Janeiro: Topbooks, 3ª ed., 1996, p.81.

144 Sobre a questão da vinda da Corte para o Rio de Janeiro consultar as obras: LIMA, O., Op.cit.; LYRA, M.L.V. Op.cit., MONTEIRO, Tobias. *História do Império: a elaboração da Independência*. Belo Horizonte: Itatiaia: São Paulo: Edusp, 1981, vol.1, p.67; SANTOS, L.G. Op.cit.; ESPATEIRO, Antônio Marques. "Transmigração da família real para o Brasil". In: *História Naval Brasileira*, t.II. Rio de Janeiro: Ministério da Marinha, 1979, p.325-51; LIGHT, Kenneth H. *A viagem da família real de Portugal 1807-1808 e As marinhas de guerra portuguesa e inglesa no período 1750-1815*. Braga: Universidade do Minho, 1998. Consultar os seguintes documentos na BN, a) cód.36-12-27, "Plano sábio proferido no parlamento da Inglaterra pelo ministro Mr. Pitt, sobre a continuação da guerra com a França e a trasladação do trono de Portugal para o novo Império do Brasil"; b) Obra rara, cód.1978, "Declaração da saída da família real para o Brasil"; c) cód.II-35-4-1; AN, cód.730; AHUL, Avulsos RJ, cx.244, doc.5 e 9.

145 Alvará de 1º.4.1808 citado por GASMAN, Lydinéa. Op.cit.

146 BN, Manuscritos, cód.II. 34-32-17. "Demarcação de limites da cidade do Rio de Janeiro", 15.10.1808.

147 Sobre a história da Escola Politécnica ver: BARATA, Mario. *Escola Politécnica do Largo de São Francisco: berço da engenharia brasileira*. Rio de Janeiro: Associação dos Antigos Alunos da Politécnica/ Clube de Engenharia, 1973.

148 CAVALCANTI, Nireu Oliveira. "O engenheiro Beaurepaire Rohan: Pioneiro do urbanismo no Rio Imperial". Comunicação ao I Encontro Nacional de História do Brasil Império. Fundação Educacional Severino Sombra-Centro de Documentação Histórica. Rio de Janeiro, 1.12.1995.

149 *Relação das festas que se fizeram no Rio de Janeiro, quando o Príncipe Regente N.S., e toda a Sua Real Família chegaram pela primeira vez àquela Capital. Ajuntando-se algumas Particularidades igualmente curiosas, e que dizem respeito ao mesmo objeto*. Lisboa: Impressão Régia, 1810, p.12-13. BN, Seção de Impressos, cód.36-0-21.

Capítulo V *A Muralha das Barreiras Sociais*

150 BPADE, Manuscritos, cód.CIX, nº 33, 1-10. "Breve fala que na Presença dos Ex.mos Senhores Bispo do Rio de Janeiro e Vice-Rei do Estado do Brasil, fez a seus Discípulos Francisco Rodrigues Xavier Prates, Presbítero Secular, e Professor Régio de Filosofia Racional e Moral do Rio de Janeiro. No dia da inauguração de sua Aula. 28.7.1774".

151 *Dicionário de história de Portugal e do Brasil*: Miranda, Lisboa 1971. Vol. I, p.714-5.

152 ALMEIDA, Cândido Mendes de. In: "Notas philologicas, historicas e exegeticas (...)", ao *Codigo Philippino ou Ordenações e Leis do Reino de Portugal*, Livro I, Lisboa: Fundação Calouste Gulbenkian, fac-símile, 1985, p.XXXI.

[153] NOVAIS, Fernando A. "Condições da privacidade na Colônia". In: Souza, Laura de Mello e (org.). *História da Vida Privada no Brasil: cotidiano e vida privada na América portuguesa.* São Paulo: Companhia das Letras, 1997, p.26. Para mostrar quão penoso e tortuoso foi o processo de gestação dessa nova categoria, o autor citado estabelece comparações entre a América espanhola e a portuguesa, apontando que enquanto os colonos hispanos se autodenominavam, positivamente, pelo que acreditam ser — isto é, "crioulos", os luso-brasileiros se identificavam, negativamente, pelo que sabiam não ser —, isto é, não reinóis.

[154] Consultei na Biblioteca Nacional de Lisboa uma importante obra de autoria desconhecida, intitulada: *Tratado jurídico das pessoas honradas, escrito segundo a legislação vigente à morte d'El rei D. João VI*, editada em Lisboa, no ano de 1851. É uma síntese da legislação portuguesa que, a partir do século XV, trata da específica questão das titulações existentes na sociedade portuguesa, correlacionadas aos graus de honra correspondentes. Assim reza o artigo 1º do título 1 dessa obra: *"as pessoas honradas são as pessoas que têm algumas das honras"* e *"honras são títulos de distinção política, que dão vantagens na estimação e estão declarados bens da coroa aplicados para satisfação de merecimentos"*.

[155] AHUL, Avulsos RJ, cx.45, doc.25 (12.3.1746).

[156] AHUL, Castro Almeida RJ, nº 7.550.

[157] AHUL, Castro Almeida RJ, nºs 11.874-11.885.

[158] AHUL, Avulsos RJ, cx.38, doc.69 (14.7.1741).

[159] AHUL, Avulsos RJ, cx.295, doc.22, s/d.

[160] AHUL, Avulsos RJ, cx.192, doc.74.

[161] AHUL, Avulsos RJ, cx.77, doc.77 (16.6.1764). É importante ressaltar que o cuidado em não se explicitar a identidade das partes componentes do grande mundo português deve ser entendido como estratégia política articulada ao grande projeto de construção do "Império luso-brasileiro" defendido pelo reformismo ilustrado cujo ideal vinha sendo perseguido desde meados do século XVIII e sistematizado por d. Rodrigo de Sousa Coutinho. Para maior aprofundamento da questão ver LYRA, Maria de Lourdes Viana. *A Utopia do poderoso império: Portugal e Brasil; bastidores da política.* 1798-1822. Op.cit.

[162] BNL, Coleção Pombalina, cód.677.

[163] PROCLAMAÇÃO aos Brasileiros, enviando-lhes o Príncipe Primogênito a quem deu o título de Condestável do Brasil. In: SILVA, Antônio Delgado da; VASCONCELLOS, José Máximo de Castro Neto. *Colleção da legislação portugueza desde a última compilação das Ordenações.* Lisboa: (s.ed.), vol.2 (1802-1810), 1825, p.352. Essa obra pode ser consultada no AN, Biblioteca, Obra Rara nº 1978, grifos meus.

Fiéis Vassalos, Habitantes do Brasil.

> Desde o princípio da Minha Regência existiu inalterável em Meu Coração o mais ardente desejo de dar-vos reiteradas provas da Minha estimação e Paternal afeto; tempos calamitosos porém Me não permitiram manifestar-vos toda a sua extensão. Nas vicissitudes políticas da Europa, vós vos unistes sempre aos outros Meus Vassalos, mostrando em todo o sentido o zelo o mais puro, e a concorrência a mais eficaz para a *manutenção da Monarquia Portuguesa.* Achando-se esta presentemente, apesar de todos os Meus desvelos, exposta ao flagelo da Guerra, espero que a Mão do Onipotente haja de amparar o Meu Trono. Em tão crítica conjuntura vos oferecendo à vossa tão antiga, como experimentada lealdade, a ocasião de novamente a exercerdes em Pessoa que Me é sumamente cara e amada, e para com quem, estou certo, Me acompanharão os vossos ânimos em sentimentos da maior ternura. Sendo o Meu Real dever não abandonar, senão em último extremo, Vassalos descendentes, como Vós, daquela que pelo seu valor e à custa do próprio sangue, restauraram o Trono aos Meus Augustos Predecessores, Vos confio o Príncipe Meu primogênito, em quem espero que, pelo decurso do tempo achareis a herança que, já em seus tenros anos, principia a transmitir-lhe, da Minha particular afeição para convosco. Vós o deveis reconhecer também com o novo título de Condestável do Brasil que Eu houve por bem criar e conferir-lhe, afim de aliar melhor os interesses da Coroa com os vossos próprios, contribuindo desse modo para a prosperidade geral dessa vasta e preciosa Região. Fiéis Vassalos, Habitantes do Brasil, Eu prevejo com estima e satisfação quão dignamente sabereis avaliar tão querido e inestimável penhor; Guardai-o, defendei-o com aquela honra e valor que vos são inatos *na qualidade de Portugueses.*
> Palácio de N.Sª da Ajuda, em 2.10.1807, João P.R.

[164] ANTTL, Junta do Comércio, maço 28, cx.93.

[165] AHUL, Avulsos RJ, cx.119, doc.88 (6.6.1779). Utilizei principalmente como fonte secundária para esse tópico do capítulo V, o trabalho de Joaquim Norberto de Souza, "Memória histórica e documentada das aldeias de índios da província do Rio de Janeiro". *Revista do IHGB*, t.17, 1854, p.15-577.

[166] Correspondência do bispo do Rio de Janeiro com o governador da metrópole nos anos de 1754 a 1800. *Revista do IHGB*, vol.63, p.40-92.

[167] AHUL, Castro Almeida RJ: nº 16.726.

[168] AHUL, Avulsos RJ, cx.119, doc.88 (6.6.1779).

[169] AHUL, Avulsos RJ, cx.138, doc.24 (24.9.1785).

[170] AHUL, Avulsos RJ, cx.136, doc.64.

[171] EPANAFORA Festiva, ou Relação Summaria das Festas etc. Lisboa: Officina de M. Rodrigues, 1763. BN, Impressos, cód.38-20-17.

[172] AZEVEDO, João Lúcio de. "Notas sobre o judaísmo e a Inquisição no Brasil". In: *Revista do IHGB*, Rio de Janeiro, vol.145, p.679-97, 1922.

[173] SANTA MARIA, frei Agostinho de. *Santuário Mariano*. Lisboa: Oficina de A. Pedroso, 1723. In: AMSB, Biblioteca.

[174] PRADO, Eduardo. "Lista das pessoas julgadas pela Inquisição: naturais ou residentes no Brasil". In: IHGB, Manuscritos, lata 337, doc.5 - I.

[175] Idem.

[176] SILVA, Lina Gorenstein Ferreira da. *Heréticos e impuros: a Inquisição e os cristãos-novos no Rio de Janeiro — século XVIII*. Rio de Janeiro: Secretaria Municipal de Cultura, Departamento Geral de Documentação e Informação Cultural, Divisão de Editoração, 1995. (Coleção Biblioteca Carioca; vol.39. Série Publicação Científica). Nesta obra a autora estuda a família Barros, amiga de Sebastião da Fonseca Coutinho.

[177] WOLFF, Egon e WOLFF, Frieda. *Dicionário Biográfico VII: Processos de Inquisição de Lisboa referentes a pessoas nascidas ou residentes no Brasil e outros estudos*. Rio de Janeiro, 1991-92 p.36.

[178] SILVA, A.D. e VASCONCELLOS, Op.cit., vol.13, alvará de 24.1.1771.

[179] ACM, Processo De Genere de Manoel Dias de Souza, 1748.

[180] COUTINHO, Dom José Joaquim da Cunha de Azeredo. *Concordância das bulas pontifícias das quais umas permitem a escravidão dos pretos da África e outras proíbem a escravidão dos índios do Brasil*. Introd. José Ivan Calou Filho. Rio de Janeiro: Arquivo Nacional, 1988, p.20.

[181] AHUL, Avulsos RJ, cx.4, doc.93 (3.8.1676).

[182] AHUL, Avulsos RJ, cx.99, doc.13 (23.10.1770). Um outro documento consultado nos informa sobre a ação do conde da Cunha, primeiro vice-rei a morar na cidade do Rio, sobre a questão dos quilombolas. Em 16.3.1764, enviou ofício ao capitão Antônio Cardoso Barbosa para que acabasse com as desordens desses escravos fugidos no distrito de São João de Icaraí, nos seguintes termos:

> Sendo-me presente as mortes e roubos e outros insultos mais, que pelo Distrito de S. João de Icaraí e pelas paragens chamadas Titiuca, Cobango, Pinditiba, e Engenho de Antonio da Fonseca, continuamente fazem os Calhambolas, e o incêndio, que de próximo atearam nas casas do capitão do mesmo Distrito, Francisco Peixoto da Silva: ordeno a Vossa Mercê que logo que receber esta aprontando os soldados de sua companhia, e apenando as pessoas mais poderosas, e todas as que lhe forem precisas, passe com as mesmas a auxiliar o dito capitão Francisco Peixoto da Silva, a quem presentemente ordeno que com os seus soldados e pessoas que apesar, passe as referidas paragens auxiliado de Vossa Mercê a procurar, e prender os sobreditos Calhambolas, na forma da Lei dos Quilombos, na parte, em que foram achados, como também as pessoas, de que houver certeza tenham com eles alguma comunicação, para serem remetidos com segurança a entregar nesta cidade a minha ordem. E para que se efetue esta diligência, como ordeno, para Vossa Mercê particular cuidado no auxílio da mesma, e me constando o contrário, mandarei proceder contra Vossa Mercê, como transgressor das minhas Ordens, para ser castigado da forma, que me parecer justo. (AN, Seção Histórica, cx. 746, pacote 2).

Chamo a atenção para a citação feita pelo conde da Cunha sobre as pessoas que mantinham relações com os quilombolas, o que denuncia essa prática e para a ameaça ao capitão Antônio Cardoso Barbosa, de puni-lo se não atuasse com firmeza na repressão aos negros quilombolas.

[183] AN, 2º Ofício de Notas, livro 129 (14.1.1795).

[184] AN, 2º Ofício de Notas, livro 127 (18.8.1794).

[185] Tabela resumo dos dados dos escravos inventariados.

Distribuição dos escravos citados em 120 inventários
post mortem por sexo, segundo grupos de idade — 1750 a 1810

Grupos de idade dos escravos	Total		Número de escravos (as) por sexo			
			Homens		Mulheres	
	abs.	%	abs.	%	abs.	%
0 a 5 anos	128		71		57	
6 a 10 anos	106		53		53	
11 a 15 anos	106		69		37	
16 a 25 anos	267		164		103	
26 a 35 anos	324		211		113	
36 a 45 anos	304		213		91	
46 a 55 anos	154		111		41	
56 a 65 anos	83		51		32	
66 a 75 anos	31		24		7	
76 a 90 anos	8		8		-	
Total	**1.509**	**100,0**	**975**	**64,6**	**534**	**35,4**

Fonte: Tabela elaborada a partir de 120 inventários post mortem de pessoas residentes na Capitania do Rio de Janeiro, no período de 1750 a 1810 — AN

[186] AHUL, Avulsos RJ, cx.164, doc.89 (1796).

[187] GOMES, Flávio dos Santos. *História de quilombolas; mocambos e comunidades de senzalas no Rio de Janeiro — século XIX*. Rio de Janeiro: Arquivo Nacional, 1995. Nesse trabalho o autor analisa os estudos já feitos sobre Quilombolas, no Brasil, avançando na análise e sobre a questão.

[188] Relação dos livros de Ofícios e Notas, AN, Rio de Janeiro.

Ano	Referências 21 Livros	Escrituras 940	Alforrias 1.133
1755	1º Of. N. — L. 127 2º Of. N. — L. 76, caixa 12923 4º Of. N. — L. 52	88	96
1765	1º Of. N. — L. 136 2º Of. N. — L. 87 4º Of. N. — L. 68	129	149
1775	1º Of. N. — L. 144 2º Of. N. — L. 98, caixa 12927 4º Of. N. — L. 89	99	126
1785	1º Of. N. — L. 158 2º Of. N. — L. 116, caixa 12930 4º Of. N. — L. 104	244	289
1795	1º Of. N. — L. 176 2º Of. N. — L. 129 4º Of. N. — L. 112	167	198
1805	1º Of. N. — Livros 193 e 194 2º Of. N. — Livros 141 e 142 4º Of. N. — Livros 123 e 124	213	275

[189] AN, 2º Ofício de Notas, livro 141, p.43 (22.4.1805).

[190] AHUL, Avulsos RJ, cx.300, doc.48, s/d.

[191] AHUL, Avulsos RJ, cx.140, doc.9 (5.7.1787).

[192] AN, 1º Ofício de Notas, livro 149 (10.4.1779).

SEGUNDA PARTE

O Rio de Janeiro e sua Gente

No estudo da muralha das barreiras sociais, tratei da sociedade setecentista do Rio de Janeiro tomando sua estrutura básica, subdividida entre "plebeus", a grande maioria, e as "pessoas honradas", um pequeno grupo de privilegiados. Uma forma de as "pessoas comuns" compensarem a condição de despossuidoras de títulos honoríficos, mediante os quais era possível ter acesso a uma série de benesses, consistia em obter da sociedade o respeito e o reconhecimento pela excelência de seu exercício profissional. Assim é que um pardo podia acrescentar ao nome, como se dele fizesse parte, seu ofício principal: entalhador, mestre de açúcar, cirurgião, boticário, músico, escrevente, livreiro e tantos outros ofícios exercidos na cidade do Rio de Janeiro. A aposição distintiva do ofício ao nome tornava essa gente miúda mais valorizada, menos plebeia.

Ter uma profissão era fundamental, sobretudo se ela fizesse parte do rol das que haviam motivado o surgimento de irmandades ou confrarias, instituições que agrupavam pessoas de ofícios afins e fortaleciam os profissionais-membros. O domínio de um ofício significava, portanto, para os que carregavam a nódoa de ser pardo, preto, cristão-novo ou ex-escravo, um abrandamento do preconceito que sobre eles tinha parte da sociedade.

Capítulo I

A Cidade e seus Profissionais

Subir na escala social para encurtar a distância que separava as pessoas comuns das pessoas honradas fazia parte dos planos de vida das gentes de pouca importância. Vislumbravam essa possibilidade, seja fazendo fortuna pela via do comércio, seja pela competência adquirida no exercício de um ofício, seja ainda pelo destaque intelectual e a diplomação universitária obtidos.

Pareceu-me necessário, para melhor esboçar o perfil social do Rio de Janeiro setecentista, tratar primeiro de algumas atividades profissionais reconhecidamente importantes para a vida da cidade: os profissionais da cultura representados pelos livreiros, professores, empresários e artistas de teatro, os músicos e pelos profissionais da saúde que se preocupavam com as condições sanitárias, a melhoria dos hospitais, o controle das epidemias e a cura dos doentes.

Quanto aos artistas, pintores, entalhadores, escultores, armadores, muralistas, julguei mais apropriado tratá-los em bloco, junto com os pedreiros, carpinteiros, desenhistas, engenheiros e arquitetos, no momento em que, mais adiante, na terceira parte do livro me ocuparei da concepção e execução das obras arquitetônicas e urbanísticas da cidade em estudo.

Livros e livreiros

É sabido que, com o desenvolvimento da impressão gráfica a partir de Gutenberg (1448), os livros tornaram-se pouco a pouco acessíveis a uma parcela significativa da população, provocando o surgimento de um florescente e lucrativo comércio.

No mundo português, esse promissor mercado motivou em 1747 um importante impressor de Lisboa, Antônio Izidoro da Fonseca, a instalar no Rio de Janeiro sua gráfica, iniciando pioneiramente essa atividade na cidade. Infelizmente teve vida curta, com poucas obras editadas — os estudiosos do assunto citam apenas três — e outros trabalhos que não se restringiam apenas à área editorial, mas que incluíam a impressão de papéis avulsos, talonários e outros produtos gráficos.[1] A iniciativa de Antônio Izidoro da Fonseca provocou imediata reação dos impressores e livreiros das cidades de Lisboa e do Porto, que pressionaram o governo, instado a coibi-la. Em consequência, foi estabelecido pela ordem régia de 10 de maio de 1747 referente ao Brasil o sequestro de todas as "letras de imprensa" e proibida a impressão de "livro ou papel avulso", sob pena de as pessoas envolvidas serem presas e enviadas para Lisboa.[2] Com a promulgação dessa ordem régia, o governo atendia às reivindicações dos impressores de Portugal, mantinha o controle sobre a impressão de textos e principalmente resguardava sua política colonial cerceadora do desenvolvimento de indústrias no Brasil, inclusive a indústria gráfica e a consequente produção, comercialização e circulação de livros.

Em 1750 o pioneiro editor e impressor do Rio, sempre queixoso do prejuízo que tivera com a desmontagem de sua gráfica, aproveitou sua estada em Lisboa para solicitar ao rei permissão para voltar ao Brasil e remontar seu negócio no Rio de Janeiro ou em Salvador, na capitania da Bahia. Seu pedido não foi aceito, perdendo desse modo definitivamente a chance de reinstaurar sua gráfica no Brasil.[3] O episódio serviu para evidenciar a existência de uma demanda por livros no Rio de Janeiro e, portanto, a oportunidade comercial de se implantarem oficinas gráficas na cidade.

Anos após, em 1754, os livreiros que aí moravam juntaram-se para pleitear junto à Corte os mesmos privilégios de formar uma corporação concedidos aos livreiros de Lisboa. Para instruir o processo, o Conselho Ultramarino solicitou os pareceres de livreiros de Lisboa e dos vereadores da Câmara do Rio de Janeiro. Temendo a concorrência, os primeiros foram desfavoráveis ao pedido. Estranhamente, da mesma forma se posicionaram os vereadores, argumentando que o grupo de livreiros da cidade ainda não era suficientemente numeroso para justificar a criação de uma corporação.[4] Como o requerimento não trazia todas as assinaturas dos interessados, e a informação dos vereadores do Rio de Janeiro também não revelava quantos eram, fica-se sem saber se realmente formavam ou não um pequeno grupo. O que o episódio traz de importante, e vale a pena salientar, é a existência, na cidade do Rio de Janeiro dos meados do século XVIII, de um grupo de oficiais livreiros — restauradores, encadernadores e comerciantes de livros —, e, pela lógica, de promissor mercado específico.

Pesquisando variadas fontes primárias e secundárias identifiquei 23 oficiais livreiros que atuaram na cidade do Rio de Janeiro entre 1754 e 1807. Mesmo sabendo não se tratar de uma lista exaustiva, decidi publicar-lhes os nomes e as atividades correlatas que desenvolviam.

Esses profissionais atuantes no Rio de Janeiro mantinham estreita ligação com seus congêneres de Lisboa e do Porto para a aquisição das edições portuguesas e estrangeiras. A intermediação desses comerciantes de livros, principalmente os de Lisboa, permitia que à cidade do Rio de Janeiro chegassem com regularidade edições francesas, italianas, inglesas, holandesas e alemãs, graças à relação direta que os livreiros do Reino mantinham com os editores desses países estrangeiros. Aliás, os principais livreiros de Lisboa descendiam de famílias francesas, como Paulo Martim, João Baptista Reycend, Jorge Rey, João José Bertrand, Francisco Rolland e Pedro Faure, que faziam parte de uma rede transnacional bastante ampla, cobrindo os principais países europeus produtores de livros e outros impressos.[5] Em função dessa rede, os mercadores de livros de cada país podiam oferecer publicações atualizadíssimas sobre todos os assuntos de interesse na época, fazendo chegar às mãos dos que atuavam no Rio de Janeiro catálogos com as últimas novidades. (QUADRO 5)

Quadro 5

Relação dos livreiros do Rio de Janeiro (1754-1805)

Nome	Ano ref.	Profissão	Observações
Antônio Jacinto Machado	1791	Negociante	Vendia folhinhas dos oratorianos
Antônio Luis Fernandes	1795	Negociante	Propôs vender livros editados por Francisco Rolland, livreiro de Lisboa
Francisco Caetano Leitão	1775	Livreiro	Voltou para Lisboa
Francisco P. C. de Mello	1785	Livreiro	Escrevente, encadernador
Francisco Rolland	1799	Livreiro	Veio para o Rio de Janeiro junto aos filhos de Paulo Martim, livreiro de Lisboa
Guilherme Diniz	1754	Livreiro	Veio de Lisboa, faleceu no Rio de Janeiro 16.12.1761
Inácio Augustio Martim	1799	Livreiro	Filho de Paulo Martim, famoso livreiro de Lisboa
João da Cunha Barbosa	1792	Negociante	Parente do cônego Januário da Cunha Barbosa
João Roberto Bourgois	1782	Livreiro	Vendia também cartas de jogar
Joaquim Rod. de Carvalho	1757	Livreiro	Veio de Lisboa para o Rio de Janeiro em 1757
José Dias de Oliveira	1772	Mercador	Fornecedor de livros para o Senado da Câmara do Rio de Janeiro
José de Souza Teixeira	1794	Livreiro	*Dono de uma livraria*
Luis Borges Salgado	1766	Cirurgião	Vendia folhinhas dos padres oratorianos
Manoel Araujo Santiago	1755	Livreiro	Encadernador e restaurador
Manoel Caetano Pinto	1799	Negociante	Representava, no Rio de Janeiro, o livreiro de Lisboa Francisco Rolland
Manoel Francisco Gomes	1775	Livreiro	Avaliou a biblioteca dos jesuítas
Manoel Jorge da S. Pereira	1797	Livreiro	Era avaliador aprovado do Senado da Câmara do Rio de Janeiro
Manoel Pereira de Mesquita	1805	Livreiro	*Dono de uma livraria*
Manoel da Rocha Pereira	1797	Negociante	Procurador dos padres oratorianos no Rio de Janeiro
Manoel Theot. R. Carvalho	1787	Vendedor	Vendia folhinhas dos padres oratorianos
Matheus Carvalho da Cruz	1759	Livreiro	Vivia de seu ofício
Paulo Agostinho Martim	1799	Livreiro	Veio de Lisboa, filho de Paulo Martim. *Em 1805 já possuía livraria*
Pedro da Silva Torres	1775	Livreiro	Avaliou a biblioteca dos jesuítas

A demora para que o livro pretendido chegasse ao Rio de Janeiro correspondia ao tempo gasto com as trocas de cartas entre livreiros e aos meses que um navio levava para atravessar o Atlântico. Por sua condição de cidade portuária, o Rio de Janeiro do século XVIII constituiu-se no grande centro distribuidor de impressos — como livros, gravuras, mapas, folhinhas, folhetos, volantes etc. —, suprindo o comércio especializado do interior da capitania e também da vasta região de Minas Gerais, São Paulo,

Goiás, Mato Grosso, Paranaguá e Curitiba, Santa Catarina, Rio Grande de São Pedro (atual Rio Grande do Sul) e Colônia do Sacramento.[6]

Eram praticadas outras formas de adquirir livros e impressos, afora o comércio formal mantido pelos livreiros, como o clássico pedido ao parente ou amigo com viagem marcada para o Reino ou que lá residia — e que lhe fazia o favor de trazer a "preciosa encomenda". Tradicional e frequente era a encomenda direta, feita por carta ao livreiro de Lisboa ou do Porto, forma também adotada no caso de outros tipos de mercadorias transacionadas entre o Reino e as colônias. Ao lado desses modos legais se alinhavam o contrabando ou a compra de obras proibidas de passageiros estrangeiros de navios que excepcionalmente aportavam na cidade do Rio de Janeiro.

Todavia, tanto o comércio livreiro quanto a circulação e difusão do livro não se davam de forma tranquila. Forte cerceamento sobre os comerciantes de livros e leitores foi exercido pela Igreja e o Estado, que criaram instrumentos poderosos de censura para controlar o que se lia. Cumpre portanto aprofundar com que intensidade e de que maneira essa censura se fez sentir na colônia portuguesa da América, com repercussão nas atividades profissionais dos livreiros e sua clientela.

O aparato censório, o comércio e a circulação de livros

No Reino português, como também em outras monarquias europeias, a Igreja católica e o Estado se deram as mãos para censurar as obras que poderiam prejudicá-los como instituição. O Estado censurava principalmente as obras que questionassem o poder e a legitimidade da realeza e da monarquia, a história oficial de Portugal, o regime escravista, o sistema colonial, a moral e os bons e tradicionais costumes portugueses, a estrutura social e familiar. Reprimia também a produção jesuítica após sua expulsão do território do Reino. Já a Igreja era implacável contra as obras que discutissem ou fizessem críticas aos seus dogmas, à hegemonia da religião católica apostólica romana, seus rituais, à ornamentação faustosa de suas igrejas e à consequente acumulação patrimonial. O alto grau de harmonia existente entre Estado e Igreja nessa matéria possibilitou na prática a existência de uma espécie de aparelho tentacular, a oprimir e perseguir tanto os autores quanto as obras consideradas ofensivas às duas instituições. Mesmo na França iluminista essa aliança ocorreu: arcebispos, bispos e deputados da Assembleia Geral do clero reuniram-se, em 10 de fevereiro de 1767 para examinar, entre outras, as seguintes obras que atentavam contra a religião e a monarquia: *Análise de Bailly*; o *Livro do Espírito*; o *Dicionário enciclopédico*; a obra *Emílio* e as que sobre ela versavam; o *Contrato social*; as *Cartas de Montaigne*; o *Ensaio sobre a história geral*; o *Dicionário filosófico*; a *Filosofia da história* e o *Despotismo oriental*.

Em Portugal, a conjugação desses dois poderes em matéria de censura adotou uma forma diferente. Queria o monarca diminuir o poder decisório dos censores da Igreja, chamando-o para si. Nesse sentido, nomeou, em 6 de julho de 1759, d. Thomaz de Almeida como diretor-geral dos Estudos do Reino português — principal da Santa Igreja de Lisboa, homem de sua inteira confiança, e criou a Mesa Censória, em 5 de abril de 1768.

As obras "defesas" pela Mesa Censória e que constavam da lista oficial chegaram perto dos 1.055 títulos, o que não quer dizer que correspondessem a 1.055 obras diferentes, pois também eram contabilizadas as versões existentes em outros idiomas.

O grau de abrangência da censura de uma obra variava, bem como o grau das penas aplicadas. Às vezes a censura dizia respeito a toda a produção de um autor, outras vezes apenas a uma obra, a alguns títulos, a capítulos ou frases de um livro. A pena mais severa condenava os livros à fogueira. Numa escala descendente de gravidade, vinham: a retirada dos livros de circulação, a permissão legal de sua leitura concedida e restrita a pessoas especiais; o controle exercido pelos livreiros que anotavam os dados do comprador.

Da lista de obras censuradas pela Mesa Censória foram condenadas à pena máxima da fogueira apenas seis: a) *Eco das vozes saudosas*, formado em uma *Carta apologética*, Lisboa, 1757, condenado em 10 de junho de 1768; b) *Élève de la nature*, Amsterdã, 1774, 3vol., in 8º; c) *De la nature humaine*; d) *Sur la destruction des jésuites de France*, 1765, sem nome do autor nem do lugar da impressão; e) *Vida do sapateiro santo*, de Simão Gomes.[7]

Apesar de retiradas de circulação, poderiam ser adquiridas, desde que o pretendente encaminhasse à Real Mesa Censória pedido devidamente justificado. Consultei no Arquivo Nacional da Torre do Tombo vários processos referentes a esses pedidos, todos eles deferidos, inclusive o do advogado Thomé Gomes Gonzaga Nunes, natural e morador do Rio de Janeiro.[8]

Grande parte das obras proibidas pela Mesa Censória versava sobre assunto religioso. No entanto, na relação das defesas foram por outras razões incluídos autores famosos como o Abade Reynald (1713-96), d'Alambert (1717-83), padre Antônio Vieira (1608-97), Bentham (1748-1832), Brissot (1754-93), Buffon (1707-88), Condillac (1715-80), Diderot (1713-84), Hobbes (1588-1679), Locke (1632-1704), Rousseau (1712-78), Santo Agostinho (354-430), Santo Ambrósio (340-397), Spinoza (1632-77) e Voltaire (1694-1778). Desses, só alguns tiveram a totalidade de suas obras censuradas, enquanto outros, só parte dela. Alguns, como Santo Agostinho e Santo Ambrósio, tiveram proibidas as edições antigas de suas obras e liberadas as "edições expurgadas pelos Doutores Lovancensis e os Padres Beneditinos". Já Locke, Bentham e outros receberam tratamento especial: seus livros poderiam ser vendidos às "pessoas privilegiadas".[9]

Importa salientar que os livros técnicos voltados à área da arquitetura, do urbanismo e ao ofício dos construtores e das artes ligadas à ornamentação das edificações não foram encontrados na lista das obras defesas. Tampouco foram incluídas as obras técnicas de outras áreas do conhecimento.

O trabalho da Mesa Censória não se resumia a analisar, censurar e penalizar as obras condenadas. Devia criar instrumentos e canais de controle que rastreassem, por todo o Reino, quem pudesse possuir livros e que livros eram esses.

Dessa forma, a Mesa Censória estabeleceu, por meio de seu edital de 10 de julho de 1769, a obrigatoriedade de "livreiros, impressores, mercadores de livros, universidades, religiões, comunidades, corporações e pessoas particulares" lhe encaminharem uma relação detalhada — uma espécie de catálogo — das obras que possuíssem, acompanhada da "licença apostólica que cada um tivesse para poder ler livros proibidos".[10] Tais catálogos deveriam conter todos os "impressos ou manuscritos, científicos e literários" classificados em sete categorias: "Teologia, Jurisprudência, Filosofia, Matemática, Medicina, História e Belas Letras."

Com esse edital, o governo pretendia tomar conhecimento do nível de difusão das obras defesas para poder suprimi-las ou tê-las sob controle. Foi a forma de rastrear que encontrou, na impossibilidade de multiplicar seus fiscais e enviá-los aos quatro cantos da Terra onde houvesse uma biblioteca particular. A medida podia também assustar os envolvidos que, por conta própria, se apressavam em suprimir as obras proibidas, atendendo aos objetivos do governo, se não de eliminar, ao menos de diminuir a circulação e a leitura indevida das condenadas.

Precioso conjunto desses catálogos encontra-se no Arquivo Nacional da Torre do Tombo, em Lisboa, organizado por ordem alfabética, segundo o nome do proprietário e o de sua cidade ou região. Infelizmente não pude aí localizar as relações das bibliotecas particulares dos que moravam no Rio de Janeiro. Tal ausência é intrigante, uma vez que o mesmo não acontecia com os catálogos referentes às capitanias de São Paulo, Minas Gerais, Maranhão, Bahia e Pernambuco, que na Torre do Tombo continuam arquivados. Da mesma forma, nenhuma referência sobre o assunto foi encontrada, quer nos arquivos do Rio de Janeiro, quer na correspondência trocada entre a Corte e o marquês do Lavradio, que deixa de mencionar qualquer ação daquele governante para garantir o cumprimento do edital.

Teriam os súditos do Rio de Janeiro sido dispensados de enviar suas listas? Ou elas existem e se encontram perdidas nos depósitos de algum arquivo, ou erroneamente catalogadas? A insistência não decorre tão somente da excepcionalidade — pois só desapareceram os catálogos da capitania —, mas porque na própria Torre do Tombo, inseridos nas bibliotecas tidas como de Lisboa, encontram-se dois catálogos de livros, um pertencente ao frade Matheus de São Caetano e outro ao também frade João Alves de Gusmão, ambos moradores da cidade do Rio de Janeiro.

Felizmente a inexplicável lacuna pôde ser parcialmente remediada pela pesquisa de outras fontes, como testamentos, escrituras e, sobretudo, inventários *post mortem*. O exame desses documentos revela, entre outras coisas, que o tamanho dessas bibliotecas variava muito. As mais recheadas geralmente pertenciam a religiosos, advogados, professores régios e cirurgiões. No Rio de Janeiro, por exemplo, a que possuía o maior volume de livros, ao todo 1.576, sendo 687 de direito e 889 obras gerais, pertencia ao professor régio Manoel Ignácio Silva Alvarenga. Bastante volumosa era também a do cirurgião-mor Antônio José Pinto, com 145 títulos ligados à profissão, a grande maioria em língua francesa e mais 58 voltados a diversas áreas de interesse.[11] Havia também as minúsculas bibliotecas de cinco a doze títulos pertencentes a pessoas de profissões as mais variadas: Domingos Fernandes da Cruz, lapidário; Valentim da Fonseca e Silva, escultor; João Pereira da Lima Gramacho, senhor de terra; Miguel Rodrigues Batalho, boticário; Pantaleão Pereira de Azevedo, negociante de grosso trato, entre outros.[12]

O segundo ponto a salientar nesses documentos é a estreita relação existente entre os títulos de livros adquiridos e os ofícios de seus proprietários.

Contudo, para se ter uma ideia das obras preferencialmente lidas e encomendadas que não fossem estritamente técnicas, uma boa fonte de informações é o passaporte, que traz listados os bens transportados pelos passageiros, inclusive os livros.

Os registros dos pedidos de licença para o envio de livros são mais uma fonte. Analisando a documentação da Real Mesa Censória pertencente ao acervo do Arquivo Nacional da Torre do Tombo, encontrei 268 registros de pedidos de licença para envio de livros de Lisboa para o Rio de Janeiro, intermediados por livreiros da Corte ou transportados por particulares. Enquanto alguns apresentaram a relação individualizada das obras, outros apenas assinaram genericamente "livros pessoais". Em oito anos, saíram de Lisboa em direção ao Brasil 4.016 títulos diferentes, alguns deles em quantidade espantosa, como os 47.808 livretos de devoção a Santa Bárbara.

Portanto, ainda que o aparato censório tenha trabalhado para cercear a atividade dos livreiros, era junto a eles que mais facilmente os compradores podiam encomendar as obras de seu interesse. Por estarem atualizados e conectados com os livreiros de Portugal e da Europa, era mais rápido fazer chegar ao Rio de Janeiro por seu intermédio o livro solicitado. Por meio dos livreiros era possível de uma forma não clandestina obter aquelas obras que recebiam tratamento especial e podiam ser vendidas a pessoas cujos nomes haviam sido analisados e anotados. Desse ponto de vista, os livreiros representavam balcões "credenciados" e controlados pela Mesa Censória. Aliás, não foi por este motivo que também o rei de Portugal criou a Mesa Censória: para, em parte, atender os comerciantes livreiros da Corte? (QUADRO 6)

Entretanto, torna-se difícil avaliar até que ponto essa categoria profissional se viu prejudicada economicamente por causa da censura. Sem faltar com a verdade, é possível afirmar que, apesar de sua repressão, continuaram existindo e ativos enquanto negociantes de livros. O Rio de Janeiro exercia seus atrativos, levando Paulo Martim, importante livreiro de Lisboa, a enviar seus filhos Ignácio e Paulo Agostinho Martim, em 1799, àquela praça a fim de administrar uma casa do ramo. O mesmo fizeram outros livreiros, como Francisco Rolland e a viúva Bertrand. Seus filhos partiram para o Rio, provocando uma reação negativa dos concorrentes de Lisboa que tentaram junto ao Governo proibir que se instalassem na colônia da América.

Quadro 6

Número de registros de pedido de licença para envio de livros e número de títulos diferentes de obras que de Lisboa chegaram ao Rio de Janeiro, por anos de partida (1769-1810)

Anos de partida	Nº de registros	Nº de títulos diferentes	Observações sobre quantidade de exemplares por título e existência ou não de relação de obras
1769	1	—	—
1775	2	52	—
1776	1	—	Ausência de relação de obras
1795	19	144	—
1796	29	701	46.368 livros de Santa Bárbara, 240 cartilhas do Mestre Ignacio 144 manuais de Misk 24 Horas Marianas de Carlos Vale 108 Horas de Saimento Folhinhas de reza e calendários

continua

Anos de partida	Nº de registros	Nº de títulos diferentes	Observações sobre quantidade de exemplares por título e existência ou não de relação de obras
1799	33	1332	1.440 livros de Santa Bárbara 10 exemplares do Mestre da Vida
1800	11	943	Vários exemplares do Almanaque de Lisboa
1801	28	835	48 livros de Horas Marianas 10 jogos de teologia moral 12 jogos de medicina operatória
1802	39	—	Ausência de relação de obras
1803	40	—	Ausência de relação de obras
1804	3	—	Ausência de relação de obras
1806	1	—	Ausência de relação de obras
1807	44	—	Ausência de relação de obras
1808	16	—	Ausência de relação de obras
1810	1	—	Ausência de relação de obras
Total	**268**	**4016**	

O relatório do vice-rei Luís de Vasconcelos e Souza (gestão 1779-90) e os almanaques da cidade do Rio de Janeiro (1792, 1794 e 1799) do tenente Antônio Duarte Nunes fornecem dados preciosos sobre a existência de lojas e oficinas de livreiros na cidade sem contudo revelar quem eram esses comerciantes, lacuna que durante muito tempo dificultou ou quase impossibilitou o estudo sobre eles. Consegui identificar três livreiros donos dessas "lojas de vender livros" atuando na cidade do Rio de Janeiro antes da vinda da Corte: Manoel Pereira de Mesquita, Paulo Agostinho Martim e José de Souza Teixeira. No Arquivo Nacional, no Rio de Janeiro, encontrei significativa documentação a respeito desse último. Isso se deu no momento em que, perseguindo dados de um proprietário de chácara em Laranjeiras — do tenente Antônio Fernandes Torre —, surpreendi entre os documentos que lhe diziam respeito os referentes a seu sogro, José de Souza Teixeira, datados de 1794.

A livraria do Teixeira

O livreiro José de Souza Teixeira nasceu na Colônia do Sacramento e lá se casou com Maria Joaquina de Oliveira, com quem teve uma filha, Maria Ignácia de Oliveira, que veio por sua vez a se casar na cidade do Rio de Janeiro, em 1785, com um rico negociante de escravos, o tenente Antônio Fernandes da Torre.[13] A família havia chegado à cidade por volta de 1777. Residiu inicialmente na freguesia da Candelária e em 1783 transferiu-se para a rua Direita da Misericórdia (que não existe mais), na freguesia de São José. Se é verdade que José de Souza Teixeira mantinha sua loja no mesmo local da moradia, e se daí não se mudou para outro endereço, o fato é que ali, na rua Direita da Misericórdia, ficava uma das livrarias do Rio do terceiro quartel do século XVIII.

Como o livreiro José de Souza Teixeira não abriu o processo do inventário de seus bens quando sua esposa faleceu, deixando transcorrer muitos anos, seu genro ingressou com uma ação no Juízo de Órfãos, reivindicando para si a função de inventariante da falecida sogra. Nessa ação denunciou o sogro como tendo "destruído quase todos os bens que haviam ficado do casal" em prejuízo de sua esposa e herdeira, Maria Joaquina de Oliveira. Por meio dessa ação judicial foi possível colher dados preciosos sobre a livraria do Teixeira. É pertinente anotar que, além de livros, mapas, gravuras, papel, impressos para fins comerciais e outros produtos de papelaria, vendiam-se nela óculos, tecidos e aviamentos.[14] O estoque da loja foi avaliado pelos peritos, em 1794, em 2.534$560rs, sendo que a significativa parcela de 1.389$480rs (54,8%) dizia respeito a mercadorias do ramo livraria, e a restante referia-se aos outros artigos citados. A avaliação das obras feita por esses peritos deve ter subestimado o real valor de mercado, porque muitas dessas mercadorias ganharam valores inferiores aos praticados pelos livreiros de Lisboa, conforme se pode verificar pela comparação entre preços referentes aos mesmos livros contidos nos catálogos daqueles livreiros. Foram listados 383 títulos abrangendo todas as áreas do conhecimento editadas na época. Dessa listagem não constavam obras oficialmente censuradas, exceção feita a um livro cuja leitura era desaconselhada pela Igreja por conter elementos heréticos de "astrologia" — *o Lunário perpétuo* —, ainda hoje publicado em Portugal. (QUADRO 7)

Quadro 7

Títulos e quantidade das obras que aparecem mais de uma vez na relação da livraria do Teixeira, classificados por área de conhecimento (1794)

Títulos das obras por ordem alfabética	Áreas de conhecimento							
	A	B	C	D	E	F	G	H
Arte da gram. da líng. port.		10						
Arq. militar de Antoninho			3					
Arte grega				2				
Arte de sangrar			7					
Atos de várias óperas				218				
Aventuras de Robinson Crusoé							3	
Bom lavrador			6					
Comédias de vários autores				235				
Compêndio de belas-artes				10				
Compêndio de botânica			3					
Compêndio de artes e ciências			4					
Descob. dos portugueses							6	
Devoto instruído	8							
Dicionários (ing., franc., lat., port.)		12						
Discursos jurídicos						4		
Elementos de aritmética			7					
Elogios dos reis de Portugal							8	
Escola fundamental		10						
Farmacopéa luzitana			4					

continua

Títulos das obras por ordem alfabética	Áreas de conhecimento							
	A	B	C	D	E	F	G	H
Flor *sanctorum*					17			
Gaticanea					13			
Gramáticas (port., ing., lat.)		20						
História de Alexandre Magno							8	
História dos judeus							5	
Histórias dos portugueses							6	
História universal							5	
Horas portuguesas (ofíc. N.Sª)	59							
Império da Rússia							6	
Lexicon (lat./port.)		17						
Manual da missa	22							
Memórias do marq. Renoncour							9	
Morte de Abel					7			
Novenas de N.Sª das Dores	27							
Novenas de Santo Antônio	20							
Novo método da gram. latina		71						
Ofícios de Nossa Senhora	13							
Orações de Cícero		22						
Orações mentais	248							
Pensamentos cristãos	254							
Perfeito pedagogo								9
Poemas de Antônio Ferreira					14			
Poesias de Paulino Cabral					6			
Regras das cinco ordens de arq.			3					
Rudimenta literária		15						
Santa Bárbara	4.968							
Seletas latinas		22						
Tabuadas*		2 mãos						
Tabuadas e trigonometria			10					
Telemaco (port./francês)		15						
Terceiro franciscano	12							
Triunfo da inocência					9			
Viagem de Ciro							8	
Vida de d. João de Castro							11	
Vida do Infante d. Henrique							3	
Vida de Jesus Cristo	15							
Vida de S. Francisco de Sales	20							
Total	**5.666**	**214**	**47**	**465**	**66**	**4**	**69**	**9**

A. livros religiosos C. livros técnicos/científicos E. livros de poesia G. livros história/memória
B. livros didáticos D. livros arte/teatro/ópera F. livros jurídicos H. livro de costumes/boas maneiras

A existência desse estabelecimento é indício inequívoco da presença de mercado livreiro na cidade do Rio de Janeiro no século XVIII, pois um homem de negócio não iria investir — como o fez José de Souza Teixeira — mais de um conto de réis numa atividade que não lhe desse retorno e lhe garantisse lucro satisfatório, sobretudo num ramo de comércio em que o consumidor podia lançar mão de outras formas paralelas de aquisição.

As compras podiam ser feitas diretamente aos livreiros da Corte, que anunciavam na *Gazeta de Lisboa* e enviavam seus impressos aos clientes. Como diziam, estavam preparados para atender a "todas as encomendas de Livros para dentro do continente do Reino, e suas conquistas". Podiam também servir de canal de importação, mandando "vir todos (os livros) quantos se lhes encomendam dos Países Estrangeiros".[15] Ora, nenhuma complexa rede de fornecedores desse produto se constituiria se um bom número de consumidores com poder de compra não a realimentasse.

A relação das obras à venda na livraria do Teixeira revela que o leque de interesse dos leitores da cidade do Rio de Janeiro era bastante amplo. Demonstra, também, que o comerciante procurava atender à preferência do grande público, não se preocupando em responder ao leitor especializado, que geralmente utilizava outras vias para se satisfazer, como o fez o professor régio e químico João Manso Pereira, que pediu a seu amigo, o botânico frei José da Conceição Veloso, residente em Lisboa, que lhe remetesse os livros técnicos de que precisava. Foi possível localizar duas relações de pedidos seus, uma de 1795 e outra do ano seguinte, contendo livros de topografia, (*Tratado da agrimensura*), de matemática, (*Compêndio da teórica de limites*), de química (*Chymic de Fourcroy ou Institutions chemic de Francisci de Waseberg*), entre outros.[16] Para que se possa ter ideia da diversidade do estoque da livraria do Teixeira, relacionei, no quadro anterior, os títulos que aparecem mais de uma vez na listagem do avaliador.

Nas prateleiras e caixas da livraria do Teixeira encontravam-se livros para diversos gostos e interesses. Assim, os que iriam iniciar as primeiras letras poderiam adquirir a "cartilha" e a "tabuada". Os religiosos dispunham de uma gama variada de obras que iam desde os catecismos às regras sacerdotais, como o *Pároco perfeito*, de Antônio Moreira Carmelo; o *Concílio de Trento*, a *História sagrada do Velho e Novo Testamento*, e o best-seller da época, *A imitação de Cristo*, de Thomas Kempis etc. Os arquitetos e projetistas poderiam adquirir a clássica obra de Giacomo Barozzio Vignola, *As cinco ordens de arquitetura*. Para os engenheiros e construtores havia o *Engenheiro português*, de Manoel de Azevedo Fortes. Existiam ainda obras militares, como *Arquitetura militar*, de Antoninho, ou *Instrução de cavalaria*, de Antônio Pereira Rego. Também não faltavam livros de medicina, botânica e didáticos, como dicionários de francês, latim e gramáticas para suprimento dos professores e estudantes. A história se fazia representar pelas obras de Bossuet, Millot e Flavius Josephus, com sua *História dos judeus*. Quanto às de caráter biográfico incluíam-se as relativas a Alexandre Magno, d. João de Castro, Infante d. Henrique e vários santos. A literatura estava muito bem contemplada com as poesias de Camões, as de Francisco de Pina e Melo, de Luiz Rafael Sové, Domingos Torres, e outros. Obviamente não faltavam os livros de filosofia moral, aconselhamento aos jovens, boas maneiras, provérbios e adágios. Por fim, notória era a quantidade de obras voltadas às artes, ao teatro e à ópera, 65 no total.

Profissionais do ensino

Foram os jesuítas os primeiros a estabelecer escolas para alfabetização das crianças e jovens na capitania do Rio de Janeiro, quando da instalação da cidade, em 1567, no morro que veio a se denominar do Castelo. Lá no alto construíram um imponente seminário e abriram seu colégio. Em seguida, e da mesma forma, procederam os beneditinos, os franciscanos, os carmelitas, as franciscanas do Convento de Nossa Senhora da Ajuda e os padres seculares. Portanto, cabia à Igreja formar os jovens para servirem a Deus e ao Estado como pessoas alfabetizadas.[17] Para essa tarefa de educadoras de leigos, as instituições religiosas de ensino recebiam verbas anuais da Coroa e, em contrapartida, reservavam em seus estabelecimentos parcela das vagas destinadas àqueles alunos. Com o crescimento populacional, as vagas ofertadas pela Coroa por intermédio das instituições religiosas não atendiam mais à demanda, provocando o aumento de profissionais dedicados ao ensino particular e levando o governo a ampliar a oferta aos jovens do ensino escolar gratuito através de suas instituições militares.

É importante ressaltar que o compromisso com a alfabetização dos fiéis católicos foi firmado pelo Concílio de Trento, iniciado em 1546 para a Reforma da Igreja, no capítulo I, "Da instituição da lição da Sagrada Escritura e das artes liberais", nos seguintes termos:

> As igrejas, cujos emolumentos anuais são tênues e o clero e Povo que nelas há, é tão pouco, que não pode comodamente haver lição de teologia, ao menos tenham um Mestre, a quem o Bispo elegerá com o conselho do Cabido; o qual *ensine aos clérigos e aos mais Estudantes pobres a gramática, de graça*; para que possam, com o favor de Deus, passar ao estudo da Escritura Sagrada. Pelo que se consignem para este Mestre os frutos de algum benefício simples, os quais perceberá enquanto persistir ensinando; ... *ou tome o mesmo Bispo algum outro meio, acomodado à sua Igreja e Diocese; para que se não busque algum pretexto de desprezar este útil e frutuoso provimento.* (grifos meus)

Em geral, onde existisse um sacerdote, um militar graduado ou um servidor público — em sua maioria pessoas alfabetizadas e boa parte com formação universitária —, aí era plantada a semente do ensino escolar e da difusão de conhecimentos gerais. Como nos núcleos populacionais, mesmo os mais diminutos, nunca faltasse pelo menos um desses três "potenciais professores", o acesso à alfabetização por parte da população infantojuvenil dos segmentos mais abastados se tornava possível.

Para quem não obtivesse vaga nas escolas religiosas, militares ou de mestres particulares havia outras formas de acesso à escolaridade. Refiro-me às vias informais — por meio de relações familiares, de amizade, de compadrio ou da inserção na vida paroquial — que permitiam que participassem de diversas atividades nas igrejas como a de coroinha, corista ou aluno das aulas de catecismo: nos recolhimentos de órfãos meninas, na Santa Casa de Misericórdia, e no Seminário de São Joaquim, no caso dos meninos. Alguém com formação escolar certamente não se negaria a ensinar seu afilhado, um parente, o filho de um amigo ou de um empregado de sua afeição.

Portanto, o nível de formação da população que vivia na cidade do Rio de Janeiro, no século XVIII, não será com fidelidade retratado se nos restringirmos àquelas formas convencionais ofertadas pelas escolas religiosas e militares. Há que se incluir os professores particulares, profissionais queridos e reverenciados pela população da época, que chegou até mesmo a denominar um trecho da rua dos Pescadores (atual Visconde de Inhaúma), de Vicente Alves Ferreira, em homenagem ao "mestre de meninos" que residiu nesse logradouro até falecer, por volta de 1748.[18]

Excetuando-se o convento da Ajuda, que recebia moças leigas como estudantes, os demais cursos oferecidos pelos jesuítas, beneditinos, franciscanos, e pelos seminários de São Joaquim, São José e da Lapa do Desterro, e também pelos quartéis, voltavam-se exclusivamente para os homens. Mesmo o governo monárquico, quando assumia a responsabilidade do ensino escolar das crianças, nomeava os professores régios para educar exclusivamente alunos do sexo masculino. Por isso os professores particulares se identificavam como "mestres de meninos", e nunca como de meninos e meninas, a não ser que essa exclusão do sexo feminino não se evidenciasse na prática e, a despeito do rótulo, fosse praticada. É uma hipótese. A realidade, contudo, aponta a direção contrária: o espaço escolar para crianças do sexo feminino era muito restrito. Em Lisboa, sede da Corte portuguesa, as meninas e moças também não dispunham de escolas públicas para estudar. Querendo amenizar esse problema, pelo menos para as moças pobres e órfãs, o intendente-geral da Polícia da Corte encaminhou à rainha, em 1781, uma proposta de fundação de uma "Casa de Educação de Órfãos de ambos os sexos".

Diante de um quadro tão desfavorável à educação de pessoas do sexo feminino, seria correto concluir que a maioria das mulheres do Rio de Janeiro setecentista era analfabeta? A consulta aos Livros de Ofícios e Notas, já citados quando do estudo das alforrias, não confirma contudo essa tendência. Nesses Livros foram registrados documentos sobre os mais variados assuntos. Além das alforrias, aí podemos encontrar vendas de bens imóveis e móveis, inclusive de escravos, fundação de sociedades, muitas procurações, contratos de casamentos, divórcios etc., envolvendo um amplo leque de relações interpessoais em que aparecem indivíduos de todas as categorias sociais, cor e sexo, constituindo uma boa amostragem da sociedade da época. Sem poder contar com estatísticas realizadas no século XVIII que levantassem o nível de alfabetização das pessoas adultas, tentei buscar outros caminhos que, por aproximação, pudessem informar-me sobre a questão. A assinatura ou não de documentos poderia muito bem ser tomada como indicador do nível de alfabetização, mesmo porque não funcionava apenas como um simples desenho; indicava algo mais, a iniciação à leitura. Cheguei a essa conclusão encorajado pela anotação que explicava a ausência de assinatura: "não assinava por não saber ler e escrever". Buscando maior rigor, computei no rol dos analfabetos as pessoas cuja assinatura refletia insegurança de escrita. Simplifiquei as alternativas resumindo-as a duas categorias: a dos "analfabetos" — que não assinavam os documentos — e a dos "alfabetizados" — que o faziam com desenvoltura.

Delimitar o universo da amostra foi tarefa difícil que exigia o descarte, sempre que possível, das repetições de nomes, que indicavam tratar-se de um único indivíduo. Ou seja, era necessário eliminar as entradas duplas ou até mesmo triplas. Só então, a partir da variável cor, extraí uma subamostra de pessoas "pretas, pardas", ou "cabras", fossem elas escravas ou forras. Dessa forma tornou-se possível contabilizar um total geral de 5.960 pessoas, sendo 4.683 homens e 1.277 mulheres e, um subtotal de 85 homens e 82 mulheres de cor preta ou parda. Ao verificar, segundo o critério adotado, o grau de alfabetização das pessoas incluídas na amostra, constatei surpreendentes resultados: a esmagadora maioria (92,8%) dos homens e uma significativa maioria (60,9%) das mulheres haviam assinado com clareza os documentos.

Onde e como tantas pessoas teriam aprendido a ler e a escrever, se eram poucas as vagas nos colégios dos religiosos e nas instituições militares? A resposta, pode-se supor, talvez esteja na eficiência dos professores particulares e nos meios informais de ensino não referidos ou tratados nos documentos que versam sobre o tema.

O fato de os homens serem proporcionalmente mais numerosos entre os alfabetizados que as mulheres só lhes confirma a predominância nas áreas do direito, do comércio, da administração pública, da política, e, por conseguinte, no campo do aprendizado das letras.

Reforma pedagógica e professores régios

Pouco antes da lei que expulsou a Companhia de Jesus do território de Portugal e de suas colônias em 3 de setembro de 1759, o rei d. José I criou, com o alvará de 30 de junho do mesmo ano, as normas de funcionamento das aulas régias e, com o decreto de 6 de junho, a função de diretor-geral dos Estudos, nomeando como primeiro diretor, d. Thomaz de Almeida, "Principal da Santa Igreja de Lisboa e do Conselho de Sua Majestade" — homem de sua inteira confiança —, para comandar a nova política de ensino. Foi uma mudança de orientação pedagógica radical, que substituiu o método empregado pelos jesuítas — considerado pela Monarquia como ultrapassado e prejudicial ao ensino e aos alunos, por exigir-lhes um longo período escolar, para sua formação — por outro mais moderno, empregado, com êxito em outras nações europeias e em Portugal pelos religiosos oratorianos. O novo método instituído veio detalhado na instrução para os "Professores de Gramática Latina, de Grego e Hebraico", baixada dois dias antes do alvará de 30 de junho, e fez-se acompanhar da relação dos livros a serem adotados em cada fase do curso. Além de representar uma aproximação do espírito de modernidade, presente no Iluminismo que predominava nos demais países europeus, essa mudança significava na avaliação do rei uma volta ao período glorioso dos estudos que preponderou em Portugal nos séculos XVI e XVII sob a orientação dos ensinamentos de Diogo de Teive, antes de os jesuítas monopolizarem no Reino a área do ensino. No alvará veio expressa a justificativa dessa mudança:

> não só reparar os mesmos Estudos para que não acabem de cair na total ruína, a que estavam próximos; mas ainda restituir-lhes aquele antecedente lustre, que fez os portugueses tão conhecidos na República das Letras, antes que os ditos Religiosos [os jesuítas] se intrometessem a ensiná-los com os sinistros intentos, e infelizes sucessos, que logo desde os seus princípios foram previstos e manifestos pela desaprovação dos Homens mais doutos e pendentes nestas úteis Disciplinas.[19]

O novo diretor-geral dos Estudos, d. Tomaz de Almeida, imediatamente baixou edital abrindo concurso público para professores de gramática latina, retórica e grego, visando ao "feliz progresso de um estabelecimento glorioso" para a Monarquia portuguesa. Preocupado com a formação desse novo quadro de mestres, o diretor recomendou que fossem escolhidos aqueles que tivessem vidas e "costumes exemplares e decência, e erudição conhecida". Recomendou ainda que fosse pesquisada a vida de cada candidato e, para aqueles que estivessem lecionando em instituição "pública ou particular", fosse verificado o nível de "aproveitamento de seus discípulos". Quanto aos livros a serem adotados pelas escolas "menores", indicou o novo *Compêndio* do padre Antônio Pereira, elaborado para o uso das Escolas da Congregação do Oratório, ou a *Arte de gramática latina reformada*, por Antônio Felix Mendes, que substituíram todos os anteriores, nessa matéria.

Os professores régios sem exceção e os professores particulares das instituições religiosas ou não tinham, a partir desse alvará, de seguir a nova linha pedagógica, empregar em seus cursos os livros recomendados, além de eliminar qualquer vestígio concernente ao método antes adotado pelos jesuítas.

Quando a novidade dessa "Reforma do Ensino" chegou ao Rio de Janeiro em 1760, funcionavam na cidade os cursos ministrados nos três seminários — o de São José, o de São Pedro (São Joaquim) e o de Nossa Senhora da Lapa do Desterro —, que atendiam a 95 seminaristas. Além desses cursos, o ensino era ministrado por doze mestres particulares pelos quais se distribuíam 309 alunos leigos, cifra que não inclui os alunos — de difícil estimativa — que recebiam aulas em suas próprias casas. (QUADRO 8)

Quadro 8

Instituições, mestres e alunos segundo as comarcas e localidades (1760-61)

Comarcas e localidades	Algumas características do ensino		
	Instituições	Mestres	Alunos
I. Comarca do Rio de Janeiro*	**4**	**16**	**508**
Cidade do Rio de Janeiro	3 seminários***	12	404
Cabo Frio	1 Conv. Capuchos		10
Parati		1	30
S. Salvador de Campos dos Goytacazes**		1	15
Vila de Vitória		2	49
II. Comarca de São Paulo		**7**	**141**
III. Comarca de Minas Gerais		**32**	**410**
IV. Comarca de Goiás		**1**	**45**
Vila Boa de Goiás		1	45
Total	**4**	**56**	**1.104**

* A respeito da comarca de Santa Catarina, ligada à capitania do Rio de Janeiro, "avisou o ouvidor não haver mestre algum do presente havendo necessidade dele público em razão da pobreza de seus moradores e que a mesma necessidade há no Rio Grande".

** Localidades da capitania do Espírito Santo pertencentes à Comarca do Rio de Janeiro.

*** Seminários de São José, São Joaquim e de Nossa Senhora da Sapa do Desterro.

Podia parecer pouco, mas se compararmos a situação da comarca do Rio de Janeiro com a de outras comarcas, nos anos de 1760-61, veremos que só a cidade do Rio de Janeiro, com 404 alunos, comparecia com significativa parcela, já que os demais lugares somavam setecentos alunos.[20]

O exame realizado na cidade do Rio de Janeiro dos candidatos a professor régio efetuou-se em 7 de maio de 1760, cabendo ao desembargador João Alberto de Castelo Branco presidir a "banca examinadora", composta pelo mestre beneditino d. Antônio de São Bernardo, pelo padre secular Antônio Nunes Leal, e pelo médico Francisco Correa Leal. Entre os inscritos, dezessete candidatos foram classificados nesse primeiro concurso para o magistério público no Rio de Janeiro. Alguns candidatos tiveram suas inscrições negadas em função das informações "secretas" fornecidas pelo bispo ao presidente da banca, entre eles o padre Fernando Manoel Salgado — "indigno em todos os sentidos" — e também o padre Roque Rodrigues de Carvalho (ex-jesuíta), por suas "ações indecentes e indignas de sacerdote". Ressalto duas questões nesse concurso: a primeira diz respeito à presença de três ex-jesuítas entre os classificados, o que demonstra o voto de confiança dado pelo governo aos religiosos que renegaram perante as autoridades em Lisboa sua antiga ordem, em conformidade com uma política governamental de fixar em seu Reino as pessoas intelectualmente qualificadas. A segunda refere-se aos cinco professores selecionados que já lecionavam no Rio de Janeiro, elogiados pela banca examinadora pela excelência de seu magistério ao levarem os alunos a bom aproveitamento, sinal de que já se desenvolvia nessa cidade um ensino de qualidade.

A julgar pelas provas realizadas no Rio de Janeiro entre 1796 e 1803 para professor régio das "primeiras letras", que constavam de aula expositiva e exercícios passados por escrito, o examinado devia sair-se bem nas operações aritméticas de divisão e ter boa redação.[21]

Cabia aos professores régios o ensino secundário dos alunos que haviam sido aprovados nas aulas de "Ler, escrever e contar". Com a extinção da Diretoria Geral de Ensino e a partir do alvará de 5 de junho de 1771, passou a Real Mesa Censória a responder pelo ensino escolar fundamental no Reino português, sendo seu primeiro diretor o padre Manoel do Cenáculo Vilas-Boas.

As estatísticas educacionais realizadas em 1772 revelam a existência de 479 "mestres régios" com suas respectivas classes funcionando, sendo 440 no território de Portugal, 24 nos domínios ultramarinos e 15 nas Ilhas.[22] Essa distribuição evidencia a preferência dada aos moradores do Reino em detrimento dos ultramarinos e ilhéus que constituíam na época uma população numericamente superior à de Portugal. Para a capitania do Rio de Janeiro foram computados sete professores régios, sendo dois para o ensino básico (ler, escrever e contar), dois para gramática latina e os três restantes divididos igualmente entre os cursos de grego, retórica e filosofia.

O alvará de 6 de novembro de 1772, que regulamentava o ensino das escolas onde se aprendia a "ler, escrever e contar", introduzia uma novidade: a educação deveria ser diferenciada, conforme a origem social do aluno. Para aqueles que iriam se dedicar aos "serviços rústicos" e às "artes fabris" — importantes atividades "que ministram o sustento dos Povos e constituem os braços e mãos do Corpo Político" —, bastaria que tivessem as "instruções dos párocos". Ou seja: para eles era dificultado o ingresso no ensino público, preferencialmente oferecido àqueles alunos que tivessem condições de prosseguir nos estudos e ingressar nas escolas superiores.

Em carta dirigida à rainha, os professores régios Manoel Ignácio da Silva Alvarenga e João Marques Pinto propuseram que as aulas de filosofia fossem dadas também aos jovens que pretendessem seguir a vida sacerdotal, aos que se aplicariam à cirurgia e aos que ingressariam, como cadetes, na vida militar, buscando subir na hierarquia da corporação. Também propuseram a novidade de se criar um espaço físico próprio para escola pública, fora do ambiente residencial dos professores e mestres régios. Na defesa dessa importante questão propuseram os professores Manoel I.S. Alvarenga e João M. Pinto o uso de estabelecimento que pertencera aos jesuítas, no largo de São Francisco. Diziam eles:

> que os estudos se estabeleçam em um colégio aonde os Professores ensinem a mocidade; façam outras funções literárias ordenadas pelas instruções. Esta providência segundo parece, não tem dificuldade porque *junto a São Francisco de Paula em uma das extremidades da Cidade se acha um edifício que os Jesuítas edificaram para casa de estudos em razão do seu convento estar retirado da Cidade, no qual já que não tem uso algum e por isso próximo a arruinar-se, se podiam estabelecer as escolas públicas*, mandando Vossa Majestade que se repartam nele as aulas necessárias para os professores darem as lições a seus discípulos e uma sala para se fazerem atos e orações, com sua tribuna para assistirem a estas funções as pessoas de maior graduação e que haja *um guarda para abrir, fechar e assear as ditas aulas e castigar os estudantes.*[23]

Com isso os professores régios propunham que o Estado assumisse integralmente o ensino público, conferindo-lhe dignidade e estrutura mínima de uma instituição de ensino. O simbolismo do prédio escolar e o apoio logístico que dava à educação pública e gratuita eram fundamentais para se contrapor ao ensino praticado pelos professores religiosos ou pelos particulares que usavam suas próprias casas ou se deslocavam para as residências dos alunos onde davam suas aulas. (MAPA 11)

Seis anos após, os dois professores voltaram à carga e, mais uma vez, denunciaram os religiosos, agora de forma mais contundente, citando o bispo, os frades de Santo Antônio e até os vice-reis por desviarem os frequentadores das aulas régias, em prejuízo, segundo eles, da Monarquia, da educação da juventude e da honra dos vassalos. O ensino público, funcionando nas residências dos professores régios localizadas na área central da cidade do Rio, dificultava a vida daqueles alunos que residiam em regiões afastadas como Jacarepaguá, Engenho Novo, Inhaúma, Irajá, Campo Grande, Itaguaí, Gávea, Guaratiba, Niterói (áreas do Termo da Cidade do Rio de Janeiro etc.), condenados a grandes deslocamentos. Além disso, o número de professores para atender à população em idade escolar era muito pequeno. Foi então que se abriu um campo de trabalho para os professores particulares, que passaram a dominá-lo, absorvendo progressivamente um número maior de alunos, cuja quantidade, por razões já ventiladas, não consta dos registros de 1760, apresentados no Quadro 8, pois havia mestres que ensinavam aos estudantes "nas próprias casas de seus pais".

Afora os professores citados anteriormente, aprovados no primeiro concurso público para atuarem no Rio como "mestres régios", foram professores régios na cidade

Mapa 11

Localização do prédio sugerido para sediar as aulas régias*

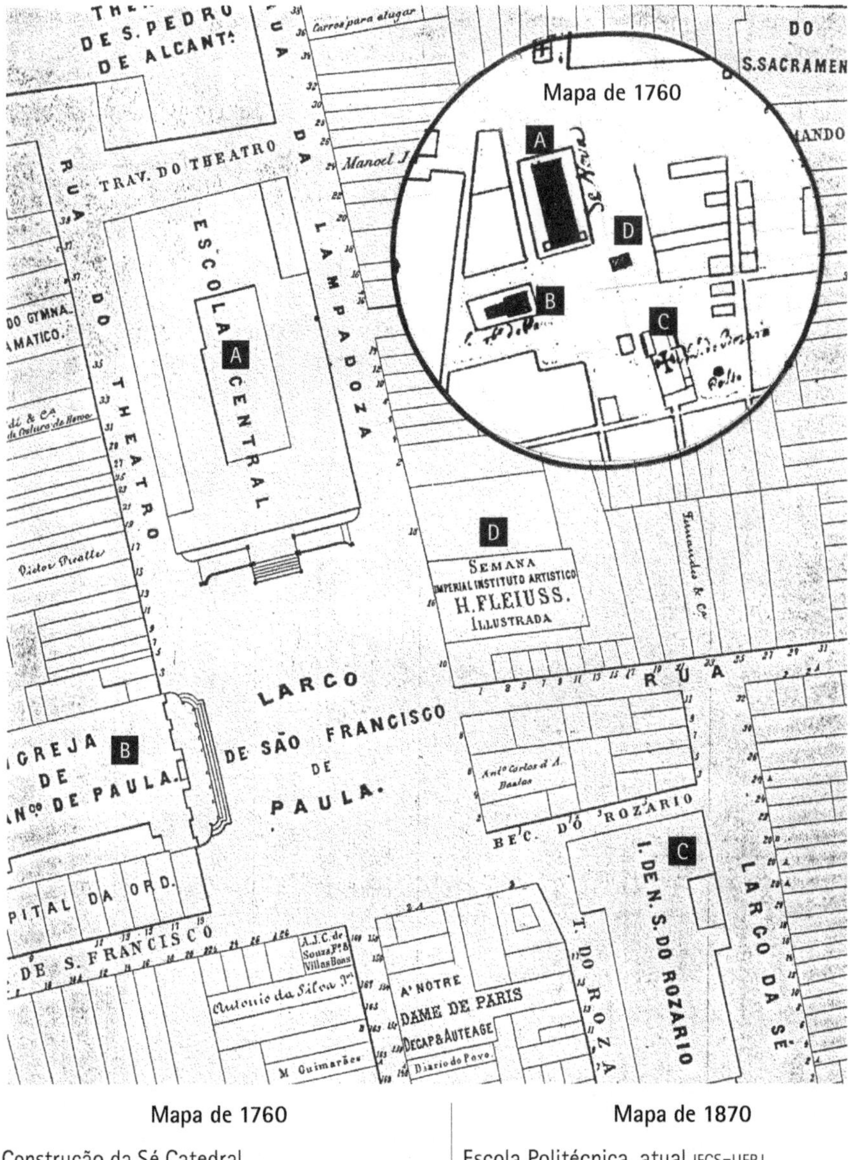

	Mapa de 1760	Mapa de 1870
A	Construção da Sé Catedral	Escola Politécnica, atual IFCS-UFRJ
B	Igreja da Ordem 3ª de S. Francisco de Paula	Igreja da Ordem 3ª de S. Francisco de Paula
C	Igreja Nossa Senhora do Rosário (Sé Catedral)	Igreja Nossa Senhora do Rosário (Sé Catedral)
D	Casa dos ex-jesuítas sugerida para sediar as aulas régias	Sede da *Revista Ilustrada*

* Superpuseram-se ao "Mapa mercantil do Rio de Janeiro", de 1870, trechos de mapa de 1760, para facilitar a localização do prédio proposto pelos professores para abrigar a sede das aulas régias.

do Rio de Janeiro entre 1772 (início de novos concursos) e 1810, mais vinte outros professores, cujos nomes foram por mim anotados no decorrer da pesquisa. Apresenta-se a seguir uma listagem dos mestres régios que atuaram no Rio de Janeiro de 1772 a 1810:

Agostinho Correia da Silva Goulão, filosofia	João Marques Pinto, grego
Antônio Dias Barbosa Ferreira, gramática latina	Jorge Furtado de Mendonça, gramática latina
Antônio de Souza Ribeiro, gramática latina	José Fernandes de Carvalho, ler, escrever, contar
Elias Rodrigues Lima, padre, gramática latina	José Furtado de Mendonça, gramática latina
Felizardo José Pereira do Amaral, primeiras letras	José dos Santos Portugal, primeiras letras
Francisco R. Xavier Prates, padre, filosofia racional	Luiz Antônio de Souza, padre, gramática latina
Gonsalo Alexandrino, padre, gramática latina	Luiz Gonçalves dos Santos, padre, latim
Jerônimo Joaquim de Pinna, professor régio	Luiz Joaquim, primeiras letras
João Floriano da Silva, gramática latina (substituto)	Manoel Felício da Rocha, gramática latina (substituto)
João Manso Pereira, químico, gramática latina	Manoel Ignácio da Silva Alvarenga, retórica

Os professores das escolas públicas eram afinadíssimos com a filosofia educacional implantada pelo rei d. José I a partir de 1759 e gozavam de prestígio junto à Monarquia portuguesa. Por isso, contavam com a presença das altas autoridades do Rio de Janeiro em momentos solenes que os envolviam. À primeira aula do recém-aprovado professor régio de filosofia racional e moral, o presbítero secular Francisco Rodrigues Xavier Prates, em 28 de junho de 1774, compareceram o vice-rei marquês do Lavradio, o coadjutor, dr. José Joaquim Justiniano Mascarenhas Castelo Branco, outras autoridades e um bom número de alunos. Nela, o professor Francisco R. Prates fez um balanço dos atos do rei d. José I em benefício da educação em todos os níveis, comentou a reforma salvadora da Universidade de Coimbra, elogiou a sábia decisão real de retirar o ensino das mãos dos jesuítas que o ministravam de forma "erradíssima", estendeu-se sobre o papel da filosofia racional, moral e ética na formação dos verdadeiros súditos e concluiu com uma louvação ao monarca.[24] Francisco R. Prates lecionou por uma década, sendo substituído em 1785, após sua morte, por Agostinho Correa da Silva Goulão.

O salário anual desses professores variava em torno de 450$000rs. Assim, o professor de grego João Marques Pinto recebeu como primeiro ordenado, em 1784, 440$000rs, e Agostinho C.S. Goulão iniciou ganhando 460$000rs, o que equivalia a vinte vezes menos que o salário mais alto da capitania, pago ao vice-rei. Correspondia ao quádruplo do recebido por um professor régio substituto (provisório) das "primeiras letras", que girava em torno de 100$000rs por ano, salário que iria receber o professor João Bernardo de Oliveira, nomeado pela Rainha em 21 de janeiro de 1791 para lecionar na freguesia de Nossa Senhora do Loreto de Jacarepaguá.[25] Com o valor de 450$000rs poder-se-iam comprar quatro escravos, ou pequenina casa em rua um pouco afastada do centro. Em termos de grandeza, o salário era bem maior que o aluguel de uma boa casa térrea ou pequeno sobrado na cidade do Rio de Janeiro, que na época valia em torno de 180$000rs anuais. Mesmo assim o salário foi considerado baixo pelos professores Manoel Ignácio da Silva Alvarenga e João Marques Pinto, que pediram por aumento em 1787, alegando o dispêndio com o aluguel de uma casa "mais decente", necessidade absolutamente coerente com sua condição de professores régios, pois era em cômodos da casa, como já foi visto, que se instalava a própria classe de aula. Diziam os professores régios que a despesa do aluguel, somada aos gastos com o "sustento, vestuários, livros" e outros, superava o valor do salário que recebiam.[26] Remunerar mal os professores não era uma prática adstrita à colônia em geral e ao Rio de Janeiro em particular. Antes parecia ser um costume difundido em todo o Reino. Os mestres de Lisboa também se queixavam, como o fez o professor régio de filosofia racional, Agostinho José da Costa de Macedo. Dizia possuir família grande de oito filhos, mencionava a elevação dos custos com a alimentação e outras coisas "indispensáveis para a subsistência da numerosa família", por isso pedia por melhores salários. Comparou seu trabalho de professor dedicado e reconhecidamente competente, exercido por mais de vinte anos sem receber qualquer aumento, com a situação dos militares e dos empregados da Fazenda Real, que, ao ascenderem a postos mais altos, recebiam salários mais elevados. Solicitou, enfim, igualdade de tratamento ao que era dado aos demais servidores públicos, lembrando ironicamente que "num Governo tão feliz e justo, um Professor público desta Corte parece não ser inferior a todos os outros Vassalos empregados publicamente".[27]

Já o professor régio de filosofia da cidade do Rio de Janeiro, Agostinho Correa Goulão, um dos proprietários da Fazenda de Correa — hoje tombada com sua sede situada em Correas, Petrópolis, Rio de Janeiro —, requereu em 1793, não um aumento, mas sim a permissão para colocar em seu lugar um substituto, pago com seu próprio salário. Esclareceu que se encontrava doente e "impossibilitado pelas moléstias de que há muito tempo padecia, originadas das fadigas e aplicações" pelo árduo exercício do magistério, tendo chegado a lançar, em muitas de suas "preleções, sangue pela boca". Por esse motivo tinha sido proibido pelos médicos de continuar lecionando.[28]

Com o passar dos anos, desde que o Estado assumira a educação da juventude, as informações enviadas à Corte sobre a qualidade e eficiência do ensino público na cidade do Rio de Janeiro, nas Escolas Menores, tornaram-se críticas, como o próprio príncipe regente d. João, em carta régia datada de 19 de junho de 1799 ao conde de Resende, reconheceu: era "presente o triste e deplorável estado em que se acham as Escolas Menores em todas as capitanias pela falta de sistema com que se acham estabelecidas as cadeiras necessárias para a Instrução pública".[29] Em consequência, pede ao vice-rei um balanço detalhado da situação e lhe dá todo o poder para assumir o comando do ensino, inclusive de "censurar, castigar e vigiar sobre a conduta e exação de serviço e procedimento dos mesmos professores", na capitania do Rio de Janeiro. Recomenda ainda o príncipe a duplicação de esforços, visando aumentar a receita do Subsídio Literário, na capitania, e a criação, na cidade do Rio de Janeiro, de uma "Cadeira de Aritmética, Geometria, Trigonometria, onde possam formar-se e educar-se bons Contadores e bons Medidores".

Professores particulares e controle do exercício do magistério

O governo português havia reconhecido, na carta enviada ao conde de Resende que acabei de comentar, a precária situação do ensino em sua colônia na América. De fato, as reformas implementadas por Pombal não tinham alcançado plenamente as melhorias pretendidas. Eram poucos os professores régios, longas eram as distâncias, mesmo as relativas ao perímetro urbano de uma cidade como o Rio de Janeiro do século XVIII, sacrificando demais os interessados em instruir-se. Por isso muitas famílias, querendo oferecer o melhor a seus filhos, intensificaram a contratação de mestres que se deslocavam até suas casas para ensinar-lhes as primeiras letras, ou até outros saberes, pagando-lhes por isso. Ampliou-se assim uma forma de ensino privado e particular, como resposta à precariedade do ensino público ou semipúblico oferecido pelos seminários e colégios de ordens religiosas e pelas aulas régias.

Todavia encontrar informações sobre essa prática dos professores domésticos foi tarefa difícil e representou um grande desafio. Por meio de exame de vários documentos como escrituras, procurações, inventários, processos de casamento, registros de óbitos etc. foi possível localizar 31 citações referentes aos nomes desses mestres, atuando entre 1702 a 1812 na cidade do Rio de Janeiro.

Nas referências aos mestres de meninos há poucos dados a respeito do trabalho por eles desenvolvido no âmbito doméstico. Por informações esparsas, algumas referentes a outras capitanias, sabe-se que, nas casas, as "meninas" podiam mais facilmente ser incluídas no aprendizado das primeiras letras, ou em outra forma de aprendizado culturalmente apropriado às jovens, como o bordado, a música, a arte culinária. Tenho encontrado algumas referências a esses mestres em inventários *post mortem*, como o de Ana Rosa do Nascimento, que deixou dois filhos em idade escolar. O tutor dos órfãos Joaquim e José, o alferes Ignácio José de Araújo, em 1808, registrou no inventário que além de papel, tabuada e catecismo para o estudo dos meninos pagava ao "mestre escola" 1$200rs mensalmente por cada aluno.

Ainda que exercendo o magistério no espaço doméstico, esses mestres, se quisessem ensinar, tinham que prestar provas para obter a "carta de professor", documento necessário para o registro legal na Câmara de seu ofício de mestre. Tinham, também, que adotar o mesmo método pedagógico prescrito aos professores régios e os mesmos livros recomendados pelo governo, no que eram fiscalizados. (QUADRO 9)

Quadro 9

Professores particulares, ano em que foram citados
e qualificação registrada (1702-1812)

Nomes dos professores	Ano de citação	Qualificação / Observações
Agostinho Marques da Costa	1804	Mestre de meninos
André da Luz e Silva	1770	Mestre de gramática com classe pública
André de Mello, padre	1792	Mestre de gramática no seminário S. José
Ângelo Rodriges Campelo	1796	Mestre de meninos
Antônio de Almeida	1777	Mestre de meninos. Casado com Custódia Maria do Sacramento
Antônio Diniz	1794	Licença para ensinar a ler, escrever e contar
Antônio Duarte Carneiro, padre	1799	Vice-reitor do seminário de S. Joaquim
Antônio Félix Pereira, padre	1792	Licença para lecionar por um ano
Antônio Ferreira, padre	1792	Vice-reitor do seminário de S. José

continua

Nomes dos professores	Ano de citação	Qualificação / Observações
Antônio José dos Reis Pereira e Castro, padre	1765	Mestre-escola da Sé
Antônio José da Silva Chaves	1804	Mestre de primeiras letras em Inhomirim
Antônio Manoel de Moraes	1812	Mestre de gramática portuguesa, latina e francesa. Escola na rua de São Bento 71
Antonio Pereira Bonarote	1793	Professor de primeiras letras
Antônio de Pina	1720	Mestre-escola da Sé
Antônio de Santa Úrsula Rodovalho, frei	1792	Mestre de filosofia no seminário de S. José
Bento Cortez de Toledo, padre	1799	Vice-reitor do seminário S. José
Bento de Souza Menezes	1756	Ensino de latim gramatical. Natural de Braga
Bernardo da Costa Pacheco	1805	Mestre de meninos
Bernardo Leite Pereira, padre	1799	Reitor do seminário S. Joaquim, mestre de Cantochão
Duarte Mendes de Sampaio	1805	Reitor do seminário de N. Srª da Lapa do Desterro
Florêncio Alves de Macedo (estava ordenando-se)	1799	Mestre de gramática no seminário de S. José
Francisco Cardoso Ferreira	1789	Mestre de meninos, morador da praia do Peixe
Francisco das Chagas, frei	1755	Lente de teologia no convento do Carmo
Francisco Dias Martins	1727	Mestre de meninos, morador da rua do Parto
Francisco José de Macedo, padre	1792	Mestre de gramática no seminário de S. Joaquim
Francisco Luiz Saturnino	1805	Professor de primeiras letras
Francisco Mendes Simões	1720	Mestre de meninos. Casado com Thereza Paes de Jesus, acusada e presa por ter sangue de cristão-novo
Francisco Xavier do Souto Faria	1793	Mestre de ler, escrever e contar
Gaspar José Dias	1810	Mestre de ler, escrever e contar
Gaspar Pio de Valadares Vieira	1776	Mestre-escola. Atendia na rua de São Pedro. Falecido em 3.7.1796
Henrique João Leite, padre	1792	Reitor do seminário de N.Sª da Lapa do Desterro
Ignácio Borges de Freitas*	1786	Prestou prova em 11.10.1786 para ensinar a ler, escrever, contar e catecismo. Falecido em 16.12.1800
João de Barros	1734	Vive de ensinar meninos. Pardo forro, morador junto à igreja de S. José
João Batista	1799	Mestre de gramática no seminário de N. Srª da Lapa do Desterro
João Duarte de Souza	1773	Mestre de meninos. Natural do Porto
João Francisco Braga, padre	1799	Mestre de moral no seminário de S. José
João Martins Ferreira Brito	1744	Mestre de meninos. Morador na rua da Candelária
João Pereira da Silva, padre	1743	Professor de latim e retórica, pregador régio e poeta
João de São Bento Capristano, frei	1792	Mestre de moral no seminário S. José
João de Sazaron	1794	Professor de francês. Testemunha na Devassa de 1794, solteiro, 47 anos
Joaquim Gomes, padre	1792	Mestre de gramática no seminário de N. Srª da Lapa do Desterro

continua

Nomes dos professores	Ano de citação	Qualificação / Observações
Joaquim Maria Mascarenha, padre	1790	Reitor do seminário de S. José
José de Castro Melro	1789	Mestre. Morador do largo da Sé. Faleceu em 1793
José Coelho Pires de França, padre	1792	Quarto mestre da escola da Sé, morador na rua dos Ferradores
José Joaquim Antunes	1783	Mestre de gramática
José Joaquim da Silva Pereira	1756	Vive de ensinar meninos
José Soares de Pinho	1774	Professor de primeiras letras
José de Souza Marmelo, padre	1790	Reitor do seminário de S. José
Leandro José de Castilho	1774	Mestre de meninos
Lourenço José de Almeida, padre	1792	Vice-reitor do seminário S. Joaquim
Luciano de Andrade e Almeida	1774	Mestre de meninos
Luiz da Silva Amaral	1807	Professor de primeiras letras. Algumas vezes substituiu professores régios
Luiz da Silva Madeira	1765	Mestre-escola com 64 anos
Manoel de Andrade Warneck, padre	1755	Reitor do seminário de S. José
Manoel da Costa Ferreira	1794	Licença para ensinar a ler, escrever e contar
Manoel Ferreira de Almeida	1794	Professor de primeiras letras. Acusado na Devassa de 1794, casado
Manoel Freire Batalha	1743	Mestre-escola. Faleceu, em Lisboa, em 1756
Manoel Henriques Marink, padre	1792	Reitor do seminário S. Joaquim
Manoel Ignácio Borges	1799	Professor de primeiras letras
Manoel Marques	1808	Professor de língua latina
Raimundo de S. Francisco	1794	Professor de ler
Torquato José Ferreira	1805	Professor de primeiras letras
Veríssimo Xavier Vieria	1772	Mestre-escola de ensinar meninos
Vicente Alvares Ferreira	1702	Licenciado, mestre de estudantes. Deu o nome à rua em que residia. Faleceu por volta de 1748
Vicente Ferreira Santana	1774	Mestre de meninos

* O professor Ignácio Borges de Freitas era um mulato carioca filho natural do sargento Ignácio Cardoso da Silva e de Joana Borges. Quando já exercia o magistério, ingressou, em 1774, na Irmandade de Nossa Senhora da Conceição dos homens pardos, exercendo nela vários cargos na sua diretoria. Faleceu em 16.12.1800.

Por toda parte, o controle do Estado e da Igreja se exercia sobre professores domésticos, professores de escolas religiosas ou professores régios de escolas públicas. Tiveram as ordens religiosas que encaminhar à Real Mesa Censória, a partir de 1776, os novos estatutos ou planos dos cursos que ministravam, bem como o método pedagógico utilizado, adaptado às novas regras estabelecidas pela reforma do ensino implantada pela Monarquia.

Os beneditinos, na apresentação de seus planos, foram pródigos em elogios à reforma de ensino encetada pelo rei d. José I e severos nas críticas ao ensino que era praticado pelos jesuítas, considerado "despótico", com reflexos "deploráveis na educação dos jovens".[30]

Mais contundentes ainda foram os franciscanos do convento de Santo Antônio, no Rio de Janeiro, que assim se expressaram sobre a pertinência da expulsão dos jesuítas pelo rei:

> graças ao Céu, que chegamos ao feliz Século, em que houve quem de um golpe cortasse todas as cabeças a esta Hidra! [referência aos jesuítas] O Rei Dom José I. Nosso Senhor e o Grande Herói, que a Providência suscitou para livrar-nos do vergonhoso cativeiro da ignorância, e do fanatismo, que exercitaram no Mundo o mais tirano, e despótico governo. Ele que teve a felicidade de achar um Ministro, em quem se ajuntaram as luzes, e o poder necessário para debelar de tal sorte estes formidáveis inimigos, que já daqui por diante serão proscritos do meio dos homens. Ele, o que achou o caminho mais breve para formar corações sinceros, espíritos retos, e homens Sábios.[31]

São palavras que refletem, além de seu estilo retórico, a intenção de absorver a ideologia da Corte num processo de identificação que era uma outra forma de controle sobre o que se pensava e se ensinava. Levada ao extremo, e de maneira inescrupulosa, essa vigilância difusa podia incriminar indevidamente até mesmo outros professores, como Manoel Ignácio da Silva Alvarenga e João Marques Pinto, mestres respectivamente de retórica e grego. Em virtude de falsas denúncias foram apontados como pessoas simpáticas aos ideais revolucionários franceses e presos, por ocasião da Devassa de 1794, por mais de dois anos.

Universidade de Coimbra: um sonho

A Monarquia portuguesa, ao contrário da espanhola, não permitiu a criação de universidades em sua colônia na América, criando desse modo um eficiente filtro de triagem para os nascidos em terras brasileiras que pretendessem alcançar a formação universitária. O custo de manutenção de um estudante em Coimbra era uma dificuldade delimitadora do sonho de muitos colonos que sabiam ser o diploma universitário, principalmente o conferido pela Universidade de Coimbra, uma porta de acesso à posição de pessoas honradas e aos muitos cargos públicos.

Ainda em 1686 os vereadores do Rio de Janeiro, como porta-vozes dos pais de estudantes em Coimbra, haviam apelado ao rei d. Pedro II para que o mesmo privilégio concedido aos estudantes da Bahia e de Pernambuco fosse estendido aos filhos daquela cidade. Pleiteavam o encurtamento de um ano do período universitário regulamentar para os que, no Brasil, já haviam se formado em filosofia. A razão era a mesma: padeciam os jovens naturais do Rio de Janeiro de "grandes incômodos no dilatado tempo que gastam na assistência das Escolas e ficam seus pais fazendo com eles maiores despesas do que podem com seus cabedais".[32]

Apesar dessas dificuldades muitas famílias, mesmo as de origem mais simples, e à custa de muito sacrifício, não hesitaram em mandar seus filhos à Universidade de Coimbra. Para lá partiram, por exemplo, aos 14 anos de idade, Manoel José da Silva, filho natural de Manoel da Silva Soares e Elena Maria de Marins e morador da cidade do Rio de Janeiro[33] e, aos 23 anos, o jovem mulato Manoel Ignácio da Silva Alvarenga, que mais tarde se transformou no famoso professor régio de retórica.[34]

No decorrer do século XVIII, estudaram e se formaram naquela universidade 1.875 pessoas originárias do Brasil, segundo Manoel Xavier de Vasconcelos Pedrosa.[35] Por meio de outro estudo realizado por Francisco de Moraes[36] — que levanta dados, como filiação e naturalidade —, fica-se sabendo que, entre 1772 e 1800, de um total de 527 estudantes que foram, do Brasil, cursar a Universidade de Coimbra, 120, ou seja, 22% eram provenientes da capitania do Rio de Janeiro.

A advocacia liderava a preferência de 64% dos estudantes por ser, na época, a profissão que oferecia maiores oportunidades de emprego e trabalho, que se espalhavam por quase todas as funções da administração pública.[37] Já os formados em medicina, nesses 28 anos, foram somente 13 (11% sobre o total). O baixo percentual decorria provavelmente das grandes exigências colocadas pela universidade para os que ingressavam nesse curso: a) maior período de permanência, idade mínima de 18 anos para admissão, portanto mais elevada que a de outros cursos que prescreviam 15 anos para matemática e 14 para filosofia; b) domínio das línguas clássicas, latina e grega, além da familiariedade com o francês e inglês, idiomas nos quais eram publicadas as obras técnicas da área.[38] (QUADRO 10)

Quadro 10

Estudantes formados na Universidade de Coimbra por número de cursos frequentados, segundo períodos de anos (1772-1800)

Períodos de anos	Total de formados por número de cursos frequentados										
	37 em um curso					55 em dois cursos				28 em três cursos	
	Direito	Filo.	Mat.	Med.	Teo.	A	B	C	D	E	F
1772-80	6	5	3	—	—	15	5	4	1	16	2
1781-90	3	—	4	1	1	14	2	3	3	2	2
1791-1800	13	1	—	—	—	3	5	—	—	5	1
Total	**22**	**6**	**7**	**1**	**1**	**32**	**12**	**7**	**4**	**23**	**5**

Grupo A: Direito e mat. (27); Direito e filo.(4); Direito e cânone-teologia (1)

Grupo B: Filosofia e matemática (12)

Grupo C: Medicina e matemática (6); medicina e direito (1)

Grupo D: Teologia e matemática (4)

Grupo E: Direito, matemática e filosofia (22); direito, matemática e teologia (1)

Grupo F: Medicina, matemática e filosofia (5)

A esses 120 diplomados pela Universidade de Coimbra, naturais da capitania do Rio de Janeiro, juntaram-se outros que, embora provenientes de outras capitanias, radicaram-se, em seu retorno ao Brasil, na cidade de São Sebastião, integrando-se à sua elite intelectual, entre eles Baltazar da Silva Lisboa, natural da Bahia, e Manoel da Silva Alvarenga, nascido em Minas Gerais.

Os profissionais do teatro

> Senhor. Os homens de Negócio desta Praça de Lisboa abaixo assinados, considerando o grande esplendor, e utilidade que resulta a todas as Nações do estabelecimento dos Teatros Públicos, por serem estes, quando são bem regulados, a Escola Pública, onde os Povos aprendem as Máximas mais sãs da Política, da Moral, do Amor da Pátria, do valor, zelo e fidelidade, com que devem servir aos seus Soberanos; civilizando-se e desterrando insensivelmente alguns restos de barbaridade, que neles deixaram os infelizes séculos da ignorância ... têm determinado entre si formar uma sociedade que se entregue em sustentar os mesmos teatros. Criadores da Sociedade para a subsistência dos teatros públicos da Corte. (Alvará de 4.6.1771)

Assinaram essa petição ao rei quarenta pessoas, entre comerciantes e capitalistas, nenhuma delas pertencente à nobreza do reino, como afirma Manoel Carlos de Brito.[39] Ora, este fato e o próprio conteúdo da epígrafe que abre o presente tópico, dedicado ao estudo dos profissionais do teatro na cidade do Rio de Janeiro do século XVIII, revelam: de um lado, a preocupação de enaltecer o papel positivo dos espetáculos cênicos na educação dos povos, em resposta a uma ideia corrente que via na teatralização profana uma ameaça aos bons costumes e aos valores cristãos; de outro lado, atestam a existência de um modelo empresarial de gestão operística e teatral, que já há algum tempo vinha sendo praticado em Portugal.

O alcance dos argumentos apresentados pelos "criadores da Sociedade para a Subsistência dos Teatros Públicos da Corte" só pode ser entendido quando relacionado ao tratamento restritivo dispensado no período anterior pela Corte — ou mais propriamente, por d. João V (gestão 1707-50) — às artes cênicas, "proibindo todos os espetáculos teatrais e musicais profanos em Lisboa durante os últimos oito anos de seu reinado".[40] Por isso, queriam aqueles quarenta signatários enfatizar junto ao rei d. José I (gestão 1750-77) que se o teatro representava uma atividade artística enobrecedora dos sentimentos e amplificadora dos conhecimentos, tinha de se abrigar em boas edificações construídas para esse fim, necessitando, portanto, de recursos permanentes que garantissem sua manutenção e funcionamento.

Essa mesma necessidade despontava no Rio de Janeiro do século XVIII. A cidade se expandira, crescera em população e se adensara culturalmente, convertendo-se em ponto de passagem de autoridades e profissionais que se dirigiam às capitanias do interior e aos territórios do sul da colônia. Transformara-se, também, em centro de acolhida de estrangeiros em missão ou de eventuais visitantes, bem como em sede do vice-reinado. Por isso, continuar encenando, exclusivamente, sobre palcos improvisados nas ruas e praças, em terrenos baldios ou em fundos de quintal, já não condizia com os novos tempos da cidade, nem respondia à qualidade de sua potencial plateia. Era chegado o momento de implantar teatros públicos em recintos fechados acompanhando as transformações que nessa matéria se operaram na Europa.[41] A imposição dessa nova exigência e sua concretização converteram-se assim em objeto central da presente análise, por haver percebido que a história do teatro do Rio de Janeiro no século XVIII confundia-se com a história desses espaços, especificamente concebidos para apresentações operísticas e teatrais. Estudar o surgimento, a localização e a arquitetura das casas de teatro, a biografia e gestão de seus empresários, e, resumidamente, o repertório das peças naquela época apresentadas, pareceu-me o melhor projeto, o qual, em seguida, tentarei detalhar.

A história das casas de espetáculos e dos primeiros empresários e artistas, no Rio setecentista, encerram — a despeito dos meritórios esforços de autores que sobre eles trataram, como Melo de Moraes (pai e filho), Moreira de Azevedo, Vivaldo Coaracy, Vieira Fazenda, Adolfo Morales de los Rios (autor de alentado trabalho sobre o tema), Gilberto Ferrez, Lothar Hessel/Georges Readers, Gastão Cruls, Ayres de Andrade e outros — imprecisões de datas relativas a seu surgimento, aos dados biográficos de seus gestores, ou à sua localização no espaço da cidade. Os três mais antigos empresários de teatros são algumas vezes nessa bibliografia subliminarmente desqualificados quando se procura descrevê-los fazendo uso de atributos pejorativos, como "o padre mulato e corcunda" para "Ventura", "o fagotista" e "bajulador das autoridades" para "Manoel Luiz", e o "cabeleireiro" para "Fernandinho", que, por haver servido ao vice-rei, recebera as benesses das autoridades para construir o Teatro São João. A impressão que fica da leitura dos trabalhos que tratam desses personagens é a de que não passavam de profissionais despreparados do ponto de vista cultural. Haviam assumido o papel de gestores de atividades teatrais do mesmo modo que podiam ter sido donos de armazém de secos e molhados ou de outro tipo de negócio similar.

Todavia, a pesquisa que realizei levou-me ao conhecimento de três documentos inéditos e de um estudo genealógico, jamais citados até então por nenhum dos historiadores acima mencionados. Refiro-me, em primeiro lugar, a uma escritura de fundação de uma sociedade para gerir um teatro de marionetes, datada de 1719. Faço alusão, em segundo, à escritura de empréstimo, realizada em 1749 pela mãe do padre Boaventura (e não Ventura), o mais conhecido empresário da época, na qual o filho (irmão do padre) entra como fiador hipotecando "duas casas que se situavam ao lado da Casa da Ópera", localizadas na rua da Quitanda do Marisco, atual rua da Alfândega. Reporto-me, em terceiro, a mais outras duas escrituras de arrendamento de "casas de ópera", escalonadas no tempo — anos de 1754 e 1775 — e tendo como arrendatários pessoas diferentes; e por fim cito o artigo de Gilson Nazareth, genealogista que ao desvendar o nome completo do padre Boaventura abriu pistas à obtenção de novas informações.

Com essas fontes documentais foi possível retroagir a data da primeira Casa de Ópera a pelo menos 25 anos, bem como situar o mais antigo recinto fechado da segunda década do século XVIII voltado às artes cênicas. Foi possível, igualmente, enriquecer as biografias dos empresários, tomar pé das sociedades realizadas entre eles e situar com segurança as ditas casas nos logradouros da cidade.

A história do teatro na cidade do Rio de Janeiro, com prédio específico para suas apresentações, inicia-se com a fundação de uma sociedade para exploração comercial de um "presépio". Em 29 de novembro de 1719, três artistas empresários assinaram a escritura de sua fundação, cabendo a Plácido Coelho de Castro a produção das figuras a serem esculpidas; a Manoel Silveira Ávila a pintura e instalação das peças; e a Antônio Pereira a tarefa de lhe colocar a música polifônica de pelo menos "quatro vozes", além de cuidar dos instrumentos musicais necessários.[42] O plano dos sócios era inaugurar o presépio ainda no final do ano de fundação da sociedade, ficando Antônio Pereira responsável pelo recolhimento da receita angariada nos dias de espetáculo e posterior rateio entre os membros.

Trinta anos após, em 1748, um tripulante da nau *L'Arc-en-Ciel*, que aportara no Rio de Janeiro, chamado Pierre, registrou um espetáculo de marionetes, apresentado numa sala de teatro.

Marionetes de tamanho natural serviam para a execução de uma peça teatral cujo assunto era a conversão de alguns doutores pagãos por Santa Catarina. Eram figuras bem-feitas e ricamente trajadas, "as vozes e movimentos agradavam e o mecanismo era bastante bom para ser percebido".[43]

Em sua descrição, o francês Pierre preocupa-se em detalhar a distribuição de homens e mulheres pelo espaço da sala de espetáculo. Os homens se acomodavam na plateia, ao rés do chão, em "bancos de espaldar e braços", enquanto às mulheres eram reservados os camarotes do pavimento superior, elevados do chão a uma altura de 2,95 a 3,30m. Pela descrição, conclui-se tratar de um prédio construído para uso teatral, o qual — em função da data de chegada do navio francês (1748) — não podia ser outro senão a Casa da Ópera do ainda licenciado Boaventura Dias Lopes, citada em 1749 na referida escritura de empréstimo tomado por sua mãe.[44]

Tudo parece indicar, a despeito da falta de confirmação documental contundente, que esse teatro de marionetes representava uma evolução do presépio abrigado na Casa da Ópera do padre Boaventura, que anos mais tarde imprimiu-lhe outra direção: em substituição aos bonecos, adotou atores de carne e osso, razão pela qual começou a se chamar "Ópera dos Vivos", sem que essa designação, contudo, indicasse a existência de um outro estabelecimento diferente da primeira casa de ópera.

A esta altura cabe perguntar: quem era esse padre Boaventura a que todos se referiam como padre Ventura? O artigo do genealogista Gilson Nazareth, além de revelar-lhe o nome completo, Boaventura Dias Lopes, fornece dados sobre sua família, os quais completei com novas informações colhidas no decorrer da pesquisa.[45] Filho de Antônio Dias Lopes e Maria de Souza, Boaventura nasceu no Rio de Janeiro em 26 de julho de 1710 e tinha quatro irmãos: Marcelino Dias Lopes; Luiz Dias Lopes, seu testamenteiro; Clara de Souza e Manoel Dias Lopes, bacharel formado na Universidade de Coimbra e mais tarde padre secular. Boaventura Dias Lopes também ordenou-se sacerdote secular do "hábito de São Pedro" em 1749, tendo levado como dote um de seus imóveis a título de garantia patrimonial que lhe facultava a ordenação. Mesmo depois de ordenado, o padre Boaventura continuou administrando seus teatros, arrendando-os a terceiros, mas frequentando-os sempre que possível. A data de seu falecimento situa-se entre novembro de 1772 (ano em que resolveu fazer a doação de seus bens, inclusive dos teatros, a seu irmão, Luiz Dias de Souza) e abril de 1775 (data em que o irmão herdeiro estabelece sociedade com Manoel Luiz Ferreira para gerir a Ópera Nova).

As casas da ópera: situação, gerência e arquitetura

Naquela época "ópera" significava também peça de teatro, quer fosse dramática, cômica-trágica, ou comédia; e "casa de ópera", o mesmo que teatro, ou melhor, casa de teatro público. No Rio de Janeiro setecentista chegaram a funcionar simultaneamente duas casas de ópera, ambas construídas — presume-se — a expensas de um único e mesmo empresário, que não possuía sócios: Boaventura Dias Lopes. A primeira delas, a Ópera Velha, como já foi visto, construída no mínimo um pouco antes de 1748 — data de sua mais antiga referência —, foi arrendada por seu dono a Salvador Cossino de Brito, depois de haver introduzido atores vivos nos espetáculos que apresentava.[46] Na escritura de arrendamento, datada de 30 de agosto de 1754, consta que a "Ópera dos Vivos" situava-se "nesta cidade", "na rua do Marisco da Alfândega, indo para o Campo". De acordo com o texto do contrato seu novo administrador, que era músico profissional, obrigava-se a pagar ao padre Boaventura 600$000rs por dois anos de arrendamento, divididos em seis parcelas iguais. Rezava ainda o contrato

> que toda a fábrica da dita casa como solfas e vestidos e bastidores e tudo que pertence a representação da dita ópera de que foram inventário assinado por ambos eles outorgantes e bem assim findo o tempo deste arrendamento entregará ele rendeiro a ele arrendatário todos os trastes de vestuários, solfas e óperas que estiverem em ser e tudo mais que de novo fizer tanto de solfas, como de vestidos para representar a dita ópera.[47]

Conforme uma prática sempre adotada nos arrendamentos que fazia, o padre Boaventura reservou para si um camarote exclusivo, de forma a manter um vínculo com sua casa de teatro, que nunca deixou de frequentar mesmo depois de ter-se tornado padre. Os cuidados que demonstrava ter com todos os bens do teatro, inclusive com as vestes e solfas protegidas pelo contrato, são uma manifestação de sua vontade em manter intacto o patrimônio físico e cultural da Casa da Ópera.

Quanto à localização desse teatro — questão durante muito tempo nebulosa —, sabe-se hoje a partir das indicações contidas nas escrituras supracitadas que ficava no logradouro que mais tarde veio a se chamar rua da Alfândega, bem na quadra da atual estação do metrô da Uruguaiana.

Não foi possível encontrar nenhum documento iconográfico que mostrasse a feição externa e interna do prédio onde funcionava a Ópera Velha (ou "dos Vivos"). Sua melhor descrição foi feita pelo escrivão Pierre, da nau francesa *L'Arc-en-Ciel*:

> tinha mais ou menos quinze toesas (29,7m) sobre dez (19,8m) e a cena ocupava cinco (9,9m) sobre o comprido deixando a sala quadrada. O palco era um pouco menos elevado do que os nossos e cercado de uma grade de arame através do qual via-se perfeitamente a ação das marionetes, graças a grande número de velas. O quadrado servia de plateia e todo ocupado de assentos com espaldares altos e braços, como nossos bancos de igreja, onde os homens tomavam lugar indistintamente porque as senhoras ficavam nos camarotes, situados ao redor do edifício numa altura de 9 (2,97m) ou dez pés (3,3m), donde viam comodamente o espetáculo e olhavam de soslaio os espectadores, brincando indolentemente com as cortinas destinadas a escondê-las.[48]

Tratava-se de teatro simples, com apenas um andar superior para os camarotes e um palco de pouca profundidade. Como a toesa (antiga medida francesa) equivale a 1,949m, a plateia e o palco ocupavam um retângulo de 19,49m de largura por 29,24m de profundidade, sendo que o espaço da plateia, segundo a mesma descrição, correspondia a um quadrado de 19,49m×19,49m, dimensões muito próximas às dos grandes teatros da época, como as exibidas pelo famoso São Carlos, de Nápoles (1737), que media 23,50m×20m, e até mesmo maiores do que as do Teatro Régio, de Torino (1740), cuja plateia apresentava 16,50m×13,50m. Diminuto, porém, era o seu palco, pois o do Teatro São Carlos media 34,50m×23,40m e o do Teatro Régio, 24,50m×23,40m.

Com base nesses dados elaborei a representação arquitetônica conjectural do interior da Casa da Ópera do padre Boaventura situada na rua da Alfândega (FIGURA 2).

Por sua vez, a localização da Ópera Nova vem indicada num mapa cuja datação, atribuída por Lygia da Fonseca Fernandes da Cunha, se acerca dos anos 1758 e 1760 (MAPA 12).[49] Bem ao lado do Paço e ao fundo do prédio da Cadeia e Senado da Câmara de Vereadores (atual prédio da Assembleia Legislativa do Estado do Rio de Janeiro), aparece no mapa o nome "Ópera". Aliás, o funcionamento da Casa da Ópera remontando a 1758 (data do mapa) vem confirmado pelo folheto *Epanáfora festiva*, que dá notícias de "um teatro que se construiu na praça contígua ao palácio de residência dos governadores", onde "se deram ao povo três óperas à custa dos homens de negócio".[50] Portanto, sua existência retroage, na pior das hipóteses, a 16 anos antes das datas anteriormente apontadas — 1776, segundo algumas opiniões, e 1779, no parecer de Noronha Santos.[51] Também pertencente ao padre Boaventura, a Ópera Nova foi por ele arrendada em 1766 a um novo empresário teatral — até hoje conservado no anonimato por diversos historiadores —, Luís Marques Fernandes, que permaneceu na sua direção até o final do contrato, em setembro de 1772. Muitas das mesmas exigências presentes no arrendamento da Casa da Ópera Velha prevaleceram nesse novo contrato, como a proibição de empréstimo de solfas, figurinos, cenários etc., de uso exclusivo de teatro, além da reserva do camarote cativo de seu proprietário.

Ao recuperá-la ao final do arrendamento, padre Boaventura, já com 62 anos, sem forças para geri-la, resolveu doá-la a seu irmão, o alferes Luís Dias de Souza, cercando o ato com cláusulas restritivas, como a proibição de arrendamento a terceiros, sob pena de perda do teatro, que passaria para um dos sobrinhos do padre, e se este escolhido também transgredisse o contrato, passaria o bem para o seu irmão mais novo, e assim sucessivamente até o parente mais próximo. Atento a essas restrições, Luís Dias de Souza, ao findar os três anos de contrato, estabeleceu em 1775 uma sociedade com Manoel Luiz Ferreira que perdurou até 1778, buscando não ferir frontalmente a cláusula proibitiva do arrendamento.[52]

A partir de abril de 1775, a Casa da Ópera Nova passou a ser administrada exclusivamente por Manoel Luiz Ferreira, num período em que o rei d. José I já reconhecia as virtudes positivas do teatro. De nacionalidade portuguesa, natural de Bragança, o novo empresário, filho legítimo de Manoel Ferreira e de Maria Josefa Bernarda, depois de alguns anos passados no Porto, partiu em 1772 para o Rio de Janeiro, e nessa cidade se casou com Bernardina Maria de Lima.[53]

Competente administrador e homem de negócios, o novo empresário da Casa da Ópera soube relacionar-se com a elite do Rio de Janeiro, onde passou a viver. Aí fez amigos e fortuna, acumulando um patrimônio significativo de 21 imóveis, entre os quais o prédio do teatro. O casamento de sua filha, Bernarda Luiza de Lima com o comerciante Miguel da Silva Vieira, em 1802, teve como um de seus padrinhos o pró-

Figura 2

Ópera Velha do padre Boaventura Dias Lopes e
Teatro São João de Fernando José de Almeida

a) Representação conjectural da Ópera Velha

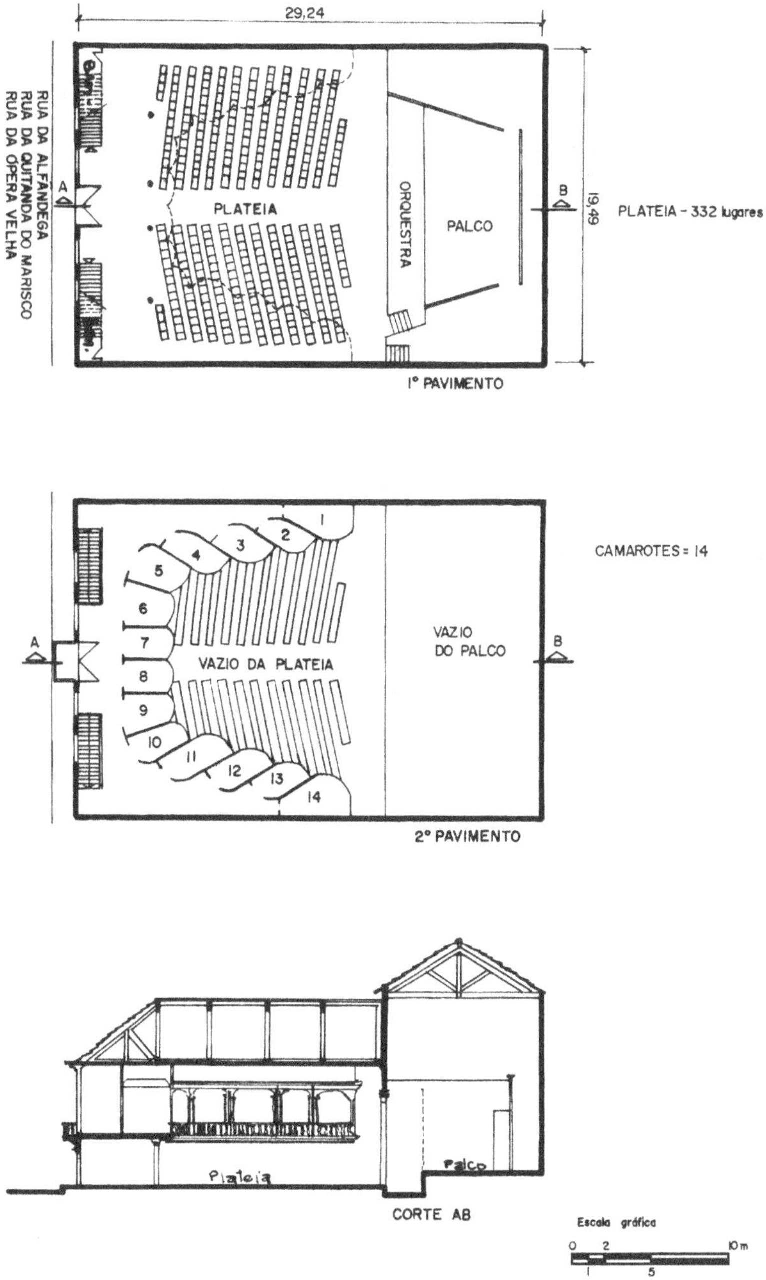

b) Teatro São João de Fernando José de Lameida

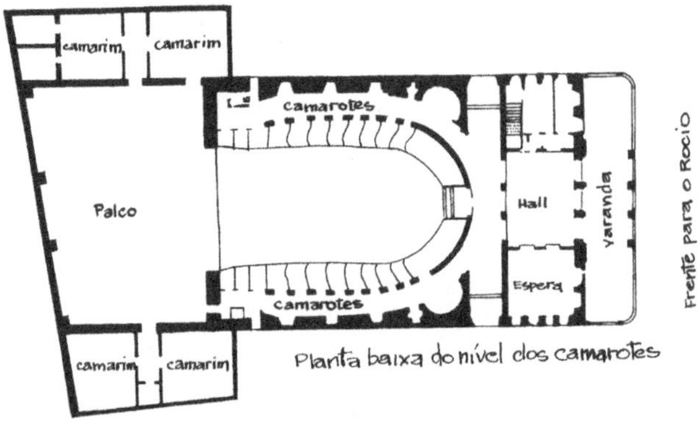

prio vice-rei d. Fernando José de Portugal, numa inequívoca confirmação do prestígio que alcançara.

Por mérito próprio esse militar-artista-empresário foi alçado ao alto posto de brigadeiro do Exército português, obteve a comenda da Ordem de Cristo e o título de nobreza de Moço da Câmara Real. Essas honrarias todas eram indícios evidentes de que Manoel Luiz Ferreira se tornara uma pessoa de nível social e cultural elevado.

A segunda Casa da Ópera do padre Boaventura, aquela situada na travessa do Paço, que passou, após sua morte, para as mãos de Manoel Luiz Ferreira, era maior e mais bem instalada que a primeira. Não sabemos se ao longo de seus cinquenta anos, no mínimo, de funcionamento, ou seja, até o ano de 1812, sofreu reformas que a tenham ampliado.

Nos registros dos viajantes estrangeiros ou de outras pessoas que a conheceram, ela não aparece descrita com tantas minúcias como o fez o escrivão Pierre sobre a primeira ópera. O francês Louis Antoine Bougainville, que esteve na cidade do Rio de Janeiro entre 28 de junho a 15 de julho de 1766, referiu-se à sala do teatro dizendo ser "assaz bela".[54] O pastor F.L. Langstedt, com breve estada no Rio (30 de abril a 3 de junho de 1766), descreveu a Casa da Ópera como "razoavelmente bem construída e espaçosa".[55]

O próprio padre Boaventura, ao especificar a localização de seu camarote cativo, nos dá informações sobre a existência de dois pavimentos além do térreo, sendo o primeiro reservado aos camarotes, e o segundo, às varandas para os homens.

A imagem externa do sobrado em que funcionava o teatro, estampada na Prancha 2, transmite a falta de monumentalidade do prédio que não se destacava em meio aos edifícios que o cercavam.

O Teatro São João: situação, gerência e arquitetura

Uma outra casa de espetáculos da cidade do Rio de Janeiro, cujo nome, São João, foi escolhido para homenagear o príncipe regente, tinha como proprietário Fernando José de Almeida. Com sua inauguração em 1813 começa um novo ciclo para o teatro

Mapa 12

Localização da Ópera Nova do padre Boaventura Dias Lopes
Trecho de mapa de 1760

no Rio de Janeiro, agora sob a proteção do futuro d. João VI, reconhecido cultivador da música e do teatro.

Fernando José de Almeida, nascido em Lisboa, era filho legítimo de Fernando de Almeida Magalhães e de dona Josefa Joaquina de Almeida. Veio para o Rio de Janeiro acompanhando o vice-rei d. Fernando de Portugal, aqui chegando em 1801. Em apenas 12 anos de trabalho conseguiu acumular prestígio e recursos financeiros para construir e dirigir o maior teatro da cidade que se tornara sede da Corte portuguesa.

Já como dono do Teatro São João, senhor de muitos bens, e na época coronel do Exército, casou-se em 7 de julho de 1821[56] com a carioca Clara Theodora de Lima, a quem os pais agraciaram com avantajado dote. Essa doação serviu para socorrer financeiramente o marido quando da reconstrução do Teatro São João, que fora devorado pelo incêndio sofrido em 1824. Além do casamento religioso também registraram em cartório no mesmo dia a escritura de "Arras", ou seja, de casamento com separação de bens, cabendo ao marido administrar os bens levados pela esposa e pagar-lhe anualmente 400$000rs, auferidos com o rendimento desse patrimônio. Herdeiros não existiram desse casamento, embora Fernando José de Almeida, quando ainda solteiro, tivesse tido um filho natural — José Fernando de Almeida.

Fernando José de Almeida construiu seu teatro em terreno situado no largo do Rocio (atual praça Tiradentes), por meio de incentivos fiscais, doações de material de obra — inclusive de pedras das ruínas da Sé Catedral — e de contribuições da Corte. O projeto realizado guardava proporções e grandeza próprias a uma cidade que passara a abrigar a sede do Reino de Portugal.

De todas as casas de espetáculo citadas, o Teatro São João, de propriedade de Fernando José de Almeida, se sobressai como o mais imponente, possuindo características arquitetônicas realmente capazes de destacarem-no em meio ao conjunto de edificações que ladeavam o largo do Rocio. (FIGURA 2) Essa majestosa construção de uso não residencial foi projetada pelo marechal de campo, João Manoel da Silva, que para fazê-la inspirou-se no Teatro São Carlos de Lisboa (1792-93), de autoria do arquiteto português José da Costa e Silva, o qual por sua vez tomara como modelo o Teatro São Carlos de Nápoles (1737).[57] (PRANCHA 3)

Cumpre ainda salientar que os pontos de localização dos teatros mencionados refletem uma nova organização do espaço urbano. No princípio, as casas de espetáculo situavam-se na zona próxima ao muro da cidade, no Campo de São Domingos, como aconteceu com o Presépio e a Ópera Velha, que aí permaneceram até os meados do século XVIII. No entanto, ao se afirmar como importante veículo da cultura, a casa de espetáculo foi deslocada para junto do Paço, onde se situava a residência do governador e depois dos vice-reis, ou seja, bem no centro político, religioso e econômico da cidade.

O retorno à antiga zona do Campo de São Domingos, no início do século XIX, quando ali se construiu o Teatro São João, ocorreu porque a expansão da cidade incorporou o antigo Campo dos Ciganos a seu perímetro urbano, transformado em Rocio (atual praça Tiradentes).

Portanto, a importância da análise sobre a localização dos teatros públicos também permite o acompanhamento das transformações do mapa urbano ocorridas ao longo do século XVIII, que requalificaram as zonas e logradouros da cidade do Rio de Janeiro. (MAPA 13) (ANEXO 1)

Mapa 13

Localização dos três teatros da cidade do Rio de Janeiro

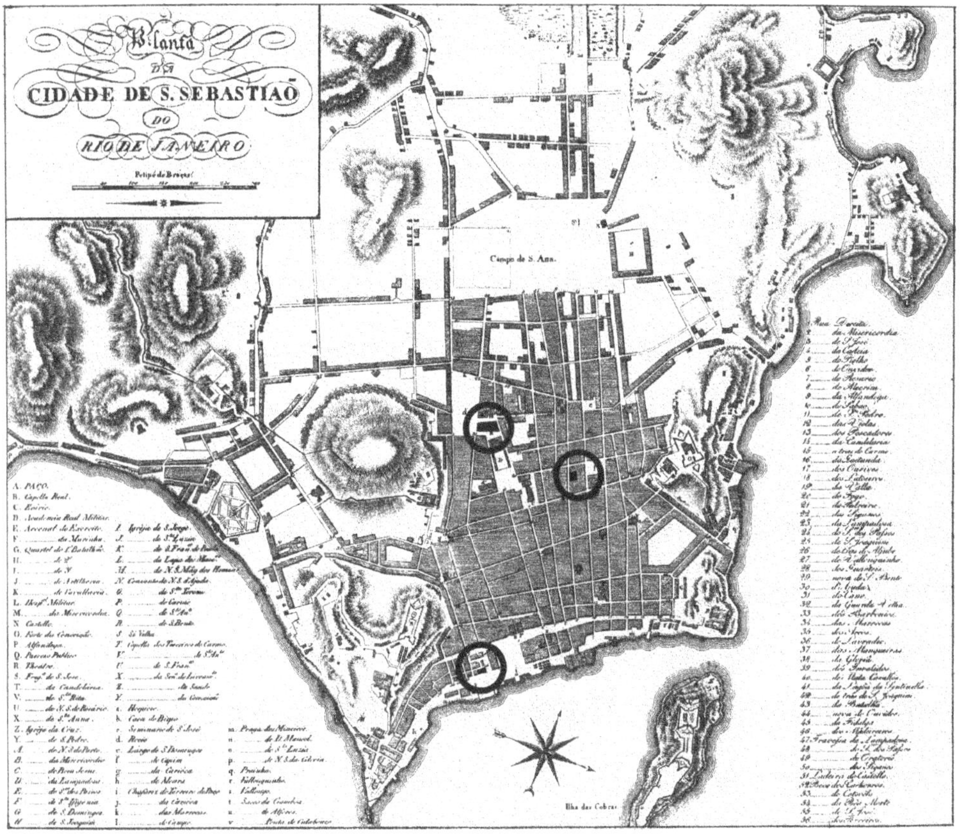

Profissionais da música

O nível de expressão a que chegou a atividade musical desenvolvida no Rio de Janeiro setecentista — tanto no que diz respeito aos homens quanto às obras — é a um só tempo reflexo do esplendor que essa arte, no mesmo período, adquirira em toda a Europa e do indiscutível bom gosto pela música manifestado pelos monarcas portugueses. É o século das Luzes, em que a ópera se tornara a paixão das plateias, e o mundo vira nascer compositores renomados como Domenico Cimarosa, Alessandro Scarlatti, Johann Sebastian Bach, François Couperin, Telemann, Albinoni, Vivaldi, Rameau, Gluck, Haendel, Haydn, Pergolesi, Mozart e, no final do século, Beethoven, entre muitos outros. É também o século da formação de orquestras importantes, como a de Leipzig (1730), a da Ópera de Berlim (1741), a de Dresden (1750), a de Mannheim (1756), a Esterhaza (1766), o Concert Spirituel (1780), a de Londres (1791) etc.[58]

Portugal, que se celebrizara por ter uma dinastia de reis músicos conhecedores de cantochão — quase todos eles compositores e apreciadores de música de câmara — e por possuir, segundo Curte Lange, a maior biblioteca musical que nesse período a Europa conheceu, vivia, com d. João v e seu filho d. José i, ambos reinantes na maior parte do século xviii, um momento de grande estímulo à formação musical.[59] No decorrer de seus reinados, muitos músicos estrangeiros, sobretudo italianos como Domenico Scarlatti, David Peres, d. Antonio Tedeschi e d. José de Porcaris, se transferiram para Lisboa, com o intuito de ali desenvolver a arte musical. Também foi importante o incentivo dado pela Coroa a estudantes portugueses que, por terem se destacado nos conservatórios do Reino, eram enviados a outros países da Europa, principalmente à Itália, para aprimorar sua formação musical nos afamados centros de estudo de Nápoles, Veneza e Roma. Até mesmo compositores estrangeiros foram contratados pela Corte portuguesa, como Niccolò Jommelli, que recebia ordenado fixo para enviar solfas à terra lusitana. Percebe-se, portanto, intercâmbio estreito entre Itália e Portugal no que respeita à música.[60]

Nessa ambiência, não era de se estranhar o fato de o próprio rei haver se tornado o protetor oficial na Corte de Lisboa da Irmandade de Santa Cecília. Atendendo ao pedido de seus membros, que haviam denunciado a péssima atuação de amadores e curiosos que atentavam contra aquela arte e desprestigiavam os verdadeiros músicos, d. José i, por meio do alvará de 15 de novembro de 1760 ordenou, que

> nenhuma pessoa possa exercitar por qualquer estipêndio, por módico que seja, ou se pague em dinheiro, ou em gêneros ou ainda a título de presente a referida Arte da Música, sem ser Professor dela, e Irmão da dita Confraria, sob pena de doze mil réis por cada vez pagos da cadeia, a metade para o Hospital Real de Todos os Santos, e a outra metade para as despesas da Mesa da mesma Irmandade.

A prioridade dada nesse alvará aos músicos filiados à Irmandade de Santa Cecília foi naturalmente um estímulo à criação, por profissionais de vários cantos do território do mundo português, de irmandades similares devotadas à santa padroeira da música. No Rio de Janeiro isso só veio a ocorrer em 3 de julho de 1784, quando um grupo de 34 importantes professores e profissionais ligados à música reuniram-se no consistório da Igreja de Nossa Senhora da Conceição do Hospício dos Homens Pardos para, em ato solene de leitura dos estatutos, constituírem a primeira organização coletiva de músicos na cidade.[61]

Algumas particularidades referentes aos signatários do compromisso da Irmandade de Santa Cecília devem ser salientadas, como a presença de José Maurício Nunes Garcia, mais tarde conhecido como padre José Maurício — talvez o membro mais moço da instituição, na época com 17 anos —, e a de seu professor, Salvador José de Almeida e Faria, ambos mulatos. Também mulatos eram o organista Joaquim José Lacé e o professor régio, João Manso Pereira, e muitos outros que consegui identificar em documentos de natureza diversa, confirmando uma acentuada inclinação dos homens pardos para os ofícios e as artes, entre eles a música, uma de suas mais caras aspirações. Curte Lange chegava até mesmo a falar em "mulatice musical" quando, ao examinar os livros das irmandades de Minas Gerais, percebeu a presença de vários músicos mulatos entre seus membros. Originários de estrato social inferior, eles tiveram o meritório papel de — assimilando os elementos musicais europeus — dar-lhes uma nova versão americana. Era tão grande o domínio que adquiriram em matéria musical que chegaram a impor-se como intérpretes e compositores, e por essa razão receberam o respeito de todos.

Não só a Irmandade de Santa Cecília constitui fonte de informações sobre a atividade musical na cidade. Uma revisão consciencIosa dos livros das ordens religiosas, dos mosteiros e do clero secular pode representar uma via frutuosa de acesso ao mundo da música no Rio de Janeiro do século XVIII. Fontes complementares também importantes são as outras irmandades, não só por abrigarem músicos da cidade entre os membros filiados (uma mesma pessoa podia filiar-se a mais de uma irmandade), mas também por abrirem um campo de trabalho bastante grande aos profissionais da música. Só as comemorações dos respectivos santos padroeiros, repetidas a cada ano, representavam uma boa e permanente oportunidade para servir com sua arte às principais festas do ano.

É preciso lembrar que no século XVIII havia na cidade do Rio de Janeiro nada mais nada menos que cerca de setenta irmandades, entre ricas e pobres. As mais ricas tinham condições de abrilhantar as celebrações de seus padroeiros contratando diversos tipos de músicos profissionais, quer compositores — a quem era costume encomendar uma peça nova para ser apresentada na ocasião —, quer regentes de orquestras, quer ainda músicos intérpretes, coristas etc. Não só nessas ocasiões as irmandades requisitavam os serviços daqueles profissionais, mas também quando compareciam às principais procissões da cidade — a de São Sebastião, a de São Januário, das Cinzas, dos Passos, dos Endoenças (ou do Fogaréus), do Enterro do Corpo de Deus (Corpus Christi) —, que geralmente se faziam acompanhar de orquestras contratadas.

Além das irmandades, o Senado da Câmara representava a outra principal fonte pagadora de serviços prestados por profissionais da música. Responsável por custear integralmente as festas oficiais da cidade do Rio de Janeiro — a de São Sebastião (20 de janeiro), a do Anjo Custódio do Reino (terceiro domingo de julho), a de Corpus Christi (quinta-feira após o domingo da Santíssima Trindade), a Câmara geralmente chamava à licitação pública os orçamentos dos músicos relativos aos serviços anuais por eles prestados por ocasião das festas do calendário oficial que também incluíam o Te Deum solene do último dia do ano. Em virtude dessa prática de um licitante apresentar o "rol de músicos" acompanhado do orçamento de seus serviços é que se pode chegar ao valor cobrado por um dia de trabalho. Sobre a matéria cito duas referências: a primeira procede de um recibo de pagamento passado pela Câmara de Vereadores, em 1793, atestando o trabalho do mestre-capela da Sé Catedral, o padre João Lopes Ferreira, que com seus companheiros tocara nas festividades de São Sebastião do ano anterior. Cada músico instrumentista ou cantor recebera, na ocasião, 1$280rs por meia jornada e 3$200rs por jornada inteira de trabalho.

Se o preço dessa diária for comparado ao de outras áreas pode-se concluir que os serviços de um músico profissional eram, na época, bem-valorizados. Ele ganhava em média quatro vezes mais por dia de trabalho que um competente mestre de obras, cuja jornada variava entre 700$000rs a 800$000rs.[62] Cleofe Person de Mattos, em estudo sobre o padre José Maurício, levantou valores parecidos, extraídos de um documento datado de 1796, em que o professor de música Manoel Francisco Xavier solicitava ao Senado da Câmara lhe fossem pagas as diárias estipuladas em 3$200rs devidas a cada um dos quarenta músicos que reuniu para tocarem nas touradas, em regozijo pelo nascimento do príncipe d. Antônio.[63]

O Senado da Câmara também custeava o salário pago ao mestre-capela da Sé, único emprego público da categoria. No século XVIII os mestres-capela que mais se destacaram foram: Antônio Nunes de Siqueira, padre do hábito de São Pedro, membro da Academia dos Seletos, e da Academia Real da História Portuguesa; João Lopes Ferreira (1772), que recebia 64$000rs de salário anual e uma quantia suplementar cada vez que contratava músicos para, sob sua regência, tocarem nas festividades; e José Maurício Nunes Garcia, nomeado para o cargo em 1798, entre todos o mais conceituado.[64]

Todavia, o campo de trabalho oferecido aos músicos não se circunscrevia às festas promovidas pelas irmandades e às festas oficiais custeadas pela Câmara. Havia ainda as celebrações eventuais que nunca faltavam, motivadas pelo nascimento de um príncipe, um casamento real, a chegada de um bispo, governador ou vice-rei à cidade, os ofícios fúnebres ou as solfas produzidas para textos de representação teatral, e as apresentações em casas de famílias abastadas.

Essas circunstâncias geravam numerosas encomendas e imensas oportunidades para os músicos. Em contato com documentos de natureza diversa, como os registros das irmandades, os livros de cartório, as procurações, os inventários *post mortem*, identifiquei 125 músicos profissionais assim distribuídos: seis compositores, quatro copistas, seis coristas, 17 organistas, sete professores, sete timbaleiros, cinco fabricantes de instrumentos e, finalmente, 73 músicos em geral, com mais de uma especialidade. Provinham de estratos sociais diferenciados e se fizeram presentes nos ambientes os mais diversificados da cidade do Rio de Janeiro: nas igrejas, nos conventos (Santo Antônio e do Carmo), no Mosteiro de São Bento, nos seminários de São José, de São Joaquim e da Lapa do Desterro, nos quartéis e em casas de famílias importantes como a do médico Francisco Correa Leal. Aliás, este médico formava com seus filhos um conjunto de excelentes instrumentistas e cantores. Embora amadores — pois não viviam da música —, dominavam plenamente essa arte. Na cerimônia que recepcionou o príncipe d. João quando chegou à cidade do Rio de Janeiro, foram convidados a se apresentar em março de 1808. Sobre os Correa Leal, Balbi, citado por Ayres de Andrade, escreveu que seu talento para a música era um legado familiar, pois o pai, o dr. Francisco Correa Leal, "um dos melhores médicos do Rio de Janeiro, tocava violino com perfeição e possuía raros conhecimentos de música". Entre os dez filhos que tocavam com "graça e precisão, o que mais se distinguia era o major João Leal". Ainda segundo Balbi, "em 1808, esta família foi a bordo do *Foudroyant*, navio inglês de linha, comandado por Sir Sidney Smith, que havia acompanhado o rei, e ali executou, ela sozinha, uma peça italiana".[65]

Importantíssimo salientar a presença na cidade do Rio de Janeiro, nessa época, de 12 músicos escravos da Fazenda de Santa Cruz, sobre os quais Balbi, citado por Renato Almeida, descreve a boa impressão que causaram ao príncipe d. João e à Corte, com a apresentação de "música vocal e instrumental".[66]

Eram professores desses escravos o sargento de milícias Quintiliano José e Ignácio Pinheiro da Silva, ambos empenhados em converter a música — a erudita inclusive — em bem de acesso das camadas mais simples da população.[67] Pelo alcance e resultado da proposta, apresento os nomes desses escravos músicos: Domingos Ramos, casado, 34 anos; Hipólito Vieira, casado, 46 anos; Jerônimo Fernandes, casado,

40 anos; João Baptista, casado, 42 anos; João Francisco, casado, 42 anos; João Policeno, solteiro, 20 anos; José Peres, solteiro, 10 anos; José da Silva, casado, 21 anos; Manoel Gusmão, solteiro, 11 anos; Manoel José, solteiro, 12 anos; Mathias José, solteiro, 12 anos e Pedro Milagre, casado, 38 anos.

A extraordinária acolhida à música no Rio de Janeiro, fruto do apreço pela qualidade dos profissionais que a produziam e interpretavam, supunha a existência de um ensino regular, de instrumentos variados, de uma bibliografia especializada e de importações ininterruptas de solfas importantes. Supunha também uma atualização permanente de repertórios e, obviamente, um corpo de professores capacitados que formavam profissionais de bom nível. É lisonjeira a maioria dos comentários feitos por homens de educação e sensibilidade apurada a respeito da música que puderam ouvir quando passaram pelo Rio de Janeiro ou ali chegaram para ficar. Ao assistir à ópera *Felinto exaltado*, levada na cidade para comemorar a vinda do novo bispo, d. Antônio do Desterro Malheiro, o juiz de fora e presidente da Câmara dos Vereadores, Luiz Antônio Rosado da Cunha, intelectual acostumado a ouvir boa música em Portugal, achou “excelente a música que a acompanhava”.[68] Já o francês Pierre, da nau *L'Arc-en-Ciel*, algumas vezes citado no âmbito deste trabalho, foi parcimonioso em sua apreciação sobre a orquestra que acompanhava a encenação da peça sobre Santa Catarina, em 1748, pois a considerou “passivelmente boa quanto aos violinos”.[69] Mais generoso foi d. Luís Antônio de Souza, que tendo passado pela cidade do Rio de Janeiro antes de assumir seu posto de governador da capitania de São Paulo, em 1765, confessou que muito se divertiu ao assistir à ópera *Precipícios de Faltonte*, com “excelente música e dança”.[70] O francês Bougainville que, em 28 de junho de 1766, assistiu a uma ópera de Metastásio, no Rio, considerou a música “má”. Já F.L. Langstedt, em 1782, classificou de “excelente” a que foi tocada na ópera *Bona filia* (*La buona figliuola*, de Puiccini), que assistira no Rio de Janeiro. Qualificou também de “agradável” a música que ouvia com frequência, proveniente de pontos distantes da casa em que estava hospedado.[71]

O ensino da música era ministrado em geral nos conventos, mosteiro, seminários, quartéis e igrejas. As casas eventualmente podiam se converter em “sala de aula”, quando o ensino era particular. Todavia, era nos coros das igrejas que muitos músicos do Rio de Janeiro se formaram. O primeiro a se constituir foi o da Sé Catedral, na Igreja de São Sebastião, no alto do morro do Castelo, em 1685. Seu mestre-capela tinha entre outras incumbências a de manter uma classe de aula para ensinar música gratuitamente. Outras igrejas como a da Misericórdia em 1704, e a da Candelária, em 1720, também formaram bons coros na cidade. O da Candelária, por exemplo, era constituído em sua primeira formação de onze adultos e quatro meninos, entre eles um filho da citada família de músicos, Correa Leal.[72]

A manutenção dos coros era feita geralmente por meio de doações de fiéis que apreciavam a liturgia da santa missa quando acompanhada por cânticos e orquestra. Faziam questão de sustentar os coros para que a cerimônia da missa fosse enriquecida com a boa música. Desse modo, sabiam que poderiam garantir a apresentação de peças de qualidade nos casamentos de familiares e nas missas celebradas em favor das almas de parentes falecidos.

A participação nos coros de igrejas era uma oportunidade para as crianças que os frequentavam de não só aprender música, mas também de se alfabetizar e estudar latim. Os meninos do coro do Seminário de São Joaquim eram bastante requisitados para participar de missas, procissões e festas em geral, recebendo pagamento por apresentação. Não se tem notícia de meninas integrando os coros, pois em geral não se empregavam vozes femininas. Em substituição, os homens que possuíam um timbre mais próximo ao soprano e ao contralto eram aproveitados para cantar em falsete.

Cada professor de música tinha seus alunos fixos, e todos, adultos e crianças, sabiam a quem recorrer quando era necessário consertar um instrumento em mau estado ou trocá-lo por um novo. Comerciantes, fabricantes ou reparadores de instrumentos musicais respondiam com frequência a essa demanda, a ponto de um logradouro ganhar o nome de "rua das Violas". Batizar logradouros em função da concentração de certos profissionais, comércio ou serviços era prática popular da Câmara de Vereadores. Ilustrando essa prática, havia na cidade do Rio de Janeiro — mais do que as reminiscências do passado podem hoje indicar — vários desses nomes que, por si só, falam de uma certa organização espacial da cidade: dos "latoeiros", dos "ourives", da "quitanda", do "azeite de peixe", "dos barbeiros", "do sabão", "das violas" etc.

Destacaram-se como fabricantes de instrumentos musicais: Salvador José de Almeida Faria, Bento da Silva Campos (morador na rua das Violas), Izidoro dos Reis Carrilho (com loja de "violeiro na rua da Prainha"), Thomé Gonçalves Barbosa e Thomé José da Silva. De suas oficinas saíam, entre outros instrumentos, violas, violões, rabecas, rabecões, cravos e pianos fortes, estes últimos com história de vida recente, pois o primeiro fora fabricado em Florença, em 1709.[73] A confirmação de que esse instrumento começara a ser também fabricado no Rio de Janeiro veio da leitura de um inventário *post mortem* (ano de 1801) do boticário Antônio Pereira Ferreira, do qual constam um "cravo" e um "piano forte", fabricado na "terra" e avaliado em 117$000rs.[74]

Assim se organizava um mercado correlato à música. Quando não era para consertar ou vender um instrumento, era para alugá-lo. Alugavam-se desde solfas (partituras) até instrumentos mais pesados, como o órgão, e ganhava-se dinheiro com isso. Um rabecão, que valia cerca de 55$000rs se fosse comprado, chegava a ser alugado a 1$600rs por dia.

Salvador José de Almeida: mestre do padre José Maurício

Objetivando ilustrar o presente estudo sobre os professores particulares de música, selecionei o nome de Salvador José de Almeida e Faria. Apesar de ter sido o mestre do padre José Maurício, muito pouco sobre ele se escreveu, sendo apenas citado pelos autores como "o mulato Salvador José". Cleofe Person de Mattos representa uma exceção, pois trouxe à sua biografia alguns novos elementos.[75] Durante muito tempo, a origem da sólida formação musical do padre José Maurício foi uma pergunta levantada pelos pesquisadores da música do século XVIII que permaneceu sem resposta, como o atesta Curte Lange. No entanto, com os novos dados extraídos do inventário *post mortem* de Salvador José de Almeida, não só aquela indagação que ficara no ar conseguirá ser esclarecida, mas também a história de vida do mal conhecido professor de música Salvador José de Almeida e Faria ganhará contornos mais vivos.[76] Consta do processo que o professor Salvador, ao falecer em 12 de abril de 1799, deixou dois filhos naturais que tivera com Felícia de Almeida e Faria: um adolescente de 13 anos, chamado Augusto Procópio de Almeida, e Clementina Calista Ermuta de Almeida, casada com o capitão José Pereira dos Santos Brito, seu testamenteiro. Ao longo de sua carreira profissional, o professor de música havia acumulado um razoável patrimônio, avaliado em 2.651$595rs, e deixado uma dívida de apenas 153$820rs, equivalente a 10% sobre o total acumulado, como fica patente no Anexo 2.

Analisando os bens inventariados, constata-se que Salvador José havia chegado, através de sua profissão, a uma boa posição social, pois possuía dois imóveis na rua da Cadeia, representando 57,33% do montante por ele deixado, e sete escravos — itens que indicam um padrão de nível mais elevado. Entre os escravos, seis foram classificados como pessoas do "serviço da casa", e apenas Matheus, de 12 anos, como "aprendiz de carpinteiro". Isso quer dizer que o mestre só poderia dispor da colaboração do menino-escravo quando dele precisasse para confeccionar algum instrumento. Quanto aos demais itens dos bens avaliados, chama a atenção o fato de que seus instrumentos e partituras musicais, juntos, somavam um valor superior ao referente aos móveis da casa, às roupas, joias, utensílios domésticos etc. É prova da escolha que fizera, preferindo aplicar suas economias em sua profissão de músico instrumentista e professor.

A listagem dos instrumentos que deixou em condições de uso — alguns estavam ainda sendo confeccionados — compreendia: um teclado (6$400rs), uma rabeca (12$300rs), dois rabecões (51$200rs e 38$000rs) e uma violeta (5$000rs). Destaque especial deve ser dado ao grande acervo de músicas que possuía, seja pela quantidade — cerca de duzentas solfas —, seja pela qualidade de autores que reunia. Entre os compositores das peças que foram avaliadas pelos peritos, estavam músicos portugueses, ou músicos que viviam em Portugal, como André da Silva Gomes (que mais tarde mudou-se para a cidade de São Paulo, onde veio a falecer), frei Antônio do Rosário, Antônio Teixeira, David Peres (italiano), padre João Alvares Frovo, João Cordeiro da Silva, João de Souza Carvalho, frei Manoel de Santo Elias, José Joaquim dos Santos, Antônio Leal Moreira, Luciano Xavier Santos e Marcos Portugal (radicado no Rio de Janeiro após a instalação da Corte nessa cidade). Quanto aos músicos estrangeiros citados — todos eles de nacionalidade italiana — aparecem Galuppi Baldassare (Il Buranello), Gioseffo Bencini, Giovan Battista Pergolesi, Giovan Battista Borghi, Nicolau Jommelli, Leonardo Ortensio Salvatore de Leo, Luigi Antônio Sabbatine, Nicolò Piccinni, Paolo Orgitano e Tommaso Traetta.

Infelizmente os peritos avaliadores omitiram algumas vezes o nome do autor de muitas obras, entre as quais 52 sinfonias, 28 graduais, nove antífonas, oito motetos, oito responsórios, sete ladainhas, seis misereres e outras. De seu aluno, José Maurício Nunes Garcia, o velho mestre Salvador José de Almeida Faria possuía 28 partituras. Com esse variadíssimo e qualificado quadro de compositores que o acompanhava, o professor Salvador José de Almeida Faria teve, além de outros, o mérito de colocar ao alcance dos alunos que com ele estudavam no Rio de Janeiro quase todos os autores adotados pelo Seminário Patriarcal de Música de Lisboa, utilizando as obras musicais de seus famosos professores e ex-alunos, como também as de mestres italianos apreciadíssimos em Portugal: Jommelli, Sabbatine, Pergolesi, Borghi, Piccinni e Orgitano. Percebe-se assim que a escola musical e, consequentemente, a formação dos músicos da cidade do Rio de Janeiro, no século XVIII, cultivavam a bela música clássica italiana. (ANEXO 2)

Quando Salvador José veio a falecer, seu aluno, o padre José Maurício, tinha 32 anos e muitas obras compostas. O fato de seu mestre possuir um bom número delas nos leva a concluir que o dileto aluno já era um compositor apreciadíssimo na cidade do Rio de Janeiro. A genialidade e a competência profissional do padre José Maurício são devedoras dos ensinamentos de seu professor, que também lhe deu a oportunidade de conhecer um vasto acervo musical. (QUADRO 11)

Quadro 11

Valores atribuídos às obras de compositores de língua portuguesa, por gênero de obra (1799)

Nome do compositor	Gênero da obra					
	Credo	Missa grande	Missa pequena	Ofício defunto	Salmo	Te Deum
André Silva Gomes	$400	1$400	—	3$200	$800	—
Antonio Teixeira	—	—	—	—	—	2$560
David Peres	$600	$800	—	3$200	$160	—
João Cordeiro	$900	—	—	—	$200	—
João Souza Carvalho	—	2$500	$400	—	1$000	—
José Joaquim Santos	$400	$500	—	—	$400	$200
José Maurício N. Garcia	$200	—	$400	1$600	$600	2$560
Antonio Leal Moreira	$300	4$800	—	—	1$000	$500
Frei Manoel Sto. Elias	$300	$900	—	—	—	$800
Marcos Portugal	$600	3$200	2$400	—	—	—

Sobre a vida e obra desse mais famoso músico do Rio de Janeiro setecentista muito já se escreveu. Contudo, o trabalho mais completo e já mencionado no decorrer deste trabalho continua sendo o de Cleofe Person de Mattos — *José Maurício Nunes Garcia: biografia* —, ao qual modestamente acrescentei os dados aqui registrados.

Profissionais da saúde

Na cidade do Rio de Janeiro do século XVIII, as forças armadas, as instituições religiosas e os setores da administração pública, como o Tribunal da Relação e a Alfândega, possuíam serviço de atendimento à saúde. As pessoas de algum recurso que não eram cobertas por esses serviços recorriam a profissionais que as atendiam particularmente, em geral no próprio domicílio. Já os pobres se valiam do hospital da Santa Casa da Misericórdia, que no século XVII havia passado por ampla reforma, ou buscavam os serviços de saúde oferecidos gratuitamente pelo Senado da Câmara dos Vereadores da cidade. Para os doentes de lepra, mais comumente chamada de mal de são Lázaro, foi criado um hospital denominado Lazareto. Nele os pacientes pobres eram atendidos gratuitamente, e as pessoas mais abastadas contribuíam com donativos, uma forma de retribuição pelos cuidados recebidos.

Os habilitados e os aprendizes da arte de curar

Atuava na área da saúde uma variada gama de profissionais e práticos da arte de curar: a) os "médicos" propriamente ditos eram reduzidos em número, formados principalmente pela Universidade de Coimbra, alguns poucos na de Montpellier e Edimburgo, e ocupavam sempre os cargos do "partido"[77] do Senado da Câmara e da tropa; b) os cirurgiões não diplomados compunham a maior parte dos profissionais habilitados e classificavam-se em "cirurgiões-barbeiros" (os quais, além dos atos cirúrgicos comuns na época, ainda sangravam, sarjavam, aplicavam ventosas e sanguessugas) e em "cirurgiões-aprovados", que haviam seguido cursos teórico-práticos em hospitais e se submetido a exames para obter "carta" que lhes dava o direito de exercer toda a cirurgia e a própria medicina onde não houvesse "físicos" em número suficiente; d) "os cirurgiões-diplomados", formados por escolas europeias, em reduzidíssimo número, da mesma forma que os demais cirurgiões ocupavam cargos na tropa ou no Senado da Câmara, seja pelo grau de formação universitária recebida, seja em função dos cursos práticos realizados.[78]

Essas quatro categorias formavam o grupo principal dos habilitados. Fora esses, praticavam ainda a medicina os "boticários" e seus aprendizes, os aprendizes de barbeiros e de cirurgiões, barbeiros e parteiras, alguns dos quais munidos de suas "cartas" de habilitação, que disciplinavam o exercício restrito de algumas atividades compatíveis com os conhecimentos práticos adquiridos e conferidos. Com exceção da enfermagem, do serviço de atendimento às gestantes e parturientes e de outros serviços auxiliares, as demais especialidades eram exercidas por pessoas do sexo masculino.

A análise de fontes as mais diversas como escrituras, passaportes, certidões de casamento, obras publicadas, permitiu a identificação de 451 profissionais da saúde atuantes na cidade do Rio de Janeiro, no período entre 1710 e 1810, subdivididos conforme a indicação das respectivas especialidades em: 202 cirurgiões (entre os quais o pardo escravo da Fazenda de Santa Cruz, José Alves), 50 médicos, 113 boticários, 43 auxiliares de cirurgia, 28 enfermeiros, dois auxiliares de enfermagem, sete sangradores, quatro parteiras e dois barbeiros-dentistas. O relatório do vice-rei Luís de Vasconcelos e Souza (gestão 1779-89) registra 49 lojas de barbeiros espalhadas pela cidade.[79]

Controle do exercício da medicina e formação profissional

O exercício do saber médico, a partir do século XVIII, foi muito melhor controlado pelas autoridades especificamente constituídas para fiscalizá-las. Até o terceiro quartel, esse controle era exercido por "delegados" ou "comissários" do "físico-mor" e do "cirurgião-mor" do Reino, que haviam se formado na Universidade de Coimbra. A partir de

1782, o governo de dona Maria I criou a Junta do Protomedicato, com sede em Lisboa e delegados no Brasil, para exercer a fiscalização. Os representantes das autoridades do governo tinham como incumbência arguir e avaliar candidatos "às cartas de examinação" para o exercício das profissões de cirurgião-barbeiro, barbeiro e parteira e aprendiz, oficial de boticário e até mesmo, muito excepcionalmente, de médico, como aconteceu com Jacinto José da Silva, "incorporado na faculdade por exame feito na presença do dr. Comissário desta cidade".[80]

Realizados os exames, enviavam-se os resultados à metrópole, que deferia ou não a "carta de examinação". Para tal, uma junta examinadora era constituída, composta do delegado da autoridade reinal e de mais dois cirurgiões aprovados que também tinham autoridade para cassar diplomas e licenças, inspecionar as boticas, preconizar medidas de defesa sanitária em tempos de epidemia, regendo-se periodicamente por meios de regulamentos, avisos e alvarás. O Protomedicato perdurou até 1809, quando d. João, já instalado com a Corte portuguesa no Rio de Janeiro, restabeleceu os cargos de físico-mor e de cirurgião-mor.

Desde o século XVIII as "cartas de examinação" de qualquer um que desejasse, dentro de sua especialidade, legalmente exercer a arte de curar, deveriam ser registradas nos livros competentes da Câmara dos Vereadores. Em caso de transgressão, o infrator podia sofrer pesadas multas, chegando até a ser preso. Para demonstrar que o exemplo vinha de cima e abrangia, não só os territórios ultramarinos, mas também o Reino, apresento dois casos que ilustram a prática da fiscalização. O médico Manoel da Costa Pereira fora especialmente aprovado para fiscalizar as boticas de Portugal, identificando aquelas onde atuavam profissionais que "usavam da arte de boticário, sem serem examinados".[81] Igualmente, em 1739, Francisco Xavier Leitão, cirurgião-mor do Reino e suas conquistas, obteve licença para "nomear médico ou cirurgião aprovado que examinasse e procedesse contra aquelas pessoas que sem cartas de exame de cirurgião estivessem sangrando e curando medicinalmente".[82]

Entre as várias categorias dos profissionais de saúde, eram os médicos os que gozavam de maior prestígio, em razão da formação universitária apurada que recebiam e por dominarem os conhecimentos sobre "conservação e restabelecimento da saúde dos homens". A escola médica de Coimbra era, no século XVIII, a única no mundo português. Bastante acanhada, distanciava-se de outras congêneres, sobretudo das de Montpellier e Edimburgo, por causa do ensino ultrapassado e teoricista. Em virtude da insistência de diplomatas que viviam nas cortes europeias e de médicos portugueses expatriados, processou-se no reinado de d. José a grande renovação da Universidade de Coimbra, impulsionada pelo ministro Sebastião José (marquês de Pombal), que, em 1763, acolheu de Ribeiro Sanches — médico perseguido que se instalara na Rússia e depois em Paris — o *Método para aprender e estudar a medicina*. Em 1772, com seus Estatutos Novos, a velha instituição remodelou-se. Criaram-se o teatro anatômico e o hospital privativo, contrataram-se novos lentes, entre eles José Francisco Leal (1744-86), natural do Rio. Mais dois brasileiros fizeram parte do quadro renovador de Coimbra: d. Francisco de Lemos de Faria Pereira Coutinho (1735-1822), reitor e executor da reforma, e José Correia Picanço (1745-1824), nomeado catedrático de anatomia e mais tarde quando de volta à terra natal, criador do ensino médico-cirúrgico, no Brasil.

Na parte dos estatutos da Universidade de Coimbra que tratava do curso de medicina, havia uma recomendação do rei d. José I ao reitor para que não se descuidasse da especial formação dos médicos, que devia ser sólida e competente. Caso contrário, a sociedade pagaria pela incompetência e o despreparo desses profissionais. Exigia, pois, que a universidade não "afrouxasse o rigor das lições e exames nesta Faculdade que joga com a vida dos homens".[83]

Segundo os mesmos estatutos, exigia-se que o aluno tivesse 18 anos completos para ingressar no curso de medicina, já ser formado em latim e, se possível, em grego. Caso contrário, o estudo desses idiomas deveria se dar durante o curso universitário, bem como o das línguas inglesa e francesa, necessário para a leitura de obras importantes. O aluno ainda cursava filosofia (racional e moral), física experimental, geometria, história natural, mecânica, química, matemática e matérias específicas de medicina e farmácia, como anatomia e história da medicina. Ao concluir o quarto ano do curso, se aprovado, o aluno de medicina recebia o título de "bacharel" e, com mais um ano cursado, o de "bacharel formado". Se agregasse mais dois anos de estudos práticos em hospitais ligados à Universidade de Coimbra, alcançava o título de "licenciado". Por fim, os estudos teóricos e práticos por mais dois anos asseguravam ao aprovado o grau máximo de "doutor". Esse título facultava ao profissional o exercício das funções de físico-mor, cirurgião-mor, químico, boticário, obstetra ou qualquer outra ramificação da área da saúde. Podia, daquele momento em diante, participar da junta examinadora para conceder "carta de licenciado" ou a revalidação de diplomas obtidos em outras universidades europeias, e ainda conceder o título de médico a profissional reconhecidamente capaz para atuar em áreas restritas das colônias.

Enquadra-se nessa situação de excepcionalidade o caso do preto forro João Antônio, que residia na vila Nova da Rainha, no interior da capitania do Rio de Janeiro. Aprendiz e praticante da arte da sangria, João Antônio solicitou ser avaliado pela junta examinadora. Tendo sido aprovado em 1782 por "peritos professores perante o juiz comissário e delegado geral da América", seu processo foi encaminhado, como os demais, para Lisboa, a fim de ser analisado pela Junta do Protomedicato do Reino, que o deferiu. Pôde, desse modo, João Antônio exercer a "arte da sangria" exclusivamente no Brasil.[84]

A parteira Antônia Maria de Assunção é mais um exemplo de reconhecimento oficial de um saber excepcionalmente adquirido. Examinada na cidade do Rio de Janeiro pelos cirurgiões Luiz Borges Salgado, Maurício da Costa e Francisco Fernandes, a parteira foi aprovada, sendo seu processo enviado a Lisboa com a finalidade de obter a carta de licenciada, afinal concedida, porém, acrescida das seguintes recomendações: nos casos de o parto "demorar vinte e quatro horas, ou sendo dificultoso, não usará de remédio algum; antes logo chamará o cirurgião-aprovado para assistir ao referido parto".[85] De posse desta carta, Antônia Maria de Assunção se apresentou, em novembro de 1786, à Câmara de Vereadores para, diante do juiz de fora e seu presidente Lourenço José Vieira Souto, prestar o juramento de praxe.

O fato de um cirurgião ou de um boticário não ter um diploma universitário, mas sim uma carta de licenciado aprovada, não queria dizer que fosse um ignorante na matéria, ou que dominasse apenas os conhecimentos práticos. Os exames que o candidato prestava diante da junta examinadora, além da apresentação do currículo especificando o tempo de estudo e os anos de exercício profissional, devidamente comprovados por declarações de autoridades no assunto, compreendiam arguição sobre as principais obras publicadas referentes às matérias da cirurgia ou farmácia.

Exemplo de boticário bem-sucedido na cidade do Rio de Janeiro da segunda metade do século XVIII foi Antônio Pereira Ferreira, com estabelecimento na rua Direita (atual Primeiro de Março), homem de excelente nível cultural e sólida formação técnica, como deixa entrever seu inventário *post mortem*.

Antônio P. Ferreira construiu um belo patrimônio com seu próprio trabalho, pois, ao falecer em 4 de janeiro de 1798, deixou bens avaliados em 15.166$155rs, além de dívidas nas mãos de seus fregueses com negócios na Ilha Grande, em São Paulo, Arraial do Tijuco, Vila da Cunha, Parati, Ponte Alta, Rio Grande de São Pedro, Cachoeira e Campo de Goytacazes, no valor de 3.629$614rs. Também lhe deviam 210 fregueses moradores da cidade do Rio de Janeiro a soma nada desprezível de 7.043$148rs. A distribuição dos devedores por várias cidades e vilas de diferentes capitanias mostra a abrangência geográfica de sua atividade de boticário. Além de uma biblioteca com 39 títulos versando sobre farmacologia, botânica e medicina, variadíssimo estoque de medicamentos, pigmentos de tintas e outros artigos que na época se vendiam nas boticas, Antônio P. Ferreira era possuidor de um "piano forte e de um cravo".[86] (ANEXO 3)

À guisa de aprofundamento do estudo sobre profissionais da saúde, apresento resumo da vida professoral do cirurgião-mor Antônio José Pinto, natural de Arouche, Portugal, e membro do Exército português. Se o tomarmos como caso exemplar, será possível concluir que eram muitos os cirurgiões cultos e instrumentalmente bem-aparelhados que, na época, atuavam na cidade do Rio de Janeiro. De fato, ao falecer em 1798, Antônio José Pinto — que reunira em vida um patrimônio avaliado em 5.191$856rs, compreendendo três imóveis e muitos outros bens — deixou um conjunto significativo de instrumentos profissionais, além de vasta coleção de obras de cultura geral e relacionadas à sua profissão, editadas em português, latim, inglês e francês, totalizando 203 títulos diferentes. Em sua biblioteca foram encontradas as obras completas de Le Clerc de Baumé e do médico e botânico holandês Hermano Boerhaave (1668-1738), adotadas na Universidade de Coimbra. Dela também faziam parte as *Memórias da Academia de Paris*, em 15 tomos, e as da Prússia, em nove tomos, além de *Teses médico cirúrgicas* em cinco tomos e o *Journal de Médecine*, em 46 tomos, datado, o último, de 1791. Eram livros sobre medicina em geral, inclusive sobre sua história, sobre farmacologia e história natural. Enfim, uma biblioteca de assuntos variados, cobrindo todas as áreas da medicina.[87] (ANEXO 4)

Para os administradores públicos, conciliar a exigência de habilitação profissional e a demanda por serviços de saúde — sobretudo quando se tratava de doentes que por lei só podiam ser atendidos por médicos diplomados, ainda insuficientes em número durante o século XVIII — era tarefa espinhosa. Em face dessa carência, os vereadores da Câmara do Rio de Janeiro, preocupados com a falta de atendimento médico das populações do centro e dos subúrbios da cidade, solicitaram à rainha dona Maria I, em 1785, que os cirurgiões passassem também a responder profissionalmente pelos casos de competência exclusiva dos médicos. Argumentavam que só havia sete médicos atuando no Rio de Janeiro. Eram eles: Antônio Francisco Leal, Estácio Gularte Pereira, Francisco Ferreira Leal, Gonçalo José Muzi, Jacinto José da Silva, Joaquim José de Athaíde e Manoel Moreira de Souza, alguns mencionados pela avançada idade, outros por portarem doenças crônicas ou ainda pelo acúmulo de atribuições e cargos que ocupavam. Sendo assim, era-lhes impossível atender aos doentes moradores de áreas distantes como Jacarepaguá, Barra de Guaratiba, Campo Grande etc. O Conselho Ultramarino posicionou-se contrário ao pedido, por ferir as normas que regulamentavam as atribuições profissionais dos médicos e dos cirurgiões, contidas nos parágrafos 1º e 16º do regimento de 1521, na lei "Extravagante" de 1623, e no novo Estatuto da Universidade de Coimbra, de 1722. No entanto, sensível à situação de carência apresentada, relembrou o Conselho aos mesmos vereadores os procedimentos de que podiam lançar mão circunstancialmente, sugerindo que os cirurgiões fossem examinados pelo médico comissário para, mediante carta de aprovação, poderem também tratar das doenças da competência exclusiva dos médicos.[88]

Vê-se, por esse processo, que a Câmara dos Vereadores, premida pelas necessidades concretas que lhe batiam à porta, era algumas vezes tentada a flexibilizar determinadas normas de fiscalização atinentes à prática legal da medicina, mas esbarrava sempre na firmeza do Conselho Ultramarino. Aliás, a vigilância era exercida com severidade igualmente sobre boticas e boticários, ainda mais depois que a farmacologia foi integrada aos cursos da Universidade de Coimbra, em decorrência da reforma de 1772, tendo como professor nomeado José Francisco Leal, médico brasileiro já citado.[89] Os candidatos dessa especialidade só obtinham o diploma após praticarem quatro anos no laboratório químico e na botica da Faculdade de Medicina.[90]

Profissionais cultos nessa especialidade também atuaram no Rio de Janeiro, sendo um deles Antônio Ribeiro de Paiva, português radicado no Rio de Janeiro em 1770. Teve Antônio Ribeiro de Paiva como aluno e aprendiz de botica seu próprio filho, Manuel Joaquim Henriques de Paiva — mais tarde professor da Academia Médico-Cirúrgica da Bahia — e diretor da farmácia do Hospital Militar do Rio de Janeiro. Outro notável boticário foi José Caetano, mestre de muitos alunos.[91]

Entre as boticas, a mais afamada e completa do Rio de Janeiro era a que funcionava articulada à enfermaria do Colégio dos Jesuítas, no morro do Castelo, levando o passageiro anônimo da fragata real francesa *L'Aigle* a exclamar, por volta de 1710, "que não tinha visto outra igual em França, tão sortida e tão bem-cuidada". Em virtude de seu rico estoque, essa botica servia de armazém que provia outras da cidade, além de fornecer medicamentos às aldeias e fazendas, ou colocá-los à disposição das autoridades, por ocasião de epidemias.[92] Nenhuma delas, no entanto, podia vender remédios sem permissão especial, e de três em três anos eram vistoriadas pelos "comissários", que verificavam o preço e o estado de conservação das drogas estocadas.

Finalmente, no que respeita à fiscalização do exercício da medicina, também era proibida a prática da profissão a estrangeiros que não fossem naturalizados portugueses ou casados com mulheres portuguesas. Sobre esse impedimento é muito ilustrativo o caso de um médico alemão, Joseph Strukz, que chegou à cidade do Rio de Janeiro em navio da Companhia Holandesa, em 22 de outubro de 1788. Ora, pelas leis portuguesas qualquer pessoa da tripulação só podia desembarcar se tivesse permissão do vice-rei, sendo-lhe contudo vedado praticar qualquer atividade de natureza comercial ou profissional, em território da colônia.[93] Não obstante, os médicos e cirurgiões, sabedores da competência do físico alemão, pediram a d. Luís de Vasconcelos que lhe permitisse proferir palestras e atender a alguns doentes, de modo a poderem usufruir de seus conhecimento. Foi tamanho o sucesso do médico alemão que chegou a despertar inveja em seus colegas da colônia, sobretudo quando souberam que se tentava viabilizar a permanência do estrangeiro na cidade.

Nos atendimentos realizados, havia curado enfermos com "erisipela", "convulsões", "obstrução do fígado", "pleuris inflamatória" e alguns outros problemas de saúde. Percebera diagnósticos errados e os corrigira, realizara autópsia de cadáveres para confirmar, com sucesso, sua suspeição. Enfim, enciumara alguns e ganhara a simpatia de muitos, principalmente de clientes que passaram por suas mãos. Em face disso, o vice-rei decidiu solicitar ao monarca uma excepcional licença para que a permanência do médico alemão pudesse ser prorrogada. É até provável que essa exceção tenha sido concedida por duas razões: o processo de 1789 que deu origem ao caso permaneceu inconcluso e, no Almanaque da Cidade de 1792, foi citado o nome de um médico, José Estruque, ao que tudo indica um aportuguesamento do nome do físico estrangeiro, Joseph Struks.

Servidores da saúde pública

A Câmara do Rio de Janeiro, desde sua criação, procurou manter um médico ou cirurgião pago com receita própria para acompanhar os vereadores ou funcionários em suas diligências e correções voltadas à saúde pública, ao combate das "pestes e males contagiosos" que infestavam a cidade e acometiam a população e à assistência gratuita aos pobres.[94] Chamados de médicos ou cirurgiões do "partido da Câmara", esses profissionais ganhavam em torno de 60$000rs anuais.[95]

Além dessas atribuições, uma outra função de caráter público era também exercida por um médico assalariado — "o médico do partido do presídio" —, atrelado às provedorias dos portos, que, por sua vez, estavam subordinadas ao governador da capitania. Tinham como primordial tarefa realizar as "visitas de saúde" junto à tripulação e aos passageiros dos navios que chegavam, identificando os casos de doença, obrigando à "quarentena" os enfermos à bordo, em casas improvisadas nas ilhas da baía ou nas cercanias dos portos. Há referências de que ganhavam em torno de 80$000rs anuais.

Tanto a Câmara quanto o governador se queixavam da dificuldade de pagar seus ordenados. Em documento datado de 1737, os vereadores confessaram o estado de penúria em que se encontrava a Câmara, "exausta de rendimento até para acudir às despesas mais públicas e precisas; e assim tem conservado o seu médico sem ordenado, e só com os poucos emolumentos das diligências que faz o mesmo Senado". Por isso, recorreu ao governador da capitania, D. Fernando de Mascarenhos (1705-09), que sugeriu que fosse nomeado um único profissional para exercer a dupla função de "médico do presídio" e de "médico da saúde", recebendo um ordenado maior e coberto pela Fazenda Real. Adiantou-se o próprio governador, escolhendo para tal cargo o dr. Francisco Siqueira Machado, sem ouvir os protestos dos camaristas que se levantaram contra a nomeação de um cristão-novo, atributo que o impedia de assumir postos na administração pública.

Denunciado, o dr. Francisco de Siqueira Machado foi preso pelo Santo Ofício da Inquisição, levado para Lisboa, e substituído pelo dr. Francisco da Costa Ramos, que por razões pessoais transferiu-se para Minas Gerais, deixando como substituto o dr. Matheus Saraiva, um dos mais importantes médicos que trabalharam na cidade do Rio na primeira metade do século XVIII. Após o falecimento do titular, assumiu de direito o dr. Matheus Saraiva o posto que acumulava a dupla função, em 19 de agosto de 1739. No momento, porém, do preenchimento da vaga, os vereadores tentaram sem sucesso encaminhar o nome de seu candidato preferido, o médico Euzébio Ferreira Vieira. Prevaleceu contudo a indicação do governador Gomes Freire de Andrade. Muitos anos depois, em 1772, veio a ocupar o mesmo cargo o médico particular do vice-rei, marquês do Lavradio, José Henrique Ferreira, um dos fundadores da Academia Científica do Rio de Janeiro e seu primeiro presidente. A prática da dupla função exercida por um único médico perdurou até a última década do século XVIII, quando se decidiu nomear um cirurgião para secundá-lo em suas atribuições profissionais. Essa dupla formada de médico e cirurgião se manteve até a chegada da Corte ao Rio, em 1808.

Médicos e cirurgiões no combate à insalubridade, às endemias e epidemias

Os médicos e cirurgiões que trabalhavam no Rio de Janeiro consideravam o clima e o espaço físico onde se implantara a cidade fatores propícios à propagação de doenças, principalmente entre as pessoas recém-chegadas da Europa. Vale relembrar que a topografia da área central da cidade — com seus quatro morros prejudicando a circulação dos ventos, a várzea circundante cheia de alagadiços e mangues exalando "ares fétidos", a frequência de chuvas torrenciais alagando a cidade, seguidas de insolação intensa e sufocante — era em parte responsável, segundo o diagnóstico de especialistas, pela disseminação das doenças endêmicas trazidas sobretudo pelas tripulações doentes dos navios que nela aportavam.

Os vereadores, apoiados em "pareceres de professores médicos" da cidade do Rio de Janeiro, levantaram a suspeita de que o comércio de escravos recém-chegados da África, que ocorria em lojas espalhadas pela cidade, situadas principalmente nas ruas principais, como a rua Direita, ocasionava o surgimento de focos geradores de doenças epidêmicas que acometiam a população, como a bexiga, o escorbuto, a sarna, a erisipela, as manchas de pele e outras. Para extirpar esses focos os vereadores, na sessão de 14 de janeiro de 1758, estabeleceram o acórdão proibindo a comercialização de escravos novos nas ruas principais da cidade do Rio.[96]

A reação dos comerciantes de escravos foi imediata: 39 assinaram petição à Câmara solicitando sua revogação. O embate jurídico entre comerciantes e Câmara arrastou-se por longos anos, até o governo do marquês do Lavradio (gestão 1769-79), que lhes deu um ultimato, prescrevendo um outro sítio — o Valongo — para o exercício dessa atividade. Por essa razão lhe foi indevidamente imputada a autoria dessa medida higiênica e civilizatória. Seu grande mérito restringe-se ao fato de ter concluído com firmeza a proposta formulada pelos vereadores da Câmara da cidade, que em 1758 era composta pelo presidente e juiz de fora, dr. Antônio de Mattos e Silva, pelos vereadores Fructuoso Pereira, José Pacheco de Vasconcellos e Thomé Gouveia Sá Queiroga — tendo como escrivão o bacharel formado André Martins de Britto.

Sem dúvida trata-se de polêmica reveladora de múltiplos aspectos, deixando-nos entrever como se processava o controle sanitário dos navios que aportavam no Rio de Janeiro, quais as relações existentes entre os profissionais da área da saúde e os comerciantes de escravos, qual era a visão corrente sobre os espaços diferenciados da cidade.

Os contestadores do acórdão da Câmara dos Vereadores contra-argumentavam que o tipo de comércio que praticavam sofreria queda significativa com o deslocamento para fora da cidade dos pontos de venda, afetando não só a classe desses comerciantes, mas também todo o povo. Prognosticavam um aumento do preço da mercadoria — o escravo —, a retração do número de unidades vendidas e, por conseguinte, a diminuição da arrecadação dos impostos incidentes sobre a transação, cuja soma era calculada não a partir do valor de cada peça, mas do total de unidades (escravos) vendidas.

Quanto à alegação da transmissão de doenças provocadas pelos focos de escravos recém-chegados de Angola e Costa da Guiné, os comerciantes retrucavam afirmando que a tripulação dos navios, antes de desembarcar, era examinada pela "visita da saúde". Além disso, o comércio dos escravos de Angola e Costa da Guiné era antiquíssimo na cidade, "sem que por esse respeito originasse moléstia alguma nem achaque contagioso."

Não conseguindo com seus argumentos demover os vereadores de sua posição, os comerciantes de escravos entraram com novo recurso, contestando-lhes a afirmativa de que a cidade ficaria mais "formosa" sem a presença desse comércio escravagista.

Defendiam-se ainda dizendo que quase todos os comerciantes de escravos tinham suas lojas na rua Direita, logradouro que ficava junto ao mar e à praia, trazendo "mais comodidade para os despejos, se lavarem os escravos e fazerem as mais operações naturais", vantagens que se perderiam se fossem removidas para fora da cidade. Retrucavam os vereadores afirmando que não se tratava de transferência dos postos de venda para fora da cidade; apenas não deveriam eles se localizar "nos Rocios, praças públicas e ruas de maior comércio", mas nas ruas "contíguas da cidade, nos limites dela, ao redor, por todas as partes nas quais vivem os moradores", isto é, nos bairros que compõem "o todo da mesma cidade". Em seu apoio pronunciaram-se 24 moradores, entre os quais importantes negociantes de outros ramos, como Braz Carneiro Leão, Antonio Pinto de Miranda, Francisco Lopes de Souza, Pedro Martins Duarte e Manoel de Macedo, localizados na rua Direita e circunvizinhanças. O abaixo-assinado por eles encaminhado, datado de 26 de junho de 1766, denunciava os comerciantes de escravos que continuavam ilegalmente vendendo em "suas portas como antes costumavam fazer".

Não desanimaram os comerciantes de escravos, anexando ao novo requerimento sete pareceres favoráveis de reputados médicos, entre os quais o próprio médico da Câmara, dr. Matheus Saraiva, que em tom categórico afirmou não se lembrar, ao longo de seu exercício profissional de mais de quarenta anos na cidade do Rio de Janeiro, de ocorrência de epidemias de escorbuto ("ou mal de Luanda"), bexiga ou outra qualquer, disseminadas a partir dos pontos de comercialização de escravos novos que chegavam da África. Nem mesmo, segundo ele, as pessoas que se dedicavam a esse comércio e seus familiares contraíam essas doenças. Como médico do partido da Câmara ainda declarou: "os escravos novos vindos da Costa da África e Guiné, antes de desembarcarem, para serem registrados na Alfândega, são vistoriados primeiro pela visita da saúde" e, em caso de manifestação de doença, seu portador é separado dos demais para cumprir a "quarentena", medida sanitária regulamentada por lei. Aos pareceres desses médicos juntaram-se os de dez cirurgiões.

Enfim, de toda essa polêmica é possível destacar: a) a existência de um conjunto de ideias sanitaristas, urbanísticas e estéticas formuladas pelos vereadores, médicos e cirurgiões que norteavam as posturas municipais; b) a reafirmação da importância econômica da escravidão para o comércio da capitania do Rio de Janeiro e para a receita da Coroa, pois gerava um significativo volume de recolhimento de impostos; c) o envolvimento dos profissionais da área de saúde com os comerciantes de escravos que lhes abriam novas oportunidades de trabalho; d) a afirmativa, tanto dos comerciantes de escravos quanto dos médicos e cirurgiões, de que os negros não chegavam doentes, contradizendo graves testemunhos que afirmavam o contrário.

É intrigante o fato de esses médicos e cirurgiões da cidade do Rio de Janeiro, muitos deles pessoas notórias, membros de Academias, atestarem o bom estado de saúde dos escravos recém-chegados da África e reconhecerem como excepcionais os casos de doenças, e geralmente de fácil tratamento, como a sarna, as micoses e manchas de pele.

A despeito dessas considerações, os navios negreiros continuavam a ser vistos pela população como fonte de epidemias. Temidas também eram as demais embarcações, principalmente as dos estrangeiros — isto é, as não pertencentes aos súditos portugueses ou à frota real — que aportavam excepcionalmente no Rio, em função das garantias que lhes davam as leis internacionais de navegação, segundo as quais eram permitidas as atracadelas de navios cuja tripulação houvesse sido acometida por doenças graves.

Originárias das embarcações ou não, o fato é que a população da cidade sofria com as ondas epidêmicas de bexiga, sarampo, erisipela, febres, pestes, tuberculose, sífilis (ou "mal-francês"), sarna, que apareciam sempre citadas em documentos ou obras médicas editadas na época.

O combate preventivo à bexiga (varíola) só foi possível a partir de 1796, após a produção da "linfa vacínica" (retirada do úbere da vaca) pelo inglês Edward Jenner. Dois anos depois foi aplicada no Rio de Janeiro a "variolização" (uso do pus da varíola) pelo cirurgião-mor do Primeiro Regimento de Milícias, Francisco Mendes Ribeiro de Vasconcelos, homem experiente e de boa formação, obtida em suas estadas na "Inglaterra, França, Itália, Roma e Espanha". Visando divulgar a eficácia da vacinação e convencer as autoridades da capitania a estendê-la para toda a população, um grupo de 34 pessoas que a haviam experimentado encaminhou um abaixo-assinado, datado de 15 de junho de 1798, no qual afirmava "que também seus filhos, escravos e empregados domésticos foram vacinados e que todos ficaram satisfeitos com o resultado". Diziam eles que o próprio Francisco M.R. de Vasconcelos, quando destacado para servir no Rio Grande, havia difundido a "inoculação, aplicando-a em número avultado de pessoas de diferentes idades; gozando estes da felicidade de escaparem todos e ficarem isentos de defeitos e aleijões".[97]

Parece que a proposta desses voluntários não comoveu as autoridades da capitania, porque em fevereiro de 1800 novo abaixo-assinado foi encaminhado ao vice-rei, insistindo mais uma vez na importância da vacinação generalizada da população.[98] Entre o primeiro e o segundo abaixo-assinados, alguns signatários se repetiam. Nove mulheres anunciavam que parcela da população esclarecida apoiava o desenvolvimento de uma política de prevenção sanitária na luta contra as epidemias, que só veio a ser implantada a partir de 1811, no governo do príncipe regente d. João.[99]

O efeito devastador das epidemias sobre a cidade do Rio de Janeiro no século XVIII é fato de difícil mensuração, pela ausência de dados estatísticos recolhidos especificamente para essa finalidade. A construção de um indicador indireto sobre ocorrências de epidemias poderia muito bem partir da contagem de óbitos de uma série decenal, para, por meio de análise comparativa, ano a ano, identificar uma data na qual a súbita elevação do índice de mortalidade indicasse a presença atuante de uma causa extraordinária. Adotando esse procedimento metodológico, estudei os registros de óbitos em dois livros da Freguesia da Sé, correspondentes aos intervalos 1746-57 e 1797-1812, e em seguida tabulei os dados referentes a dois decênios, 1748 a 1757 e 1798 a 1807, que apresento a seguir.[100] (GRÁFICOS 1 e 2)

Gráfico 1

Óbitos na Freguesia da Sé (1748-57)

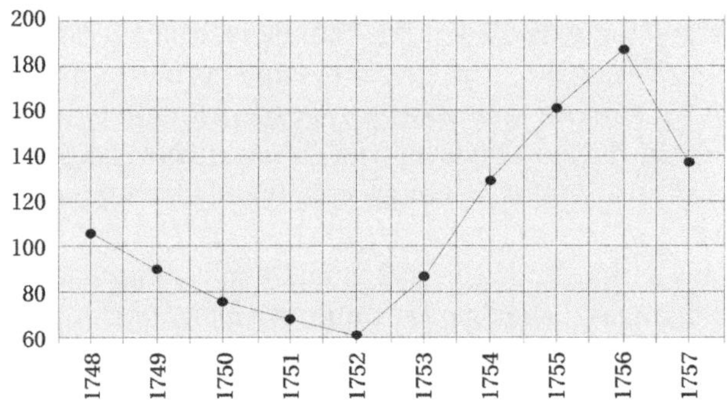

Gráfico 2

Óbitos na Freguesia da Sé (1798-1807)

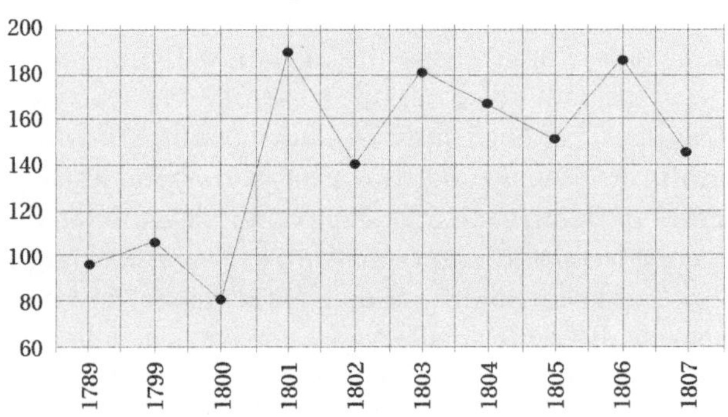

Sobressaem nesse gráfico duas datas críticas, com elevação súbita de mortes — 1756 e 1801 —, fazendo-me crer que talvez nestes anos a ocorrência de uma epidemia fosse a causa explicativa.

Se tal documentação permite apontar períodos de maior índice de mortalidade, nada nos diz sobre os reais motivos dos males que assolaram a população. Registros especificando a *causa mortis* eram muito raros, só aparecendo em casos impeditivos da administração do sacramento da extrema-unção, como morte por afogamento, assassinato, suicídio, ou qualquer doença que roubasse ao moribundo sua capacidade de falar.

Os lazaretos

Apesar da imprecisão das informações referentes a cada uma das doenças endêmicas e epidêmicas que atacavam a população, era de domínio público que a propagação da lepra ou doença de São Lázaro havia alcançado índices alarmantes na cidade do Rio na terceira década do século XVIII. Vereadores, médicos e cirurgiões reuniram-se, em 24 de janeiro de 1739 para encontrar meios de enfrentar a questão. Como a Câmara não dispusesse de receita para fazer face ao problema, os vereadores encaminharam ao governador Gomes Freire de Andrade, junto com a proposta de construção de um lazareto para o isolamento de todos os doentes existentes na cidade, o pedido de recursos para tão oneroso empreendimento. Pelas mesmas razões, o governador transferiu a demanda ao monarca, instaurando-se assim um longo processo que durou 25 anos, até que fosse atendida a proposta dos vereadores. Enquanto o processo se arrastava, Gomes Freire de Andrade e alguns amigos fundaram um lazareto de condições precárias em edificações cedidas pelos jesuítas em sua chácara de São Cristóvão.

Com a morte do governador Gomes Freire de Andrade, em 1º de janeiro de 1763, coube a seu substituto provisório, o bispo d. Antônio do Desterro, avançar uma solução quanto ao problema dos leprosos da cidade do Rio de Janeiro e da capitania. Convidou o prelado a Irmandade do Santíssimo Sacramento da Candelária para assumir a direção e administração do pequeno lazareto que tinha sido instituído por Gomes Freire. Aceitando o desafio, a Irmandade convocou seus associados e a população em geral para se congregarem em torno da causa dos leprosos. Foi então organizado um corpo de 218 pessoas que se prontificou, em abaixo-assinado de 11 de fevereiro de 1763, a doar anualmente uma parcela fixa conforme as possibilidades de cada um.[101] O boticário Miguel Rodrigues Batalha, por exemplo, além de contribuir com 6$400rs, comprometeu-se, enquanto fosse vivo, a dar todos os remédios necessários para a cura desses enfermos. O recolhimento das doações rendeu apenas 267$140rs, insuficientes para se construir um prédio novo.

A causa dos leprosos ganhou ainda um novo e importante aliado: o vice-rei recém-empossado, conde da Cunha, que em dezembro de 1763 enviou ofício ao rei narrando o estado calamitoso em que se encontravam e alertando-o sobre o "grande perigo" de contágio que, em consequência disso, havia sobre a população da cidade do Rio:

> pelo mal contagioso de Morfeia porque já não há rua nem Praça onde não encontrem os miseráveis leprosos, nem também ribeiro, ou fonte em que eles se não banhem e

> por esta causa todas as águas estão infeccionadas e toda esta grande terra no risco de a devorar este tremendo fogo que em todo o Brasil se tem ateado.[102]

Informou ainda o conde da Cunha que o pequeno hospital instituído pelo falecido Gomes Freire e administrado pela Irmandade do Santíssimo Sacramento, por falta de recursos, só atendia a 52 morféticos, enquanto os doentes eram 200, de "ambos os sexos e de todas as idades", entre eles os internos do antigo lazareto. A moléstia tinha atacado ricos e pobres, homens e mulheres e pessoas de todas as faixas etárias, e, na opinião do conde da Cunha, apenas quinze ou vinte eram pobres e dependiam da ajuda do governo para o seu tratamento. Os demais, poderiam contribuir com parte das despesas do hospital. É do vice-rei a dramática descrição do primeiro lazareto da cidade, constituído de:

> pobríssimas casinhas, ou choupanas e estas arruinadas ... assistidos por três enfermeiros Donatos dos Religiosos de Santo Antônio e que estes com grande amor de Deus e ajudados somente de algumas negras, que por crimes graves foram mandadas das cadeias para aquele ministério.

Convencido de que a solução do problema compreendia o isolamento dos doentes em prédio apropriado, propôs que, em vez da construção de um novo edifício, se fizesse a reforma da antiga casa dos jesuítas, em São Cristóvão, que passara ao domínio da Coroa. Os recursos para essa reforma viriam da sobra do dinheiro da Companhia de Vinho do Alto Douro, num montante de 6.400$000rs. Com esse dinheiro, segundo o conde da Cunha, poderia "acrescentar a sobredita casa que foi dos Jesuítas, de forma que fique com muitos bons cômodos para 200, ou mais enfermos; se S. Majestade for servido aprovar este projeto não haverá em parte alguma melhor Hospital de Lázaros".

Quanto à questão da receita para a manutenção do hospital, o conde da Cunha era da opinião que ela fosse assumida pela Fazenda Real, porque não conhecia "parte alguma no mundo em que haja menos caridade que no Brasil". Assim, propôs a instituição de uma taxa sobre os prédios da cidade do Rio — $240rs para as edificações térreas e $480rs para as de dois pavimentos ou mais.

O monarca aprovou as propostas do vice-rei e dessa forma foi instalado o lazareto no belo prédio de São Cristóvão, local onde até hoje permanece.

Quatro anos após sua instalação, a receita angariada para manutenção não mais cobria as despesas. Para sanar esse novo déficit, os vereadores propuseram substituir a taxa sobre os imóveis — a sonegação era grande — por outra, mais justa: uma taxa sobre o sal, produto de consumo generalizado, pagando "cada família, segundo a sua possibilidade e emprego" que fazia do sal. Como essa taxação se dava na entrada ou saída da mercadoria pela alfândega, todos a pagariam, porque viria embutida no preço do produto a varejo. Com isso, os religiosos e outros privilegiados não gozariam mais de isenção, como ocorria no caso de a taxa incidir nos prédios. Apesar dos bons argumentos, os vereadores não conseguiram ver sua proposta aprovada.

Com muita dificuldade, a Irmandade do Santíssimo Sacramento, responsável pela administração do Hospital dos Lázaros, conseguiu manter o hospital funcionando.

Em 1796 a situação se agravara, motivando o médico José Mariano Leal da Câmara Rangel de Gusmão — natural do Rio de Janeiro, mas residente em Lisboa — a propor um plano de soerguimento do hospital, sem ônus para a Fazenda Real, do qual também fazia parte a criação de um curso de cirurgia na cidade do Rio, cuja função de lente seria por ele próprio preenchida.[103]

O sobredito plano previa o aumento do quadro de funcionários, melhores salários, desde que permanecessem maior tempo no hospital, a reforma e ampliação dos espaços e das instalações hospitalares, o aumento da botica, com a instalação de fábrica de medicamentos para uso interno e venda do excedente ao público externo. Todavia não foi aprovado. Outros lazaretos surgiram ligados a instituições religiosas que tinham condições de manter hospitais próprios. Assim, os carmelitas abriram o seu, situado no morro do Desterro — hoje de Santa Teresa —, e os franciscanos fizeram o mesmo, na ilha dos Frades, junto à ilha do Fundão.

Segundo Rangel de Gusmão, a decadência do hospital público era uma consequência da desmotivação dos profissionais que recebiam baixos salários. Como ganhavam pouco, tinham que trabalhar em vários lugares, sem poder se dedicar efetivamente a nenhum deles. Mais grave ainda era a recusa dos melhores profissionais da cidade de pertencer ao lazareto, em função das suas péssimas condições materiais de trabalho. Com o quadro desfalcado de bons profissionais, as vagas foram sendo preenchidas com pessoas incompetentes ou inexperientes.

Tomando como referência o ano de 1811, eram altos os índices de mortalidade relativos aos estabelecimentos de saúde que acolhiam doentes de estratos sociais mais baixos, como o Lazareto de São Cristóvão (31,5%) e o Hospital da Santa Casa da Misericórdia (20,4%). Já o Hospital Militar, cuja clientela era cativa, apresentava um melhor quadro, com um índice de 7,3%.

Pode-se concluir, enfim, que a análise dos diferentes aspectos ligados aos profissionais da saúde, além de abordar assuntos diretamente vinculados ao exercício da arte de curar e à assistência que se prestava à população do Rio de Janeiro do século XVIII, possibilitou enfocar a cidade não só do ponto de vista de seu contingente humano, mas da qualificação de seu espaço, das condições ambientais e dos problemas sanitários que a afetavam.

Assim, ao falar das "visitas de saúde" aos navios aportados entrava em cena também a cidade e sua condição portuária a exigir cuidados específicos de controle; a polêmica travada entre médicos, vereadores e comerciantes sobre a melhor localização das lojas de revenda de escravos e a escolha do sítio para o estabelecimento dos lazaretos revelou a distinção que a população e as autoridades já faziam sobre a cidade, entre centro e subúrbio, e dos tipos de atividades recomendáveis e desaconselhadas para cada uma daquelas duas maiores zonas urbanas; ao citar as dificuldades que tinham os médicos de atingir certas áreas, foi possível distinguir as que se situavam próximas ao termo da cidade, mas ainda pertencentes ao programa de assistência de saúde pública, por intermédio do "médico do partido" da Câmara; ao mencionar, enfim, a preocupação de vereadores e médicos com questões de insalubridade, endemias e epidemias, relevava até onde já se avançara quanto ao conhecimento dos determinantes ambientais sobre as condições de saúde da população e quanto à formulação de medidas de intervenção.

Em todos esses momentos, profissionais médicos, cirurgiões e boticários se fizeram ativamente presentes, diagnosticando, fiscalizando, propondo, projetando, a tal ponto que, sem exagero, poder-se-ia dizer que não só atuaram como profissionais dedicados à arte de curar os enfermos, mas como edificadores de conceitos de zoneamento da cidade, em função das atividades a serem desenvolvidas em cada área.

Capítulo II

A Cidade e as Formas de Organização Coletiva

A população da cidade do Rio de Janeiro do século XVIII, extrapolando a estrutura básica decorrente dos laços familiares ou de compadrio, se organizava em irmandades, confrarias, academias literárias ou científicas, em folguedos ligados às festas do calendário litúrgico, como as folias de reis, congadas, pastorinhas, ou em conjuntos musicais.

As formações militares — como os terços auxiliares ou de ordenança — ou mesmo de interesse comercial — como a "Mesa do bem comum" — eram, ao lado da maçonaria, no terceiro quartel do século XVIII, outras tantas maneiras de a sociedade se organizar.[104] Associações coletivas de caráter temporário também se formavam, fosse para atender a situações emergenciais, como a ameaça de invasão inimiga, seja para angariar donativos em reforço da caixa deficitária do Estado. As pessoas poderiam se reunir com o objetivo de promover coleta de donativos para a construção de uma igreja, um hospital, um chafariz, para levantar ou consertar uma ponte, abrir uma vala a fim de drenar um trecho da cidade, calçar logradouros ou outro motivo considerado importante para aquele grupo. Podiam também organizar-se para reivindicar junto à Câmara de Vereadores ou ao governador um benefício para o logradouro ou bairro em que viviam, ou mesmo para propor, como vimos, a vacinação contra a varíola de amplos setores da população.

São muitos os abaixo-assinados que recheiam os processos guardados nos arquivos que consultei a denunciar o jogo de interesses dos diversos grupos organizados que digladiavam entre si ou lutavam contra o Estado.

Com isso, pode-se dizer que a cada homem ou mulher adulto que vivia na cidade do Rio era dada a oportunidade de participar, se assim o desejasse, de uma organização coletiva que transcedesse o círculo familiar. Graças a essa pluralidade de organizações coletivas, os indivíduos podiam desabrochar-se socialmente, realizar trocas econômicas, culturais e afetivas, ou até — guardados os limites daquelas circunstâncias — igualar-se a outras de nível mais alto. Por meio de uma dessas organizações, por exemplo, um preto escravo que pertencesse à Irmandade de Nossa Senhora do Rosário e integrasse sua diretoria poderia naquele espaço conviver, de igual para igual, com o governador da capitania do Rio de Janeiro, Luiz Vahia Monteiro, que, em 1728, tornou-se juiz da entidade. Oportunidade semelhante tiveram os pretos diretores da Irmandade de Santa Efigênia e Santo Elesbão, pois o famoso brigadeiro José Fernandes Pinto Alpoim — que em 1763 foi também governador da capitania por um curto período — era seu tesoureiro. Por integrar a Mesa do Bem Comum do Comércio, um recém-instalado comerciante na cidade do Rio tinha acesso ao convívio de grandes homens de negócio dessa praça.

Assim, um artista mulato, recém-chegado à desconhecida cidade do Rio de Janeiro, como foi o caso de Valentim da Fonseca e Silva, podia ingressar na Irmandade de Nossa Senhora da Conceição, que congregava homens pardos, tornar-se conhecido entre os irmãos por suas muitas obras realizadas na igreja sede de sua organização, ganhar fama e projetar-se, como o famoso Mestre Valentim.

Essas múltiplas formas de se organizar não constituíam uma tendência isolada da sociedade do Rio de Janeiro, no período em tela. Refletiam, ao contrário, o florescimento contemporâneo, em muitos países europeus, do associativismo culto, representado pelas sociedades literárias e academias científicas; do associativismo de fomento da riqueza e de categorias de uma determinada atividade econômica; do associativismo corporativista que protegia os membros agregados por profissão, e, por fim, do associativismo de natureza religiosa, bem representado pelas irmandades, muito numerosas em Portugal no período do Setecentos.

Portanto, estudar algumas dessas formas associativistas na cidade do Rio de Janeiro do século XVIII pareceu-me importante até mesmo para entender o desabrochar, na sociedade da época, de tendências modernizantes. Observa-se nesse período que algumas dessas novas instituições buscavam flexibilizar a extrema rigidez de outrora, ao albergarem gente remediada em seus quadros e possibilitarem um relativo igualitarismo de convivência entre os membros componentes. Sua relevância também advém do fato de terem influenciado a configuração e a produção arquitetônica da cidade, ao incluir entre seus principais clientes arquitetos, engenheiros, entalhadores, escultores e pintores atuantes no Rio de Janeiro.

Balizado por essas referências, tratarei a seguir de alguns exemplos do associativismo econômico.

A Mesa do Bem Comum do Comércio

Os importantes homens de negócio da cidade do Rio de Janeiro que se dedicavam ao comércio exportador e importador entre Brasil e Portugal, Costa da África, Ilhas dos Açores, não possuíam, até meados do século XVIII, organização específica que tratasse de seus interesses. Nesse particular estavam bem mais atrasados que seus parceiros das capitanias de Pernambuco e Bahia, ou das cidades de Lisboa e do Porto, todos organizados pela Mesa do Bem Comum do Comércio, consoante uma prática difundida em muitas cidades europeias.

A associação por atividade comercial só veio acontecer no Rio de Janeiro mais tarde, quando, em 1º de dezembro de 1753, homens de negócio, em reunião no consistório da Igreja do Senhor Bom Jesus do Calvário — situada em rua de mesmo nome —, aprovaram os estatutos da primeira Mesa do Bem Comum do Comércio do Rio de Janeiro e elegeram sua diretoria.[105]

A análise desses estatutos nos revela — além dos objetivos organizacionais da categoria em defesa de seus interesses — a visão de mundo dos homens de negócio e as relações que desenvolviam intragrupalmente com o Estado, com as demais praças de comércio do Brasil, de Portugal, da África e outras colônias do Reino português, com a cidade e a sociedade em geral.

Os membros pertencentes à Mesa do Bem Comum do Comércio diferenciavam-se dos demais negociantes da praça da cidade ao se designarem como aqueles que negociavam "de mar em fora". Nessa categoria incluíram aqueles que transacionavam com mercadoria humana — os escravos — adquiridas em "Angola e Ilhas", porque, justificavam eles, "todos fazem o Corpo do Comércio".

Definidos os membros que poderiam integrar a entidade, os estatutos passaram a mencionar as categorias de homens de negócio excluídas da possibilidade de assumir cargos diretivos da organização: os homens de negócio proprietários ou administradores de vários contratos postos em arrematação pela Fazenda Real, como os contratos de cobrança de impostos e de taxas, e os contratos sobre produtos como o sal, o vinho, aguardente do reino e da terra, geribita, sabão, azeite, couro etc. Apesar desses negociantes serem os mais ricos e influentes junto ao aparelho administrativo da Monarquia, foram excluídos por se preocupar — segundo os Estatutos, no capítulo 8 — apenas com "seus interesses, sem se ater ao bem comum". No fundo, os fundadores da Mesa do Bem Comum do Comércio queriam evitar que o comando da entidade fosse entregue àqueles que vasculhavam, no dia a dia, as atividades comerciais para cobrar impostos e taxas. Queriam com isso evitar a constrangedora situação de, em caso de prática de sonegação, tornarem-se réus de irmãos diretores. Para exercer tal função preferiram escolher homens "capacitados, inteligentes e sobretudo conhecedores da arte mercantil" (Estatutos: cap.29). Dos quadros da diretoria também foram explicitamente excluídos "aqueles homens que não soubessem ler e escrever" (Estatutos: cap.8). Presume-se igualmente que os postos de comando não estavam disponíveis para as mulheres comerciantes, uma vez que os estatutos só se referem a pessoas do sexo masculino.

Como toda organização coletiva da época, as regras da Mesa do Bem Comum do Comércio incluíam itens referentes à proteção de membros filiados e ao auxílio àqueles que por alguma razão se "acharem reduzidos à miséria pelas circunstâncias do tempo e negócios" (Estatutos: cap.40). Para proteger os desafortunados, a escolha do padre ministro das cerimônias religiosas da entidade deveria recair preferencialmente sobre os filhos de filiados "que fossem mais necessitados e beneméritos" (Estatutos: cap.1). Para desempenhar a função "assalariada" do empregado responsável por cuidar da "Casa do Despacho, e avisar aos oficiais e Deputados", seria escolhido "algum homem de negócio que, por infelicidade, estivesse reduzido à miséria", recebendo a mais, por esse trabalho, 50% do salário normalmente pago a um empregado não filiado (Estatutos: cap.24). Da eventual sobra anual do caixa, uma quarta parte seria destinada aos irmãos que ficassem "reduzidos à miséria", e uma outra parte, entre as viúvas, órfãs ou noivas, desde que filhas de membros da Mesa do Bem Comum do Comércio em estado de pobreza, cabendo ainda a essas últimas um dote mínimo de 400$000rs, se realmente efetivassem o casamento no prazo máximo de um ano após seu recebimento (Estatutos: cap.40).

Como bons cristãos, os membros da instituição não se esqueceram de dedicar a organização a uma entidade divina, no caso, ao "Espírito Santo". Comprometeram-se, ainda, a constituir uma irmandade e a construir-lhe um belo templo. Entrementes, a entidade ocuparia um altar na Igreja do Senhor Bom Jesus, contribuindo com esmolas cujo valor seria estabelecido pela irmandade anfitriã.

Apesar de esses homens de negócio serem possuidores de muito cabedal, não quiseram arcar com o custo da compra de um terreno onde pudessem construir a igreja. Gostariam de ganhá-lo das autoridades governamentais, de preferência o mesmo que havia sido oferecido para a construção de uma igreja dedicada à Nossa Senhora da Lapa, situado "na praia defronte da igreja dos religiosos de Nossa Senhora do Carmo" (Estatutos: cap.17). Se estivesse indisponível aceitariam de bom grado qualquer outro terreno, desde que gratuito e com as dimensões necessárias para comportar o imponente templo que planejavam edificar na orla marítima. A localização em beira de praia era necessária à construção de "dous tanques para que reparta a água que se desprezou do chafariz, dos quais por bicas possam mais navios fazer suas aguadas ao mesmo tempo, sem o detrimento que agora sentem" (Estatutos: cap.18). O terreno deveria também permitir a construção de um sobrado geminado à igreja, onde se instalariam os trabalhos normais da Mesa. No pavimento térreo seriam realizadas as reuniões da entidade, e o pavimento superior ficaria reservado para a administração e despachos da Mesa. Propuseram, ainda, os fundadores da entidade que o sobrado também servisse como "reduto ou fortinho", nas situações de ameaças de invasão de inimigos, e pudesse "operar em defesa da Marinha" (Estatutos: cap.19).

É importante salientar que toda vez que uma organização como essa se estruturava, exigindo sede própria e criando funções assalariadas, apareciam novas oportunidades de trabalho para vários tipos de profissionais. No caso da Mesa, foram oferecidas vagas para um advogado, com a responsabilidade de cuidar das questões jurídicas da entidade e assessorar a diretoria; um auxiliar administrativo, um fiscal cobrador e um procurador em Lisboa, encarregado de acompanhar os processos da entidade na metrópole, e cuidar dos interesses dos membros filiados. Ciclicamente, por ocasião das festas anualmente celebradas por três dias consecutivos, muitas pessoas eram contratadas para desempenhar tarefas específicas (Estatutos: cap.4).

Para construir a igreja, o sobrado anexo, os tanques, urbanizar a área circundante, cobrir as despesas das festas e administrar cotidianamente a entidade, foi proposta a criação de taxas variáveis que incidissem sobre 27 produtos que comercializavam e sobre as embarcações que os transportavam (Estatutos: cap.32). Assim, da venda de cada "negro ou negra boçal" no porto do Rio de Janeiro seriam cobrados 0$040rs. As embarcações, em ordem decrescente, pagariam: navio, 2$000rs; corveta, bergantim, penque, iate ou outra qualquer embarcação de dois mastros, 1$000rs; sumaca de qualquer dimensão, 0$320rs. Já barcos e lanchas entrariam com apenas 0$160rs. O controle sobre a cobrança dessas taxas se fazia por um fiscal que consultava diariamente as anotações dos funcionários da Alfândega e pela relação das cargas embarcadas, fornecida pelo comandante de cada navio ou barco. Criava-se com isso um sistema misto, segundo o qual governo e particulares se davam as mãos para fiscalizar todo o comércio com o exterior, via porto da cidade do Rio de Janeiro.

Uma vez constituída, a Mesa do Bem Comum do Comércio passou a ser consultada para todas as questões relacionadas ao comércio, à indústria e à agricultura. No mesmo ano de sua criação essa entidade já emitia parecer relativo a uma reivindicação de senhores de engenho empenhados em não permitir que bens imóveis e fábricas dos engenhos fossem penhorados nos casos de falência ou sequestro temporário.[106]

Entre as reformas que promoveu na estrutura administrativa da Monarquia portuguesa, d. José I extinguiu em 30 de setembro de 1755 as chamadas Mesas do Bem Comum do Comércio e propôs em seu lugar a criação de Juntas do Comércio, dotadas de maior poder e vinculadas diretamente à estrutura governamental. Nas palavras do historiador português Jorge Pedreira, a Junta do Comércio foi responsável por dotar o aparelho político e econômico da administração portuguesa de mecanismos, junto aos negociantes, para financiamento, condução e controle de sua política industrial, econômica e mercantilista.[107]

No Rio de Janeiro, a Mesa do Bem Comum do Comércio recém-criada também seguiu o mesmo caminho, transformando-se na Junta do Comércio que manteve a maioria dos membros da organização extinta nos quadros da diretoria nova. Apenas o provedor Gaspar Caldas Barbosa e o deputado Antônio de Oliveira Durão não permaneceram na liderança da Junta do Comércio, tendo sido substituídos por Antônio Lopes da Costa e Manoel Correa da Silva.

Os 14 membros de uma e outra diretoria eram vistos por seus pares como os negociantes mais aptos, inteligentes e conhecedores da arte mercantil. Formavam a elite desse segmento, embora uma boa parte não pertencesse à alta sociedade da época. Apenas três possuíam títulos de nobreza: o procurador José Pereira da Silva era cavaleiro professo na Ordem de Cristo e por duas vezes foi procurador do Senado da Câmara de Vereadores (1754 e 1758); o deputado Antônio de Oliveira Durão pertencia à nobreza da terra, e o deputado Domingos Rabelo Leite era "cidadão" da cidade e foi vereador em 1769. (QUADRO 12)

Quadro 12

Membros componentes das diretorias da Mesa do Bem Comum do Comércio e da Junta do Comércio, segundo cargos que ocuparam (1753-56)

Cargos das diretorias	Nomes dos membros das diretorias	
	MBCC – 1753	Junta do Comércio – 1756
Provedor	Gaspar Caldas Barbosa	Faustino de Lima
Secretário	Manoel Ferreira Gomes	Manoel Ferreira Gomes
Tesoureiro	Manoel dos Santos Pinto	Manoel dos Santos Pinto
Procurador	José Pereira da Silva	José Pereira da Silva
1º Deputado	Lourenço da Cruz Pinto	Manoel Correa da Silva
2º Deputado	Faustino de Lima	Antônio Pinto de Miranda
3º Deputado	Antônio Pinto de Miranda	Custódio Rodrigues Bandeira
4º Deputado	Antônio de Oliveira Durão	Domingos Rabelo Leite
5º Deputado	Antônio Ramalho	Lourenço da Cruz Pinto
6º Deputado	Braz Gonçalves Portugal	Braz Gonçalves Portugal
7º Deputado	Domingos Rabelo Leite	Antônio de Oliveira Durão
8º Deputado	Custódio Rodrigues Bandeira	Antônio Lopes da Costa

Além disso, muitos deles se destacaram por acumular cargos em outras organizações coletivas. Exemplares foram os casos de José Pereira da Silva e Antônio Pinto de Miranda, nomeados ministros da Venerável Ordem Terceira de São Francisco da Penitência, o primeiro entre 1729 e 1731, e o segundo em 1765. Ambos também foram provedores da Santa Casa da Misericórdia e compuseram a Mesa da Irmandade do Santíssimo Sacramento da Candelária em 1763 e 1760, respectivamente.

Dois desses 14 negociantes dedicavam-se ao comércio de escravos: Antônio Lopes da Costa e Antônio Ramalho, os mesmos que subscreveram o mencionado abaixo-assinado de 1758, questionando o deslocamento de suas lojas da área central para o subúrbio, como determinaram os vereadores.

Devoções, irmandades e ordens terceiras

Essas organizações, na condição de estruturantes de significativas parcelas da população, empregavam muitos artistas e artesãos de várias categorias profissionais aos quais eram encomendadas pinturas, esculturas, construções de altares e templos, e produziam muitas das festas mais importantes realizadas na cidade.

A doação de terrenos às irmandades para construção de templos — como sucedeu com as irmandades do Rosário, São Domingos, Lampadosa, Santo Elesbão e Santa Efigênia — localizados fora dos limites urbanizados da cidade levou ao melhoramento dessas áreas e incremento das construções de casas ao seu redor. Dessa forma, a cidade se expandia à medida que os fiéis procuravam embelezar os templos dos santos de sua devoção, alinhar e aplainar as ruas que lhes davam acesso e construir residências nas imediações da morada de seus padroeiros.

Também a vida social naqueles logradouros se enriquecia com as procissões e festas realizadas, bastante numerosas e bem-distribuídas pelo ano inteiro. (ANEXO 5)

A trajetória que levava à formação de um "grupo de devoção" era bastante simples. As pessoas nele interessadas deveriam atingir um certo nível de organização, mapeando seus direitos e deveres num "compromisso" (modernamente entendido como estatuto ou regimento interno), conjunto de regras disciplinares que não necessitavam de registro oficial. Poderiam estruturar-se em torno de um oratório de rua, de casa particular, de altar de uma igreja com a permissão da Irmandade proprietária ou de seu pároco.

Os cronistas são unânimes em afirmar que na cidade do Rio de Janeiro, no tempo dos vice-reis, havia 73 oratórios, sem, no entanto, especificar a que tipo pertenciam, pois assim eram chamados tanto os pequenos nichos embutidos nas fachadas das edificações quanto os do interior de casas nobres, em cômodo particularmente a eles destinado. Eram também "oratórios" espaços bem maiores, designados capelas, com acesso externo e possibilidade de aí se celebrarem missas, mediante permissão da autoridade eclesiástica. De qualquer forma, eram numerosos os grupos de devoção que funcionavam na cidade, talvez mais numerosos ainda que os 73 citados. Só na Igreja de São José, segundo Amadeu B. Rohan, funcionaram, no século XVIII, a Devoção da Senhora Sant'Anna, a de Nossa Senhora dos Prazeres e a de Nossa Senhora da Conceição.[108] Por não possuírem estatutos aprovados pelo bispo e pelo rei, a devoção era alvo de muitas proibições, entre as quais o direito de pedir esmolas pelos logradouros da cidade, o que limitava muito a receita do grupo. Buscando melhorá-la, os membros da devoção de Nossa Senhora das Dores, abrigados na Igreja do Rosário, solicitaram em 1795 ao bispo e ao rei permissão para tirar esmolas pela ruas da cidade, argumentando que formavam uma associação antiga que funcionava desde a década de 1760, fomentada por seus propagadores, o bispo d. Antônio do Desterro e o próprio vice-rei conde da Cunha.[109]

Em patamar superior ao da devoção situavam-se a confraria e a irmandade. (ANEXO 5) Os autores que as estudaram e os dicionaristas consideram os dois termos sinônimos, representando um mesmo tipo de organização. Rafael Bluteau, em 1713, definiu "confraria" em seu dicionário como: "Irmandade. Ajuntamento de várias pessoas para exercícios espirituais. *Sacra sodalitas*."[110]

Na época, seus próprios membros e as autoridades eclesiásticas e governamentais usavam indistintamente "confraria" ou "irmandade" para se referir a um mesmo tipo de organização. Havia, no entanto, sutis diferenças entre elas. Quando as pessoas redigiam seus compromissos, via de regra, diziam pertencer preferencialmente a uma irmandade. Pode-se afirmar que toda irmandade era uma confraria. O inverso, porém, não era verdadeiro. A maçonaria, por exemplo, era uma confraria, mas não podia ser classificada como irmandade. Por isso, ao tratar das organizações religiosas de leigos regidas por compromisso empreguei tão somente o termo irmandade.

Alcançar o status de irmandade requeria do grupo pretendente bom nível de estruturação, número mínimo de trinta pessoas, recursos necessários à administração, sustento das alfaias do altar ou da igreja e realização das festas dedicadas ao santo padroeiro. Exigia-se acima de tudo que o trabalho e a devoção do grupo fossem reconhecidos pela sociedade e pelas autoridades eclesiásticas e governamentais. O próprio compromisso da irmandade, redigido dentro dos padrões jurídicos e eclesiásticos, deveria ser sempre encaminhado, em primeira instância, ao bispado ao qual a freguesia estivesse vinculada, para avaliação e confirmação. Só após esse importante aval o processo era enviado ao rei para aprovação final.

Um santo ou santa só podiam ser patronos de uma única irmandade por vila ou cidade. Exceção para irmandades de pretos e miscigenados e outra só de brancos; caso das irmandades de Nossa Senhora do Rosário dos Homens Pretos e dos brancos existentes no Rio de Janeiro. Já as entidades sacrossantas, como as do Santíssimo Sacramento, Divino Espírito Santo, ou Santas Almas, patronizavam irmandades de diversas freguesias. Assim, na cidade, havia as irmandades do Santíssimo Sacramento nas freguesias da Sé, Candelária, São José e Santa Rita. Aliás, toda freguesia, ao se constituir, tinha em sua igreja matriz o sacrário cuja veneração estava a cargo de uma irmandade.

Ao examinar os pontos comuns dos diversos compromissos das irmandades, detectei dez objetivos principais que norteavam sua existência: a) ampliar o espaço do indivíduo para além do círculo familiar; b) inseri-lo na sociedade pelo exercício de papéis definidos e públicos na hierarquia social, política, cultural e religiosa; c) desenvolver o espírito público incutindo o respeito às leis vigentes e ao monarca, bem como o orgulho pela origem lusitana; d) trabalhar em benefício da coletividade, principalmente pelos pobres; e) voltar-se para os valores da religião católica e buscar a salvação das almas dos membros da organização; f) congregar-se em torno da devoção do padroeiro da irmandade; g) ajudar os irmãos nas dificuldades financeiras, de saúde e sobretudo na velhice desamparada; h) proteger as viúvas e os órfãos; i) assegurar o atendimento religioso aos enfermos e moribundos e rezar pela salvação de suas almas; j) enterrar os mortos. É importante ainda assinalar que uma irmandade ou ordem terceira gozava legalmente do direito de pedir esmolas na cidade do Rio e sua periferia. A contribuição de devotos não pertencentes aos quadros das irmandades permitia que elas aumentassem suas receitas e, consequentemente, elaborassem projetos dispendiosos, como a construção de igrejas mais amplas e suntuosas. Aos objetivos comuns cada irmandade acrescentava outros que lhes eram próprios. Assim, as dos ofícios mecânicos, como os alfaiates, pedreiros, carpinteiros e músicos, favoreciam seus associados quanto às vagas no mercado de trabalho, controlavam o ensino e o exercício profissional da categoria, enquanto a dos pretos e pardos livres se propunha ajudar os irmãos escravos a conseguirem sua liberdade.

O estudo dos compromissos das irmandades, nos quais vinham expressas as lutas entre os grupos étnicos, permite detectar a tendência dominante de exclusão do negro e supremacia do branco.

É na parte dos compromissos relativa às especificidades que os preconceitos, as discriminações, as exclusões e os conflitos sociais mais se evidenciavam. As irmandades de homens e mulheres pardas, por exemplo, não admitiam pretos em seus quadros e, contraditoriamente, estavam abertas à entrada de brancos, que poderiam assumir postos na mesa diretora. Já os pretos da Irmandade de Nossa Senhora do Rosário e de São Benedito admitiam brancos e pardos, embora esses últimos não pudessem se tornar membros da mesa diretora; cujos cargos de juiz e tesoureiro, considerados extremamente importantes, eram exclusivamente reservados aos brancos. Os pretos da Costa de Minas, de Cabo Verde, da Ilha de São Tomé e de Moçambique, membros da Irmandade de Santa Efigênia e Santo Elesbão, proibiram em seus estatutos de 1740 o ingresso de angolanos e seus descendentes. Mais tarde, em 1748, reviram a restrição, ao estabelecer que os cargos na mesa diretora seriam dali em diante divididos meio a meio.[111]

Por sua vez, os pretos Mina da nação manguim pertencentes à Irmandade de Nossa Senhora dos Remédios proibiram em 1788 o ingresso de "pretos de péssimos costumes, vexoso, infame, ou que usa de feitiçarias e superstições". Em contrapartida, estabeleciam que nas festas à padroeira seus membros poderiam se apresentar "com danças ou folias à maneira dos Etíopes", numa clara evidência da luta pela preservação de sua cultura de origem.[112]

As irmandades de brancos, como a do Divino Espírito Santo, erigida na Igreja de Santa Rita, só admitiam aquelas pessoas de "conhecida limpeza de sangue". Assim, dela não poderiam fazer parte os de "nação hebreia, nem mouro, nem mulato, em grau proibido em direito, nem também que tenham ofícios vis, que sirvam de descrédito à Irmandade".[113] Essas exclusões eram comuns a todas as irmandades, não importando a dominância da cor de seus membros. O acesso às mesas diretoras lhes era total ou parcialmente vedado: se algumas lhes barravam a ocupação de qualquer cargo, outras somente lhes proibiam exercer as funções de tesoureiro ou juiz.

Atenção especial deve ser dada às entidades ditas "embandeiradas", ou seja, aquelas que, entre outras concessões, haviam recebido uma "Bandeira dos Ofícios".[114] Essa instituição, sendo hoje quase ignorada, merece ter sua origem esclarecida. A Bandeira dos Ofícios representava uma velha tradição que vinha dos antigos grêmios medievais. Neles se agrupavam os profissionais de cada área em 24 corporações cujos juízes, depois de eleitos e empossados nos seus cargos, escolhiam um presidente, que passava a ser chamado de "juiz do povo", e um escrivão de ofício, ambos com assento no Senado da Câmara de Lisboa. Cada corporação (ou grêmio) só podia entrar em funcionamento depois que seu regulamento (ou "Compromisso") tivesse sido examinado pelo procurador da Coroa e aprovado pelo rei. Desse momento em diante passava a ser fiscalizada pela Câmara, à qual se subordinava. Esse costume permaneceu até 1539, quando se processou a primeira grande reforma das sobreditas corporações, que deixaram de ser associações puramente civis para se tornarem "Sodalícios Religiosos", ou seja, sociedades de pessoas conviventes sob um manto piedoso que tomavam por padroeiros os santos sob cuja invocação funcionavam. Assim, surgiram no Rio de Janeiro do século XVIII, tais como nós as conhecemos, as Bandeiras dos Ofícios — ou o que é o mesmo, as Irmandades Embandeiradas —, com uma importante diferença: no Brasil, essas irmandades não constituíram a "Casa dos 24", o que não as impediu, no entanto, de se articularem ao Estado, por meio da Câmara dos Vereadores local, com a qual mantinham elos institucionais. Assim, tanto o exercício profissional de cada um dos "ofícios mecânicos" vinculados às irmandades quanto o processo de formação, o sistema de produção e comercialização de suas obras, a prestação de serviços em loja ou oficina eram legalmente registrados na Câmara. Por exemplo, uma loja de marcenaria só receberia dos vereadores a licença para se estabelecer e funcionar se o seu mestre tivesse a carta aprovada pela Irmandade de São José, à qual esse ofício estava vinculado.

No entanto, é oportuno a essa altura frisar que, ao longo dos séculos, o mesmo conjunto de irmandades embandeiradas não se manteve inalterado. Com a diversificação dos ofícios ao longo do tempo foi necessária uma nova regulamentação, efetuada em 1771 pelo rei d. José I, que reestruturou, a pedido do juiz do povo, o quadro dos referidos "grêmios", dos quais foram excluídos os casos anacrônicos e incorporados alguns novos ofícios de "uso comum e universal".

A nova regulamentação atingiu não somente as Irmandades Embandeiradas de Lisboa, mas também as do Brasil. Referente ao período analisado pude identificar como ativas as seguintes Bandeiras de Ofícios: a) Irmandade do Patriarca São José, de pedreiros, carpinteiros e outros ofícios anexos; b) Irmandade do Glorioso Mártir São Jorge, de ferreiros, serralheiros e outros ofícios como o dos tanoeiros que a ela se incorporou em 1798; c) Irmandade do Senhor Bom Homem, dos alfaiates; d) Irmandade do Glorioso Santo Elói, dos ourives de ouro e prata; e) Irmandade de São Crispim e São Crispiniano, dos sapateiros; f) Irmandade da Gloriosa Virgem Mártir Santa Cecília, dos músicos.

Tal como acontecia em Portugal, essas irmandades de cunho religioso-profissional elegiam seus juízes e escrivães de ofícios cujas funções seriam posteriormente homologadas pela Câmara, autorizando-os a exercê-las publicamente e com exclusividade pelo período de um ano. Esses profissionais eram remunerados pelos pareceres que emitiam e pelas vistorias e avaliações que realizavam, atividades que lhes acresciam algum rendimento. Além dos indicados pela própria irmandade, os vereadores escolhiam entre os membros de seus quadros os "avaliadores do conselho" para atuar nos processos judiciais, nas questões da administração pública que exigiam pareceres técnicos, nos inventários ou para outras tarefas a eles atribuídas pelo Poder Judiciário.

O exercício dos Ofícios Mecânicos Embandeirados se realizava sob dupla fiscalização: a da Câmara dos Vereadores, que visava com isso melhorar o recolhimento de impostos devidos, e a da irmandade, ciosa de preservar o mercado de trabalho para os seus filiados. Havia outra maneira de as irmandades se sujeitarem ao poder público quando por ele eram impelidas a comparecer a todas as festas, cerimônias e procissões das datas do calendário oficial.

Apresentando uma estrutura mais complexa, as ordens terceiras eram associações de caráter eminentemente religioso, vinculadas a uma ordem religiosa consagrada e tradicional. A articulação hierárquica desses níveis de ordens se construía da seguinte maneira: a primeira ordem correspondia aos religiosos homens e incluía os fundadores da entidade; a segunda ordem era formada pelo ramo feminino correspondente de religiosas professas; a terceira ordem, espécie de braço estendido no mundo secular, era composta sobretudo por leigos.

Para que uma ordem terceira viesse a ser oficialmente reconhecida, devia ter seu compromisso aprovado triplamente; primeiro pelo bispo diocesano, depois pelo rei e por último pelo papa. As exigências eram tantas que só havia três ordens terceiras funcionando no Rio de Janeiro. A mais antiga era a de São Francisco da Penitência, fundada em 1619; em seguida, vinha a de Nossa Senhora do Monte do Carmo, criada em 1648; e, finalmente a dos Mínimos de São Francisco de Paula, fundada em 1756.[115]

Tendo assim levantado as características fundamentais dessas três formas de organização — devoções, irmandades e ordens terceiras —, proponho o estudo de alguns casos de irmandade que se estruturaram a partir de um elemento básico: a identidade da cor. Isso porque foram essas organizações responsáveis pelos mais belos exemplares da arquitetura setecentista, além de constituírem vetores de expansão da cidade do Rio.

Irmandades de pretos

É importante relembrar que a entrada de escravos na capitania do Rio de Janeiro ganhara vulto no penúltimo decênio do século XVI. Já em 1583 se tinha notícia de um comerciante de escravos, João Gutierrez Valerio, que traficava na região com certa regularidade. No século seguinte, o governador Francisco Fajardo obrigou, em 1620, os traficantes negreiros que aportassem na cidade do Rio de Janeiro para se abastecer a negociar nessa praça parte dos escravos que haviam trazido da África para serem vendidos no Brasil.[116]

Compreende-se, assim, que beirando a segunda metade do século XVII, já houvesse no Rio de Janeiro um bom número de pretos livres ou ainda escravos que quisessem se organizar na forma de confrarias. Joaquim José da Costa confirma essa intenção, colocada em prática ao registrar, por volta de 1640, a existência de uma "confraria de N.Sª do Rosário, na Igreja de São Sebastião, situada no Morro do Castelo". Confirma também que "nessa mesma igreja existia uma confraria de São Benedito, também fundada por homens pretos, livres e escravos". Outros documentos registram que, em 1663, vinte anos após a fundação da Confraria de São Benedito, essas duas entidades de pretos se fundiram, cabendo à de Nossa Senhora do Rosário apontar a maior parte dos membros para a mesa diretora, e à de São Benedito, apenas um juiz.[117]

Tal fusão foi estrategicamente importante para a organização dos pretos da cidade. Com isso concentraram o quadro de congregados, integraram as pessoas atuantes e, consequentemente, incrementaram a receita que lhes viabilizaria assumir empreendimentos maiores.

No ano de 1676, a prelazia do Rio de Janeiro foi transformada em bispado, mas só em 1º de junho de 1682 chegou d. José de Barros Alarcão para assumi-lo como prelado. Em 19 de janeiro de 1685 instalou-se o Cabido da Sé na Igreja Catedral de São Sebastião, sede também da Irmandade de Nossa Senhora do Rosário e São Benedito. Nesse momento começaram as perseguições aos pretos da irmandade pelos membros do Cabido, formado de padres brancos avessos à ideia de conviver, na Sé Catedral, com pretos, mesmo que estes professassem a fé católica. Exigiram que no prazo de três dias a irmandade exibisse seus "títulos, compromissos, relação de alfaias e tudo quanto lhe dissesse respeito".[118]

Esmagados, os negros chegaram a levantar a hipótese de extinguir sua organização. Haviam sonhado construir sua igreja, mas como ainda não possuíam o terreno, o sonho virava pesadelo. Coube a uma devota de Nossa Senhora do Rosário, dona Francisca Pontes, uma senhora branca, a boa ação de tirar a irmandade de sua situação aflitiva, ofertando-lhe uma área excelente, medindo 15,40m de frente por 70,40m de fundos, situada na região do Campo de São Domingos. Cientes dessa dádiva, os irmãos solicitaram então ao rei permissão para construir sua igreja, no que foram atendidos em 14 de janeiro de 1700, e logo em seguida dispensados de pagar "propinas ao Cabido", seu velho algoz.

Obstinados, entregaram-se os irmãos com toda a pressa devida a levantar o templo para a padroeira, cujo início foi assim solenizado:

> no dia 2.2.1708 [a data correta deve ser 1703, pois documentos por mim consultados apresentam a informação de que em 2.7.1703 a igreja estava em construção], pelas dez horas da manhã, na presença da Irmandade, corpo Capitular, autoridades civis e numeroso concurso, teve lugar a benção do terreno e colocação da primeira pedra, com todas as formalidades, pelo Revmo. Padre Dr. João Pimenta de Carvalho.[119]

Orgulhosos com o crescimento de sua organização e com a igreja que possuíam, os irmãos pretos viviam tranquilos até que, pegos de surpresa, souberam pelo bispo que o Cabido e a Sé Catedral da cidade do Rio de Janeiro iriam nela se instalar.

O Cabido, que havia abandonado a antiga Igreja de São Sebastião no morro do Castelo, tinha se instalado primeiro na Igreja de São José, onde permaneceu por pouco tempo, pois o local foi considerado impróprio pelos engenheiros convidados a dar seu parecer. Buscou então fixar-se na Igreja da Santa Cruz dos Militares, cuja Irmandade, formada de militares brancos e graduados, com muita persistência conseguiu em 1737 retirar de seu convívio o intruso "hóspede". Ao optar, em seguida, pela Igreja de Nossa Senhora do Rosário, o Cabido contava com a fraca reação da irmandade dos pretos, que não gozava de prestígio na sociedade nem tinha força política que pudesse incomodá-lo. Aborrecida, a irmandade recorreu ao rei, solicitando-lhe a retirada do Cabido da igreja, construída com recursos próprios e muito sacrifício. Em resposta ambígua, três anos depois, o rei censurou a atitude do Cabido, mas assegurou-lhe a permanência em caráter provisório na Igreja do Rosário. Só restava aos pretos se conformarem com o fato consumado e rezar para que o tal "provisório" durasse o menor tempo possível. Sucedeu o inverso: a permanência indesejada durou mais de setenta anos, e o caso só se deu por encerrado no momento em que a Corte portuguesa transferiu-se para a cidade do Rio de Janeiro, em 1808. O príncipe e a nobreza recém-chegados não poderiam conviver com pretos numa mesma igreja. Por isso, a Sé Catedral foi trasladada para a Igreja de Nossa Senhora do Monte do Carmo.

Sentindo-se forte e importante, a Irmandade de Nossa Senhora do Rosário e São Benedito encaminhou ofício ao bispo d. José Justiniano M.C.B., propondo que todas as irmandades de pretos da cidade fossem anexadas à dos proponentes. Proposta aceita pelo bispo por considerar que apenas a Igreja de Nossa Senhora do Rosário apresentava condições necessárias para o exercício do culto divino.

O vice-rei marquês do Lavradio foi outro entusiasta dessa fusão, encaminhando à Corte a relação das irmandades que deveriam ser anexadas à do Rosário: São Domingos de Gusmão (com templo); Nossa Senhora das Mercês; São Felipe e São Tiago; Senhor Menino Jesus; Santa Efigênia e Santo Elesbão; Nossa Senhora da Lampadosa; São Matheus; São Bernardos; Santo Antônio; Senhor Jesus do Cálice; Nossa Senhora de Belém; Santo Antônio da Mouraria.[120]

Essas iniciativas provocaram imensa indignação das irmandades de pretos visadas, aguçando as divergências existentes entre os negros provenientes de diversas nações do continente africano. A polêmica era incentivada e vinha ao encontro dos interesses dos senhores de escravos, pois quanto maior fosse a desunião entre os pretos, menor a possibilidade de eles se insurgirem em bloco contra o regime de escravidão. Finalmente, o monarca pôs termo à contenda impedindo a efetivação do projeto em curso.

De todas as irmandades de pretos, a mais empenhada em ajudar os irmãos escravos a se alforriarem era a dos pretos Mina da nação manguim, que criaram na capela de Santa Efigênia a Irmandade de Nossa Senhora dos Remédios, em 1788. Seu compromisso, habilmente redigido, reforçava de um lado a devoção à Igreja Católica, a lealdade à Monarquia portuguesa, o respeito aos bons costumes propugnados pela sociedade branca e o não acobertamento, em seu quadro de filiados, de "desordeiros ou praticantes de maus costumes como a feitiçaria ou a superstição", eufemismo utilizado para designar os cultos de origem africana. Por outro lado, o mesmo compromisso criticava os senhores de escravos que dificultavam sua alforria burlando a lei, abandonando-os à própria sorte quando velhos e doentes, obrigando-os a "mendigar de porta em porta". Denunciava os maus senhores impiedosos que, como falsos cristãos, deixavam seus escravos morrerem e seus corpos permanecerem "no campo expostos à injúria do tempo". A Irmandade de Nossa Senhora dos Remédios se propunha auxiliar seus membros com recursos próprios e dar-lhes apoio dispondo de dois advogados de "boa nota" para acompanharem os processos judiciais, além de assistir os irmãos na doença com auxílio médico e mesada e enterrar os mortos.[121]

Irmandades de pardos

Os miscigenados não encontravam espaço nas diversas irmandades criadas na cidade do Rio de Janeiro por pretos e brancos. Eram, por assim dizer, discriminados por quem lhes dera origem e cor. A Irmandade de Nossa Senhora do Rosário e São Benedito, por exemplo, era tolerante com os pardos, aceitando-os como irmãos, mas vedava-lhes o acesso a qualquer função em sua mesa diretora.

Como era de se esperar, as irmandades de brancos foram categóricas quanto à exclusão em seus quadros de filiados pretos, pardos ou qualquer outro mestiço. O compromisso da Irmandade da Gloriosa Virgem Santa Luzia era irredutível quanto à inclusão de "pessoa em que haja suspeita ou rumor de infecta nação [cristãos-novos] nem pardos no que há de haver cuidado".[122]

Sem espaço nas irmandades de pretos ou de brancos, os pardos (livres e escravos) decidiram fundar suas próprias instituições. A partir de 1654 organizou-se a primeira, a Irmandade de Nossa Senhora do Amparo, abrigada na Igreja de São José, onde permaneceu ao longo dos séculos XVIII e XIX. Nove anos depois foi a vez de outro grupo de pardos criar a Irmandade de Nossa Senhora da Boa Morte e Assunção, sob a proteção dos frades carmelitas, que lhes permitiram colocar a imagem da padroeira em sua igreja. A terceira irmandade a se formar por iniciativa de pardos foi a de Nossa Senhora da Conceição, erigida na Sé Catedral, em 19 de julho de 1700.[123] As duas últimas não permitiam pretos em seus quadros, embora aceitassem a entrada de brancos. Pragmatismo? Talvez. Por meio dos brancos poderiam obter favores importantes para a Irmandade, uma vez que os consideravam de "grande utilidade, pelo fervor com que servem à Mãe Santíssima". Ora, os pretos também eram fervorosos servidores das divindades católicas, e no entanto não eram aceitos.

A Irmandade de Nossa Senhora da Conceição cresceu, acumulou capital e optou por comprar uma igreja que já estivesse pronta, em lugar de construí-la. A oportunidade se apresentou quando a Ordem Terceira de São Francisco da Penitência ofereceu-lhe a capela que possuía dentro da muralha da cidade. Em 19 de janeiro de 1729, a irmandade adquiriu o templo e as dependências anexas, mediante o pagamento de uma parcela de entrada. Quase cem anos se passaram até que se conseguisse saldar a dívida restante.

O manuscrito do compromisso da Irmandade de Nossa Senhora da Conceição é uma obra de arte, e a ilustração da Virgem pode ser considerada uma das mais belas pinturas religiosas do século XVIII existentes na cidade do Rio de Janeiro. (PRANCHA 4)

Cinco anos após a aquisição do templo, a mesma irmandade acolheu a de Nossa Senhora da Boa Morte e Assunção, também de pardos. As duas dividiram o uso e espaço do templo em partes iguais, assim como a dívida contraída com a Ordem Terceira de São Francisco da Penitência. A partir dessa sociedade todas as despesas com obras, mobiliário ou outras de interesse geral passaram a ser decididas pelas duas mesas em conjunto. Acertaram ainda que:

> o Altar mor, tribuna e sacristia em todo o tempo exceto o dia da festa do orago de cada uma das ditas Senhoras, porque a festa dela correrá por conta da Irmandade a que tocar e concorrendo cada uma com os paramentos melhores que tiver para ornato dos Altares, e no caso que se queira reformar a Igreja concorrerão ambas as irmandades.[124]

Quanto ao uso do cemitério acordaram que ambas as irmandades poderiam aí enterrar os corpos dos irmãos falecidos e também os de seus escravos. Se o terreno com o passar dos anos ficasse saturado, comprariam em parceria outro espaço para a construção de um novo cemitério. As duas irmandades conviveram em boa paz, mas independentes, até alcançarem sua fusão, cujo processo, iniciado na última década do século XVIII, concluiu-se em 1819. Três anos antes, porém, a Irmandade de Nossa Senhora da Conceição já havia conseguido ser elevada à categoria de ordem terceira, obtendo em 30 de janeiro de 1816 o breve e beneplácito régio do príncipe d. João.[125]

Não resta dúvida de que o estudo das irmandades de pardos é importantíssimo para a história urbana do Rio de Janeiro, uma vez que delas participaram pessoas famosas, pelo trabalho realizado de embelezamento da cidade e pelo aprimoramento da vida cultural da sociedade da época. Recusados nas irmandades de brancos, muitos pardos membros das irmandades de Nossa Senhora da Conceição e de Nossa Senhora da Boa Morte e Assunção se destacaram entre os mais renomados artistas e intelectuais do Rio de Janeiro setecentista. A elas pertenciam pessoas de expressão, como por exemplo o Mestre Valentim (Valentim da Fonseca e Silva), Manoel da Cunha e Silva (pintor), padre José Maurício Nunes Garcia (compositor), Salvador José de Almeida e Faria (professor de música), Simião José de Nazaré (entalhador) e muitos outros, sem esquecer a irmandade dos músicos de Santa Cecília, a qual, mesmo contando com brancos em seus quadros, jamais discriminou músicos por motivos étnicos.

Irmandades de brancos

Senhores do poder político e econômico e também religioso, os brancos dominavam a cidade do Rio com suas irmandades e igrejas, enquanto os pardos tinham apenas uma, a de Nossa Senhora da Conceição e Boa Morte, e os pretos, quatro: Rosário, Lampadosa, Santa Efigênia e Santo Elesbão e a de São Domingos. Todas as demais pertenciam a brancos.

A primeira delas foi a de Nossa Senhora da Misericórdia, cuja fundação, segundo alguns estudiosos, remonta a 1545 — data curiosa por ser anterior à fundação da cidade, só é possível aceitá-la se considerarmos que os paulistas fundadores da cidade tenham considerado a data de fundação da Santa Casa de Santos como a do Rio de Janeiro, já que as terras desta cidade faziam parte nessa época da capitania de São Vicente —, enquanto outros apontam a década de 1580. Qualquer que seja a data considerada, o importante é registrar que essa irmandade carrega o título de ser a mais antiga da cidade e a honra de ter iniciado o atendimento médico hospitalar no Rio de Janeiro, também adotado por outras que vieram a seguir.[126]

Em razão de haver citado muitas vezes ao longo deste capítulo as irmandades mais portentosas, decidi-me por escolher uma das mais pobres da cidade para estudo de caso: a Irmandade da Gloriosa Virgem Mártir Santa Luzia.

A construção da primeira capela — nas últimas décadas do século XVI — foi iniciativa dos pescadores, em terreno ao pé do morro do Castelo. Sabe-se que, em 28 de fevereiro de 1592, o então governador da capitania do Rio de Janeiro, Salvador Correa de Sá, fez dela doação aos frades franciscanos que haviam chegado à cidade para fundar um convento, entre eles frei Vicente do Salvador. Tudo indica que a ermida fora abandonada, passando a fazer parte dos bens da Coroa, o que possibilitou sua doação. Nela ficaram os primeiros franciscanos por 15 anos, transferindo-se mais tarde para o morro de Santo Antônio, em virtude de ali terem recebido uma nova propriedade.

Aconteceu que em 31 de dezembro de 1751 o casal João Pereira Cabral e sua esposa Antônia da Cruz, proprietários de grande chácara na área da praia de Santa Luzia, decidiu doar um terreno com dez braças em quadra (22,00m cada lado) à santa de sua devoção, para que a irmandade homônima lhe edificasse uma capela. Já em 1756 a mesma irmandade, tendo redigido seu compromisso, pediu ao bispo d. Antônio do Desterro que o aprovasse. Compreendendo 14 capítulos, belamente ilustrados pelo artista e calígrafo José Saldanha da Cunha — que usou motivos da flora e fauna nativas como abacaxis, cajus, gambás, pássaros e flores variadas —, o compromisso da Irmandade da Virgem Mártir de Santa Luzia é uma bela composição em que a figura principal da santa aparece elaborada em corretas proporções.(PRANCHA 5) Apesar da linguagem utilizada na redação do compromisso refletir pleno domínio dos termos jurídicos habitualmente adotados nesse tipo de documento, ela consegue alcançar um estilo literário. Seguindo as normas estabelecidas, a entidade tinha duas diretorias: a masculina, formada de juiz, escrivão, tesoureiro, procurador e mais 12 irmãos de mesa; e a feminina, composta de uma juíza e também 12 irmãs de mesa. Eram elas responsáveis pela administração financeira da irmandade e pela realização da festa anual da santa padroeira, no dia 13 de dezembro (Estatutos: caps.7 e 12). As doações fixas dos diretores totalizavam 104$000rs que só dariam para a realização de uma festa modesta, se considerarmos que a Irmandade de Nossa Senhora da Conceição dos homens pardos gastava em média 600$000rs com eventos desse tipo. Eram dispensados de contribuição compulsória o procurador, pelo exaustivo trabalho que sempre nesses momentos lhe cabia, e as 12 irmãs da mesa diretora.

A capela de Santa Luzia permaneceu inalterada durante muito tempo. As grandes obras que sofreu só ocorreram em 1872, sob a direção do entalhador Antônio de Pádua e Castro, que arrematou a feitura de toda a obra, nela incluindo seus trabalhos de talha.

As organizações laicas dos artistas, cientistas e intelectuais

> Que vença a liberdade!
> Uma grande cidade, plantada no centro de um estado, que reúna as assembleias do governo, uma universidade (para a cultura das ciências) e possua uma localização favorável ao tráfego marítimo, que permita um comércio por via fluvial entre o interior do país e os rincões limítrofes ou distantes, dotada de costumes e línguas diferentes, eis a cidade — a exemplo de Königsberg, situada na região do Pregel —, adequada ao desenvolvimento do conhecimento dos homens e do mundo, onde ainda, sem que seja necessário viajar, tal conhecimento pode ser adquirido.
>
> Immanuel Kant (1724-1804) [127]

A cidade do Rio de Janeiro, como qualquer outra do Brasil, não abrigava uma universidade. A frequentada pelos estudantes da colônia portuguesa da América ficava além-mar, em Coimbra, Portugal. Possuía no entanto as mesmas características, até mesmo mais ampliadas, que a Königsberg de Kant. O tráfego marítimo era intenso entre o porto do Rio de Janeiro e os de importantes cidades brasileiras, como Salvador, Recife e Olinda, e as cidades da própria capitania, como Campos, Cabo Frio, Angra dos Reis e Parati. Tal costume de os navios saídos do Reino passarem pelos portos do Brasil decorreu, segundo nos explica Francisco J.C. Falcon, da instauração de uma nova política pombalina reformulando o tráfego mercantil, com vistas a intensificar o comércio livre praticado em algumas regiões brasileiras. Três alvarás, com força de lei, asseguraram essa reformulação: o de 10 de setembro de 1765 abolindo inteiramente o sistema de frotas e esquadras "que até agora foram aos portos do Rio de Janeiro e Bahia, podendo seus vassalos ali navegar livremente com quaisquer mercadorias, permitindo-se o mesmo para o resto de seus domínios não reservados a companhias privilegiadas"; o alvará de 2 de junho de 1766 consentindo que os navios circulassem por vários portos do Brasil; e o alvará de 27 de junho de 1769, "permitindo os navios que forem ao Brasil ali tocarem em vários portos e depois desse comércio prosseguirem com os outros gêneros" para várias localidades da África.[128] Mais intenso ainda ele se fazia, impulsionado pelo comércio via oceano Atlântico, com Lisboa, sede do Reino português, a cidade do Porto e outras da costa marítima de Portugal. Conectava também o continente africano pelos portos de Angola, Benguela, Guiné, Cabo Verde e ilhas da Madeira e dos Açores. No Oceano Índico os navios aportavam em Moçambique, Mombaça e outros.[129] Intensa também era a circulação de embarcações na baía de Guanabara, ligando a cidade do Rio de Janeiro ao interior da capitania pelos rios navegáveis, como Guapi, Magé, Suruí, Iguassu, Sarapuí, Macacu, Guandu e outros.

Nos portos brasileiros não podiam atracar navios comerciais considerados estrangeiros, mesmo de nação amiga como a Inglaterra, por ser vedado o comércio direto da colônia portuguesa com outros países. Os navios estrangeiros só poderiam aportar na cidade do Rio de Janeiro nos casos previstos pelas leis internacionais de navegação, como falta de víveres, doença da tripulação, avaria na embarcação que a pusesse em risco e outros. Apesar dessa proibição, todos os anos à cidade chegava "com supostos problemas" uma boa parcela (7% sobre o total) de embarcações estrangeiras, entre francesas, espanholas, inglesas, holandesas, dinamarquesas, suecas etc. Só no ano de 1798 atracaram no porto do Rio de Janeiro 16 embarcações espanholas, oito inglesas, duas dinamarquesas e uma sueca.[130] Nesse mesmo ano, ali também entraram 346 embarcações mercantis, sendo 55 originárias de portos de Portugal, 24 da África e duas da Ilha do Faial. De outras capitanias brasileiras foram registradas 160 embarcações, e da própria capitania, 105. Ora, esses navios, galeras, charruas, iates e corvetas tinham, cada um, 27 pessoas em média pertencentes à sua tripulação, resultando numa população flutuante mensal de cerca de 850 pessoas a consumirem, comercializarem e trocarem entre si informações.[131] Se ainda acrescentarmos a esse fluxo comercial os navios militares e as pequenas embarcações que circulavam no interior da baía, fazendo o transporte interno de mercadorias ou levando passageiros, é possível visualizar a intensidade e variedade do tráfego, incrementado com o deslocamento de viajantes que vinham de Lisboa para o Rio de Janeiro, ou desta cidade partiam para a metrópole. Além da tripulação, devemos também contar os passageiros. Corcino Medeiros dos Santos refere-se a um montante de 45 pessoas anualmente se movimentando em cada uma das duas direções. No entanto, computados os passaportes de passageiros na direção Rio de Janeiro—Lisboa referentes aos anos de 1763 a 1779, os números crescem para 1.897, o que daria uma média anual bem maior que a citada por Corcino, ou seja, 112 pessoas.

Em função de seu porto, a cidade do Rio de Janeiro tornara-se, no Brasil, importante centro comercial e de convivência de sua população com estrangeiros. Se Kant via na sua Königsberg, por ser portuária, uma cidade aberta ao conhecimento dos homens e do mundo, mesmo para aquelas pessoas que nunca haviam tido a oportunidade de viajar para o exterior, é possível asseverar que à população da cidade do Rio de Janeiro eram dadas oportunidades de abertura similares ou até mesmo maiores que as oferecidas à cidade referida pelo famoso filósofo.

O local de ingresso na cidade desse grupo de portadores de novidades estrangeiras era o cosmopolita largo do Paço, com seus logradouros à volta, todos ligados à orla portuária. Nessa região se concentravam as repartições da Monarquia nos seus três níveis: Reino, capitania e cidade. Aí se situavam a Casa dos Contos, a Alfândega, a Casa da Moeda, os arsenais da Marinha e do Exército (Casa do Trem), os quartéis e várias fortificações, o Tribunal da Relação, as casas do governador e do ouvidor, o Senado da Câmara. O poder eclesiástico se fazia representar pelos conventos do Carmo e dos Jesuítas (até sua expulsão em 1759) e pelo Mosteiro de São Bento, além das importantes igrejas do Carmo e a de sua ordem terceira, da Santa Cruz dos Militares, da Candelária e São José. Nessa importante área residiam os mais ricos negociantes da cidade e a Junta do Comércio tinha sua sede. Era, portanto, no século XVIII, o centro político, comercial e econômico, eclesiástico, militar e residencial da elite da cidade. A partir do final da década de 1750 era também o centro da cultura teatral e operística.

Nesse ambiente cosmopolita e ilustrado viviam intelectuais, artistas e cientistas originários de diversas categorias sociais e profissionais. Eram médicos, cirurgiões, boticários, botânicos, naturalistas, físicos, químicos, inventores, advogados, professores, estudantes, poetas, romancistas, oradores sacros, militares graduados, religiosos, governantes, servidores públicos, livreiros, calígrafos, músicos, cantores, atores, pintores, escultores, entalhadores, marceneiros, ourives, engenheiros, arquitetos, decoradores (armadores), muralistas, alfaiates, sapateiros, negociantes e representantes de outras profissões. Os inúmeros artistas escravos, da mesma forma que os 12 músicos da Fazenda de Santa Cruz já citados, por causa de sua condição servil, não tiveram seus nomes registrados nas obras que produziram, e por isso não aparecem nos trabalhos históricos sobre arte no Brasil colônia.

Como já foi visto na primeira parte deste livro, a partir do final do ano de 1750 reiniciaram-se as ações do governo português no sentido de instalar o Tribunal da Relação na capitania do Rio de Janeiro, que passou a dividir com a Bahia o território jurídico brasileiro. Mais tarde, a sede do vice-reinado e da capital do Brasil transferiu-se, em 1763, da cidade de Salvador para o Rio de Janeiro. Essas duas importantes decisões político-administrativas refletiam a nova posição da Corte de fortalecer a cidade. Com o Tribunal da Relação e com o vice-reinado vieram juristas, militares graduados, funcionários do alto escalão da burocracia portuguesa e membros ilustres da nobreza lusitana.

Nesse período também passaram pelo Rio de Janeiro, em direção às fronteiras do sul do Brasil, engenheiros militares, geógrafos, matemáticos, desenhistas e outros profissionais incumbidos da demarcação dos novos limites definidos no Tratado de 1750, entre Portugal e Espanha. Esse ilustrado grupo da inteligência portuguesa exerceu importante papel junto aos intelectuais, cientistas e artistas que viviam na cidade. Tratava-se de um conjunto de pessoas com vivência na cosmopolita Lisboa, acrescido de vários estrangeiros contratados para o serviço da monarquia portuguesa, que trouxeram consigo novíssimas e diversas expressões culturais da Europa iluminista. A atualização dos intelectuais que viviam na cidade do Rio até então se fizera por meio dos livros adquiridos na própria cidade ou via importação, ou mesmo graças à ida e vinda de estudantes, comerciantes, funcionários públicos e militares e da tripulação dos navios portugueses e estrangeiros que aportavam na cidade. Com a presença desses novos intelectuais, a vida acadêmica tornou-se muito mais intensa e diversificada, redundando num expressivo fervilhamento cultural que acentuou os efeitos provocados pela abertura da cultura portuguesa aos movimentos renovadores dos demais países europeus, iniciada por d. João v (gestão 1707-50) e, depois, aprofundada por seu filho, d. José i (gestão 1750-77).[132]

Além de sua influência comercial, a cidade do Rio de Janeiro consolidou-se, a partir do meado do século xviii, como centro que irradiava cultura para Minas Gerais, Espírito Santo, Santa Catarina, Rio Grande de São Pedro, Colônia do Sacramento, Goiás, Mato Grosso e São Paulo, que integravam simultaneamente a jurisdição do bispado do Rio de Janeiro e do Tribunal da Relação. Dessa forma, a cidade se encontrava preparada para a germinação das conhecidas academias.

A onda de criação de academias literárias e científicas, que dominou a Europa a partir do século xvii, iniciou-se em Portugal, em 1720, com a fundação da Academia de História, patrocinada pelo rei d. João v. Intencionava congregar os principais intelectuais de Portugal, que trocariam experiências com membros das demais academias europeias. Visava incrementar a produção de trabalhos científicos nas áreas de história, engenharia, cartografia, medicina, pedagogia e outras do interesse da Monarquia portuguesa. Em função disso, o governo financiou bolsistas portugueses para se aperfeiçoarem nos centros ilustrados da Europa e levou para Portugal muitos intelectuais, cientistas e artistas estrangeiros.

Esses novos ares penetraram no Brasil. Coube aos intelectuais que viviam em Salvador — antes de 1763 a cidade mais importante do Brasil, por ter sido sua capital — a iniciativa pioneira de criar uma academia em 1724: a Academia Brasileira dos Esquecidos. Doze anos após a iniciativa baiana, a cidade do Rio de Janeiro teve sua primeira academia, formada sob a proteção do governador Gomes Freire de Andrade. Assim, trinta intelectuais, em 6 de maio de 1736, realizaram a sessão solene de inauguração da Academia dos Felizes.

Academia dos Felizes

Pouco se sabe sobre as atividades da Academia dos Felizes, a não ser que funcionou até 28 de fevereiro de 1740 e que teve como membros ilustres Ignácio José da Mota Leite (advogado), José da Silva Paes (brigadeiro e engenheiro), dr. Matheus Saraiva (médico) e Simão Pereira de Sá (advogado e procurador da Coroa e da Fazenda Real). Foram esses os quatro nomes que pude identificar como pertencentes à Academia dos Felizes, permanecendo no anonimato pelo menos mais 26 membros. Dos trabalhos recitados por esses acadêmicos nas seções da instituição, apenas os do dr. Matheus Saraiva chegaram a ser divulgados pelos pesquisadores. São manuscritos que existem na Biblioteca Nacional do Rio de Janeiro. O mais citado é o discurso "América Portuguesa mais ilustrada que outro algum Domínio deste Continente Americano", escrito em estilo extremamente empolado, característica que dificulta seu entendimento. Já os textos do outro acadêmico, Simão Pereira de Sá, são de fácil compreensão. Sua prestimosa *História topográfica e bélica da nova Colônia do Sacramento do Rio da Prata* mereceu, por suas qualidades, ser publicada em 1900, em comemoração do quarto centenário do descobrimento do Brasil, recebendo magistral introdução de J. Capistrano de Abreu.[133]

Embora a Academia dos Felizes tivesse tido vida efêmera, chegou a motivar a ideia de criação de uma tipografia, que foi levada avante por Antonio Isidoro da Fonseca, já mencionado no tópico referente aos livreiros.

No período de 1740 a 1752 não mais foram encontradas referências sobre as atividades dessa Academia, o que me leva a supor que se tenha estiolado até extinguir-se. Para substituí-la, trinta intelectuais sob a proteção do governador Gomes Freire de Andrade se reuniram e fundaram uma nova agremiação com o título de Academia dos Seletos, que bem pode ter sido uma nova organização ou simplesmente a reestruturação da anterior que ressurgiu sob nova denominação.

Academia dos Seletos

A chegada da carta régia nomeando Gomes Freire de Andrade "Comissário régio para demarcação das fronteiras Sul do Brasil" fez com que amigos e intelectuais apressassem a realização de uma sessão acadêmica para expressar o contentamento de todos com a justa promoção real dada ao estimado governador da capitania do Rio de Janeiro. A urgência era grande, pois o homenageado tinha que imediatamente se deslocar para o Rio Grande (do Sul), o que de fato ocorreu em 19 de fevereiro de 1752, quando embarcou na nau de guerra *Nossa Senhora da Lampadosa*.[134] A reunião acadêmica aconteceu em 30 de janeiro de 1752. Os trabalhos apresentados nesse dia, e outros que vieram a eles se incorporar, foram publicados em 1754 sob o título de *Júbilos da América*.[135]

Os autores que escreveram sobre essa Academia realçam a curtíssima vida que teve, com duração de apenas um único dia, apesar da impossibilidade lógica de assim haver ocorrido. Como seria possível dentro desse exíguo prazo se reunirem trinta intelectuais, apresentarem seus trabalhos numa única sessão e logo se dispersarem, deixando um único indivíduo com a incumbência de secretariá-la, reunir seus trabalhos e os de mais nove outros intelectuais, editorá-los e publicá-los num livro de quatrocentas páginas?

Com a leitura do *Júbilos da América*, resenhado por Rubens Borba de Moraes,[136] fica de imediato esclarecido que era costume na época os intelectuais se reunirem, fato que por si só recebia o nome de academia. Essas reuniões podiam evoluir na direção de uma academia melhor estruturada, com membros escolhidos para exercer determinadas funções. Foi a partir dessa prática que nasceu a Academia dos Seletos: um grupo básico de intelectuais encontrou-se para indicar os nomes do presidente e do secretário da entidade que pretendiam fundar. A escolha recaiu sobre Francisco de Sá, padre jesuíta, e Manoel Tavares de Sequeira e Sá. Tendo o superior da Companhia de Jesus concordado em liberar Francisco de Sá para exercer o cargo de presidente, em 29 de dezembro de 1751, a direção da Academia dos Seletos pôde definir os assuntos, as formas poéticas e os idiomas a serem utilizados — português, espanhol e latim — na homenagem a ser prestada a Gomes Freire na data prevista. Alguns acadêmicos não puderam comparecer à sessão solene de inauguração, como o dr. Roberto Car Ribeiro e dr. Ignácio Gomes de Lyra Varella, que alegaram estar doentes. Outros não o fizeram por estarem fora da cidade do Rio.

Oito meses se passaram entre a data da homenagem a Gomes Freire de Andrade e a edição final do livro *Júbilos da América*, gastos com a seleção dos melhores trabalhos apresentados, revisão da forma dos textos e contatos com os acadêmicos que haviam participado do evento. Algumas poesias selecionadas vieram posteriormente a ser publicadas, principalmente por Varnhagen, em seu *Florilégio da poesia brasileira*, e por João Manoel Pereira da Silva, na sua obra *Parnazo brasileiro*.[137]

Dos 39 poetas contemplados para terem suas poesias selecionadas, destaco os nomes de Feliciano Joaquim de Souza Nunes e Ângela do Amaral Rangel, não só em virtude de suas qualidades poéticas, mas também por se tratar de dois cariocas cuja formação circunscreveu-se às escolas do Rio de Janeiro, sem jamais terem saído da cidade para completar seus estudos em alguma universidade europeia. Merecem ainda esses dois poetas destaque por se tratarem, respectivamente, de um intelectual que defendia com muita ênfase a tese de que as mulheres eram iguais aos homens quanto à capacidade intelectual, e de uma poetisa cega de nascença que conquistara a inusitada posição de acadêmica num espaço primordialmente masculino.

São escassas as referências a Ângela do Amaral Rangel. Restringem-se os biógrafos a dizer que era "cega", pertencia a uma "família ilustre" e nascera na cidade do Rio de Janeiro. Nenhuma notícia segura existe sobre a identidade de seus pais ou sobre a data de seu nascimento, provavelmente em torno de 1725, como sugere Sacramento Blake.[138] Com essa indicação, levantei os assentamentos dos Livros de Batismo existentes no ACM, entre 1710 e 1740, para averiguar se neles constava o registro de Angela. Se a data aventada por Sacramento Blake — o ano de 1725 — estiver correta, é bem possível que a referência encontrada do batismo de uma certa Angela, filha de Antônio Marcos Vale e Custódia Rangel, datada de 21 de maio de 1725, seja uma pista segura do nascimento da poetisa Ângela do Amaral Rangel.[139]

A descrição da literatura feita pelo colega conterrâneo, o acadêmico Feliciano J.S. Nunes, em seu livro *Discursos político-morais*, fornece subsídios preciosos sobre a qualidade de sua produção.

> Sem outras artes porém que as do próprio entendimento, sem outros mestres mais que o seu mesmo discurso, sem outras aulas mais que as da sua natural compreensão, apartada do comércio dos homens, vivendo no retiro dos montes, vence de tal sorte a nossa heroína não só a falta da vista, senão todas essas faltas de aplicação, que cabalmente prova o quanto no seu sexo são naturais as luzes do discurso, e resplandecem ainda sem necessidade das artes, os progressos dos seus entendimentos, e isto não de qualquer modo, senão discorrendo aquela singular Minerva em discretíssimas conversações, em sublimes ponderações, em engenhosíssimos e líricos, tão sutis e delicados, que calçam o discurso com as elevações das ideias, e pasmam o entendimento com a sublimidade dos conceitos.[140]

Vale a pena notar que os poemas de Angela do Amaral Rangel, publicados em *Júbilos da América*, apresentam uma linguagem singela, direta e profundamente melodiosa. Feliciano J.S. Nunes estava certo quando afirmava: são poemas "líricos, sutis e delicados", sem aquela erudição e pomposidade que tornaram alguns de seus colegas bastante herméticos.

PRIMEIRA MÁXIMA MILITAR:
Soneto

Já retumba o clarim, que a Fama encerra
Na vaga Região seu doce acenso
De Gomes publicando o alto alento,
Por não caber no âmbito da terra

Declara, que se está na dura guerra,
Tudo acaba tão rápido, e violento,
Que o mais forte Esquadrão, em um momento,
Seus alentos vitais ali subterra

Vosso Nome será sempre exaltado,
Que se voais nas asas da ventura,
Vosso Valor o tem assegurado;

Porque nos diz a Fama clara, e pura
Que outro Herói, como Vós, não tem achado
Debaixo da Celeste Arquitetura. [141]

Provavelmente nossa poetisa não alcançou fama para além das fronteiras da cidade do Rio de Janeiro, pois não chegou a ser incluída na *Biblioteca lusitana* de Diogo da Cunha Barbosa.

Quanto ao acadêmico Feliciano Joaquim de Souza Nunes, o que ressalta é sua vasta erudição, elogiada por intelectuais seus contemporâneos. Além de fazer parte da Academia dos Seletos e ter poesias de sua autoria publicadas no *Júbilos da América*, escreveu um interessante livro, editado em 1758, levando o título de *Discursos político-morais*. Nessa obra, Feliciano analisa algumas questões éticas, morais e comportamentais importantes aos olhos da sociedade da época. Dividiu a obra em sete "Discursos", analisando em cada um deles, primeiro, o que autores famosos já haviam proposto sobre o assunto, para em seguida emitir sua própria opinião, respaldado nos conhecimentos bíblicos, políticos e filosóficos que possuía. Vejamos como procedia:

> Discurso III — É o estado conjugal o mais útil, e pode ser o mais danoso. As qualidades da esposa o fazem ser bom, ou não. Sem honestidade todas as mais prendas da esposa redundam em descrédito do estado. O seu maior e melhor dote é a honestidade. Discurso IV — Devem os pais enquanto vivem, se podem, dar estado ao seus filhos. Não hão de esperar que estes o tomem, ou que outrem lho dê. O melhor será aquele, em que tiverem exercício mais proporcionado ao seu gênio, e agilidade. O mais acertado será dotá-los daqueles bens, que se não podem perder, nem dissipar. Discurso V — Necessário, e proveitosíssimo é o entendimento a toda a racional criatura: nestas o maior defeito é a ignorância. Não são as mulheres defeituosas na organização do cérebro, como erradamente entenderam alguns; são mais capazes dos atos intelectuais, do que entendem outros. Não há nelas negação para as artes, e ciências. Grandes utilidades experimentariam os pais de famílias, se as aplicassem a elas.

Uma vez concluído o trabalho, Feliciano de Souza Nunes submeteu-o à apreciação de nove intelectuais amigos, todos bem-posicionados na Igreja e na sociedade: frei Francisco das Chagas, franciscano, ex-provincial, leitor da Sagrada Teologia e consultor do Santo Ofício; frei José Antônio de Santa Anna, carmelita, formado em filosofia e lente de teologia; frei Bernardo de Vasconcelos, carmelita, doutor na Sagrada Teologia, examinador das três Ordens Militares, consultor da Bula da Cruzada, comissário do Santo Ofício, definidor perpétuo na Província do Carmo; frei Manoel da Encarnação, franciscano, ex-definidor do Convento de Santo Antônio; reverendo dr. Francisco Fernandes Simões, padre secular, penitenciário da Santa Sé da cidade do Rio de Janeiro, comissário do Santo Ofício e da Bula da Cruzada; reverendo Antônio Lopes de Amorim, padre secular, capelão régio da Sé Catedral; dr. Manoel Tavares de Siqueira e Sá, ex-juiz de fora da vila de Redondo, em Portugal, ouvidor-geral da comarca de Paranaguá; licenciado José Pereira Leão, da Secretaria do Governo e o capitão João Carneiro da Silva, cavaleiro professo na Ordem de Cristo e que foi apresentado como "Secretário da Academia dos Estudiosos da cidade do Rio de Janeiro". Três dentre os consultados eram seus companheiros na Academia dos Seletos: José Pereira Leão, frei Manoel da Encarnação e o dr. Manoel Tavares de Siqueira e Sá, que curiosamente opinaram sobre a obra por meio de poemas.

Chama a atenção nesses depoimentos o destaque dado ao fato de Feliciano ser quase um autodidata. É evidente que a erudição a que chegou só foi possível porque deveria haver, na época, um bom ensino fundamental, livros disponíveis para estudos, valorização do saber pela sociedade e sobretudo um ambiente cultural que incentivava o aperfeiçoamento intelectual.

Os dados biográficos desse acadêmico, contidos nos trabalhos de diversos autores, restringem-se a dizer que era natural da cidade do Rio de Janeiro, informação que vem contida na capa de seu livro *Discursos político-morais*. Fruto da presente pesquisa, mais alguns elementos colhidos no arquivo do Colégio Brasileiro de Genealogia do Rio podem ser apresentados. Feliciano era filho de José de Souza Ferreira, natural da ilha do Faial, e da lisboeta Ana Maria de Jesus. Nascido na cidade do Rio de Janeiro, nela se casou em 1733 com a fluminense da freguesia de Iguaçu Úrsula Soares de Castro Albergaria.[142] Ora, vivia na cidade do Rio, em 1768, um certo boticário de nome José de Souza Ferreira, homônimo do pai de Feliciano.[143] Caso se trate da mesma pessoa, fica em parte explicada a boa formação de Feliciano de Souza Nunes, uma vez que, em geral, os boticários eram pessoas cultas e com sólido *curriculum* escolar.

A produção de Feliciano não se esgotou com as obras citadas. Segundo Rubens B. de Moraes, há ainda o manuscrito inédito *Política brasílica dirigida aos venturosos índios da Vila de Lavradio* etc. e dois trabalhos publicados: a *Demonstração do maior júbilo, que no fausto dia 12.3.1769, em que se celebraram os felicíssimos anos do Il.^{mo} Exmo, Senhor Conde de Azambuja etc.* e o *Venturosos ânimos na chegada do Il.^{mo}, e Exmo Sr. Marquês do Lavradio* etc., impressos em Lisboa, em 1771, na oficina de Miguel Rodrigues.[144]

Todavia, o que torna Feliciano ímpar é a posição que tomou em defesa da igualdade intelectual da mulher em relação ao homem. Essa polêmica discussão encontra-se mais bem debatida no Discurso v de sua principal obra. Engenhosamente, o autor iniciava-o fazendo a apologia do "entendimento", categoria filosófica assim definida por Hilton Japiassu: "a faculdade que o homem possui de compreender ou de pensar por ideias gerais ou conceitos, e não através de imagens".[145]

Para Feliciano, o "entendimento" é o "príncipe", o "monarca", a "luzidia tocha" que "alumiando a maravilhosa fábrica do composto humano, a faz a todos as luzes tão singular, como admirável". O autor conclui:

> o entendimento finalmente é Mestre que ensina, e senhor que manda, que rege, que governa e que sujeita a todas as criaturas racionais, sem diferença de sexo nem qualidade de pessoa, em todas as suas ações heróicas, justos procedimentos.

Empregando o conceito de "entendimento", Feliciano igualava homens e mulheres, brancos e pretos, plebeus e nobres, ricos e pobres, porque todos podiam desenvolver-se intelectualmente pelas luzes do conhecimento. Depois desse discurso igualitário, o autor recolhia exemplos históricos de mulheres extraordinárias que viveram no Egito, Grécia, Roma, Portugal e Brasil, concluindo sua apologia com o exemplo da "heroína" carioca Angela do Amaral Rangel.

É oportuno notar, por fim, que o acadêmico carioca Feliciano de Souza Nunes dedicou seu livro ao secretário de Estado Sebastião José de Carvalho e Mello, futuro marquês de Pombal. No entanto, segundo Inocêncio Silva e Tarquínio de Oliveira, o ministro não aceitou a oferta, pois não chegou a ser consultado sobre tal intenção, nem tampouco a ler e aprovar o conteúdo do livro. Indignado, teria expulso Feliciano, que viajara a Lisboa em 1758 para entregar-lhe pessoalmente o exemplar da obra, de sua sala. Além de enxotado brutalmente por seu homenageado, recebeu dele ordens de regressar imediatamente para o Rio de Janeiro e queimar os originais e todos os seus exemplares impressos.[146]

Cabe portanto questionar como pôde realmente ocorrer aquela desaprovação grosseira, na forma como foi narrada pelos dois autores se, em 1761, Feliciano teria sido elogiado pelo mesmo ministro do rei e responsável pela aprovação de sua proposta de fabricar tinta no Rio? Fica a questão.[147]

Academia Científica

Vinte anos após a fundação da Academia dos Seletos (1751-52), a cidade do Rio de Janeiro vivia num clima de efervescência cultural, tendo como protetor e incentivador das artes e ciências o ilustrado vice-rei marquês do Lavradio, auxiliado nessa tarefa por seu médico particular, que o acompanhara desde a Bahia, dr. José Henrique Ferreira. Este e mais outros profissionais de destaque criaram uma academia extensamente chamada de Academia Fluviense, Médica, Cirúrgica, Botânica e Farmacêutica, ou, mais resumidamente, Academia Científica, instalada em 18 de fevereiro de 1772.[148] Essa iniciativa antecipou em sete anos a criação, em 1779, da Academia das Ciências de Lisboa.

O marquês do Lavradio viera também com a incumbência de, na capitania do Rio de Janeiro, desenvolver culturas agrícolas existentes ou iniciar outras novas, de interesse estratégico da Monarquia, como as do linho cânhamo, do anil, a criação do bicho-da-seda (e de seu suporte, a amoreira), a cochonilha, o café, a caneleira, a fabricação de cordas com a fibra da guaxima, remédios extraídos de vegetação nativa, além de outras culturas necessárias à indústria portuguesa, ou à substituição de produtos importados, assunto já tratado no capítulo VI da primeira parte deste livro.

A capitania do Rio de Janeiro apresentava as melhores condições para a implantação desse projeto econômico-científico da Monarquia portuguesa, pois possuía homens de negócio com capital, terrenos férteis e elemento humano capacitado tecnicamente.

O companheiro dr. José Henriques Ferreira, profissional que já se destacava por sua erudição e conhecimentos científicos, trouxe em sua vinda para o Rio de Janeiro o pai, o boticário Antônio Ribeiro de Paiva, e o irmão, cirurgião Manoel Joaquim Henriques de Paiva. Os três desempenharam papel decisivo na fundação da Academia Científica do Rio de Janeiro. Cada um nela assumiu cargos diretivos: José Henrique, além de presidente, foi o diretor do setor de medicina; o pai, Antônio Ribeiro, diretor de botânica; e o irmão, Manoel Joaquim, diretor do setor de farmácia. Identifiquei mais tarde outro membro da mesma família, residente na cidade do Rio de Janeiro — o boticário Joaquim José Henriques de Paiva, provavelmente mais um de seus irmãos —, dedicado ao campo das ciências e profundamente ligado às vicissitudes pelas quais passaria o Horto Botânico, em virtude de uma grande polêmica criada em torno da instituição.[149] Os outros acadêmicos eram profissionais que já atuavam e residiam na cidade.

Como as demais, a Academia Científica foi constituída de trinta membros, sendo oito de medicina, seis de cirurgia, quatro de botânica, cinco de farmácia, seis extraordinários, além de um secretário — o jovem cirurgião Luiz Borges Salgado. Seus estatutos prescreviam reuniões semanais às segundas-feiras, das 16 às 18 horas. Os trabalhos a serem nelas apresentados deveriam trazer o nome do autor e serem encaminhados em manuscrito pelo próprio acadêmico; no caso de pessoas não filiadas, somente por intermédio de um membro da Academia. Dos textos, exigia-se "estilo claro", numa referência crítica aos trabalhos empolados, palavrosos e pretensamente eruditos. Mais ainda: era estatutariamente exigido que os trabalhos não contivessem afirmativas sem comprovação científica. Quando não conclusivas, o autor deveria colocá-las como "questão aberta". Os trabalhos da área de história deveriam ser analíticos. Para o exercício da função de informante (bibliotecário), o acadêmico tinha que ser um "erudito nas línguas latina, castelhana, francesa, italiana e inglesa e professor ou curioso de algumas das belas letras". Coube ao bacharel Thomé Joaquim Gonzaga Neves responder às exigências do cargo que assumiu.

A Academia tinha também a incumbência de preparar e administrar um Horto Botânico para o cultivo de "plantas notáveis" destinadas à observação e estudo dos acadêmicos, a exemplo do Horto de Lisboa, criado em 1768, com o nome de Jardim Botânico da Ajuda, cujo primeiro diretor foi o famoso Domingos Vandelli (gestão 1768-94).[150] Esse espírito científico voltado para o desenvolvimento econômico e cultural de Portugal, com o fito de libertá-lo da dependência das importações, dominava os intelectuais setecentistas, fossem os do Reino, fossem os das colônias. O negociante da praça do Rio de Janeiro, Antônio José Coelho, em sua carta de 1771 ao marquês do Lavradio propondo o desenvolvimento da cultura do algodão — antes, portanto, da fundação da Academia Científica —, já expressava a afinidade de seus pontos de vista com os da Monarquia portuguesa:

> temos as mesmas ideias que animam na presente época o iluminado Ministério Português. Um dos seus mais cuidadosos objetos, encaminhado ao fim de subtrair Portugal da dependência dos Estrangeiros, tem sido promover e aperfeiçoar a cultura.[151]

Para a implantação de tão ambicioso projeto, a Corte optou por um dirigente ilustrado para governar a capitania do Rio de Janeiro, com suficiente habilidade para congregar as pessoas em torno da proposta governamental. O marquês do Lavradio teve o tato de buscar aqueles que já desenvolviam experiências, assim valorizando-as. Convidou o negociante Manoel da Costa Cardoso[152] por ser o mais preparado na arte mercantil e o pioneiro na exploração do anil, iniciando sua fábrica já em 1758, sob a orientação do cirurgião João Baptista Darrigue, que, no tempo em que clinicou em Bordeaux, na França, desenvolvera estudos sobre a fabricação daquele produto. Não é de admirar, portanto, que esse cirurgião fizesse parte da Academia Científica. Convidou também outro homem de negócios, João Hopman, que liderou o plantio extensivo do café, aproveitando as sementes e mudas trazidas pelo desembargador do Tribunal da Relação, João Alberto Castelo Branco. Foi ele também quem iniciou a fabricação de cordas, usando fibra do vegetal nativo chamado guaxima (Lineu: *Decandria monogynia*).

Outros profissionais se dedicavam a experiências diversas, como o inventor Jerônimo Vieira de Abreu, o naturalista Antônio José Castrioto, o cirurgião-mor Maurício da Costa, com seus estudos sobre a cochonilha, e Feliciano Joaquim de Souza Nunes, que descobriu como produzir tinta tão rubra como a grã. Esses e muitos outros que formavam a intelectualidade científica do século XVIII deram suporte e condições para que surgisse a Academia Científica do Rio de Janeiro. Portanto, o desenvolvimento científico e cultural, em bases modernizadoras e iluministas, não se deu a partir da criação da Academia Científica. Ao ser instituída, funcionou, à semelhança das demais, como organizadora dos cientistas e intelectuais da época e como sistematizadora de suas produções, incentivando o surgimento de novos intelectuais e cientistas na faina de produzir novos conhecimentos.

O presidente da Academia Científica, José Henriques Ferreira, Antônio Ribeiro de Paiva, seu pai, e o irmão Manoel Joaquim Henriques de Paiva tiraram bom proveito de sua estada no Brasil, principalmente de seu convívio no Rio de Janeiro com os acadêmicos. Prova disso é a compilação que fizeram de temas apresentados nas sessões da Academia. Somente um convívio mais prolongado entre eles permitiria a elaboração, por Manoel Joaquim, das biografias do mestre José Francisco Leal e a de seu pai, dr. Francisco Correa Leal, incluídas na obra *Instituições ou elementos de farmácia* (1792), na qual também se acham reunidos os apontamentos das aulas daquele mestre.

Entre os vários escritos baseados em suas experiências no Brasil, José Henriques, ao tratar do linho cânhamo, traçava a história de sua inserção na capitania do Rio de Janeiro. Conta-nos o autor que:

> um homem curioso teve ânimo de ir à contracosta da Espanha por terra, gastando um ano na viagem, e de lá trouxe a semente: semeou-a no Rio Grande, governando José Custódio, produziu, e colheu 27 arrobas de linho de 17 palmos de altura, e muita semente; entregava ao dito Governador para distribuí-la por diferentes pessoas e veio para esta Corte (Lisboa) dar conta de tudo, e oferecer-se para Inspetor desta cultura, e buscar os meios do seu aumento, mas infelizmente saiu do seu propósito, havendo logo pessoas a quem não convinha, que o desviaram, perseguiram, e fizeram prender, vendo-se por fim obrigado a retirar-se para o Rio de Janeiro, e de lá para o Rio Grande aonde já não achou nem linho, nem semente, pois em nada disto cuidou o sobredito Governador: fatal desgraça![153]

Nesse impressionante depoimento ressaltam as dificuldades enfrentadas pelos pesquisadores e cientistas da colônia. Qualquer empreendimento só ia adiante se a Monarquia por ele se interessasse. Por isso, iniciativas como a do marquês do Lavradio, incentivando a criação da Academia Científica no Rio de Janeiro, foram extremamente importantes. Em seu relatório, retrata as ações empreendidas em favor da cultura do linho cânhamo, que não se adaptara ao clima da capitania do Rio de Janeiro, e explica por que resolveu plantá-lo em terras mais ao sul do país, apesar de mais exposto à pilhagem de vândalos estrangeiros. Assim se expressou Lavradio:

> trabalhei muito para o poder estabelecer, porém a dificuldade consiste toda em não poder conseguir de nenhum modo semente; e só por uma casualidade, na passagem de um navio francês, pude ter uns poucos de grãos, que com grande cuidado mandei semear. Os pássaros comeram algumas espigas, porém as que puderam escapar se multiplicaram. As sementes mandei para a Ilha de Santa Catarina, com ordem para que se plantassem.[154]

Com o término do governo do marquês do Lavradio, e sua consequente volta à Corte, fazendo-se substituir por José Henriques Ferreira, a Academia Científica decaiu, entrando em recesso. Nesse meio tempo, dois de seus ex-membros, Antônio José Castrioto e o boticário Joaquim José Henriques de Paiva entraram em contenda judiciária pela administração do Horto Botânico, criado quando da fundação da Academia Científica.[155] O primeiro alegava em sua petição que ficara sozinho na instituição, cuidando da cultura da cochonilha — o que veio a ser confirmado pelos depoimentos dos vereadores —, mas que pretendia continuar administrando o Horto como um todo. Seu oponente, o boticário Joaquim José Henriques de Paiva, apresentou uma proposta concreta de arrendamento do Horto por 12$800rs, que se fez acompanhar de provas de suas qualificações: era um "boticário naturalista" e sócio da Academia Científica, preparado portanto para administrar e explorar o Horto Botânico e

> nele continuar o mesmo objeto, com que foi dado a sobredita Academia e cultivar a dita planta da cochonilha, porém como o suplicante para beneficiar parte das terras que se acham ocupadas de matos, e muitas raízes lhe é preciso fazer despesas não pequenas, receia depois de as ter feito possa não ser conservado por qualquer incidente, para cuja segurança não duvida o suplicante tomar a dita terra em forma de arrendamento por 10 anos.[156]

O novo vice-rei, d. Luís de Vasconcelos e Souza, ao tomar conhecimento da polêmica sobre o Horto, resolveu visitá-lo e acabou por opinar contra seu arrendamento a particulares. Sugeriu que o terreno fosse incorporado ao Hospital Militar, que funcionava no antigo Convento dos Jesuítas, para servir de área de lazer aos doentes. Argumentava ainda o vice-rei não existir mais "vestígio algum do tal Horto; mas antes pelo contrário tudo coberto de capim, e entre ele algumas ervas muito triviais". Quanto às citadas plantas para o criatório da cochonilha, disse o vice-rei que achara "para um canto um montão sem benefício algum" e que havia visto pessoas vendendo hortaliças "à porta da cerca juntamente com as frutas, que produziam as suas antigas árvores, em utilidade de particulares".[157]

Na polêmica aflorou a questão relativa à administração do Horto. A julgar pela relação de sócios e as funções que exerciam na Academia, caberia a José Antônio Castrioto a tarefa de coletar exemplares vegetais e gerenciá-lo. Todavia, foi seu adversário a pessoa nomeada para a função de inspetor do Horto, indício, talvez, de que a Academia Científica havia realmente se extinguido, passando o Horto para administração do Estado.

Trago ainda uma questão que indiretamente se liga à Academia Científica. Existe na Biblioteca Nacional de Lisboa, na Coleção Pombalina (cód.511), em meio a uma coletânea de manuscritos pertencentes ao renomado cientista português, dr. Antônio Nunes Ribeiro Sanches (1699-1782), um trabalho sobre a qualidade do ar na cidade do Rio de Janeiro, estudado nas ruas da Prainha e da Misericórdia, no largo de São Francisco de Paula, no "centro da cidade" e, nos morros do Castelo, de São Bento, da Conceição, Santo Antônio e, por fim, no Jardim do Passeio Público. Como explicar o fato? Levanto duas hipóteses: a primeira é a de José Henriques Ferreira, presidente da Academia Científica e parente de Ribeiro Sanches ter-lhe enviado o sobredito manuscrito, de autoria de um dos acadêmicos, para que fosse avaliado. A outra possibilidade é a de o próprio Ribeiro Sanches ter vindo ao Rio de Janeiro e realizado pessoalmente as medições relativas ao ar da cidade, constantes da Memória.

Sociedade Literária

Seis anos após o início do governo do vice-rei Luís de Vasconcelos e Souza, alguns literatos e cientistas tomaram a iniciativa de se congregar na Sociedade Literária (6.6.1786). Apesar do rótulo, teve como seu primeiro presidente um cirurgião-mor, Ildefonso José da Costa Abreu, antigo membro da Academia Científica, fato comprovado por Rodolfo Garcia em nota à *História geral do Brasil* de Varnhagen.[158]

As qualidades profissionais de Ildefonso José foram exaltadas por John White[159] em sua passagem em 1787 pelo Rio de Janeiro e pelo capitão Antônio de Campos Benazol, que usou das seguintes palavras:

> sabe por ver, que o Justificante nesta Cidade sempre se empregou no curativo do Hospital Real, praticando nele e fora dele a sua Profissão, comunicando, e fazendo ver aos Professores do País muitas operações e ouvia dizer publicamente que eram inteiramente novas nele e métodos particulares, principalmente a Arte de partejar até então ignorada nesta Cidade, onde o maior socorro que se dava à mulher era a mutilação da criança.[160]

Era o renomado cirurgião natural da comarca de Guimarães, freguesia de Fafe, bispado de Braga, em Portugal. Obteve carta de exercício profissional em 22 de setembro de 1760, após vinte anos de trabalho como cirurgião, e sua confirmação como funcionário do Hospital Militar do Rio (5.2.1781).

Em 1786 foi substituído na função de presidente da Sociedade Literária por outro profissional da área da saúde, dr. Joaquim José de Ataíde, médico do Hospital da Santa Casa da Misericórdia do Rio de Janeiro. Na sessão solene do dia 6 de junho, o novo presidente leu o "Discurso em que se mostra o fim para que foi estabelecida a Sociedade Literária do Rio de Janeiro":

> a constante experiência de muitos séculos tem mostrado, que é do seio das academias e sociedades literárias que têm saído os maiores progressos e resultado o maior adiantamento das ciências; sendo estas uns dos mais inestimáveis tesouros dos reinos e dos impérios e compondo os vassalos sábios a principal porção da glória das monarquias, quem duvida serem elas também os mais dignos objetos da atenção dos grandes príncipes?[161]

Prossegue o presidente fazendo apologia da educação, do saber, do uso da razão e da cultura das luzes introduzidas em Portugal e seus domínios pelo falecido rei d. José I, só elas capazes de libertarem as sociedades da barbárie! Dizia: "O homem nasce com paixões que o alucinam, e necessita de luzes, que o possam conduzir; nasce ignorante e necessita instruir-se."

Na mesma fala e ocasião Joaquim José de Ataíde cita os trabalhos — sem contudo citar-lhes os autores — que, durante sua gestão, haviam sido apresentados em sessões da Academia: "Memória sobre o eclipse total da lua que iria ocorrer em 3.2.1787" (lida em 30.11.1786); "Avaliação das observações sobre o eclipse ocorrido em 3.2.1787"; "Memória sobre as fricções segundo a técnica praticada por Hipócrates e pelos mais célebres médicos da Antiguidade"; "Memória sobre o calor da terra segundo os estudos da física"; "Memória sobre o fogo central da terra e discussão da teoria de Buffon sobre a formação do Universo"; "Memória sobre a qualidade da água das fontes da cidade do Rio"; "Continuação da memória anterior", segunda parte; "Memória sobre o método de fazer a tinta de urucu"; "Memória sobre as aguardentes e licores espirituosos"; "Continuação sobre a Memória anterior", segunda parte.

Curioso observar que as memórias apresentadas não versavam sobre temas da história ou literatura, conforme sugeria a especificação do nome da academia — Sociedade Literária. A aparente incongruência provoca de Manoel Ignácio da Silva Alvarenga, num de seus depoimentos no inquérito da Devassa de 1794, o seguinte comentário: "houvera uma sociedade de gentes de letras, a qual era composta de professores de medicina, na qual se tratava e discorria sobre diversos objetos científicos".[162]

Pude ainda identificar um outro conjunto de memórias versando sobre a "Produção do frio artificial" e "Observações meteorológicas" feitas na cidade do Rio de Janeiro entre os anos de 1781 e 1787, ambas de autoria do acadêmico Bento Sanches D'Orta. Estranhamente, nos trabalhos escritos sobre essa Academia, Bento Sanches D'Orta não vem citado, apesar de a Biblioteca Nacional do Rio de Janeiro possuir suas "Observações meteorológicas" referentes aos anos de 1786 e 1787.[163]

Desconhecido pela historiografia carioca, o cientista era um matemático que veio ao Brasil com mais seis profissionais, a mando da Coroa, "Demarcar os Domínios Portugueses e Espanhóis na parte mais Meridional da América, e nas que se hão de fazer pela Capitania de S. Paulo".[164] Durante o período que aqui esteve, D'Orta foi sócio correspondente da Academia das Ciências de Lisboa.

Na apresentação que fez de sua "Memória sobre a produção do ar frio", lida nas sessões de 5 e 19 de julho de 1787, Bento Sanches D'Orta expôs sua visão a respeito do trabalho do cientista:

> eu falo na presença de vós, amáveis Sócios que tendes estudado a Filosofia, a Química, e a História Natural: a vós é que pertence averiguar, e avaliar este meu trabalho: a vós todos é que compete ver, se é verdade o que aqui exponho; se eu fiz estas experiências com toda a cautela e delicadeza, que é necessária para tirar corolários.[165]

É grande a preocupação do autor em descrever a metodologia empregada, os instrumentos utilizados e as dificuldades encontradas na produção de suas observações meteorológicas, fruto de pesquisa diária realizada sempre das 6 da manhã até as 18 horas.

Consta de suas preciosas observações, em que o rigor metodológico prevalece, o registro de uma trovoada ocorrida na cidade do Rio no dia 12 de dezembro de 1786, a qual provocou grandes estragos na cidade:

às 3h.42' principiou a chover com tanta abundância, que não cabendo a água pelas telhas e canos dos telhados, recuou e entrou até ao interior das casas; de maneira que não houve casa ou Igreja onde deixasse de entrar; as ruas eram rios: a Cidade parecia um lago, que pelo seu pouco declive para o esgotamento das águas, existiu deste modo bastante horas. A trovoada continuou com a mesma violência até às 4h, e a chuva findou às 4h.30'. Choveu nestes 48' de tempo a quantidade de 2 polegadas, e 2,5 linhas. O céu estava sumamente negro: de todos os pontos do horizonte se lampejava, e cintilava fogo: o vento no principio foi L. depois mudou-se ao SO. Em todo esse tempo conservou-se o Termômetro em 78º, o Barômetro na de 28''. 1''', 3''.[166]

Cito ainda um outro trabalho de cunho científico produzido por Vicente Coelho de Seabra e Silva — *Elementos de química* — também dedicado à Sociedade Literária.[167] É provável que outras obras importantes tenham sido produzidas por membros da Sociedade Literária e apresentadas em ocasiões solenes, como a da sessão acadêmica (17.12.1787) dedicada ao aniversário da rainha dona Maria I. A observação não é gratuita, antes, pelo contrário, decorre de uma prática comum, qual seja, a de prestar homenagem a personagem ilustre, dedicando-lhe trabalhos científicos e literários no seio da academia. Acontece, porém, que os estudiosos só chegaram a citar o poema "As artes", de autoria do secretário da entidade, o professor régio Manoel Ignácio da Silva Alvarenga.[168]

Quem foram os membros dessa Sociedade Literária? É uma questão que tem levado muitos autores a cometer equívocos, por não conseguirem situar a totalidade de seus integrantes ao longo dos oito anos em que ela pôde funcionar, com provável interrupção no período de 1790 a 1794, intervalo que coincide com o término do governo de Luís de Vasconcelos e Souza e a instalação da grande Devassa da Inconfidência Mineira.

Comparando as informações fornecidas pelos autores que escreveram sobre essa academia com as encontradas nos documentos que consultei foi possível identificar, com segurança, 19 participantes da Sociedade Literária, apresentados no Quadro 13.

Quadro 13

Listagem dos membros da Sociedade Literária

Nomes	Qualificação
Antônio Nunes Ribeiro Sanches	Médico, sócio correspondente
Baltazar da Silva Lisboa	Advogado, juiz de fora da cidade do Rio de Janeiro
Bartolomeu Antonio Cordovil	Advogado, poeta
Basílio da Gama	Poeta, sócio correspondente
Bento Sanches D'Orta	Matemático
Domingos Caldas Barbosa	Sócio correspondente
Gonçalo José Muzzi	Médico
Ildefonso José da Costa Abreu	Cirurgião, primeiro presidente
Jacinto José da Silva Quintão	Médico
João Manso Pereira	Professor régio

continua

Nomes	Qualificação
João Marques Pinto	Professor régio
João Pereira da Silva	Padre secular, professor de latim e retórica
Joaquim José de Ataíde	Médico, segundo presidente
José Mariano da Conceição Veloso	Botânico, frade franciscano
José Caetano	Citado por João Marques Pinto como o negociador junto ao conde de Resende para reabrir a sociedade
Manoel de Arruda Câmara	Sócio correspondente
Manoel Ignácio da Silva Alvarenga	Professor régio, secretário
Vicente Coelho Seabra da Silva Teles	Sócio correspondente
Vicente Gomes da Silva	Médico

Se habitualmente tais associações eram compostas de no mínimo trinta membros, quem seriam pois os 12 restantes? Talvez o desenhista e pintor João Francisco Muzzi, antigo membro da Academia Científica, pudesse ser um deles. De fato, não havia ilustrado a *Flora fluminense*, obra do acadêmico frei José Mariano da Conceição Velozo, autor dos trabalhos mais importantes de ciências naturais produzidos no seio daquela organização?[169] Também é provável que o intelectual José de Souza Azevedo Pizarro e Araújo, autor das *Memórias históricas do Rio de Janeiro*, houvesse mantido vínculos com a Sociedade Literária, pois exerceu atividades literárias e científicas contemporâneas ao período de seu funcionamento.

Na tentativa de completar o quadro, é possível ainda pensar em mais nove frades franciscanos, da mesma ordem religiosa de frei Conceição Velozo, os quais escreveram, em 1786, uma coletânea de poesias dedicadas ao vice-rei Luís de Vasconcelos e Souza intitulada "Epithalamio Metrico que canta A Musa Franciscana fluminense nos Felicissimos Despozorios dos Serenissimos S.S. Infantes de Portugal e Castela". Eram eles: Antonio das Neves, Antônio de Santa Úrsula Rodovallo, Bernardo de São Gonçalo, Francisco da Candelária, Francisco de São Carlos, Ignácio das Merces Malta, Inácio de Santa Rozalia, Joaquim das Santas Virgens Salazar e Raimundo Penaforte da Anunciação.[170]

O pesadelo das devassas

A população do Rio de Janeiro, em especial os intelectuais, viveu uma experiência traumática com o processo repressivo instaurado a partir da prisão do alferes Joaquim José da Silva Xavier, o Tiradentes, em 10 de maio de 1789, na casa do pacato lapidário-latoeiro Domingos Fernandes da Cruz, na rua dos Latoeiros, atual Gonçalves Dias. O movimento insurrecional contava com um grupo de adeptos das ideias francesas e pretendia instaurar o regime democrático republicano na capitania de Minas Gerais, independentemente da Monarquia portuguesa. Os nomes vieram à baila e, para surpresa geral, tratava-se dos queridos e apreciadíssimos poetas Cláudio Manoel da Costa, o carioca Ignácio José de Alvarenga Peixoto e Tomás Antônio Gonzaga.

Obviamente os intelectuais da cidade ficaram apreensivos com a possibilidade de serem envolvidos nesse grupo, fosse porque muitos deles eram amigos dos insurretos, seus colegas de universidade, fosse por causa das possíveis denúncias de que também defendiam as ideias revolucionárias dos franceses. Esse clima de terror perdurou ao longo dos anos de 1789, 1790 e 1791, até julho de 1792, quando saiu o último degredado. Antes, porém, em 21 de abril de 1792, parte da população presenciou o cerimonial macabro da execução de Tiradentes, condenado por crime de lesa-majestade, considerado o mais hediondo crime que um vassalo podia cometer contra o seu rei.

Certamente o sofrimento dos presos tornou-se assunto das conversas familiares e das rodas de amigos, a tal ponto que poemas a esse respeito devem ter circulado, como o de Alvarenga Peixoto dedicado ao amigo Cláudio Manoel da Costa, falecido (a versão oficial é que se suicidou) na prisão em Ouro Preto.

Eu não lastimo o próprio perigo
A estreita prisão, escura e forte;
Lastimo as caras filhas, a consorte,
A perda irreparável de um amigo.

A prisão não lastimo, outra vez digo,
Nem ver, iminente, o duro corte;
Pois também é ventura achar a morte,
Quando a vida só serve de castigo.

Ah! Quem já bem depressa acabar verá
Este sonho, este enredo, esta quimera,
Que passa por verdade, e é mentira;

Se as filhas, a consorte não tivera,
Se as virtudes de amigo possuíra,
Nem da vida um instante só quisera.[171]

A prisão dos conjurados, a constituição da corte de julgamento, a abertura do inquérito e todo o interrogatório dos presos foram de responsabilidade do vice-rei, d. Luís de Vasconcelos e Souza, que deixou o Brasil antes da conclusão do processo, cabendo a seu sucessor, o conde de Resende, não só concluí-lo, mas também a dura tarefa de aplicar as penas condenatórias aos réus. O início do governo do novo vice-rei se deu, portanto, em clima de desconfiança e em meio à profunda dor com o degredo de poetas queridos e populares e a morte de Tiradentes.

Apenas dois anos mais tarde, em 1794, o conde de Resende convidou o antigo secretário da Sociedade Literária, o professor régio e poeta Manoel Ignácio da Silva Alvarenga, e mais outros antigos acadêmicos para, juntos, reorganizarem a academia. Manoel Ignácio, que continuara a se reunir com antigos companheiros da entidade, como Jacinto José da Silva e João Marques Pinto, assumiu a presidência. Tendo conseguido ampliar a entidade, alugou um sobrado na rua do Cano (atual Sete de

Setembro), reservando para si o pavimento superior, e o térreo, para uso da Sociedade Literária.

No curto período de funcionamento os acadêmicos se reuniram, segundo o depoimento de Mariano da Fonseca, durante cinco semanas. Portanto, a Sociedade, em sua segunda fase, teve vida breve, não permitindo aos acadêmicos a produção de obras que marcassem sua existência.

As boas relações dos intelectuais acadêmicos com o conde de Resende duraram pouco. Se Manoel Ignácio e João Marques Pinto enviavam cartas à Corte, denunciando religiosos e os próprios vice-reis, foram por sua vez também denunciados como adeptos das ideias francesas pelo carpinteiro Manoel Pereira Landim e pelo rábula José Bernardo da Silveira Frade, que frequentara algumas das reuniões da Academia e presenciara conversas informais entre Manoel Ignácio e seus amigos referentes ao conteúdo da denúncia.

Eram acusações vagas e imprecisas, que não se baseavam em provas concretas, provenientes de delatores de pouca formação intelectual, que mal entendiam os cifrados diálogos de intelectuais sempre que os assuntos giravam em torno da França.

Apesar da inconsistência das denúncias, o conde de Resende não titubeou em prender 11 pessoas, entre elas quatro acadêmicos: Manoel Ignácio, João Marques, Jacinto José e o jovem Mariano José Pereira da Fonseca. Deixou-os incomunicáveis, apreendeu seus livros e papéis particulares e os da Sociedade Literária, além de sequestrar-lhes os bens que possuíam. O processo de Devassa iniciou-se em 11 de dezembro de 1794, conduzido pelo mesmo juiz que esteve à frente do anterior processo da Conjuração Mineira, o desembargador chanceler da Relação e "poeta" Antônio Diniz da Cruz e Silva.[172] A partir daí, a história da Sociedade Literária confunde-se com a da Devassa, cujo processo nos revela algumas questões intrigantes. (QUADRO 14)

A primeira delas diz respeito à retirada do verdadeiro original dos Estatutos da Sociedade Literária, que fazia parte do processo, para ser substituído por uma cópia. É o próprio Manoel Ignácio que num dos interrogatórios denuncia o fato, dizendo que os Estatutos que escrevera "se acham encadernados com capa azul de pano ou ruão, mas que alguns sócios tiraram deles algumas cópias", como a que lhe mostraram os inquiridores. Sob protesto, exige que os originais que continham sua assinatura e a dos demais membros da Sociedade fossem apensos ao processo, providência que veio a ser tomada, conforme anotações do escrivão João Manoel Guerreiro de Amorim Pereira que se refere ao

> caderno coberto com capa de papel pintado em azul, com o título seguinte: Estatutos da Sociedade Literária do Rio de Janeiro, estabelecida no ano do governo do Ilustríssimo e Excelentíssimo Senhor Luís Vasconcelos e Souza, vice-rei do Estado — 1786, cujo caderno e estatutos se acham escritos em dezenove e meias folhas, com o verso de cada uma em branco, para que eu, escrivão nomeado para esta diligência, os apensasse a estas perguntas, aonde eles serviam de objeto.[173]

Ora, o "Caderno dos Estatutos da Sociedade Literária" que se encontra na documentação sobre a Devassa, na Biblioteca Nacional, não é "aquele caderno coberto com capa azul" cuja anexação ao processo fora exigida por Manoel Ignácio. Por onde andaria?

Quadro 14

Relação dos presos na Devassa de 1794

Nome	Naturalidade	Idade	Estado civil e profissão
Antônio Gonçalves dos Santos	Bispado do Porto	35	casado, ourives
Francisco Antônio Lisboa	Cidade de Lisboa	51	solteiro, entalhador
Francisco C. Solano da Silva	Cidade do Rio de Janeiro	45	solteiro, vive de seus bens
Gervásio Ferreira	Cidade do Rio de Janeiro	54	casado, cirurgião
Jacinto José da Silva	Vila Guimarães	44	solteiro, médico
João Marques Pinto	—	—	professor régio
João de Sá da Conceição	Vila Chaves	66	casado, sapateiro
João da Silva Antunes	Arcos, Braga	60	casado, marceneiro
José Antônio de Almeida	Santa Catarina	21	solteiro, estudante
Manoel Ignácio S. Alvarenga	Vila Rica	46	solteiro, professor régio
Mariano José Pereira Fonseca	Cidade do Rio de Janeiro	22	solteiro, estudante

A segunda questão intrigante que resulta da leitura do processo prende-se ao fato de não se encontrar nos autos nenhuma pergunta dirigida pelos inquiridores aos réus sobre a composição do quadro de sócios da Sociedade Literária. Causou-me igual perplexidade a ausência de interrogatório dirigido ao importante professor de grego João Marques Pinto. Por que não foi inquirido? São lacunas que prejudicam a análise da Devassa de 1794 (baseada na documentação da Biblioteca Nacional do Rio de Janeiro), que representou um duro golpe sobre os intelectuais e suas organizações, em especial sobre Manoel Ignácio da Silva Alvarenga e João Marques Pinto, que permaneceram presos por mais de dois anos, vítimas de denúncias infundadas. Só a partir da interferência do ministro d. Rodrigo de Souza Coutinho é que se viram livres desse pesadelo.

Felizmente pude eliminar a lacuna com relação à inquirição do professor de grego João Marques Pinto ao encontrar o referido documento no Arquivo Nacional do Rio de Janeiro (cód.807, vol.8, p.23-31). É curioso o fato de os estudiosos da Devassa de 1794 não terem feito a ligação desse documento com o da Biblioteca Nacional. A análise do "Auto de perguntas do preso João Marques Pinto" traz muitas luzes sobre a Sociedade Literária e sobre o professor de grego, e, graças a ele, surge mais um nome de sócio da Sociedade: José Caetano. (ANEXO 6)

O processo inquiritório inicia-se em 23 de setembro de 1795, com a presença, na fortaleza da Conceição, no morro de igual nome, do desembargador Antônio Diniz da Cruz e Silva, nomeado juiz da Devassa, do desembargador Manoel Guerreiro de Amorim Pereira, como escrivão nomeado, e do tabelião Ignácio Miguel Pinto Campelo, titular do 4º Ofício de Notas, no papel de observador. O juiz declara que estava lá "para efeito de fazer perguntas ao preso João Marques Pinto, o qual depois de posto em sua liberdade o passou a perguntar".

O professor João Marques Pinto identificou-se como filho de João Marques Pinto, natural do bispado de Coimbra (o lugar de origem não identifiquei, parece ser Topeas), solteiro, com 43 anos de idade e que não tinha nenhum título de ordem (de Cristo, de Avis, de São Bento etc.). A profissão declarada era a de professor régio de grego. Além desses dados pessoais fica-se sabendo que ele respondeu processo, junto ao Tribunal da Inquisição, por crime de heresia, denunciado que foi por clérigos da cidade do Rio de Janeiro.

Destaco três pontos significativos desse documento que, a meu ver, explicam a retirada dessa parte do processo existente na Biblioteca Nacional. Suponho que a retirada se deu ou no decorrer, ou no encerramento da Devassa, ou ainda imediatamente após a libertação, em 1797, dos dois únicos presos: Manoel Ignácio e João Marques.

O primeiro diz respeito ao envolvimento do desembargador Luiz de Figueiredo Abreu e de seu irmão — ambos amigos de João Marques — nas conversações com os sócios da Sociedade Literária, onde notícias dos jornais franceses eram veiculadas. Provavelmente o desembargador Luiz de Figueiredo era um dos sócios da Academia. Foi também citado como autor de um manuscrito sequestrado entre os papéis do professor, que discutia questões tabus da Igreja Católica, como o direito exclusivo de o padre confessor julgar se o confessado podia ou não comungar. Ora, o desembargador Luiz de Figueiredo era membro do Tribunal da Relação que tinha como chanceler o juiz da Devassa. É importante frisar que o nome desse desembargador só aparece nos depoimentos de João Marques.

Segundo, a informação dada por João Marques de que a reabertura da Sociedade Literária deveu-se à intervenção de José Caetano, e não de um dos dois professores, alvos principais da Devassa. Se esse amigo do conde de Resende for José Caetano *de Araujo Vieira* (ou filho homônimo), trata-se de rico negociante, senhor de muitos imóveis, membro da nobreza da terra, vereador, professor de francês na Academia Militar, organizada pelo próprio vice-rei, seu amigo, e é explicável a inconveniência do seu nome aparecer naquele processo.

O terceiro ponto a comentar tem a ver com a desqualificação que João Marques faz do principal acusador, ponto de partida da Devassa, o rábula José Bernardo da Silveira Frade. Segundo o professor, tratava-se de "homem mau, falto de honra, de fé e de crédito"; que prestara juramento falso em outro processo, além do grave precedente de ter sido preso na fortaleza da Laje por ser um dos que aprovaram a "revolução que pretendia haver em Minas". Que crédito teria uma Devassa que se baseava nas acusações de um indivíduo de tantas más qualidades?

Diante desses indícios, só podemos concluir que o processo da Devassa da Sociedade Literária, que se encontra guardado na Biblioteca Nacional, resultou de uma montagem deliberada, na época, por pessoas que desejavam encobrir nomes de autoridades do governo colonial e de intelectuais e membros importantes da sociedade que pertenceram àquela Academia.

Apesar da violência que sofreram, os professores Manoel Ignácio da Silva Alvarenga e João Marques Pinto não deixaram de ser leais vassalos da Monarquia portuguesa. Foi com versos efusivos e altamente laudatórios que o poeta Manoel Ignácio recepcionou a Família Real quando aportou na cidade do Rio de Janeiro, em 1808.

Da mesma forma, quando se enviou dinheiro e mantimentos para as tropas que lutavam em Portugal contra os franceses, o nome de Manoel Ignácio apareceu entre os primeiros da lista de coleta, doando 100$000rs, uma alta quantia considerando-se que cada ministro de Estado contribuíra com 400$000rs, e nobres, como a duquesa de Cadaval e o marquês de Alegrete, com 200$000rs. O solidário companheiro João Marques Pinto também participara com 36$000rs, numa evidente demonstração de que tanto ele quanto seu amigo Manoel Ignácio eram vassalos comprometidos com a Monarquia portuguesa, fato que reforça mais ainda a injustiça cometida pela Devassa de 1794.[174]

Os intelectuais não acadêmicos

É importante dizer que a vitalidade intelectual ou artística não estava contida nos limites das academias. Nem todo militar graduado, professor, médico, advogado, comerciante, sacerdote, artista etc. que se destacava por suas atividades específicas era membro sócio de alguma academia. Isso não quer dizer que deixassem de frequentar essa ou aquela reunião que lhes despertasse interesse, mesmo porque o acesso era fácil, por se tratar de reuniões públicas. Poderiam também os não acadêmicos enviar trabalhos para serem apreciados pelos membros associados. Ilustra bem a alternativa Jerônimo Vieira de Abreu, grande inventor residente na cidade do Rio de Janeiro. Muito prestigiado no governo do marquês do Lavradio por seus conhecimentos sobre a fabricação do anil, gozava de boa reputação na cidade. O novo vice-rei, d. Luís de Vasconcelos e Souza, confirmou-a nomeando-o fiscal e inspetor das fábricas de anil existentes na capitania do Rio de Janeiro. Nessa função, produziu um excelente "Manual" sobre a fabricação daquele produto, por ele mesmo ilustrado com desenhos dos equipamentos que idealizara para obter um anil de melhor qualidade. Elaborou ainda quadros preciosos, resumindo as informações existentes sobre todos os plantadores, fabricantes, tipo de fábrica e produção do anil, na capitania do Rio de Janeiro, citados no relatório do vice-rei d. Luís de Vasconcelos e Souza. Trata-se de um trabalho rigorosamente técnico, bastante importante para o estudo econômico daquela cultura.

É certo que os inventos desse criador não lhe trouxeram dividendos financeiros razoáveis. De outra forma não teria solicitado ao rei, em 1792, um emprego no serviço público, fosse na Alfândega, como oficial selador, ou em outro lugar qualquer onde o monarca considerasse apropriado depois de ter servido aos vice-reis marquês do Lavradio, d. Luís de Vasconcelos e conde de Resende. Desejava com isso assegurar o futuro de sua família para ter "com que se sustentar e deixar a sua mulher e filha algum modo de subsistir". Reforçando seu pedido, Jerônimo anexou declarações elogiosas a seu trabalho e à sua inventividade, provenientes tanto dos últimos vice-reis quanto de outras pessoas que se beneficiaram com seus inventos, inclusive os criados para a fábrica de arroz que pertencia a seu irmão Manoel Luiz Vieira, já mencionado anteriormente.[175]

Consegui relacionar, após exame da documentação consultada, dez inventos, voltados às indústrias do arroz, anil, açúcar, linho cânhamo e outros fins: a) fornalhas para poupar meia parte de lenha, nos engenhos de açúcar; b) moendas mais ligeiras que se movem com menos água ou com menos bois, ou cavalos; c) estufas para secar o açúcar repentinamente sem a dependência de andar em curadeiro; d) tanques e outros equipamentos para fabricação de anil; e) método para descascar arroz; f) instrumentos para fazer panos de arame e para picar folhas de Flandres com notável igualdade; g) fábrica de maçar, gramar e tosquiar o linho cânhamo, para ser montada no Rio Grande de São Pedro; h) balança para o Trapiche da Cidade; i) fornalha para a botica, fogão para a cozinha, fogão para fornecer água quente para as enfermarias, exaustores para purificação do ar das enfermarias e sistema de drenagem das águas servidas do Hospital da Santa Casa da Misericórdia; j) bomba para puxar água e levá-la a grandes alturas. (QUADRO 15)

Jerônimo produzia às próprias custas seus inventos, mesmo quando destinados a particulares. Francisco Alvares de Andrade, desembargador do Tribunal da Relação, não esconde sua admiração quando diz:

> é um Maquinista admirável para invenções Mecânicas procurando a sua custa e com arbítrios próprios suavizar os trabalhos e diminuir as despesas das Fábricas de Anil, Arroz e Açúcar e outros Laboratórios, oferecendo-lhes gratuitamente modelos apropriados ao ministério de cada um e ainda acomodados as suas pessoas assistindo pessoalmente as Manufaturas a fim de as pôr hábeis.[176]

Quadro 15

Listagem das testemunhas que, em 1792, no processo de Jerônimo Vieira de Abreu, além dos vice-reis, afirmaram ter utilizado ou que conheceram seus inventos

Nomes	Qualificações
Manoel Martins dos Santos Vianna	Capitão e cavaleiro professo na Ordem de Cristo, senhor de engenho em S. João de Mereti
José Caetano Alvares	Capitão e cavaleiro professo na Ordem de Cristo, vive de seus negócios
Antônio Nascentes Pinto	Capitão e cavaleiro professo na Ordem de Cristo, vive de suas fazendas
João Vaz Pinheiro	Senhor de engenho na freguesia de Inhaúma
Manoel Joaquim da Silva Castro	Sargento-mor e senhor de engenho na freguesia de S. Francisco Xavier, na região do Engenho Novo
Domingos Pinto de Miranda	Capitão e senhor de engenho na lagoa Rodrigo de Freitas
Francisco Ferreira da Cunha	Tenente e senhor de engenho na freguesia de Inhaúma
Manoel Luiz da Mota	Capitão e senhor de engenho, morador na rua do Ouvidor
Luiz Monteiro da Silva	Capitão, vive de seu negócio
José de Mesquita	Senhor de engenho na freguesia de Irajá, no Engenho dos Afonsos.

No mesmo sentido Antônio Rodrigues Gayoso, desembargador de agravos do Tribunal da Relação, nos revela que Jerônimo serviu "com zelo e desvelo pelo Real Serviço, sem mostrar interesse pelas partes e menos corrupção". E acrescenta:

> Jerônimo Vieira é dotado de um gênio fecundo para invenções mecânicas e maravilhosas e pelo acerto delas se tem feito geralmente conhecido pela sua conduta séria e prudente é estimado das pessoas que compõem o ornamento desta Cidade Capital; e por ser um Vassalo útil ao Estado e benemérito o julgo digníssimo de que S.M. o atenda com a remuneração que pedem os seus serviços e talentos naturais e adquiridos.[177]

Nem a fama e o prestígio adquiridos, nem o bom relacionamento que manteve com o ministro d. Rodrigo de Souza Coutinho foram suficientes para que o inventor Jerônimo aparecesse citado no trabalho "Mapas das Fábricas, que se tem estabelecido na Cidade de Lisboa, e mais Cidades e Vilas do Reino, e suas Conquistas até o ano de 1801: e das Máquinas, e Engenhos de nova invenção no mesmo tempo publicados". Apenas Antônio de Araújo Guimarães e outros são mencionados por conta do "Engenho de dissecar arroz" quando a referência é o Rio de Janeiro.[178]

Seria imperdoável fechar este painel de ilustres cientistas não acadêmicos sem nomear Francisco Cardoso Caldeira, naturalista autodidata e especialista na arte de empalhar animais. Era tão habilidoso e tecnicamente superior que se tornou, pelas mãos de d. Luís de Vasconcelos e Souza, o responsável pela preparação de "pássaros, quadrúpedes, insetos e peixes". Ao elogiá-lo, informou o vice-rei que Francisco Xavier, natural da ilha de Santa Catarina, nunca saiu da capitania do Rio de Janeiro para aprimorar seus conhecimentos. No entanto, "por habilidade raríssima e natural propensão, tem chegado a fazer as mesmas preparações com tanta delicadeza e perfeição". Sua nomeação como diretor do Gabinete de História Natural era, portanto, uma resolução que se impunha. Em carta acompanhando remessa à Corte de uma coleção de borboletas, dizia ainda o vice-rei: há quatro anos que ela vem se formando, "tempo desde o qual tem conservado os primeiros que se apanharam o mesmo Francisco Xavier em toda a perfeição".[179] Foi também Francisco Xavier quem instalou o primeiro Museu de História Natural da cidade, que ficava próximo à Igreja de Nossa Senhora da Lampadosa, na atual avenida Passos. Mais conhecido como a "Casa dos Pássaros", o Museu que dirigia foi, após sua morte, desocupado para abrigar uma repartição da Casa da Moeda, e seus trabalhos guardados em depósito do Arsenal de Guerra. Quando o tenente-general Carlos Antônio Napion — responsável por organizar uma coleção mineralógica e de instrumentos de física e química para o novo Museu de História Natural — examinou a coleção de Francisco Xavier, identificou, entre os mil pássaros e muitos outros animais, somente cinquenta em estado de precária conservação.[180] Os demais estavam perfeitos.

Os famosos painéis elaborados com penas em diversas cores que ornamentavam um dos pavilhões projetados por Mestre Valentim, para o Passeio Público, também eram de autoria de Francisco Xavier.

Tendo permanecido solteiro, distribuiu em vida vários de seus bens: ao irmão Mateus Cardoso Caldeira doou, em 1795, uma casa térrea que possuía na ilha de Santa Catarina, e ao médico amigo Francisco Gomes da Silva, em agradecimento pelos serviços que prestava atendendo a sua família, doou em 1808 um terreno, situado na rua Detrás do Hospício (atual rua Buenos Aires).[181]

A presença relevante dos mulatos

Retomando os longos caminhos percorridos nesta segunda parte do trabalho para discernir as fisionomias das gentes que se organizavam e trabalhavam na cidade de São Sebastião do Rio de Janeiro do século XVIII — à maneira de um apreciador de quadros de pintura que se aproxima de uma tela, em que as múltiplas figuras humanas se escondem numa grande mancha de cores, para descobrir a individualidade de cada rosto —, fui percebendo com que frequência e peculiariedade a gente mulata se postava nas encruzilhadas das artes, da literatura, do magistério, da ciência e das profissões dos "ofícios mecânicos".[182] Colada a essa onipresença mulata insinuava-se uma nova e singular fórmula de viver, sentir, expressar, criar e interpretar. Não havia como ignorar esse jeito tão próprio, tão natural e ao mesmo tempo tão destacado de ser, condutor de ingredientes determinantes que iriam matizar, com os tons da mestiçagem cultural, a maquete de um sentimento de brasilidade que vinha sendo esculpido. De fato, muitos foram os pardos que ilustraram o panteão de nossos intelectuais e artistas. Para lembrar alguns poucos, citamos o Mestre Valentim da Fonseca e Silva, que se sobressaiu na escultura, arquitetura e talha. Na talha também se distinguiram Ignácio Ferreira Pinto (o Mestre Ignácio) e Simeão José de Nazaré. Na pintura salientaram-se Manoel da Cunha e Silva, João Francisco Muzzi e Leandro Joaquim. Na música destacaram-se o compositor padre José Maurício Nunes Garcia, o violinista Manoel Joaquim Corrêa dos Santos, o organista Joaquim José Lacé e o professor Salvador José de Almeida e Faria. Chamam-nos também a atenção, na área do magistério e da poesia, Manoel Ignácio da Silva Alvarenga, na química, João Manso Pereira, e Gonçalo José Muzzi, na medicina.

Com exceção deste último, que estudou na Itália, todos os outros se aperfeiçoaram intelectualmente na colônia. Mestre Valentim e o professor Salvador J.A. Faria formaram-se em Minas Gerais, e os demais no Rio de Janeiro, cidade que assumiu um papel de centro gerador e irradiador da cultura e da ciência já no século XVIII.

Notas à Segunda Parte

Capítulo I *A cidade e seus profissionais*

[1] Obras editadas na tipografia de Antônio Isidoro da Fonseca. a) CUNHA, Luiz Antônio Rosado da. *Relação da entrada que fez o Excellentissimo, e Reverendissimo Senhor D. Fr. Antonio do Desterro Malheyro: Bispo do Rio de Janeiro, em o primeiro dia deste prezente Anno de 1747 havendo sido seis Annos Bispo do Reyno de Angola, donde por nomeação de Sua Magestade, e Bulla Pontificia, foy promovido para esta Diocese do Rio de Janeiro, [1747]*; b) FARIA, frei Francisco de. *Conclusiones Metaphysicas*. Rio de Janeiro, 1747; c) *Em aplauso do Excellentíssimo, e Reverendíssimo Senhor D. Frey Antonio do Desterro Malheiro Digníssimo Bispo desta Cidade*. Rio de Janeiro, [1747]. Obs: essas obras foram fac-similadas e publicadas como anexo às *Duas charadas bibliographicas*, de Félix Pacheco. Rio de Janeiro: Tipografia do *Jornal do Commercio*, 1931.

[2] AHUL, Castro Almeida RJ, nº14.763. In: *Anais da Biblioteca Nacional* (extrato do vol.L), vol.8. Rio de Janeiro, 1936, p.121.

[3] O texto do pedido de Antônio Isidoro da Fonseca ao rei d. João V foi transcrito por Rubens Borba de Moraes em sua obra *Livros e bibliotecas no Brasil colonial*. São Paulo: Secretaria da Cultura, Ciência e Tecnologia, p.65.

[4] AHUL, Castro Almeida RJ, nºs18.929-18.936 (5.5.1755).

[5] DOMINGOS, Manuela D. "Colporteurs ou livreiros?" Acerca do comércio de livreiros em Lisboa, 1727-1754. Lisboa, Separata da *Revista da Biblioteca Nacional*, vol.6, p.109-142, 1991.

[6] Por exemplo, o livreiro Antônio Jacinto Machado, distribuidor das obras dos Oratorianos, como as "folhinhas de reza", atesta o raio de comercialização desses impressos que eram enviados para "Goiás, São Paulo, Vila Rica, Mariana e Mato Grosso". In: ANTL, cx.9.

[7] ANTTL, Real Mesa Censória: livros de Registro da Mesa, nº12, "Catálogo dos livros defesos no Reino desde o dia da criação da Real Mesa Censória".

[8] ANTTL, Real Mesa Censória: cx.112.

[9] Cito os títulos e respectivos autores de algumas obras que podiam ser lidas por "pessoas privilegiadas". D'ALEMBERT, Jean Rond. *Mélanges de littérature, d'histoire et de philosophie*. Paris, 5 vols., in 12º; BENTHAM, Jeremy. *Traité de législation civile et penale*. Paris, 1802, 3 vols., in 8º; BUFFON, Georges Louis, Conde de LECLERC. *Les Époques de la nature*. Paris, 1785; CONDILLAC, Etienne Bonnot de. *Essais sur l'origine des connaissances humaines*. Paris, 1796. Oeuvres de Condillac. Paris, 1798, 19 vols., in 12º; LOCKE, John. *Essai philosophique sur l'entendement humain*. Traduzido por Costa. Amsterdã, 1742, in 12º.

[10] ANTTL, Real Mesa Censória, livro 9, p.106v.

[11] AN, Inventário *post mortem*, maço 188, nº3.737.

[12] Referências: a) Domingos Fernandes da Cruz, Brasil, Ministério da Educação. *Autos de Devassa da Inconfidência Mineira*. Rio de Janeiro: Biblioteca Nacional, vol.6. 1938, p.88; b) Valentim da Fonseca e Silva, AN, Inventário *post mortem*, cx.7.148, nº8.870; c) João Pereira de Lima Gramacho, AN, Inventário *post mortem*, cx.7.169, nº9.365; d) Miguel Rodrigues Batalha, AN, Inventário *post mortem*, maço 594, nº9.843; Pantaleão Pereira de Azevedo, Inventário *post mortem*, cx.8.902, nº318.

[13] ACM, Banhos: ano de 1785, Antônio Fernandes da Torre e Maria Ignácia de Oliveira.

[14] CAVALCANTI, Nireu Oliveira. "A livraria do Teixeira e a circulação do livro na cidade do Rio de Janeiro". *Revista Acervo*. Rio de Janeiro: Arquivo Nacional, vol.8, jan./dez. 1995, p.183-194.

[15] ANTTL, Real Mesa Censória, cx.494, nº57.

[16] ANTTL, Real Mesa Censória, cx.153. Primeira lista de 23.11.1795: a)*Tratado de agrimensura*, 1vol.; b) *Grammatica Portuguesa e ingleza*, 1vol.; c) Opusculos da *Aritmethica universal*, 2vols.; d) *Compendio da theorica de limites*, 1vol.; e) *Analyse d'agua das Caldas*, de Wildering, 1vol.; f) *Vistas do Convento da Batalha*, 4vols. Segunda lista de 1.3.1796: a) *Annales de Chymic*, col. De memórias, 1vol.; b)*Affinites chymic, par Bergman*, 1vol.; c) *Instit. Chemic*, Francisci de Waserberg, 2vols.; d) *Diccionario da Lingua do Brazil*, 25vols.; e) *Analyse du fer*, por Bergman, 1vol.; f) *Recreations physiques, economiques e chymiques*, M. Model, trad. do alemão, 2vols.; g) *Demonstração das grandes utilidades e das fracas e tecelagem do Algodão em Portugal*, 1vol.

[17] A respeito da importância da religião, uma entre as razões culturais que instigavam as crianças a estudar, pelo menos até começos do século XIX, ver: GALLEGO, José Andrés. *História da gente pouco importante*. Trad. Ana Moura. Lisboa: Estampa, 1993. p.101-3.

[18] *Mosteiro de São Bento do Rio de Janeiro*. Livro de Tombo (1688-1793). Rio de Janeiro: Lumen Christi, 1981,t.II, p.44, 106, 114, 126, 145 e 174.

[19] Edital de 28.7.1759. *Coleção das leis, decretos e alvarás que compreende o feliz reinado del Rei Fidelíssimo D. José o I*, t. II. In: AN, Biblioteca, OR nº1988. Idem.

[20] AGAL, Diretoria dos Estudos, cota 175, livro 1, "Autos de Exames do Rio de Janeiro, 1760". Nessa documentação encontra-se a relação dos professores que prestaram provas no primeiro concurso público para o magistério no Rio de Janeiro que apresento em forma de quadro.

Candidatos aprovados	Classe	Observações dos examinadores
André da Luz e Silva	1ª	"Teve classe em Lisboa, está atualmente ensinando em Vila Rica, com aproveitamento dos seus alunos"
Antônio José de Abreu	1ª	"É natural de São Paulo onde ensina há muitos anos"
Antônio Pedro Monteiro	2ª	"Ensina há pouco tempo mas com aceitação na cidade do Rio de Janeiro"
Caetano Coelho, padre	2ª	"Foi jesuíta e ensina com aproveitamento dos discípulos, no Seminário de São Pedro", na cidade do Rio de Janeiro
Estevão Duarte Froes, padre	2ª	"Ensina há muitos anos em Minas com bom crédito"
Francisco Gomes da Fonseca	1ª	"De gênio áspero e descompasso, ensinou no Seminário de N. Sra. da Lapa na cidade do Rio de Janeiro"
Francisco de Oliveira Montanha	2ª	"Ensina na Vila de Parati donde é natural e tem tido discípulos adiantados"
Francisco Xavier de Passos	2ª	"Natural e morador na Vila da Praça de Santos onde ensina bem-aceito, tem poucos anos mas faço de bom conceito"
Francisco da Rocha Pita	3ª	"Ensina nesta cidade (Rio de Janeiro) há muitos anos com aproveitamento e muitos discípulos"
Ignácio Pinto da Conceição	2ª	"Foi jesuíta"
João Moreira de Guerreiros	2ª	"Não tem exercício de mestre"
João da Rocha, padre	1ª	"Foi jesuíta, muito prudente e ensina com grande aceitação nesta cidade do Rio de Janeiro"
Joaquim Nunes Cabral	3ª	"Não tem tido exercício de ensinar"
José Correa Leitão, padre	1ª	"Ensina na cidade (Rio de Janeiro) com grande aproveitamento dos discípulos". Tirou o 1º lugar juntamente com o padre Manoel de Mendonça
Manoel de Mendonça	1ª	Mesmas observações do anterior
Miguel Félix Caldeira, padre	2ª	"Ensina há muitos anos em Minas com bom crédito"
Romualdo de Abreu	2ª	"Nunca ensinou e é tão brando que me persuado lhe não terão respeito e obediência"

Quadro organizado a partir dos "Autos de Exames do Rio de Janeiro" — Diretoria Geral de Ensino: AGAL, cota 175, livro 1.

[21] AN, Vice-reinado, cx.496, pacotilha 1.

[22] ANTTL, Real Mesa Censória, cód.455, "Mapa dos Professores e Mestres das Escolas Menores; e das Terras, em que se acham estabelecidas as suas aulas, e escolas: neste Reino de Portugal e seus Domínios".

[23] AHUL, Avulsos RJ, cx.153, doc.29 (28.3.1793), grifos meus. Obs.: documento semelhante foi transcrito integralmente por Afonso Carlos Marques dos Santos em seu livro *No rascunho da nação: Inconfidência no Rio de Janeiro*. Rio de Janeiro: Secretaria Municipal de Cultura, Turismo e Esportes, Departamento Geral de Documentação e Informação Cultural, Divisão de Editoração, 1992, p.166 a 170.

[24] BPADE, Manuscritos, CIX, nº33. 1-10. "Breve falla que na Presença dos Exmos. Senhores Bispo do Rio de Janeiro e Vice-Rei do Estado do Brazil fez a seus Discípulos Francisco Rodrigues Xavier Prates, Presbytero Secular, e Professor Régio de Philozophia Racional, e Moral do Rio de Janeiro. No dia da inauguração da sua Aula."

[25] AN, vice-reinado, cx.496, pacotilha 1.

[26] AHUL, Avulsos RJ, cx.153, doc.29 (28.3.1793).

[27] AGAL. Livro de Consultas, cota 177, p.84 (16.10.1794).

[28] Idem, p.71 (19.8.1798).

[29] AHUL, Avulsos RJ, cx.175, doc.78 (19.8.1799).

[30] ADB, Manuscritos, cota 324, p.1. "Plano dos Estudos para a Congregação de São Bento de Portugal".

[31] Província de N.Sª da Conceição. *Estatutos para os Estudos da Província de N.Sª da Conceição do Rio de Janeiro, ordenados segundo as disposições dos Estatutos da Nova Universidade*. Lisboa: Regia Officina Typografica, 1776, p.3.

[32] AHUL, Castro Almeida RJ, cx.30, nº7.600.

[33] AHUL, Avulsos RJ, cx.5, doc.75 (20.6.1686).

[34] ANTTL, Junta do Comércio, cx.1, maço 1, *"Navio Santa Anna e São Domingos"*, Registro de 22.3.1768. A importância de Manoel Ignácio da Silva Alvarenga merece transcrição dos dados de seu passaporte, referente a 1766: a) pais: Ignácio da Silva e Felipa Lopes da Fonseca; b) natural: Vila Rica, de onde saiu para o porto do Rio de Janeiro; c) destino: cidade de Coimbra, via a cidade de Lisboa; d) objetivo: continuar seus estudos; e) profissão: estudante; f) características pessoais: idade = 23 anos; estatura = ordinária; rosto = redondo; cabelo = preto e encarapinhado; sinais = cicatrizes na palma da mão direita, junto ao pulso.

[35] PEDROSA, Manoel Xavier de Vasconcelos. "Letrados do século XVIII". In: Anais do Congresso Comemorativo do Bicentenário da transferência da Sede do Governo do Brasil: da cidade de Salvador para o Rio de Janeiro. *Revista do Instituto Histórico e Geográfico Brasileiro*, vol.IV, 1967, p.265.

[36] MORAES, Francisco. *Estudantes brasileiros na Universidade de Coimbra*. Rio de Janeiro: Biblioteca Nacional / Imprensa Nacional, 1943.

[37] *Estatutos da Universidade de Coimbra*: Lei de 28.8.1772. Lisboa, Oficina Régia, 1773. In: AN, Biblioteca, OR. 0030, 3vols. Apesar da renovação dos estudos por que passaram algumas universidades europeias, como a de Valência e Cervera na Espanha, a de Montpelier na França, a de Coimbra em Portugal, José Andrés Gallego salienta a ausência de cursos universitários que buscassem responder ao desenvolvimento de determinadas funções econômicas que exigiam o saber específico de engenheiros e igualmente de arquitetos e desenhadores, cuja formação era adquirida extrauniversitariamente (p.110).

[38] SILVA, Antônio Delgado da, e VASCONCELLOS, José M.C.L. Op. cit., vol.5, p.543. In: AN, Biblioteca, OR nº1.978.

[39] BRITO, Manoel Carlos de. "Da Ópera ao Divino à Ópera Burguesa: A música e o teatro de d. João V a dona Maria I". In: *Sociedade portuguesa de estudos do século XVII. Portugal no século XVIII de d. João à Revolução Francesa*. Lisboa: Universitária Editora, 1991, p.315-17.

[40] BRITO, M.C. de. Op.cit., p.315.

[41] LOS RIOS, Adolfo de Morales. "História do Teatro do Rio de Janeiro durante o século XVIII". In: *Anais de Congresso Comemorativo do Bicentenário da transferência da sede do governo do Brasil da cidade do Salvador para o Rio de Janeiro*. Rio de Janeiro: IHGB, Imprensa Nacional, 1967, vol.IV p.330-52.

[42] AN, 2º Ofício de Notas, livro 28, cx.12.914 (29.11.1719).

[43] FERREZ, Gilberto. "Uma arribada francesa ao tempo de Bobadela (1748)". *Revista do Instituto Histórico e Geográfico*, vol.280, p.240, 1988. Quanto ao tema da peça, é importante mencionar a existência

de um folheto intitulado *Auto da Santa Catarina*, de Baltazar Dias, numa edição de 1758, da cidade de Évora. BN, Impresso, cód.22, 2, 7.

44 AN, 1º Ofício de Notas, livro 118, cx.12.867, (17.9.1749).

45 NAZARETH, Gilson. "Da identificação histórica através da biografia individual e coletiva". *Brasil Genealógico, Revista do Colégio Brasileiro de Genealogia*, t.IV (4). Rio de Janeiro: Colégio Brasileiro de Genealogia, 1990, p.10-7.

46 AGC, Livro de "Entrada de Irmãos" (1748-56).

47 AN, 2º Ofício de Notas, livro 70, cx.12.922 (30.8.1754).

48 FERREZ, G., Op.cit., p.241.

49 CUNHA, Lygia da Fonseca Fernandes da. *Álbum cartográfico do Rio de Janeiro (séculos XVIII e XIX)*. Rio de Janeiro: Biblioteca Nacional / Ministério da Educação e Cultura, 1971.

50 Anônimo. *Epanafora Festiva*, ou relação summaria da Festas, com que na Cidade do Rio de Janeiro capital de Brasil se celebrou o feliz nascimento do Serenissimo Principe da Beira Nosso Senhor. Lisboa: Officina de Miguel Rodrigues (1763), p.28. In: BN, Imp. cód.38, 20, 17.

51 Noronha Santos, in: anotação XXXVII p.89; do 1º vol. da obra de Luis Gonçalves dos Santos (padre Perereca): *Memórias para servir à História do Reino do Brasil* (1825). Op.cit.

52 AN, 4º Ofício de Notas, livro 89 (11.4.1776).

53 CBG, Fichário século XVIII: casamento de Manoel Luiz Ferreira com Bernardina Maria de Lima. Na ficha vêm registrados como pais de Bernardina João Evangelista dos Reis e Narcisa Corrêa.

54 TAUNAY, Affonso d'Escragnole. "Rio d'Antanho". *Revista do Instituto Histórico e Geográfico Brasileiro*, t.90, 1925, p.435.

55 OBERACKER JR., Carlos H. "O Rio de Janeiro em 1782 visto pelo pastor F.L. Langstedt". *Revista do Instituto Histórico e Geográfico Brasileiro*, vol.299, 1973, p.9.

56 AN, Inventário *post mortem*, cx.629, nº8.817 (1829).

57 O marechal João Manoel de Silva, segundo Moreira de Azevedo (op.cit. p.60), foi diretor do Real Arquivo Militar, função que exerceu no período de 13.3.1809 a 2.3.1821, quando se transferiu para Moçambique para assumir o cargo de governador.

58 Os dados são extraídos do capítulo "A música clássica e o século das Luzes" In: CANDÉ, Roland de. *História universal da música*. São Paulo: Martins Fontes, 1994, vol.1, p.524-631.

59 LANGE, Francisco Curte. "Música barroca". In: *História geral da civilização brasileira*, Sérgio Buarque de Holanda (dir.), vol.2. Rio de Janeiro: Difel, 1977, p.126.

60 Dados extraídos de RIBEIRO, Mario de Sampaio. "A música em Portugal nos séculos XVIII e XIX (Bosquejos de História Crítica)". Lisboa: Separata da *Revista de História*, 1936.

61 A respeito dos 34 músicos fundadores da Irmandade de Santa Cecília e seus Estatutos, consultar: ANDRADE, Ayres de. F.M.S., Op.cit., vol.1, p.96.

62 AGC, Manuscritos, cód.43-4-18, ano 1793. Baseado nessa documentação apresento o orçamento do padre João Lopes Ferreira, relativo a duas atividades:

1- Primeira função, festa de São Sebastião		2- Função da Sé Velha que se fez no 8º dia	
21 músicos a 1$280 cada:	26$880	37 músicos diária de 3$200 cada	118$400
Aluguel do órgão	1$280	Aluguel do órgão	2$560
Aluguel do rabecão grande	1$280	Aluguel de 2 rabecões grandes	3$200
Carreto dos instrumentos	1$560	Aluguel de música	3$200
		Carreto dos instrumentos	128$000
Total	**31$000**	**Total**	**255$360**

63 MATTOS, Cleofe Person de. *Catálogo temático das obras do Padre José Maurício*. Rio de Janeiro: Conselho Federal de Cultura, MEC, 1970, p.32

[64] AGC, Manuscritos, cód.50-4-24 (1772).

[65] ANDRADE, A . Op.cit., p.50.

[66] ALMEIDA, Renato. "A música brasileira no período colonial". *Separata dos Anais do 3º Congresso de História Nacional*. Rio de Janeiro: IHGB, Imprensa Nacional, 1942, vol.v, p.397-98.

[67] AN, Seção Histórica: cód. 808, vol.4, p.165-88 (12.6.1791).

[68] CUNHA, Luiz A.R. Op.cit., p.7.

[69] FERREZ, G. Op.cit., p.241.

[70] BN, Manuscritos, cód.23-2-14.

[71] OBERACKER Jr., C.H. Op.cit., p.9.

[72] PINHEIRO, F.B. Marques. *Irmandade do Santíssimo Sacramento da freguesia de N. Srª da Candelária e suas repartições: Coro, Caridade e Hospital dos Lázaros*. Rio de Janeiro: Jornal do Commercio, 1930, vol.1, p.258-97. Obs.: na p.258, o autor apresenta a formação do primeiro Coro da Igreja da Candelária, em 1721:

ADULTOS: Manoel Vieira Neves: chantre da Candelária e seu presidente; Custódio Cardoso Corte: vigário do Coro; Salvador Ferreira Mendes: krioste do Coro; Amaro Rodrigues da Costa: capelão cantor; Custódio da Fonseca Homem: capelão cantor; Manoel Mendes: capelão cantor; Mathias Cardoso Couto: capelão cantor; Manoel Coelho de Carvalho: capelão cantor; Paschoal da Silva: capelão cantor; Pedro de Freitas: sacristão; Francisco Homem Bernardo: organista.

MENINOS: José da Silva Nunes; Francisco Correa Leal; Francisco Pereira Guedes; Francisco Soares de Almeida .

O menino Francisco Correa Leal tornou-se o famoso médico da família citada por Balbi como formada de excelentes músicos.

[73] CANDÉ, R. Op.cit., vol.1, p.562.

[74] AN, Inventário *post mortem*, maço 434, nº 8.384 de Antônio Pereira Ferreira.

[75] MATTOS, Cleofe Person de. *José Maurício Nunes Garcia: biografia*. Rio de Janeiro: Fundação Biblioteca Nacional, DNL, 1996.

[76] AN, Inventário *post mortem*, maço 303, nº 5.814 (1799). Obs: A identificação dos compositores citados nesse inventário foi bastante difícil em razão de os peritos avaliadores terem transcrito seus nomes resumidamente, grafando-os, algumas vezes, erradamente, sem observarem a forma utilizada pelos dicionários e enciclopédias sobre músicos.

[77] "Partido da ..." é um termo próprio da época para significar que o profissional, na qualidade de funcionário público, fazia parte dos quadros permanentes da instituição e era por ela remunerada, percebendo ordenado anual.

[78] As informações foram extraídas de SANTOS FILHO, Lycurgo de Castro. *História geral da medicina brasileira*, vol.I, São Paulo: Edusp, 1977, p.63-4.

[79] "Memórias públicas e econômicas da cidade do Rio de Janeiro para uso do Vice-Rei Luís de Vasconcelos: por observação curiosa dos anos de 1779 até o de 1789". In: *Revista do IHGB*, t.XLVII (47), p.25-51.

[80] AHU, Avulsos RJ, cx.143, nº61, 815/1789 MF5.

[81] AHUL, Castro Almeida RJ: nº10.562 (1728). In: *Anais da Biblioteca Nacional*, vol.VII (7). Rio de Janeiro: Biblioteca Nacional, 1934, p.336.

[82] Idem, nº10.563.

[83] Estatutos da Universidade de Coimbra. Op.cit.

[84] AHUL, Avulsos RJ, cx.129, doc.23 (2.3.1782).

[85] AGC, Manuscritos, cód.16-3-5 (21.10.1786).

[86] AN, Inventário *post mortem*, cx.7.118, nº8.384 (4.1.1798).

[87] AN, Inventário *post mortem*, maço 188, nº3.737 (1798). O resumo do inventário do cirurgião-mor Antônio José Pinto, importante para a história da medicina na cidade do Rio de Janeiro, converteu-se no Anexo 4 deste livro.

[88] AHUL, Avulsos RJ, cx.143, doc.61

[89] A vigilância sobre as boticas se fazia também por meio de normas que regulamentavam até o valor dos medicamentos já prontos ou manipulados como se pode ver pelo alvará de 3.3.1795: "Regimento do preço dos medicamentos".

[90] SANTOS Filho, L.C. Op.cit., p.330-2.

[91] AHUL, Avulsos RJ, cx.124, doc.29

[92] LEITE, S. Op.cit. t.VI, 1945, p.15.

[93] AN, Correspondência dos vice-reis, cód.68, vol.8 (1788-90).

[94] AHUL, Castro Almeida RJ, nº10.814 (25.8.1737). In: *Anais da Biblioteca Nacional*, vol.VII (7), 1934, p.354-5.

[95] Sobre ordenados de médicos e cirurgiões no século XVIII, ver: SANTOS Filho, L.C. Op.cit. p.316-8.

[96] AGC, Manuscritos, "Homens de negócio e comerciantes de escravos", (1758-1768). Cód.6-1-9. Trata-se de volumoso processo sobre o comércio de escravos novos nas ruas principais da cidade e da proibição da Câmara, ordenando sua transferência para o Valongo.

[97] BN, Manuscritos, cód.32-16-9.

[98] BN, Manuscritos, cód.34-15-9.

[99] FAZENDA, José Vieira: "Antiqualhas e memórias do Rio de Janeiro". In: *Revista do Instituto Histórico e Geográfico Brasileiro*, t.93, vol.147, 1923, p.157. Obs. Sobre a história da medicina no Brasil e a vacinação contra a varíola no Rio setecentista, consultar: SANTOS Filho, L.C. Op.cit., p.270-1.

[100] ACM, Livros de óbitos da freguesia da Sé/Sacramento, livro (1746-57) e (1797-1812).

[101] AN, Hopital dos Lázaros (1763-79), cód.513, vol.1.

[102] AHUL, Avulsos RJ, cx.76, doc.42 (19.2.1763).

[103] AHUL, Avulsos RJ, cx.163, doc.52 (26.8.1796). Obs.: O médico José Mariano Leal da Câmara Rangel de Gusmão, era, segundo o barão Homem de Melo, natural da cidade do Rio, onde nasceu a 31.3.1767. Transferindo-se para Lisboa, lá faleceu em julho de 1835. Foi membro da Academia Real de Ciências de Lisboa e médico da Real Câmara. Escreveu, além de vários outros trabalhos científicos: *Aviso ao Público ou resumo das verdades mais interessantes que ele deve conhecer acerca da epidemia que atualmente grassa em Portugal*. Lisboa, 1833. Aditamento ao Aviso ao Público, Lisboa, 1833. In: "Memória Histórica", *Revista do Instituto Histórico e Geográfico Brasileiro*, t.XIV (14), parte 1, p.x.

Capítulo II *A cidade e as formas de organização coletiva*

[104] Ao estudar algumas dessas formas de associativismo, não incluí as organizações maçônicas presentes no Rio de Janeiro no final dos setecentos. Ver no entanto a respeito importante manuscrito de Manoel Joaquim de Menezes, intitulado "História da maçonaria do Brasil", datado de 1821 e catalogado na Biblioteca Nacional do Rio de Janeiro, cód.I. 43-31-14. Segundo o manuscrito, nos últimos tempos do regime colonial, existiam pelo menos cinco lojas na cidade do Rio de Janeiro: "Reunião", "Constância", "Philantropia", "Beneficência" e "Emancipação".

[105] AHUL, Avulsos RJ, cx.54, doc.39 (1.12.1753).

[106] AHUL, Avulsos RJ, cx.55, doc.25 (7.3.1754).

[107] PEDREIRA, Jorge Miguel Viana. *Estrutura Industrial e mercado colonial: Portugal e Brasil (1780 1830)*. Lisboa: Difel, 1994, p.414.

[108] ROHAN, A.B. Op.cit., p.198-9.

[109] AHUL, Avulsos RJ, cx.153, doc.56 (31.5.1795).

[110] BLUTEAU, padre d. Raphael. *Vocabulário português e latino*. Lisboa: 1713, vol.2, p.460.

[111] AN, Cópia dos Estatutos da Irmandade de Santo Elesbão e Santa Efigênia, cód.670-1.

[112] AHUL, cód.1.300 (1788).

[113] ROHAN, Amadeu de Beaurepaire. *Esboço Histórico da Irmandade do Divino Espírito Santo da Matriz de Santa Rita.* Rio de Janeiro: Officinas Gráficas Almanak Laemmert, 1930, p.26.

[114] Sobre as Bandeiras de Ofício ler: FAZENDA, José Vieira. "As Bandeiras dos Ofícios". In: *Antiqualhas e memórias do Rio de Janeiro.* Op.cit., vol.147, 1727, p.190-5. Sobre os profissionais de ofícios mecânicos, ler: LIMA, Carlos Alberto Medeiros. *Trabalho, negócio e escravidão: Artífices na cidade do Rio de Janeiro (c. 1790-c.1808).* Rio de Janeiro, 1993. Dissertação de mestrado, UFRJ, Instituto de Filosofia e Ciências Sociais, Departamento de História. Ler sobre o mesmo assunto, o clássico trabalho de LANGHANS, Franz-Paul. *As corporações dos ofícios mecânicos: subsídios para a sua história.* Lisboa: Imprensa Nacional, 1946.

[115] MATHIAS, Herculano Gomes. *Suplemento da notícia histórica da Venerável Ordem Terceira de São Francisco da Penitência.* Rio de Janeiro: Gráfica Milone, 1961. Transcrição dos documentos da "Venerável Ordem Terceira dos Mínimos de São Francisco de Paula" realizada pelo Dr. Anjibal Martins Alonso, 1960-70.

[116] COARACY, V. *O Rio de Janeiro do século 17.* Op.cit. p.47 e 54.

[117] COSTA, Joaquim José da. *Breve notícia da Irmandade de N.S.ª do Rosário e São Benedicto dos Homens Pretos do Rio: Capital do Império do Brazil.* Rio de Janeiro: Tipografia Polytechnica, 1886, p.4.

[118] COSTA, J.J. Op.cit., p.5.

[119] Ibid., p.8.

[120] AHUL, Avulsos RJ, cx.107, doc.31.

[121] AHUL, cód.1.300 (1788). Sobre as irmandades de pretos na cidade do Rio de Janeiro, ver: BARROS, Luitgarde Oliveira Cavalcanti. "Igreja do Rosário — espaço de negros no Rio Colonial". *II Jornada de Pesquisadores: Centro de Filosofia e Ciências Sociais,* UFRJ, 1994 e SOARES, Mariza de Carvalho. *Identidade étnica, religiosidade e escravidão. Os "pretos minas" no Rio de Janeiro (século XVIII).* Rio de Janeiro, 1997. Tese de doutorado, Departamento de História, ICHF, UFF, 1997.

[122] "Compromisso da Gloriosa Virgem Mártir Santa Luzia", no acervo documental da Igreja de Santa Luzia.

[123] "Reforma do Compromisso da Irmandade de N.Sª da Conceição dos Homens Pardos da cidade do Rio de Janeiro, 1764". Arquivo da Igreja de N.Sª da Conceição e Boa Morte.

[124] AHUL, cód.1.540 (1792).

[125] Livro de Registro de Atas da Irmandade de N.Sª da Conceição nº1, p.51. AVOTNSCBM.

[126] FAZENDA, José Vieira. *Os provedores da Santa Casa da Misericórdia do Rio de Janeiro.* Rio de Janeiro: Fundação Romão de Mattos Duarte, 1960.

[127] KANT, Immanuel. "Anthropologie du point de vue pragmatique". In: ANSAY, Pierre; SCHOONBRODT, René. *Penser la ville: choix de textes philosophiques.* Bruxelas: Aux Archives d'Architecture Moderne, 1989, p.474.

[128] FALCON, F.C. Op.cit., p.474-5.

[129] Sobre o comércio atlântico do Rio de Janeiro ler: FLORENTINO, Manolo Garcia. *Em Costas Negras: uma história do tráfico atlântico de escravos entre a África e o Rio de Janeiro (século XVIII e XIX).* Rio de Janeiro: Arquivo Nacional, 1995; NOVAIS, Fernando A. *Portugal e Brasil na crise do antigo sistema colonial (1777-1808).* São Paulo, Hucitec, 1989; PEDREIRA, Jorge M. Viana. *Estrutura industrial e mercado colonial: Portugal e Brasil (1780-1830).* Lisboa: Difel, 1994; SANTOS, Corcino Medeiro dos. *O Rio de Janeiro e a conjuntura atlântica.* Rio de Janeiro: Expressão e Cultura, 1993.

[130] NUNES, Antonio Duarte. "Almanaque Histórico da cidade de S. Sebastião do Rio de Janeiro". In: *Revista do IHGB,* vol.21, 1930, p.157.

[131] AHUL, Avulsos RJ: cx.300, doc.17 (1786). Nesse documento foram registradas a estranheza e a recomendação do Conselho Ultramarino exigindo do vice-rei controle sobre o número excessivo de navios estrangeiros que aportavam no Rio. Trazia também a curiosa informação sobre quatro navios ingleses noticiados pelos jornais locais, cujas datas de partida para o Brasil, em setembro de 1786, foram divulgadas.

Os nomes dos navios e seus respectivos comandantes são:

Navios	Comandantes
Startmont	Roderik
Lively	Barret
Experiment	Lucas
General Elliot	M' Crosdill

[132] Sobre a Europa iluminista, ler: CHAUNU, Pierre. *A civilização da Europa das Luzes.* Lisboa: Estampa,1995. Sobre Portugal iluminista, ler: FALCON, F.J.C. *A época pombalina: política econômica e monarquia ilustrada.* Op. cit.

[133] SÁ, Simão Pereira de. *História topográfica e bellica da nova Colonia do Sacramento do Rio da Prata.* Rio de Janeiro: Leuzinger, 1900. Essa obra pode ser consultada na BN, Seção de Obras Raras, cód.107, 5, 78.

[134] VARNHAGEN, F.A. Op.cit., nota 19 da Seção XLIII, p.131.

[135] SÁ, Manoel Tavares de Sequeira e. *Júbilos da América*, na gloriosa exaltação, e promoção do Il.mo e Ex.mo senhor Gomes Freire de Andrade, do Conselho de Sua Majestade Governador, e Capitão General das Capitanias do Rio, Minas Gerais, e S. Paulo, Cavaleiro professo na Ordem de Cristo, no Posto, e Emprego, de Mestre de Campo General, e Primeiro Comissário da Medição, e Demarcação dos Domínios Meridionais Americanos entre as duas Coroas, Fidelíssima, e Católica: Coleção das Obras da Academia dos Seletos, que na Cidade do Rio de Janeiro se celebrou em obséquio e aplauso do dito Excelentíssimo Herói. Lisboa: Oficina Manoel Alvares Sollano, MDCCLIV (1754). Há um exemplar desta obra no IHGB, Impressos, cód.10-1-20.

[136] MORAES, Rubens Borba de. *Bibliografia brasileira do período colonial.* São Paulo: Instituto de Estudos Brasileiros, 1969, p.317-23.

[137] SILVA, João Manoel Pereira da. Parnaso brasileiro. Rio de Janeiro: Eduardo e Henrique Laemmert, 1848; VARNHAGEN, F.A. de. *Florilégio da poesia brasileira.* Rio de Janeiro: Academia Brasileira de Letras, reedição, 1987.

[138] Sobre o assunto, consultar: BLAKE, Sacramento. *Diccionario bibliographico brasileiro,* t.1º, p.85, e SANTOS, Lery. *Pantheon Fluminense: esboços biographicos.* Rio de Janeiro: Typ. G. Leuzinger e Filhos, 1880, p.97.

[139] ACM, Batismos, Freg. da Sé, livro 2 (1720-1728), p.80 verso.

[140] NUNES, Feliciano Joaquim de Souza. *Discursos político-moraes,* comprovados com vasta erudição das divinas e humanas letras, afim de desterrar do mundo os vícios mais inveterados, introduzidos e dissimulados. Lisboa: Oficina Miguel Menescal da Costa, 1758, p.169. In: BN, Impressos, cód.35-0, 7.

[141] SÁ, M.T. Op.cit., p.272.

[142] CBG, Fichário séc. XVIII, NUNES, Feliciano Joaquim de Souza.

[143] ANTTL, Junta do Comércio, maço 30, cx.100. Obs.: trata-se do passaporte de Joaquim Pereira de Carvalho, oficial de boticário, que saiu de Lisboa para o Rio de Janeiro a convite de seu primo, o boticário José de Souza Ferreira.

[144] MORAES, R.B. Op.cit., p.258-9.

[145] JAPIASSU, Hilton e MARCONDES, Danilo. *Dicionário básico de filosofia.* Rio de Janeiro: Zahar, 1991, p.81.

[146] SILVA, Inocêncio Francisco da. *Diccionário bibliográfico português,* vol.9, p.208. OLIVEIRA, Tarquínio J.B. de. *Cartas chilenas — fontes textuais.* São Paulo: Referência, 1972, p.24-5.

[147] BN, Manuscritos, cód.3-4-4.

[148] Os dados biográficos sobre José Henrique Ferreira aqui citados foram baseados in: CARVALHO, Augusto da Silva. Op.cit., p.15-21. Nasceu em 31.8.1740 na cidade de Castelo Branco. Filho legítimo do botânico Antônio Ribeiro de Paiva e de Isabel Aires Henrique, formou-se pela Universidade de Coimbra em filosofia e em medicina, no ano de 1762. Casou-se em Portugal com Maria Isabel Gonzaga, com quem teve sete filhos. O casal foi para Salvador acompanhando o marquês do Lavradio e de lá o seguiu, quando o vice-rei, se transferiu para o Rio de Janeiro. Ao final do governo do amigo vice-rei, pediu para regressar para Lisboa, em 1778, onde faleceu dois anos depois. Era primo distante do grande cientista português Antônio Ribeiro Sanches, cristão-novo. Com esse parente, que vivia em Paris, trocou intensa correspondência, na qual tratou da criação da Academia Científica do Rio. Recebeu interessante resposta de Antônio Ribeiro Sanches, profundo conhecedor da potencialidade científica da exploração dos produtos nativos das colônias portuguesas. José Henrique Ferreira foi sócio correspondente das Sociedades de Medicina de Madri e de Estocolmo e da Academia das Ciências de Lisboa. Escreveu vários trabalhos na área médica e farmacológica destacando-se o "Discurso critico, em que mostra o dano que tem feito aos doentes os remedios de segredo e composições occultas" e "História do descobrimento da cochonilha no Brasil, da natureza, geração, creação, colheita e utilidades".

[149] Biografias mais completas a respeito de Antônio Ribeiro de Paiva e seus dois filhos, José Henriques Ferreira e Manoel Joaquim Henriques de Paiva, podem ser encontradas em MORAIS, Francisco e DIAS, José Lopes. *Estudantes da Universidade de Coimbra naturais de Castelo Branco.* Vila Nova de Famalicão: Tipografia Minerva, 1953. Nessa obra os autores não citam como filho de Antônio Ribeiro de Paiva o boticário Joaquim José Henriques de Paiva, cuja residência no Rio de Janeiro pude localizar. Há evidências de que ele era mesmo filho de Antônio Ribeiro de Paiva. O nome de Joaquim José Henriques de Paiva aparece citado pelo desembargador Manoel de Albuquerque e Mello e pelo marquês do Lavradio, como sendo o "Inspetor do Horto Botânico". Portanto, tratava-se de uma quarta pessoa cujo sobrenome era "Henriques de Paiva". O dr. José Henrique Ferreira, como se sabe, regressou para Lisboa e lá faleceu em 19.9.1792. Já seu irmão, Manoel Joaquim Henriques de Paiva, voltou a Portugal, para em Coimbra formar-se em medicina em 1781, e em 1824 regressar ao Brasil, fixando-se na cidade de Salvador, onde faleceu em março de 1829. A prova definitiva de que não só eram sujeitos diferentes mas também irmãos encontra-se na procuração passada por José Henriques Ferreira e pelo capitão Joaquim José Henriques de Paiva, lavrada em 18.5.1779 no Cartório do 1º Ofício de Notas. Nela, as duas personalidades se identificam como "irmãos", sendo portanto, filhos de Antônio Ribeiro de Paiva. O único filho que permaneceu na cidade do Rio ao lado do pai foi justamente Joaquim José Henriques de Paiva. Curiosamente, nenhum estudioso da Academia Científica o menciona.

[150] PROENÇA, R. Op.cit., 1924, vol.1, p.397.

[151] AN, Coleção Lavradio, cx.3.514, RD 15.

[152] Manoel da Costa Cardoso era homem de ideias avançadas e muito empreendedor. Além de negócios no Rio tinha fábrica de tecidos com outros sócios na cidade do Porto. Seu testamento (8.4.1777) nos revela que era natural da freguesia de Seroa, arcebispado de Braga, norte de Portugal. Filho legítimo de Gonçalo Cardoso e de Isabel da Costa, veio para o Rio de Janeiro e tornou-se um dos mais bem-sucedidos negociantes da cidade. Permaneceu solteiro, e por isso sem herdeiros diretos. Muito religioso, deixou consignadas em seu testamento muitas doações aos pobres, parentes, irmandades e ainda verbas a serem gastas com missas para sua alma e as de seus parentes. Tomou uma atitude raríssima na época: alforriou todos os seus escravos e ainda doou a cada um deles uma quantia em dinheiro. Reza seu testamento:

> os escravos tanto do meu serviço na cidade como do exercício da lavoura na minha chácara os quais ordeno que do dia do meu falecimento em diante sejam libertos todos os referidos escravos como se nunca tivessem sido cativos e meus testamenteiros passarão a cada um deles sua escritura de liberdade e no mesmo ato entregarão a cada um dos meus ditos escravos existentes no meu serviço da Cidade: 50$000rs e a cada um dos das chácaras 12$800rs que lhes deixo por esmola. In: AN, cód.67, vol.21, p.108, Testamento de Manoel da Costa Cardoso.

[153] FERREIRA, José Henriques. Nota: José Custódio, por ele referido no texto citado, é o coronel engenheiro José Custódio de Sá e Faria.

[154] LAVRADIO, marquês do. "Relatório". Op.cit. vol.4, p.473.

[155] AN, Correspondência dos vice-reis, cód.68, vol.2

[156] Idem.

[157] AN, Correspondência dos vice-reis, cód.68, vol.2.

[158] VARNHAGEN, F.A . Op.cit., vol.2, notas da seção XLV, p.265.

[159] TAUNAY, A.E. Op.cit., p.476.

[160] AHUL, Avulsos RJ, cx.141, doc.38 (8.1.1788).

[161] ATAIDE, Joaquim José de. "Discurso em que se mostra o fim para que foi estabelecida a Sociedade Literária do Rio de Janeiro". Revista do IHGB, t.XLV (45), 1882, p.69-76.

[162] Autos da Devassa, Prisão dos letrados do Rio de Janeiro. Op.cit., p.127.

[163] BN, Manuscritos, cód.3, 1, 30. No Arquivo da Academia das Ciências de Lisboa encontra-se grande parte do trabalho de Bento Sanches D'Orta sobre as suas "Observações meteorológicas", no Manuscrito Azul; e na Biblioteca Nacional de Lisboa, na seção dos Reservados, Coleção Pombalina, cota 686, "Memória sobre o ar frio". Na Biblioteca Nacional do Rio de Janeiro, seção de manuscritos, existe uma cópia da "Memória" dos anos de 1786 e 1787 (cód.I. 28-25-18) igual à da BNL.

[164] AHUL, Avulsos RJ, cx.126, doc.24. Trata-se de carta enviada pelo Ministro Martinho de Mello e Castro ao vice-rei d. Luís de Vasconcelos e Souza, datada de 17.1.1781, comunicando a ida dos sete técnicos

a saber: Alexandre Eloy Portela, capitão engenheiro; Bento Sanches D'Orta, matemático; Francisco das Chagas Santos, ajudante de engenheiro; Francisco João Rocio, ten. coronel de Infantaria no exercício de engenheiro; Francisco de Oliveira Barbosa, matemático; Joaquim Teles da Fonseca Manso, capitão artilheiro e matemático; José de Saldanha, matemático.

165 BNL, Reservados, Coleção Pombalina, cota 686, F. 3.113 e 3.114.

166 ACL, Bento Sanches D'Orta, Memórias da Academia das Ciências, t.III, p.71.

167 MORAES, R.B. Op.cit., p.378.

168 ALVARENGA, Manoel Ignácio da Silva. *As Artes, poema que a Sociedade Literária do Rio de Janeiro recitou no dia dos anos de S. Majestade fidelíssima D. Maria I.* Lisboa: Tipografia Régia, 1788. In: MORAES, R.B. Op.cit., p.22.

169 Sobre a "Flora fluminense", frades cientistas, João Francisco Muzzi e outros assuntos referentes às ciências naturais, ler: VELLOZO, José Mariano da Conceição. *Flora fluminense*, Documentos. Rio de Janeiro: Publicações do Arquivo Nacional, vol.48, 1961. DAMASCENO, Darcy. "Plantas fluminenses descritas por Frei Veloso". In: *Anais da Biblioteca Nacional*, vol.96, Rio de Janeiro, 1976, p.123-34.

170 "Epithalancio Metria que canta A Muza Franciscana Fluminense etc.", In: BN, Seção de manuscritos, cód.9-1-26.

171 BNL, Reservados, Fundo Geral, cód.854, p.47-94v. "Sentença contra os réus da Conspiração intentado em Minas Gerais no ano de 1789 etc.". "Soneto que fez no Rio Ignácio José de Alvarenga ouvindo ler a sentença, e que o réo dr. Claudio Manoel da Costa, seu amigo, se matara na prisão", cópia feita em 13.4.1843, em Lisboa, por Antônio Joaquim Moreira.

172 BN, Manuscritos, cód.3-3-16 e 3-1-30. Obs.: As publicações dessa Devassa já foram indicadas na parte que trata dos professores régios.

173 Ibid., p.140.

174 BN, *Gazeta do Rio de Janeiro*, nº6, terça-feira (18.10.1808), nº26, sábado (10.12.1808).

175 ABREU, Jerônimo Vieira de. "Brevissima instrução para uso dos fabricantes de anil nas colônias". BN, Manuscritos, cód.5-1-5.

176 Idem.

177 Idem.

178 BN, Manuscritos, cód.II.31-4-16.

179 AN, Correspondência do vice-rei com a Corte, cód.68, vol.6., carta de 17.6.1783.

180 SANTOS, Francisco Marques dos. "Artistas do Rio colonial". Anais do 3º Congresso de História Nacional, outubro de 1938, vol.8. Rio de Janeiro: *Revista do IHGB*, p.505.

181 Doação ao irmão: AN, 4º Ofício de Notas, livro 112 (13.8.1795). Doação ao médico: AN, Desembargo do Paço, cx.138, pacote 3 (1.8.1809).

182 Podemos constatar que o reconhecimento, pelas autoridades do Rio de Janeiro, do valor artístico e cultural dos mulatos vem de longe. Em 1753, no processo de solicitação feito ao rei, para o porte de "espada ou espadim à cinta", esse reconhecimento já aparece. O juízo do governador Gomes Freire de Andrade sobre aquela pretensão foi o seguinte: "o que os suplicantes alegam na petição junta é inteira verdade; pois nesta capitania há pardos afazendados com escravatura e fazenda; há mestres dos ofícios de pintores, músicos, e muitos que vivem de requerimentos [despachantes, escrivãos e rábulas] e dos mais ofícios, que referem, geralmente com estimação e bom procedimento, pelo qual se fazem dignos". AHUL, Avulsos RJ, cx.73, doc.16.917 (23.9.1753)

Prancha 1

Quinta da Boa Vista, presente do negociante Elias Antônio Lopes ao príncipe regente d. João

Prancha 2

Ópera Nova do largo do Paço

Prancha 3

Teatro São João e sua semelhança com o Teatro São Carlos de Lisboa

Prancha 4

Imagem de Nossa Senhora da Conceição

REFORMA
DO
COMPROMISSO QUE
SERVIA NESTA JRMA
DADE DE N. SR.ª DA CONCEIÇÃO
ERECTA NA SÉ CATHEDR-
AL DESTA CIDADE DO RIO DE
JANEIRO EM 19 DE JULHO
DE 17.. ANNOS.
E HOJE ESTABALECI-
DA NA JGREIA DO OSPICIO D.
OS OMENS PARDOS DA MESMA
CIDADE

Prancha 5

Imagem de Santa Luzia

Prancha 6

Limite do perímetro urbano da cidade do Rio de Janeiro, na região de Laranjeiras, zona sul

Desenho de Thomas Ender em que mostra a região em estado semirrural. O casarão que se vê no alto do morro ainda existe embora bastante reformado. Localiza-se na esquina das atuais ruas das Laranjeiras e Pinheiro Machado.

Prancha 7

A cidade de São Sebastião do Rio de Janeiro vista por dois artistas:
Johann Moritz Rugendas e Miguel Angelo Blasco

Prancha 8

Cidade "errática"

Expressivo exemplo da cidade do Rio de Janeiro ornamentada para dias festivos (1821).

Exemplo de pórtico ornamental (1821).

TERCEIRA PARTE

A Cidade e seus Construtores

Se, nas duas primeiras partes deste trabalho, analisei o processo de desenvolvimento da cidade de São Sebastião do Rio de Janeiro no decorrer do século XVIII — cujo início remonta aos primórdios da fundação da cidade — na terceira e última parte a prioridade será dada ao estudo dos resultados desse processo. Em outras palavras: o que agora entra em tela é a cidade tal como se apresentava no início do século XIX, quando acolheu o príncipe regente d. João e sua Corte, transformando-se então em sede da monarquia e capital do império português.

Desse ponto de vista, os aspectos aqui enfocados têm a ver com a imagem edificada da cidade, a distribuição de seus logradouros, a quantidade de domicílios, o dimensionamento de sua população. Têm a ver também com a classificação de seus espaços, as opções de locomoção, o valor dos imóveis conforme sua localização e tipologia, o perfil de seus proprietários. Em certa medida, os capítulos que compõem essa parte são como uma radiografia momentânea, reveladora de sua face construída e ao mesmo tempo dos habitantes que a animavam. Por essa razão, serão os profissionais — que hoje chamaríamos de planejadores urbanos, arquitetos, engenheiros, mestres de obras, artistas e decoradores — os principais atores estudados segundo sua importância, formação e realizações.

Para melhor abordar todos esses aspectos servi-me, mais do que vinha fazendo até agora, de mapas, imagens, quadros estatísticos e de desenhos de minha autoria, que, longe de serem uma simples reprodução de figuras preexistentes, representam um esforço analítico de reconstituição histórica e uma convicção da força comunicativa do traço arquitetônico.

Antes de enveredar pela Décima Urbana, cujas informações me possibilitarão traçar um quadro bastante fidedigno do perfil patrimonial do Rio de Janeiro do início do século XIX, foi necessário saber quantas pessoas moravam na cidade e quantos "fogos" (unidades domésticas) nela havia. Empreender essa tarefa representou um árduo exercício de aproximação, pois somente a partir de 1820 os levantamentos populacionais começaram a adotar uma metodologia mais aperfeiçoada e a produzir dados mais discriminados. Sobre a precariedade das informações relativas às regiões a governar, Arno Wehling, em sua obra *Administração portuguesa no Brasil de Pombal a d. João (1777-1808)*, chama a atenção para a carência de dados demográficos.[1] Refere-se o autor à ausência de mapas geográficos, estatísticas populacionais e de produção econômica, roteiros de estradas, elementos sobre a burocracia civil e militar e uma série de outras informações necessárias à administração pública. Consultando relatório (1779) do marquês do Lavradio, ressalta as dificuldades nomeadas pelo vice-rei, que se ressentia da imprecisão dos dados geográficos "com números conflitantes sobre as distâncias a percorrer na própria capitania do Rio de Janeiro, ocupada há mais de dois séculos". O mesmo Lavradio queixava-se da falta de "mapas da população que orientassem a organização das ordenanças e a distribuição de sesmarias". Buscando enfrentar o problema, o vice-rei inovou, ao exigir dos mestres de campo dos distritos que compunham a capitania o envio mensal de informações sobre a população livre e escrava, necessárias à aplicação de tributação, distribuição de terras e convocação das tropas. Diz-nos ainda Arno Wehling que tais recomendações não foram cumpridas com regularidade. Dos relatórios encomendados aos mestres de campo só se tem notícias parciais dos resultados provenientes de um questionário aplicado com o objetivo de mapear a quantidade de freguesias, vilas, fogos, vigários, engenhos e engenhocas, escravos, lavouras de subsistência do distrito, terras devolutas, número de portos e embarcações que podiam entrar nos rios, enfim, de um conjunto diversificado de informações que representa a documentação mais circunstanciada sobre a capitania na segunda metade do século XVIII.

Todavia, a despeito das limitações dos recenseamentos realizados, há que se trabalhar o melhor possível com os dados disponíveis. Tome-se, pois, como ponto de partida a contagem populacional referente ao período 1800-8, apresentada por monsenhor Pizarro em sua já mencionada obra *Memórias históricas do Rio de Janeiro*, na qual assegura que

> até princípio do ano de 1808 se contavam dentro da cidade 46.944 indivíduos de ambos os sexos, entre brancos, pardos, quer libertos, quer cativos ... e mais 2.400 homens de tropa regular, o que junto trazia o todo de 49.344, excluídos os vagamundos, os subtraídos, ou negados aos róis das paróquias, e as famílias encerradas nos claustros de São Bento, do Carmo de Santo Antônio, de N.Sª da Ajuda, e de N.Sª do Desterro, nos seminários de São José, de São Joaquim da Lapa, e nos recolhimentos da Misericórdia e do Parto, cujos indivíduos montavam, quando menos, a 800, enchendo a totalidade de 50.144 habitantes.[2]

A essa população urbana o autor acrescenta ainda outras parcelas referentes ao recôncavo da cidade, com 154.977 indivíduos, Campos dos Goytacases, com 27.661, a capitania do Espírito Santo, com 20.301 e, por último, mais 144.880 "menores", com base, diz ele, em "estimativa dos calculistas prudentes", representando, por conseguinte, um aumento sobre o total de 202.939 adultos da ordem de 71,3%.

Infelizmente, monsenhor Pizarro não conceitua a categoria "menor", nem explica por que deixou de somar os "menores" à população urbana do Rio de Janeiro, por ele calculada em 50.144 habitantes. É interessante anotar que tal cifra, resultado dos estudos que o autor fez dos mapas paroquiais — não se pode esquecer que Pizarro era um sacerdote com acesso fácil às fontes eclesiásticas —, aproxima-se bastante dos 50 mil habitantes mencionados por A.H. Oliveira Marques, em sua *História de Portugal*, referentes ao Rio de Janeiro da mesma época.[3]

A respeito da população do Rio de Janeiro existem informações ainda mais antigas. O matemático La Caille, que esteve no Rio em 1751, declarou que a cidade possuía 50 mil pessoas, sem fazer menção à abrangência da base territorial considerada

— se somente o centro da cidade ou todo o município. Ora, esse dado é contestado por Vieira Fazenda, que, apoiando-se em Baltazar da Silva Lisboa, diz haver na cidade do Rio no período referido pelo matemático, não mais que 24.397 "almas", uma soma da qual foram "excluídas as crianças com menos de cinco anos de idade".[4]

Novas referências apareceram um pouco mais tarde nas *Memórias públicas e econômicas da cidade do Rio de Janeiro, para uso do vice-rei*, Luís de Vasconcelos, revelando que, para os anos de "1779 até 1789", havia uma população no intramuros de 38.707 "almas", distribuídas por 5.827 "fogos", assim repartidos pelas freguesias: 2.072 fogos na freguesia da Sé, 1.329 na da Candelária, 1.244 na de São José e 1.167 na freguesia de Santa Rita. Nesse levantamento, não aparece a quantidade de "fogos" da freguesia do Engenho Velho, mas, sim, o número de almas — 1.775.[5]

Também relativas à segunda metade do século XVIII são as informações fornecidas por Baltazar da Silva Lisboa (juiz de fora e presidente da Câmara dos Vereadores) em sua obra *Anais da cidade do Rio de Janeiro*, na qual indica para o ano de 1780 a cifra de 43.391, portanto mais elevada que a citada nas *Memórias públicas*, anteriormente mencionadas. (QUADRO 16)

Quadro 16

População e "fogos" da cidade do Rio de Janeiro por ano e fonte citada segundo as freguesias urbanas

Freguesias urbanas	La Caille 1751	Baltazar da Silva Lisboa 1760	Doc. Eclesiástica 1775	Baltazar da Silva Lisboa 1780	Luís Vasconcelos 1779-89	Doc. Eclesiástica 1788	Pizarro citando Rezende 1797-99	Pizarro 1800-5	Décima Urbana 1808
Sé									
População	—	8.267	8.867	11.022	9.997	10.640	—	—	—
Fogos	—	1.789	—	2.385	2.072	—	—	—	3.641
São José									
População	—	9.325	7.060	12.400	13.488	10.350	—	—	—
Fogos	—	1.522	—	1.879	1.244	1.722	—	—	1.950
Candelária									
População	—	10.037	8.283	13.382	9.867	9.720	—	—	—
Fogos	—	1.522	—	1.929	1.329	1.507	—	—	1.976
Santa Rita									
População	—	5.117	4.927	6.587	5.355	5.224	—	—	—
Fogos	—	963	—	1.280	1.167	1.061	—	—	1.057
Eng. Velho									
População	—	—	1.647	—	1.775	2.388	—	—	—
Fogos	—	—	—	250	—	—	—	—	84
Total									
População	**24.397**	**32.746**	**30.784**	**43.391**	**38.707**	**38.615**	**43.730**	**50.144**	**60.163**
Fogos	**3.723**	**5.796**	—	**7.473**	**5.812**	—	**6.760**	—	**8.708**

Estabelecer comparações entre essas duas últimas estatísticas é bastante problemático, pois não fica clara que abrangência territorial foi em ambos os casos considerada. Baltazar da Silva Lisboa refere-se às "freguesias da cidade", enquanto as Memórias reportam-se à área intramuro. Vale relembrar que no período referenciado, de 1779-89, a cidade ultrapassara largamente os limites da antiga muralha, o que reforça a dúvida: tais dados populacionais se restringiam apenas ao território citado, ou os autores tomaram como base o território urbano da cidade?

Embora se tenha notícia de um outro levantamento populacional realizado durante o governo do marquês do Lavradio, os dados que dele decorrem e que se encontram no Arquivo Nacional do Rio de Janeiro são incompletos: apesar de se referirem à capitania do Rio de Janeiro, não incluem os relativos à sua capital.[6]

A análise do *Mapa geral abreviado de todo o Bispado do Rio de Janeiro* foi um outro caminho que tomei para averiguar em que medida poderia complementar as informações de que já dispunha.[7] Em primeiro lugar, é preciso ter em mente que o documento restringe-se às freguesias urbanas da Sé, da Candelária, de São José, de Santa Rita e parte do Engenho Velho; em segundo, cabe lembrar que os registros populacionais feitos pelos religiosos sempre excluíam, conforme nos alerta Vieira Fazenda, as crianças menores de cinco anos de idade. Isso quer dizer que as estatísticas de fonte eclesiástica deverão consequentemente apresentar totais mais baixos que os obtidos pelas pesquisas realizadas a mando, por exemplo, dos governadores e vice-reis.

Além disso, os dados de origem eclesiástica não registram, para o ano de 1788, o número de pessoas pertencentes às freguesias da Sé e do Engenho Velho, o que não havia sucedido com o *Mapa* de 1755. Portanto, os totais para o ano de 1788 relativos àquelas duas freguesias constantes do Quadro 16 são estimativas que construí a partir dos índices de crescimento (1,2% e 1,5%) apresentados no período intervalar de 13 anos.

O estudo da média de moradores por "fogos" registrada em quatro anos cronologicamente sequenciais revela que o tamanho médio da família era de 5,6 pessoas em 1760; 5,8 em 1780; 6,6 em 1779-1880; e 6,4 em 1800. Se, num exercício de aproximação, aplicarmos a média por "fogo" de 6,5 (ponto médio entre as duas últimas referências), então a população do Rio de Janeiro em 1808-9 seria de 56.863 indivíduos. Se a esse subtotal também forem acrescidos os 2.500 militares residentes nos quartéis e fortalezas e os 800 religiosos reclusos em seus conventos, apontados por monsenhor Pizarro, a população subiria para 60.163 habitantes, número bastante próximo dos cálculos feitos pelo padre Luiz Gonçalves dos Santos (o padre Perereca), que dizia ter a cidade de São Sebastião do Rio de Janeiro, no final do primeiro decênio do século XIX, 60 mil moradores.[8]

Um outro ponto que merece ser esclarecido diz respeito aos mandantes e produtores dos levantamentos dos dados populacionais, que posteriormente serviriam de base para os estudos apresentados pelos vários autores que trataram dessa matéria.

No que tange à capitania do Rio de Janeiro, inclusive sua capital, sabe-se que o governo da Monarquia portuguesa fez com que fossem realizados, no século XVIII, quatro grandes levantamentos populacionais referentes aos anos de 1759, 1775, 1779 e 1797. É possível que os dados oriundos dos levantamentos de 1759 e 1779 tenham servido a Baltazar da Silva Lisboa, cujos estudos populacionais a respeito da cidade datam de 1760 e 1780. Igualmente o levantamento realizado pelo conde de Resende, em 1797, vem citado por monsenhor Pizarro, que fez uso das informações colhidas a respeito dos "fogos" e dos habitantes da cidade do Rio de Janeiro.

Os dados oficialmente encomendados pelo governo de Portugal sobre o "Estado físico e político dos domínios ultramarinos" deveriam cobrir não somente a contagem da população, mas também outros campos das estatísticas, como a investigação sobre a produção econômica, os limites geográficos e as vias de comunicação, sobre "os pagamentos realizados" como taxas, foros etc.

Nessa matéria, é extremamente ilustrativa a carta de prestação de contas do conde de Resende ao secretário de Estado, d. Rodrigo de Souza Coutinho, datada de 1797. Escreveu ele:

> não me sendo possível no breve espaço de tempo, que tem decorrido depois que recebi o Ofício de 14 de setembro do ano passado, dar inteiro cumprimento ao que V.Ex.ª me recomenda no Real Nome de S.M. sobre os diferentes objetos, de que trata o citado Ofício, ... só me é possível dirigir a V.Ex.ª nesta ocasião o Estado atual da Povoação desta Cidade dividida em três Bairros, e de toda a Capitania por Freguesias, cujas relações continuarei a enviar nas ocasiões que de futuro se ofereçam em observância das Ordens de S. Majestade. Também remeto as relações, que lhe dirigiram o Governador da Ilha de Santa Catarina e outros oficiais incumbidos da visita geral, que mandei fazer nos Distritos subordinados a este Governo, muito antes de ter recebido o Aviso de V.Ex.ª e com algumas informações não menos interessantes sobre outros artigos. Porém como ainda se não concluiu a visita de alguns Distritos terei a honra de oferecer a V.Ex.ª os novos exemplares, quando seja possível.
>
> Deus Guarde V. Ex.ª — Rio de Janeiro — 3.12.1797 — Conde de Resende

Sobre algumas informações parciais remetidas pelo vice-rei ao secretário de Estado d. Rodrigo de Souza Coutinho, e coletadas antes mesmo de ter recebido a encomenda daquele secretário de Estado, existe no Arquivo Histórico Ultramarino de Lisboa um quadro-resumo referente à capitania do Rio de Janeiro como um todo, sem desagregação por distritos, cidades ou vilas que a compunham, do qual recolhi as seguintes informações. (QUADRO 17)

Quadro 17

Extrato da população da capitania do Rio de Janeiro em 1796

Total = 182.757		Adulto		Nascido
		Casado	**Solteiro**	
Branco	72.946	27.770	41.427	3.749
Pardo: liberto	19.165	6.670	1.147	11.348
Preto: liberto	6.582	2.200	3.951	431
Escravo	84.064	—	—	—

Sabe-se, contudo, que a cidade do Rio de Janeiro, tomada isoladamente, já se apresentava em 1808 com 60 mil habitantes, fato que permitiu ser incluída numa relação elaborada por A.H. Oliveira Marques, entre as trinta cidades mais populosas do mundo.[9] Nessa listagem, que considera principalmente os grandes centros urbanos do continente europeu, a cidade de Lisboa ocupava o oitavo lugar, enquanto a do Rio de Janeiro e a de Salvador vinham, respectivamente, no vigésimo nono e trigésimo lugares, postos, sem dúvida, já bastante significativos.

Quadro 18

População das principais cidades europeias e as do Rio de Janeiro e Salvador (1808)

1. Londres	1.117.000		17. Barcelona	115.000
2. Paris	547.000		18. Marselha	111.000
3. Nápoles	427.000		19. Leon	110.000
4. Moscou	250.000		20. Valência	100.000
5. Viena	247.000		21. Bordéus	91.000
6. São Petersburgo	220.000		22. Manchester	90.000
7. Amsterdã	201.000		23. Edimburgo	83.000
8. **Lisboa**	**180.000**		24. Liverpool	80.000
9. Berlim	172.000		25. Turim	78.000
10. Dublim	165.000		26. Glasgow	77.000
11. Roma	163.000		27. Birmingham	74.000
12. Madri	160.000		28. Bristol	64.000
13. Palermo	139.000		29. **Rio de Janeiro**	**60.000**
14. Milão	135.000		30. **Salvador**	**46.000**
15. Veneza	134.000		31. Porto	40.000
16. Hamburgo	130.000			

Obs.: A população do Rio de Janeiro nessa época era de 60 mil habitantes e não de 50 mil como é citado pelo autor. Quanto à população de Salvador, foi por mim incluída na tabela — referente ao ano de 1805 — utilizando dados recolhidos da obra de MATTOSO, Katia M. de Queirós. *Bahia século XIX: uma memória do Império.* Rio de Janeiro: Nova Fronteira, 1992, p.108.

O crescente desenvolvimento da cidade do Rio de Janeiro, reforçado por sua transformação em sede da Monarquia portuguesa e, posteriormente, em capital do Império do Brasil, levou-a a abrigar em três décadas (1838) uma população de aproximadamente 97 mil indivíduos. Ultrapassava assim a da cidade do Porto, que no mesmo ano era de 60 mil habitantes, e encurtava a diferença que a separava da cidade de Lisboa, cujo crescimento atingira 260 mil habitantes.

Seria somente por volta de 1872 que as freguesias urbanas da cidade do Rio de Janeiro conseguiriam, juntas, ultrapassar a população de Lisboa.[10]

Capítulo I

Uma Cidade Cadastrada

A análise sobre o patrimônio imobiliário da cidade, assunto central deste capítulo, tomou como base a documentação relativa à Décima Urbana, guardada no Arquivo Geral da Cidade do Rio de Janeiro. Graças aos registros das rendas geradas e das taxações cobradas pela Décima Urbana, é possível hoje formar-se uma visão bem aproximada de como era a cidade colonial quando nela chegou a comitiva real que acompanhava o príncipe regente d. João, em 1808, para instalar a nova sede da Monarquia.

Implementação da Décima Urbana no Brasil

O que vem a ser a "Décima"? Nas ocasiões em que Portugal se encontrava ameaçado ou efetivamente em guerra, o rei costumava estabelecer a cobrança de uma taxa equivalente ao percentual de 10% sobre todas as formas de rendimento dos seus súditos. Daí a designação de Décima, forma abreviada pela qual era conhecida.

Em 1653, estando em conflito Portugal e Espanha, o rei português d. João IV convocou os representantes dos três Estados — a nobreza, o povo e o clero — para, reunidos em Cortes Gerais, analisarem sua proposta de implantação da Décima, que foi avaliada e aprovada pelos conselheiros, assim como seu regimento, em sessão de 24 de outubro do mesmo ano. Em 9 de maio do ano seguinte, esse regimento foi promulgado pelo monarca, que assim consolidava a legislação sobre a Décima.[11]

A cobrança da Décima, no Brasil, só veio a ocorrer após a chegada da Corte, quando o príncipe regente d. João, três meses após a instalação da família real no Rio de Janeiro, a estabeleceu por meio do alvará de 27 de junho de 1808.[12] Restringiu-a, no entanto, aos imóveis situados no perímetro urbano das "cidades, vilas e lugares notáveis situados à beira-mar", que por essa razão passou a ser chamada de Décima Urbana, mantendo as mesmas isenções concedidas em Portugal: bens da Santa Casa da Misericórdia, prédios públicos e religiosos e os pobres. Quanto à exclusão das rendas oriundas das atividades agropastoris, o alvará é claro: para que "pesem o menos que se possa à agricultura, verdadeiro e o mais inesgotável manancial da riqueza do Estado". No entanto, é preciso ter presente que, se, de um lado, com as isenções concedidas, a Coroa se privava de recolher uma parte do imposto decorrente da Décima Urbana, de outro, estimulava a colaboração de seus súditos, que espontaneamente, mesmo antes de sua vigência no Brasil, se organizavam para angariar doações, quando o governo, em difícil situação financeira, recorria à sua generosidade. Assim, a exemplo do gesto dos lisboetas, que, no século XVII, haviam recolhido grande soma de dinheiro para libertar Pernambuco da invasão holandesa, também os moradores da capitania do Rio de Janeiro movimentaram-se em 1804 para juntar doações, constituindo listas específicas organizadas por atividade profissional ou econômica e mesmo por local de moradia. Essas listas também se formavam por cidade, vilas, povoados, distritos, freguesias e até mesmo por logradouros, como fizeram os moradores da rua dos Ourives.[13] Os nomes dos doadores e suas respectivas contribuições começaram a ser publicados pela recém-criada *Gazeta do Rio de Janeiro*, que, já no nº5, de 14 de outubro de 1808, trazia a "Relação dos comerciantes do Rio que doaram alimentos e ou dinheiro para as tropas" que lutavam contra a invasão de Portugal pelos franceses e espanhóis.[14] A possibilidade de os doadores poderem tornar públicos seus nomes pelo jornal provavelmente estimulou-os a ofertarem quantias maiores. Assim, enquanto os ministros d. Rodrigues de Souza Coutinho, d. Fernando José de Portugal e o visconde de Anadia doaram, cada um, 400$000rs, alguns comerciantes ultrapassaram esse valor, como é o caso de José Pereira Guimarães, que contribuiu com 640$000rs, Fernando Carneiro Leão com 800$000rs, e Amaro Velho da Silva e seu sobrinho, de mesmo nome, com 800$000rs e 1000$000rs respectivamente.

Definição do perímetro urbano: o primeiro passo

Para definir com precisão a área sobre a qual incidiria a Décima Urbana, novos limites demarcando a zona urbana da cidade do Rio de Janeiro foram fixados em 15 de outubro de 1808.[15] Nela foram incluídas, integralmente, as freguesias da Sé, Candelária e Santa Rita e parcialmente a de São José, no trecho que se estendia pelo bairro da Glória e do Catete, indo até a ponte sobre o rio Carioca, na altura da atual praça José de Alencar, penetrando ainda pelo então caminho das Laranjeiras, em direção às Paineiras. Também incluiu pequeno trecho do território da freguesia do Engenho Velho, antes considerada totalmente rural, correspondendo ao caminho de Mataporcos (atual bairro do Estácio), que terminava às margens do rio Comprido.

O perímetro urbano foi, então, dividido em dois setores, e para cada um deles foi nomeada uma Junta Administrativa sob a superintendência de um juiz do crime, designado especialmente para essa função pelo alvará de 27 de junho de 1808. Pela carta régia de 22 de dezembro de 1808, as juntas responsáveis pelos dois setores em que foi dividida a cidade apresentavam-se segundo o Quadro 19.

A freguesia da Sé, a primeira a ser criada na cidade em 20 de junho de 1569, tinha originalmente sua igreja matriz dedicada a São Sebastião, no morro do Castelo. Com o aumento populacional e o consequente crescimento da cidade, essa freguesia foi subdividida, dando origem à freguesia da Candelária, em 1600, que depois se desmembrou nas freguesias de Santa Rita e de São José, ambas em novembro de 1749. (MAPA 14) e (PRANCHA 6)

O que importa registrar, para fins de análise da Décima Urbana, é o fato de a freguesia da Sé ter permanecido, mesmo com as perdas territoriais decorrentes dos desmembramentos, com a maior extensão territorial do perímetro urbano da cidade. Ela

Quadro 19

Setores de freguesias e composição das respectivas juntas responsáveis pela cobrança da Décima Urbana

Membros das juntas nomeadas	Nomes das freguesias por setor	
	Sé, São José e Engenho Velho	Candelária e Santa Rita
Superintendente	Desembargador Luiz Joaquim Duque Estrada Furtado de Mendonça	Desembargador José da Silva Loureiro Borges
1º Deputado representante dos nobres	João Pedro de Carvalho Morais	Francisco José Leite Guimarães
2º Deputado representante do povo	José Joaquim de Almeida	João José Pacheco
Escrivão	Joaquim José Monteiro Dias	João Anastácio Rangel de Souza Coutinho
Fiscal	Advogado Basílio Ferreira Gularte	Advogado Luiz Nicolau Fagundes Varela
Pedreiro	Mestre João Ignácio de Faria	
Carpinteiro nº1	Manoel Lopes de Faria	
Carpinteiro nº2	Francisco do Couto Landim	

se espraiava por uma área predominantemente plana, mas pontilhada de zonas de alagadiços, pântanos e manguezais, apesar das valas abertas para drenagem do terreno e dos sucessivos aterros que ao longo do tempo se fizeram. Tais obras permitiram o arruamento do terreno da chácara, que fora do sargento-mor Pedro Dias Paes Leme, onde se localizava um morro que mais tarde passou a se chamar do "Senado", bem como a urbanização da área, já na época denominada de Cidade Nova, localizada nos terrenos conquistados ao mangue de São Diogo.

A freguesia de São José ocupava o segundo maior território urbano. Abrangia a parte mais antiga da cidade, no alto do morro do Castelo — o núcleo primitivo —, e os logradouros abertos pelos primeiros moradores ao ocuparem as várzeas. De seu vasto território, alguns trechos ainda com poucas construções — como os terrenos do lado sul da cidade, ocupado com chácaras — eram mantidos como área de reserva para futuras urbanizações, como as que se deram na zona plana do vale dos rios Carioca e do Catete, em Botafogo, e nos terrenos que margeavam a lagoa Rodrigo de Freitas e toda a região praieira, até a Gávea.

A terceira freguesia em área urbana era a de Santa Rita. Seu território se caracterizava pela presença de morros e de uma estreita faixa de terrenos planos ao longo da orla da baía de Guanabara. Era a que possuía a maior extensão de marinhas no perímetro urbano, portanto a que por vocação seria consagrada como a grande zona portuária da cidade.

Quanto ao trecho da freguesia do Engelho Velho, também incluído na área urbana da cidade, embora fosse territorialmente maior do que o da freguesia da Candelária, caracterizava-se pela baixa densidade predial, restringindo-se ao pequeno aglome-

Mapa 14

Freguesias urbanas da cidade do Rio de Janeiro em 1809
(Candelária, Santa Rita, São José e parte do Engenho Velho)

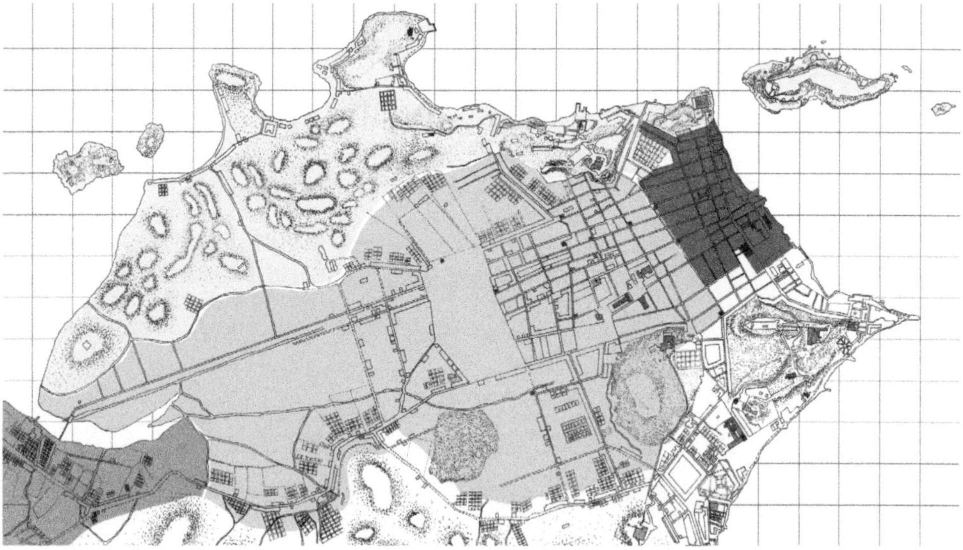

Freguesia da Candelária

Freguesia de Santa Rita

Freguesia da Sé (Rosário)

Freguesia do Engenho Velho

Freguesia de São José

rado localizado nas proximidades da Capela do Divino Espírito Santo, o que lhe dava um caráter semirrural, razão pela qual, nos documentos, vem registrada geralmente, como "Arraial". Todavia, não se pode esquecer sua importância estratégica para a posterior expansão da cidade em direção à zona oeste e norte.

O menor território e, ao mesmo tempo, aquele que apresentava a maior taxa de ocupação, considerada a zona mais tipicamente urbana da cidade, era o da freguesia da Candelária. Nela, a possibilidade de crescimento predial só poderia ocorrer por meio da verticalização, seja por acréscimo às construções existentes, seja com demolições, em cujos espaços se ergueriam novos prédios com vários pavimentos.

O leque de informações registradas

Do conjunto de livros em que foram lançados os imóveis para fins da cobrança da Décima Urbana, analisarei só os primeiros, por corresponderem ao período enfocado neste trabalho. O primeiro da série, aberto em 4 de janeiro de 1809, refere-se às freguesias da Sé, São José e Engenho Velho, por onde começou a se aplicar a cobrança da Décima Urbana. Todavia, o livro sobre o qual se anotaram os dados referentes às outras freguesias, e que foi aberto em 12 de julho de 1810, vem descrito como sendo o "terceiro", o que nos leva a supor que os volumes que o antecederam se extraviaram. Tal informação de que era o "terceiro" volume parece proceder, pois nele aparecem citados muitos nomes de origem inglesa, fato só compreensível se situado em período que sucede à instalação da Corte no Rio de Janeiro, quando foi permitido o ingresso de estrangeiros na cidade.

A maneira de os lançadores anotarem os dados concernentes aos imóveis variou de equipe para equipe. Em geral tentaram obedecer às prescrições do alvará da Décima Urbana, segundo o qual deveriam ser registrados o nome de todos os "habitadores" e o número de pavimentos das edificações. Muitas vezes, quando o prédio era alugado, o nome dos inquilinos não foi registrado, nem tampouco o número de pavimentos. Essas omissões, no entanto, foram corrigidas a partir de 1812, pois os livros da Décima Urbana que se situam após essa data não mais apresentam tal falha.

O fato de as equipes, na tarefa de lançamento dos imóveis, se preocuparem em mencionar os casos em que os proprietários foreiros à Câmara exibiam a comprovação do pagamento do foro, correspondente ao terreno sobre o qual se situava seu prédio, nos ajuda hoje a identificar onde, dentro do perímetro urbano da cidade, ficavam as terras públicas e onde se localizavam as propriedades privadas.

Ao final do levantamento efetuado no período de 1808 a 1810, os levantadores registraram 145 logradouros pertencentes à área urbana que passavam a ter seus imóveis cadastrados. Contudo, ao identificá-los, anexaram erradamente a mais do que cinquentenária rua Nova de São Bento à rua da Quitanda.[16] Corrigindo o equívoco, teremos, em vez de 145, o total de 146 logradouros cadastrados, conforme se pode ver no Quadro 20.

Quadro 20

Tipos de logradouros citados nos livros da Décima Urbana segundo as freguesias a que pertenciam (1808-10)

Freguesias	**Rua**	**Beco**	**Trav.**	**Ladeira**	**Praça**	**Largo**	**Praia**	**Cais**	**Calçada**	**Caminho**	**Indet.**	**Total**
Sé-Rosário	27	2	6	—	1	5	—	—	—	—	4	45
São José	18	13	1	1	—	2	1	—	—	1	8	45
Engenho Velho	1	—	1	—	—	—	—	—	—	—	1	3
Candelária	5	6	—	—	—	1	1	1	—	—	—	14
Santa Rita	7	4	1	1	1	1	1	—	1	—	7	24
Ilhas*	—	—	—	—	—	—	—	—	—	—	2	2
Mais de uma freguesia	13	—	—	—	—	—	—	—	—	—	—	13
Total	**71**	**25**	**9**	**2**	**2**	**9**	**3**	**1**	**1**	**1**	**22**	**146**

*As ilhas (das Cobras e das Enxadas) pertenciam à freguesia de Santa Rita.

As informações contidas neste quadro revelam, entre outras coisas, que dos 146 logradouros classificados conforme suas características, 71, ou seja, 46,6%, foram catalogados como ruas, quer dizer, vias que apresentavam boa largura, grandes extensões geralmente planas ou de declividade bem mais suave que a das ladeiras. Em seguida, por ordem de importância numérica, vêm os becos, assim classificados por causa de sua estreita largura. O maior número deles situava-se na freguesia de São José, fato coerente com a sua antiguidade, abrigando a parte mais velha da cidade.

É importante chamar a atenção para o fato de que uma mesma rua poderia, dependendo de sua extensão, pertencer a mais de uma freguesia. Dos 146 logradouros cadastrados, 13 estavam nessa situação, sendo que a recordista era a rua dos Ourives, que cortava quatro freguesias, a saber, Sé, São José, Candelária e Santa Rita.

Segundo os registros contidos nos livros da Décima Urbana, a cidade do Rio de Janeiro, em 1808-9, apresentava grande variedade de *tipologias de edificações*, numa fértil combinação de números de pavimentos, usos do imóvel e de sistemas construtivos. Eram casas térreas, sobradinhos, sobrados de um, dois ou três andares — além do térreo, também chamado de "lógea". Os prédios poderiam ter, além dos pavimentos, outros complementos como sótão ou pequenas trapeiras (FIGURA 3). Quanto ao *uso do imóvel*, foram registrados os seguintes tipos: casa de vivenda, loja, sobreloja, armazém, açougue, trapiche, cocheira, senzala, telheiro, casa de banho, pardieiro, corredor, quartos, rótulas etc. Também foram registradas as casas com horta ou quintal e as chácaras. O imóvel rotulado como chácara possuía testada que ultrapassava a de um terreno urbano e, via de regra, além da "casa da vivenda", possuía outros prédios para senzala, cocheira, estrebaria, telheiro, depósito e outras construções — ligadas às atividades específicas nelas desenvolvidas —, como o curral, a olaria, o engenho de fazer farinha, a fábrica de anil etc.

O estado de preservação do imóvel ou o estágio em que se encontrava a construção foram também anotados. Assim, encontramos apontamentos das seguintes condições: em "ruínas", "casa em construção", "casa recém-acabada" etc.

Os *terrenos* foram cadastrados como "chão", "terreno devoluto" ou simplesmente "terreno". No caso de neles haver alguma construção, foram então lançados como "fronteira", "muro", "muro com portão" ou apenas "portão". O registro "fronteira" se referia à parede de fachada de futuro prédio. Essas paredes isoladas provavelmente eram construídas com materiais suficientemente resistentes e estruturais que lhes asseguravam a devida estaticidade. Isso só acontecia com as paredes de "alvenaria de pedra", de "pedra e cal", de "pedra e tijolo" ou de "tijolo dobrado", que alcançavam, para quaisquer dos tipos construtivos, espessuras de no mínimo 30cm.

Por fim, as equipes de lançadores da Décima Urbana anotaram as *edificações* que, apesar de terem condições de habitabilidade, se encontravam *vazias*, sem rendimentos. Nessa situação foram registrados apenas 11 prédios. (QUADRO 21)

Numeração e caracterização dos imóveis

Até a implantação da Décima Urbana, os imóveis da cidade do Rio de Janeiro não apresentavam qualquer sistema de numeração. A localização de uma casa num logradouro poderia se dar pelo nome do morador ou de um ex-morador, se fossem pessoas conhe-

Figura 3

Tipologia das edificações

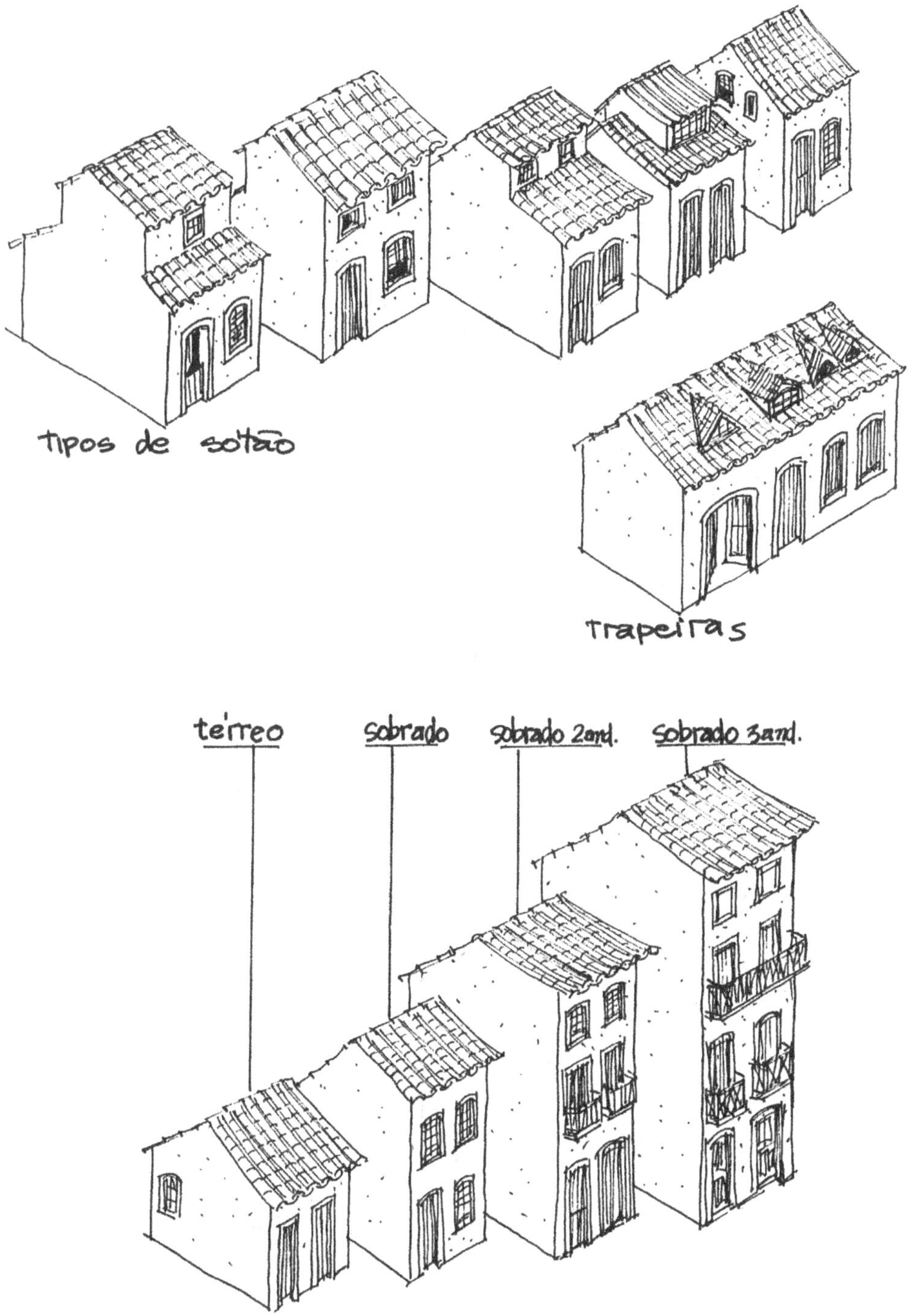

Quadro 21

Distribuição dos imóveis citados nos livros da Décima Urbana, por tipo de imóvel, segundo as freguesias a que pertencem (1808-10)

Freguesia	Tipo de imóvel																Total	
	Térreo		Sobrado				Comercial exclusivo			Diversos			Em constr.	Terreno	Ruína	Outros	Abs.	Rel.
	A	B	C	D	E	F	G	H	I	J	L	M						
Sé	**2.670**		607				**1**			**83**			**182**	**98**	**16**	**3**	**3.660**	48,5
	2.658	12	21	569	16	1	-	1	-	58	20	5	182	98	16	3		
São José	**999**		**451**				**13**			**67**			**14**	**22**	**1**	**7**	**1.574**	20,9
	986	13	14	411	25	1	2	11	-	42	5	20	14	22	1	7		
Eng. Velho	**59**		**11**				-			**14**			**5**	-	-	-	**85**	1,1
	59	-	-	11	-	-	-	-	-	11	3	-	5	-	-	-		
Candelária	**437**		**858**				**11**			**24**			**1**	**3**	**3**	**2**	**1.339**	17,7
	423	14	-	656	196	6	-	8	3	3	20	1	1	3	3	2		
Santa Rita	**589**		**242**				**25**			**5**			**19**	**4**	**4**	**2**	**890**	11,8
	580	9	3	230	9	-	-	20	5	1	4	-	19	4	4	2		
Subtotal	4.702	48	38	1877	246	8	2	40	8	11	52	26	221	127	24	14		
Total	**4.750**		**2.169**				**50**			**193**			**221**	**127**	**24**	**14**	**7.548**	100,0

Obs.: Térreo: A, simples; B, com sótão. Sobrado: C, sobradinho; D, um andar; E, dois andares; F, três andares. Comercial exclusivo: G, loja; H, armazém; I, trapiche. Diversos: J, chácara/horta; L, chácara isolada; M, telheiros.

cidas, ou pelo nome dos vizinhos. A relação espacial (frente, lado, fundos, geminada etc.) com uma edificação importante ou conhecida, o posicionamento numa esquina ou "canto" entre dois ou mais logradouros eram outras formas de identificação. Para sanar essa ausência de numeração, os lançadores da Décima Urbana decidiram, primeiro, estabelecer de qual ponto deveria o logradouro "começar" e, consequentemente, qual era o seu lado direito e qual o esquerdo. Em cada lado, os imóveis foram numerados na sequência dos números naturais, 1, 2, 3, e assim por diante. O começo da numeração dos imóveis, no caso de o logradouro correr perpendicular à orla marítima, partia do mar em direção ao interior. Nos demais casos — praças, largos e logradouros totalmente interioranos —, as juntas adotaram critérios subjetivos para a definição do sentido da numeração, ora considerando o início do logradouro a partir de um prédio de grande expressão, ou de um logradouro de reconhecida importância. A rua Direita (que começava no importantíssimo largo do Paço, seguindo em direção ao Mosteiro de São Bento) enquadrava-se nessa situação. Valia também o critério oposto, presente no caso da rua da Misericórdia, com sua numeração inicial marcada a partir do largo da Misericórdia, de menor expressão urbana, e afinal morrendo junto ao largo do Paço.

Do total geral de 7.548 imóveis, 7.047 foram considerados prédios em condição de uso. Mais da metade, ou seja, 4.878, correspondia a edificações de um único pavimento, nelas incluídas as que possuíam sótão ou trapeiras. Constituída predominantemente de prédios baixos, numa proporção aproximada de 65%, a cidade do Rio de Janeiro caracterizava-se por sua horizontalidade. No entanto, não é essa a impressão que nos transmitem as panorâmicas da cidade elaboradas no século XVIII e nas primeiras décadas do século seguinte. Ora, isso se dava porque a distribuição desses prédios pelo território da cidade não era homogênea: enquanto os prédios de um único pavimento predominavam nas freguesias do Engelho Velho, da Sé, de Santa Rita e de São José, o contrário se dava na freguesia da Candelária, onde o número de sobrados, totalizando 858 edificações, era quase duas vezes superior às edificações térreas; o mesmo fenômeno ocorria no interior das freguesias cujos prédios de mais de um pavimento concentravam-se nos logradouros mais importantes e nas proximidades do largo do Paço, da zona comercial e portuária, principalmente no trecho entre a ponta do Calabouço e o Arsenal da Marinha, denominada praia da Cidade.

As panorâmicas desenhadas do ponto de vista de quem se localizava na ilha das Cobras apresentam, em primeiro plano, o casario da freguesia da Candelária — com muitos sobrados —, transmitindo por isso uma visão predominantemente verticalizada da cidade (PRANCHA 7).

A freguesia da Candelária, além de ser a mais verticalizada entre as cinco ditas urbanas, abrigava os logradouros e os prédios mais importantes, além dos grandes estabelecimentos comerciais dos atacadistas exportadores e importadores. Segundo Antônio Duarte Nunes, em seu Almanaque de 1794, dentre os 127 negociantes mais importantes da cidade, 114 tinham suas casas de negócios na freguesia da Candelária.[17] Na mesma freguesia, 67 negociantes, representando 59% desse destacado segmento, instalaram-se na rua Direita, a mais importante de toda a cidade. Dos restantes, 22 espalharam-se pela rua dos Pescadores, sete pela rua dos Quartéis e cinco em cada uma das seguintes ruas: do Sabão, de São Pedro e a das Violas. No beco do Arco do Teles localizaram-se dois negociantes, e apenas um na rua da Lapa dos Mercadores.

Os imóveis registrados nos livros da Décima Urbana de uso exclusivo para cocheira ou de uso misto — residencial ou comercial — eram muito poucos, apenas 52. Esse dado é um expressivo indicador do alto índice de urbanização já alcançado na época, da valorização dos terrenos e de seus imóveis localizados sobretudo na área correspondente ao miolo da cidade do Rio de Janeiro. A ocupação, por exemplo, de um espaço valorizado de um imóvel situado no centro da cidade por cavalos ou bestas, com toda a parafernália dos arreios e veículos, já não era compatível com o grau de urbanidade atingido. Por outro lado, o preço de um equino era alto, em média 20$000rs, assim como sua manutenção, sobretudo para quem não dispunha de sítio ou chácara com pastagem própria, obrigando seu dono a adquirir a ração junto aos comerciantes de capim ou cereais. O comércio de gramínea era muito rendoso, a ponto de um logradouro da cidade passar a ser chamado de "largo do Capim", por nele se concentrarem os mercadores desse gênero de ração animal.

Portanto, salvo nas 115 chácaras existentes no perímetro urbano — dotadas de pastagens e de estrebarias e local para guarda dos equipamentos e veículos —, possuir uma cocheira na área mais construída e central da cidade representava status social só compatível com o nível de negociantes de "grosso trato", como o eram o capitão José Dias de Castro, Bento Antônio Moreira, Carlos Martins de Almeida, Domingos Francisco de Araújo Rozo, Antônio Gomes Barroso, João Francisco da Silva e Souza, Tomas Gonçalves, Antônio Ferreira da Rocha, José Luiz da Mota, Amaro Velho da Silva, Custódio Moreira Lírio, João da Costa Lima e outros. A seu lado perfilavam ilustres cidadãos como o cirurgião-mor Luiz de Sant'Anna, o reitor do Seminário de São José, reverendo Antônio Rodrigues de Aguiar, o cônego chantre José Pereira Duarte ou o juiz dos órfãos, Luiz Telles Barreto de Menezes, todos possuidores de cocheira em área urbana valorizada. (MAPA 15)

Diante desse reduzido número de cocheiras na área central da cidade, cabe a indagação: como se deslocava a população que não era escrava ou pobre e de que modo transportava seus objetos pessoais ou outro tipo de material? É sabido que frequentemente os escravos faziam as vezes de animais, quando sobre os ombros penduravam redes, cadeirinhas e liteiras nas quais transportavam seus senhores. No entanto, como eram poucos os que, possuindo-os, podiam se dar ao luxo de retirá-los do trabalho fundamental para a geração de renda, de que maneira se dava o serviço de transporte pessoal? Tudo indica que se fazia a pé — alternativa preponderante — ou nos carros de aluguel já então existentes na cidade. Foram registradas, entre 1779 e 1789, seis empresas dedicadas ao transporte de passageiros e nove para o transporte em geral.[18] Aliás, o transporte de passageiros na cidade do Rio de Janeiro já se apresentava como negócio promissor em 1753, ano em que Luiz Pereira da Cunha, negociante estabelecido em Lisboa, apresentou sua proposta de, em troca do privilégio de criar uma empresa que atendesse àquele setor, com exclusividade garantida por dez anos, pudesse pagar ao poder público a quantia anual de 48$000rs, destinada ao Hospital Real. Segundo o proponente, os moradores da cidade do Rio de Janeiro se beneficiariam com o transporte em cadeirinha de mão, ou até mais simples, pelo qual se pagaria valor unitário. Também se propunha oferecer "algumas mais reais e superiores" pelos preços ajustados com as "mesmas partes".[19] (FIGURA 4)

Mapa 15

Mapa das cocheiras isoladas e chácaras na área mais construída da cidade

(o número indica a quantidade existente; não constam as de fora da área central da cidade)

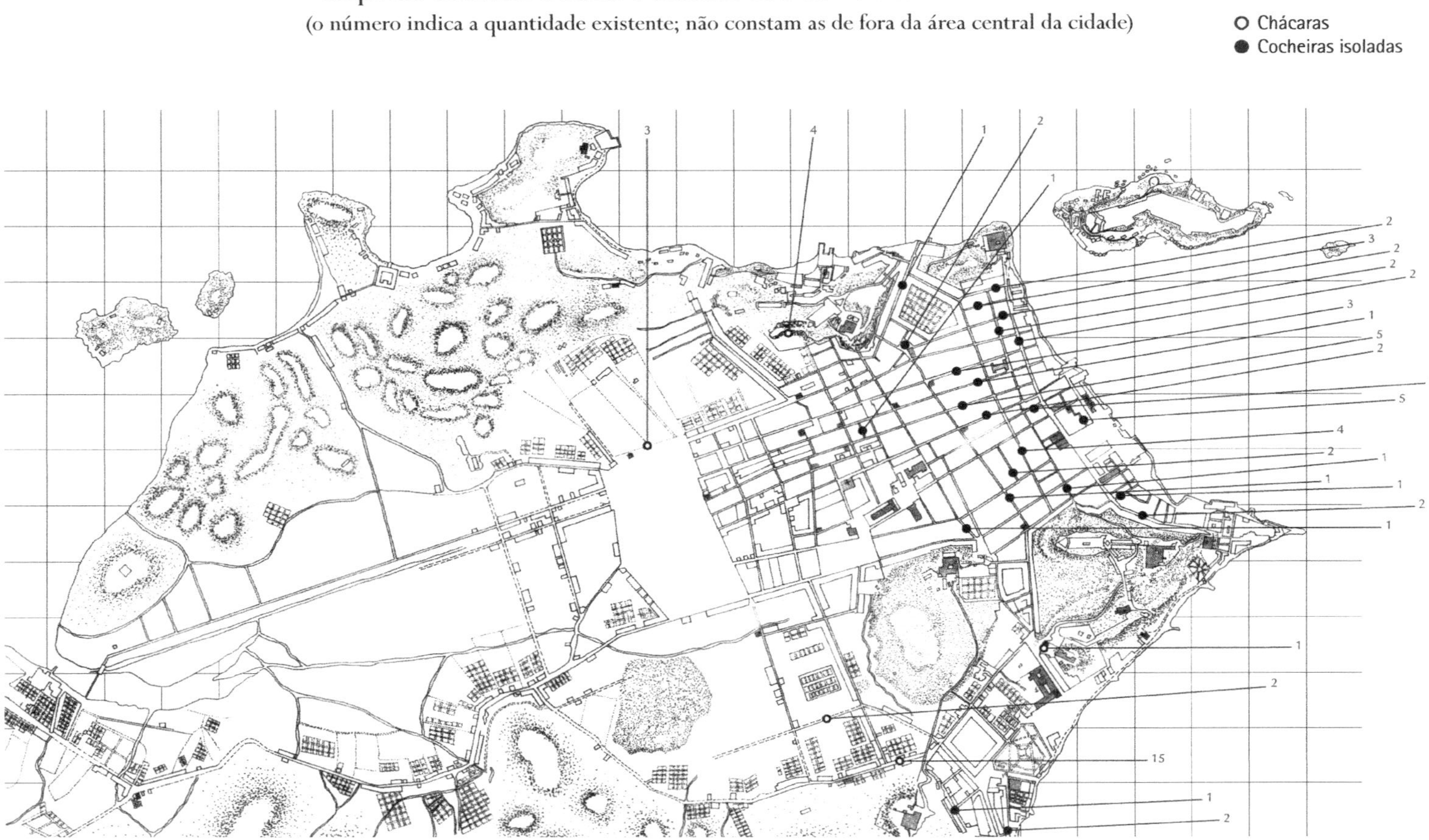

Figura 4

Meios de transporte na cidade setecentista

Ao lado das cocheiras, que davam um tom semirrural à cidade, as 115 chácaras que se localizavam para além da área densamente construída, considerada o centro da cidade, marcavam a passagem para o "subúrbio" ou "arrabalde". No núcleo urbano por excelência ainda restavam contudo alguns bons espaços remanescentes de antigas sesmarias, como as pertencentes ao Mosteiro de São Bento, aos franciscanos, no morro de Santo Antônio ou o terreno da antiga horta dos jesuítas, no morro do Castelo. Aí ainda permaneciam a chácara chamada da Floresta e o vasto terreno do Seminário de São José. Na rua dos Barbonos, atual Evaristo da Veiga, situavam-se a chácara dos frades italianos Barbadinhos e a parte dos fundos do grande terreno do Convento de Nossa Senhora da Conceição da Ajuda. E por fim, no largo da Lapa, ficavam o quintal e horta do Seminário de Nossa Senhora da Lapa do Desterro.

As chácaras em geral eram utilizadas por seus proprietários como segunda moradia, uma forma de demonstrar sua inclusão nas classes superiores. Se o nascimento não lhes assegurava o acesso, o dinheiro permitia que construíssem o modus vivendi da fidalguia ou da nobreza. Assim, possuíam sobrados apalaciados na cidade e casas "nobres" no campo. Deslocavam-se de uma moradia a outra em seus veículos adornados, conduzidos por criados decentemente vestidos, como era próprio a quem podia levar vida de nobreza.

Os prédios anotados pelos lançadores nos livros da Décima Urbana que se destinavam ao uso exclusivamente não residencial eram poucos: oito trapiches, quarenta armazéns, duas lojas e 26 telheiros, somando 76 edificações (QUADRO 21). Muito numerosos eram os prédios de uso misto, pois 1.456 possuíam lojas e 16 abrigavam armazéns. Seriam essas lojas realmente estabelecimentos comerciais, ou o termo recobria outros significados: pavimento térreo de uma edificação, galeria ladeada por colunas, ou átrio por onde entravam as carruagens? Tudo indica que o termo "loja", tal como empregado pela Décima Urbana, queria mesmo dizer um estabelecimento comercial. O Almanaque de 1799 de Antônio Duarte Nunes revela que existiam na cidade 1.311 lojas de varejo ou oficinas, ou seja, um número bastante próximo aos 1.456 prédios cadastrados pela Décima em cujo pavimento térreo havia um modesto comércio. Além dos pequenos negociantes e oficiais instalados com alvará nessas lojas e armazéns, muitos outros também usavam sua moradia como local de trabalho, como era o caso dos médicos, cirurgiões, advogados, professores, doceiras, padeiros, alfaiates, calígrafos, quitandeiras etc. Conclui-se, portanto, que o reduzido número de prédios de uso estritamente comercial fosse uma consequência da não especialização dos espaços urbanos, tão comum, hoje em dia em nossas cidades.

Os mapas que representam a cidade do Rio de Janeiro no período compreendido entre o final do século XVIII até aproximadamente 1820 mostram grandes vazios situados fora da zona central, mas ainda no perímetro urbano. Poucos, porém, foram os terrenos lançados como vazios nos livros da Décima Urbana. Isso nos leva a supor que eram apenas classificados como tais os situados em logradouros do centro da cidade em áreas individualizadas, não pertencentes, portanto, aos edifícios lindeiros. Com essas características foram registrados 26 terrenos, sendo sete "devolutos" e 19 "chãos", isto é, áreas livres de construção. Outros ainda existiam em logradouros abertos na "Cidade Nova" ou na antiga chácara do sargento-mor Pedro Dias Paes Leme, como a rua do Resende, dos Inválidos, do Espírito Santo e Nova dos Arcos. A disponibilidade de terrenos com dimensões necessárias à construção de um prédio era pouca. A crescente demanda por moradias a partir da instalação da Corte na cidade tornou-se um forte indutor ao parcelamento das chácaras ou dos grandes terrenos ainda existentes nas áreas central e suburbana. O registro de 221 terrenos dentre os 348 cadastrados com algum tipo de construção como muros, fundações em baldrames, paredes de fachadas ou prédios em diferentes fases de construção era evidência de um surto de empreendimento imobiliário e da construção civil na cidade, desde que nela aportara o príncipe regente d. João. Essas construções em curso totalizavam 2,9% dos imóveis da cidade, representando um alto índice de crescimento imobiliário para a época, uma vez que a taxa de crescimento populacional não alcançava 1% ao ano. Esses são dados que, ao lado dos 127 terrenos vagos remanescentes, nos permitem considerar como bem-sucedido o loteamento de chácaras ou quintais na área central da cidade.

Perfil dos proprietários

Graças à extraordinária documentação dos livros da Décima Urbana, é possível saber como estavam, no início do século XIX, distribuídos os imóveis, não só espacialmente, mas também entre pessoas, instituições e poder público.

Contabilizei 2.668 proprietários para os 7.548 imóveis com edificações registrados na área urbana. O fato revela que parcela significativa da população jamais chegou a possuir nesse espaço um único imóvel. Desse total de imóveis, 86,6% pertenciam a pessoas físicas, 0,4% à Fazenda Real e 12,7% a instituições, predominantemente religiosas. Os dados contradizem, portanto, a voz corrente na historiografia, quando afirma serem as instituições religiosas senhoras da maioria dos imóveis urbanos da cidade do Rio de Janeiro.

Deixaram de ser identificados, por omissão do nome dos proprietários, 27 imóveis.

Os proprietários institucionais

O baixo número de propriedades — trinta ao todo — que a Fazenda Real possuía na área urbana, excluídos as fortificações, o Palácio do Paço, a Alfândega, a Casa dos Contos, a Casa dos Pássaros e os hospitais, é um dado que chama atenção, por evidenciar a política do governo português de não aplicar seus recursos em bens imobiliários. Também pouco expressiva é a soma dos imóveis de propriedade das 55 ordens religiosas, das irmandades ou confrarias, da Santa Casa de Misericórdia e dos seminários de São José e São Joaquim, uma vez que, por serem instituições antigas e importantes, teriam tido tempo suficiente para multiplicar seu estoque patrimonial. Muito provavelmente o controle que o governo português vinha exercendo sobre o patrimônio pessoal dos religiosos e das ordens religiosas, por intermédio das Ordenações Filipinas, que lhes proibiam a compra de "bens de raiz" sem licença do rei, é uma das razões que explicam a concentração de imóveis relativamente baixa dessas instituições.[20]

As sucessivas "tomadas de empréstimo" que junto a elas o governo fazia, levando-as muitas vezes a se desfazerem de parte de seus bens, é outra explicação possível.

De fato, quando do lançamento dos imóveis para fins da Décima Urbana, algumas ordens religiosas e outras instituições pias haviam vendido parte de suas propriedades para contribuir com o "Empréstimo de dez milhões de cruzados para o Erário Real", estabelecido pelo decreto de 29 de outubro de 1796. Só a Santa Casa da Misericórdia, por exemplo, chegou a vender 33 prédios e um terreno na rua Direita para atender à solicitação real.[21] Referente ainda à matéria, há que considerar o imenso golpe desferido, no Brasil, sobre a Companhia de Jesus — uma das mais portentosas proprietárias de terras e de prédios na cidade do Rio de Janeiro —, em decorrência de sua expulsão das colônias portuguesas e do confisco, pelo Estado, de seus bens patrimoniais.

Afinal, quem eram esses 55 proprietários institucionais de cunho religioso que possuíam ao todo 956 imóveis? A análise dos dados contidos na Décima Urbana distingue a Ordem Terceira de São Francisco da Penitência, e organizações a ela vinculadas, como a possuidora do maior conjunto de propriedades, 186 ao todo. Em seguida vinham o Mosteiro de São Bento, com 163, o Convento do Carmo, com 125, e a Santa Casa da Misericórdia, em quarto lugar, com 104 imóveis. As igrejas da Candelária e a de São Pedro, e organizações a elas vinculadas, reuniam respectivamente 89 e 36 propriedades. As religiosas do Convento da Ajuda eram proprietárias de 35 imóveis, e a Irmandade da Glória, de 29. Já os seminários de São José e de São Joaquim, juntos, tinham 21 imóveis. A Irmandade da Santa Cruz dos Militares, as organizações ligadas à igreja de São José e as religiosas do Convento de Santa Teresa possuíam respectivamente 19, 17 e 15 imóveis. As demais instituições eram donas dos 117 imóveis restantes, demonstrando também haver, entre os proprietários institucionais, uma concentração da ordem de 87,8%.

O patrimônio das instituições religiosas se formava, em geral, por meio de doações que lhes faziam os particulares ou o Estado, ou em consequência de um eficiente desempenho administrativo.

A maioria dos bens dessas instituições originava-se de uma tradição segundo a qual um proprietário, não possuindo herdeiros, transferia em seu testamento a totalidade ou parte de sua herança imobiliária para as obras pias (hospitais, lazaretos, orfanatos etc.) à Santa Casa da Misericórdia, à irmandade a que pertencia, ao santo ou à santa de sua devoção, ou mesmo para sua "alma". Também era comum vincular o ato de doação à obrigatoriedade de o beneficiado promover a celebração de missas pela alma do doador ou em favor de pessoas que ele próprio especificasse. Outras vezes a instituição beneficiária ficava incumbida de distribuir parte dos rendimentos gerados pela doação aos pobres, aos órfãos ou às moças "honestas" de baixa renda que iam se casar, na forma de dote.

O rol de doadores é extenso. Alguns ficaram famosos pelo valor dos bens legados, como Manuel de Brito e filho, que em 1590 concedeu vasta sesmaria no centro da cidade aos monges Beneditinos, e Gonçalo Gonçalo, o velho, que repassou à Santa Casa da Misericórdia, em 1620, inúmeros imóveis urbanos. Esta última ainda recebeu do benemérito Romão Duarte, em 1738, e do comerciante Ignácio da Silva Medella uma volumosa doação, inclusive três sobrados situados na rua Direita.[22] Os frades carmelitas foram contemplados com um vasto terreno próximo à atual praça Tiradentes, pertencente ao capitão Paulo Carvalho da Silva. Por sua vez, o conde de Bobadela, governador Gomes Freire de Andrade, doou sua chácara chamada das Mangueiras, no largo da Lapa, às freiras do Convento de Santa Teresa; entre os beneméritos destacava-se o rico negociante Antônio José Ribeiro Guimarães, homem solteiro e sem herdeiros diretos, que deixara todos os seus bens para as obras das igrejas da cidade, os presos, os órfãos e outras várias instituições, entre as quais a Santa Casa da Misericórdia.

Os médios e grandes proprietários individuais

A constatação de que 6.535 imóveis da cidade estavam nas mãos de 2.585 proprietários particulares poderia nos dar a falsa ideia de que cada um tivesse, em média, 2,5 imóveis. A distribuição, contudo, não se regulava por uma média pura e simples, mas era fruto de uma forte concentração que, numa escala ascendente, assim se configurava: 61,1% dos proprietários possuíam um único imóvel; 17,8% dois imóveis; e 7,6% ou seja, 197 indivíduos, eram proprietários de cinco ou mais imóveis.

Convém realçar que, dos 2.585 proprietários citados, a maioria esmagadora era constituída de indivíduos do sexo masculino, como consequência de um traço cultural da sociedade, que os considerava sempre como os cabeças do casal, titular e senhor dos bens, mesmo que originários de herança recebida pela esposa. Mulher com título de proprietária só aparecia quando era solteira ou em caso de viuvez, e assim mesmo depois do encerramento do processo do inventário e da conclusão da partilha dos bens. (QUADRO 22)

Convém anotar a presença entre os proprietários individuais de 145 religiosos, senhores de 273 imóveis, e de apenas quatro religiosas, com 12 imóveis. O patrimônio dos religiosos era decorrência da obrigação regulamentada pelas normas eclesiásticas vigentes, segundo o que determinou o Concílio de Trento. Úrsula Leonor de Araújo Pereira, por exemplo, teve de apresentar um dote ao entrar no Convento da Ajuda, no caso, uma chácara com casa de sobrado no bairro da Glória, avaliada em 2.000$000rs.[23]

Recebera-a de seu pai, o negociante Francisco de Araújo Pereira, em 17 de julho de 1795. A história do negociante e capitão João de Serqueira da Costa e sua esposa, Thereza Maria Caetana, é mais um exemplo. Em 18 de agosto 1794, o casal doou a Inácio dos Santos, prestes a se ordenar presbítero no Seminário de Nossa Senhora da Lapa do Desterro, uma casa térrea na rua Detrás do Hospício.[24] Quando os postulantes à vida religiosa não possuíam recursos para apresentar o dote exigido, era-lhes facultado solicitar ao governo permissão para pedir "esmola" até perfazerem o total prescrito pela ordem religiosa na qual pretendiam ingressar.

Identificar nominalmente os 197 proprietários individuais que possuíam cinco ou mais imóveis e levantar-lhes o parentesco ou suas atividades econômicas e profissionais correspondentes não foi tarefa fácil. As dificuldades eram de duas ordens: a existência frequente de homônimos e de nomes incompletos. Para enfrentá-las construí primeiro uma listagem de nomes mais conhecidos, aos quais acrescentei, em seguida, outros escolhidos aleatoriamente, até atingir o nível de 45% sobre o total dos proprietários de mais de cinco imóveis. Ao final, identifiquei 89 pessoas, entre as quais quatro viúvas:

Quadro 22

Número de imóveis por proprietários individuais segundo sexo e estado religioso (1808-10)

Total			Nº de imóveis possuídos	
Características dos proprietários individuais	**Abs.**	**%**	**Abs.**	**%**
Homens	**1.913**	74,0	**5.009**	76,6
Leigos	1.768		4.736	
Religiosos	145		273	
Mulheres	**562**	21,7	**1.201**	18,4
Leigas	558		1.189	
Religiosas	4		12	
Indeterminados (inventários)	**110**	4,3	**325**	5,0
Total	**2.585**	**100,0**	**6.535**	**100,00**

Anna Maria de Jesus (viúva de Fernando Pinto de Almeida), Anna de Moraes e Silva (viúva do advogado José de França de Miranda), Antônia Maria dos Reis Ledo (viúva de Antônio Gonçalves Ledo, pai do famoso Joaquim Gonçalves Ledo) e a proprietária da firma Viúva Dias e Filhos, a senhora Maria Luiza de Souza Dias, que foi casada com José Pinto Dias. Quanto aos 73 homens listados, cheguei nominalmente a 34 importantes negociantes, entre os quais dois proprietários que "viviam de seus negócios", nove militares (entre eles Manoel Luiz Ferreira, com 24 prédios, dono do teatro da cidade), dois advogados (Domingos de Freitas Rangel e Mariano José Pereira da Fonseca, futuro marquês de Maricá) e com um único registro o padre Henrique João Leite (23 imóveis), o guarda-menor do Tribunal da Relação Francisco Xavier da Cruz (13 imóveis), o mestre de obras e pedreiro João Coelho Marinho (15 imóveis) e por fim o caldeireiro José de Oliveira, proprietário de 11 imóveis na cidade. Ao final, restaram ainda 21 proprietários sobre cujas profissões ou qualificações não havia referências. (ANEXO 7)

Ora, o conjunto de 89 grandes proprietários (correspondente a 3,4% do total de proprietários individuais) concentrava 20,7% do total de imóveis urbanos da cidade e deles auferia a volumosa receita anual de 131.863$873rs, ou seja, o equivalente a 42,2% da receita da Alfândega da capitania do Rio de Janeiro, que em 1806 arrecadou 312.632$430.

Curioso é o fato de apenas 34 negociantes atacadistas terem se interessado em investir no setor imobiliário, principalmente se atentarmos para os dados das publicações dos almanaques da Cidade[25] que revelavam, nas suas edições de 1799 e de 1811, existir, respectivamente, 97 e 207 negociantes com alguma expressão. Ainda que não me restrinja a esses dados, mas preferencialmente me reporte à lista elaborada pelo conde de Resende, mais seletiva que as trazidas pelos almanaques, o estranhamento ainda perdura, pois dos 36 negociantes por ele considerados como os mais expressivos da praça do Rio de Janeiro, apenas dez fazem parte da lista dos 89 maiores proprietários de imóveis urbanos.

O que teria levado essa significativa parcela de "homens de negócio", sempre presente nas transações econômicas que rendiam bons lucros, a não se interessar por investimentos no setor imobiliário, considerado por alguns promissor e seguro? Contrariando a tendência geral, somente alguns poucos enveredaram por esse caminho e obtiveram, sob a forma de aluguéis, a receita anual nada desprezível de mais de dois contos de réis. São eles: os herdeiros de José Caetano de Arajo (41p.= 8.267$035rs), Cleto Marcelino Ferreira (22p. = 5.962$476rs), os herdeiros de Antônio Leite (54p. = 4.891$006rs), Manoel Alvares da Fonseca Costa (62p. = 4.060$800rs), José Francisco do Amaral (48p. = 3.728$160rs), José da Costa Arajo Barros (22p. = 3.016$993rs), Domingos Francisco de Araujo Rozo (31p. = 2.772$920rs), Antônio José Ribeiro Guimarães (9p. = 2.638$240rs), Brás Carneiro Leão (8p. = 2.590$400rs), a viúva Francisca Maria da Conceição (52p. = 2.501$760rs), Bernardo Francisco de Brito (20p. = 2.365$052rs), a viúva Maria Luiza de Souza Dias (9p. = 2.318$840rs), Francisco Xavier Pires (20p. = 2.302$200rs), Manoel Caetano Pinto (32p. = 2.116$542rs) e por fim José Rodrigues de Carvalho, dono de 19 prédios que lhe rendiam 2.062$200rs.

A rentabilidade média do conjunto de prédios de cada um desses 89 proprietários variava em função do tipo da edificação que possuíam (número de pavimentos, materiais usados na construção, acabamento, área útil), da sua localização na cidade e da possibilidade de um outro uso que não simplesmente o residencial — o comercial por exemplo. Entre todos os negociantes de "grosso trato" o mais bem-sucedido em matéria de investimentos no setor imobiliário era sem dúvida o coronel Brás Carneiro Leão (falecido em 3 de junho de 1808). Embora possuísse apenas oito imóveis, deles retirava 2.374$400rs, ou seja, uma renda média de 323$800rs por imóvel. No outro extremo, posicionava-se o padre João Henrique Leite, com 27 imóveis, auferindo porém a renda média anual de apenas 12$800rs, a mais baixa de todas. Isso quer dizer que, enquanto o negociante Brás Carneiro Leão optara pela qualidade e boa localização de seus imóveis (uma chácara dotada de palacete, considerado como um dos mais imponentes da cidade, situado no bairro da Glória, três sobrados com dois andares cada, e quatro sobrados situados nas afamadas rua Direita, do Sabão, do Rosário e na rua Detrás do Hospício, com apenas um na não menos importante rua das Mangueiras), o padre João Henrique Leite escolhera a quantidade, possuindo oito casas térreas, uma cocheira e 18 "pardieiros" localizados em ruas de pouca importância como a dos Barbonos, Marrecas, detrás do Seminário da Lapa e no beco da Lapa. Esses dois exemplos partiam de estratégias opostas: enquanto o primeiro buscava ganhar com a qualidade dos imóveis, o segundo privilegiava a entrada do dinheiro miúdo de inquilinos de baixa renda que só podiam pagar o aluguel de um "pardieiro", sinônimo de casa pequena ou velha, suja, quase em estado de ruína.

Mercado imobiliário

Na entrada do século XIX a cidade do Rio de Janeiro apresentava uma economia forte, diversificada e em expansão, além de um rico patrimônio imobiliário constituído de 7.047 prédios situados em seu perímetro urbano e mais 221 em construção, o que a tornava um excelente campo para o mercado imobiliário. A vinda da Corte e sua instalação na cidade, transformando-a em sede da monarquia portuguesa, redundou em expressivas mudanças não só políticas e culturais, mas também econômicas, com reflexos importantes sobre aquele tipo específico de mercado.

Como já foi visto, somente 39% dos proprietários possuíam mais de um imóvel. No interior dessa faixa se desenvolveria um maior interesse pelo mercado imobiliário, sobretudo para os possuidores de mais de cinco propriedades, ou seja, para a faixa correspondente a 7,6% de donos de prédios, terrenos ou chácaras. Eram estes — pessoas ou instituições — os únicos que tinham realmente condições de perceber a cidade como uma mercadoria e, como tal, passível de negociação ou exploração comercial rentável. Consistia em investimento mais atraente, que não comportava as taxações sobre o lucro que dele provinha, nem a mesma probabilidade de calote, mais amiúde praticado pelos que tomavam dinheiro emprestado.

O mercado imobiliário assentava-se em quatro vetores: o da compra, venda e troca de imóveis; o da construção (que movimentava os setores de mão de obra, transporte, projetos e obrigações legais junto ao Senado da Câmara e aos fornecedores de materiais, ferramentas etc.); o locatício de prédios; e, finalmente, o vetor de arrendamento ou aforamento, sobretudo de terrenos.

Para o estudo desse mercado específico no período colonial da cidade do Rio de Janeiro, é possível dispor, além de livros da Décima Urbana, de documentação cartorial dos Ofícios de Notas, dos processos referentes às questões imobiliárias, da documentação do Senado da Câmara (arruamentos, logradouros e aforamento etc.) e da documentação avulsa referente à questão. Nesse particular, não foi possível contar com a documentação proveniente de jornais, revistas etc., pois o primeiro periódico a circular na cidade, a *Gazeta do Rio de Janeiro*, só saiu à rua em 10 de setembro de 1808, seis meses após a chegada da Corte. Um pequeno anúncio publicado pela *Gazeta* do dia 10 de dezembro do referido ano é uma inquestionável demonstração da utilidade virtual desse tipo de documentação, que nos dá a conhecer a identidade do proprietário do imóvel, sua tipologia arquitetônica e o logradouro onde se situava:

> Quem quiser comprar uma morada de casas de dois sobrados, sitas na Rua do Rosário, fale com dona Anna Maria de Andrade moradora detrás de S. Francisco de Paula indo da Vala para o campo no terceiro sobrado à esquerda.[26]

Os "fogos" e o mercado locatício

Os dados da Décima Urbana nos permitem distinguir, em meio aos prédios cadastrados, a existência de um ou mais "fogos", termo da época correspondente ao que hoje chamaríamos de unidade doméstica ou mesmo família. Na definição de monsenhor Pizarro "um prédio poderia ter tantos *fogos* quantas fossem as famílias diferentes que nele se acomodavam". Portanto, não é de se estranhar que o número de fogos cadastrados pela Décima Urbana — 8.708 — tenha sido superior à quantidade de imóveis registrados, ao todo 7.548.

Geralmente, quando se falava em "fogos", estava implícito que o uso do imóvel era "residencial". No entanto, casos havia em que se poderia caracterizá-lo de uso misto, quando, além de moradia da família, o prédio também servia para abrigar um comércio ou a sede de uma firma.

Quantificar o número de "fogos" nem sempre foi fácil. Havia casos, por exemplo, de chácaras serem lançadas como um único imóvel, isto é, um único "fogo", quando, na verdade se tratava de uso multidomiciliar. Muitas delas, além de conterem a residência principal do proprietário, ainda reuniam os quartos das senzalas e outros prédios usados pela família do administrador, pelos arrendatários, pelos parentes ou protegidos do proprietário. Há indícios de prédios de tipo sobrado terem sido registrados como único "fogo", quando, de fato, neles residiam duas ou mais unidades domésticas autônomas, em espaços sublocados por um mesmo inquilino, induzindo os lançadores da Décima Urbana ao erro de o considerarem um único domicílio.

Contornando essas dificuldades, pude levantar na Décima Urbana um total de 8.708 "fogos", cuja distribuição pelas freguesias se apresentava como expresso no Quadro 23.

Quadro 23

Total de "fogos" e "fogos" alugados segundo as freguesias da cidade do Rio de Janeiro (1808-10)

Freguesias	Número de fogos		
	Total	Fogos alugados	
		Abs.	%
Sé	3.641	2.935	80,6
São José	1.950	1.554	79,7
Eng. Velho	84	45	53,7
Candelária	1.976	1.697	85,9
Santa Rita	1.057	841	79,5
Total	**8.708**	**7.072**	**81,2**

Os proprietários da freguesia do Engenho Velho, a mais afastada do centro da cidade, eram os que dispunham, proporcionalmente, da menor quantidade de "fogos" para aluguel, comparecendo com cerca de 54% do total da freguesia. O oposto se dava com a Candelária, a mais urbanizada entre todas as freguesias, que tinha 86% de seus "fogos" ocupados por inquilinos. Observa-se, assim, que o imóvel para aluguel tornava-se mais atraente e lucrativo à medida que se aproximava da zona central da cidade, lugar da agitação comercial, dos negócios, dos grandes eventos sociais, políticos e culturais da vida tipicamente urbana. O valor do aluguel de um "fogo" era, portanto, consequência de proximidade que gozava do comércio, dos órgãos da administração pública, do poder político e religioso, dos logradouros importantes dotados de pavimentação, iluminação pública e outros benefícios. A freguesia da Candelária era a que congregava em seu território o maior conjunto de fatores responsáveis pelo alto valor dos aluguéis. Nela residiam ou tinham seus escritórios e casas comerciais os sujeitos mais importantes da sociedade. Era nessa freguesia que ficavam o largo do Paço (onde se localizava a residência do vice-rei, o Convento do Carmo, o chafariz para aguada dos marinheiros e o acesso para quem chegava à cidade por via marítima) e a rua Direita, isto é, os dois mais importantes logradouros da cidade. Nela ficavam também as importantes igrejas da Candelária, da Cruz dos Militares, do Carmo, assim como a Alfândega, a Casa dos Contos e a Casa da Moeda.

Três condições básicas regiam o mercado locatício com o propósito de torná-lo um negócio seguro: garantia mínima da manutenção do capital, a existência de inquilinos virtuais capazes de absorverem a oferta e a possibilidade de o capital aplicado render percentuais equivalentes ou superiores aos que o investidor obteria, caso aplicasse a mesma quantia de dinheiro a juros, cujo rendimento era taxado por lei em 5%.

Os inquilinos e o valor dos aluguéis

Objetivando aprofundar a análise sobre o mercado locatício da época construí uma amostra representativa, na qual foram incluídos 115 imóveis de tipologia diversa. Ora, as avaliações correspondentes a esses imóveis incluídos na amostra, se somadas, chegavam a 215.293$410rs. No entanto os respectivos proprietários auferiam com os aluguéis dos mesmos um rendimento médio anual da ordem de 14.704$684rs. Portanto, a rentabilidade média de 6,8% era mais elevada que os 5% permitidos por lei, se aquela mesma quantia em dinheiro fosse emprestada a juros (QUADRO 24). Os dados evidenciam que os melhores rendimentos provinham dos sobrados de dois ou três andares, na ordem de 12,4%. Em seguida vinham as casas térreas, com 8,7%, e as cocheiras, que embora fossem construções sem requinte algum, rendiam portanto 7,2% mais que os sobrados simples e mais ainda que as chácaras.

Esses dados também refletem outras tendências: os sobrados de dois ou três andares, os mais valiosos, situavam-se na área mais central da cidade e destinavam-se aos inquilinos de maior poder aquisitivo, os mesmos que podiam alugar e manter cocheiras, necessárias para atender ao transporte de pessoas e mercadorias. Já as casas térreas, muito mais numerosas, destinavam-se às pessoas de renda média, cuja baixa elasticidade orçamentária impedia-lhes pagar altos custos com a moradia. Quanto às chácaras, por se localizarem afastadas do centro da cidade e exigirem um maior número de serviçais para sua manutenção, conservavam os preços dos aluguéis bem mais acessíveis que os referentes aos demais imóveis.

Registramos a ocorrência de poucos desvios dos rendimentos médios apresentados no Quadro 24, resultantes da influência de fatores subjetivos na composição do valor final do aluguel, como nos citados exemplos dos ingleses. Ressaltam os casos de duas casas térreas pertencentes a Joaquim do Valle Pereira, situadas na praia de São Francisco da Prainha, freguesia de Santa Rita, que embora tivessem sido avaliadas, a primeira, em 200$000rs, e a segunda, em 500$000rs, foram de fato alugadas por 61$440rs e 76$800rs, respectivamente. Portanto, a rentabilidade da primeira era de 11,4%, e a da segunda, de 15,4%. Maior lucro ainda teve Francisco da Cunha Pinheiro com sua casa térrea na rua da Quitanda nº 44, que alcançou a rentabilidade de 19,2%, bem acima da média relativa às térreas.[27]

Quadro 24

Valor estimado dos imóveis, renda anual dos aluguéis correspondente por tipo de imóveis (1808-10)

Tipo de imóvel	Total	Valor estimado do imóvel	Renda anual auferida com aluguel	Renda %	Valor médio do aluguel em réis
Térreos	**60**	41.242$410	3.598$644	8,7	59$980
Simples	45	30.267$410	2.493$204		
Com acréscimos	15	10.975$000	1.105$440		
Sobrados	**43**	141.376$000	7.990$120	5,6	185$817
Simples	28	88.376$000	4.952$960		
Com acréscimos	15	53.000$000	3.037$160		
Sobrados de 2 e 3 and.	**5**	20.500$000	2.535$760	12,4	507$152
Simples	2	5.100$000	1.296$800		
Com acréscimos	3	15.400$000	1.238$960		
Chácara com prédio	**5**	11.425$000	526$400	4,6	105$280
Cocheiras	**2**	750$000	53$760	7,2	26$880
Total	**115**	**215.293$410**	**14.704$684**	**6,8**	**127$866**

Compra e venda de imóveis

O mercado de compra e venda de imóveis na cidade do Rio de Janeiro movimentava anualmente grandes somas de recursos. Consultando no Arquivo Nacional do Rio de Janeiro o Livro nº144 do 2º Ofício de Notas, que abrange o período de 19 de novembro de 1807 a 16 de fevereiro de 1809, encontrei 76 escrituras referentes a transações imobiliárias de imóveis urbanos. Neste período foram negociados 43 prédios térreos, 19 sobrados, cinco chácaras e nove terrenos envolvendo um total de 95.608$000rs (QUADROS 25 E 26).

Como houvesse na época quatro cartórios de Ofícios de Notas funcionando na cidade, poderíamos, por meio de um artifício, tomar como parâmetro o total referente ao 2º Ofício e estender isso para os três outros cartórios. Chegaríamos assim a uma cifra não inferior a 300.000$000rs. Para se ter uma ideia da grandeza desse montante há que compará-lo ao valor obtido com as exportações da Capitania do Rio de Janeiro, que no ano de 1807, representaram 1/15 a menos, e no ano de 1808, cinco vezes menos que o total obtido com a operação de vendas de imóveis.[28] Considere-se ainda que, nesse ano de 1808, negociantes dependentes do comércio externo amargaram com o prejuízo do setor, enquanto os que acreditaram no mercado imobiliário, de abrangência e regulação locais, mantiveram seus rendimentos em ascensão.

Quadro 25

Valores anuais oriundos da venda de imóveis,
quantidade de imóveis vendidos por tipo de imóveis (1808-10)

Tipo de imóvel	Nº de imóveis vendidos	Valores em mil-réis	
		Absoluto	Médio
Térreo	43	30.769	716
Sobrado	19	44.939	2.365
Chácara	5	10.880	2.176
Total	**67**	**86.588**	—

Quadro 26

Valores anuais oriundos da venda de terrenos,
tamanho da área vendida por situação do imóvel (1808-10)

Situação do imóvel	Quantidade	Total de braças de testada	Valores em mil-réis	
			Absoluto	Médio
Terreno na cidade	9	96,20	9.020	94
Terras fora da cidade	6	1.060	2.208	2,1
Total	**15**	**1.156,20**	**11.228**	—

A análise sobre o comportamento do mercado de compra e venda de imóveis acusa ainda uma grande valorização da terra e dos prédios localizados na área urbana da cidade quando comparados ao valor de outros imóveis situados na periferia e, mais ainda, em outros municípios. Enquanto na cidade do Rio de Janeiro o valor médio de uma braça (2,20m) de terreno, medida na sua testada, valia 94$000rs, fora do perímetro urbano poderia ser comprada por 2$000rs. É muito elucidativo o exemplo da casa térrea, situada na rua Aljube, vendida por Manoel Gomes de Amorim a Francisco Borges Saraiva por 750$000rs, pois com essa mesma quantia o comprador poderia adquirir uma propriedade com 750 braças de testada por uma légua (3.000 braças) de profundidade, em Cachoeiras de Macacu; ou, se acrescentados mais 50$000rs, comprar em Itaboraí uma "data de terra" com 100 braças de testada por 750 de "sertão".

Intencionando averiguar em quanto um imóvel poderia com o decorrer do tempo crescer em valor, persegui a trajetória de dois sobrados, de duas casas térreas e uma chácara com sobrado, situados em logradouros diferentes e negociados entre 1796 e 1809 (QUADRO 27).

Quadro 27

Rentabilidade do imóvel mensurada por meio de diferencial de valor obtido com duas transações sucessivas de venda, segundo sua localização na cidade do Rio de Janeiro (1808-10)

Logradouro	Imóvel		1ª transação		2ª transação		Renda lança-da pela Décima Urbana	Rentabilidade		
	Nº	Tipo	Data	Valor	Data	Valor		Renda/ 2ª trans.	2ª trans./ 1ª trans.	Acumu-lada
Rua da Cadeia (lançado pela rua do Carmo)	LD 31	Sobrado	22/6 1802	800$000	8/8 1808	1.200$000	56$400	4,7	50,00	78,2
Largo da Carioca (lançado pela rua Guarda Velha)	LE 1	Sobrado	29/1 1803	3.600$000	16/1 1809	3.600$000	275$520	7,6	—	45,9
Rua Matacavalos	LD 25	Chácara com sobrado	31/8 1803	1.800$000	12/11 1808	2.200$000	270$720	12,3	22,22	83,7
Rua Ourives	LD 81	Térreo	17/4 1801	620$000	23/9 1808	950$000	76$800	8,1	53,22	109,8
Rua de São Pedro	LE125	Térreo	11/10 1796	280$000	9/11 1808	600$000	76$800	12,1	114,28	267,9

Se esses casos puderem ser tomados como exemplares, iremos concluir que o investimento em imóveis urbanos era lucrativo, a curto e médio prazos. Em todos os exemplos considerados, o valor do imóvel não sofreu depreciação. Ao contrário, um deles conseguiu ser vendido pelo mesmo preço de 3.600$000rs nas duas transações realizadas (1803 e 1809), e os demais alcançaram preços mais altos que os da compra. A casa térrea da rua São Pedro foi a que, num período de 12 anos, mais se valorizou, alcançando na segunda venda 114,3% de lucro. Outra casa térrea, na rua dos Ourives, valorizou-se em 53,2%, e o sobrado da rua da Cadeia, entre uma transação e outra, cresceu de preço em 50%. A que menos aumentou de valor foi a chácara na rua Matacavalos, acusando alta de 22,2%.

Observei ainda que as duas casas térreas citadas proporcionaram aos seus donos, num intervalo de 7 a 12 anos, não só um retorno do capital empregado, mas também uma margem de lucro que lhes permitia reinvestir no setor, adquirindo novos imóveis.

Arrendamentos e aforamentos

O interessado em aforar uma porção de terra pertencente à Câmara e que fosse devoluta deveria encaminhar-lhe pedido por escrito, definindo o terreno com suas confrontações e eventuais proprietários lindeiros. Por sua vez, a Câmara, em três pregões sucessivos, tornaria público o pleito. Se não houvesse contestação argumentando, por exemplo, que o terreno se superpunha ao de uma outra propriedade ou que já estava aforado, seria contemplado aquele que oferecesse o maior valor pelo foro. O tempo de aforamento podia variar até três "vidas" (isto é, até o falecimento do neto do primeiro foreiro), ser fixado por número de anos definido ou em "fateuzim perpétuo".[29] Cabia ao concessionário, em troca de um foro anual muito baixo, executar as benfeitorias correspondentes ao objetivo expresso na concessão — se para lavoura, criatório, construção de prédio etc. — num prazo máximo de três anos. Caso não as realizasse no tempo previsto, a terra seria de novo considerada devoluta, e qualquer outra pessoa poderia requerer sobre ela um novo aforamento.

Já o arrendamento de terrenos urbanos particulares era, para seus proprietários, excelente fonte de rendimentos. Os exemplos dos três terrenos que aparecem no Quadro 28 mostram que os proprietários conseguiram arrendá-los por valores correspondentes ao aluguel de um sobrado. Assim, como o valor de venda do terreno urbano era superior ao rural, o arrendamento de terreno na cidade havia alcançado valores muito acima do que se obtinha com o arrendamento de propriedade rural. O exemplo da propriedade situada em Maricá é bastante ilustrativo, pois além de contar com trinta bois, dez escravos e um engenho de fazer açúcar todo equipado, foi arrendada por 800$000rs. Ora, com essa mesma quantia mal dava para arrendar na cidade sete pequenos terrenos na rua dos Barbonos (atual Evaristo da Veiga).

Quadro 28

Valores anuais auferidos com o arrendamento de imóveis, segundo o tipo de imóvel arrendado e sua localização (1808-10)

Categoria do imóvel	Descrição	Arrendamento anual em réis
Prédios	Sobrado; rua da Alfândega; alugado a inglês	1.200$000
	Sobrado; praia Dom Manoel; terreno próprio	500$000
	Armazém; rua do Sabão	4$000
Chácaras	São Cristóvão	120$000
Terrenos na cidade	6 braças com benfeitorias; rua de São Joaquim	22$000
	12 braças; rua dos Barbonos	120$000
	13 braças; Catete	124$000
Terras fora da cidade	Moinho e chácara; Andaraí pequeno	179$200
	Fazenda; Porto de Irajá	20$000
	Fazenda; Nova Iguaçu	153$600
	Engenho de fazer açúcar; Maricá	800$000

Capítulo II

Projetistas, Artífices e Construtores

Ao voltarmos para o século XVIII para tratar das cidades coloniais portuguesas devemos estar atentos ao fato de que, na época, não se costumava estabelecer a diferenciação que hoje existe entre urbanismo e arquitetura, esta última quase que limitada ao campo da edificação. A distinção entre as duas áreas só começou a ocorrer no final do século XIX. Portanto, os tratados de arquitetura utilizados pelos profissionais contemporâneos ao período setecentista continham simultaneamente análises dos edifícios, dos monumentos e das cidades, sem que fosse empregada a palavra urbanismo com o sentido que lhe damos hoje.

Arquitetura civil e militar no mundo português

"Urbanizar", segundo Moraes, era "fazer urbano, civilizar", e não realizar intervenções urbanísticas na cidade.[30] O termo expressava o comportamento civilizado, revestido de urbanidade, qualidade própria das pessoas que viviam numa urbe ou núcleo urbano, em oposição ao morador do campo, ao lavrador, visto como bruto e ignorante. Se alguma distinção havia, esta se colocava em outro nível e se fazia a partir das noções de civil e militar. Assim, havia o campo da "arquitetura militar", que tratava das fortificações, das armas de guerra e de todo o engenho voltado para a prática militar e bélica. À medida que os armamentos foram se sofisticando, os arquitetos, que antes também projetavam ou exerciam a "arquitetura militar", passaram a ser substituídos por um novo tipo de profissional, que veio a se chamar "engenheiro militar", ligado ao ramo da Artilharia do Exército. O outro campo era o da "arquitetura civil", exercida tanto por arquitetos quanto por engenheiros militares, mestres de obra ou outro qualquer profissional ligado a esse campo.

Os arquitetos, no século XVIII, eram os profissionais que projetavam os edifícios para uso civil, como também monumentos, praças, parques, arruamentos e cidades. Segundo Vitruvius — cuja obra pioneira transcendeu as barreiras geográficas e temporais, tornando-se referência clássica da arquitetura renascentista —, para que um indivíduo se tornasse arquiteto era necessário, inicialmente, que tivesse "engenho", isto é, criatividade; e em seguida muitos estudos, para chegar a ser um bom literato e desenhista, erudito em geometria, não ignorante em óptica, versado em aritmética, conhecedor de história, música, medicina, direito e movimentos astronômicos, além de sólida formação filosófica.[31] Afora esses conhecimentos gerais, o arquiteto deveria ainda dominar os sistemas e as técnicas construtivas, os materiais a serem empregados nas edificações, na pavimentação das estradas e logradouros, conhecer os sistemas estruturais, os conceitos arquitetônicos e, sobretudo, as obras dos grandes mestres que formavam o valioso patrimônio do saber arquitetônico materializado.

Literatura técnica em voga

Pesquisando os catálogos dos livreiros da metrópole, a relação de bibliotecas particulares, as listas de livros enviados de Lisboa para o Brasil e sobretudo para o Rio de Janeiro, além de outras fontes, verifiquei que os autores e as respectivas obras técnicas mais lidas na época eram: Leon Battista Alberti (1404-72, italiano), *L'Architetura*; Ferdinando Galli de Bibiena (1657-1743, italiano), *Architetture civile*; Jacques François Blondel (1705-74, francês), *Cours d'architecture*; Guarine Guarini (1624-83, italiano), *Architettura civile*; Andrea Paladio (1508-80, italiano), *Quatro libri dell'architettura*; Andre Pozzo (1642-1709, italiano), *Perspectiva pictorum et architectorum*; Vincenzo Scamozzi (1552-1616, italiano), *L'idea dell'architettura universale*; Sebastião Serlio Bolognese (1475-1554, italiano), *L'architettura*; Giacomo Barozzi da Vignola (1507-73, italiano), *Regole delli cinque ordini*; Marcus Vitruvius (séc.I a.C., romano), *Architectura*. Desse pioneiro teórico da arquitetura havia uma edição de 1684 à venda, anunciada como raridade pelo livreiro Borel, Borel e Cia, em 1783.

Afora esses dez mais importantes autores de "tratados" de arquitetura, os livreiros ainda anunciavam outras obras, principalmente, publicadas na França.[32]

Aos livros importados devem ser acrescentados os escritos por autores portugueses ou traduzidos para o idioma português, que apareciam com maior frequência nas lojas dos livreiros. As obras portuguesas mais importantes eram: *Methodo lusitanico de desenhar as fortificaçoens das praças regulares e irregulares*, de Luis Serrão Pimentel, editado em 1680; Engenheiro Portuguez, de Manoel de Azevedo Fortes, publicado em 1728; *Artefactos symmetricos, e geometricos, advertidos, e descobertos pela industriosa perfeição das Artes, Esculturaria, Architectonica e da Pintura*, do padre Ignacio da Piedade Vasconcellos; *Estampas*, do padre Antonio da Annunciaçam da Costa, editado em 1733; *Exame de artilheiros*, de Joze Fernandes Pinto Alpoim, cuja primeira edição data de 1744, e o *Exame de bombeiro*, do mesmo autor, publicado em 1748.

Entre as obras traduzidas para o português destacavam-se: *Regras das cinco ordens de Architectura segundo os princípios de Vignola. Com hum Ensaio sobre as mesmas ordens feito sobre o sentimento dos mais celebres Architectos*, tradução de J.C.M.A. "com o aumento de varias reflexoens interessantes sobre as mesmas Ordens, com a Ordem Attica, e com huns principios de Geometria pratica que facilitarão a inteligencia desta obra e de outras deste genero. Enriquecida toda com 88 estampas abertas em cobre", obra do editor Antonio Barneoud e da Real Imprensa da Universidade de Coimbra, cuja primeira edição data de 1787. É importante anotar que essa tradução foi fundamental para o ensino da arquitetura porque tornou acessível aos que só liam em português os conhecimentos de Vitruvius, por intermédio de Vignola. A partir dessa tradução, um simples artífice poderia entender as famosas "ordens de arquitetura":

> chama-se Ordem de Arquitetura ao arranjamento regular, e simétrico das diferentes partes, que servem a decorar um Edifício, de cuja mistura resulta um todo formoso, e proporcionado.
>
> Os diferentes modos com que se tem combinado entre si estas partes, e as diferentes proporções e figuras que reina entre elas têm feito nascer cinco ordens de Arquitetura, às quais se têm dado os seguintes nomes: Toscana, Dórica, Jônica, Coríntia e Compósita. Cada uma delas consta de diferentes peças, das quais a Coluna é a principal, porque com respeito a ela se regulam as medidas, e ornato das outras. As três Dórica, Jônica e Coríntia foram inventadas pelos gregos. A ordem Toscana, parte belíssima da Itália e a Compósita pelos Romanos.[33]

Pela frequência com que os livros de Vignola, Blondel, Azevedo Fortes e Alpoim apareciam nos catálogos dos livreiros, nas bibliotecas particulares e nos acervos das ordens religiosas, pode-se deduzir que eles constituíam, ao lado das obras de Serlio, Pozzo, Paladio, a principal bibliografia utilizada na formação sobre arquitetura civil de arquitetos, engenheiros militares, artífices e construtores radicados em Portugal e em suas colônias.

Ascendência dos grandes mestres

Marcus Vitruvius

Pode-se dizer, sem nenhum exagero, que ninguém foi tão reverenciado no campo da arquitetura quanto Vitruvius, autor de *Os dez livros de arquitetura*, obra consagrada no mundo ocidental como o primeiro tratado teórico sobre arquitetura. É verdade que outros arquitetos — seus contemporâneos ou mesmo anteriores a ele — também escreveram sobre arquitetura e artes afins, mas nenhum alcançou a estatura quase mítica do mestre romano. Quanto ao período em que foram escritos *Os dez livros de arquitetura*, os diversos biógrafos de Vitruvius apresentam datas diversas, mas concordam com a tese de sua elaboração ter-se dado no século I a.C. No período do Renascimento, manuscritos dessa obra, guardados em bibliotecas de mosteiros e conventos, foram copiados, e divulgadas as versões interpretativas do texto original elaborado por Vitruvius. Muitos foram os "tratados de arquitetura" inspirados no arquiteto romano, que, escritos nos séculos XV, XVI e XVII, foram amplamente difundidos após o desenvolvimento da imprensa, espalhando-se pelos países da Europa e colônias da América. Assim, tivemos os "tratados" de Leon Battista Alberti (1404-72), de Sebastião Serlio (1475-1554), de Giacomo Barozzi Vignola (1507-73), de Andrea Paladio (1508-80), e Vincenzo Scamozzi (1552-1616), para ficarmos apenas nos autores do século XV e XVI.

Segundo Vitruvius, para que a obra arquitetônica fosse bela, deveria obedecer a seis exigências estéticas: a) *Ordinatio*: relação harmoniosa entre as partes e o todo; b) *Dispositio*: correta disposição da edificação no terreno e seu entorno; c) *Euritmia*: as leis da harmonia na organização dos espaços e no tratamento das superfícies dos planos que encerram o volume arquitetônico; d) *Simetria*: equilíbrio entre as partes e o todo por meio do uso de elemento modular; e) *Decor*: o bom acabamento da obra e uso de ornamentação coerente e integrada à linguagem estética do conjunto arquitetônico; f) *Distributio*: o emprego de materiais adequados segundo a função que desempenharão na edificação como estrutura, revestimento de piso de paredes ou teto.

Essas seis qualidades estéticas, segundo Vitruvius, estavam presentes nos bons exemplos da arquitetura greco-romana. Portanto, aos arquitetos cabia o dever de estudar a arquitetura do passado, sobretudo a grega em seu período glorioso — século v a.C. O próprio Vitruvius se colocava como um estudioso e apreciador desse passado, e a basílica que projetou — e que nos chegou ao conhecimento pela interpretação de César Cesariano — é um bom exemplo de como soube corretamente utilizar os elementos dessa arquitetura greco-romana. No segundo livro de sua obra, Vitruvius resume a história das transformações da arquitetura — no início, muito simples — e se detém na cultura helênica, que reverencia, ao analisar as quatro ordens de arquitetura de origem greco-romana: a "toscana", a "dórica", a "jônica", e a "coríntia". É nesse momento que o autor apresenta sua teoria sobre o "cânon arquitetônico", isto é, sobre o módulo subjacente a cada uma dessas ordens. A base desse módulo está na proporção do corpo humano, criação divina, portanto perfeita. Ora, se o homem, criatura de Deus, feita à sua semelhança, apresentava em seu corpo relações proporcionais segundo regras abstratas da matemática, também a arquitetura, que é uma produção humana, deveria obedecer às mesmas proporções matemáticas do corpo humano. Portanto, se a origem da modulação da edificação residia no homem, e se era possível equacioná-la matematicamente, estavam dadas então as condições fundamentais para que se operasse a abstração conceitual, segundo a qual todas as coisas da natureza e as criadas pelo homem obedecem às mesmas regras. Assim, a modulação de um templo grego tomava como base a largura da coluna, e seu todo era múltiplo ou submúltiplo desse módulo abstrato.

Todavia, Vitruvius alertava os arquitetos sobre a necessidade de eles corrigirem essas proporções quando o observador pudesse ter do edifício uma visão distorcida em função de sua localização. Segundo Vitruvius, a visão dos olhos às vezes engana, uma verdade que o fazia repetir: "limitar-se à simetria ou submeter-se unicamente às medidas é próprio do arquiteto sem personalidade". A percepção desses fenômenos ópticos levou os arquitetos gregos a introduzirem as correções nas proporções e verticalidade dos elementos da edificação, como nos mostra Auguste Choisy.[34] (FIGURA 5) No livro v o autor analisou os vários tipos de edifícios e espaços da cidade segundo seus usos, como praças, portos, igrejas, prisões, tribunais, teatros, termas, pórticos etc. Foi nesse momento que Vitruvius descreveu a basílica que projetara e fora erigida na cidade de Fano (FIGURA 6). O livro VII foi dedicado ao estudo das obras consultadas, no qual incluiu como anexo a que trata da pintura mural e sua técnica. No livro seguinte, o VIII, o tema central versou sobre as questões de hidráulica, principalmente sobre o abastecimento de água potável, formas de captá-la e os vários tipos de aquedutos. No livro IX, Vitruvius aprofundou seus estudos sobre relógios solares. Concluiu seu tratado de arquitetura dedicando o livro X ao estudo das máquinas bélicas e à defesa das cidades.

É importante salientar que a obra de Vitruvius tornou-se conhecida por meio de cópias interpretativas de um original nunca encontrado que trazem o nome de "Tratados", as quais contêm, algumas vezes, acréscimos declarados como o de Sebastião

Figura 5

Geometria da arquitetura grega e correção visual das arcadas, segundo Auguste Choisy

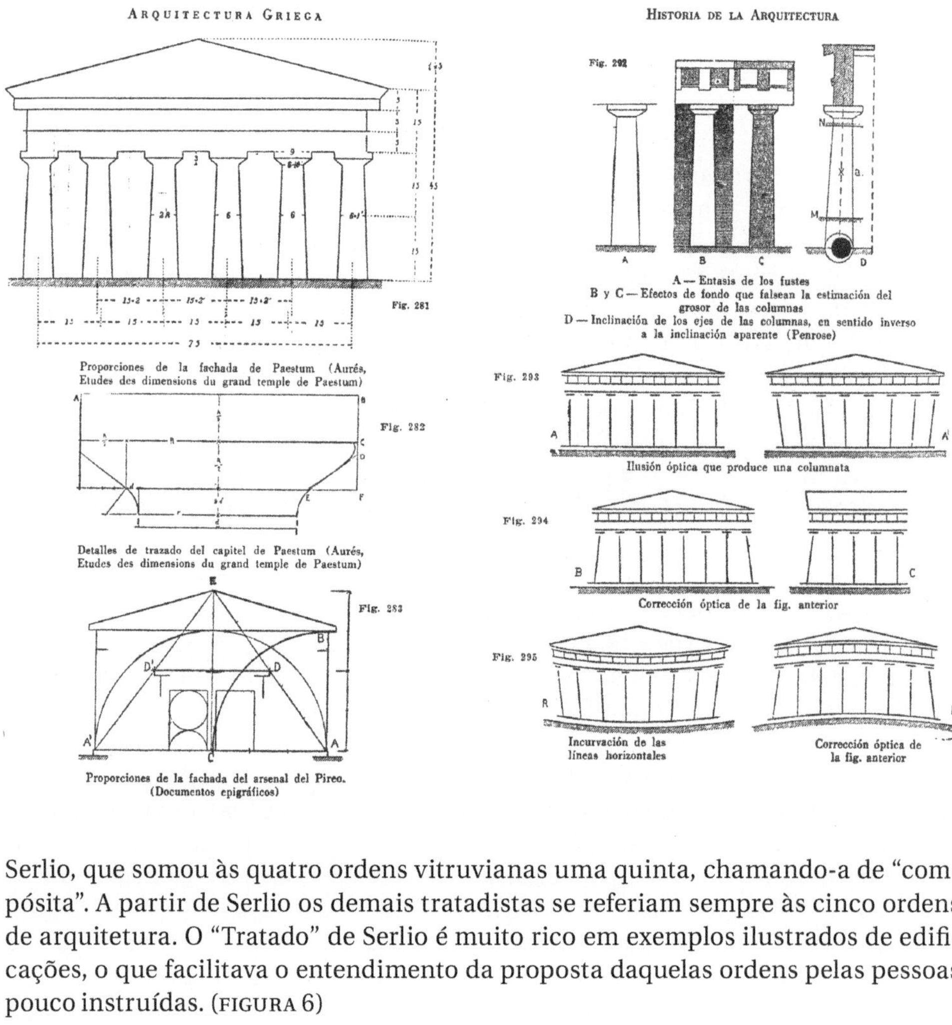

Serlio, que somou às quatro ordens vitruvianas uma quinta, chamando-a de "compósita". A partir de Serlio os demais tratadistas se referiam sempre às cinco ordens de arquitetura. O "Tratado" de Serlio é muito rico em exemplos ilustrados de edificações, o que facilitava o entendimento da proposta daquelas ordens pelas pessoas pouco instruídas. (FIGURA 6)

Jacques François Blondel

Eram dois os arquitetos franceses que respondiam pelos sobrenome de Blondel e que escreveram sobre arquitetura, sendo o mais antigo François Blondel, e o mais novo, Jacques François, ao qual me reporto. Autor de várias obras sobre arquitetura, entre as quais a mais divulgada era o *Cours d'architecture*, J.F. Blondel nasceu em Rouen na França, em 1705, e faleceu em 1774. Portanto, foi um homem do século das Luzes. Fiel

Figura 6

Exemplos de ilustrações contidas nos tratados de arquitetura

Tratado de Vignola

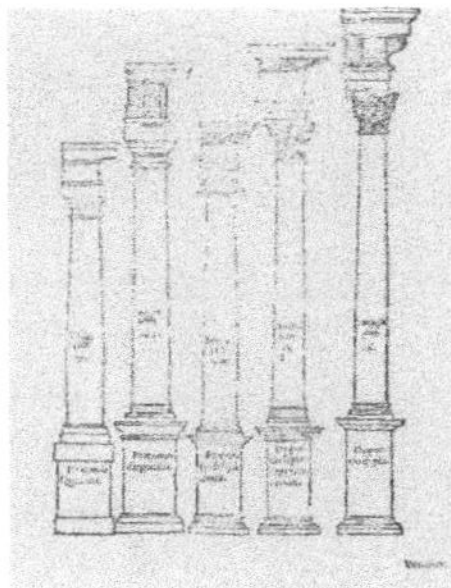

Tratado Cesare Cesariano

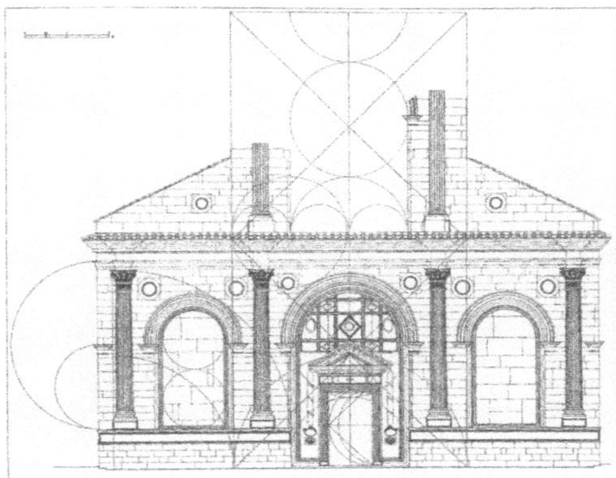

Tratado de Alberti

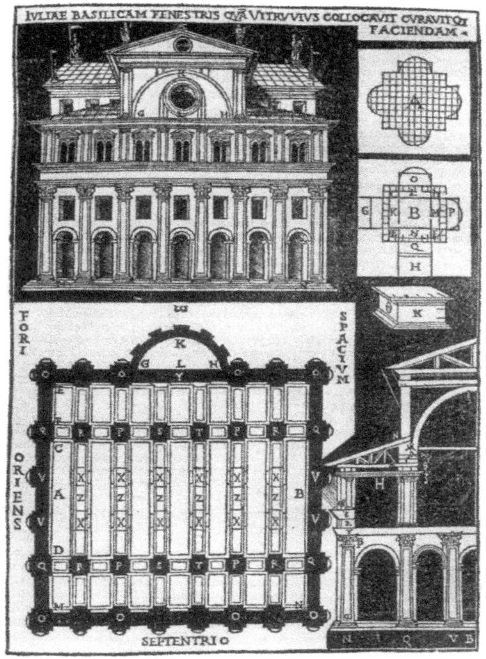

Tratado de Vitruvius

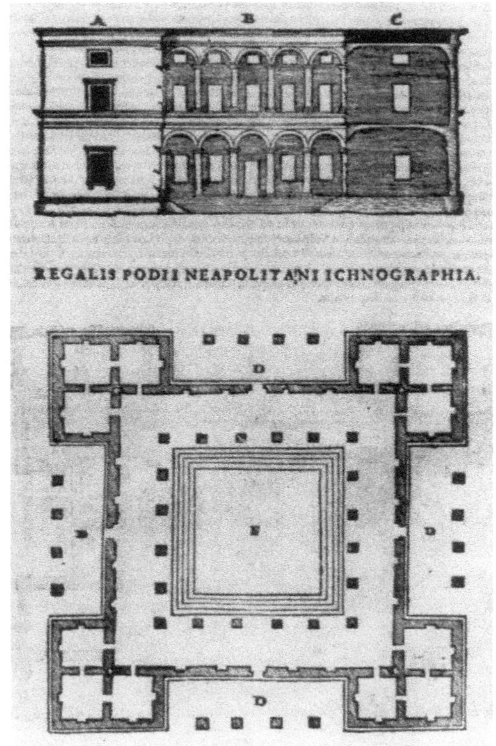

Tratado de Serlio

aos princípios vitruvianos, procurava no entanto mostrar que na arquitetura produzida na França havia exemplares dignos de representarem com excelência a beleza da arquitetura fiel às "regras clássicas". No prefácio de sua obra *De l'utilité de joindre à l'étude de l'architecture, celle des arts qui lui sont relatifs*, insistiu em seu propósito de divulgar entre as nações estrangeiras a arquitetura francesa.

> Em todos os tempos, as Belas-Artes e particularmente a Arquitetura ilustraram as mais florescentes Nações. Tal consideração nos levou a tornar pública esta breve dissertação sobre a Arquitetura, cujo objetivo é provar a necessidade de juntar a seu estudo particular o conhecimento das outras artes a ela relacionadas.
>
> Esta dissertação sem dúvida não é, igualmente, útil a todos os cidadãos; nós aqui a oferecemos somente aos sábios, homens de letras, aos amadores e artistas que, conhecendo o preço de um estudo laborioso e permanente, aqui encontrarão o plano de uma educação que poderá interessá-los em favor dos seus concidadãos destinados às Belas-Artes e às ciências que lhe concernem.[35]

Blondel intencionava com seus escritos valorizar edificações do passado recente produzidas na França por arquitetos que interpretaram Vitruvius por meio de Serlio, de Paládio e Vignola e se subordinaram aos cânones greco-romanos, tidos pelos tratadistas como a quintessência da boa arquitetura. Esses arquitetos produziram obras clássicas, maneiristas e barrocas, e foram por eles mostrados como exemplos a serem seguidos sem que fosse necessário aos arquitetos dos Setecentos mergulharem na Grécia helênica e na Roma de César para encontrarem boa arquitetura.

Giacomo Barozzi da Vignola

Nasceu Vignola na cidade italiana de mesmo nome, em 1507, e faleceu em Roma no ano de 1573. Como os demais arquitetos contemporâneos, Vignola estudou minuciosamente as obras clássicas da arquitetura antiga e analisou com tal profundidade a obra de Vitruvius que foi possível dar-lhe uma interpretação própria transposta para sua famosa obra escrita sobre as cinco ordens de arquitetura. Entre as inúmeras obras que projetou, destaca-se a Igreja do Gesu, em Roma, realizada a pedido da Companhia de Jesus. A pedra fundamental dessa edificação foi colocada em 1568, mas Vignola não chegou a vê-la concluída. Em virtude da marcante presença dos jesuítas em Portugal e em suas colônias, essa Igreja do Gesu e toda a obra escrita de Vignola foram nesses lugares muito divulgadas. Eram seus escritos os que apareciam com mais frequência nas bibliotecas cujos donos demonstravam ter algum interesse em arquitetura. Foi por essa razão que o "Tratado" de Vignola chegou a ser traduzido para o português, em 1787. Na justificativa da importância da publicação da tradução de Vignola para o português escreveu J.C.M.A.:

> entre as artes, que apesar do fervoroso zelo com que o Senhor Rei d. José Primeiro de Gloriosa memória se empenhou no restabelecimento das letras em Portugal, se não

viram de novo cultivadas, foi uma a Arquitetura Civil. A glória de restaurá-la estava preservada para a nossa Augusta Soberana, que na sua Capital acaba há pouco de instituir uma Academia aonde peritos professores ensinam à mocidade Portuguesa os verdadeiros princípios da arte dos Paládios: mas com que magoa Excelentíssimo Senhor, me não vejo obrigado a confessar que para esta mesma instrução se via até o presente Portugal na necessidade de mendigar socorros estrangeiros! Quem acreditaria nas futuras idades, que no fim do século décimo oitavo, quando as ciências e as artes parece que têm chegado na Europa ao seu último ponto de perfeição, uma das Nações cultas, e das mais engenhosa dela, não tinha em só livro de Arquitetura Civil capaz de servir de instrução à mocidade! Estas considerações moveram a um zeloso compatriota a escolher entre as Obras elementares das Nações estrangeiras, a que pareceu mais capaz para este feito pela clareza, e gosto com que é tratada. Tomou o trabalho de vertê-la na língua portuguesa, que acrescentar-lhe aqueles princípios preliminares, que muitos anos de aplicação lhe mostraram ser indispensáveis para o pronto adiantamento dos principiantes.[36]

Em resumo: no Rio de Janeiro setecentista, os profissionais — projetistas, artistas, artesãos etc. — ligados à arquitetura liam em geral obras de Vignola, Manoel de Azevedo Fortes, Luiz Serrão Pimentel e José Fernandes Pinto Alpoim, cujos livros, em língua portuguesa, eram oferecidos pelos diversos livreiros do Rio de Janeiro, de Lisboa e do Porto.

Conceitos e propostas arquitetônicas pós-terremoto de Lisboa

Como já é sabido, em 1º de novembro de 1755 houve um terremoto de grandes proporções que arrasou a maior parte da cidade de Lisboa e ceifou milhares de vidas. O rei d. José I nomeou, então, como secretário de Governo, Sebastião José de Carvalho e Melo (futuro conde de Oeiras e depois marquês de Pombal) para organizar e realizar as obras de reconstrução da cidade. Foi fundamental e de grande envergadura a tarefa que esse secretário assumiu. Era necessário reerguer a parte de Lisboa que continha as principais igrejas, os mais importantes prédios públicos, o palácio com todos os anexos, como também o recém-inaugurado Teatro do Tejo, da Monarquia portuguesa. Foi tão relevante o papel desempenhado por Sebastião José de Carvalho e Melo, não apenas em relação ao trabalho da reconstrução de Lisboa, mas sobretudo nos encargos assumidos com desenvoltura como secretário do governo de d. José I, que o período compreendido entre 1755 a 1777 passou a ser chamado pelos historiadores de "governo pombalino". Do mesmo modo, o estilo da arquitetura realizada durante a gestão do influente secretário foi intitulado "estilo pombalino", e aquele que sucedeu à sua morte, "pós-pombalino", terminologia aliás consagrada pelo historiador mais importante sobre esse período, José-Augusto França.[37] Com isso, foi obscurecido o nome do verdadeiro formulador da proposta arquitetônica de reconstrução de Lisboa, o engenheiro militar Manoel da Maia (1677-1768), bem como dos componentes de sua equipe. Desse ponto de vista, parece-me mais apropriado, e sobretudo mais justo, denominar o estilo que preponderou no período pós-terremoto de "estilo Manoel da Maia", justiça que lhe farei neste trabalho.

Manoel da Maia devia sua formação exclusivamente às escolas portuguesas que cursou, sendo assim um digno representante dos engenheiros militares tipicamente lusitanos. Dominava outros saberes, e, além de possuir sólidos conhecimentos a respeito de "arquitetura militar", de técnicas construtivas e de arruamento, era conhecedor dos conceitos de "arquitetura civil". Dotado de grande experiência adquirida nos diversos cargos e funções que como dirigente assumiu, soube com competência levar sua equipe a apresentar ao rei e ao seu secretário, dentro de exíguo prazo, todos os problemas solucionados de forma satisfatória. As "Dissertações" — termo preciso dado por José-Augusto França ao que nós arquitetos modernamente chamamos de "Memória justificativa de um projeto" —, a volumosa "legislação" atinente à reconstrução de Lisboa e os "projetos" formam um verdadeiro "tratado de arquitetura" que chega a um nível de profundidade até então inalcançado pelos consagrados "tratados" posteriores ao trabalho de Vitruvius.

Manoel da Maia e sua equipe se envolveram de tal forma nessa empreitada que lamentavelmente não lhes deve ter sobrado tempo para que pudessem sistematizar suas ideias e projetos em forma de livro a ser posteriormente divulgado. O acesso a esses conhecimentos, que poderiam muito bem ter-se transformado no *Tratado de arquitetura portuguesa no século XVIII*, tornou-se possível com a publicação de dois livros de José-Augusto França: *Lisboa pombalina e o Iluminismo* — o mais completo — e *A reconstrução de Lisboa e a arquitetura pombalina*, obra derivada do primeiro, na qual o autor aprofundava as questões tecnológicas.[38]

O conjunto das normas somado à coleção de projetos e edificações realizados pela equipe de reconstrução de Lisboa e às "Dissertações" constituiu um divisor de águas da arquitetura praticada em Portugal e suas colônias. Foi a partir do trabalho dessa equipe que a Metrópole passou a ter um exemplo da boa arquitetura, baseada nos princípios de Vitruvius e de seus intérpretes Serlio, Vignola etc., construída com técnica, ciência e em prazo curtíssimo para os padrões da época. Com ela Lisboa entrava na modernidade e exibia os valores reconhecidos com os do período das Luzes. A reconstrução da cidade tornou-se símbolo da Monarquia reformista portuguesa, pela demonstração da capacidade técnica e criatividade de seus arquitetos, engenheiros e artífices, enfim, um modelo a ser tomado como referência e mimeticamente retrabalhado.

O significado do que representou esse processo de reconstrução de Lisboa para a história da arquitetura e para a Monarquia portuguesa foi captado por José-Augusto França, e por ele expresso com tanta propriedade que vale a pena transcrever suas considerações, na íntegra:

O significado da Reconstrução de Lisboa

A sua criação tornou-se possível graças a uma legislação que soube ligar o fato urbanístico ao fato político, dentro duma visão global onde se verificam perspectivas sociais e econômicas, tanto como culturais e ecológicas. Entender a cidade como um todo foi a razão de ser do fenômeno sociocultural pombalino, num processo de prática coletiva ligado ao passado tanto quanto ao futuro, à tradição tanto quanto à mo-

> dernidade, necessários ambos para a definição dum discurso ideológico coerente. Dentro dele, o interesse público era devidamente sublinhado, novo valor que uma nova classe encarnava, com uma nova função. Tal função expressou-se na "Praça do Comércio", a sua monumentalidade tanto como no seu nome, ambos adequados ao papel simbólico, senão mítico, exercido no quadro duma sociedade reformada por via iluminista.[39]

Destaco ainda alguns pontos importantes daquele que convencionei chamar de *Tratado de arquitetura segundo Manoel da Maia*. No que toca à legislação, representou um substancial avanço. Normas específicas para o ordenamento da cidade e regras relativas às dimensões e hierarquização dos logradouros passaram a vigorar. Foram definidos os usos das edificações, sua volumetria prévia, o sistema de coleta de esgoto e o direito de o Estado legislar sobre a estética das edificações. Os proprietários que pretendessem construir nas novas ruas projetadas deveriam obedecer aos modelos previstos no Plano de Reconstrução de Lisboa, que definia o número de pavimentos, tipo de telhado, posicionamento das sacadas, os tipos de janela, de porta, além do sistema estrutural em "gaiola", criado pela equipe de Maia. Inusitada, também, foi a interferência do Estado na propriedade privada, pois seu proprietário nela não poderia mais construir o quê, quando e como em seu terreno, sem que fosse primeiro aprovado pela administração pública. Por tudo isso compreende-se que, no aspecto legislativo, d. José I realmente faz juz ao título de o "Reformador".

Os reflexos dessa Lisboa reconstruída na cidade do Rio de Janeiro puderam ser reconhecidos por monsenhor Pizarro, ao tratar de obras nela empreendidas pelo governo do marquês do Lavradio: "foram calçadas as ruas da cidade velha, e seus lados cobertos de lajedo, à imitação das *ruas da nova cidade de Lisboa*, permitindo melhor cômodo aos que as trilham".[40]

A mesma influência vinha registrada na provisão do vice-rei conde de Resende sobre o arruamento de um novo terreiro público na cidade do Rio de Janeiro, para o qual o vice-rei sugeria que os vereadores adotassem como modelo o "plano do terreiro público de Lisboa", pois, segundo ele "nenhum outro se poderá imaginar com maior acerto do que o da Corte".[41] Não menos importante foi a vinda de diversos engenheiros militares que estiveram na cidade do Rio de Janeiro, de passagem ou destacados, como Alexandre José Montanhas (a partir de 1763), que foi auxiliar direto do arquiteto Carlos Mardel, autor do projeto realizado da reconstrução de Lisboa.

Anos depois, com a Corte já instalada e funcionando no Rio de Janeiro, a legislação relativa à reconstrução de Lisboa já se aplicava na cidade que se tornara metrópole do mundo português. Exemplo dessa aplicação foi o edital da Polícia da Corte, de 11 de junho de 1809, que decretou a retirada de gelosias ou rótulas, medida amplamente defendida por Luiz G. Santos (padre Perereca). Segundo ele, o fato de o Rio de Janeiro ter-se tornado a "Corte do Brasil" não lhe permitia que conservasse

> bisonhos, e antigos costumes, que apenas se podiam tolerar, *quando esta porção da América era reputada uma colônia portuguesa*; e que desde muito tempo não se sofrem entre povos cultos, e de perfeita civilização; e que sendo um destes *góticos costumes*, que tanto afeia o prospecto da cidade, e a faz menos brilhante, *o uso das rótulas*, ou

> gelosias de madeira, que, além de serem incômodas, prejudiciais à saúde pública, interceptando a livre circulação do ar, estão mostrando a falta de civilização dos seus moradores.[42]

Também o decreto de 26 de abril de 1811 seguiu a nova lógica de legislação para as cidades, pois a construção de prédios de um único pavimento ou térreos foi proibida na zona da "Cidade Nova". Como incentivo à ocupação dessa área de alagadiços do mangue de São Diogo, seriam isentos de pagamento da Décima Urbana, por dez anos ou mais, os proprietários que nela construíssem seus sobrados.[43]

Projetistas no Rio de Janeiro: professores e alunos

Pode-se dizer que o ensino de "arquitetura militar" no Rio de Janeiro começou quando, em 1694, foi nomeado o engenheiro militar Gregório Gomes Henriques de Matos para "reparar" as fortificações da cidade.[44] O trabalho que desenvolveu, por razões desconhecidas, não agradou o governador, que o denunciou ao rei. Em sua carta-resposta de 22 de outubro de 1698, o monarca comunicou que, enquanto não chegasse ao Rio o novo engenheiro substituto, Gregório de Matos deveria continuar a ensinar, mesmo na cadeia, a forma de reparar as fortificações. Era uma boa solução para os alunos, por ser "mais fácil" receberem as aulas na cadeia "do que ir o mesmo Engenheiro às fortificações".[45] O substituto nomeado foi o capitão engenheiro José Velho de Azevedo, que chegou à cidade em 1698, proveniente do Maranhão e Pará, onde servia havia seis anos no posto de "sargento-mor engenheiro *ad honorem*", percebendo mensalmente 26$000rs para exercer várias funções, entre as quais "ensinar aos artilheiros".[46]

Um ano mais tarde, o rei d. Pedro II, desejando ampliar as oportunidades de formação técnica na colônia, instituiu por meio da carta régia de 15 de janeiro de 1699 que, na capitania onde houvesse um engenheiro, aí deveria ser aberta uma

> aula em que ele possa ensinar a fortificar, havendo nela três discípulos de partido, os quais serão pessoas que tenham capacidade necessária para poderem aprender e para se aceitarem terão ao menos dezoito anos de idade, os quais sendo soldados se lhes dará além do seu soldo meio tostão por dia; e não o sendo vencerá só o meio tostão; e todos os anos serão examinados para se ver se adiantam aos estudos e se tem gênio para eles, porque quando não aproveitem pela incapacidade serão logo excluídos, e quando não seja pela pouca aplicação, se lhes assinará tempo para se ver o que se melhoram; e, quando se não aproveitem nele serão também despedidos. *E quando hajam pessoas que voluntariamente queiram aprender sem partido, serão admitidas, e ensinadas para que assim possa nessa mesma Conquista haver Engenheiros, e se evitem as despesas que se fazem ao meu serviço, enquanto chegam os que se mandam depois dos outros serem mortos.*[47]

Poucos anos depois, em 1705, o rei nomeou dois novos professores para a Aula do Rio de Janeiro, os sargentos Antônio João e José Ribeiro. Determinou ainda que todo engenheiro militar, quer fosse capitão, quer sargento-mor, ensinasse "às pessoas que quisessem aprender a Engenheiros".[48]

No entanto, o ensino de engenharia de fortificações só se tornou mais sistematizado quando o sargento-mor José Fernandes Pinto Alpoim foi nomeado lente da Aula do Regimento de Artilharia, em 1738, para implantar um curso com duração de cinco anos. Professor dedicado e estudioso, Alpoim publicou após seis anos de magistério o seu primeiro livro, *Exame de artilheiro* (1746), tendo como base os seus apontamentos de aula. Dois anos mais tarde publicou sua segunda obra, *Exame de bombeiro* (1746), uma iniciativa louvável, pois, com a publicação dos cursos que ministrava na cidade do Rio de Janeiro, pôde difundi-los para o resto do Brasil. Durante os 28 anos dedicados ao magistério, mestre José Fernandes Alpoim empenhou-se em divulgar os conhecimentos da "arquitetura militar". Depois de seu falecimento, ocorrido em 7 de janeiro de 1765, foi substituído, no intervalo de 1768 a 1774, pelo capitão Eusébio Antônio Ribeiros, sobre cuja atuação há poucos registros.

Em carta de 18 de setembro de 1774, o secretário de Governo Martinho de Mello e Castro comunicou ao vice-rei marquês do Lavradio que se encontrava a caminho do Rio de Janeiro o capitão de números de artilharia, Antônio Joaquim de Oliveira. Vinha para assumir o encargo de lente da Aula do Regimento de Artilharia com a "obrigação de ensinar igualmente a Arquitetura Militar a seis Aulistas Praticantes" a serem escolhidos pelo próprio vice-rei.[49] Junto a essa indicação seguiu-se a ordem de mudança do nome de Aula do Regimento de Artilharia, que desde então passou a se chamar "Aula de Artilharia e Fortificação". Foram iniciativas que legitimaram o ensino de "arquitetura militar" na cidade do Rio de Janeiro. O próprio professor Antônio Joaquim de Oliveira trouxera consigo 14 jogos do *Novo curso de matemática*, para serem utilizados nas aulas que iria ministrar. De sua bagagem também constavam um volume da *La Science des ingénieurs*, de Belidor, e vários instrumentos: "quadrantes de latão com suas caixas de madeira; três círculos dimensórios com suas caixas de madeira; planchetas de madeira com alidadas de latão; bússolas com caixas de madeira; níveis de ar com suas caixas de madeira; níveis de madeira para nivelar as plataformas com suas réguas de madeira".[50]

Um dos primeiros alunos de Antônio Joaquim de Oliveira, Alexandre Elói Portelli, prestou os exames de conclusão na presença do vice-rei marquês do Lavradio em junho de 1776, prova indubitável do prestígio que o curso havia adquirido, cujas provas versavam sobre as

> partes do Curso Matemático de Belidor, como é Álgebra, Aritmética, Geometria, Plana, e Sólida, Trigonometria, e Geometria Prática, e além disto a configuração de terreno, de que deu muito boa satisfação; e por se mostrar com préstimo para poder ajudar qualquer ofício de Engenheiro, foi um dos nomeados para ajudar o sargento-mor Engenheiro Francisco João Rocio em diferentes obras de fortificação.[51]

Os demais pareceres exarados pelo vice-rei marquês do Lavradio e Francisco João Rocio vinham permeados de elogios a Alexandre Elói Porteli pelo domínio demonstrado nas matérias de matemática, construção e administração de obras. Outrossim, o nível de conhecimento atingido por esse engenheiro militar é indício da qualidade de ensino ministrado no curso de artilharia e fortificações do Rio de Janeiro, transformado, no último decênio do século XVIII, na Real Academia da Artilharia, Fortificação e Desenho da Cidade do Rio de Janeiro. Junto com os Estatutos dessa Real Academia o conde de Resende enviou, em 21 de dezembro de 1792, carta a Martinho de Mello e Castro, dando notícias a respeito de seu funcionamento, o número de oficiais que a cursavam e a abertura às classes de aula para outras pessoas não militares.

A direção de tão importante instituição foi entregue de novo ao experiente professor coronel Antônio Joaquim de Oliveira. Transcorrido o primeiro ano de funcionamento, a Real Academia já contava com 73 alunos.[52] Por mais três anos Antônio J. de Oliveira permaneceu à testa da instituição, sendo então substituído pelo capitão José de Oliveira Barbosa, em cuja administração se deu a subdivisão do curso em dois campos, um voltado à Artilharia e outro à Infantaria. O relatório dos professores referente ao período de 1º de dezembro de 1795 a 31 de dezembro de 1798 informava sobre o desempenho dos 48 estudantes inscritos, entre os quais, seis civis.[53] Informava também sobre a idade dos alunos, que variava muito, tendo o mais novo nove anos e o mais velho 33, e sobre as qualidades do caçula da turma, Albino Mariano dos Santos, que

> entrou para a Aula em 5 de dezembro de 1797. Diz o Lente de Aritmética: é muito aplicado e inteligente. Diz o do Desenho: tem tido pouca aplicação a esta Arte, por estar na escrita, para aperfeiçoar a letra; porém dá esperanças para o futuro. Diz o Mestre de Francês: tem tido progresso louvável, e felizes disposições para se adiantar, se conservar a sisudez, e aplicação que tem: está em princípios de tradução. Diz o Mestre da Escrita: tem bons princípios, e poderá aproveitar-se se continuar da mesma forma em que vai.[54]

Sobre o veterano da classe, Francisco Xavier Pereira de Castro, que era tenente de Cavalaria, a avaliação é igualmente elogiosa:

> entrou para a Aula em 28 de agosto de 1798. Diz o Lente de Aritmética: muita aplicação e adiantamento. Diz o do Desenho: tem muita habilidade, e faz com sumo desvelo uma forte aplicação ao Desenho. Diz o Mestre de Francês: tinha alguns limitados conhecimentos de leitura e tradução; porém tem-se adiantado nestes dois artigos, e se vai habilitando no falar e na versão Portuguesa, por se aplicar com fervor. *Eu conformo-me com o dizer dos Lentes: afirmando que este Aluno tem muito merecimento.*[55]

Esses relatórios são uma demonstração da seriedade com que se dava o acompanhamento dos alunos, funcionando como garantia da sólida formação recebida. O bom currículo escolar facultava a promoção profissional e a oportunidade de participar de tarefas importantes encomendadas pelo governo.

Dois anos após sua chegada à cidade do Rio de Janeiro, o príncipe regente d. João alterou o currículo da Real Academia criada pelo conde de Resende, nele incluindo novas matérias: física, química, mineralogia, metalurgia e história natural, tendo o nome da escola sofrido sutil mudança, passando a ser chamada de Academia Real Militar. Com a implementação da reforma, o curso passou a cobrir um amplo espectro do conhecimento acumulado no campo da engenharia, fato que levou Mario Barata a considerar a Academia Real Militar o "berço da Engenharia brasileira".[56]

No decorrer do século XVIII, foram os engenheiros militares os responsáveis pelos projetos de edificações, arruamentos, cais, fortificações, pontes, estradas, chafarizes e aquedutos mais significativos realizados na cidade do Rio de Janeiro.

A respeito da atuação de arquitetos e paisagistas, as notícias são escassas. Sobressaem-se Mestre Valentim, que projetou o Passeio Público e reformou o Recolhimento do Parto após o incêndio que o destruiu, e o mestre pedreiro Félix José de Sousa, que fez o "risco" original da Igreja de São José. Temos ainda dois projetos do arquiteto Carlos Mardel, um dos membros da equipe de Manoel da Maia: a Sé Catedral, não concluída, no largo de São Francisco, onde hoje funciona o Instituto de Filosofia e Ciências Sociais (IFCS), e o primeiro chafariz do largo do Carmo, depois substituído pelo chafariz do Mestre Valentim. Entre os engenheiros despontaram Custódio de Sá e Farias, o responsável pela bela Igreja de Santa Cruz dos Militares; Francisco João Rocio, autor da bem composta e monumental Igreja da Candelária; Jacques Funck, projetista da grande reforma do Trem, isto é, das oficinas do Exército e de vários chafarizes não construídos. São atribuídas a José Cardoso Ramalho as duas igrejas marcantes do barroco no Rio de Janeiro, a de Nossa Senhora da Glória e a de São Pedro, esta última demolida por ocasião da abertura da avenida Presidente Vargas. O engenheiro formado na cidade do Rio de Janeiro, José Correia Rangel de Bulhões, projetou o arruamento das ruas do Lavradio e adjacentes, e José Francisco Alpoim, entre outros, criou o Paço dos vice-reis e o Hospício dos Frades Barbonos. É também de sua autoria o projeto do conhecido Arco do Teles e do Convento da Ajuda.

Graças aos projetos desses engenheiros militares — homens disciplinados, racionalistas, preparados para enfrentar as agruras da guerra e suportar o distanciamento do requinte da Corte e da arquitetura palaciana —, grande parte da cidade do Rio de Janeiro foi construída. Não criaram novos estilos ou correntes arquitetônicas, mas souberam portar-se como condutores das várias linguagens correntes em sua época — como o barroco tardio, o rococó, o neoclassicismo — e das formas arcaicas e populares de manifestação. Souberam transmitir a seus trabalhos as intenções dos projetistas e dos contratantes, fincados ao mesmo tempo na tradição arquitetônica lusa e na realidade da cidade do Rio de Janeiro, que entrava no seu terceiro século de existência. Colocaram em prática os ensinamentos que absorveram dos "Tratados de arquitetura civil", os quais recomendavam o conjunto de obras de qualidade produzidas pelos grandes mestres da arquitetura, que deviam ser tomadas, não como modelos a serem copiados ou plagiados, mas como exemplos de boas soluções estéticas e conceituais. Souberam, enfim, se conduzir de acordo com o princípio fundamental que Afrânio Coutinho chamou de "imitação" e que Georg Lukács preferiu conceituar como "mimese".[57]

Artífices da cidade

Tanto os artífices quanto os construtores que atuaram no Rio de Janeiro do século XVIII não dispunham de cursos oficiais oferecidos pelo Estado como os de artilharia e infantaria, abertos a militares e a alguns poucos civis que desejavam aprender os fundamentos da arquitetura militar e civil. A transmissão do saber se fazia por meio do contato pessoal que o aprendiz tinha com seu mestre. Cada mestre poderia ter alunos aprendizes em suas oficinas ou nas obras que estivessem realizando. Como já foi dito no capítulo referente às organizações coletivas, as irmandades "embandeiradas" controlavam o número possível de aprendizes por mestre, de quem era exigida a Carta de aprovação, devidamente registrada na Câmara de Vereadores. Dessa forma, o reconhecimento pela sociedade da capacitação profissional de um artista ou artífice — além de garantir-lhe muitos pedidos de encomenda — passava a ser importante referência para os candidatos a aprendizes. O ganho que advinha desse tipo de magistério representava sem dúvida um complemento adicional aos rendimentos auferidos pelo mestre.

Até mesmo em Portugal o ensino das artes plásticas e dos ofícios não se dava de forma generalizada por meio de cursos oferecidos pelo Estado. Em Lisboa, sede da Corte, eram poucas as oportunidades que se abriam para esse aprendizado. Entre elas cito o curso de escultura de Machado de Castro, o de estuque, criado em 1771, e o de gravura, oferecido pela Imprensa Régia. O caminho normal que se abria ao pretendente de aprendiz era, pois, o de buscar um mestre particular, como se deu no caso de Pedro Ferreira, natural de Sabará, Minas Gerais, que, tendo ido morar em Braga, cidade do norte de Portugal, estabeleceu um contrato em 1736 com o mestre pintor João Lopes, nos seguintes termos:

> por ele dito José Lopes foi dito que ele estava aprazado com ele dito Pedro Ferreira de lhe ensinar a arte da pintura de toda a matéria ... contanto que ele dito Pedro Ferreira se vestirá e sustentará à sua custa e lhe dará a ele dito José Lopes oito moedas de 4$800 cada uma a saber quatro logo e as outras quatro no fim do tempo.[58]

É possível ilustrar a mesma prática no Rio de Janeiro, ainda no século XVII, com o caso do mestre pedreiro André Martins, morador na cidade do Rio de Janeiro, que registrou em cartório do 1º Ofício de Notas um contrato obrigando-se a ensinar sua arte ao cunhado Agostinho, um jovem órfão. Para tanto, compareceu à residência do juiz dos órfãos, Luiz Cabral de Távora, em 9 de julho de 1613, e diante da autoridade competente celebrou o tal compromisso, "porquanto ele queria aprender ofício de pedreiro e não podia aprender sem ordem" do juiz dos órfãos.[59]

Por esses dois documentos pode-se aquilatar a importância atribuída ao curso profissional, a ponto de muitos aprendizes registrarem em cartório o contrato com o mestre, que não deixava de ser uma garantia de que receberiam as aulas contratadas e, ao mesmo tempo, um atestado de comprovação, junto à sociedade, de que seus mestres eram realmente detentores de Carta de aprovação. Em outras palavras: os segredos da arte que iriam exercer profissionalmente tinham sido adquiridos de fonte segura.

Os artífices e artistas do Rio de Janeiro devem a Manoel de Araújo Porto Alegre (1806-79), importante artista brasileiro e diretor da Escola de Belas Artes, a coragem de, em sessão do Instituto Histórico e Geográfico Brasileiro, no ano de 1841, reconhecer publicamente as qualidades artísticas de nomes que no passado formaram uma verdadeira "Escola de pintura fluminense", da qual faziam parte os mestres João Francisco Muzzi, João de Souza, José Leandro [de Carvalho], José de Oliveira [Rosa], Leandro

Joaquim, Manoel da Cunha [e Silva], Manoel Dias [de Oliveira], Raimundo [da Costa e Silva] e frei Ricardo do Pilar.[60] Em sua vibrante conferência, Porto Alegre dizia:

> a Colônia, o Reino e o Império formam três divisões salientes de nossas fases progressivas, e é do seio da primeira, Senhores, que venho arrancar do esquecimento alguns nomes ilustres nas artes, nomes de artistas, que honram a terra em que nasceram, e que fundaram a primitiva Escola Fluminense, que de certo merece uma menção honrosa em nossos anais, não somente por serem os primeiros nesta terra, como também pela valentia de suas obras.
>
> Desleixo das cousas artísticas no nosso país, e um certo desprezo, que felizmente acabou, para as belas-artes, caracterizou sempre os nossos maiores; as ideias do sublime e do belo andam foragidas, todas as vezes que nos foros e nos pórticos predomina o tráfico.[61]

Posteriormente, em artigo denominado "Iconografia brasileira", mais amplo do que a primeira conferência, Porto Alegre nos brindou com as biografias analíticas do padre José Maurício Nunes Garcia (músico), do Mestre Valentim da Fonseca e Silva (escultor-entalhador) e de Francisco Pedro do Amaral (pintor). Mais uma vez Porto Alegre tomou a defesa da produção dos artistas coloniais e valorizou a arte considerada menor — a talha. Chamou também à consideração de nosso olhar o barroco no Rio de Janeiro colonial, expressão artística que julgava tão importante quanto o classicismo.

Com essa atitude de respeito e admiração pelos artistas e obras do passado, tão familiar aos neoclássicos, aos quais deveu sua formação, Porto Alegre chegou a apontar o Rio de Janeiro setecentista como a cidade que reuniu o maior conjunto de obras artísticas de qualidade. Tal opinião, no entanto, não foi ratificada na importante obra de seu contemporâneo Luiz Gonzaga Duque-Estrada, *A arte brasileira: pintura e escultura*.[62] Referindo-se ao período colonial, o autor nomeou 14 artistas, entre os quais os nove já estudados por Porto Alegre e ainda Antônio Alves, Domiciano Pereira Barreto, Francisco Pedro do Amaral, Francisco Solano e José Vidal. Nada escreveu sobre Mestre Valentim, talvez por não considerá-lo escultor. Sobre João Francisco Muzzi, por exemplo, citado como bom cenógrafo por Porto Alegre, dizia Duque-Estrada que "foi mais um curioso do que artista".[63] Ao analisar um quadro de João de Souza, a *Virgem do Carmelo*, comentava: "tem apenas colorido; é uma obra vulgar, um retrato, em busto, de quem quer que seja". Ao contrário, a respeito de seu aluno Manoel da Cunha, confirmava: "tem maior vulto artístico, e ofusca o nome do mestre."[64]

O desprezo manifesto para com a arte produzida no Rio de Janeiro colonial decorria da visão que formara a respeito da colonização portuguesa, receptáculo da "decadência" da metrópole, responsável por ter enviado "ao organismo social brasileiro ... uma colonização de judeus e degradados, sendo o Brasil asilo, couto e homísio garantindo a todos os criminosos que aí quisessem vir morar".[65] Tal visão se aplicava a tudo que se relacionasse aos portugueses e seus descendentes no Rio de Janeiro. Sua descrição a respeito da rua do Ouvidor é um contundente exemplo do desprezo que tinha pelo aspecto da cidade:

> um verdadeiro Clube ao ar livre como lhe chamou um viajante notável, onde se reúne o *hight-life*; o prazo dado dos elegantes, a rua de todas as novidades e todos os pretex-

> tos às *flaneries*, é um beco mal calçado, mal alinhado, sujo e margeado de pequeninos edifícios sem arquitetura. As demais ruas do centro da capital são intransitáveis. A primeira impressão que recebe, diante da cidade, quem chega de capitais como Paris, Londres, Viena, Haia e Roma, é a de se achar em uma aldeia que foi crescendo, ganhando grande extensão, a pouco e pouco, à proporção que o número de habitantes ia aumentando.[66]

Ao desdenhar os artistas coloniais Duque-Estrada também desaprovava o estilo barroco:

> a igreja dos jesuítas é uma flagrante prova do mau gosto e da falta de inteligência que presidiam a formação das suas obras. Os mosteiros e os conventos foram edificados durante o domínio do estilo barroco, essa brutalidade inventada pelos fundadores da Inquisição. Nem palácios, nem templos suntuosos possuía a Colônia. Tudo era acanhadamente dessa natureza.[67]

A despeito dos adjetivos depreciativos com que qualificava as obras artísticas da colônia, o autor nos trouxe importantes informações sobre cada um dos 14 artistas que estudou, avançando na identificação da autoria de diversas obras existentes nas igrejas, no Mosteiro de São Bento, nos conventos, na Santa Casa da Misericórdia e outros prédios. Sua investigação levantava dados a respeito da formação artística de alguns deles, identificando-lhes os professores e o lugar onde estudaram. Ao referir-se à qualidade das pinturas de José de Oliveira Rosa, dizia que "a ciência da perspectiva e a valentia do claro-escuro que há nas suas obras só poderia ele ter aprendido *fora da cidade do Rio*" (grifos meus). Tal suposição é mais um reforço de seu menosprezo pelo Rio colonial, incapaz de produzir bons artistas. Quando chegava a identificar qualidades artísticas em algum autor, sempre buscava explicá-las por meio do aprendizado fora do Rio de Janeiro. Assim se referia a Manoel da Cunha, autor, segundo ele, dotado de "pintura larga, sólida, sem pretensões". Apesar de ter estudado no Rio de Janeiro com João de Souza, para Duque-Estrada foi em Lisboa que pôde se aperfeiçoar.[68]

Muitos outros trabalhos versando sobre artistas coloniais sucederam aos produzidos por Duque-Estrada e Porto Alegre, entre os quais cito os escritos por Moreira de Azevedo, Vieira Fazenda, Francisco Marques dos Santos, com seu indispensável estudo *Artistas do Rio colonial*; cito ainda Nair Batista, com o alentado trabalho *Pintores do Rio de Janeiro colonial*, (notas bibliográficas); Hannah Levy, com *A pintura colonial no Rio de Janeiro*; Clarival do Prado Valadares, com a ilustradíssima obra *Rio neoclássico e Rio barroco*; d. Clemente da Silva-Nigra, com sua clássica obra *Construtores e artífices do Mosteiro de S. Bento*, complementada, posteriormente, por d. Mateus Ramalho Rocha, autor do livro *O Mosteiro de S. Bento do Rio de Janeiro 1590-1990*; Robert Smith, Germain Bazin, John Bury, Paulo Santos, Ana Maria Monteiro de Carvalho, com sua tese de doutoramento sobre Mestre Valentim; e Mario Barata, que se dedica a produzir vasta obra sobre as artes no Rio de Janeiro desde o período colonial, tendo concluído profundo estudo sobre a igreja da Ordem Terceira da Penitência do Rio de Janeiro, considerada pelo autor como possuidora do mais expressivo conjunto pictórico e de talhas na cidade, fonte de inspiração e ensinamentos para muitos outros artistas que nela atuaram. Destaca Mario Barata os nomes do pintor Caetano da Costa Coelho, introdutor da pintura arquitetônica inspirada em Pozzo, e do entalhador Manoel de Brito, por ele considerado o mais notável representante, no Rio de Janeiro, da talha da escola de Lisboa.

No decorrer das pesquisas que realizei, além da leitura cuidadosa, pude recolher referências sobre 143 artistas radicados no Rio de Janeiro. Desse conjunto de artistas do século XVIII destacarei alguns nomes, seja em razão de sua importância na sociedade, seja porque, sobre suas biografias e produção, novos dados provenientes da investigação realizada poderão ser acrescidos. (QUADRO 29)

Quadro 29

Número de artífices segundo a especialidade profissional e período de referência (1710-1810)

Especialidade profissional	Total	Período de referências		Observações
		1710-50	1751-810	
Armador, cenógrafo	21	4	17	Identifiquei duas mulheres armadoras: Isabel do A. Gurgel e Maria Vieira dos Anjos
Desenhista, gravador	12	1	11	Entre eles João Francisco Muzzi
Entalhador	49	12	37	
Escultor	22	8	14	Entre eles Mestre Valentim e João Peniche, que fazia imagens de gesso
Pintor, dourador	75	19	56	
Outros	18	2	16	Estucador, samblador, muralistas que usavam penas ou conchas, ourives e cravadores que realizaram peças para as igrejas, fundidores
Total	**197**	**46**	**151**	

Todavia, antes de realizar o proposto, cumpre elucidar uma velha questão, já levantada por Hannah Levy, envolvendo o significado da terminologia empregada para identificar "os entalhadores, imaginários e escultores". Segundo a autora, trata-se de uma classificação de todo ainda não esclarecida, ou melhor, sobre a qual os especialistas têm emitido opiniões divergentes a respeito do gênero de trabalho específico de cada um.[69] O dicionário português do padre Raphael Bluteau, de 1717-1728, apresenta em seu tomo suplementar uma listagem de diversos ofícios sinônimos: "entalhador" é o mesmo que "abridor", e "escultor" corresponde a "estatuário". Já Antônio de Moraes Silva, também autor de um dicionário, cuja 1ª edição data de 1789, atualiza o significado de algumas categorias e acrescenta outras. Assim, "entalhador" é o "oficial de obra que talha, que representa em madeira laçanas, flores, folhagens, brutescos etc., de meio relevo"; "abridor" não é sinônimo de "entalhador", mas sim de "gravador", ambos definidos como o artífice que "lavra ou abre ao buril"; "escultor" é o que "faz figuras de madeira ou pedra"; "imaginário" é o mesmo que "estatuário", ambos definidos como os que fazem "estátuas ou imagens de vulto"; e, complementando o quadro, "marceneiro" seria o oficial que lavra madeira para móveis, com mais artifício que o "carpinteiro", ou aquele que faz "molduras entalhadas para casas".

De acordo, pois, com Bluteau e Moraes, os ofícios, no decorrer do século XVIII, foram se especializando e se diferenciando por pequenas particularidades que, aos olhos leigos, se tornavam praticamente imperceptíveis, de modo a levar à confusão no momento em que eram citados ou definidos. Tais diferenças se apresentavam ainda com maior dubiedade quando um mesmo indivíduo as acumulava. Mestre Valentim, por exemplo, foi um representante típico desses artífices polivalentes, pois se apresentava simultaneamente como entalhador, marceneiro de móveis, escultor, estatuário, arquiteto, paisagista e desenhista de objetos. No momento, porém, de fazer seu testamento, se autoclassificou como entalhador.

Inácio Ferreira Pinto — Mestre Inácio

A respeito da vida de Mestre Inácio, Francisco Marques dos Santos quase nada diz, pois, segundo ele, "sobre esse artista nada se sabe". Contudo, as referências sobre seus trabalhos são bastante elogiosas:

> a igreja catedral do Rio de Janeiro conta sete altares e duas capelas fundas e é ornada de rica talha dourada feita em 1785 por Mestre Inácio, que também ornamentou a capela-mor da igreja de São Bento. É de admirável perfeição a talha que orna o interior da catedral. Os anjos, as colunas, os arabescos, as flores e demais ornatos são tão belos e perfeitos que se conhece ter sido em hábil artista o seu autor.[70]

Foi Silva-Nigra quem enriqueceu com várias informações a biografia desse artista, cujo inventário *post mortem* publicou.[71] Por esse documento ficamos sabendo que Mestre Inácio, ao falecer em 1828, deixou um bom patrimônio para sua família, avaliado em 5.738$820rs, e do qual faziam parte três prédios e um terreno; cinco escravos homens e quatro mulheres; móveis, louça, um calvário de jacarandá e livros. Em sua pequena biblioteca encontravam-se, entre outros livros, o *Monumento de Mafra* e "25 cadernos de estampas e desenhos".

O registro de seu casamento, celebrado em 8 de dezembro de 1793, localizado durante a pesquisa, traz o nome de sua mulher, Ana Joaquina do Amor Divino, filha legítima de João Coelho Marinho, importante mestre de obras na cidade do Rio de Janeiro, senhor de mais de vinte imóveis na cidade. A boa posição financeira do sogro permitiu que fosse o fiador de Inácio Ferreira Pinto no contrato que estabeleceu com o Mosteiro de São Bento. O casal teve quatro filhos legítimos: Delmira Rosa (casada com Francisco Guimarães), Polucena Rosa, Joaquim Ferreira Pinto, José Ferreira Pinto.[72] A leitura de outro documento — um inventário *post mortem* de pessoa falecida em 27 de dezembro de 1856 — revela a existência de mais um filho natural que tivera Sebastiana dos Santos Maciel. Esse filho, que ganhou o mesmo nome do pai, possuía em sua biblioteca livros de arquitetura, coleção de estampas, além de três bancadas de marceneiro e instrumentos da referida profissão.[73]

Quanto às obras que Inácio Ferreira Pinto (pai) realizou para o Mosteiro de São Bento, profusamente descritas e documentadas por Silva-Nigra e d. Mateus, chamam a atenção os desenhos por sua alta qualidade gráfica e diversidade de propósitos, pois, além dos riscos traçados para as talhas que produziu, fez duas plantas baixas do trecho do Arsenal e do Mosteiro e um prospecto do casario dessa região. (FIGURA 7)

Apesar dessas novas informações que enriquecem a biografia do Mestre Inácio, nenhuma notícia suplementar a respeito da origem de seus conhecimentos sobre desenho técnico, matéria bem desenvolvida nos cursos destinados a engenheiros militares ou arquitetos, pôde ser obtida.

Fica ainda um registro sobre a diversificação de suas atividades: como armador (decorador e cenógrafo), conseguiu arrematar "a armação do Prospecto do Fogo", executada na festa de comemoração pelo nascimento de d. Antonio, primeiro filho homem do príncipe regente d. João e dona Carlota Joaquina. Responsável pelo pagamento da obra executada, a Câmara dos Vereadores relutava em saldar seus compromissos, levando Mestre Inácio a exigir, via requerimento, que fosse ressarcido pelas despesas já efetuadas.[74]

Em boa hora a professora Nancy Regina Mathias Rabelo escreveu excelente dissertação de mestrado sobre Mestre Inácio, intitulada *A originalidade da obra de Inácio Ferreira Pinto no contexto da talha carioca na segunda metade do século* XVIII, apresentada na pós-graduação da Escola de Belas-Artes, UFRJ, em 2001. Nesse trabalho, o leitor terá rara oportunidade de conhecer e entender a vasta obra desse genial entalhador e sua importância nas artes cariocas.

João Francisco Muzzi

As primeiras informações sobre o pintor e desenhista João Francisco Muzzi foram fornecidas por Porto Alegre. Tinha sido pintor, cenógrafo e aluno de José de Oliveira, e era filho de "um italiano" que se estabeleceu na cidade do Rio de Janeiro. Todavia, o autor não revela as datas de seu nascimento e morte.

Novos dados sobre Muzzi são trazidos por Francisco Marques dos Santos, que atesta como de sua autoria parte das ilustrações de *A flora fluminense*, obra do botânico frei Conceição Veloso. São do mesmo pintor os quadros que registram o incêndio e a reconstrução do Recolhimento do Parto, em 1789, hoje pertencentes ao acervo do Museu Castro Maia e do Museu de Arte Sacra da Curia Metropolitana do Rio de Janeiro.

No decorrer de minhas pesquisas pude identificar duas pessoas distintas portadoras do mesmo nome — João Francisco Muzzi. Tratava-se de pai e filho, fato que vem esclarecer algumas confusões estabelecidas anteriormente por Augusto S. Carvalho, que, em seu trabalho sobre as academias no Brasil, se refere a J.F. Muzzi, membro da Academia Científica, como sendo um italiano de Florença, que fora por volta de 1703 residir em Lisboa, cidade na qual permaneceu por 18 anos. Tendo, em 1721, se naturalizado português transferiu-se para a cidade do Rio de Janeiro.[75] Ora, essas preciosas

Figura 7

Desenho de Inácio Ferreira Pinto

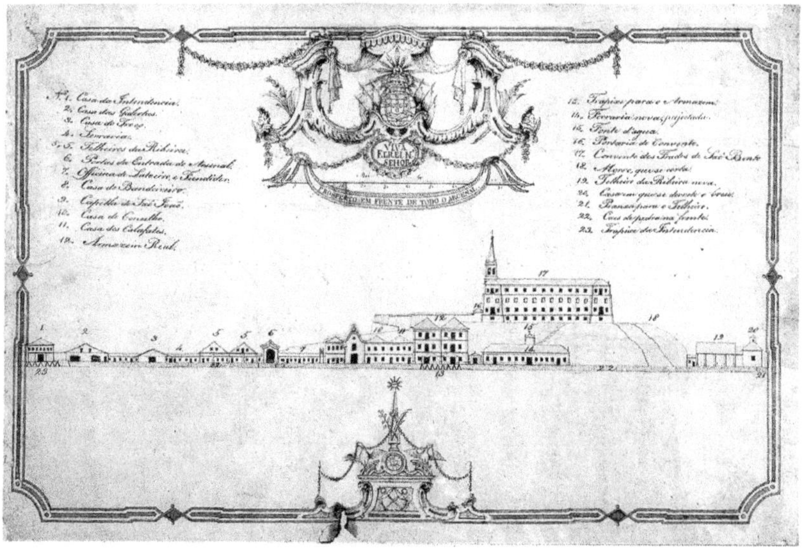

informações referem-se ao Muzzi pai, e não ao filho, pintor e acadêmico, como pude verificar após exame de cinco escrituras de 1722, 1727 (duas), 1738 e 1744.[76] Nelas o "Muzzi" citado vem sempre caracterizado como um "homem de negócio", e jamais como pintor. A última, inclusive, fornece um dado inquestionável: o sujeito jurídico das escrituras era, em 1744, um homem "cego". Como poderia carregar essa limitação física e ser ao mesmo tempo pintor?

Esclarecido o engano busquei no Colégio Brasileiro de Genealogia do Rio de Janeiro maiores informações sobre a família Muzzi. Recolhi dados biográficos referentes ao dr. Gonçalo José Muzzi, membro da Academia Científica, filho natural do velho Muzzi e Micaela da Conceição, uma parda forra.[77] Sua progenitora era a mesma Micaela citada na escritura de 1738, também mãe de João Francisco Muzzi, ambos pardos. Tal descendência explica por que o pintor, natural do Rio de Janeiro, tornou-se em 1777 membro da Irmandade de Nossa Senhora da Conceição dos Homens Pardos e foi nomeado em 1768 sargento-mor dos Terços de Auxiliares dos Homens Pardos.[78]

Para um filho natural e mulato, tal posto significava muito, ainda que por ele não recebesse soldo, mas sim "honras, privilégios, isenções e franquezas" e, sobretudo, o respeito da sociedade. A ausência de pagamento era dessa forma sobremaneira compensada.

Sua independência financeira, em contrapartida, vinha dos bens que possuía, entre os quais uma chácara no Engenho Velho, na qual tinha uma fábrica de anil.[79]

As aquarelas de Muzzi feitas para ilustrar a obra de frei Conceição Veloso foram publicadas pela Biblioteca Nacional do Rio de Janeiro, com substancial introdução de Darcy Damasceno.[80] A beleza dessas ilustrações e o excelente nível técnico demonstrado evidenciam uma formação artística sólida que enaltece a competência de seu professor, o pintor José de Oliveira Rosa. Em 1792, o artista Muzzi já havia sido reformado de seu posto de sargento-mor do 4º Batalhão de Infantaria Auxiliar dos Homens Pardos Libertos, dez anos antes de falecer em 15 de dezembro de 1802.[81]

Manoel da Cunha e Silva

Até agora a biografia do magistral pintor, mulato e ex-escravo Manoel da Cunha *e Silva* — sobrenome que acrescentei em função da pesquisa realizada —, resumia-se às informações de Manoel de Araújo Porto Alegre, contidas na obra *Escola de pintura fluminense*. Segundo Porto Alegre, nasceu de escrava pertencente à família do padre Januário da Cunha Barbosa, estudou pintura com João de Souza na cidade do Rio de Janeiro e foi enviado a Lisboa por seus senhores que, sabendo da vocação do escravo para a pintura, quiseram que se aperfeiçoasse nessa arte. Manoel da Cunha teria também recebido parte do dinheiro para a compra de sua alforria, que lhe foi dado pelo comerciante de "grosso trato" José Dias da Cruz. Conclui Porto Alegre suas notas sobre o pintor dizendo que uma de suas filhas de nome Apolinária estava viva à época de sua conferência, proferida em 1841.

A esses dados Moreira de Azevedo acrescentou a data do falecimento de Manoel da Cunha como sendo *27 de abril de 1809*, conforme registro da Irmandade de Nossa Senhora da Conceição dos Homens Pardos.[82]

Com essas informações refiz os caminhos percorridos por seus biógrafos, recomeçando pelo arquivo da Irmandade. Deparei então com dois nomes semelhantes: Manoel da Cunha e Manoel da Cunha *e Silva*. Referente a este último havia a seguinte anotação: "Irmão Manoel da Cunha e Silva, filho de Josefa Maria de Jesus, natural desta cidade, se assentou no dito ano acima [1781] e se obrigou às condições de nosso compromisso, entrada — 1$600rs".[83] Foi então que percebi que Moreira de Azevedo não se havia dado conta de que o Manoel da Cunha ao qual se referia não se tratava do artista que supunha, e sim de um outro sujeito que tinha quase o mesmo nome, mas que, diferentemente do mulato pintor, era homem "branco e solteiro".

Tendo esclarecido, pois, o equívoco, foi possível corrigir os dados de sua identificação: seu nome completo era Manoel da Cunha e Silva, e sua mãe se chamava Josefa Maria de Jesus. Em 1781 já se tornara liberto e continuava ainda solteiro. Veio a falecer não em 1809, mas em *25 de novembro de 1807*. A confirmação dessa data de falecimento foi elucidada pelo livro de registro de óbitos da freguesia da Sé, abrangendo o período de 1797 a 1812. Nele encontrei mais uma informação complementar: Manoel da Cunha e Silva era "pardo e viúvo".[84] Era, portanto, essa a pista que procurava. Se era viúvo quando falecera, mais um caminho se abria à investigação. Continuei a buscar no mesmo livro de óbitos da Sé algum registro de mulher falecida cujo marido fosse Manoel da Cunha e Silva. Desta forma cheguei à anotação do falecimento da *parda liberta*, Esméria Maria Rosa, em *25 de maio de 1802*. Felizmente Esméria havia feito testamento, transcrito logo em seguida àquele registro. Nele, ela se dizia natural da cidade do Rio de Janeiro, onde se casou "em forma da Igreja com o sr. Manoel da Cunha e Silva", instituído seu primeiro testamenteiro. Desse matrimônio nasceram cinco filhas: "Maria, Joaquina, Joanna, *Apolinária* e Balbina" (grifo meu). Portanto, a informação de Porto Alegre sobre a existência da filha Apolinária estava correta.

A declaração de Esméria de que "era casada em forma da Igreja" indicou o próximo passo: a leitura da documentação relativa aos proclamas de casamento, rica fonte de informações biográficas dos nubentes, que geralmente incluem certidão de batismo, filiação e, no caso de escravo, o registro do nome de seu senhor. Se, ao contrário, o sujeito já tiver obtido sua alforria, uma cópia da escritura de liberdade vem anexada ao processo. Assim cheguei às seguintes informações: a) o casamento de Esméria Maria Rosa e Manoel da Cunha e Silva se deu às onze horas do dia 24 de novembro de 1784, na freguesia da Sé, tendo ele quarenta anos de idade e ela 21; b) a mãe do pintor, Josefa Maria de Jesus, preta escrava, pertenceu inicialmente a João Gonçalves dos Santos, homem de negócio da cidade do Rio de Janeiro, depois a Manoel Pereira da Cunha, em cuja casa teve um filho pardo de nome Manoel, batizado em *29 de novembro de 1744*; c) o escravo Manoel da Cunha e Silva foi vendido por seu senhor a José da Cunha Barbosa em 1776; d) Manoel da Cunha e Silva comprou sua alforria por 400$000rs e registrou-a no Cartório de José dos Santos Rodrigues, nos seguintes termos:

> foi dito que era senhor e possuidor de um escravo por nome Manoel, pardo, *oficial de Pintor* que houve por compra que dele fez a Manoel Pereira da Cunha *haverá três anos*, o qual pardo o tem sempre servido bem depois que o possuí desempenhando em tudo as suas obrigações tanto pelo que respeita a boa diligência e aplicação do seu ofício, como a obediência e sujeição que lhe tem conservado.[85]

Os números referentes ao ano da alforria se tornaram ilegíveis por obra das traças, mas suponho ter sido 1779, baseado nas seguintes evidências: primeiro, pela declaração da data de seu casamento — 1784 —, que ocorreu cinco anos após sua alforria, ou seja, em 1779; segundo, pelo fato de o cartório do tabelião José dos Santos Rodrigues, onde foi passada a escritura, só ter começado a funcionar a partir de 1777;[86] e, por fim, pela data de filiação à "Irmandade de Nossa Senhora da Conceição dos Homens Pardos", ocorrida em 1781, quando já era homem livre. Portanto, a liberdade de Manoel da Cunha e Silva foi provavelmente adquirida entre 1777 e 1781, mais precisamente em *27 de outubro de 1779*, quando tinha 35 anos de idade.

Ao elaborar seu testamento, a jovem esposa, um dia antes de falecer com apenas 39 anos, não se qualificou como preta, parda, cabra, forra ou livre, contrariando o costume vigente. Escreveu tão somente seu nome, dizendo que era casada na Igreja "com o *Senhor* Manoel da Cunha e Silva". Era filha da preta Rosa Maria da Conceição, de nação mina, escrava de Jacinto Antônio da Costa, negociante. Rosa tivera Esméria com o branco Antônio de Carvalho, negociante, que pagou 102$400rs pela alforria das duas em 6 de abril de 1764, quando a filha Esméria tinha um ano de nascida.[87] Conclui-se que seu pai não assumiu a paternidade, pois, ao se casar, só declarou o nome da mãe.

Quanto à formação artística de Manuel da Cunha e Silva, os biógrafos sugerem que, após ter estudado no Rio de Janeiro com o pintor João de Souza, teria ido se aperfeiçoar em Lisboa, a mando de seu senhor. Essa hipótese talvez reflita a perplexidade daqueles que, ao analisarem a obra de Manoel da Cunha e Silva, nela encontraram qualidades consideradas improváveis de terem sido adquiridas em escola existente no Rio de Janeiro. O rastreamento de sua trajetória de vida revela, ao contrário, que sua formação se deu exclusivamente nessa cidade, com os ensinamentos ministrados por João de Souza, um artista "da classe dos coloristas", segundo Araújo Porto Alegre. Confirmam-no algumas evidências: Manoel da Cunha e Silva só poderia ter viajado para Lisboa entre 1744, ano em que nasceu, e setembro de 1761, data do alvará régio, segundo o qual todo escravo cujos senhores intencionassem permanecer em Portugal seria automaticamente liberto. Como ele permaneceu escravo até 1779, tal hipótese não se sustenta. Por outro lado, como seria possível um senhor ser tão generoso a ponto de enviar seu jovem escravo de apenas 17 anos para estudar em Lisboa e ao mesmo tempo conservá-lo na escravidão por cerca de 32 anos para no final vendê-lo? A versão de que foi a família do cônego Januário da Cunha Barbosa (um dos fundadores do Instituto Histórico e Geográfico Brasileiro) a responsável pela formação artística de Manoel da Cunha e Silva não tem fundamento, pois quando seu tio José da Cunha Barbosa o comprou como escravo, ele tinha 32 anos de idade e já era reconhecido como pintor. Além disso, esse senhor tratou Manoel da Cunha e Silva como mercadoria, cobrando-lhe pela sua alforria. Mesmo assim devia ser estimado pelo ex-escravo, já que foi uma das testemunhas de seu casamento.

As obras desse grande pintor carioca foram devidamente identificadas e citadas por seus diversos biógrafos. No entanto, gostaria de corrigir a suposta data de realização do retrato do governador Gomes Freire de Andrade, assinalada por alguns autores como o ano de 1760. Ora, neste ano, Manoel da Cunha e Silva tinha apenas 16 anos, sendo impossível portanto que a Câmara de Vereadores tivesse encomendado a um escravo adolescente a pintura de um quadro homenageando tão alta personalidade (fato habitualmente cercado de cuidados, pois era proibido, sem licença excepcional concedida pelo rei, retratar autoridades na colônia brasileira). O que realmente aconteceu foi que o prédio onde estava instalada a Câmara de Vereadores sofreu terrível incêndio em 20 de junho de 1790, destruindo grande parte do arquivo da Câmara, os móveis e inclusive o quadro de Gomes Freire de Andrade, pintado em 1760. Após o incêndio, realmente Manoel da Cunha e Silva foi contratado pela Câmara de Vereadores, em 1791, para pintar dois grandes painéis: um de Gomes Freire de Andrade e um de São Sebastião, além de outras encomendas. O recibo apresentado por ele contém a seguinte discriminação de serviços: a) dois painéis grandes, um de São Sebastião e outro de Gomes Freire de Andrade de corpo inteiro = 128$000rs; b) um santo pequeno para o estandarte = 1$600rs; c) duas molduras douradas para os painéis = 76$800rs; d) pela encarnação do santo da procissão, o estofamento do trono e o dourado da charola e seus pertences = 64$000rs; e) oito escapolas e quatro chapas para segurar os painéis e parafusos = 2$240rs; f) quatro forquilhas de latão com suas ponteiras para a charola = 3$840rs; 2 bancos de encosto para o almotacel e uma caixa = 4$000rs. Total = 280$480rs. Parte desse trabalho o pintor repassou para o entalhador Antônio Fernandes Machado.[88] Os painéis por ele pintados foram retocados por José Leandro de Carvalho, em 1807.[89]

Manoel da Cunha e Silva também pintou gratuitamente, em 1791, a imagem de Nossa Senhora das Dores para a Irmandade de Nossa Senhora da Conceição, à qual também pertencia sua esposa. Essa imagem pode ser apreciada ainda hoje no altar da igreja. O conjunto do retábulo e a urna em que a imagem se encontra são de autoria do entalhador Antônio Fernandes Machado, também autor, na mesma igreja, do retábulo do altar de São José.

Manoel da Cunha e Silva, pintor carioca, pardo e ex-escravo, fazia parte dessa gente estigmatizada que rompeu as muralhas construídas com as rochas do preconceito alimentado pela escravidão e argamassadas com as dificuldades concretas do dia a dia. Duas pretas escravas, Josefa Maria de Jesus e Rosa Maria da Conceição, cujos nomes originais africanos se perderam na travessia atlântica ou foram apagados pela água-benta da pia batismal, criaram seus filhos como mães solteiras, porque os homens brancos com quem mantiveram relações não assumiram a paternidade dos filhos mulatos.

No entanto, apesar das regras adversas, o mulato Manoel da Cunha e Silva, por meio da arte, transpôs brilhantemente todas as dificuldades que o cerceavam e marcou sua presença na cidade do Rio de Janeiro, oferecendo-lhe o melhor de sua capacidade criadora. Legou-nos seu sentimento profundo de amor à vida e à arte, tornando-se eterno por suas pinceladas magistrais em pinturas como a da capela de Nossa Senhora da Vitória, na Igreja de São Francisco de Paula.

Simão da Cunha

Juntamente com José da Conceição, Simão da Cunha foi autor do gracioso conjunto da escultura dedicada a Santa Ida, no Mosteiro de São Bento, e da imagem do Senhor Bom Jesus do Calvário, feita sob encomenda da Ordem Terceira do Carmo.[90] A esses dados é possível ainda acrescentar que Simão da Cunha, natural de Braga, foi batizado na freguesia da Sé, por volta de 1710. Era filho legítimo de Domingos da Cunha e Joanna da Silva. Na cidade natal aprendeu o ofício de entalhador, tendo sempre diante dos olhos, para se inspirar, o magistral conjunto de igrejas enriquecidas com belíssimas talhas. Segundo sua própria narrativa feita em 1750, Simão, com 25 anos de idade, saiu de Braga para a cidade do Porto, em que permaneceu apenas oito dias, embarcando logo para Lisboa, onde se encontrava aportada a frota, e "sem demora alguma embarcou em direitura para essa cidade" [Rio de Janeiro] e nela já residia há 16 anos.[91] Assim que chegou ao Rio de Janeiro, em 1735, recebeu uma importante encomenda do Mosteiro de São Bento, o que deixa entrever que viera recomendado ao abade, pois seria pouco provável que a execução de dois altares, o de Santa Francisca Romana e o de Santa Ida, fosse entregue a um artista desconhecido. Simão da Cunha, já com quarenta anos, casou-se, em 7 de outubro de 1750, com Marianna Joaquina, filha legítima de Gabriel Pereira Denis e Antonia Pereira, nascida e batizada na freguesia da Candelária. O casal foi morar na travessa da Alfândega, na zona central da cidade. Em 1766 seu compadre, tenente-coronel Francisco Xavier Correa, doou aos filhos menores, Francisco Xavier e Ana Maria Joaquina, uma casa de sobrado na rua Detrás do Hospício.[92]

Da documentação referente ao casamento de Simão da Cunha consta que o artista vivia do "ofício de Imaginário", e na documentação do Mosteiro de São Bento é citado como "escultor". Se Manoel de Brito tornou-se o mais expressivo representante da talha da Escola de Lisboa, Simão da Cunha foi sem dúvida alguma o melhor representante da talha da Escola de Braga.

Simeão José de Nazaré

Mulato de origem humilde, o entalhador Simeão José de Nazaré nasceu na década de 70 do século XVIII, na cidade de São Sebastião do Rio de Janeiro, e ingressou na Irmandade de Nossa Senhora da Conceição dos Homens Pardos, em 1783. Em seu registro constava pertencer à "casa do reverendo padre Manoel Lopes".[93] Por esse tipo de anotação, comum no caso de escravos, conclui-se que Simeão J. de Nazaré era mesmo escravo desse padre, ou cria de sua casa, isto é, filho de mãe escrava que, livre, cresceu no convívio da família do senhor de sua mãe, como se fora um de seus membros. Segundo Araújo Porto Alegre, esse artista teve como professor Mestre Valentim, afirmação atestada pelo próprio Simeão José de Nazaré em entrevista concedida ao botânico Freire Alemão, em 28 de setembro de 1851. Conta Simeão que seu professor gostava muito de andar "asseiado", e por isso era muito exigente com seus alunos, recomendando-lhes sempre: "não me amarrote os babados, não me suje a camisa".[94]

Como membro da irmandade de pardos, Simeão assumiu cargo na mesa diretora durante os anos de 1810 e 1811 e doou-lhe peças de valor, como a banqueta de Nossa Senhora das Dores, toda em madeira, e sua cruz, orçadas em 32$000rs, e dois touxeiros, também em madeira no valor de 40$000rs. Realizou outros trabalhos para a Irmandade, mas remunerados, como a urna do altar de São José, seis castiçais, uma cruz e o nicho do Menino Jesus, em 1809. O endouramento dessas peças foi realizado pelo pintor Joaquim Inácio.[95]

O artista Simeão José de Nazaré teve vida longa e produtiva, vindo a falecer, segundo Moreira de Azevedo, em setembro de 1858, com mais de oitenta anos.

Valentim da Fonseca e Silva — Mestre Valentim

Encontra-se no acervo do Arquivo Nacional do Rio de Janeiro o inventário *post mortem* de Valentim da Fonseca e Silva, o conhecido Mestre Valentim. O exame da documentação arrolada no inventário, ao qual foi incorporado seu testamento — rico em informações complementares —, permite-nos tomar contato com dados importantes da biografia desse artista polivalente.[96]

No referido testamento, feito cinco dias antes de falecer, em 24 de fevereiro de 1813, Valentim declarou, entre outras coisas, que nascera e fora batizado na freguesia de Santo Antônio do Arraial de Gouvêa, limite da comarca de Serro do Frio das Minas Gerais e que era filho natural de Manoel da Fonseca e Silva e de Amaltide da Fonseca, já falecidos. Declarou ainda Valentim que tivera uma filha natural com Josefa Maria da Conceição, moça solteira que "não tinha impedimento de casar". Apesar disso, preferiu continuar solteiro e desimpedido. A filha do casal, Joana Maria, não foi criada pela mãe nem por Valentim, mas por Teodora Maria dos Santos, a respeito de quem o testamento não acrescenta mais nenhuma informação.

Como Valentim mesmo afirmou em seu testamento que já "havia mais de quarenta anos" que chegara ao Rio de Janeiro, conclui-se que desde 1765 ou 1766 ali vivia, apartado de um outro gênio do barroco no Brasil, o Aleijadinho, que nessa mesma época fora contratado para projetar sua marcante obra, a Igreja de São Francisco de Assis, em Ouro Preto.[97] Assim, os notáveis artistas, embora nascidos na mesma capitania de Minas Gerais, desenvolveram seus trabalhos de maneira independente, sem exercer influências mútuas. Graças ao "Projeto resgate de documentação histórica: barão do Rio Branco", do Ministério da Cultura, coordenado por Esther Caldas Bertoletti, passamos a ter acesso, aqui no Brasil, à documentação do Arquivo Histórico Ultramarino, em Lisboa. Nos microfilmes referentes à documentação da capitania de Minas Gerais encontram-se vários documentos sobre o homem que Mestre Valentim declara ser seu pai: Manoel da Fonseca e Silva. Por esses documentos fica-se sabendo que morou na cidade do Rio de Janeiro e que em 1726 solicitou ao rei sua nomeação para administrador do contrato da dízima da alfândega desta cidade. Anos depois, Manoel solicita ao rei a confirmação do posto de "sargento-mor das ordenanças dos novos descobrimentos do Rio Grande de Ibituruna, na Comarca do Rio das Mortes" (AHUL, Avulsos MG, cx.25, doc.30). Os documentos informam ainda que Manoel foi nomeado tesoureiro da Intendência dos Diamantes do Serro do Frio, MG, e exerceu essa importante função por quase oito anos, entre 28 de outubro de 1732 e 29 de março de 1740 (AHUL, Avulsos MG, cx.44, doc.120). Como tesoureiro, tinha que circular e fiscalizar todo o território do Serro, no qual se situava o arraial de Gouveia, onde residia a preta escrava que veio a ser mãe de Mestre Valentim.

Em meio a essa documentação, encontra-se também uma petição do próprio Manoel da Fonseca Silva, dirigida ao rei, em 7 de fevereiro de 1744, solicitando-lhe o pagamento de salários atrasados relativos ao período em que foi tesoureiro. Há um outro documento, datado de 17 de novembro de 1744, no qual aparecem o contratador dos diamantes, Jorge Pinto de Azevedo, como testamenteiro do falecido Manoel da Fonseca Silva, e, como sua herdeira, a moça Sabina da Silva. Por esses dois últimos documentos fica evidente que o pai de Mestre Valentim faleceu solteiro, entre os meses de fevereiro e novembro do ano de 1744.

Assim, de posse desses novos dados sobre Valentim e seu pai, fui ao Arquivo Eclesiástico da Arquidiocese de Diamantina, onde estão guardados os documentos do Serro e de Gouvêa, para tentar encontrar a certidão de batismo de Mestre Valentim. No citado arquivo localizei na cx.297 o livro de certidões de batismos do "Arraial do Tejuco" que cobre o período de 1740 a 1765. Nele estão assentados os batismos de Gouvêa. Como o nome Valentim era de pouco uso na época — confirma a raridade o exame de 509 processos de casamentos de homens com nome começando com a letra v no Rio de Janeiro para os anos de 1637 a 1799, quando foram encontrados apenas 37 nomes "Valentim" — e o nosso Valentim deveria ter nascido entre 1740 e 1744 (ano da morte de seu pai), eram muitas as chances de poder localizar o referido assento. Entre os três ou quatro "Valentim" encontrados apenas um pareceu ser o que eu procurava — o da página 35, datado de 8 de março de 1744. Nesse registro, vem anotado que o padre pôs os santos óleos no inocente Valentim, filho de Joana, nação Sabaru, escrava de Antônio Pacheco. Como lhe foi dado o nome de (São) Valentim que a Igreja celebra no dia 13 de fevereiro, aquela criança deve ter nascido neste dia, conforme a tradição na época de as crianças levarem o nome de seu santo padroeiro.

Voltando à leitura do testamento de Mestre Valentim, falecido em 1º de março de 1813, nele declara-se nascido no arraial de Gouvêa e que estava "enfermo e de idade crescida", isto é, para a época, com mais de sessenta anos. Se compararmos o ano de morte do Mestre Valentim, 1813, com o de batismo do Valentim localizado, 1744, há uma diferença de 69 anos de uma para a outra. Ora, um homem com 69 anos já era considerado de idade avançada, mas em condição de exercer a atividade de entalhador, tendo saúde.

Até esse momento os dados se encaixam no sentido de ser aquele batismo o do Mestre Valentim; porém há uma contradição: o nome que ele dera para sua mãe foi Amaltide, e o do batismo é Joana!

Para explicar esse contraditório pode-se levantar a hipótese, plausível, de que houve a troca do nome Joana, pois às vezes ela ocorria quando o escravo ou escrava alforriavam-se. Pode ter sido a própria Joana ou seu filho Valentim, no momento que ela chegou, em 1776, na cidade do Rio de Janeiro, para sua companhia. Era conveniente para Valentim que sua mãe se chamasse Amatilde da *Fonseca Silva* por ter acoplados ao nome dela os sobrenomes daquele que ele apontava como seu pai.

Voltando-se ao documento do testamenteiro de Manoel da Fonseca Silva, nele vamos encontrar como herdeira Sabina da Silva, portanto nem era Amaltide e nem Joana. Evidência de que o falecido pai não reconhecera a mãe de Valentim. Manter o nome Joana — escrava de Antônio Pacheco, e não de Manoel da Fonseca e Silva —, conhecido só em Gouvêa, era dificultar o convencimento de todos, na cidade do Rio de Janeiro, de que ele era filho bastardo de Manoel da Fonseca Silva.

De um lado, fica a hipótese de ele ter nascido em 13 de fevereiro de 1744 e batizado em 8 de março do mesmo ano, de outro, a certeza de que, ao contrário do que afirmam muitos biógrafos de Valentim da Fonseca Silva, nosso genial artista nunca foi em companhia do pai estudar em Portugal. Mestre Valentim deveu sua formação aos mestres entalhadores mineiros, até 1766, ano em que veio residir na cidade do Rio de Janeiro, e a partir de então com os mestres dessa cidade. Cumpre lembrar que ao chegar ao Rio de Janeiro já encontrou finalizadas a magistral igreja da Ordem Terceira de São Francisco, cuja talha é de Francisco Xavier de Brito, e a pintura, de Caetano da Costa Coelho, realizada à moda do pintor André Pozzo. Não teriam esses autores e trabalhos servido de referências a Mestre Valetim, recém-chegado à cidade? Aliás, como consta de seu inventário, Valentim possuía, entre outros livros, a *Arquitetura*, de Vignola e a *Perspectiva*, de Pozzo.

Valentim pertenceu à Irmandade de Nossa Senhora da Conceição, composta de homens pardos como ele, tendo a ela se filiado em 1766.[98] Desde então, até 1813, produziu valioso acervo de obras que o tornaram notável entre os demais artistas do Rio de Janeiro colonial. Embelezou a cidade com dois importantes marcos: para o largo do Paço (atual praça Quinze), a mais importante praça da cidade, produziu o belíssimo chafariz; na área do aterro da antiga lagoa do Boqueirão projetou e realizou o primeiro jardim público da cidade, o atual Passeio Público, inaugurado em 1783. Aliás, a obra do Passeio representou a primeira intervenção do poder público na cidade, que partia de um ponto de vista global e objetivava retirar o largo do Paço de sua posição de único marco espacial no gênero. Foi sem dúvida uma proposta ousada, que partiu do vice-rei d. Luís de Vasconcelos e Souza. Exigiu obra complexa e cara de aterramento da lagoa e desbastamento de parte do morro do Desterro (atual morro de Santa Teresa). O projeto não se resumia ao Parque, mas compreendia um todo integrado e inovador, ao qual a baía de Guanabara se incorporava ao mesmo tempo como paisagem descortinada por quem no Passeio estivesse plantado, ou como ponto de vista de quem chegava à cidade pelo mar. Em seu lado oposto e extremo, no vértice formado pela atual rua Evaristo da Veiga, ficava o chafariz das Marrecas, que fornecia água potável acessível ao consumo da população. Unindo o parque ao chafariz corria uma rua larga, reta, direcionadora do olhar daquela pessoa que se dirigia ao grande jardim, preparando-a ao deleite de um passeio pelas alamedas floridas que convergiam para o eixo principal e terminava no terraço descortinando a bela visão da baía de Guanabara. Nos extremos desse terraço erguiam-se dois pavilhões hexagonais em que se exibia a arte muralista de painéis com conchas e penas, obras de Francisco dos Santos Xavier (Xavier das Conchas) e de Francisco Xavier Cardoso Caldeira (Xavier dos Pássaros) muito apreciadas pela população da cidade. No interior do Parque não faltavam elementos de adorno, presentes em famosos passeios públicos de outras cidades da Europa, como fontes e estátuas. A rua que unia o Passeio Público ao chafariz, atual Marrecas, principal via de acesso ao Parque, foi batizada com o poético nome de "Belas Noites", numa clara alusão ao espetáculo visual que oferecia aos transeuntes nas noites de luar. Foi a primeira rua aberta sem o objetivo utilitário de circulação e oferta de lotes para novas construções. Ao contrário, nasceu para desempenhar uma função estético espacial e expressar, deliberadamente, o mais sofisticado nível do viver urbano com arte.

Com esse conjunto inovador, a cidade passou a oferecer a todos a oportunidade do deleite urbano, e possibilitou a seus usuários a chance de demonstrarem o grau de civilidade que possuíam, bem como os gestos e as maneiras de uma educação requintada. A cidade de São Sebastião do Rio de Janeiro poderia, a partir dessa grande intervenção, colocar-se ao lado da cidade de Lisboa e outras do Reino, citadas por João Rosado V.L. Vasconcelos em seu livro *O perfeito pedagogo na arte de ensinar*. Por ser tão precioso o texto desse autor sobre o comportamento apropriado das pessoas que frequentam Passeios Públicos, espaços qualitativamente diferenciados das ruas, transcrevo sete dentre as 14 partes dessa lição.

Lição x
Do Passeio

1. Na Corte, e em algumas Cidades deste Reino há passeios públicos, onde se juntam as pessoas a frequentar o Passeio. Em Lisboa temos o Passeio Público; o Passeio da Ribeira-Nova. Em Coimbra o da Ponte; no Porto o de Cima do Muro, e Miragaia: em Braga, o das Carvalheiras de S. Sebastião; e em Setubal, o do Senhor do Bom-Fim; e assim alguns mais conforme a situação das Terras. Nestes Passeios nos devemos portar também com muita decência, e civilidade.
2. Além do que temos dito sobre a civilidade, com que se devem tratar as Pessoas, que encontramos, que é geralmente o mesmo, que se deve praticar nos Passeios, temos ainda algumas cousas, que advertir. Nos passeios públicos compreendemos também o campo, as Hortas, as Quintas, e ainda os Jardins dos particulares, em que por grandeza se permite a entrada franca. E como tudo isto, ou é do Público, ou dos particulares; e por consequência, não temos domínio próprio neles; nos devemos também conduzir com muita madureza, e prudência.
3. No Passeio deve respirar a modéstia, a sisudeza, e a gravidade tanto no corpo, como nos vestidos. Se fosse permitida a negligência, e o desprezo, antes se permitiria na rua, do que no Passeio. Ali vamos de propósito; vamos buscar o divertimento, o regozijo, e o prazer da Sociedade. Por isso deve reluzir em nós a alegria, e a maior civilidade, que for possível. Não quero dizer, que seja o cerimonial tão rigoroso, como no Passo; porém, que nada falte do preciso para nos não acusarem de mal criados.
4. O ar do campo, os frutos da Terra respiram esta mesma frugalidade acompanhada da decência, e urbanidade. Não sejamos como os Cortesãos de Augusto; mas também não desprezemos a elegância, e graça dos Pastores de Virgílio. Quero dizer, que não sendo a nossa Policia tão fina, como na Corte, não nos deixemos esquecer que fomos criados na Cidade. Seja a nossa decência animada com o colorido da liberdade, mas nunca tão vivo como o das Pinturas de Flandres.
5. No Passeio faremos as mesmas continências, que fazemos nas Ruas. Se passearmos com Pessoas iguais, ou inferiores, as persuadiremos a que se sentem, quando assim o quisermos; porém com as Superiores, esperaremos primeiro, que o lugar nos seja oferecido; porque às vezes há capricho em aceitar o lugar, para o não conceder aos inferiores.
6. Não examinemos com demasiada curiosidade as árvores, as flores, as estátuas, as fontes, os bustos, ou cousa alguma, para não mostrar a pequenez do nosso espírito. Porém fazendo-nos observar a beleza de alguma peça, diremos o que nos parecer, e soubermos; louvando sempre o que pudermos; porque tudo tem sua beleza, ainda no meio de muitos defeitos.
7. Ainda que a conversação caia sobre os defeitos de alguma cousa, como falta de proporção, ou outro qualquer defeito; nunca adiantaremos o Discurso mostrando outros

defeitos, ainda que os conheçamos. Não devemos seguir o exemplo de Diógenes, que vendo uma Cidade dos Mindos muito pequena com um grande Pórtico, lhes disse: Mindos, fechai a porta, para que não fuja a Cidade.[99]

Mestre Valentim, como projetista, e o vice-rei Luís de Vasconcelos e Souza, como idealizador do Passeio Público, mudaram qualitativamente a cidade. Com essa obra ergueram como que um "pórtico", digno de sua nova estatura e capaz de arrancar de Diógenes, caso nela chegasse, a exclamação: Cidade de São Sebastião do Rio de Janeiro, deixai-me entrar por seu belo "pórtico"!

Bastava essa obra para consagrar Mestre Valentim como o mais importante artista do Rio de Janeiro colonial. Muitas outras porém ele realizou, tendo sido minuciosamente já analisadas por vários de seus biógrafos. Todavia, novas observações sobre Mestre Valentim, a partir da análise de seu testamento, podem ser acrescentadas. Na Igreja de Nossa Senhora da Conceição e Boa Morte, por exemplo, além do retábulo no altar-mor, Valentim fez a banqueta, a urna e um andor. Na cidade de Niterói, na Igreja de São João de Icaraí, já demolida, fez o retábulo da capela-mor. Confeccionou também móveis para particulares, como uma cômoda e um oratório de jacarandá para o coronel Joaquim Ribeiro; para o capitão-mor Leandro José Marques Franco de Carvalho executou: "uma mesa pequena de cedro, uma mesa de jacarandá para chá, duas mesinhas muito pequenas para a luz, dois bancos pequeninos para debaixo das mesinhas e uma moldura para um quadro". Maria Luiza Salgado, em seus aprofundados estudos sobre Mestre Valentim, revela ainda serem de sua autoria vários trabalhos feitos na capela da casa de José da Cunha Barbosa, que era casado com Arcângela Correia da Silva Goulão, e na da família Corrêa, ambas situadas em suas respectivas fazendas, localizadas no município de Petrópolis, na região que tomou o nome da família.[100]

Apesar de sua imensa produção, Mestre Valentim, ao falecer em 1º de março de 1813, não deixou muitos bens para sua filha natural Joana Maria da Conceição. Possuía apenas uma casa térrea na rua do Senhor Bom Jesus ou do Sabão nº39 — que mais tarde passou a se chamar General Câmara, sendo arrasada e incorporada à atual Presidente Vargas — em que residia e tinha a sua oficina. Para adquiri-la pediu 400$000rs, emprestados a juros a Antônio Gonçalves de Oliveira, em 9 de maio de 1778.[101] Era uma casa térrea, velha e pequena, com 6,05m de largura por 18,60m de profundidade, com três portas na frente; sem forro nem assoalho, isto é, o piso da casa era de terra batida. Além desse imóvel, deixou instrumentos de trabalho, já velhos, móveis de casa, imagens, retalhos de madeira; um par de fivelas de sapato, de ouro, única joia; um escravo de nação mina, já velho e doente que alforriou gratuitamente, com sessenta anos, de nome Antônio, descrito pelo avaliador como sujeito "que serra e aplaina algumas tábuas para obras de marceneiros e que padece fluxão asmática pelas conjunções da lua e que o seu Senhor o deixou no seu testamento forro". Deixou por fim alguns livros, medalhas de gesso e 18 estampas. Em conjunto, seus bens alcançaram a avaliação de 1.723$240rs. Ficaram dívidas no valor de 582$332rs, correspondentes a 34% de seu patrimônio, o que levou a filha a vender a casa para saldá-las.

Mestre Valentim instituiu como testamenteiros sua filha Joana e o capitão Antônio Correa de Faria, que ao longo do processo se desentenderam, recheando o processo do inventário de acusações mútuas. Nessa briga o capitão Antônio acusou Mestre

Valentim de não ter querido sequer receber a filha em sua casa, só reconhecida como filha e herdeira graças a seu trabalho de convencimento e aos argumentos de Manoel Antônio, um de seus amigos.

Com Mestre Valentim temos mais um exemplo de mulato, filho de ex-escrava, que, pela arte, conseguiu ultrapassar todas as muralhas impostas pela sociedade aos que vinham de baixo e tinham como ascendentes pais escravos ou filhos de escravos.

Pedra, pau, areia, barro e cal: construtores em ação

A riqueza que a população ia acumulando tinha na cidade um de seus espelhos refletores. Com o crescimento populacional, expandiu-se o perímetro urbano e aumentou o número de edificações. As obras que concretizaram esse crescimento foram levantadas por pedreiros, canteiros, carpinteiros, marceneiros e muitos outros profissionais da construção civil ou militar.

Entre esses profissionais, dois eram imprescindíveis para a construção de um prédio: o pedreiro e o carpinteiro. O primeiro se encarregava das fundações, de elevar as paredes e de seus acabamentos; o segundo, da cobertura da edificação (estrutura e cobertura) e de todas as partes em que a madeira era empregada, desde o assoalho até o forro, passando pelos pavimentos — quando as construções possuíam mais de um andar além do térreo —, pelas esquadrias (portas, janelas, portão), os lambris etc.

Em geral esses profissionais obedeciam a um projeto, ou como também se dizia na época, a um "risco". O uso da maquete ou modelo reduzido (em escala muitas vezes menor que o tamanho real) deveria se restringir às obras mais importantes. Como já foi visto, Jacques François Blondel costumava sugerir ao arquiteto o estudo do "modelo" como técnica auxiliar de representação do projeto. Infelizmente não se conservou até nossos dias nenhum exemplar deles para representar obras importantes.

Antes de iniciar as obras, o construtor e o interessado faziam um contrato especificando as cláusulas de prestação de serviço em que eram discriminados tanto o processo construtivo, o tipo de material a ser empregado, o prazo de construção, o custo da obra, a forma de pagamento, assim como as responsabilidades de cada uma das partes. O nível de detalhamento do projeto e do contrato variava segundo os interesses de ambas as partes. O contrato, por exemplo, celebrado entre frei Antonio de Santa Rosa, padre superior dos carmelitas, e os mestres pedreiros Serafim Silvestre Pereira e Francisco Vieira dos Saraphis, em 26 de agosto de 1717, ilustra bem essa prática:

> estavam ajustados com os ditos mestres pedreiros para lhe fazerem e acabarem a obra das Tribunas com suas cornijas e tudo mais necessário até igualar com a parede do frontispício da Igreja tudo na mesma forma e correspondência das Tribunas da outra parte e também um bocado que faltou nesta mesma parte da cornija por cima do couro no tempo de um ano, começando deste dia por diante ao que lhe davam 1.400$000rs pagos do seguinte: a saber 201$600rs que logo receberam em dinheiro contado moedas de ouro, o resto do pagamento da forma seguinte: 400$000rs quando acabarem uma Tribuna e assim por diante conforme o andamento da obra.[102]

Bem-detalhado foi o contrato fechado, em 30 de julho de 1739, entre o arcediago da Sé, reverendo dr. José de Souza Ribeiro de Araújo e o mestre pedreiro Pedro Coelho da Silva para construção de um sobrado "na rua do Rosário conforme a *planta* que lhe havia dado".[103] Para um melhor entendimento das cláusulas que o constituem agrupei-as em vários itens que comento quando necessário.

Contrato

a) as paredes do sobrado deveriam ser de "pedra e cal", sendo que a espessura das paredes de fora mediria três palmos (66cm) enquanto as internas dois palmos (44cm), exceto a que ia de "quintal a quintal", até o primeiro pavimento. São informações preciosas que especificam as grossuras das paredes adotadas nas construções das primeiras décadas do século XVIII;
b) do piso do primeiro pavimento para cima as paredes mudariam de espessura ficando mais esbeltas. O material básico empregado era o tijolo;
c) as "fronteiras" (fachada) do sobrado, voltadas para a rua do Rosário, teriam "um portal de 6,5 palmos (1,43m) de largura e 14 palmos (5,8m) de alto com uma porta de almofadas, e um óculo na loja [pavimento térreo] com sua grade de ferro, no lado da travessa [o sobrado é de esquina, refere-se a outra rua] com sete portais de 11 palmos (2,42m) de alto e cinco palmos (1,10m) de largo com suas portas de chanfro, com travessões a cola e um cunhal de pedraria da terra até a cimalha";[104]
d) deveria ter um poço que dividisse "as duas moradas e dois fogões e quatro armários com as portas que lhes pertencerem como constava da *planta do risco* que está assinada pelo dito Pedro Coelho da Silva" [grifo meu]. Nesse caso, o termo "risco" se refere ao projeto e "planta", à representação de cada plano horizontal, contendo a indicação das paredes em suas espessuras, e a dimensão dos cômodos entre as mesmas. É importante salientar que foram tirados dois "riscos", tendo um ficado com o proprietário e outro com o empreiteiro, ambos assinados pelas duas partes;
e) teria o sobrado "mais duas casinhas que hão de servir de alcovas as quais hão de ser assoalhadas e forradas, e o mais aterrado. Só a loja principal ladrilhada". O termo "casa", na época, referia-se ao que hoje chamamos de cômodo ou compartimento. Quanto à pavimentação dos cômodos do pavimento térreo, apenas as duas alcovas seriam assoalhadas, a loja principal ladrilhada (geralmente de tijolo) e os demais, em terra batida;
f) "no andar de cima com dez sacadas, sendo a pedraria debaixo e de cima do Reino com as janelas de almofadas com grades de ferro, as quais há de mandar buscar na primeira frota a Lisboa, com uma gelosia somente na rua do Rosário". As ferragens para as portas e janelas seriam "feitas na terra". É importante destacar o uso de material fornecido e produzido na cidade do Rio de Janeiro e os importados de Lisboa, usados no pavimento superior;
g) os cômodos do pavimento superior seriam em "tabuado de canela preta e vigado da mesma madeira". Da mesma madeira deveria ser a escada. Todos os cômodos forrados, sendo a sala com "armação de caixeta" e os demais com "esteira"; as portas internas em "chanfro de outra madeira qualquer";
h) ainda sobre esse pavimento: deveria haver na cozinha um fogão e seis armários feitos com "madeira de pernas da de mangues com ripa de tábua";
i) "a cimalha de tijolo, e o telhado amouriscado com um cano de cobre". Nesse tipo de telhados era usada massa para fixar as telhas, evitando-as de escorregarem. Ressalte-se o uso nessa construção de condutor de águas pluviais "de cobre";

j) as calçadas deveriam ser de pedra ao longo das duas frentes do sobrado;
k) o prazo estipulado para a obra foi de 11 meses (30 de julho de 1739 a 30 de junho de 1740), "tudo capaz de receber com toda a perfeição cujos materiais acabados e postos" na obra, por conta do construtor;
l) o valor da obra foi acertado em 3.600$000rs, sendo pagos no ato da assinatura do contrato 1.600$000rs, e o restante, segundo o andamento da obra. Como garantia contratual o mestre pedreiro Pedro Coelho da Silva hipotecou uma casa térrea que possuía na rua da Quitanda do Marisco (atual Alfândega).

Nem sempre o mestre de obras "pedreiro" era o responsável pela construção. A Irmandade da Venerável Ordem Terceira de São Francisco, por exemplo, preferiu contratar como mestre de obras um "carpinteiro", Manoel Alves Setúbal, que em 19 de janeiro de 1755 se responsabilizou pela edificação e reforma de doze "moradas de casas", situadas na Prainha, em terreno da Irmandade. Entre elas, duas casas situadas ao "pé do Poço" deveriam utilizar somente material novo, enquanto nas dez restantes poderiam ser empregados materiais de demolição. O valor contratado para as casas novas foi de 250$000rs por unidade e, para as outras, 240$000rs. O mestre carpinteiro deveria obedecer "à planta que se lhe deu para a fatura da dita obra". Essas casas eram mais simples que o sobrado anteriormente citado, com fachadas de "pedra e cal, portais e janelas de pedra" (o contorno do vão), paredes divisórias internas de "frontal de tijolo" até a altura do início do madeiramento do telhado, de pau a pique (taipa). Os alicerces foram previstos para serem feitos de "pedra e cal". Quanto ao telhado, deveria ter beiral do tipo "cachorrada como indica a planta", e as chaminés, ultrapassá-lo numa altura suficiente que impedisse a passagem da fumaça de uma casa para outra. Na especificação do tipo de madeira a ser usada, foi definido que as portas e janelas da fachada seriam de "angelim e canela preta com a grossura suficiente"; já as portas internas poderiam ser de "caixeta". As madeiras para uso estrutural, pilares, vigas e telhado deveriam ser de "boa qualidade", e os caibros de "jaracatiroens". As ferragens a serem aplicadas nas portas e janelas deveriam ser produzidas no Rio de Janeiro, e proibidas as provenientes da cidade do Porto. O pagamento se faria em parcelas, de quatro em quatro meses. O empreiteiro deveria obedecer ao estabelecido na planta que lhe fora entregue. Foi fiador do carpinteiro Manoel Alves Setúbal o sr. Amaro da Silva.[105]

A relação com o poder público

A obra mais importante realizada na primeira metade do século XVIII, excluídas as fortificações para a defesa da cidade, foi sem dúvida a canalização do rio Carioca, levando água potável por canaletas numa extensão de cerca de 6km, sendo que no trecho correspondente à cidade corria sobre um aqueduto de dupla arcada terminando num chafariz com 17 bicas. Essa construção iniciada no século XVII arrastou-se por anos a fio, até a chegada, em 1719, do novo governador da capitania do Rio de Janeiro, Aires de Saldanha, que se empenhou em concluí-la. Até então a água chegava ao largo de Santo Antônio — que depois passou a ser chamado de largo da Carioca, em referência à água do rio Carioca — e jorrava de um chafariz provisório de madeira. Em carta ao rei, o governador solicitou-lhe ajuda não só financeira, mas também o envio de chafariz de pedra para que pudesse realizar uma obra definitiva, numa clara demonstração de dependência da Corte em matéria de edificação. Após longo processo de discussão no Conselho Ultramarino e outras instâncias de governo, que tomou outros muitos anos até chegar à decisão final, o rei comunicou, em carta de 19 de maio de 1723, que estava providenciando a remessa dos dois chafarizes solicitados, que deviam ser previamente pagos "pela grande impossibilidade em que se acha o meu Conselho Ultramarino para poder acudir as despesas deles". A resposta do governador, datada de 6 de outubro de 1724, é reveladora dos transtornos ocasionados pela demora dos trâmites administrativos,

> como na frota do ano de 1722, em que se esperavam os chafarizes se achava a água da Carioca junto da cidade, onde corria por canos de pau e servia de tanque uma canoa, estando assim em termos de se arruinar, assim a obra, feito e acabado ao pé da ladeira do Convento de Santo Antônio junto ao muro da Cidade com 17 bicas e com grande comodidade e conveniência deste povo: em cujos termos ficam sendo desnecessários os chafarizes que se pediram.[106]

Não resta dúvida, portanto, que a água do rio Carioca jorrou primeiro num chafariz provisório, e só em 1723 é que finalmente ganhou forma definitiva, segundo obra projetada e executada por profissionais do Rio de Janeiro, na qual trabalharam os mestres de obras Vicente Lopes Ferreira e Custódio da Silva Serra, contratados em 1719.[107]

No entanto, o transbordamento das águas do chafariz de 17 bicas provocava permanente alagamento da área circunvizinha, convertida assim em foco "pestilento". Para sanar esse problema foi aberta uma vala de escoamento, a mando da Câmara de Vereadores, que partia do largo da Carioca e descia até a Prainha (atual praça Mauá). A vala, por sua vez, tornou-se mais um receptáculo de imundícies jogadas pela população, levando o poder público a cobri-la com lajes de pedra em toda a sua extensão. O arrematante da obra, o pedreiro Domingos de Oliveira, foi, por motivos ignorados, preso em meio ao processo construtivo e substituído por Vicente de Oliveira Franco.

Outra obra pública importante foi a construção da "cadeia pública", na qual trabalhou o pedreiro José Rodrigues de Avelar. Em 1755, consta que apelou ao rei para interceder junto ao governador do Rio de Janeiro, Gomes Freire de Andrade, para que fosse pago pelos serviços já realizados, avaliados pelo engenheiro militar José Fernandes Pinto Alpoim em 12.058\$049rs. Até o momento de sua reivindicação havia recebido apenas 26,5% desse valor. Como reforço a seu pedido, José R. de Avelar expôs as necessidades por que passava, o "suplicante era homem pobre com mulher e filhos e para fazer a dita obra se empenhou muito e tomou dinheiro a juros, fiado no pronto pagamento que lhe havia fazer a Fazenda Real".[108]

Essa petição mostra a inadimplência do governo da capitania do Rio de Janeiro, obrigado a administrar com poucos recursos, já que a maior parcela dos impostos recolhidos era enviada à Corte. Os atrasos constantes do Estado em saldar suas dívidas levava os credores a promoverem ações judiciais, aumentando a lista dos "precatórios" no caso de ganho de causa. Apesar disso muitos profissionais continuavam trabalhando para a Câmara de Vereadores e o governo da capitania do Rio de Janeiro.

Certamente esses mestres de obras tinham crédito na praça ou capital de giro suficiente para, às suas custas, irem tocando as construções até receberem, com atraso, o que lhes era devido. O caso de José Rodrigues de Avelar não foi, portanto, uma exceção. (QUADRO 30)

Quadro 30

Relação dos principais mestres de obras que no século XVIII trabalharam em obras públicas

Mestres de obras	Ano/Ref.	Obra principal na qual trabalhou
Antônio Gomes de Faria	1791	Ponte sobre o rio Anil
Antônio José da Costa Barbosa	1777	Armações dos teatros e mausoléu no ofício por falecimento do rei d. José I
Antônio Ramos Vianna	1790	Ponte de São Cristóvão, Casa da Pólvora no Campo de Santana (1792)
Bartolomeu Coelho	1720	Prédio da cadeia
Francisco de Oliveira	1791-96	Aterro no Campo de Santana, limpeza da ladeira do Colégio no morro do Castelo, limpeza das praias, limpeza da vala da Lampadosa, conserto da estrada do Barro Vermelho, ponte do Catumbi, calçamento da rua da Cadeia, ponte ao pé da cancela de São Cristóvão (1791); aterro do largo em frente da igreja de São Joaquim; calçada da rua dos Ourives (trecho entre a rua do Ouvidor e a do Parto); reforma da rua do Sabão; limpeza da ladeira da Sé velha; limpeza da vala do Campo de Santana e esgotamento das águas represadas ao pé do Curro; aterro das valas na rua São Lourenço; abertura das ruas novas do Rezende e do Senado
Francisco Xavier de Matos	1787	Fonte adiante da lagoa da Sentinela "Chafariz do Lagarto"
Jerônimo Felix Pereira	1791	Reforma na Casa da Câmara
João Coelho Marinho	1772-77	Valas, curral do Matadouro etc.
José de Maia Brito	1787	Obras de calçamento em diversos logradouros, inclusive no largo do Paço, abertura da rua "nova por debaixo dos Arcos", ponte sobre o rio Maracanã (1788)
José Miguel Solano	1773	Trabalhou no tanque da fonte no caminho da Glória
Manoel Alves Setúbal	1774	Construiu o cofre para o Senado da Câmara para o Depósito Geral da cidade
Manoel Fernandes Sardinha	1776	Assentou pedra na Fonte no caminho de Matacavalos
Manoel Inácio de Faria	1789	Obras de calçadas das ruas da Misericórdia, Rosário, beco da Praia, Ouvidor
Manoel da Silva Lage	1781	Conserto da ponte do rio Guaxindiba, meio-fio e calçadas em várias ruas da cidade, construção de nova ponte sobre o rio Carioca
Roque de Azevedo Lisboa	1789	Construção da ponte sobre o rio Faria

Vidros, azulejos e os profissionais do arremate

Se nos tópicos anteriores deste capítulo a análise centrou-se na definição e formação dos profissionais especializados ligados à área da construção, agora o enfoque privilegiará o uso de determinados materiais como o *vidro* e o *azulejo*. Essa redução é consequência dos poucos dados que pude recolher a respeito dos profissionais voltados a este tipo de arremate, utilizado em edificações de caráter institucional ou residencial. Por isso, se, de um lado, foi possível saber que em ambos os casos se tratava de artigo importado do Reino, registrado e em geral taxado na Alfândega, nada encontrei que dissesse a respeito da aquisição do saber do *vidraceiro* e do *azulejista*. Não quero dizer que inexistissem esses especialistas, visto que o comércio ou a importação setorizada desses produtos são provas da necessidade desses profissionais.

No que tange propriamente aos vidraceiros, pude anotar duas citações correspondentes à primeira metade do século XVIII, sendo a primeira, de 1736, referente a um proprietário de loja de vidros na cidade do Rio de Janeiro chamado José Antônio de Carvalho. A segunda menção aparece numa procuração passada em 1749, em que o outorgante, Manoel Francisco Cardoso, se declara "vidraceiro de ofício".[109] Ora, essas duas referências, embora singelas, indicam que já naquela época se praticava o comércio de vidros e que havia quem os comprasse, seja para utilizá-los nas janelas e portas, seja nos móveis de suas residências. Tal uso vem comprovado por uma outra fonte de informação, isto é, o vidro aparece classificado na lista de produtos importados que passaram pela Alfândega do Rio de Janeiro antes de 1766, e taxado conforme sua especificação, assim descrita: "vidro cristalino de 2 palmos (44cm); vidro cristalino de um palmo e meio (33cm); vidros cristalinos sem aro (com 27cm), vidros cristalinos de dimensões maiores ou menores; vidros cristalinos com pinturas de figuras, vidros ordinários".[110]

É importante ressaltar que, ao tempo de Manoel Francisco Cardoso, o "privilégio" (monopólio) do comércio do vidro na praça do Rio de Janeiro foi motivo de um abaixo-assinado dirigido à Câmara dos Vereadores, em que os queixosos denunciavam os preços exorbitantes praticados por "aquele vidraceiro", que tirava vantagem de sua alegada posição de "contratador de vidros", legalizada, segundo ele, em Lisboa. Face à queixa do "povo da cidade" os camaristas encaminharam a denúncia ao rei, enfatizando o despropósito de um suposto direito de contrato que lhe proporcionava o domínio absoluto do comércio do vidro.[111]

Se o controle quase total do comércio de vidro, centralizado nas mãos de um só, dificultava o acesso mais generalizado a esse tipo de material pelos moradores da cidade, é bem provável que, por volta do último decênio do século XVIII, um maior número de pessoas já pudesse adquiri-lo sem tanta dificuldade. Tal opinião se assenta no fato de, nesse período, conforme informações colhidas nas *Memórias públicas e econômicas de 1779-1789*, do vice-rei d. Luís de Vasconcelos e Souza, haver uma quantidade maior de lojas de "louça fina e vidros", ao todo 24. Ainda que não seja possível assegurar que todas elas fornecessem vidro para uso nas edificações ou móveis, é certo supor que uma boa parte o possuísse para atender àquela necessidade.

Com a multiplicação de casas comerciais do ramo, os consumidores já não viviam à mercê dos violentos preços cobrados por um único contratador ganancioso. No entanto, é difícil imaginar que a utilização mais frequente desse elemento não se fizesse acompanhar pelo incremento de vidraceiros especialistas que soubessem assentá-lo nas esquadrias de portas e janelas.

No que diz respeito à azulejaria do século XVIII referente ao Rio de Janeiro, a escassez de informação documental também se faz sentir. Sobre esse tema, o estudo mais completo ainda é a obra de Mário Barata, *Azulejos no Brasil, séculos XVII, XVIII e XIX*.[112] Desde então, muito pouco se disse sobre a matéria que ele já não tivesse tratado.

Acredito que essa parcimônia bibliográfica se deva ao fato de os exemplares arquitetônicos que apresentam, no Rio de Janeiro, trabalhos de azulejaria terem-se restringido a prédios de uso religioso como igrejas, conventos e mosteiros, já que as edificações residenciais setecentistas de caráter laico foram praticamente todas demolidas. Nem mesmo o exame das guias de importação registradas na Alfândega traz informações significativas a respeito de azulejos, que chegavam empacotados em caixas não identificadas, sobre as quais não se dizia nada a respeito da origem do produto, nem do destino da encomenda. Tomando como exemplo o ano de 1766, constatei que o item "azulejo" não é nem mesmo mencionado na listagem de produtos importados, e em 1798 aparece vagamente referido como "produto vindo de Lisboa".[113]

A sede do Engenho d'Água, em Jacarepaguá, é um dos poucos exemplares que resistiu à fúria das demolições. Nela, o espelho da escada que dá acesso à varanda principal da casa é revestido com faixas de azulejos. Pode-se concluir que, se os azulejos chegaram a ser empregados numa casa de fazenda, por que também não adornariam residências urbanas do Rio de Janeiro?

A arte portuguesa da azulejaria, que no reinado de d. João V desenvolveu a temática de "painéis históricos", ricos em detalhes, simplificou-se enormemente após o terremoto de 1755, adotando desenhos geométricos nas cores branca e azul. Inspiravam-se na antiga linguagem decorativa da tapeçaria, muito em voga no século XVII, mas que, ao ser retomada, não conseguiu alcançar a riqueza que antes a caracterizava.[114] No caso do Rio de Janeiro, os exemplares de azulejaria referentes às igrejas estudadas por Mario Barata são todos do tipo joanino, em que predominam as festas ao ar livre e as cenas campestres de caça, as bíblicas ou ligadas à história da Igreja católica.[115] O autor não menciona exemplo de residência particular que a tivesse utilizado. A esperança de poder encontrar na documentação referente aos inventários qualquer indicação que viesse enriquecer o estudo da azulejaria no Rio de Janeiro do século XVIII também não se confirmou. Nesses inventários, os avaliadores descreviam a fachada das casas voltada para o logradouro, especificando o tipo de portas e janelas, o material usado na construção das paredes, mas do revestimento quase nada se falava. Escapou desse silêncio descritivo o palacete de Brás Carneiro Leão (falecido em 1808) situado numa chácara que possuía na Glória, no local onde hoje se encontra o Palácio São Joaquim.

Pela importância da descrição desse palacete — contida no inventário *post mortem* — para a história da arquitetura do Rio de Janeiro, decidi apresentá-la de forma bem resumida.

Sobrado na rua Nossa Senhora da Glória, nº116
Prédio principal
Dimensões: largura e comprimento = 109x194 palmos (24x42,7m)

Descrição do sistema construtivo: a frente para o logradouro era de pedra e cal com quatro portais tipo cocheira e quatro janelas de peitoril na loja (pavimento térreo) e, no sobrado (pavimento superior), dez janelas de sacadas, com seus quadros de cantaria com grades de ferro. Nas paredes laterais dos fundos da casa as janelas de peitoril têm o seu quadro de madeira, com caixilhos envidraçados. As paredes laterais e de fundo também são de pedra e cal, e de frontais de tijolo e estuque as paredes internas.
Divisão espacial: quatro salas de frente, sala de jantar, "quartos para cômodos", um deles servindo de Oratório, despensa e cozinha, saguão; no sótão sala, dois quartos forrados, com janelas e caixilho de vidraça, "quartos para cômodos" e cocheiras na loja.
Revestimentos: a) pisos — lageado de cantaria no saguão; pedra do reino na escada, nos quartos e nas cocheiras da loja; b) teto — toda a casa é forrada; c) paredes — *azulejos* na cozinha.
Pátio: ao lado da casa ladrilhado de pedra do reino com pilastras, figuras e vasos de louça e de pedra do reino, todo ele com gradaria de pau correndo pela frente da rua.
Casa anexa, com frente de pedra e cal medindo de 171 palmos (37,6m) de largura com janelas de cantaria, grades e cancela de ferro.
Meia-água: para cavalariça com baias e manjedouras, calçada de pedra com quartos para criados e escravos; eram suas paredes de pedra e cal com pilares frontais de tijolo, portais e janelas de madeira, medindo 337 palmos (74,15m) de largura. Na frente, um "bicame" construído de pedra e cal com bica de água e torneira.
Jardim: uma bacia de cantaria com "repuxo" d'água e, pelos lados, vasos e pilastras.
Fundo da chácara: um poço construído de pedra e cal com pilares de tijolo e madeiramento coberto de telha com "roda" e "nora" de madeira, três tanques de pedra e cal ladrilhados de pedra do reino e tijolo; um dos tanques era coberto de telha com duas torneiras de bronze. Ao lado do poço havia outro tanque com arco de tijolo ladrilhado de pedra com duas escadas do mesmo material e gradaria por cima da ponte e balaustre de tijolo e vazios de louça. Mais outro tanque de pedra e cal para receber água de beber com encanamento leva a água até a cozinha da casa de vivenda principal.
Avaliada no ano de 1836, em 45.000$000rs.[116]

É possível que em outros palacetes semelhantes ao de Brás Carneiro Leão se encontrassem revestimentos em azulejos.

Capítulo III

Cidade Mutante

Estudo neste capítulo não só a produção arquitetônica dos projetistas, artífices e construtores que criaram e transformaram a cidade, mas também a forma como era vista pelos observadores da primeira década do século XIX. Objetivando alcançar maior clareza expositiva, agrupei tais produções e percepções em dois conjuntos que convencionei chamar de *arquitetura perene* e *arquitetura efêmera*. Por arquitetura perene entendo as realizações concebidas para permanecerem por muitos anos, como os arruamentos, as obras de infraestrutura, as construções de edifícios, muralhas, cais, aquedutos e tantas outras que compunham a cidade do Rio de Janeiro colonial setecentista. Algumas dessas realizações foram fruto de iniciativas particulares, quer individual, como edificação de um prédio ou a abertura de um logradouro, quer institucional, como as obras construídas pelas irmandades, Mesa do Bem Comum (depois Junta do Comércio), ordens religiosas e pelo clero secular. Outras surgem pela ação do Estado (Câmara de Vereadores, Governo da Capitania ou pela Coroa), e é grande sua importância na configuração da cidade.

O segundo conjunto que denominei *arquitetura efêmera* — em razão da curta durabilidade das obras realizadas, desde o princípio concebidas como transitórias — transformava a cidade do Rio de Janeiro em cenário e palco das representações coletivas de caráter religioso, laico e político em comemoração de algum fato relevante.

Ilustrações dessa *arquitetura efêmera* são as que ocorriam por ocasião das celebrações das festas reais constantes do calendário oficial da cidade. Também nas festividades eventuais comemorativas de fatos alegres assiste-se ao mesmo fenômeno. A cidade era igualmente preparada em função de momentos graves, como a celebração de um funeral ou a execução de um condenado à morte — como a de Joaquim José da Silva Xavier, mais conhecido como Tiradentes.

Nessa transfiguração provisória da cidade, a arquitetura que dominava era a cenográfica, resultante de um plano coletivo, em que projetistas, construtores e simples participantes se confundiam na condição de espectadores e atores de um grande espetáculo.[117]

Arquitetura efêmera

É possível agrupar as cerimônias que ilustram o uso da arquitetura efêmera em dois blocos: as motivadas por um ditoso evento e as que manifestavam situações de dor.

Cerimônias jubilosas

Entre essas se incluem as festas oficiais permanentes e as eventuais, montadas em homenagem a uma personalidade importante ou a um acontecimento jubiloso ocorrido com membros da família real.

Eram quatro as festas anuais obrigatórias celebradas na cidade do Rio de Janeiro: a de São Sebastião, padroeiro da cidade; a de Santa Isabel; a do Corpo de Deus e a do Anjo Custódio, sendo que as três últimas também constavam do calendário oficial das demais cidades da colônia portuguesa na América, e por essa razão eram chamadas de Festas Reais. Tinham como característica comum o fato de terminarem em grandes procissões que percorriam as principais ruas da cidade.

A organização das Festas Reais era tarefa da Câmara dos Vereadores, que arcava com suas despesas básicas, o que representava mais um peso para sua apertada receita. Para se ter uma ideia dos itens mais onerosos do orçamento de uma festa real, cito os dados de 1775 referentes às celebrações comemorativas de Santa Isabel, Anjo Custódio e Corpo de Deus. Naquele ano o poder público despendeu 1.086$510rs, sendo 603$680rs com a compra de cera, 73$100rs com a feitura de armações, 32$000rs com música e 377$730rs com a confecção de um novo estandarte para os vereadores carregarem nas procissões e demais cerimônias.[118]

Chamam a atenção os vultosos gastos com cera, necessária à iluminação. Em 1760, para as festas de Santa Isabel e do Anjo Custódio, foram compradas dez arrobas e 21 libras (=156,48kg) de cera, no valor de 184$140rs. No ano de 1790, a despesa da Câmara subiu cinco vezes mais, adquirindo cerca de 792kg desse mesmo material. Em 1795, os gastos com o consumo festivo de cera atingiram 10% de sua receita anual, ou seja, 807$500rs, preço de uma boa casa térrea na cidade.[119]

Além das quatro festas permanentes do calendário anual oficial, a Câmara de Vereadores se incumbia das celebradas em regozijo do nascimento, casamento, coroação ou outro acontecimento ligado à vida dos reis, rainhas, príncipes e princesas, à posse de autoridades, como o governador da capitania ou dos vice-reis, à chegada de um bispo, a um evento envolvendo pessoa de destaque da capitania e que convinha solenizar.

Algumas dessas celebrações festivas foram registradas em prosa ou verso, o que nos permite hoje traçar um esboço de como ocorreram. Quanto ao total das despesas efetuadas com cada uma delas, os documentos são poucos e esparsos, principalmente quando se trata de eventos ocorridos antes de 1790, cujos registros foram nesse ano destruídos pelo incêndio do arquivo da Câmara.

O ritual de posse de um vice-rei consistia, por exemplo, de ato solene na Sé Catedral — que então funcionava na Igreja do Rosário dos Pretos —, realizado diante do Cabido, dos vereadores, da nobreza da terra e do povo. O marquês do Lavradio, em carta a amigo, descreveu como ocorreu a festa em sua homenagem em 4 de novembro de 1769:

> as ruas se achavam excelentemente armadas e a Sé o estava igualmente, o acompanhamento muito numeroso, e luzidio, de forma que se eu cresse nestas cousas pode-

> ria estar sumamente satisfeito; houve seis dias de luminárias e algumas ruas estavam magníficas, porque além das luzes que tinham nas janelas as paredes eram cobertas de placas com vários lustres pelo meio da rua, e em uma das noites que fui com o Senhor Conde vice-rei (Azambuja) ver este obséquio o acrescentaram com bastante fogo de artifício, e muito fogo do ar, tem havido três dias de outeiro [nesse caso foi usado no sentido de montaria] e outros três de ópera, alternando estes dois divertimentos entre si; acha-se prevenida uma grande festa de touros e cavalhadas para o que se está acabando uma praça que fica magnífica, porém todos estes divertimentos, todos estes obséquios; todas estas podres e abomináveis bajulações não têm tido o poder de fazer a minha satisfação nem por um só instante.[120]

Para a posse do sucessor, d. Luís de Vasconcelos e Souza (1779-90), a Câmara de Vereadores mandou confeccionar um novo pálio, elaborado ricamente em "ló de ouro" por Vicente Vaz Ferreira, que cobrou pelo serviço 247$640rs.[121]

Para os festejos da posse do vice-rei conde de Resende (gestão 1790-1801), os vereadores contrataram o armador José Joaquim Ferreira para decorar a Igreja da Sé (Rosário), e ornamentar com tapetes e outros adornos as janelas do prédio da Câmara, trabalho que lhes custou 82$560rs.[122]

O registro da posse do Conde dos Arcos, último vice-rei do Brasil (gestão 1806-1808), é mais rico em documentos, uma vez que se deu posteriormente ao incêndio de 1790. Para a ocasião os vereadores contrataram o mesmo armador que havia antes trabalhado na festa do conde de Resende — o que me leva a supor que a escolha recaiu em José Joaquim Ferreira, que cobrou 76$800rs pelo serviço realizado. A cera consumida nas festividades dessa posse custou bem caro à Câmara: 311$640rs.[123] Coube ao padre José Maurício Nunes Garcia, novo mestre de capela, dirigir os músicos que durante os atos litúrgicos celebrados na Igreja da Sé tocaram em homenagem ao conde dos Arcos.[124]

Não só os governantes temporais mereciam ser festejados quando de sua chegada à cidade. O mesmo também acontecia com as mais altas personalidades da Igreja. A recepção oferecida pela população da cidade do Rio de Janeiro ao novo bispo d. Antônio do Desterro Malheiro, que entrou na barra da baía de Guanabara em 1º de dezembro de 1746, foi uma das mais expressivas até então realizadas. O governador Gomes Freire de Andrade, acompanhado das mais altas autoridades civis e militares, acolheu d. Antônio do Desterro Malheiro na própria entrada da baía. O bispo, um monge beneditino, exausto da longa viagem que fizera, logo se dirigiu ao Mosteiro de São Bento para descansar. Com isso, mais tempo tiveram os organizadores para aprimorar os enfeites da cerimônia de posse do bispado e a subsequente procissão, ambas marcadas para o dia 1º de janeiro de 1747.

Alguns dias antes foram organizados eventos menores para público reduzido, como o tríduo na igreja do Mosteiro de São Bento, iniciado no dia 11 do mês de dezembro. À noite, foi apresentada no teatro de Boaventura Dias Lopes a ópera Felinto exaltado, à qual estiveram presentes o governador Gomes Freire de Andrade, os vereadores, militares graduados, ministros, religiosos e toda a nobreza da cidade.[125] A música foi considerada excelente pelos ouvintes, que também se admiraram com os "especiosos vestidos" dos atores. Simultaneamente os arcos comemorativos foram levantados e confeccionados os fogos de artifício para o grande espetáculo. Num ritmo acelerado todos preparavam suas apresentações, decoravam suas casas, e elaboravam os enfeites a serem aplicados no dia da grandiosa festa.

Os vereadores, o próprio governador e demais autoridades não mediram esforços para que a recepção à autoridade máxima da Igreja católica no Rio de Janeiro superasse em tudo as anteriores. Foram construídos sete arcos do triunfo, ou "pórticos", para marcar o percurso da procissão, em arquitetura classicizante, segundo as normas de Vignola. O primeiro deles foi erguido ao pé da ladeira de São Bento, onde terminava a rua Direita (FIGURA 8). Além dos arcos, o piso das ruas por onde passaria a procissão foi coberto por tapete artisticamente feito com areia branca, intercalada de desenhos de flores, segundo a melhor tradição portuguesa. Os trechos correspondentes a cada prédio foram, pelo proprietário ou inquilino, ornamentados com os mais belos tapetes ou com a mais sofisticada colcha de damasco ou seda que possuía. Luminárias bem-elaboradas completavam a ornamentação. Os indivíduos mais ricos excederam-se, contratando conjuntos musicais que executavam harmoniosas composições. As embarcações que se encontravam ancoradas na baía se enfeitaram com bandeiras e luminárias.

Chegado 1º de janeiro, tanto os membros da tropa remunerada quanto os oficiais auxiliares postaram-se em ambos os lados das ruas do percurso da procissão, formando, com as cores de suas fardas e apetrechos, um imenso e contínuo colar humano. Às 16 horas daquela tarde saiu o cortejo. O pálio que abrigava o bispo ia carregado por oito homens entre os mais respeitados da comunidade, sob a coordenação do dr. Ignácio da Mota Leite, "Cavaleiro da Ordem de Cristo e Cidadão", ex-procurador da Câmara, nomeado *ad hoc* alferes da cidade do Rio de Janeiro. Assumiu o papel de laudatório o irmão do bispo, João Malheiro Reimão Pereira, fidalgo da Casa Real. Cristóvão Muniz Barreto de Menezes levava o solidéu e Thomaz de Gouvea Coutinho a "capa viatória". Em seguida vinham os vereadores com seu estandarte, o governador da capitania e demais autoridades, o clero e as irmandades.

Na Igreja da Sé as cerimônias transcorreram em conformidade com o ritual prescrito, encerrando-se com a colocação da "capa viatória" sobre os ombros do novo bispo.

Iniciado o cortejo de volta, o bispo por comodidade fez o percurso sentado em sua liteira. As baterias das fortalezas, as canhoneiras dos navios e os membros dos regimentos em guarda romperam com estrondosa salva de tiros. A cidade de São Sebastião do Rio de Janeiro, em razão das diversas luminárias acesas noite e dia, converteu-se em imenso clarão que se refletia nas águas da baía de Guanabara.

Outro evento de peso que mereceu celebração esmerada foi o casamento da princesa dona Maria, herdeira do trono português, com seu próprio tio d. Pedro.

Para superar os entraves envolvendo tal desposório foram necessárias amplas negociações políticas com os governos amigos, que já tinham apontado seus pretendentes, e principalmente com a Igreja. Somente mediante licença especial do papa seria possível realizar uma união consanguínea, categoricamente proibida pelas normas do direito canônico. Obtida finalmente a licença, o casamento se deu em 6 de junho de 1760.

Coube ao bispo d. Antônio do Desterro Malheiro celebrar os cultos solenes em regozijo por tão feliz e esperado desfecho. Realizados na Sé Catedral, receberam todo o

Figura 8

Descrição e dimensões dos sete pórticos para a festa em homenagem ao bispo d. Antônio do Desterro Malheiro (1747)

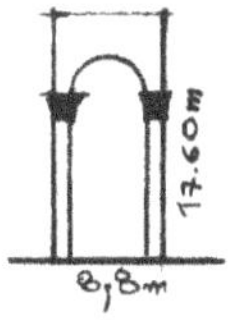

1º arco *"cujos pedestaes, e remates se enlaçavão com especiosa seda de matizes, com guarniçoens de franjas galoens de prata, e tão custosamente adornado, que a mesma natureza devia contemplar o especioso delle"*

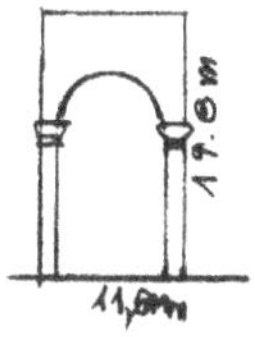

2º arco *"Tambem de lustrozas sedas"*

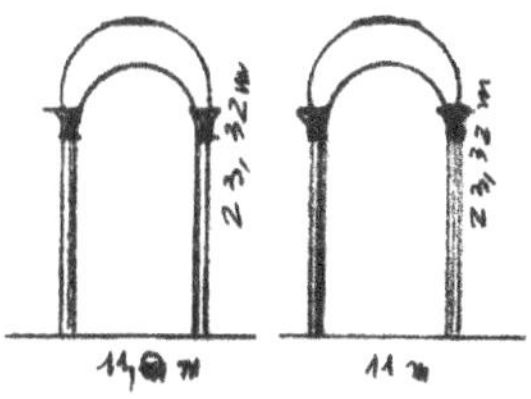

3º arco Único com quatro faces, *"cuja construção podia competir com huma das sete maravilhas do Mundo, por ser toda a sua Arquitetura Corintia, tendo as medidas como pedia a arte, pois se formava em quatro faces"*

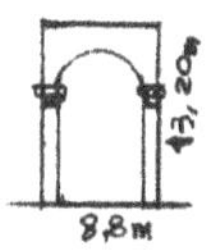

4º arco *"feito com tanta candura, que parece Neptuno se empenhou na formação deste edifício; pois se elevava em escrepadas espumas, formadas nas mais finas cambraias, que a natureza creou, que matizadas estas de igneas cores, e pendentes de inchadas nuvens, e vião preciosas peças, de prata, sendo este círculo hum sinal da*

5º arco *"arco que por ser de branda cera com especialidade se formou para hum tal dia, como simbolo, geografico do nosso preclarissimo Prelado, que sendo arminho pro puro, será brando por essencia."*

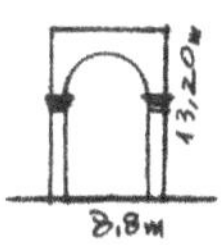

6º arco *"de magnifica corpolencia, formando-se na altura de 60 palmos e de largo 40 vendo-se hum Céo ceruleo, que no brilhante das estrellas, de que se adornava, narravão a gloria deste firmamento e para que tudo fosse Céo esta scientifica fabrica, não só flores delle se espargião, mas dous Anjos em dous trinados fazião hum engraçado duo, em que felicitavão ao som do toque de Orpheo, os coraçoens de seus arquitetos e sua Exa Real".*

7º arco *"arco que tinha por empreza e divisa a das Justiças, cuja obra por pertencer a Minerva tanto tinha de Dorica, como Jonica."*

apoio da Câmara dos Vereadores e do governador Gomes Freire de Andrade, que, em carta de 10 de fevereiro de 1761, dirigida ao secretário de Estado Francisco Xavier de Mendonça Furtado, descreveu as comemorações com as seguintes palavras:

> logo que recebi esta notícia de inexplicável júbilo, cheio o meu espírito de glória, a *fiz presente ao Senado desta Cidade, e a todas as Câmaras das Cidades e Vilas destas Capitanias, para que festejassem tão felicíssimos desposórios, no que todas se mostraram diligentes, como são obrigados*, principalmente os moradores desta Cidade nos ricos e alegres festivos, em que entraram dando claras e evidentes demonstrações do seu grande contentamento.[126]

Outrossim, o relato minucioso do governador permite-nos conhecer o formato básico das comemorações similares, composto dos seguintes elementos: missas solenes por três dias consecutivos ("tríduo"), procissão, jogos equestres, tourada, cavalhadas, danças, óperas e música, espetáculo pirotécnico e carros alegóricos, intensa iluminação da cidade, decoração da Sé Catedral e das fachadas dos prédios do percurso da cerimônia com tapetes, colchas e outros panos coloridos. É interessante realçar que, sendo o Rio de Janeiro um porto marítimo, as embarcações fundeadas na baía de Guanabara e as fortalezas que defendiam a cidade faziam invariavelmente parte do cenário dessa *arquitetura efêmera*, que sugeria a ornamentação das naus e encomendava as imprescindíveis salvas de tiros.

Transcorridos 18 meses do casamento da princesa dona Maria, nasceu o tão desejado filho homem, herdeiro do trono português, em 20 de agosto de 1761. A notícia só chegou à cidade do Rio de Janeiro no ano seguinte, em 24 de janeiro de 1762. A alegria foi geral e por vários dias a cidade se encheu de festividades, magnificamente registradas na obra publicada em Lisboa, intitulada *Epanáfora festiva* ...[127]

A cidade, com mais ou menos cem dias de obras, foi transformada num grande cenário profusamente iluminado, com as fachadas das casas ornamentadas, e as embarcações na baía de Guanabara "embandeiradas, donde, com as flâmulas, galhardetes, e paveses", davam aos olhos o "insólito espetáculo de trêmulo jardim, cidade errática".

No dia 6 de maio, os sinos de todas as igrejas repicaram anunciando que, a partir do dia 7, por três dias consecutivos, se daria na igreja do Mosteiro de São Bento o "tríduo", celebrado pelo bispo d. Antônio do Desterro Malheiro. No último dia, como era de costume, ocorreria a procissão, para a qual cada grupo de participantes esmerou-se ao máximo, revestindo de luxo e criatividade sua apresentação. Entre as irmandades, destacaram-se, segundo o autor da *Epanáfora festiva* ..., a do Terço, a de São José, de Nossa Senhora Mãe dos Homens e a de São Brás dos Pardos, pela beleza e suntuosidade dos andores ou charolas que apresentaram. Também se destacou, entre os vários andores das freguesias, o de Santa Rita, que, projetado por seu próprio pároco, João Pereira de Araújo e Azevedo, "obteve da estimação o primeiro lugar".

Durante o cortejo da procissão coube aos eclesiásticos carregar em seus ombros o andor de São Sebastião, padroeiro da cidade, e aos "meninos órfãos", o Menino Jesus, muito bem ornamentado. Além das autoridades do governo da capitania, dos membros da Câmara de Vereadores, participaram as irmandades, as ordens terceiras, os beneditinos, os carmelitas e os franciscanos e os "moços do Coro da Sé".

Foram construídos dois pórticos para luminárias, um em frente à casa do bispo no morro da Conceição — "um peristilo de chamas tendo no intervalo das colunas letras que formavam a mensagem Viva el Rei" — e outro em frente ao Paço, ricamente pintado.

Além desses eventos religiosos, foram apresentados espetáculos profanos na arena denominada "curro", construída no Campo de Santana. Nessa arena aconteceram as touradas, os jogos das argolinhas, realizados por dois grupos de cavaleiros, cada um defendendo cores diferentes: "Encarnado" e "Azul". Aí também foram apresentados quatro espetáculos de dança: a das "ciganas", por um grupo de 16 moças "ricamente enfeitadas", que arrancaram efusivos aplausos da plateia; o grupo da dança dos "cajadinhos", sob o som de "gaita de fole", apresentaram "cânticos pastoris"; os alfaiates apresentaram a dança dos "cavaleiros teutônicos" e os pardos, a dança do "Rei do Congo". Além desses espetáculos, desfilaram três carros alegóricos, um deles confeccionado pelos ourives da cidade, intitulado "carro triunfal", trazendo alegorias sobre "as quatro partes do mundo e outras figuras que eram imagens de vários deuses da gentilidade"; um segundo carro elaborado pela Irmandade de São José (dos carpinteiros, marceneiros e pedreiros) vinha puxado por pavões e figurantes interpretando "um conflito entre Mouros e Cristãos"; e, por fim, o terceiro carro alegórico, produzido pelos sapateiros, estampava "alguns índios à caça de feras do país, pelo aspecto bem fingidos: mas que descendo-se uns, e outros do monte e um brincado baile, compensou a consideração o engano dos olhos".

No novo teatro construído pelo padre Boaventura Dias Lopes "na praça contígua ao Palácio de residência dos Governadores", "foram apresentados três espetáculos operísticos, patrocinados pelos homens de negócios".

No dia 6 de junho, "dia natalício da felicidade portuguesa", foi oferecido um banquete pelo governador Gomes Freire de Andrade a todos os "Magistrados, oficiais de Guerra e pessoas de distinção". À noite desse mesmo dia houve um esplendoroso espetáculo de fogos de artifício no Campo de São Domingos — situado na atual Presidente Vargas, na altura da rua Uruguaiana. Foram edificados um "castelo" e um "navio" sobre rodas que, ao se aproximar do castelo, bombardeava-o intensamente sendo de pronto repelido pelas baterias da fortaleza. Esse espetáculo durou quatro horas e foi assim descrito:

> deu-se princípio a esta travessura com a aparência de uma embarcação fingida, que trazia o vento em rodas sobre que se sustentava. Esta emparelhando com o Castelo em forma de peleja disparou algumas bombardas, e se ocupou toda em várias invenções de fogo. A este ataque correspondeu o Castelo com relâmpagos, e trovões repetidos: neste era o horror agradável, naquele divertimento, posto que arrebatado, alegre. E durante esta cena de quatro horas, breves instantes para o gosto, tempo largo para o dispêndio, povoou-se o ar de luzes, *a terra ferveu com fogo*.[128]

Como se vê, os espetáculos pirotécnicos recebiam sempre grande destaque nas festividades e eram muito apreciados pela população.

Havia chegado a hora de o príncipe herdeiro d. João (nascido em 13 de maio de 1767) se casar para garantir a continuidade da família de Bragança à testa da Monarquia portuguesa. As negociações diplomáticas entre as famílias reais europeias foram intensas, mas a escolha recaiu na princesa espanhola Carlota Joaquina, que, nascida em 25 de abril de 1775, era ainda uma criança de apenas dez anos de idade. O casamento se deu oficialmente em 8 de maio de 1785.

Na cidade do Rio de Janeiro, a comemoração de tão importante fato para a Monarquia lusitana se deu nos meses de janeiro e fevereiro de 1786. Foram realizados eventos tradicionais, como o tríduo de missas na Igreja de São Bento, as óperas, os saraus musicais e outros "festejos em obséquio dos felizes desposórios dos Sereníssimos Infantes".[129]

A grande novidade foi o uso do Passeio Público como espaço para comemoração do casamento. O vice-rei d. Luís de Vasconcelos e Souza, realizador dessa obra extraordinária, inaugurada em 1783, quis prestigiar o novo espaço público da cidade, incluindo-o no rol daqueles destinados às grandes festas, ao lado dos tradicionais largo do Paço e Campo de Santana. A Câmara de Vereadores pagou ao mestre carpinteiro Jerônimo Félix 2.839$000rs para proceder "todo o preparatório e adorno da iluminação".[130]

Desfilaram seis belíssimos carros alegóricos inspirados na mitologia greco-romana como os dedicados aos deuses Vulcano, Júpiter e Baco, criados pelo militar Antônio Francisco Soares. Esse ajudante agregado, além de elaborar desenhos alusivos aos carros alegóricos, redigiu elogiosos versos em homenagem ao vice-rei, patrocinador do desfile:

Estrofes citadas

> Qual maior seja a vossa preeminência, /Luiz, à mesma fama é que pergunto /Responde: do valor seres transunto. /Famigerado aluno da Ciência. //O Troféu vos levanta com decência, /Onde gravado seja tudo junto /Vendo-se, que só vós dareis assumpto /Para as mais Doutas penas da eloquência. //Tremole ao ar enquanto me remonto / Dizendo, que só o mundo vos conserva /Por uns tais predicados, que não conto. //E que entre os mais Heróis só vos reserva /Para ver vós subir a mais de ponto /Em exceder a Marte, e a Minerva.[131]

Bem mais tarde, quando o festejado príncipe d. José já havia morrido e seu irmão d. João assumido a regência de Portugal, em virtude da doença mental da rainha, a princesa Carlota Joaquina, dez anos após o casamento, teria seu primeiro filho homem em 21 de março de 1795. Com a chegada da boa notícia na cidade do Rio de Janeiro, mais uma vez vários eventos festivos se deram em louvor do feliz acontecimento.

Os vereadores convocaram a todos para o início das comemorações, desde junho do ano citado e, em convite dirigido ao bispo, apresentaram a programação que desejavam realizar.

> Tendo deliberado o Senado Solenizar o dia de Domingo e oferecer ao Supremo este na Sé Catedral em ações de graça o benefício feito à Nação Portuguesa, com lhes dar o Príncipe d. Antonio nosso sr. para segurança da sucessão do Real Trono e felicidade sucessiva dos Portugueses, consagrando ao mesmo Deus os nossos votos por um tão singular benefício: e não podendo estes serem dignamente oferecidos a Deus sem que seja pelos Sacramentos e Mãos de V.Exª; rogamos a V.Exª queira para fazer mais ilus-

tre a nossa ação assistir a Missa Solene nos dias de 6ª a sábado de manhã e pontificar no Domingo na tarde do mesmo dia acompanhar a procissão, assim como não tendo V.Ex.ª. maior incômodo prestar a sua honrosa assistência a oração na 6ª feira de tarde e no *Te Deum Laudemios* no Sábado.[132]

As festividades se desenrolaram por todo o mês de junho, comportando três dias de missas solenes, procissão, iluminação da cidade e apresentação no teatro do padre Boaventura, agora de Manoel Luiz Ferreira, de três apresentações de óperas ocorridas em 17, 19 e 21 do dito mês. Pelos espetáculos operísticos, a Câmara de Vereadores pagou a Manoel Luiz Ferreira 640$000rs.[133] O consumo de cera alcançou os mais altos registros, chegando a 1.292$690rs. O armador Clemente Alves de Moura foi o responsável pela decoração da igreja da Sé Catedral e do prédio da Câmara e cadeia, com cortinados e colchas para o dia da procissão. Esse profissional foi quem forneceu ainda os foguetes e arrematou a divulgação dos eventos, recebendo por tudo 522$160rs. Já os panos para forração da igreja e as "varas de fita" foram fornecidos por outro profissional, Joaquim José da Costa Guimarães.

Transcorridos os três dias consecutivos de comemorações, o período dos festejos ainda se prolongou com atividades em dias intercalados ao longo de todo o segundo semestre de 1795, até o dia 4 de fevereiro de 1796. A cidade pôde assistir às representações no Curro (Campo de Santana) de touradas, danças e desfile de carros alegóricos e, no Campo de São Domingos, a espetáculos de fogos de artifício. Para maior comodidade das autoridades e seus familiares, o Curro foi reformado. As despesas com esta obra aparecem em detalhes no Anexo 8. Também foram redecorados os camarotes do vice-rei conde de Resende, de seus familiares e da Câmara de Vereadores, os quais tiveram as paredes revestidas de papel pintado, e o teto, de pano branco. A cozinha que servia às autoridades foi também reformada. Além disso, fizeram-se obras nos vestiários dos músicos instrumentistas ("pretos e outros"), que acompanhavam os carros alegóricos, e nos dos "cavaleiros toureadores". Também o telhado sobre os camarotes das autoridades foi reconstruído.

Os vereadores convidaram os dois toureiros Luiz Antônio Gonzaga e Joaquim Ferreira de Vasconcelos, prontificando-se a assisti-los "com o que for possível para os seus vestuários conforme for prático", além de oito ou dez ajudantes "capinhas" que iriam acompanhá-los durante as cinco tardes de espetáculos.[134] Cada toureiro cobrou pelas cinco apresentações 370$000rs.[135] A dança das "Ninfas" ficou a cargo de Pedro Antônio Pereira — com "17 figuras com seu capitão Ulisses" — pelo preço de 300$000rs.[136]

Nessa oportunidade de júbilo geral pelo nascimento do príncipe d. Antônio, também os presos foram lembrados e a eles oferecido um jantar especial que custou, segundo o tesoureiro das cadeias, 89$260rs.[137]

No ano de 1808 ocorreram dois grandes eventos festivos relacionados à presença da Corte na cidade do Rio de Janeiro: o primeiro, em março, para comemorar a chegada da família real, e o segundo, em maio, por ocasião do aniversário do príncipe regente d. João. Sobre o primeiro evento existem, entre outros documentos, os registros de três testemunhas oculares que o descreveram minuciosamente: a *Relação das festas que se fizeram no Rio de Janeiro, quando o Príncipe Regente N.S. e toda a sua Real Famí-*

lia chegaram pela primeira vez àquela Capital, de autor anônimo; a descrição de Luiz Gonçalves dos Santos (padre Perereca) em *Memórias para servir à história do Reino do Brasil* e o registro feito pelos vereadores da Câmara da cidade, para o seu arquivo.

Segundo esses documentos, no dia 5 de março de 1808 entraram na baía de Guanabara as embarcações que traziam a rainha dona Maria I, o príncipe regente d. João e demais membros da família real e da Corte. As fortalezas e as embarcações que se encontravam aportadas anunciaram a boa-nova com estrondosa salva de tiros, alvoroçando a população que esperava, ansiosa de alegria, pelo ditoso dia. A cidade já estava preparada para a grande demonstração de contentamento e, durante nove dias, a contar dessa data, ficou iluminada dia e noite.

O desembarque das pessoas reais só ocorreu no dia 8 de março, às 16 horas. Diante do altar armado no final da rampa de acesso ao largo do Paço, realizou-se a primeira cerimônia, durante a qual d. João e sua comitiva rezaram acompanhados do vice-rei conde dos Arcos, dos vereadores, do clero, da nobreza da terra, das mais altas autoridades e de uma multidão que ocupava totalmente o logradouro.

O Palácio, antiga residência do vice-rei, havia sido reformado e às pressas "caiado, pintado e forrado por dentro de seda de várias cores" para tornar-se moradia digna da família real. Além do Palácio, foram reformados para funcionarem como anexos o prédio onde funcionavam a Câmara de Vereadores e a Cadeia, e o convento dos frades carmelitas. O da Câmara passou por uma reforma significativa, mudando radicalmente de aparência, como foi registrado na "Relação das festas":

> a cadeia que também é um edifício grande pois tinha por cima a Casa do Senado, foi convertida em Palácio; tiraram-se-lhe as grades; abriram-se por baixo portões para seges, e por cima ampliou-se a Casa do Senado, e se lhe meteram mais algumas janelas de sacada com grades de ferro. Tudo foi rebocado de novo, pintado, e ornado de forma que não faz diferença de um Palácio, pois do que já havia se fez um passadiço de cercada para a dita Casa do Senado.[138]

Os antigos ocupantes desses prédios foram transferidos: os vereadores, para um sobrado alugado na própria rua Direita; os presos, para a cadeia do Aljube, que havia sido construída só para os presos religiosos; os frades carmelitas, para o Hospício dos Barbadinhos, e estes para as casas anexas à Igreja de Nossa Senhora da Glória.

Os vereadores mandaram construir no largo do Paço, entre o chafariz e a beira do cais, uma fachada monumental de Palácio, formando um conjunto belíssimo com luminárias, quadro com pintura do príncipe regente e versos do maior poeta da cidade, o professor Manoel Inácio da Silva Alvarenga. Segundo o registro da Câmara dos Vereadores a ornamentação se deu da seguinte forma:

> voltou S.A.R. e mais Real Família para o Paço em cujo largo da parte oriental ardiam 5 a 6 mil lumes postos em um prospecto triunfal sustentados em arcos ricamente pintados, e no meio dos quais rica e elegantemente estava posta uma Imagem ou retrato de S.A.R. pintado tão ao natural que parecia ele mesmo. O autor ornou este retrato com as conhecidas virtudes de S.A.R. de Religião, Justiça, Prudência, Fortaleza e Magnanimidade e as pôs em torno dele mesmo. A um lado via-se a América absoluta caído

o cocar de penas, mas oferecendo a S.A.R. ouro, diamantes e dando-lhe da boca estas letras = Mais que tudo o coração. A outro lado via-se a Ásia e a África simbolizadas pelo camelo e pelo elefante oferecendo também a S.A.R. unindo os seus aos votos da América, dádiva, tributos e sinceras prosas da sua vassalagem. A serenidade das nuvens e do céu que se vê e se descobre neste mesmo quadro simboliza a felicidade que trás à América a vinda de S.A.R. a qual afugenta dela tudo quanto nos causava mal exprimida muito bem toda esta fantasia pelas seguintes duas quadras feitas pelo dr. Manoel Inácio da Silva Alvarenga as quais diziam assim: "Negras nuvens longe exalem / Morte, estrago, horror, veneno /Entre nós sempre sereno /Seja o céu, a terra o Mar // Doce par cândida Astreia /Vinde honrar a idade de ouro /Pois é nosso este tesouro / Que ninguém pode roubar".[139]

O padre Luís Gonçalves anotou que, ao longo do percurso do grande cortejo, as ruas foram ornamentadas, os pisos cobertos "de fina e branca areia, e juncado de folhas, ervas odoríficas e flores" e as fachadas das casas apresentavam em suas portas e sacadas "cortinados de damasco carmesim; e das janelas pendiam ricas, e vistosas tapeçarias de lindas e variadas cores, umas de damasco, outras de cetim e outras de sedas ainda mais preciosas".[140]

A armação da Igreja da Sé Catedral foi executada com tal requinte que não se "via um bocado do seu interior que não estivesse coberto da mais fina tapeçaria".[141]

Os coretos onde se apresentavam os melhores músicos da cidade executando harmoniosas músicas, segundo o relato da Câmara dos Vereadores, se espalhavam pelo largo do Paço e outros logradouros da cidade, como o da rua do Rosário, "ereto na porta de um leal vassalo ... onde em melodiosas vozes, tanto instrumentais, como vocais, cantavam os músicos hinos de júbilo em louvor de S.A.R.".[142]

Sobre as festividades pelo aniversário de d. João, em 13 de maio, dispomos apenas do relato feito pelo padre Perereca. Pela primeira vez o príncipe regente, que completava 41 anos, comemorava seu aniversário fora da Corte de Lisboa, onde a Câmara de Vereadores sabia realizar com eficiência o ritual festivo pela data natalícia do monarca. Esse, no entanto, não era o caso da Câmara do Rio de Janeiro, que, novata na matéria, se esforçou ao máximo para superar a inexperiência e aprontar uma bela festa. A festividade começou no alvorecer do dia 13, com as fortalezas e as embarcações que se encontravam aportadas, ricamente ornamentadas, dando estrondosa salva de tiros. Por volta das 11 horas do dia todos os regimentos das forças militares da cidade se postaram no largo do Paço, para prestar reverência e continência ao príncipe regente, que se encontrava junto com sua família nas sacadas do Palácio. Mais uma vez as fortalezas e as embarcações promoveram salva de tiros. Iniciou-se a cerimônia do beija-mão, à qual estiveram presentes as autoridades e pessoas importantes da cidade. Mais tarde o bispo, que havia feito suas orações na Igreja de Santa Rita, dirigiu-se em procissão para o largo do Paço, para a cerimônia da bênção aos membros da família real. Depois a procissão seguiu sua caminhada pela rua da Cadeia, dobrou na rua da Quitanda, até encontrar a do Rosário, onde ingressou, dirigindo-se para a Sé, que funcionava na Igreja de Nossa Senhora do Rosário. "Todas estas ruas, por onde passou a solene procissão, estavam juncadas de folhas e ervas odoríficas, e flores, como também das janelas pendiam ricas alcatifas de sedas".[143] (PRANCHA 8)

As cerimônias da dor

O ritmo cotidiano da população não era só alterado pelas procissões, festividades públicas ou qualquer outro evento de expressão de alegria, mas também pelas cerimônias fúnebres, fosse de pessoas importantes falecidas na cidade do Rio de Janeiro, fosse em homenagem a falecidos pertencentes à família real. Assim, a população da cidade manifestou-se pesarosamente na perda de seu "querido" governador, Gomes Freire de Andrade, em 1º de janeiro de 1763. A carta do bispo d. Antonio do Desterro Malheiro, comunicando ao rei o falecimento de Gomes Freire, revela a força do sentimento de amizade profundo que todos tinham por ele.[144]

Também marcante foi a homenagem póstuma ao rei d. José I, tendo a Câmara de Vereadores contratado o armador Antônio José da Costa Barbosa para realizar todos os trabalhos de montagem da cerimônia, entre outros a confecção de "teatros e mausoléu para o ofício" da missa.[145]

A morte de uma pessoa pode provocar reações controversas: se, para alguns, aquela perda representa dor, derrota, fracasso e empobrecimento, para outros pode significar, ao contrário, alegria, oportunidade de sucesso, fortuna. Para um escravo, por exemplo, a morte de seu senhor podia lhe dar a alforria, e, aos mendigos, a chance de receber alguns tostões deixados pelo falecido.

Assim, no dia 1º de setembro de 1789, a cidade do Rio de Janeiro foi invadida pelo som do repique dos sinos da maioria das igrejas e capelas anunciando o falecimento de Bartholomeu Machado Ferreira.[146] Tratava-se de um rico negociante da praça do Rio de Janeiro, mas nascido na ilha Terceira, Cidade do Cabo. Era casado com Joana Inácia da Luz, com quem residia no largo de Santa Rita, em sobrado de dois andares no qual havia um "oratório que se dizia missa", cercado de sinais próprios à pessoa honrada. Além dos dez prédios que possuía na área central da cidade, também tinha uma chácara no Catumbi, a "grande fazenda do Secretário", e outra propriedade em Itaboraí.

Católico praticante, era membro das irmandades do Santíssimo Sacramento das igrejas de Santa Rita e do Senhor Bom Jesus, da Irmandade de Nossa Senhora do Pilar da Igreja de São Bento, de Nossa Senhora da Lapa, do Divino Espírito Santo da Freguesia de Santa Rita, além de pertencer às ordens terceiras de São Francisco das Chagas e São Francisco de Paula. Em seu testamento pediu para ser enterrado com o hábito de São Francisco, ter seu corpo encomendado por vinte sacerdotes na Igreja de Santa Rita e ser sepultado na Igreja da Ordem Terceira de São Francisco. Preocupado com o bom caminho de sua alma, mandara rezar cinquenta missas de corpo presente e seiscentas após a realização de seu funeral. Para as almas dos pais, dos irmãos, parentes e as almas do Purgatório encomendou novecentas missas, gastando com todas elas 186$000rs. E, para alegria dos desvalidos, ordenou que a cada um que acorresse à sua porta no dia do seu falecimento fosse dado um vintém [=$120rs], enquanto aos que acompanhassem seu "corpo depois de ele ser sepultado fossem dado mais dez réis lá na minha Capela".[147] Sem dúvida, deve ter sido uma cerimônia bem peculiar, com muitas pessoas à porta da casa de Bartholomeu, tendo em vista o valor da esmola — $120rs. Vale ainda o registro de que, não tendo filhos, o falecido também deixou para cada uma de suas afilhadas e sobrinhos 12$800rs.

Relevadas as diferenças, outra marcante cerimônia fúnebre ocorrida na cidade do Rio de Janeiro foi a do preto forro de nação guiné, Gracia José Manoel, casado com a preta forra Inácia Antônia Ferreira. Católico fervoroso, o preto Gracia era membro das irmandades do Rosário, de São Domingos e de São Felipe e São Thiago.[148] No dia 30 de outubro de 1799, moradores da cidade do Rio de Janeiro presenciaram a saída do cortejo fúnebre da casa onde residia Gracia, na rua do Ouvidor, para ser sepultado na igreja de sua irmandade, a de São Domingos. Durante todo o período em que transcorreram o velório, o cortejo e o sepultamento, os sinos da Igreja do Rosário tocaram ininterruptamente. Além de contar com os membros da Irmandade de São Domingos, o cortejo foi também acompanhado por seis sacerdotes e meninos órfãos do Seminário de São Joaquim, todos pagos com a "esmola competente". Por sua alma foram rezadas 32 missas, sendo doze de corpo presente no valor de 14$080rs. Gracia deixou ordem para que seus testamenteiros distribuíssem 12$800rs para a Irmandade de São Domingos, 6$400rs para a da Lampadosa e 6$400rs para sua ex-senhora repartir com suas irmãs e irmãos para gastarem com seus "alfinetes". E ainda mandou que fossem distribuídos 6$400rs entre seus afilhados e entre os pobres a quantia de 3$200rs, dividida em cotas no valor de $120rs. Por fim, deixou 4$000rs para a Irmandade de São Felipe e São Thiago, apesar de os irmãos não o considerarem muito, ou pior, até fazerem pouco "caso dele". Num gesto magnânimo alforriou gratuitamente suas escravas crioulas Isabel e Caterina, por terem sido "crias da casa e serem bem procedidas".

A proximidade da morte levava as pessoas a refletirem sobre seus atos passados, fazendo com que muitas delas, por ostentação, exibicionismo, medo de que a alma fosse para o inferno, devoção religiosa, ou mesmo por serem pessoas de boa índole, deixassem parte de seus bens aos pobres mendigos, aos presos, às viúvas pobres, órfãos, escravos, ou instituições religiosas e obras pias, como hospitais, orfanatos, recolhimentos de mulheres, ou seminários. Por isso a cada anúncio fúnebre agitavam-se as pessoas pobres da cidade na esperança de que o falecido houvesse deixado algum legado para ser distribuído entre os desafortunados.

As cerimônias de execução dos condenados à morte merecem destaque especial pela atração que o ritual macabro do cortejo, que saía da cadeia em direção à forca, exercia sobre a população. Cabia sempre à Irmandade de Nossa Senhora da Misericórdia acompanhar o condenado. Se a pena extrema consistia na "morte natural", os irmãos da Misericórdia podiam levar imediatamente o cadáver para ser enterrado em seu cemitério junto à Santa Casa da Misericórdia. Caso se tratasse de "morte natural para sempre", o cadáver permanecia pendurado na forca por muitos dias, cumprindo a função de dar exemplo aos vivos, até que a Irmandade da Misericórdia lhe fosse buscar os restos para promover a Procissão dos Ossos e dar-lhes sepultura cristã.[149]

Nenhuma execução foi tão marcante na cidade do Rio quanto a de Joaquim José da Silva Xavier, o conhecido "Tiradentes", no dia 21 de abril de 1792. Era então vice-rei o conde de Resende.

Os inconfidentes de Minas Gerais haviam sido condenados pelo crime considerado o mais hediondo entre todos da legislação — o de "lesa-majestade". A cerimônia tinha como objetivo didático apavorar os assistentes para que lhes ficasse gravado na memória o exemplo do que poderia ocorrer caso se insurgissem contra a Monarquia portuguesa. Daí os requintes de crueldade com que era montada. Complementarmente, os bens do insurreto eram sequestrados, sua moradia poderia ser demolida e sobre o chão espalhado sal, para que no futuro só ervas daninhas conseguissem brotar naquele sítio. Os ritos condenatórios simbolizavam a eliminação cabal do condenado do rol de vassalos portugueses por haver conspirado contra o monarca supremo. O escopo pedagógico desses rituais ainda previa o esquartejamento do condenado, cujas partes seriam espalhadas em pontos estratégicos da cidade, para que um maior número possível de pessoas tomasse conhecimento do fato.

Assim, a cerimônia envolvendo Tiradentes foi preparada nos mínimos detalhes. Inicialmente cogitou-se em construir uma nova forca no largo da Lapa, fora, portanto, do local onde há muito ela se mantinha erguida, isto é, próxima à rua do Senhor dos Passos, no Campo de São Domingos.[150] Tal ideia no entanto não vingou, prevalecendo o ponto que desde o meado do século XVIII havia sido assinalado pela Câmara de Vereadores para a realização dessas cerimônias condenatórias. O patíbulo, em contrapartida, passou por boa reforma: sua altura foi alterada, em virtude do acréscimo de mais vinte degraus de escada, a fim de permitir que, do alto dos morros de São Bento, da Conceição, de Santo Antônio e do Castelo, as pessoas pudessem descortinar a forca. Com isso, buscava-se converter o terreiro da "Polé" (forca) em palco de um grande anfiteatro em que foi transformada a cidade. O frade confessor de Tiradentes escreveu: "sendo este um ato fúnebre, neste dia foi ele o mais brilhante e aparatoso".[151]

O projeto do cortejo e do esquema de segurança foi de autoria do brigadeiro Pedro Alves de Andrade. As igrejas onde se realizariam as missas em regozijo pela execução do infiel e benignidade da rainha, que perdoara os demais, foram decoradas, e os prédios das ruas pelas quais o séquito passaria tinham como sempre em suas fachadas colchas de damasco, bandeiras e lenços, elementos que também ornavam as procissões religiosas. Na armação realizada na Igreja do Carmo, onde se deu uma das missas solenes, foi posta no arco do cruzeiro uma pintura em louvor à rainha Maria I, na qual a soberana figurava "sentada, ornada de manto régio e empunhando o cetro, a justiça a um lado e uma figura representando a cidade e profundamente inclinada, arrojando aos pés do trono cadeias em sinal de vassalagem e lealdade". A pintura representava, segundo o frade confessor, o reconhecimento dos vassalos da bondade da rainha, que poupou da pena de morte a grande maioria dos insurretos, sendo apenas um o condenado. "A voz comum, que por muitos dias se ouviu, dizia — nunca se viu tanta clemência."[152]

Pela manhã cedinho o cortejo iniciou a caminhada da morte, tendo à sua frente os soldados da Primeira Companhia do Esquadrão da Guarda do vice-rei. Em seguida vinham as autoridades eclesiásticas e demais religiosos. O terceiro bloco do cortejo, composto pelos membros da Irmandade da Misericórdia, precedia os religiosos confessores, que habitualmente prestavam assistência espiritual aos presos. Na circunstância, protegiam a figura principal do espetáculo: Tiradentes. Imediatamente atrás vinham os ministros da Justiça, seguidos dos meirinhos que guardavam o carrasco. Todos esses participantes desfilavam a pé, precedidos pelos cavaleiros. O juiz de fora e também presidente da Câmara de Vereadores, Baltazar da Silva Lisboa, colocara-se à frente do ouvidor da comarca e do ouvidor-geral do crime.[153] O garbo e a pompa com que essas autoridades se exibiam levaram o frade cronista a considerar difícil dizer quem dentre todos mais se destacava. Baltazar da Silva Lisboa, por exemplo, desfilou "montado em brioso cavalo, cujos arreios tinham ferragens de prata e as crinas [do seu cavalo] iam trançadas e rematadas com laço de fita cor de rosa". O ouvidor da comarca também se fez notar pela beleza do cavalo sobre o qual montava. Não menos garboso era o ouvidor geral do crime, cujo vistoso cavalo trazia arreios "feitos de prata dourada" que se evidenciavam em face do "veludo escarlate e franjas" e o ouro das "gualdrapas e os estribos dos arreios".[154] Encerrava o cortejo um bloco formado pelos soldados da Companhia do Esquadrão da Guarda do vice-rei, que ladeavam o carroção destinado a trazer de volta o corpo esquartejado de Tiradentes.

Por volta das 11 horas da manhã o cortejo chegou ao local da forca, tendo Tiradentes, minutos antes, parado para fazer sua oração na Igreja da Lampadosa, que ficava na mesma rua da forca. Pronunciaram-se no decorrer da cerimônia os frades frei José de Jesus Maria do Desterro, o frei Raimundo de Pennaforte, além do brigadeiro Pedro Alves de Andrade, que assim opinou, concluída a execução do condenado:

> amados camaradas, Magnatas e Povos destes Estados lembrando quanto é notório a todos o amor e maternal cuidado da Nossa Augusta Pia Fidelíssima soberana em ter perdoado aqueles inobedientes e indignos rebeldes aos deveres de súditos Portugueses foi tal a sua benevolência que resolveu fossem todos isentos da última pena esta graça especial nunca pensada, todos como fiéis vassalos de uma tão amada Rainha devem influir nos nossos ânimos e gravar nos nossos corações o reconhecimento da sua imensa bondade para que amando-a e respeitando-a como filhos demos aqueles vivas que merece guardando-lhe perpétua fidelidade. Três vezes viva a nossa Augusta soberana respondeu a tropa e mais povo com lenços.[155]

As pessoas ricas das tropas auxiliares financiaram a iluminação da cidade por três dias consecutivos. O comparecimento do povo foi de tal monta que, segundo o frade cronista, "se não fossem as patrulhas avulsas, sem dúvida ele mesmo ficaria esmagado debaixo do peso de sua imensa massa. Como se abala o povo para ver o que deve precaver"![156]

O apoio da população à execução de Tiradentes e a gratidão à rainha dona Maria I por ter poupado os demais inconfidentes, apesar de expressivo, não era unânime. Vieira Fazenda, em sua obra *Antiqualhas e memórias do Rio de Janeiro*, dá a conhecer o testemunho de Clemência Teixeira de Mendonça, ex-escrava do avô do historiador. Na ocasião, tinha apenas 16 anos de idade, mas pôde perfeitamente notar que, após a execução do condenado, embora os membros da casa tivessem colocado luminárias na fachada, diziam à boca pequena que o padecente era um inocente — um santo.[157] A mesma ex-escrava Clemência complementou a descrição do cerimonial fornecendo novos detalhes. Segundo ela, os "irmãos da Misericórdia pediram esmola para missas pela alma do irmão padecente", ratificando as palavras do confessor de Tiradentes, que atesta terem sido muitos os donativos amealhados entre o povo, chegando a um total de cinco doblas (64$000rs). Conta ainda Clemência que o cortejo transcorreu muito vagaroso, tendo parado mais de trinta vezes entre o trecho da esquina da rua da Misericórdia e a casa em que vivia, tal qual uma "procissão de enterro".

> De vez em quando um sujeito vestido de preto e de bacalhau ao pescoço (gravata branca de renda) lia um papel xingando o padecente, que no meio dos frades, pés no chão, mãos amarradas e levando um crucifixo, caminhava tendo a cabeça coberta por um capuz branco e vestido com a alva ou camisa de onze varas, como se dizia em meu tempo.[158]

Continuando sua narrativa, disse Clemência que durante o cortejo de volta viu uma carreta seguir transportando os restos mortais de Tiradentes "e um embrulho no canto da carroça, que parecia a cabeça do coitado".

Cem anos mais tarde, o exato lugar onde ocorreu a execução de Tiradentes foi motivo de grande polêmica travada entre o republicano positivista dr. Miguel de Lemos e o historiador da cidade, o médico José Vieira Fazenda. O primeiro, desejando retirar a estátua de d. Pedro I da praça da Constituição (atual Tiradentes) — para o que escrevera artigos incitando a população a destruírem-na — a fim de colocar no mesmo lugar a do mártir inconfidente, levantou hipóteses, argumentou e finalmente concluiu que a forca do suplício de Tiradentes estava situada no terreno onde hoje se localiza a Escola Tiradentes, na rua Visconde do Rio Branco. Não conseguindo concretizar sua proposta, mudou o nome da praça, que então passou a se chamar Tiradentes. De fato, Miguel Lemos não conseguira apresentar nenhum documento que embasasse sua afirmativa, sendo veementemente contestado por Vieira Fazenda, que tinha profundo conhecimento da história da cidade e de seus logradouros, baseado em vasta pesquisa documental que realizara. Mostrou serem infundadas as afirmativas do republicano, pois, segundo ele, o verdadeiro local da forca ficava na região da atual avenida Passos, sem contudo precisar o exato trecho em que nela se situava. Os resultados a que cheguei pela pesquisa confirmam o ponto de vista de Vieira Fazenda. Comparando vários mapas da época cheguei a localizar a forca num ponto que acredito estar bem próximo do real sítio histórico onde se deu a execução de Tiradentes.[159] (MAPA 16)

Mapa 16

Percurso feito por Tiradentes em direção à forca em 21 de abril de 1792

Trecho do mapa de 1791

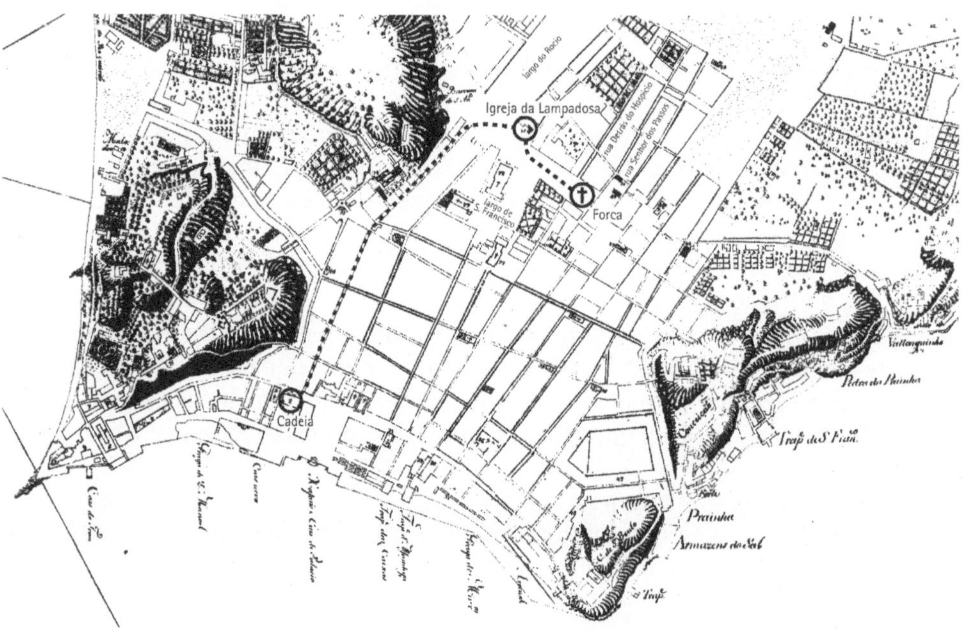

Conclui-se portanto que os eventos coletivos voltados à alegria ou à tristeza apresentavam-se como uma oportunidade de os moradores transformarem momentaneamente a cidade, como num passe de mágica, em grande cenário para suas manifestações culturais e artísticas. Assim, pintores, arquitetos, paisagistas, decoradores, fogueteiros, músicos, atores, figurinistas, cenaristas, poetas, marceneiros, entalhadores, alfaiates, bordadores, ourives, toureiros, cavaleiros e muitos outros profissionais expressavam — impregnados das formas, dos poetas, dos filósofos e dos deuses do Olimpo — sua arte classicizante. Destarte, o bispo d. Antônio do Desterro Malheiro não foi recebido com pórticos notadamente ornamentados com figuras de santos, anjos ou outras do repertório da iconografia católica, mas prioritariamente com elementos provenientes do universo e mitologia greco-romana, como colunas coríntias, dóricas, do deus Netuno ou do herói Taumante. Compreende-se por que o poeta Manoel Inácio da Silva Alvarenga, ao se referir à nau que trouxera o príncipe d. João, a tenha descrito como semelhante à de Argos, e o pintor do quadro alegórico alusivo à chegada da família real buscou em Virgílio versos para ilustrar melhor sua obra. Nessa arquitetura efêmera, a cidade-cenário de São Sebastião do Rio de Janeiro mimeticamente se transformava no espaço greco-romano.

Arquitetura perene

> Conhecerão das demandas, que se fizerem sobre o fazer, ou não fazer de paredes de casas, de quintais, portas, janelas, frestas e eirados [terraços], ou tomar, ou não tomar de águas de casas, ou sobre meter traves, ou qualquer outra madeira nas paredes, ou sobre estercos e imundices, ou águas, que se lançam, como não devem, e sobre canos e enxurros, e sobre fazer de calçadas e ruas.
>
> Ordenações Manuelinas, Livro I, 1565, reordenada nas Ordenações Filipinas, Livro I, título LVIII, art.22 — das atribuições do vereador almotacel, 1603.

Toda e qualquer obra de edifícios ou de arruamento na vila ou na cidade deveria ser fiscalizada pela Câmara de Vereadores, a quem o proprietário deveria comunicar toda vez que desejasse empreender uma obra nova, de reforma ou acréscimo. As Ordenações do Reino estabeleciam as regras básicas a serem obedecidas com relação ao logradouro, sobre cuja calçada não se podia avançar para além do limite da testada correspondente, ou despejar as águas pluviais caídas do telhado sobre a calçada ou no terreno do vizinho. Em suma, a edificação deveria ficar contida nos limites do lote, não abrindo janelas, frestas ou terraços que devassassem a privacidade dos vizinhos.[160]

O ouvidor Amâncio Rabelo, em correição na Câmara, estabeleceu em 1624 a obrigatoriedade a todo proprietário que pretendesse construir casa nova, "de pedra ou taipa", de solicitar à Câmara o "arruamento" (alinhamento, chamado à época de "cordeamento"), para que fossem evitadas obras que "entortem ou tirem alguma cousa da rua". Além disso, estabeleceu que "as ruas se façam direitas, sem fazerem fim em paredes e nenhuma tendo largura menos de 30 palmos" (6,6m).[161] O ouvidor Amâncio Rabelo também incluiu nessa correição normas referentes ao fechamento dos terrenos vazios ou dos quintais das casas situadas na área central da cidade, segundo as quais a vedação não poderia ser feita com "palha" de qualquer qualidade. Outrossim, todo proprietário de imóvel na cidade era obrigado a calçar o trecho do logradouro correspondente à testada de seu terreno, numa largura de 15 palmos (3,3m), assim como fazer "calçada de pedra com largura de 6 palmos (1,32m), conforme a Lei", dentro de prazos estipulados, ou seja, seis meses para a grande maioria e três meses para os proprietários da rua Direita. Essas normas voltaram a ser ratificadas na reunião dos vereadores de 13 de setembro de 1749, em que o juiz de fora e também presidente da Câmara, considerando que se achavam "muitas Ruas de casas de novo Edificadas por falta de calçadas, incapazes de uso comum", estabeleceu que os respectivos proprietários fossem notificados quanto ao dever de calçarem as testadas de suas casas até o meio da rua.

Quando se tratava de realizar arruamento, deveriam comparecer ao local o escrivão da Câmara, o arruador, dois vereadores (ou um vereador e o procurador da Câmara) e um juiz.

Assim, crescia e se consolidava o conjunto de normas referentes à largura e ao alinhamento dos logradouros, à obrigação de os proprietários calçarem o trecho da rua e da calçada que lhes competia. Somadas às Ordenações do Reino e a outras leis posteriores — como, por exemplo, a ordem régia de 2 de março de 1739 determinando a obrigatoriedade de serem previamente apresentados os projetos de igrejas e capelas ao governador da capitania e ao provedor da Fazenda Real, responsáveis diretos por sua aprovação ou indeferimento —, formavam um conjunto disciplinador dos governantes e moradores sobre a cidade.

Os projetos e obras que se realizaram na cidade do Rio de Janeiro setecentista podem ser divididos em dois conjuntos: aqueles de iniciativa governamental, assumidos pela Câmara de Vereadores, ou pela Coroa, por meio de suas representações na Capitania — o governador e, mais tarde o vice-rei, a Provedoria da Fazenda Real, o Tribunal da Relação, o Bispado; e as obras implementadas por particulares, indivíduos ou instituições.

Acontecia que algumas vezes esses diversos agentes realizadores de intervenções edilícias ou de arruamentos na cidade entravam em conflito de interesses provocado por direitos que diziam possuir.

Um bom exemplo desse tipo de conflito urbano foi a grande polêmica travada entre a Câmara de Vereadores, na pessoa de seu presidente, o juiz de fora Baltazar da Silva Lisboa, e a Provedoria da Fazenda Real, por causa de construção de "armários" (pequeníssimas lojas) situados na região da praia do Peixe, no início da rua do Rosário. Tudo começou com a denúncia aos vereadores feita pelo mestre pedreiro arruador, Lourenço da Rocha, de que na praia do Peixe estavam sendo construídos edifícios sem licença prévia da Câmara. Os vereadores se reuniram em 12 de setembro de 1792 para avaliar a questão e deliberarem sobre a necessidade de vistoriar o local, citar o proprietário e o construtor, e ouvir os depoimentos de pessoas há muito tempo residentes na área, bem como sobre a conveniência ou não de realização da dita obra. Se fosse confirmada sua ilegalidade, seria automaticamente embargada. Dessa forma foram ouvidos Izidoro da Silva, homem de negócio de setenta anos de idade, João Vieira Lopes Braga, também negociante, com 75, e o vendedor de louça Manoel Ferreira da Cunha, de sessenta. Todos foram unânimes em condenar a construção dos ditos armários, sendo que a primeira testemunha, conhecedora do local havia 46 anos, resumiu assim os inconvenientes relativos à sua efetivação:

> pelo ver, que no lugar, em que se anda fazendo o novo edifício, nunca houve obra alguma, e que ele toma a passagem, servidão, e uso público da Praia, que foi sempre frequentado do Povo desta cidade, como também embaraça o uso do Embarque, e desembarque das Embarcações, de que sempre estiveram de posse os moradores da Cidade.[162]

Na vistoria realizada, o vereador Vicente José de Queiroz Coimbra e o escrivão do alcaide Antônio de Sousa Mendes citaram os mestres de obras João Coelho Marinho e Maximiliano José Lisboa e o contra-mestre João José, que se encontravam presentes no local da obra. Caso insistissem em desobedecer, dando prosseguimento à edificação embargada, poderiam ser presos. Segundo o juiz de fora Baltazar da Silva Lisboa, até o momento do embargo, nem ele nem os vereadores tinham conhecimento de que a obra pertencia à Fazenda Real, fato que só veio à tona quando o oficial de justiça, enviado pela Câmara para prender os construtores que continuavam trabalhando, encontrou no local uma "guarda composta de sargento-mor e dois oficiais e soldados armados", com ordem de prender quem estivesse tentando impedir o prosseguimento da obra, apesar do embargo da Câmara.[163]

Tal processo foi parar nas mãos da rainha para, como soberana, decidir sobre o conflito aberto entre instâncias de poder — a Câmara de Vereadores e as autoridades do governo da capitania do Rio de Janeiro. O vice-rei, conde de Resende, o desembargador e provedor da Real Fazenda, dr. João de Figueiredo, o chanceler do Tribunal da Relação, Sebastião Xavier de Vasconcelos, e o procurador da Coroa, desembargador José Soares Barbosa, acusaram veementemente o juiz de fora Baltazar da Silva Lisboa por ter extrapolado suas funções e praticado abuso do poder.

Essa polêmica reacendeu uma antiga questão relacionada à posse dos terrenos de marinha disputados entre vereadores que os reivindicavam para a Câmara em função da Sesmaria de Sobejo, que lhe fora doada, em 26 de maio de 1667, pelo então governador d. Pedro Mascarenhas. Por outro lado, o governo da capitania não reconhecia esse direito de propriedade, alegando que as leis portuguesas diziam pertencer à Coroa os terrenos de marinha. O procurador da Câmara solicitou, então, ao provedor da Fazenda Real a apresentação de documento atestando que os terrenos de marinha não pertenciam à Câmara. Em resposta, o provedor encaminhou cópia de um aviso real registrado em livro da própria Fazenda Real, em 22 de setembro de 1779, comunicando que o vice-rei ou o desembargador "não permitissem que os vereadores arrendassem terrenos de marinha".[164]

Pelo visto, a obrigatoriedade de o proprietário legal comunicar à Câmara de Vereadores sua intenção de construir na cidade não vogava quando acontecia de a Coroa ser dona do imóvel. Dessa forma, a referida obra continuou a ser tocada, e posteriormente foram realizados novos acréscimos pela Fazenda Real, que acabaram por suscitar em 1807 a reação de dona Ana Joaquina da Conceição, proprietária de sobrado no qual funcionava uma fábrica de tamancos, localizado em frente a esses "armários". Em sua denúncia à Câmara a proprietária alegava que essa obra nova

> não só tira toda a vista a propriedade da Suplicante pois é construída sobre as suas mesmas janelas, mas também reduz a uma escuridão a sua propriedade pois pouco mais terá de 9 palmos de distância a nova obra a qual é insignificantíssima por ser construída simplesmente de pilares de tijolo, e cal podendo melhor chamar-se uma armação de tais materiais do que propriedade e que em relação a da Suplicante nenhum valor tem, por ser a sua um prédio nobre, não só pela magnífica construção mas também pelos seus fundos e largura.[165]

Dona Ana da Conceição acrescentava ainda que os "armários" já construídos eram ocupados por gente insignificante como:

> barbeiros, sapateiros, tabernas de peixe frito, das quais é de prejuízo toda a falta de cautela, para evitar os incêndios que havendo-os serão de uma triste consequência não só aos prédios vizinhos, como a Real Fazenda pela proximidade em que não só esta obra, mas também a outra que se fez no mesmo alinhamento, tem com a Alfândega, onde observamos que das suas águas furtadas se vence a passagem para a dita Alfândega e por consequência fazendo-se muito digno de atenção este perigo quanto é insignificante a gente que habita em semelhantes casas, as quais nunca jamais serão habitadas por outros moradores pois não têm suficiência necessária.[166]

Nessa denúncia dona Ana da Conceição deu a conhecer algumas questões importantes que faziam parte do direito urbano, como o direito à visão da paisagem que ficava em frente ao prédio e à fruição da iluminação natural; o direito à beleza estética do entorno e o direito à prevenção do risco de incêndio. Também denunciou a negligência da fiscalização da Câmara de Vereadores, cuja sede ficava próxima ao local onde se tratava a polêmica, por permitir a construção de obras irregulares deixando de "executar o seu Regimento, ao consentir que no centro de uma Cidade tão populosa se abrisse um beco, como o que ali existe".[167]

Esse processo chegou ao Conselho Ultramarino, que solicitou esclarecimento à Câmara do Rio de Janeiro. Os vereadores responderam em 30 de maio de 1807 que a obra pertencia à Fazenda Real e estava sendo feita a mando do "Il.mo e Ex.mo Sr. Vice Rei deste Estado, razão pela qual este Senado não pode executar o seu Regimento pois que, reverentemente, obedecem àquela voz, não obstante vem ser da sua inspeção a fiscalizá-la".[168]

Acompanhava a carta dos vereadores ao Conselho Ultramarino, em forma de anexo, o laudo da vistoria realizada no local pelos mestres pedreiros e carpinteiros Francisco da Rocha Meneses, João Coelho Marques, João Inácio de Faria e Manoel Antônio de Almeida. O sobrado de dona Ana da Conceição havia sido avaliado, no laudo, em 35 mil cruzados (14.000$000rs) enquanto os "armários" foram orçados em 16 mil cruzados (5.400$000rs), quase três vezes menos.[169]

Outra polêmica bastante elucidativa envolvendo o direito de vizinhança foi a que se deu entre o advogado José Gonçalves Chaves, proprietário de sobrado na rua da Ajuda, ao pé do morro do Castelo, e seu vizinho.[170] Este último havia construído uma escada bem na divisa dos terrenos para que pudesse ter acesso ao quintal situado na encosta do morro. Tinha ela um patamar à certa altura que permitia às pessoas que nele se encontrassem visualizarem totalmente o quintal e parte da casa do advogado. Quando a obra ficou pronta, e José Chaves constatou que sua propriedade se tornara devassada, entrou em 1787 com processo judicial baseado nas Ordenações do Reino, título LXVIII, cap.21 (dos Almotacéis):

> Qualquer pessoa, que tiver casas, pode nelas fazer eirado [terraço] com peitoril, janelas, frestas e portas, quanto lhe aprover, e alçar-se quanto quiser, e tolher o lume a qualquer outro vizinho dentre si. *Porém não poderá fazer frestas, nem janelas, nem eirado com peitoril, sobre casa, ou quintal alheio, para que o descubra.*[171]

Obras de arruamentos e melhoramentos efetuados na cidade

A abertura de logradouros poderia ocorrer por iniciativa da Câmara de Vereadores, do governo da capitania ou por interesse de proprietários particulares, individuais ou institucionais. O custo da implantação do projeto poderia ser total ou parcialmente assumido pelo promotor. O processo era simples: bastava comunicar à Câmara de Vereadores e solicitar o auto de arruamento da obra pretendida. Em caso de abertura de um logradouro, exigia-se do proprietário que demarcasse a caixa do logradouro e nivelasse o seu leito, pois dele não eram cobrados o meio-fio, a calçada, a pavimentação ou rede de esgoto e de águas pluviais, e nem a demarcação de lotes. As dimensões que teriam as testadas de cada lote variavam em função da necessidade do comprador. Por isso, poderiam ser encontradas numa mesma rua edificações com testadas de três metros ou mesmo menores, ao lado de outras, com vinte metros de frente ou mesmo mais extensas.

Vejamos como se deu a abertura de alguns logradouros da cidade, começando pela rua Nova de São Bento (rua do Quartel de Bragança, hoje, Conselheiro Saraiva). Os vereadores, em sessão de 14 de setembro de 1743, encaminharam solicitação ao Mosteiro de São Bento para que fosse aberta uma rua em sua chácara, ligando a rua Direita à da Prainha (hoje do Acre). Com essa nova rua se evitaria o "dilatado rodeio" que a população era obrigada a fazer para ir de um logradouro a outro. A proposta foi aceita pelo abade, e a marcação do novo logradouro se deu rapidamente, pois em apenas um mês o arruamento foi lavrado nos seguintes termos:

> fui com o dr. Ignácio José da Motta Leitte vereador atual do Senado da Câmara para efeito de lhe arruar a nova rua e passadiço em a sua petição declarado e para o mesmo foi o arruador e medidor da cidade, José Denis Rosa, pelo qual em nossa presença foi arruada e demarcada a nova rua para efeito de se fabricarem casas desde a porta do açougue até a antiga porta do carro dos relógios da banda da Prainha fazendo-se edifícios por um e outro lado tanto da parte do mosteiro como da parte do muro, na distância de 928 palmos que tanto tem de comprido a dita rua da porta do açougue até ao carro.[172]

Para o arruamento e construção das casas foram contratados pelo Mosteiro de São Bento os mestres carpinteiros Bento Coelho e Francisco Rabelo de Almeida, os quais deveriam seguir o "risco" assinado por ambas as partes. Tratava-se de um cliente tecnicamente qualificado, com longa experiência em construção, possuidor de pedreiras e olarias e capaz de estruturar um contrato mais técnico e mais bem elaborado que o das freiras do Convento da Ajuda. Era uma obra complexa, que abrangia a abertura de um logradouro e construção, em ambos os seus lados, de prédios térreos e sobrados, num período inicialmente previsto de quatro anos, cabendo aos mestres carpinteiros a responsabilidade pela construção de "todas as moradas de casas". Sem dúvida, para a cidade do Rio, tratava-se de importante e ousado empreendimento imobiliário realizado por uma instituição particular, com recursos próprios, voltado para o mercado locatício. Os prédios e a rua que veio a se chamar "Nova de São Bento" foram projetados pelos próprios monges beneditinos. A rua tinha 928 palmos de comprimento e 30 palmos de largura. Dois imponentes "cunhais" de pedras formando um portal marcavam-lhe o início. Num desses cunhais foi posteriormente fixado um oratório dedicado a Nossa Senhora do Bom Despacho, feito em "talha dourada com sua vidraças". Cruzando transversalmente a rua, foi construído um passadiço, em forma de arco, para circulação dos frades do mosteiro para a horta. Esse arco representava uma novidade na cidade do Rio de Janeiro, embora fosse comum em Lisboa, Porto e outras cidades portuguesas.[173] Excetuando-se os prédios de esquina que não faziam parte desse *contrato*, os demais seriam construídos todos iguais conforme o "risco". Segundo as especificações do *contrato*, cada unidade deveria conter no pavimento térreo "uma sala, uma camarinha, armazém, varanda", um corredor que se estendia desde a porta de entrada até a varanda com "as portas que lhe forem necessárias para os cômodos"; no fim do quintal, "encostado ao muro, sua cozinha e chaminé e despensa, com um cano para saírem as águas para uma e outra parte da cerca do Mosteiro". Sobre parte do pavimento térreo, a partir da sala, levantar-se-ia um sótão, chamado no *contrato* de "sobrado" com acesso por "escada forrada", dividido em sala, dotada de duas janelas abertas sobre a varanda, e dois quartos "fechados com portas para a sala". No fundo de cada prédio deveria ser construído um muro com 15 palmos de altura que fizesse divisa com os terrenos da horta e da sede do Mosteiro. As especificações dos materiais, dos processos construtivos e dos detalhes de construção estabeleciam que:

a) as fundações seriam do tipo baldrame, de "pedra e cal com grossura de 3 palmos";
b) as frentes deveriam ser de "pedra e cal, com portais de pedra da terra de 12 palmos de altura e as paredes com 3 palmos de grossura e 17 palmos de pé-direito";
c) as paredes internas e divisórias deveriam ter tantos pilares quanto fossem necessários, segundo o "risco", e cada um com a seção medindo "3 palmos de grosso em quadra" e os pilares das cozinhas com a altura que fosse necessária e seção medindo "palmos em quadra";
d) os muros voltados para a cerca do Mosteiro deveriam ter 2,5 palmos de espessura e os divisórios do terreno da horta seriam em tijolo "frontal e os pilares principais da altura da frontaria e de 3 palmos de grosso em quadra";
e) a argamassa a ser usada deveria constituir-se da mistura de "cal e saibro que for necessário", em proporção tal que lhe garantisse a "fortaleza e duração que o mesmo Mosteiro costuma fazer em suas obras";
f) Seriam forradas e "guarnecidas de caixeta de esteira" as salas (do térreo e do sótão) e os corredores;

g) seriam ladrilhados com tijolos, os pisos das salas e dos corredores;
h) as portas da frente, três para cada edificação, sendo uma delas do tipo "meia porta", deveriam ser em madeira "aribá" ou "angelim preto", com ferragens de "Lisboa ou feitas na terra, a saber, lemes e fechaduras";
i) as portas internas seriam de "caixeta grossa, com boas ferragens e dobradiças de lemes e só as fechaduras seriam do Porto, das melhores que houvessem";
j) o piso do sótão deveria ser construído com vigamento de "frechais grossos assoalhados de canela preta";
k) o madeiramento do telhado deveria ser em "jaquitirães mangues e ripas de jessara", em duas águas uma caindo para a rua e a outra para o quintal, segundo o "risco", com as "cumeeiras e terças de frechais e os mais que pedir a obra";
l) todas as madeiras empregadas na obra seriam de "lei, as quais vistas e examinadas pelos mestres do Mosteiro e achando-se não serem boas e de lei se lhes refugarão e as não poderão eles mestres meter na dita obra".

Para conjugar as obras da abertura da rua e da construção das casas de tal modo que a privacidade e a segurança do Mosteiro não fossem atingidas, ficou estipulado no *contrato* que os empreiteiros deveriam levantar as frentes das casas ao mesmo tempo que preparassem a rua.

Quanto aos tijolos e telhas empregados, os mestres empreiteiros deveriam comprá-los do mosteiro, que possuía olaria em sua fazenda de Aguassu, e se comprometia a colocar o material no porto da Prainha, próximo do local da obra. Cada milheiro de telha custou 9$500rs e de tijolo, 5$000rs. Pedra e material necessário para "entulhos e aterros" poderiam ser retirados da "pedreira do Mosteiro" e da "parte do outeiro".

Os termos do *contrato* e seu valor não diziam respeito ao conjunto de todas as edificações, mas sim a cada unidade construída, estimada em 490$000rs. Isso dava flexibilidade ao Mosteiro para levantar quantos prédios seus recursos permitissem. Essa modalidade, no entanto, prejudicava os empreiteiros que não podiam calcular com precisão as dimensões do canteiro de obra correspondente, o qual veio a se instalar no interior da "cerca do Mosteiro da banda da Prainha".

Nos livros da Décima Urbana (1808-9) foram registrados como pertencentes ao Mosteiro de São Bento 55 prédios situados na rua Nova de São Bento. Desses, 16 possuíam lojas, outros abrigavam especificamente cocheira e loja, e alguns exclusivamente cocheira. Havia ainda prédio em fase de construção. Contudo, a maior parte era de imóveis alugados para fim residencial. Quantos desses prédios, ao final, foram construídos pelos dois carpinteiros, *empresários* da construção, Bento Coelho e Francisco Rabello, não se sabe.

Para a abertura da rua Detrás do Carmo, os frades carmelitas, proprietários do terreno, solicitaram à Câmara de Vereadores, em 1753, permissão para levar a cabo o empreendimento, comprometendo-se a traçá-la com a largura mínima de 20 palmos (4,4m).[174]

Da mesma Ordem do Carmo era uma grande chácara situada entre o largo do Rocio e o Campo de Santana. Partiu do vice-rei conde da Cunha o pedido para que abrissem várias ruas nessa propriedade, como a do Conde (atual Visconde do Rio Branco) e a rua dos Ciganos (atual rua da Constituição).

Já o arruamento da antiga chácara dos herdeiros do guarda-mor Pedro Dias Paes Leme não foi tranquilo. Moradores da área que se sentiram prejudicados com a abertura de algumas ruas apresentaram muitas queixas. As primeiras a serem abertas foram-no durante o governo do vice-rei marquês do Lavradio, e as seguintes, nos tempos do vice-rei conde de Resende. Desse arruamento surgiram as ruas do Espírito Santo (atual Pedro I), dos Arcos, do Resende, do Lavradio, da Relação, do Senado, São Lourenço (atual Visconde da Gávea) e os trechos das ruas Formosa (atual General Caldwel) e Silva Manoel (atual André Cavalcanti). Novas polêmicas ocorreram quando da abertura da travessa que ligaria a rua do Lavradio à de São Lourenço, mais tarde chamada "do Senado", por ter sido uma iniciativa da Câmara de Vereadores. O desembargador do Tribunal da Relação, José Martins da Costa, proprietário de um imóvel e de benfeitorias que foram afetadas pelo projeto, contestou o feito na justiça e obteve acórdão embargando a obra de arruamento, obrigando a Câmara a refazer toda a parte do imóvel que fora demolida. Os vereadores recorreram ao Tribunal da Relação obtendo a sustação do embargo anterior, por considerarem os juízes que a Câmara tinha o direito de abrir logradouros, mesmo em propriedade particular, quando fosse de interesse público.[175] (MAPA 17)

A obra de construção de uma estrada ligando o Campo de Santana à região de São Cristóvão, cruzando o mangue de São Diogo, foi registrada pelo padre Perereca em sua citada obra. Segundo o autor, o projeto realizado foi de iniciativa da Câmara de Vereadores, em 1805. Além da estrada, dele fazia parte uma ponte de madeira atravessando o braço de mar que entrava pelo continente — um canal que corria paralelo à estrada, para drenagem do terreno.

> O senado da Câmara desta cidade, dois anos antes da memorável e feliz vinda do Príncipe Regente Nosso Senhor, empreendeu, sendo inspetor e procurador do mesmo senado, o capitão-mor Leandro Marques Franco de Carvalho, fazer uma extensa estrada sobre o mesmo mangue, a qual se concluiu desde o lugar, onde se projeta abrir a caldeira, até ao braço do mar, que entra por São Diogo atravessa o mangue, até chegar à referida estrada grande. Apesar deste espaçoso terreno não estar aterrado na sua maior parte, o que só no fim de muitos anos se conseguirá, contudo temos visto em pouco tempo vir surgindo uma nova cidade com grandes, e belos edifícios, ruas largas, e tiradas a cordel, que se cortam com outras em ângulos retos. O mencionado procurador da Câmara fez abrir uma vala, que se prolonga em linha paralela com a grande estrada.[176]

O capitão José de Costa Barros, proprietário de imenso terreno situado no final da rua de São Joaquim (atual Marechal Floriano), que se estendia até a Igreja de Nossa Senhora de Santana (onde hoje se localiza a estação ferroviária da Central do Brasil) e fazia fundos com o morro do Livramento, deu entrada na Câmara, em novembro de 1808, de uma petição solicitando a demarcação do arruamento que nele pretendia realizar. No ato da vistoria feita em 12 de março de 1809, o presidente da Câmara e os vereadores mediram a largura das ruas e lhes deram os futuros nomes: a do Príncipe (atual Senador Pompeu) que tinha 60 palmos (13,2m), a da Princesa (atual Barão de São Félix), 50 palmos (11,0m), e a outras perpendiculares que mandaram abrir, por

Mapa 17

Projeto de arruamento do engenheiro militar José Corrêa Rangel no terreno da antiga chácara do guarda-mor Pedro Dias Paes Leme

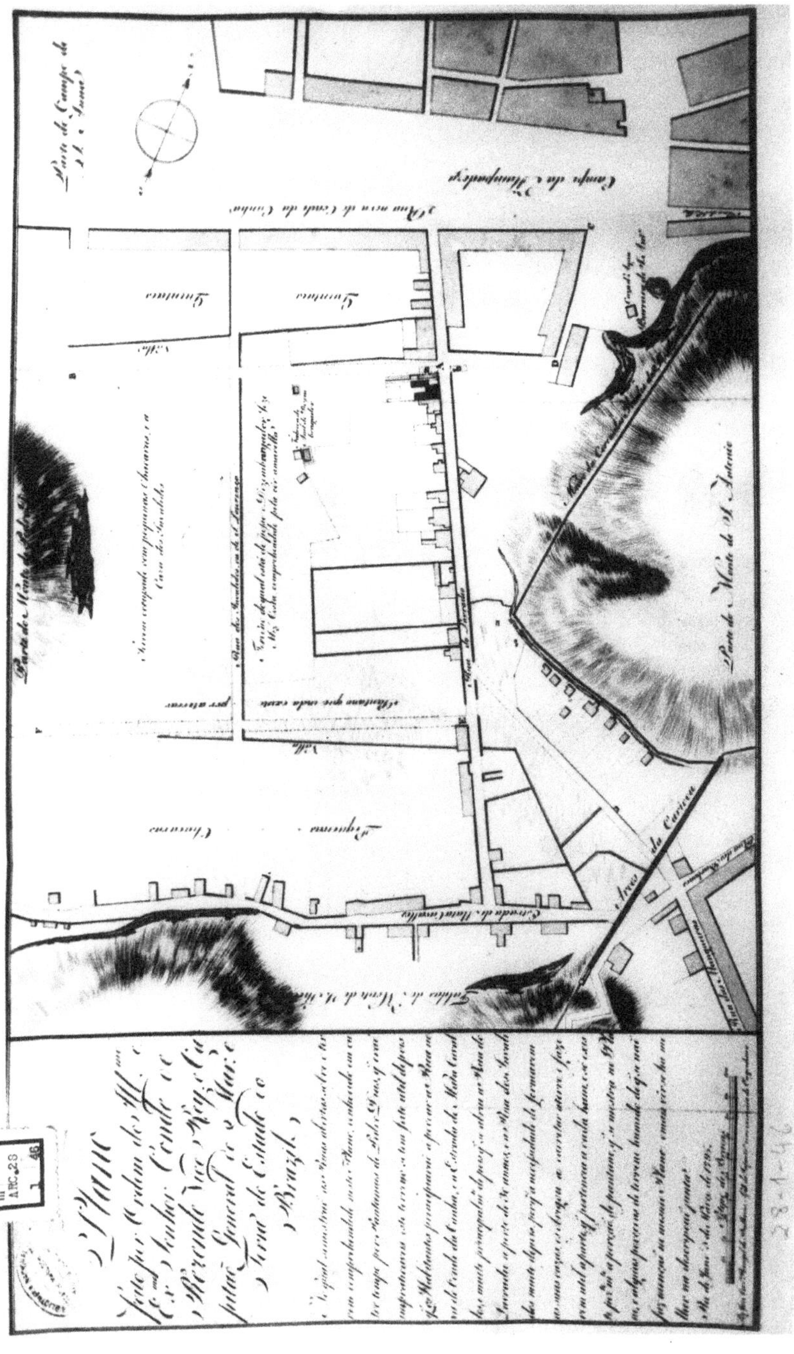

serem necessárias à ligação entre elas. É importante notar que o proprietário também destinou uma área do arruamento para o Rocio, demonstrando possuir visão urbana de maior alcance.[177] (MAPA 18)

Curioso foi o caso do negociante Antônio José da Silva Braga, proprietário de seis sobrados que construiu no largo da Ilha Seca (depois largo do Capim, posteriormente arrasado com a abertura da Presidente Vargas), cujas melhorias assumiu para si. Antônio José também intencionava construir um chafariz no largo, em troca da concessão do título de Cavaleiro da Ordem de Cristo. A proposta desse negociante, um dos fornecedores da Fazenda Real, sugeria que lhe fossem pagos os 20.000$000rs devidos, comprometendo-se a aplicar cerca de 8.000$000rs na melhoria do largo da Ilha Seca e na construção do chafariz. Essas ideias foram apresentadas à rainha e se fizeram acompanhar de diversos pareceres de autoridades da capitania favoráveis ao projeto, como o do dr. João de Siqueira, confirmando ser a obra "de suma utilidade do Povo que mora naquela circunvizinhança por lhe ficar a água da Fonte e haver ali considerável falta de água".[178] Os vereadores também não ficaram atrás quando enfatizaram a importância da realização das melhorias anunciadas por Antônio José da Silva Braga, nesses termos:

> a praça da Ilha Seca da mesma cidade está hoje quase no centro dela, tendo crescido muito a sua povoação, e que naquele bairro, ora a maior parte da pobreza a qual gravíssima falta de água por lhe ficar muito distante a fonte intitulada Carioca e por isso é de suma necessidade construir-se ali uma fonte para benefício do povo circunvizinho daquele bairro principalmente porque, juntando-se todo o povo a tomar água na Carioca, de ordinário há barulho e desordem, o que não aconteceria se a mesma água se repartisse pela Cidade em diversas fontes. Tanto assim que, por essa razão, o Excelentíssimo Senhor Luiz de Vasconcelos vice-rei que foi deste Estado, quando governou esta Cidade, tentou construir no mesmo largo da Ilha Seca uma fonte e o não conseguiu por erro dos Mestres e por ser logo rendido, e Sua Majestade pela Sua Real Clemência mandar que se construa naquela praça uma fonte será das mais úteis e memoráveis obras que possa haver e o maior monumento do seu Maternal amor para com os Povos de uma cidade, que em todos os tempos têm dado as maiores provas da sua lealdade e que têm a maior glória em serem súditos de uma Soberana tão augusta e tão Pia por todos os títulos ao Amor dos seus Povos. Rio, 31.3.1798.[179]

O negociante Antônio José da Silva Braga sabia muito bem que não bastava querer financiar obras de interesse coletivo para conseguir obter um título honorífico. Deveria reunir outras provas que atestassem seu alto espírito público. Nesse sentido, declarou à rainha que estava disposto a arrematar, por seis anos, o contrato dos Dízimos Reais da capitania do Espírito Santo, pagando o que antes já se pagava (13.200$000rs), além de doar à Coroa 6.000$000rs. Lembrou-lhe ainda que já era capitão do terço auxiliar da freguesia de São José, nomeado pelo vice-rei conde de Resende em 1º de março de 1796, e que levava vida honesta, sempre buscando "concorrer por todos os meios para o Bem do Estado e do Real serviço". Apesar de tantas provas reunidas, o rico negociante não chegou a entrar na Ordem de Cristo, continuando a ser pessoa comum e plebeu, mas vassalo devotado.

A abertura de vários novos logradouros na cidade — que não eram imediatamente pavimentados pelo responsável do empreendimento imobiliário (na época, não vigora-

Mapa 18

Arruamento proposto pelo capitão José de Costa Barros

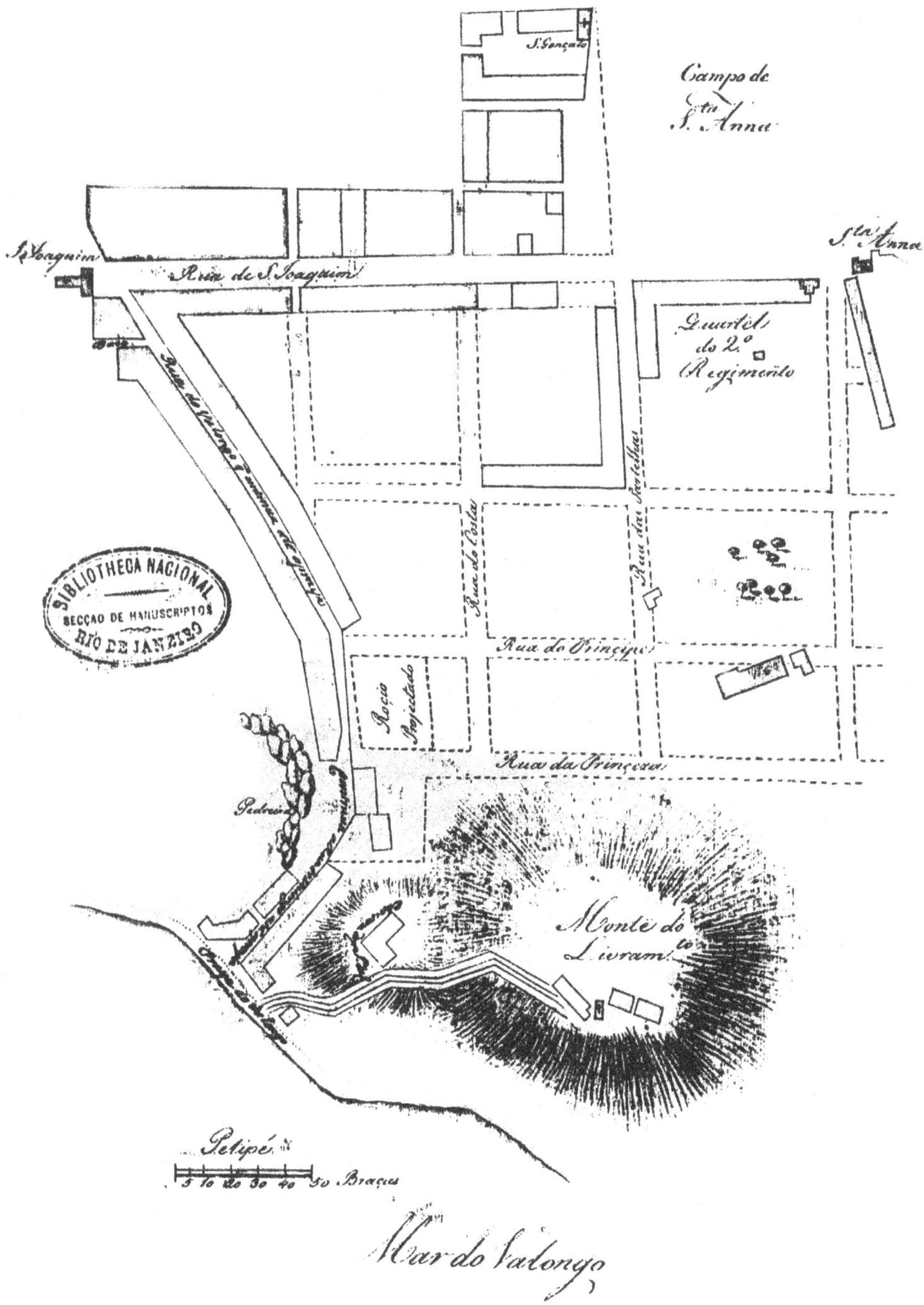

va ainda esta obrigatoriedade) — foi, à medida que a cidade se expandia, dificultando o trabalho da Câmara, incapaz de assumir mais esta tarefa. Em face disto, os vereadores, reunidos em 3 de setembro de 1718 e contando com a participação de cidadãos e autoridades convidadas, aprovaram um grande plano de pavimentação dos logradouros da cidade, orçado em 240.000$000rs. Cada proprietário, segundo os termos do plano, deveria pagar o valor referente às melhorias realizadas no trecho correspondente à testada de seu imóvel. A maioria das ordens religiosas solicitou ao rei isenção dessa contribuição, mas teve o pedido negado pelo Conselho Ultramarino em 10 de julho de 1722.

Coube à Câmara de Vereadores responsabilizar-se pela parte técnica do empreendimento, realizar a concorrência pública, elaborar o projeto de nivelamento dos logradouros, acompanhar a execução das obras e preparar os recibos do pagamento efetuado pelos proprietários de imóvel situado nas ruas incluídas no projeto.[180]

Cerca de vinte anos após a realização dessa imensa obra de pavimentação, o então juiz de fora e presidente da Câmara de Vereadores, dr. Francisco Luiz de Miranda Espindola, resolveu sem consultar seus pares convocar os moradores proprietários de imóveis situados no centro da cidade para refazer a parte do calçamento das ruas e das calçadas que lhes cabiam. Os vereadores, em 1741, denunciaram ao rei tal iniciativa, por tratar-se de ato ilegal. Não competia ao juiz de fora decidir sozinho a questão. A querela se arrastou por mais de cinco anos, tendo como eixo principal a discussão a respeito das atribuições atinentes ao juiz de fora e aos vereadores. Argumentaram esses últimos que as calçadas e pavimentação dos logradouros construídas com o "beneplácito e consentimento do Povo", e aprovadas pela Câmara, "a quem a Lei privativamente encarrega a fatura, reparo, e conserto de calçadas", estavam em bom estado e não havendo ordem, documento, ou sentença porque fossem julgadas inúteis as calçadas antigas, para se fazerem, e se proceder a fatura das modernas" era descabido refazê-las.[181] O juiz de fora contestava o parecer de seus oponentes dizendo que a obra tinha sido feita erradamente, sem a devida fiscalização, gerando grandes problemas para o esgotamento das águas pluviais e dificuldades para a circulação dos veículos.

Em meio a essa e outras contendas, pouco a pouco o Rio de Janeiro foi ampliando o número de logradouros pavimentados, que nas primeiras décadas do século XVIII já eram maioria.

Além dos arruamentos, outras obras públicas ocorreram, como as voltadas ao provimento de água. O abastecimento feito por um único chafariz existente no largo da Carioca estava se tornando precário, à medida que a população crescia e a cidade se espraiava, aumentando as distâncias de coleta para os moradores das áreas mais afastadas do largo. Atentos ao problema os vereadores encaminharam ofício em 30 de janeiro de 1742, solicitando ao rei que permitisse à Fazenda Real do Rio de Janeiro cobrir as despesas com a construção de mais um chafariz na cidade, a se localizar no largo do Paço (antes do Carmo), para maior comodidade dos moradores do centro e mais fácil abastecimento das embarcações ancoradas no porto. Diziam os vereadores em seu pedido:

> Sendo esta Cidade uma das mais notáveis dos dilatados domínios de V. Mag. E que tem incrivelmente crescido na extensão, e na multidão do povo, se acha tão somente com um chafariz chamado da Carioca, existente quase nos seus arrabaldes, aonde de ordinário, pelo grande concurso da gente acontecem distúrbios e mortes, que só se poderão

evitar fazendo-se outro chafariz na praça, que existe defronte do Convento de Nossa Senhora do Monte do Carmo, lugar muito acomodado para a dita obra, e esta a mais útil ao serviço de Deus, de V. Mag. E deste povo, sendo abundantíssima a água do dito Chafariz para outros muitos, e principalmente com os novos aquedutos de pedraria, que V. Mag. Foi servido mandar-lhe fazer, com os quais não se experimentaram os costumados desperdícios da mesma água. *E porque dos 800 mil cruzados [320.000$000rs] que a mesma cidade prometeu de donativo pelos felicíssimos casamentos de Suas Altezas e Sereníssimas* e pago este donativo, sobraram trinta e tanto mil cruzados, que são do mesmo povo, rogamos humildemente a V. Mag. queira por sua real grandeza e piedade permitir a aplicação deste acréscimo para a obra do novo chafariz, por ser a mais pública e precisa para a utilidade comum e da Real grandeza de V. Mag.[182]

Chamo atenção para o valor do donativo acima citado, recolhido na cidade do Rio de Janeiro, por representar mais de sessenta vezes a receita da Câmara referente ao ano do requerimento.

O rei, como de praxe, encaminhou o pedido ao Conselho Ultramarino, que por sua vez sugeriu, como sempre fazia, que o processo voltasse à capitania, para que fossem ouvidos o governador, o provedor da Fazenda Real e outras autoridades. O governador Gomes Freire de Andrade opinou favoravelmente ao pedido dos vereadores e até sugeriu que fossem construídos dois chafarizes, em vez de um, sendo o primeiro no Largo e outro junto à beira do cais, perto da sede da Junta do Comércio, para facilitar a aguada das embarcações. Como o provedor da Fazenda Real havia levantado a possibilidade de os negros danificarem o chafariz, e os leprosos colocarem em risco a saúde da população tocando nas bicas — acreditavam as pessoas na época que a doença da lepra era transmissível pelo contato —, Gomes Freire propôs que os tanques fossem tão distantes “das pias que os Escravos as não possam tocar”.[183]

Tendo o processo voltado ao Conselho Ultramarino, coube ao conselheiro Alexandre de Gusmão dar parecer final sobre o pedido dos vereadores do Rio de Janeiro, que foi afinal acolhido. Todavia, como os profissionais que trabalhavam na cidade do Rio de Janeiro não exibiam, segundo o conselheiro, qualidades técnicas-artísticas requeridas para os projetos, nem havia profissionais qualificados para se fazerem as fontes e chafarizes na cidade, propôs que estes deviam ir feitos de Lisboa. Por essa razão, Alexandre de Gusmão informou que já havia solicitado a um famoso arquiteto da Corte — que posteriormente ficou-se sabendo tratar-se do arquiteto Carlos Mardel — o projeto do chafariz, sem ônus para a Fazenda Real.

Os vereadores, em ofício datado de 1750, no qual reconheciam que “um dos principais ornamentos que utilizam, e formozeiam esta Cidade, é a notável obra do chafariz da Praça”, informaram ao rei que o do largo do Carmo estava pronto, mas sem funcionar, porque ainda lhe faltavam canos para completar a ligação da tubulação com a do Carioca.[184]

Novos chafarizes foram construídos quando a cidade passou a abrigar a sede do vice-reinado, contando sempre com o abastecimento das águas do rio Carioca. A dependência no entanto de uma única fonte terminou gerando, nos períodos de seca, sérios problemas de falta d’água. Novas tomadas surgiram em reforço do rio Carioca, junto ao rio Comprido e ao rio Maracanã. Para este último foi projetada e construída uma longa canalização que levava suas águas a chafarizes menores espalhados ao longo de sua extensão e conduzia-as até um bem maior, projetado para o Campo de Santana. Em reunião da Câmara, os vereadores aprovaram em 1808 o projeto apresentado e obtiveram adesão financeira de 53 pessoas, que fizeram doações no valor de 448$800rs.[185] A obra entrou em andamento, e quando a Corte chegou ao Rio de Janeiro, em 1808, o aqueduto já estava próximo ao Campo de Santana, o que permitiu ao chefe de Polícia, Paulo Fernandes Viana, inaugurar um chafariz — ainda que provisório — no dia do aniversário do príncipe regente, em 13 de maio de 1809.

Outra importante obra realizada na cidade foi a do cais ao longo da marinha da cidade, no trecho que ia da praia dos Mineiros até o largo do Moura. Iniciada pelo vice-rei d. Luís de Vasconcelos e Souza, foi bastante acelerada pelo conde de Resende, que não chegou a concluí-la totalmente. Mais uma vez a população foi chamada a contribuir com seus donativos, que alcançaram, em 1791, os 21.027$115 destinados a abater os custos de tão necessária obra.

A construção da ponte nova de São Cristóvão também foi alvo de muita polêmica entre a Câmara de Vereadores e os jesuítas. A ponte velha encontrava-se muito arruinada, levando Gomes Freire a solicitar ajuda da Coroa para sua recuperação, pedido que foi aprovado em 14 de dezembro de 1734. Ocorreu que o advogado Manoel Antônio Suzano propôs um outro projeto, em que o traçado da ponte não seguia a curva do caminho que atravessava o Catumbi, Mataporcos e estrada de São Cristóvão. A sugestão foi incorporada ao projeto do sargento-mor, engenheiro José Fernandes Pinto Alpoim. Os jesuítas protestaram contra o novo traçado do caminho através de São Cristóvão, pois passava, segundo eles, pelo "meio dos engenhos do Colégio, com perda de cinco partidas de cana". O processo se arrastou anos a fio no Tribunal da Relação da Bahia (na época o único do Brasil). No ano de 1740 essa obra foi posta em concorrência pública, revelando que os jesuítas haviam perdido a causa. Arrematou-a o tenente João Gonçalves de Carvalho pelo preço de 1.650$000rs, restritos à construção da ponte propriamente dita, e não às obras de terraplenagem e complementares, que seriam cobradas segundo avaliação fcita ao final.

O governador Gomes Freire teria preferido construir o Palácio do Bispo ao lado da nova catedral em obras, no largo de São Francisco. Para ele pediu aprovação do rei e ajuda financeira de 20.000$000rs. Apesar de a solicitação ter sido deferida, o palácio não chegou a ser construído nesse local. Em direção contrária trabalhara o próprio prelado, d. Antônio do Desterro Malheiro, sugerindo que a instalação se desse no prédio do Convento dos Carmo, situado no largo do Paço, considerado bem mais central que o largo de São Francisco. Tal alternativa, que foi em 1768 orçada em 12.000$000rs, apresentava ainda a vantagem de ser bem menos onerosa que a proposta anterior de Gomes Freire de Andrade. Quanto aos frades carmelitas, dizia o mesmo bispo, podiam facilmente ser removidos para o morro do Castelo, onde passariam a viver alojados no antigo colégio dos jesuítas.

Obras de prédios na cidade

Em toda cidade colonial sede de capitania, destacavam-se do conjunto das edificações o prédio da sede do governo, o da Câmara de Vereadores (alguns com a cadeia acoplada), o da Alfândega, os quartéis e as fortalezas, o da residência do bispo e o da catedral. Este último edifício, em geral, era o de maiores dimensões, o mais monumental e de interior mais ricamente ornamentado. A construção de todos esses prédios era de responsabilidade do Estado, mas, no caso da Igreja Catedral, a população normalmente contribuía com donativos representando parcela significativa do custo da obra e das alfaias.

A Sé Catedral

O rei ou rainha de Portugal viam na construção da Igreja Catedral de uma cidade do Reino ou de suas colônias a oportunidade de expressar publicamente sua fé religiosa e seu compromisso com a Igreja católica. Para isso o governo esmerava-se em edificar templos majestosos, ricamente ornamentados e equipados com as melhores alfaias. Mas não foi este o caso da Sé Catedral do Rio de Janeiro.

A primeira Sé Catedral da cidade foi a Igreja de São Sebastião, situada no alto do morro do Castelo, construída em 1567 por Mem de Sá e reformada em 1583 a mando do governador Salvador Correia de Sá (gestão 1577-98). Pouco a pouco, os membros do Cabido da Sé foram abandonando a igreja, alegando incômodo do acesso causado pelas íngremes ladeiras do morro do Castelo.

Os moradores também seguiram o Cabido e passaram a frequentar as igrejas da várzea, de acesso mais cômodo, muitas delas mais amplas e ricas do que a da velha Sé de São Sebastião. A antiga igreja só voltava a brilhar quando do festejo do seu orago, em 20 de janeiro.

Inicialmente o Cabido transferiu-se para a Igreja da Santa Cruz dos Militares, na rua Direita, mas teve que abandoná-la por pressão da irmandade senhora da igreja. Tentou ocupar a igreja da Candelária, mas sem êxito. Daí partiu para a Igreja de São José, e mais uma vez foi hostilizado pela irmandade local, levando-o a se apossar da Igreja de Nossa Senhora do Rosário, pertencente a uma irmandade de pretos, sem força política para se opor a tão importante intruso. A Irmandade de Nossa Senhora do Rosário e São Benedito, logo após a chegada do Cabido, em 1737, apelou para o rei no sentido de retirá-lo de sua igreja, mas teve como resposta a promessa real de que seria provisória a permanência. Tal provisoriedade durou 71 anos, pois só em abril de 1808 a Sé Catedral e seu Cabido mudaram-se para a Igreja do Carmo, na atual praça Quinze, por decisão do príncipe regente d. João, então recentemente chegado à cidade do Rio de Janeiro.

Nessa história de peregrinações da Sé Catedral é importante registrar que, após sucessivos pedidos dos bispos do Rio de Janeiro, ainda sob o reinado de d. João v, o governador Gomes Freire de Andrade foi liberado para iniciar a obra de tão importante templo. Em 8 de outubro de 1746, o governador, respondendo à consulta de d. João v, informou que o terreno escolhido para sua edificação ficava em campo fora das muralhas da cidade, por detrás da Igreja de Nossa Senhora do Rosário, sede provisória da Sé Catedral. Informou ainda que o projeto que enviava anexo à carta havia sido feito, a seu pedido, pelo mestre de campo e engenheiro José Fernandes Pinto Alpoim, professor da Aula de Artilharia. Em resposta, o rei comunicou que, tendo ouvido o Conselho

Ultramarino, havia aceitado a indicação do terreno e o orçamento proposto, mas que o projeto de Alpoim havia sido considerado "informe" pelos conselheiros, isto é, sem a devida monumentalidade e o valor arquitetônico exigidos para uma igreja destinada a ser sede Catedral do Rio de Janeiro. Por isso estava enviando outro, projetado por Carlos Mardel, famoso arquiteto responsável pelas obras reais.

Em 7 de maio de 1748 realizou-se a cerimônia de concorrência pública para a primeira etapa da obra, sendo a mesma arrematada pelo mestre pedreiro Luís dos Santos Lisboa e equipe. O prazo estabelecido para seu término foi de sete anos, dele tendo sido excluída a construção do zimbório, cujo projeto ainda não existia. Quatro anos depois foi realizada a segunda concorrência para obras de arremates como os capitéis, as cimalhas, os portais, os degraus, as arquitraves etc.

Só o corpo principal da igreja, projetada em estilo dórico, media (sem contar as duas torres sineiras) 42,46m de largura, 77,66m de comprimento, e altura de 25,00m na fachada. Era uma obra monumental bastante cara, pois só a pedraria do "portal da capela do Sacramento" foi orçado em 978$600rs, preço de uma boa casa térrea na cidade.

A obra, após os primeiros anos de ritmo intenso, foi paralisada a partir de 1754 por falta de verbas, carreadas em grande parte para as guerras nas fronteiras do sul, reforço da tropa, construção e reformas de fortalezas etc., apesar dos protestos das autoridades eclesiásticas.

No ano de 1782, a rainha dona Maria I, querendo retomar as obras, mandou o vice-rei d. Luís de Vasconcelos e Souza orçar seus custos finais e calcular o montante já despendido. A equipe nomeada pelo vice-rei, formada por pedreiros, carpinteiros e canteiros, informou em seu relatório que 99.952$584rs já haviam sido gastos e que seriam necessários para sua conclusão mais 339.600$000rs. Preocupado com os valores estipulados nesse relatório, o vice-rei designou o engenheiro e sargento-mor Alexandre José Montanha — ex-auxiliar do arquiteto Carlos Mardel e que participara de sua equipe no projeto de reconstrução de Lisboa — para elaborar novo orçamento. Segundo o engenheiro Montanha, se a Fazenda Real fornecesse o material, só a mão de obra necessária para sua conclusão ficaria em 260.000$000rs. No caso, porém, de o material ser fornecido pelo empreiteiro responsável o valor subiria para 280.000$000rs, portanto, vinte contos de réis menos do que o previsto no relatório anterior. Apesar de essas iniciativas levarem os interessados na construção da Catedral a acreditarem que as obras recomeçariam, nada de efetivo ocorreu.

Em 1788, a rainha solicitou novo relatório no sentido de saber quais os valores necessários para reforma e ampliação da Igreja de Nossa Senhora do Rosário (ainda Sé provisória) e da antiga Sé no morro do Castelo. Também queria saber qual das duas era a mais indicada para sediar a Catedral. A equipe, sob direção do ajudante de engenheiro Antônio de Souza Coelho, opinou em favor da ocupação da Igreja de Nossa Senhora do Rosário, por considerá-la mais adequada para abrigar a Catedral do que a de São Sebastião, apesar de a primeira exigir 14.800$000rs para sua reforma, e a segunda, apenas 2.4000$000rs.

Esse novo relatório levou o governo da capitania, em 1791, a optar por manter a Sé Catedral na Igreja de Nossa Senhora do Rosário e deixar a obra da nova Catedral paralisada.

Quando o príncipe regente d. João chegou à cidade do Rio de Janeiro em março de 1808, encontrou a obra da futura catedral abandonada, em estado de completa ruína.

A direção da Academia Militar, que vinha funcionando na Casa do Trem, estava à procura de local de instalação que tivesse espaços adequados para suas atividades. Em 16 de janeiro de 1809, o ministro Conde de Linhares encaminhou ao ministro conde de Aguiar projeto de reforma e acréscimo de parte do prédio do Seminário de São Joaquim, de autoria do coronel-engenheiro João Manoel da Silva, para abrigar a Academia. Esse projeto não foi adiante, preferindo as autoridades construir nova sede sobre as ruínas da Sé Catedral, a partir de 1810.

Essa opção representou o sepultamento do sonho do povo e dos eclesiásticos de verem o mais importante prédio religioso de uma cidade ornamentando o Rio de Janeiro.

Anos mais tarde a escola militar deixou o prédio que passou a ser ocupado pela Escola Central de Engenharia Civil, que se transformou na famosa Escola Politécnica. Hoje, totalmente modificado, o prédio abriga o Instituto de Filosofia e Ciências Sociais (IFCS) da Universidade Federal do Rio de Janeiro.

Os vários capítulos da novela da construção do prédio que seria a Igreja Catedral do Rio de Janeiro retratam o descaso do governo monárquico português com a cidade do Rio de Janeiro.[186]

A sede da Câmara de Vereadores

Por volta de 1620 os vereadores resolveram abandonar o morro do Castelo, onde ficava a sede da Câmara. O velho prédio que ocupavam estava em completa ruína, e sua reforma tinha sido desaconselhada. Pretendiam erigir nova sede na várzea, para onde se mudaram. Como sempre a Câmara de Vereadores não dispunha de recursos para a obra projetada, composta de um sobrado onde funcionaria, em seu pavimento térreo, a cadeia e o açougue, e, no andar superior, a Câmara. Muito tempo levou para que a obra, situada na rua da Misericórdia (atual Presidente Antônio Carlos), ao lado da Igreja de São José, fosse concluída. Segundo Vieira Fazenda, tem-se notícia, em 1636, de que a Câmara estaria funcionando em sua nova sede.[187] Ao final do século XVII o imóvel entrou em franca decadência, sendo insustentável continuar insistindo na sua ocupação sem que reformas fossem realizadas. Artur de Sá e Menezes, na qualidade de governador do Rio de Janeiro, encaminhou em nome dos vereadores pedido de "algum adjutório dos sobejos da Casa da Moeda para levantarem a Casa da Câmara, por estar no chão, e fazerem Cadeia". A resposta positiva veio pela carta régia de 8 de junho de 1701.[188]

É importante recordar que durante a invasão dos franceses, em 1711, vários prédios na cidade foram saqueados, entre eles o que abrigava a Câmara e a Cadeia. A depredação fez com que, no ano de 1715, o ouvidor-geral solicitasse a construção de nova cadeia pública. Alegaram os vereadores não poderem atender ao justo pedido do juiz, porque as rendas da Câmara eram poucas. Apesar da ajuda da Fazenda Real, sempre inferior às necessidades, o prédio foi quase todo reformado em 1734, faltando-lhe apenas algumas obras complementares, para cuja realização recorreram diretamente ao rei. Precisavam finalizar da "parte de dentro o forro necessário e da parte de fora a cimalha em roda, reboques e grades de ferro". Pediram também uma verba no valor de 3.200$000rs para recuperação do telhado, para a troca das peças totalmente carcomidas pelos cupins. Tal quantia ultrapassava em muito a receita da Câmara, que no ano de 1731 foi de 2.230$230rs, em 1732 chegou a 2.299$913, caindo em 1733 para 2.108$581rs.[189]

A obra se arrastou anos a fio sem que fosse realizada uma reforma realmente substantiva. Novamente em 1746 os vereadores apelaram ao governo da capitania solicitando ajuda, pois o prédio da Câmara em que se situava a cadeia com suas partes arruinadas poderia facilitar a fuga em massa dos presos que viviam em condições abjetas.

> A necessidade da reforma da Cadeia desta Cidade é tão precisa como notoriamente se está vendo, porque em toda ela chove, pela ruína dos telhados, que pela duração da mesma ruína, e continuação das águas se acham totalmente podres as madeiras do tecto da mesma Cadeia e por esta causa muito arriscada a segurança dos presos, depois disto, não tem necessárias [*latrinas*], e em lugar destas, se lhe fizeram uns tanques, ou covas no meio das casas de prisão, as quais cheias, não só prejudicam a saúde dos miseráveis presos, mas por instantes poderão apestar [*empestar*] esta Cidade, porque se faz incrível, que esteja no centro dela conservando-se um seminário de imundices corruptas, além da impiedade e martírio de estarem nas mesmas casas em que vivem os tais presos, monturos perpétuos, e tão prejudiciais, que ainda quando fosse possível extingui-los totalmente, basta o fétido que causam para tormentos das pessoas encarceradas, que tanto que são presas, daí a poucos dias, ficam reduzidas a várias enfermidades; e além desta obra precisa, também carece de uma parede da parte do açougue, até a altura do sobrado, com quatro palmos e meio de grosso, e alicerce conveniente, fazendo-se mais oito janelas rasgadas, [*até o piso*] e quatro grades de ferro, e alguma reforma no sobrado. Toda essa obra poderá importar 16 mil cruzados [6.400$000rs] com pouca diferença e não há parte de onde possa sair esta importância a não ser da Fazenda Real, para onde passarão todos os contratos de administração deste Senado. Rio, em Câmara de 10 de janeiro de 1746. Luiz Antônio Rosado da Cunha (Juiz de Fora, presidente da Câmara de Vereadores)// Joseph Furtado de Mendonça// João Freire Alemão de Sineiro// João de Souza Coutinho de Amorim// João Velho Barreto Coutinho// Antônio da Rocha Machado.[190]

O projeto dessa grande reforma, de autoria do sargento-mor engenheiro José Fernandes Pinto Alpoim, introduzia a rede de esgotamento sanitário. Para arcar com o custo da obra juntaram-se a Fazenda Real e a Câmara de Vereadores. A primeira deveria desembolsar de imediato 2.800$000rs, e a Câmara, parcelas anuais de 400$000rs. A construção foi conduzida pelo mestre pedreiro José Rodrigues de Avelar, que em 1746 informou já haver realizado quase toda a obra, avaliada por Alpoim em 12.058$569rs. Mais bem instalada, a Câmara tinha condições de oferecer um ambiente de trabalho mais agradável aos vereadores e um espaço mais seguro para a guarda de seu arquivo documental. Mas foram os presos os mais beneficiados, pois as celas passaram a dispor de instalações sanitárias e foram separadas não só por sexo, como já o eram, mas também por cor, em atenção provavelmente às famílias de encarcerados de cor branca.

Por pouco tempo os vereadores usufruíram do espaço reformado. Tiveram que cedê-lo ao Tribunal da Relação, em 1751, e mudarem-se para um sobrado em frente ao largo do Paço, de propriedade do juiz dos órfãos Teles de Menezes, prédio conhecido como "Arco do Teles". Nesse endereço provisório a Câmara de Vereadores permaneceu por quase cinquenta anos, até o trágico incêndio (20.7.1790) que destruiu grande parte do seu acervo documental, além de móveis e objetos. Desabrigados, os vereadores se instalaram provisoriamente na casa do ouvidor Marcelino Pereira Cleto, na rua do Ouvidor. Nesse endereço permaneceram até a desocupação de sua sede, em janeiro de 1794, pelo Tribunal da Relação, que foi ocupar um prédio na rua que passou a se chamar da Relação.[191]

Mais uma vez foram os vereadores desalojados de sua antiga sede, destinada a transformar-se em dependência do prédio do Paço, após a chegada da Corte e da família real portuguesa à cidade, em março de 1808. Por novas reformas passou o prédio, deixando definitivamente de servir à Câmara de Vereadores e à cadeia da cidade.[192] Os presos foram transferidos para a prisão do Aljube, pertencente ao bispado, onde se encarceravam apenas os condenados por questões religiosas.

Os vereadores desalojados para sempre de sua sede alugaram então um sobrado na rua Direita, pertencente ao negociante Domingos Francisco de Araújo Rozo, do lado direito, entre o largo do Paço e a rua do Ouvidor. Nesse local permaneceram apenas um ano, mudando-se para o consistório da Igreja do Rosário, onde ficaram até 1812.

A casa do governador

Havia no Largo então chamado "do Carmo" um conjunto de edificações geminadas em que funcionavam a Casa dos Contos (Fazenda Real), a Casa da Moeda e os Armazéns Reais. O provedor da Fazenda Real Bartolomeu de Serqueira Cordovil e Mello solicitou ao rei permissão para construir em parte desse conjunto acomodações para sua residência. Deferido o pedido, o provedor realizou uma obra "com tanta grandeza e exorbitância de despesas", que o procurador da Coroa e Fazenda Sebastião Dias da Silva e Caldas, em 1739, denunciou-a ao rei:

> um quarto superior e elevado que de novo intentou e inventou a sua ideia além do quarto que lhe estava concedido; mandando desmanchar para este efeito a cimalha da mesma Casa dos Contos da parte da Casa da Moeda que olha para a Polé, *que o Brigadeiro José da Silva Paes há pouco tempo tinha mandado fazer*: abrindo também janelas de novo na frontaria do mar, rompendo as paredes depois de rebocadas, que o dito Brigadeiro tinha mandado pôr, na sua última perfeição e forçosamente mandará desmanchar os telhados e casa dos mesmos Contos em que estão todos os armamentos na chamada Casa das Armas, que da mesma sorte tinha o dito Brigadeiro mandado pôr pela parte de dentro em sua última perfeição a metade dela. Tudo isto faz, ou desfaz o dito Provedor arbitrando a matéria.[193]

Gomes Freire de Andrade resolveu transformar o prédio da Casa dos Contos em palácio para sua residência, abandonando a antiga casa dos governadores, situada na rua Direita, pelo que foi denunciado pelo referido provedor da Fazenda Real Francisco Cordovil de Serqueira e Mello em carta dirigida ao rei datada de 7 de novembro de 1744. A denúncia de Serqueira e Mello não surtiu o efeito esperado. Em carta-resposta, o rei, em abril do ano seguinte, manifestou sua intenção de pagar as despesas relativas à obra efetuadas pelo governador Gomes Freire de Andrade.[194]

Obras particulares: cinco exemplos

O primeiro exemplo refere-se ao negociante Domingos Martins Brito, que havia tomado em arrendamento dos monges beneditinos um pequeno terreno de 6,6m de testada na região da Prainha. Querendo ampliar suas instalações ao longo da praia, propôs à Corte construir às suas próprias custas um cais medindo 4,4m de largura e ampliar para 3,3m o caminho estreitíssimo que a ele conduzia e por onde só passavam pedestres. O governador da capitania do Rio de Janeiro, Vahia Monteiro em 1731 deu parecer favorável ao pedido, sendo seguido pelo provedor da Fazenda Real, Bartolomeu de Serqueira Cordovil e Mello.[195]

O segundo é a iniciativa do dr. José da Mota Leite, que solicitou ao rei, em 1755, permissão para realizar melhorias no ancoradouro e trapiche da cidade. Pretendia o dr. Mota Leite construir um cais avançando sobre a baía de Guanabara, "dous lanços", para instalação de dois guindastes na frente do trapiche que administrava, único na área central da cidade. O trapiche havia sido por ele ampliado, aumentando muito sua capacidade de armazenamento, antes diminuta, pois só guardava 2.800 caixas de açúcar, e "nos dias mais claros dele não se usa sem luz artificial com tão poucos efeitos, e tão falto da vizinhança do mar, que só em preamar carrega e descarrega".[196] As autoridades consultadas foram favoráveis, tendo os vereadores se reunido, em 24 de julho de 1756, para deferirem o pedido.

O contrato firmado entre as freiras do Convento da Ajuda e os mestres pedreiros Manoel Dias Mendes e João da Fonseca, em 24 de outubro de 1755, é outro bom exemplo de como se processavam as obras de arquitetura perene na cidade do Rio de Janeiro. Esse contrato nos traz preciosas informações sobre sistemas e detalhes construtivos, materiais de construção, instalações hidráulicas e sanitárias, a relação entre o "risco" e a sua execução etc.[197] Logo em sua abertura, o contrato vinculava a execução da obra à "planta", isto é, ao *projeto*, cuja autoria, lamentavelmente, não foi citada. Por isso não se pode assegurar se era do brigadeiro José Fernandes Pinto Alpoim ou de outro projetista. Em mais outras duas passagens do contrato a existência do "risco" é mencionada, evidenciando ser uma prática consagrada imposta aos mestres construtores.

Por fim, ficou acertado que a obra seria entregue "acabada, com a porta da Igreja fechada com toda a segurança da clausura de sorte que possam entrar as religiosas para dentro, pondo os ditos empreiteiros tudo em geral, para ficar com toda a segurança e perfeição". O valor orçado foi de 8.350$000rs, e no ato da assinatura do contrato os empreiteiros receberam 1.200$000rs, correspondentes a 14,37% do total. O restante seria pago parceladamente segundo o andamento da obra. Como os contratados eram pedreiros, e a obra também necessitava de serviços de carpinteiro (todo o serviço de madeira sem exigências artísticas), entalhadores (como as portas de almofadas, púlpitos, confessionários etc.), escultores (o repuxo, as pias e púlpitos), canteiro (portadas e alcatruzes), serralheiros (todas as ferragens das esquadrias) e de vidraceiros, a saída foi subempreitá-los. Nesse caso, os referidos mestres de obras funcionavam como verdadeira firma de construção civil.

Enfim, o documento citado informa que a existência do "risco" se fazia necessária para a realização de certas obras, ainda que o proprietário não fosse obrigado por lei a contratar um projetista. Revela também o emprego nos meados do século XVIII de sistema de instalação de água e de esgotamento sanitário e, por último, confirma serem as ordens religiosas importantes clientes, pois não lhes faltavam recursos para arcar com os custos de obras dispendiosas.

O quarto exemplo, mais rico ainda de informações, é o orçamento que Jacques Funck fez para seu projeto de ampliação e reforma do Arsenal do Trem, em 1770, hoje ocupado pelo Museu Histórico Nacional. Inicialmente, tal projeto fazia parte de outro mais amplo, concebido para fortificar a cidade do Rio de Janeiro, apresentado ao vice-rei marquês do Lavradio em 1769.[198] Para o acréscimo do Arsenal, o governo teve de desapropriar nove prédios contíguos,[199] no valor de 2.600$000rs, correspondente a 17,6% do global da obra, orçada em 14.777$880rs. Dois outros itens se mostraram significativos: o trabalho de alvenaria, correspondente a 38,7%, e em madeira, equivalente a 30,5% do valor do orçamento, conforme fica demonstrado no Quadro 31.

Quadro 31

Orçamento de Jacques Funck para ampliação e reforma do Arsenal do Trem (1769)

Especificação	Valor	
	Abs.	%
Desapropriação de nove prédios	2.600$000	17,6
Demolição	82$800	0,6
Terraplenagem, retirada de entulho, nivelamento	220$760	1,5
Alvenaria de tijolo e pedra com revestimento	5.715$120	38,7
Telhamento da cobertura	148$120	1,0
Cantaria de pedra lavrada	437$400	2,9
Obra de madeira	4.506$440	30,5
Estrutura do telhado e piso	4.006$760	
Esquadrias - 29 portas	192$480	
18 janelas	259$200	
30 arcos, para a claraboia	48$000	
Ferro	280$640	1,9
Prego	92$240	
Ferragem para esquadria - portas	109$680	
janelas	78$720	
Revestimento de piso	786$600	5,3
Total	**14.777$880**	

O estudo do orçamento dessa obra nos revela quão elevado era o custo com cantaria, pois para arrematar os quadros de 29 portas e 18 janelas foram previstos 437$400rs, quantia correspondente à construção de uma casa térrea.

Por último, um documento consultado na Biblioteca Nacional do Rio de Janeiro traz o orçamento detalhado de um prédio construído na rua do Rosário em 1796. Isso só foi possível porque seu proprietário, dr. José Gonçalves Chaves, homem metódico, anotou todas as despesas com a edificação do sobrado, que juntas chegaram a 1.409$570rs.[200] (QUADRO 32)

Segundo os documentos consultados, trabalharam nessa obra, em fases diferentes da construção, vinte pedreiros que percebiam diárias variando de 0$200rs até 0$640rs (de Fructuoso de Paiva) e onze carpinteiros, com diárias que oscilavam entre 0$280rs e 0$600rs (de José Justo de Santa Ana), auxiliados por doze serventes que recebiam 0$100rs ou 0$120rs de diária. Há gastos citados com pintor e com canteiro, mas sem especificação dos dias trabalhados e das respectivas diárias, o que leva a supor terem sido esses serviços empreitados diretamente pelo proprietário com os profissionais, razão pela qual não foram incluídos no contrato principal.

Quadro 32

Orçamento da obra do sobrado
do dr. José Gonçalves Chaves (1796)

Especificação	Valor	
	Absoluto	%
Mão de obra	637$230	45,2
Material	733$456	52,0
Carreto	28$329	2,0
Arruação	2$000	0,2
Não especificado*	8$559	0,6
Total	**1.409$574**	**100**

*Diferença entre o total e a soma dos valores especificados.

O estudo dos exemplos citados ajuda-nos a perceber quão importante era a atividade de construção civil na cidade do Rio de Janeiro em seu período setecentista, movimentando grandes somas de recursos da poupança interna que permaneciam na própria cidade, e envolvendo amplo conjunto de profissionais e de fornecedores de materiais para construção.

Se o licenciado mestre pedreiro Bartolomeu Coelho for tomado como exemplo de empreiteiro de obra, então a atividade por ele exercida pode ser considerada rendosa, porque, ao falecer em 1720, conseguiu deixar um patrimônio razoável, constando entre outros bens de 14 escravos e de muitos imóveis na cidade, sendo cinco casas térreas com frentes de pedra e cal e as outras paredes de tijolos, cobertas de telhas, além de terrenos cuja soma das testadas media 40 braças (80,80m).[201] Outro caso é o do também pedreiro João Coelho Marinho, que aparece nos livros da Décima Urbana com quinze imóveis na cidade.

O mercado imobiliário movimentava, anualmente, valores da ordem de 1.000.000 $000rs, sendo que os aluguéis dos imóveis rendiam cerca de 500.000$000rs, as transações de compra e venda cerca de 300.000$000rs, e a construção de prédios novos e as reformas dos antigos em torno de 200.000$000rs. Portanto, o capital circulante referente ao setor correspondia a 22% de exportação escoada, por exemplo, pelo porto do Rio de Janeiro no ano de 1807, que atingiu 4.549.505$620rs,[202] representando parcela significativa da economia interna fluminense, não considerada pelos estudos econômicos sobre o Rio de Janeiro colonial.

Notas à Terceira Parte

[1] WEHLING, Arno. *História administrativa do Brasil: administração portuguesa no Brasil de Pombal a d. João (1777-1808)*. Coord. de Vicente Tapajós. Brasília: FUNCEP, 1986, p.75.

[2] ARAÚJO, J.S.A.P. Op.cit., vol.7, p.27-274.

[3] MARQUES, A.H.O. Op.cit., vol.2, p.278.

[4] FAZENDA, J.V. Op.cit., vol.140, p.166.

[5] "Memórias públicas e econômicas da cidade do Rio de Janeiro para uso do vice-rei Luiz de Vasconcellos, por observação dos anos de 1779 até o de 1789". Op.cit.

[6] AN, Seção Histórica, Relatório Lavradio, cód:71.

[7] "Mapa geral abreviado de todo o Bispado do Rio de Janeiro". IHGB, doc. 1, 3, 13.

[8] SANTOS, L.G. Op.cit., vol.1, p.55.

[9] MARQUES, A.H.O. Op.cit., vol.2, p.278.

[10] A informação sobre a população do Rio de Janeiro provém da nota CLXXXIX, de Noronha Santos, na obra citada de Luiz Gonçalves dos Santos (padre Perereca).

Capítulo I *Uma cidade cadastrada*

[11] "Regimento de 1654 sobre as Décimas". Coleção das Leis, Decretos e Alvarás, d. José I, cód.OR, 1988, t.2.

[12] BN, Coleção de Leis do Brasil, vol.1.

[13] AN, Junta do Comércio, cód.199, vol.1.

[14] BN, *Gazeta do Rio de Janeiro*: Periódicos, Seção de Microfilmes, 14.10.1808.

[15] CARDOSO, Tereza R. Fachada Levy. "*A Gazeta do Rio de Janeiro*: subsídios para a história da cidade (1808-1821)". Revista do IHGB. Rio de Janeiro, vol.371. abr./jun, p.355, 1991.

[16] Essa rua foi aberta em 1743 pelos monges beneditinos, às suas custas, em terreno a eles pertencente, segundo d. Mateus Ramalho Rocha, em seu livro *O Mosteiro de São Bento do Rio de Janeiro, 1590-1990*, p.48.

[17] NUNES, Antônio Duarte. "Almanaque da cidade do Rio de Janeiro para o ano de 1794". *Revista do IHGB*, vol.266. Rio de Janeiro, Departamento de Imprensa Nacional, 1965.

[18] "Memórias públicas e econômicas ... anos de 1779 até 1789". Op.cit.

[19] AHUL, Castro Almeida, nº16.688.

[20] *Ordenações Filipinas*, livros II e III, p.435.

[21] ASCM, Livro de Tombo nº6, (1799-1876).

[22] FAZENDA, J.V. Op.cit., p.127.

[23] AN, 1º Ofício de Notas, livro 176.

[24] AN, 2º Ofício de Notas, livro 95.

[25] NUNES, A.P. Op.cit.

[26] BN, *Gazeta do Rio de Janeiro.*

[27] BN, Manuscrito: cód.II, 34, 25, 24. Documento sobre a alta dos aluguéis no Rio.

Dizem os moradores desta cidade que pela injusta ocupação dos Franceses em Portugal, passando grande parte de Vassalos de V.A.R. a esta cidade, onde se veio estabelecer a Metrópole do Reino, tiraram os Proprietários dos Prédios Urbanos deste sucesso e do desarranjo em que estavam, tanto os existentes, com os que novo vieram, pretexto para fazerem subir o aluguel a um preço excessivo, correspondente a sua desmedida e irregular ambição, de sorte que alguns dobraram o preço em que antes andava, cujo procedimento foi ainda mais escandaloso, depois da Lei de imposição da Décima, porque para iludirem a sábia Providência, que a mesma Lei tomou da igualdade desta imposição, fazem tão excessiva e intolerável aos inquilinos, que em lugar de 10%, que pagam, exigem 50 e 60, e alguns têm chegado ao dobro: acrescendo mais, que *como acham os Ingleses dispostos a alugar por qualquer preço,* tem chegado o aluguel algumas vezes a três, quatro, e cinco mil cruzados, por consequência fazendo-se arbitrário nos seus projetos de ambição ameaçam com despejo ao Suplicante que por não serem privados dos seus negócios e por se acharem ali acreditados se sujeitam ao preço do capricho.

Os Suplicantes Senhor, se persuadem que vão caminhar a total ruína se V.A.R. não der Providência capaz de conter a ambição e capricho dos Proprietários. Os moradores de Lisboa estando nas calamitosas circunstâncias a que o terremoto de 1755 reduziu aquela cidade, sendo que diminuía o número de casas e que aquelas que escaparam à pública calamidade davam pasto a ambição dos seus Proprietários e incômodo dos inquilinos, viram ao seu favor a Saudável Providência do Decreto de 3.12.1755 que proibiu levantar-se os aluguéis além do preço que valiam antes do terremoto, e conhecendo depois que esta Providência era iludida pelos contratos de dez e mais anos, que a pretexto de translação do domínio útil, ia incomodar os atuais moradores de Prédio, se determinou pelo Alvará de 3.11.1757 que semelhantes arrendamentos seriam considerados como de simples locação ordinária, que não dava Direitos aos locadores para exclusão dos outros. Os suplicantes estão, quanto a este artigo, nas mesmas circunstâncias dos moradores de Lisboa, se por uma parte estão em Júbilo, por terem a não esperada fortuna de ver a sua Cidade exaltada a Corte e habitada por V.A. Real, acham-se por outra parte vexados pela ambição dos Proprietários dos Prédios, que conhecendo que há poucas casas, que cresce a população, e que a necessidade há de obrigar apagar o preço do capricho, os tem levado a um ponto incalculável, que mereça Providência de Vossa Alteza Real.

Não foi somente naquela ocasião, que o povo de Lisboa mereceu a contemplação dos *Augustos Antecessores de V.A.R. já quando se queixou o Juiz do povo de que os Senhores das Casas levantaram os aluguéis por ocasião da Décima, se determinou por Alvará de 11.6.1644, que quando o levantassem a preço defasado, se estivesse por aquele, que já as casas tiveram, e sendo esta uma das razões porque lançam mão daquele ambicioso arbítrio de levantar o aluguel deva haver a mesma disposição.*

Se os Ingleses têm hoje chegado a aluguel das casas a preços inauditos nem por isso podem os Proprietários receber o seus preços, apesar de ser de convenção, porquanto como hóspedes e pela necessidade em que estão de recolher as suas fazendas, se sujeitam a tudo, mas não deixa de ser um abuso, que ao mesmo tempo que defende os direitos de hospitalidade que persista um péssimo exemplo, e franqueia um desmedido e criminoso abuso.

Por estas razões os Suplicantes prostrados aos Pés do Trono implora a V.A.R. Providência para evitar as referidas desordens. (grifos meus).

[28] MEDEIROS, C.O. *Rio de Janeiro e a conjuntura atlântica.* Op.cit., p.100, Tabela XVI, grifos meus.

[29] Fateuzim é o mesmo que enfiteuse. Sobre o assunto consultar *Resumo histórico-jurídico* de autoria do Dr. Paulo Francisco da Rocha Lagoa, in: *Aforamentos, Inventário Sumário,* obra publicada pela Biblioteca Carioca, DGPC, AGC.

[30] SILVA, A.M. Op.cit., vol.2 p.823.

Capítulo II *Projetistas, artífices e construtores*

[31] VITRUVIUS, Marcus. *The Ten Books on Architecture.* Trad. by Morris Hicky Morgan. Nova York: Dover, 1960, p.5-13.

[32] ANTTL, Real Mesa Censória, cx.153 e outras. Resumi e ordenei a relação das obras citadas nessa documentação conforme o quadro abaixo.

Relação de autores e obras de arquitetura anunciadas pelos livreiros do século XVIII

Título da obra	Nome do autor	Observações
Architettura	Zanini	ed.1629
Architettura	Giovane Battista Montani	s/d
Architecture à la mode, où sont les nouveaux dessins pour la décoration des bâtimens et jardins		avec figures, s/d
Architecture italienne	Rubens	ed.1755
L'Architectto prattico, in cui com facilta se danno le regole per apprendre l'architetture civile	d. Giovanni Amico	com estampe, ed.1726 s/d
Architecture hydraulique	Belidor	ed.1753
Architecture pratique	Bullet	ed.1768
Architecture moderne ou L'art de bien bâtir	Jambert,	ed.1764
Architecture navale		s/d
Art de peindre, poème, avec des réflexions sur les différentes parties de la peinture	Watelet	ed.1760
Art de lever les plans de tout ce qui a rapport à la guerre et architecture	Dupain	avec figures, ed.1775
De la distribution et décoration des maisons de plaisance	Blondel	avec figures, ed.1737
Description historique de L'Hôtel Royal des Invalides	L'Abble Perau	ed.1756
Description abregé des principaux arts et métiers		s/autor e data
Dictionnaire des arts et métiers		ed.1774
Dictionnaire d'architecture civile, militaire et navale		ed.1770
Dictionnaire d'architeture civile et militaire	Rolland de Ville-Roy	avec figures, ed.1772
Encyclopédie française, latine et anglaise ou Dictionnaire universel des arts, et des sciences	Juvenal de Carlencas	s/d
Essai sur l'architecture, avec un Dictionnaire des termes	Laugier,	ed.1755
Essai sur la peinture en mosaïque		ed.1768
Geométrie pratique de l'íngénieur ou l'art de mesurer	mr. De Clermont	ed.1756
Histoire de la peinture ancienne	Blondel,	ed.1725
Ingénieur moderne ou essai de fortification	Le Baron de Rotberg	ed.1756
La petite galerie du Louvre dessinée	mr. Le Brun et gravée par S. André	ed. 1695
La science des ingénieurs dans la conduite des travaux de fortification et d'architecture civile	Belidor,	avec figures, ed.1729
Le parfait Ingénieur francais, ou la fortification offensive et defénsive	mr. L'Abbé Didier	ed.1757
Maison rustique		s/d (nova edição)
Le sacré de Louis XV dans l'Église de Reims		avec de superbes figures, ed.1722
Les édifices antiques de Rome mesurés et dessinés	par seu mr. Desgodets	avec figures, ed.1779
Manière d'eclairer les rues pendant la nuit		s/d

continua

Título da obra	Nome do autor	Observações
Manière de graver à l'eau forte		s/d
Manuel des artistes et des amateurs, ou Dictionnaire historique et mithologyque des emblèmes, allegories		ed.1770
Manuel de l'artificier	Neufchatel	ed.1755
Mémoire sur la peinture à l'encaustique et sur la peinture à la eire	mr. De Caylus	s/d
Mémoire sur les importants objets de l'architecture	mr. Patte	avec figures, ed.1769
Mémoire sur une découverte dans l'art de bâtir, ou méthode de composer un ciment ou un mortier etc.		ed.1774
Méthode de lever les plans et cartes de terre et de mer	'Osanam	avec figures, ed.1781
Méthode pour apprendre le dessein enrichie de 100 planches de Raphael et Cochin	Jombert	ed.1751
Monuments érigés en France à la gloire de Louis XV	mr. Patte	ed.1765
Ouvres d'architecture	Antoine le Pautre	avec figures, s/d
Parallèle de l'architecture antique avec la moderne	mr. Erard et Cambrai augmentée par Perault	avec figures, ed.1766
Principes de perspective linéaire, etc.		avec figures, ed.1757
Principes de l'architecture, de la sculpture, et peinture	Felibien	avec figures, ed.1699
Répertoire des artistes	Jombert	ed.1765
Science des ingénieurs	Belidor	ed.1739
Secrets concernant les arts et metiers		s/d (nova edição)
Traité sur l'art des sièges et les machines des anciens	Joly Maizeroi	ed.1778
Traité de perspective à l'usage des artistes	E. Jeanaurat	avec figures, ed.1750
Théorie et pratique de la coupe des pierres et des bois pour la construction des bâtimens civils et militaires	Frezier	avec figures, ed.1737
Temples anciens et modernes, ou observations sur les plus célèbres monuments d'architecture grècque et ghotique		ed.1774
Traité des ponts et chemins	Gautier	avec figures, ed.1765
Vies des plus fameux peintres		s/d

Quadro montado a partir de catálogos dos livreiros de Lisboa, pertencentes ao Fundo da Real Mesa Censória do Arquivo Nacional da Torre do Tombo

[33] VIGNOLA, Giacomo Barozzi. *Regras das cinco ordens de architectura*. Tradução do francês por J.C. M.A. Coimbra: R. Imprensa da Universidade, 1787, p.49. Essa obra pode ser consultada na BN, Seção de Obras Raras, cód.52-2-8.

[34] CHOISY, Auguste. *Historia de la arquitectura*. Buenos Aires: Victor Leru, vol.2, p.104.

[35] BLONDEL, J.F. Op.cit.

[36] VIGNOLA, G.B. Op.cit.

[37] FRANÇA, José Augusto. *Lisboa pombalina e o Iluminismo*. Lisboa: Bertrand, 1987.

[38] FRANÇA, José Augusto. *A reconstrução de Lisboa e a arquitetura pombalina*. Lisboa: Instituto de Cultura e Língua Portuguesa/Ministério da Educação e Ciências, 1982.

[39] FRANÇA, J.A. *A reconstrução de Lisboa e a arquitetura pombalina*. Op.cit., p.91.

[40] ARAÚJO, J.S.A.P. Op.cit., vol.7, p.41, grifos meus.

[41] *Revista de Documentos para a História da Cidade do Rio de Janeiro*. Op.cit., ano de 1897, p.184. Registro de Carta que ao Senado escreve o Il^{mo} e Exmo Sr. conde vice-rei a respeito ao Terreiro Público, em 10.2.1798.

[42] SANTOS, L.G. Op.cit., vol.1, p.298, grifos meus.

[43] Ibid., p.354-355.

[44] VITERBO, S. Op.cit., vol.1, p.430.

[45] Carta régia de 22.10.1698. Transcrita por PIRASSUNUNGA, Adalton Sampaio. *O ensino militar no Brasil* (período colonial). Rio de Janeiro: Biblioteca do Exército, 1958, p.9.

[46] VITERBO, S. Op.cit., p.174-5. Carta de nomeação de José Velho de Azevedo.

[47] Carta régia de 22.10.1698. Transcrita por PIRASSUNUNGA, A.S. Op.cit., p.9-10, grifos meus.

[48] PIRASSUNUNGA, A.S. Op.cit., p.12.

[49] Carta de Martinho de Mello e Castro ao vice-rei marquês do Lavradio, publicada por PIRASSUNUNGA, A.S. Op.cit., p.25.

[50] PIRASSUNUNGA, A.S. Op.cit., p.27.

[51] AHUL, Avulsos RJ, cx.107, doc.15.

[52] Ibid., p.35-38. O autor apresenta a relação dos 73 alunos inscritos.

[53] AHML, Cód. 2º Div., cx.04, doc.30. "Mapa dos nomes, idades, e observaçoens dos Alunnos da Nova Academia Militar, estabelecida pelo Il^{mo} e Exmo Sr. conde de Resende, vice-rei do Estado, em 28.11.1795, em que se mostram as informações dos seus respectivos Lentes". PIRASSUNUNGA, Op.cit., transcreve em documento anexo, sem citar a fonte, o mesmo texto.

[54] Idem.

[55] Idem, parecer do diretor, grifos meus.

[56] BARATA, Mario. *Escola Politécnica do Largo de São Francisco: berço da engenharia brasileira*. Rio de Janeiro: Associação dos Antigos Alunos da Politécnica/Clube de Engenharia, 1973, p.48-58. O autor transcreve a carta régia de 4.12.1810, com o respectivo estatuto.

[57] COUTINHO, Afrânio. *A literatura no Brasil*. Rio de Janeiro: J. Olympio; Niterói: Universidade Federal Fluminense-EDUFF, 1986. Parte II, Estilos de Época: era Barroca, p.8-9. LUKÁCS, Georg. *Estética: problemas de la mimesis*. Barcelona: Grijalbo, 1966, vol.2, p.7-104.

[58] Documento transcrito por: SOARES, Ivone da Paz. "Pedro Pintor". Braga: ASPA, 1993, p.150.

[59] AN, 1º Ofício de Notas, livro 28, 12.839, 9.7.1613.

[60] PORTO ALEGRE, Manoel de Araújo. "Memória sobre a antiga escola de pintura fluminense". Rio de Janeiro, *Revista do IHGB*, vol.3, p.547-57, 1841. O autor esboça biografias e analisa obras de destaque dos seguintes artistas: Frei Ricardo do Pilar, José de Oliveira, João Francisco Muzzi, João de Souza, Manoel da Cunha, Leandro Joaquim, Raimundo da Costa e Silva, José Leandro de Carvalho, Manoel Dias de Oliveira. Em meio aos comentários sobre os nove artistas, Porto Alegre insere outros nomes, como o de Manoel da Costa, Caetano da Costa Coelho e José Gonçalves (o Aleijadinho).

[61] PORTO ALEGRE, M.A. Op.cit., p.549.

[62] DUQUE-ESTRADA, Luiz Gonzaga. *Arte brasileira: pintura e escultura*. Rio de Janeiro: H. Lombaerts, 1888.

[63] Ibid., p.36.

[64] Ibid., p.37.

[65] Ibid., p.7.

[66] Ibid., p.25.

[67] Ibid., p.32.

[68] BARATA, M. Op.cit.

[69] LEVY, H. Op.cit., p.19.

[70] SANTOS, F.M. Op.cit., p.447.

[71] SILVA-NIGRA. Op.cit., vol.II, p.290. O original desse inventário *post mortem*, catalogado sob o cód.cx.287, nº281, ano 1828, havia se extraviado quando dele fizemos a requisição. Portanto, a cópia do inventário publicada por Silva-Nigra é a única fonte disponível, até que o original depositado no Arquivo Nacional venha a ser encontrado.

[72] ACM, Casamento de Livres, freguesia de S. José, livro 2 (1781-1803), Inácio Ferreira Pinto.

[73] AN, Inventário *post mortem*, cx.4143, nº 1480, ano 1857, Inácio Ferreira Pinto.

[74] AGC, cód.43-4-15. Recibo de 13.4.1796.

[75] CARVALHO, A.S. Op.cit., p.27.

[76] AN, a) 4º Ofício de Notas, livro 7 (7.4.1722); b) 2º Ofício de Notas, livro 37, cx.12915 (6.8.1717 e 16.8.1727); c) 1º Ofício de Notas, livro 103, cx.12915 (20.3.1738); d) 1º Ofício de Notas, livro 103, cx.12862 (20.3.1738); e) 1º Ofício de Notas, livro 105 (29.10.1739).

[77] CBG, Fichário século XVIII: Gonçalo José Muzzi.

[78] AN, Seção Histórica: cód.60, vol.35, p.82.

[79] AHUL, Avulsos RJ: cx.133, doc.48 (1784). Relação das fábricas de anil.

[80] DAMASCENO, D. Op.cit.

[81] NUNES, A.D. *Almanaque da cidade do Rio de Janeiro para o ano de 1792*. Op.cit., p.175.

[82] AZEVEDO, M. Op.cit., vol.1, p.322.

[83] AVOTNSCBM-RJ, Livro de entrada de irmãos. 1781, Manoel da Cunha e Silva.

[84] ACM, Livro de óbitos, Freguesia da Sé/ Sacramento (1797-1812), 25.11.1807.

[85] ACM, Processo de casamento de Manoel da Cunha e Silva e Esméria Maria Rosa, cx. referente ao ano 1784. José da Cunha Barbosa era rico negociante, casado com Arcângela Joaquina Corrêa da Silva Goulão, e, segundo informação de Maria Luiza Guimarães Salgado, há um retrato dele pintado por seu ex-escravo, Manoel da Cunha e Silva. Cf. "Mestre Valentim e a Serra dos Corrêas" de sua autoria, trabalho inédito, p.10 e fig.4, grifos meus.

[86] MACEDO, D. L. *Tabeliães do Rio de Janeiro (1565-1965)*. Rio de Janeiro: Arquivo Nacional, 1965,p.31.

[87] AN, 1º Ofício de Notas, livro 136, escritura de alforria (6.4.1764).

[88] AGC, Seção de Manuscritos, cód.47-1-42 (3.1.1791).

[89] AGC, Seção de Manuscritos, cód.43-4-18, (1807).

[90] Sobre a obra de Simão da Cunha, no Mosteiro de São Bento, ver MATEUS, D.R.R. Op.cit., p.134-5; sobre a imagem do Senhor Bom Jesus, ver SALGADO, Maria Luiza Guimarães et al. *Relação dos mestres, artesãos e artistas que trabalharem na V.O.T. de N.Sª do Monte do Carmo, a partir de 1755*. Rio de Janeiro: Fundação Nacional próMemória, 1986-1990. Trata-se de relação para uso interno da Instituição.

[91] ACM, Processo de Casamento, Banhos da Freguesia da Candelária, Simão da Cunha e Marianna Joachina, 1750.

[92] AN, 2º Ofício de Notas, livro 89, cx.12925, Escritura de doação (27.10.1766).

[93] AVOTNSCBM-RJ, Livro de entrada de irmãos,1783, Simeão José de Nazaré.

[94] BN, Seção de Manuscritos, cód.I, 28, 9, 62, Coleção Freire Alemão.

[95] AVOTNSCBM-RJ, Livro de receita e despesas (1805-14).

[96] AN, Inventário *post mortem*, maço 464, nº 8870, Valentim da Fonseca e Silva.

[97] OLIVEIRA, Myriam Andrade Ribeiro de. *Aleijadinho. Passos e profetas*. Belo Horizonte: Itatiaia; São Paulo: Edusp, 1984, p.20.

[98] AVOTNCBM-RJ, Livro de assentamento dos irmãos, 1766. No referido livro está registrado: "1766, Irmão Valentim da Afonsequa e Silva, natural das Minas Gerais, filho de Manoel de Afonsequa; morador na rua do Senhor Bom Jesus, e se obrigou as obrigações do compromisso, teve assento na era acima como consta do Livro 1º f. 74. Pagou até o ano de 1776."

[99] VASCONCELOS, João Rosado de Villa-Lobos e. *O perfeito pedagogo na arte de ensinar*. Lisboa: Typografia Rollandiana, 1784, p.77-81.

[100] SALGADO, Maria Luiza Guimarães. *Mestre Valentim e a Serra dos Corrêas*. Op.cit.

[101] AN, 1º Ofício de Notas, livro 148, escritura (9.5.1778).

[102] AN, 2º Ofício Notas, Livro 28, cx.12914, escritura de concerto e ajuste (26.8.1717).

[103] AN, 1º Ofício de Notas, livro 105, cx.12.863, escritura de ajuste e obrigação (30.7.1739), grifo meu.

[104] Idem. O *cunhal* é o elemento vertical que marca com destaque as arestas do prédio, como se fossem pilares, podendo ser estruturais ou não; já a cimalha é o elemento geralmente horizontal que arremata o prédio no seu encontro, no caso, com o beiral do telhado; a *pedra da terra* era aquela retirada nas pedreiras do Rio de Janeiro, ao contrário da *pedra do Reino*, que vinha de Portugal.

[105] AN, 1º Ofício de Notas, livro 126, cx.12.870, contrato de obra (19.1.1755).

[106] AHUL, Avulsos RJ, cx.15, doc.71 (1723-1724).

[107] SILVA, Rosauro Mariano. "A luta pela água". In: *Rio de Janeiro em seus quatrocentos anos*. Rio de Janeiro: Record, 1965, p.313.

[108] AHUL, Avulsos RJ, cx.58, doc.5 (1755).

[109] AN, 1º Ofício de Notas, livro 116. Procuração de Manoel Francisco Cardoso, 30.1.1749.

[110] AHUL, Avulsos RJ, cx.86, doc.38, lista de produtos que entram na Alfândega do Rio de Janeiro.

[111] *Revista de documentos para a história da cidade do Rio de Janeiro*. Rio de Janeiro: Arquivo do Distrito Federal, vol.1, p.261-2, 1950.

> Senhor. As muitas queixas que o Povo desta Cidade fez a esta Câmara de José Antonio de Carvalho, chamado Contratador dos Vidros, por estar vendendo-os sem mais taxa, que o seu exorbitante arbítrio, proibiram o comércio geral represando os vidros por outrem, fazendo estanque sem apresentar nesta Câmara ordens algumas para o referido, e de haver-se com tanto escândalo, que quando lhe iam comprar um vidro de valor ordinariamente de oito vinténs [0$960rs], porque queria dezesseis e lhes duvidavam dar alterava este maior preço a mais tantas quantas vezes lhe prometiam, menos o que fazia a respeito de todos os outros vidros fiado em ser único vendedor deles precisando assim ao povo pela sua urgência, a convir na violência do dito Contratador, pelo que em repetidas ocasiões se pediu a esta Câmara providência então público prejuízo, o qual nos obrigou a chamar, e ouvir o dito José Antonio que apenas mostrou o traslado das condições sexta, sétima e oitava, tendentes a tomadia dos vidros estrangeiros, ou introduzidos sem ordem do Contratador, e alguns Alvarás que induzem haver contrato dos da fábrica do Reino; o que se não visto, e bem ponderado afim de determinar-se o mais ajustado a Direito lhe foi mandado trazer a taxa, e todas as condições de seu contracto para com seu louvado, e os deste Senado se conferir o justo preço porque deviam vender-se os vidros do uso comum, respeitando a custo a eles nesse Reino, que se viu pelas carregações que apresentou, fretes, direitos, riscos, e todos os mais gastos necessários, aliás se fazer a dita conferência a sua revelia, de que não duvidou, e assinou termo, e por depois não vir, nem mandar Louvado mo determinado se nomeou em sua contumácia, o qual com os desta Câmara todos juram entendidos, e práticos em negócios de vidros fizeram Vistoria nos que o dito José Antonio tinha em sua loja, e em um armazém, e conferirão tudo em sua presença deverem vender-se em suas consciências pelos preços declarados ao pé do Edital, de que remetemos a Vossa Majestade a cópia inclusa na qual se verifica o procedimento deste Senado nesta matéria dos vidros.

[112] BARATA, Mario. *Azulejos no Brasil, séculos XVII, XVIII e XIX*. Rio de Janeiro, Escola de Belas Artes da Universidade do Brasil (tese para concurso de professor catedrático de História da Arte), 1955. Numerosas ilustrações de painéis de azulejos podem ser encontradas na obra "Rio Barroco" de Clarival do Prado Valadares, já citada.

[113] AHUL, Avulsos RJ, cx.86, doc.38, lista para o ano de 1766; AN, Correspondência dos vice-reis, cód.68, doc.337, mapa dos gêneros de importação despachados na Alfândega do Rio de Janeiro, ano de 1798.

[114] FRANÇA, J.A. Op.cit., p.164.

[115] BARATA, M. Op.cit., p.169-81.

[116] AN, Inventário *post mortem*, cx.2655, nº9596, baronesa de São Salvador, 1832.

Capítulo III Cidade Mutante

[117] Maria João Madeira Rodrigues, em sua obra *Tradição, transição e mudança, a produção do espaço urbano na Lisboa oitocentista*, publicada em Lisboa em 1979, vê a cidade como "lugar físico de habitação, locus mítico ou racional de épocas espirituais, local prático de comércio material, realidade presente e subtraída que encerra na sua dinâmica sistemas em oposição contraditórios, mas talvez contrários" (p.7). Nessa visão dialética da cidade a autora diz que a história urbana, quando trata do problema da colocação física da cidade, "é confrontada não só com a localização natural, mas também com formas determinadas pelo homem que se incorporam na ação como pré-esquemas ou esquemas herdados" (p.10).

Giulio Carlo Argan, em seu trabalho *História da arte como história da cidade*, São Paulo, Martins Fontes, 1992, ao discutir as relações existentes entre o que chamou de "história interna" — ou seja, a visão de quem viveu os fatos e, por isso, trata motivos e significados desses fatos de forma particular — e a "história externa" — isto é, o resultado analítico da verificação da consistência e reunião de testemunhos dos fatos — refere-se à história da arte dizendo: "também no estudo das obras de arte, todos admitem que a investigação filosófica ou erudita, ocupando-se especialmente de verificar ou restituir a autenticidade dos textos e das fontes não seja um fim em si mesma, mas um elemento preparatório e auxiliar da verdadeira pesquisa histórica que se propõe a interpretação dos significados e dos valores. Todos também concordam em julgar que a distinção é, na prática, apenas de tempos de trabalho, pois a pesquisa do filósofo não tem sentido se não for conduzida em vista de uma construção histórica, da qual tenha já traçadas as linhas gerais, e o próprio historiador não pode eximir-se da pesquisa direta pois, se o seu propósito é original não pode deixar a inclusão de novos documentos ou uma interpretação diferente das já conhecidas" (p.14-15). Tentei, neste trabalho, absorver essa visão do papel do historiador da arte e da arquitetura.

[118] AGC, Seção de Manuscritos, cód.50-4-24.

[119] AGC, Seção de Manuscritos, cód.43-4-16, recibo de Manoel Pereira dos Santos de 30.6.1760; recibo de José Antonio de Oliveira de 25.9.1790; recibo de José Antonio de Freitas Guimarães de 1.8.1795.

[120] LAVRADIO, marquês do. *Cartas do Rio de Janeiro: 1769-1776*. Publicação dos originais dessas cartas pelo Arquivo Nacional do Rio de Janeiro, em 1975, vol.1, p.32.

[121] AGC, Seção de Manuscritos, cód.50-4-24, recibo de 30.12.1778.

[122] AGC, Seção de Manuscritos, cód.16-1-5, recibo de 10.7.1790.

[123] Idem.

[124] AGC, Seção de Manuscritos, cód.50-2-56, recibo de 27.8.1806.

[125] CUNHA, L.A.R. da. Op.cit., p.7.

[126] BN, Seção de Manuscritos, cód.5-3-50, doc.25 (10.2.1761) grifos meus.

[127] As citações que farei a seguir foram retiradas da obra "*Epanáfora festiva, ou relação summaria das festas, com que na cidade do Rio de Janeiro capital do Brasil, se celebrou o feliz nascimento do Serenissimo Principe da Beira Nosso Senhor*. Lisboa: Oficina de Miguel Rodrigues, 1762".

> Gemia o povo Lusitano debaixo da consideração funesta, com que olhava para a sucessão Real. Os Príncipes do sangue não serviam a pacificar de todo os ânimos dos vassalos; porque na determinação de um sucessor onde há muitos concorrentes, nunca a contestação dos Direitos releva os incômodos da nação: e até muitos com superestimoso zelo receavam que alguns sucessos infelizes do Reino fossem certos prelúdios de uma ruína eminente ...
>
> Mostrou logo o céu que lhe fora grata esta união; pois, não muitos meses depois dos nove, abençoou com o desejado fruto na Pessoa Sereníssima do Senhor Príncipe da Beira. Chamou-se como seu avô José, talvez porque onde faltasse a inclinação, sobrejasse a lembrança de nome tal para incentivo de Reais virtudes.
>
> Esta fausta notícia participada à Cidade do Rio em 24.1.1762, fez que os seus moradores dessem ilustre prova do amor que consagram aos seus Soberanos. Concorriam todos impacientes a ouvi-la; e uns a outros se congratulavam dela, como se em cada particular se continuasse toda a felicidade do Estado.

[128] Ibid., p.29.

[129] Manoel Luiz Ferreira, dono do teatro, recebeu 600$000rs por toda a parte de óperas, saraus e outros festejos. AGC, Seção Manuscritos, cód.50-4-24 (1786).

[130] Idem.

[131] IHGB, Seção de Manuscritos, microfilme, pasta 58-5/8.

[132] AGC, Seção de Manuscritos, cód.6-2-19 (6.6.1795).

[133] AGC, Seção de Manuscritos, cód.43-4-17 (23.6.1795).

[134] AGC, Seção de Manuscritos, cód.43-4-15 convite de 2.9.1795.

[135] Idem, recibo de 19.8.1795.

[136] Idem, cód.16-1-5, recibo de 20.3.1796.

[137] Idem, cód.43-4-15.

[138] *Relação das festas que se fizeram no Rio de Janeiro, quando o Príncipe Regente N.S., e toda a Sua Real Família chegaram pela primeira vez àquela Capital.* Rio de Janeiro: Impressão Régia, 1810, p.6. Pode-se consultar essa obra na BN, Seção de Manuscritos, cód.36-0-21.

[139] BN, Seção de Manuscritos, cód. II. 35-4-1.

[140] Ibid., p.213.

[141] Documento da Câmara.

[142] SANTOS, L.G. Op.cit., p.213.

[143] Ibid., p.254.

[144] AHUL, Avulsos RJ, cx.72, doc.1-7 (15.1.1763).

[145] AGC, Seção de Manuscritos, cód.50-4-24 (1.9.1777).

[146] AN, Inventário *post mortem*, maço 477, nº9.185.

[147] Idem.

[148] ACM, Livro de assentamento de óbitos da Freguesia da Sé/Sacramento (1797-1811), registro de 30.10.1799.

[149] SCHUBERT, Guilherme. *A Província Eclesiástica do Rio de Janeiro.* Rio de Janeiro: Agir, 1948, p.84-5.

[150] "Últimos momentos dos Inconfidentes de 1789, pelo frade que os assistiu de confissão". *Revista do IHGB*, Rio de Janeiro, t.44, p.169.

[151] Ibid. p.181.

[152] Ibid. p.185.

[153] Baltazar da Silva Lisboa é o autor da famosa obra *Anais do Rio de Janeiro*, na qual, curiosamente, não tratou da Inconfidência Mineira.

[154] "Últimos momentos.." Op.cit., p.182.

[155] BN, Coleção pombalina, cód.464, p.175, "Fala que fez o Brigadeiro Pedro Alves de Andrade à Tropa depois de feita a Execução".

[156] "Últimos momentos..." Op.cit., p.184.

[157] FAZENDA, J.V. Op.cit., p.226.

[158] Idem.

[159] FAZENDA, J.V. Op.cit., t.86, vol.140, p.207-20, 221-2.; LEMOS, Miguel. *Determinação do lugar em que foi supliciado o Tiradentes.* Rio de Janeiro: Apostolado Positivista do Brasil, 1892.

[160] Consultar as Ordenações Manuelinas e Filipinas, livro I, no título sobre os "*Vereadores das Cidades, e Villas, e cousas que a seus Officios pertencem*".

[161] *Revista de documentos para a história da cidade do Rio de Janeiro.* Rio de Janeiro: Arquivo do Distrito Federal, ano de 1894, nº8, "cópia do Livro de Provimentos de Correição do ano de 1624 athé o de 1747".

[162] AHUL, Avulsos RJ, cx.153, doc.37.

[163] Idem.

[164] Idem.

[165] AN, Vice-Reinado, Senado da Câmara, cx.500, pacote 2 (1807).

166 Idem.

167 Idem.

168 Idem.

169 Idem.

170 BN, Seção Manuscritos, cód.II, 35, 5, 33, doc.3.

171 Ordenações Filipinas, Op.cit., livro I, p.160, grifos meus.

172 SILVA-NIGRA, D.C. *Construtores e artistas do Mosteiro de São Bento.* Op.cit., p.115.

173 Dom Mateus R.R. *O Mosteiro de São Bento do Rio de Janeiro, 1590/1990.* Op.cit., p.48 e 49.

174 *Revista de documentos para a história da cidade do Rio de Janeiro,* Op.cit., ano 1897, p.72.

175 IHGB, Seção de Manuscritos, lata 53, pasta 6; BN, Seção de Manuscritos, cód.7-3-24.

176 SANTOS, L.G. Op.cit., vol.1, p.355.

177 BN, Seção de Manuscritos, cód.656, 23 nº4.

178 AHUL, Avulsos RJ, cx.181, doc.1 (1799).

179 Idem.

180 AHUL, Avulsos RJ, cx.45, doc.36 (1746). Olivel é o mesmo que nível.

181 Idem.

182 AHUL, Avulsos RJ, cx.42, doc.44 (1742), grifos meus.

183 Idem.

184 AHUL, Avulsos RJ, cx.48, doc.46 (1748).

185 AN, Seção Histórica, cód.807, vol.9, p.157-61.

186 A planta da Igreja da Sé Catedral, projetada por Carlos Mardel, foi publicada no livro *Escola Politécnica do Largo de São Francisco: berço da engenharia brasileira,* de Mario Barata. Segundo o autor, coube ao professor Donato de Melo Junior a identificação desse projeto, guardado no acervo do Arquivo Histórico Ultramarino e equivocadamente catalogado como igreja de Belém do Pará. Sobre a obra da construção da nova Catedral da cidade do Rio, consultar: a) CAVALCANTI, Nireu Oliveira. "Rio de Janeiro, centro histórico, 1808-1998." Rio de Janeiro: Anima, 1998, p.95-7; b) AN, Vice-reinado, cx.746, pacotilha 3; c) AN, 1º Ofício de Notas, livro 115, escritura de obrigação de fornecimento de pedra para a Igreja Catedral (22.8.1748); d) AHUL, Avulsos RJ, cx.41, doc.27 e cx.47, doc.64.

187 FAZENDA, J.V. *Antiqualhas e memórias do Rio de Janeiro.* Op.cit., vol.140, p.38-9.

188 AHUL, Avulsos RJ, cx.7, doc.48 (8.6.1701).

189 AHUL, Avulsos RJ, cx.36, doc.81 (17.10.1734).

190 AHUL, Avulsos RJ, cx.58, doc.11- A, anexo 6.

191 SANTOS, Noronha. *Crônicas da cidade do Rio de Janeiro.* Rio de Janeiro: Padrão, 1981, p.259.

192 Sobre a história do Paço Municipal, recomendo a leitura de: AZEVEDO, Moreira de. *O Rio de Janeiro: sua história, monumentos, homens notáveis, usos e curiosidades.* Rio de Janeiro: Brasiliana, 1965, vol.1, p.507-32; GONÇALVES, Aureliano Restier. "Paço Municipal da Cidade de São Sebastião do Rio de Janeiro". *Revista de Documentos para a história da cidade do Rio de Janeiro,* ano 1953, vol.4, p.27-69; de SANTOS, Noronha. *Crônicas da cidade do Rio de Janeiro.* Rio de Janeiro: Padrão, 1981, p.237-76; além do citado Vieira Fazenda.

193 AHUL, Avulsos RJ, cx.36, doc.81 (1739), grifos meus.

194 AHUL, Avulsos RJ, cx.43, doc.88 (1744).

195 BNL, Coleção Pombalina, cód.462 p.86.

196 AHUL, Avulsos RJ, cx.59, doc.81 (23.2.1756).

197 AN, 1º Ofício de Notas, livro 127.

198 AGM, cód.912816, F 982, Coleção Augusto de Lima Junior.

[199] AN, Coleção Lavradio, cx.3.516, RD 65.

[200] BN, Seção de Manuscritos, cód.II.35-5-3.

[201] AN, inventário *post mortem*, maço 2293, nº 335.

[202] SANTOS, C.M. *O Rio de Janeiro e a conjuntura atlântica*, op.cit.

Conclusão

Nada mais apropriado a um trabalho de história urbana realizado por arquiteto que sua conclusão seja expressa em linguagem gráfica.

É nossa intenção retroceder no tempo e convidar o leitor a se colocar o mais diretamente possível em contato com a cidade de São Sebastião do Rio de Janeiro setecentista, construída por profissionais que nela residiram, sonharam, trabalharam, projetaram e realizaram uma série de obras, infelizmente em grande parte destruídas pelas gerações que os sucederam. Nesse esforço de reconfiguração cabe portanto recorrer aos registros gráficos daqueles que vivenciaram a cidade colonial do século XVIII, somente interferindo para neles realçar elementos arquitetônicos importantes.

O convite que faço para a revisitação da cidade desdobra-se: inicialmente gostaria de mostrá-la do ângulo de quem a vê a distância, a partir do mar, situado numa embarcação que acaba de transpor a barra da baía de Guanabara e donde se descortina o perfil da parte mais edificada da cidade do Rio. Em seguida, já em terra firme, a visita será feita a pé, com uma caminhada pela mais famosa rua da cidade, a vibrante rua Direita. Aceitará o convite quem gosta de viajar no tempo e deseja entrar no jogo do imaginário, onde o passado se aproxima do presente, e as pessoas reveem as mesmas vistas panorâmicas já desfrutadas por outros que há muito chegaram à cidade.

O ano é o de 1710. Pela primeira vez chegamos ao Rio de Janeiro e do tombadilho do navio apreciamos a cidade, não com os olhares gananciosos de um Duclerc ou Duguay Trouin — os comandantes das esquadras francesas que em 1710 e 1711 a saquearam —, mas com o olhar de um outro francês, François Froger, que anos antes, em 1695, lhe traçara uma perspectiva a partir do meio da baía de Guanabara.

Cerca de quarenta anos depois, mais precisamente em 1747, voltamos a revisitar o Rio de Janeiro no momento em que a cidade comemorava com grandes festividades a chegada do novo bispo, d. Antônio do Desterro Malheiros. A cidade que observamos é a mesma do desenho de um anônimo datado dos meados do século XVIII.

Dez anos mais tarde, em 1757, estávamos de volta, e nosso navio, à entrada da baía, se perfilou à esquadra francesa que obtivera permissão para aí aportar, a fim de consertar os navios avariados. Bem-posicionados, pudemos ter uma imagem magnífica da cidade, igual à desenhada na grande *Prospectiva da cidade do Rio de Janeiro* por d. Miguel Ângelo Blasco.

Em agosto de 1764, as circunstâncias nos trouxeram de volta ao Rio de Janeiro, para onde havia se mudado o vice-rei conde da Cunha. Na qualidade de capital do vice-reinado, a cidade já ostentava ares de importância e se encontrava em grande alvoroço com a notícia fabulosa da construção de uma nau gigantesca de nome *São*

Sebastião nos próprios estaleiros da cidade. O fato impressionara a todos, inclusive a Lord Byron, inspirando o desenhista James Forbes a desenhar sua imensa carcaça estrutural, ainda em fase de construção.

Mais uma vez regressamos à cidade para as comemorações da posse do novo vice-rei, marquês do Lavradio (4.11.1769). O Rio de Janeiro se encontrava tremendamente enfeitado, e de longe já se podia ver o quanto havia crescido, numa situação retratada em desenho inacabado de um autor anônimo dessa mesma época.

No ano de 1808 a Corte portuguesa já se encontrava instalada, quando pela última vez revimos a cidade, a mesma que aparece no belo prospecto de Newton Frielding, realizado em 1799, pois nesses nove anos intervalares quase nenhuma mudança de monta ocorrera que pudesse ter alterado o perfil da sua orla marítima e do casario que se levanta por detrás, no trecho que vai do Calabouço ao morro de São Bento.

Como tivesse me dado conta de que tão cedo não poderia de novo voltar à cidade de São Sebastião do Rio de Janeiro, tomei coragem e resolvi registrar com meus traços de arquiteto o passeio que sempre costumava fazer pela rua Direita, para guardar como recordação sua imagem mais viva.

Escolhi de propósito uma rua porque ela representa, mais do que qualquer outro, o logradouro por excelência da vida urbana. Pode-se dizer que é a partir do momento em que identificamos uma antiga trilha, um caminho, uma estrada, não mais como tais, e sim como *rua*, que passamos a ver e sentir esse lugar como espaço tipicamente urbano. A rua é o ponto de partida do arruado, do povoado, da vila, da cidade.

Convencido da justeza da escolha, e empenhado em reconfigurar o mais fielmente possível a rua Direita, utilizei como subsídios para o desenho arquitetônico conjectural o livro da Décima Urbana (1808), escrituras de compra e venda, inventários *post mortem*, os livros *Nova numeração dos prédios da cidade do Rio de Janeiro*, de J. Cruvello Cavalcanti, e *Extratos de manuscritos sobre aforamentos*, de A. Restier Gonçalves. Quando se tratava da parte iconográfica utilizei desenhos, pinturas e fotos que contivessem referências à rua Direita.

As vistas arquitetônicas das fachadas das diversas edificações existentes em ambos os lados da rua foram desenhadas em preto e branco intencionalmente, na esperança de que os leitores, novos parceiros dessa caminhada pela rua Direita no ano de 1808, emprestem as cores de sua imaginação às paredes de cada prédio, feitas de "pedra do reino ou da terra", de tijolo rebocado e pintado.

Nesse passeio, todos, autor e leitores, devemos tomar o tempo que for necessário para aproveitar tudo que a rua Direita tem de bom, sem deixarmos de passar pela botica de Antônio Pinto de Sequeira, só para adquirirmos seu milagroso xarope de dormideira. Ou se preferirmos os serviços de Manoel da Luz, também boticário, lá poderemos ser bem atendidos e até aproveitarmos para encomendar um espetáculo de fogos de artifícios, pois ele é um dos melhores fogueteiros do Rio. Caso alguém esteja precisando de um bom médico, não se apoquente: aproveite a oportunidade e marque uma consulta com o dr. José Carlos Moraes, muito bem conceituado na cidade. Se o problema for de inventário de herdeiros menores, então a pessoa certa para tratar do assunto é o juiz de órfãos, dr. Francisco Telles Barreto de Menezes. Agora, aquele que estiver interessado em modas e sapatos, que entre na loja da viúva Bárbara Jerônima Fernandes, e aí encomende o feitio a seu gosto, porque lá sempre há oficiais competentes. Se alguém do grupo pretende efetuar altos negócios e deseja comprar um bergantim todo equipado, poderá encontrá-lo junto ao rico negociante Antônio Dias Coelho Neto, que mora num sobrado no lado direito da rua, e pôs à venda o bergantim *Santa Rita*. Ou, se não deseja navegar, mas abrir loja, ou mesmo só morar num sobrado, procure dona Mariana da Fonseca Costa, que pôs o seu imóvel à venda. Quem comprá-lo será vizinho de importantes negociantes de grosso trato da cidade do Rio de Janeiro, como Amaro Velho da Silva, Antônio Gomes Barroso, Brás Carneiro Leão, Cláudio José Pereira da Silva, Custódio Moreira Lírio, Domingos Francisco de Araújo Roso, Elias Antônio Lopes, o mesmo que deu de presente a d. João a Quinta da Boa Vista, João Fernandes Viana, José Dias da Cruz, Manoel Pinheiro Guimarães, Maria Luisa de Souza Dias, senhora da poderosa casa de negócios Viúva Dias e Filhos, e de muitas outras pessoas importantes, como o poeta e professor de retórica Manoel Inácio da Silva Alvarenga. Ao final da caminhada aconselho entrar na cafeteria de Francisco Inácio, situada quase esquina do beco dos Barbeiros, onde é servido o melhor café da cidade. É uma boa pedida!

Perspectivas da cidade do Rio de Janeiro realizadas por François Froger em 1695 e por anônimo copiado por Luís dos Santos Vilhena

Gilberto Ferrez, em seu trabalho "Um panorama do Rio de Janeiro de 1775", identificou o "Prospecto da Cidade de S. Sebastião do Rio de Janeiro situada no Estado do Brasil na America Meridional pellos 23 graos de Latitude e 342 graos, e 22 minutos de Longitude Meridional. Copiado exactamente do que se elevou em 1775" como de autoria de Luís dos Santos Vilhena, e confirmando o ano 1775 como sendo a data de sua realização. Analisando detalhadamente esse desenho, que contém um mapa e a paisagem (ou prospecto) da cidade relativo ao ano de 1775, percebemos que um e outro foram realizados em épocas diversas. A paisagem é anterior a 1775 — início da construção —, pois a importante Igreja da Ordem Terceira do Carmo não aparece na vista. Podemos mesmo afirmar que ele é anterior a 1750, porque, nesse ano, o chafariz do largo do Paço já estava concluído e, no entanto, o mesmo não foi representado. Ora, se o desenhista retratou prédios insignificantes como as casinhas da praia do Peixe (nº 30), e registrou a "Casa d'agoa da Carioca" (nº 14) evidentemente teria desenhado o referido chafariz. Por isso, preferimos situar o desenho original por volta de 1745, ano em que a obra referida havia, com certeza, sido aprovada pela Corte.

Perspectivas da cidade do Rio de Janeiro realizadas por d. Miguel Angelo Blasco, cerca de 1757, e por James Forbes, cerca de 1764

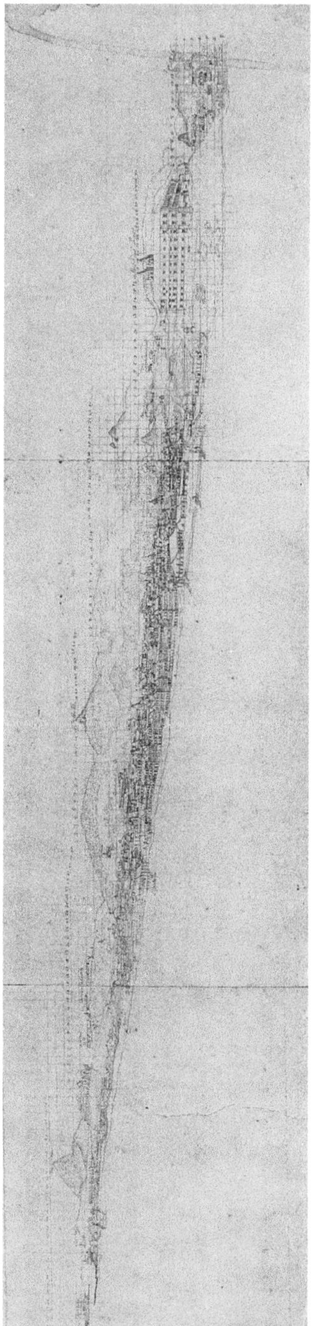

Perspectivas da cidade do Rio de Janeiro realizadas
por um anônimo, 1770, e por Neyton Frielding, 1833

Rua Direita: um passeio no tempo
1810

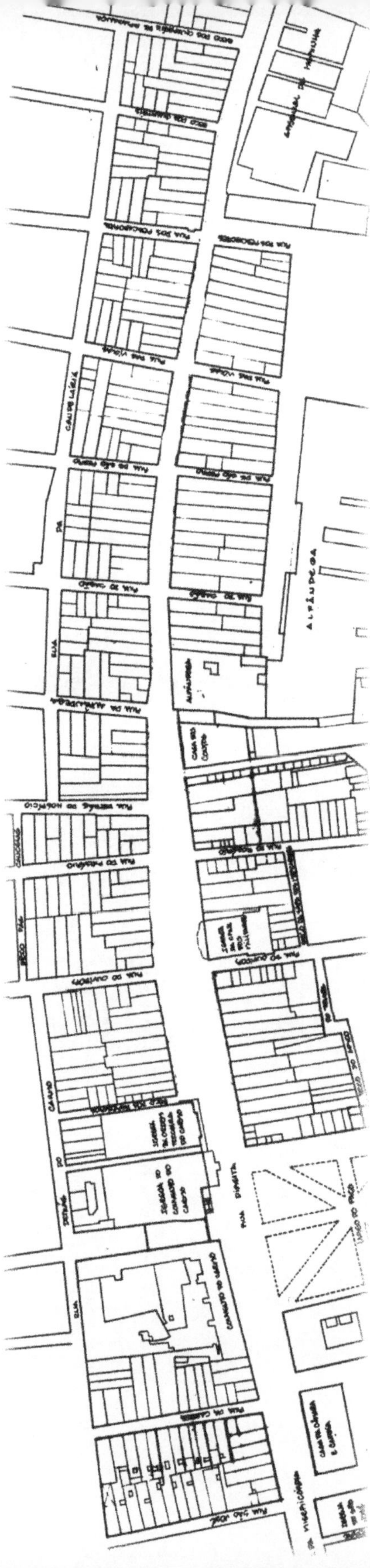

Traçado da rua Direita, atual 1º de Março

Prédio da Câmara e a igreja de São José

Lado direito, par

Obs.: Esse trecho pertence ao final da rua da Misericórdia.
Foi incluído neste trabalho pela proximidade ao largo do Paço.

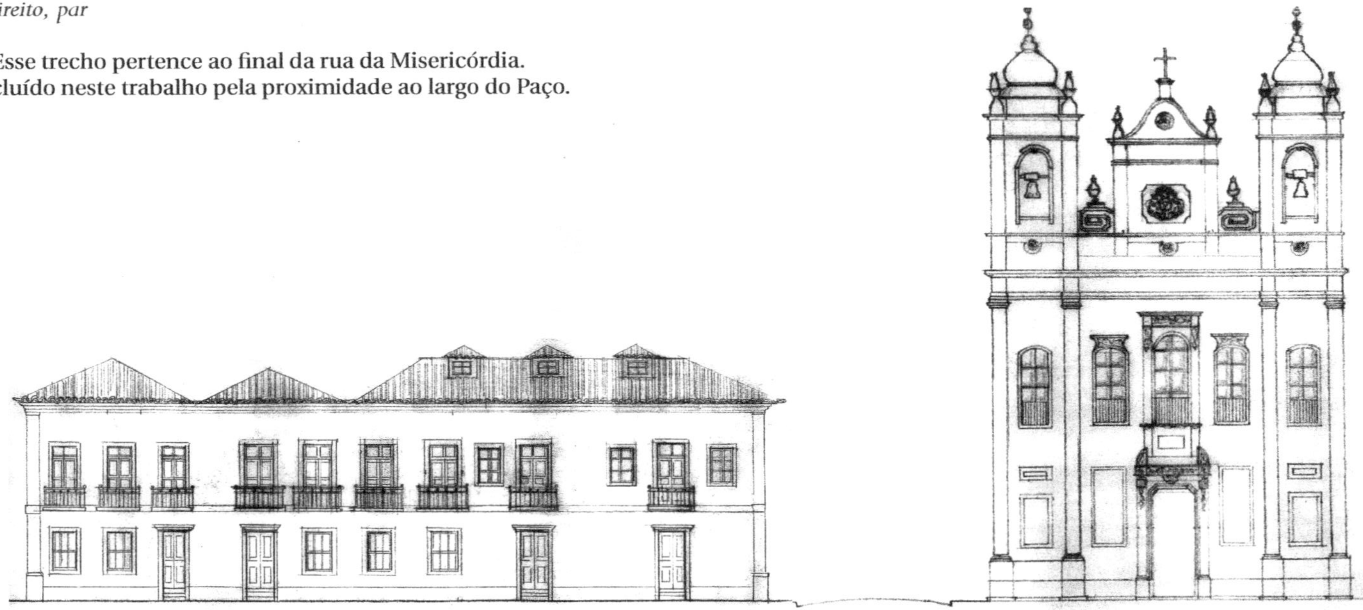

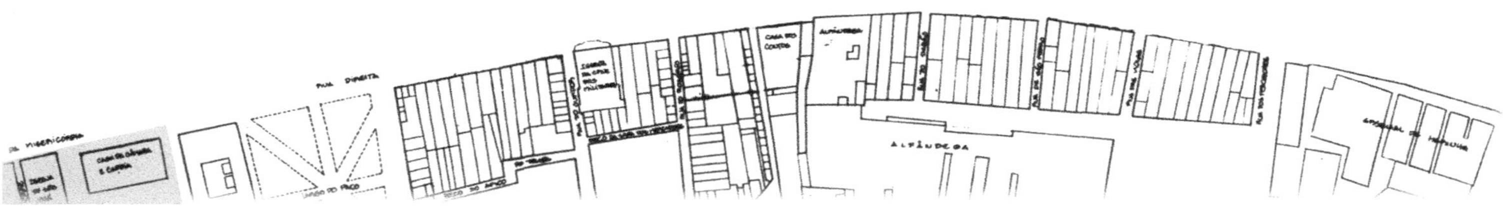

Largo do Paço

Lado direito, par

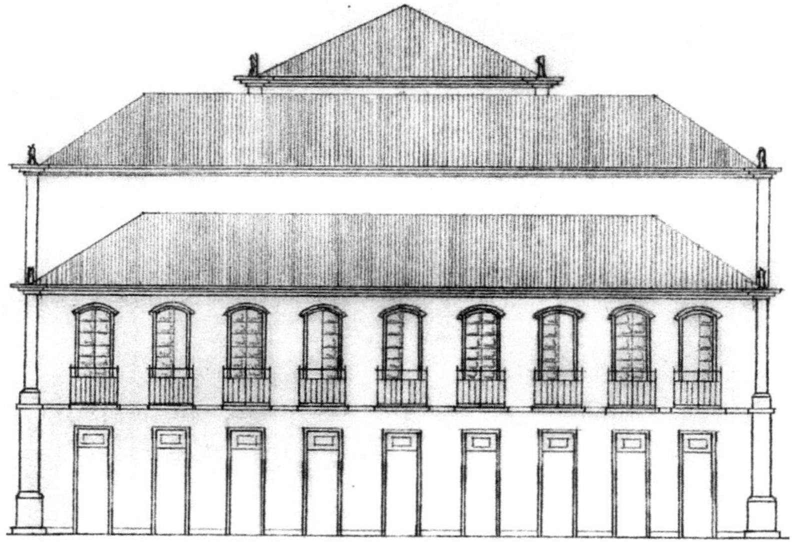

Residência do vice-rei

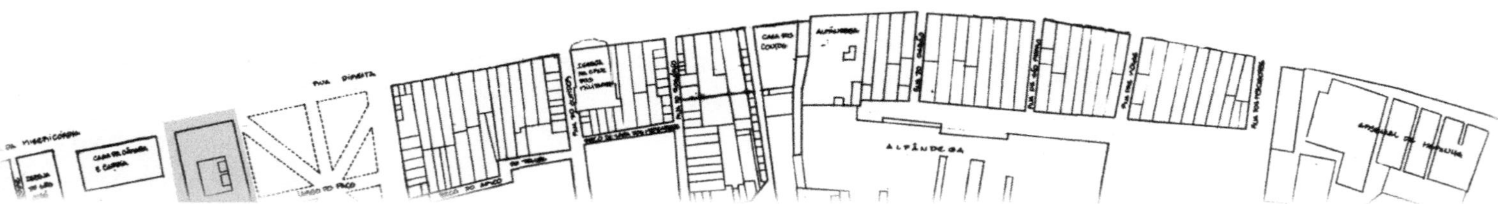

Trecho entre o largo do Paço e a rua do Ouvidor

Lado direito, par

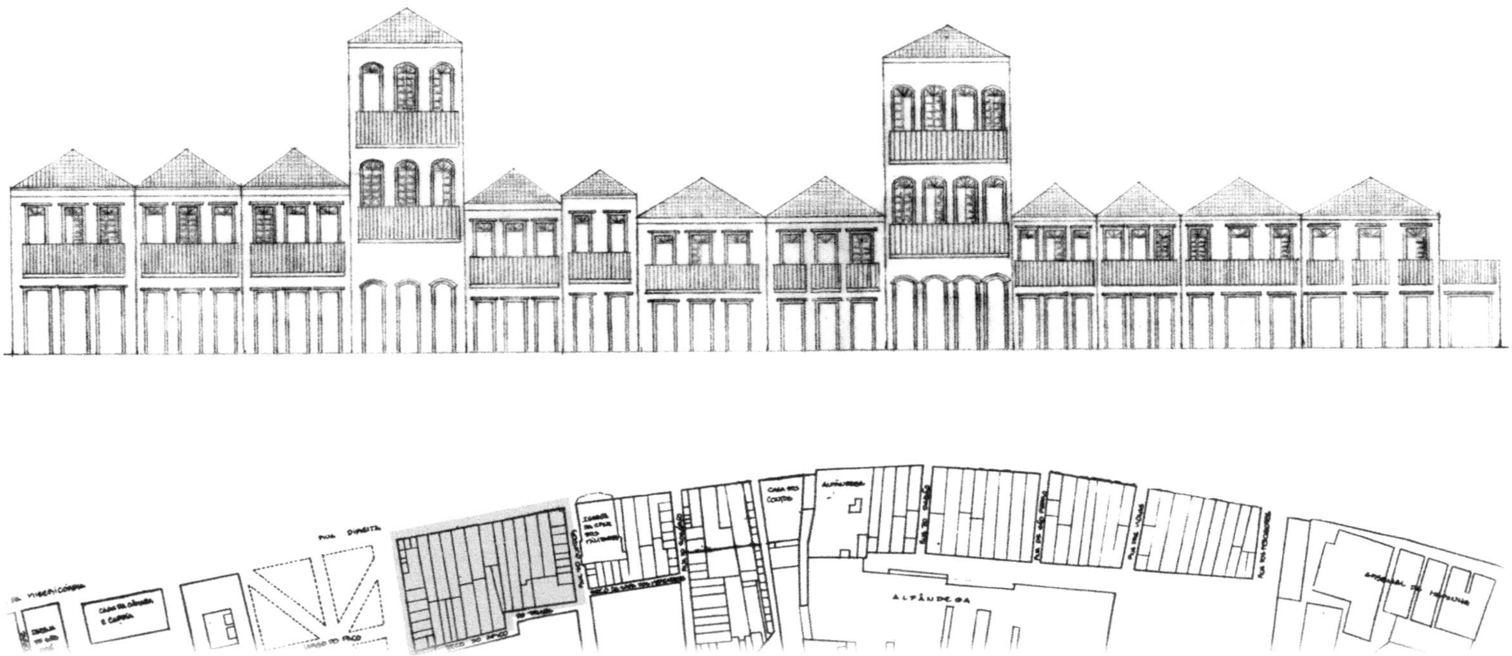

Trecho entre as ruas do Ouvidor e do Rosário

Lado direito, par

Trecho entre a rua do Rosário e o beco dos Adelos

Lado direito, par

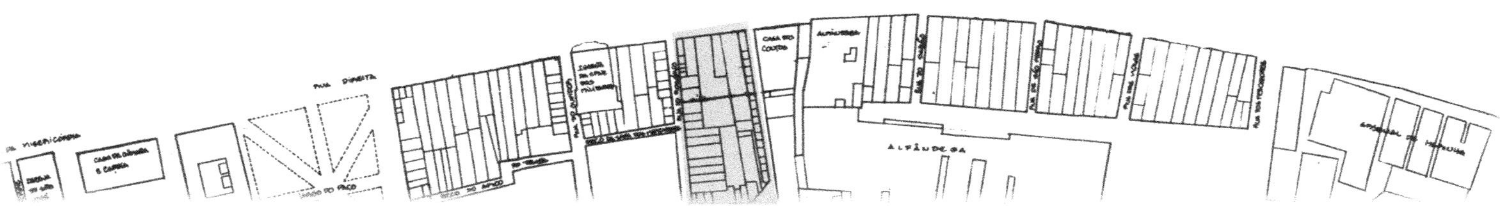

Trecho entre o beco dos Adelos e a rua do Sabão

Lado direito, par

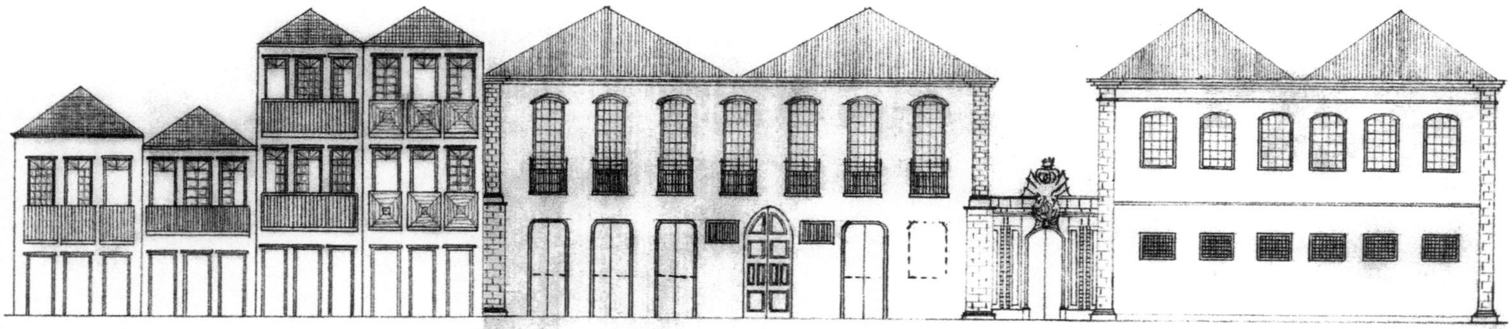

Casa dos Contos: antiga residência dos governadores

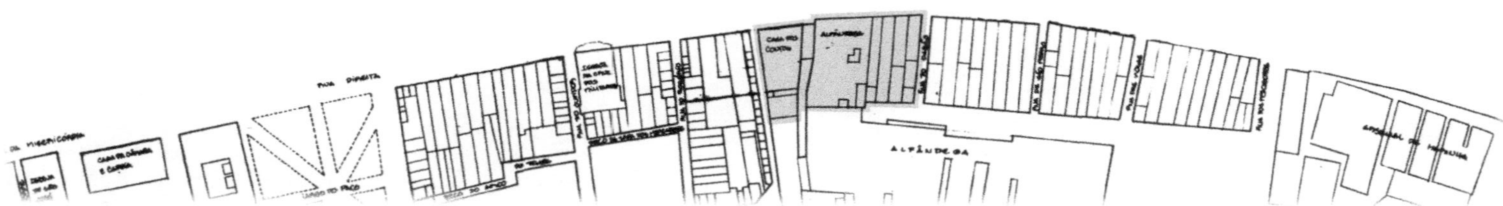

Trecho entre as ruas do Sabão e de São Pedro

Lado direito, par

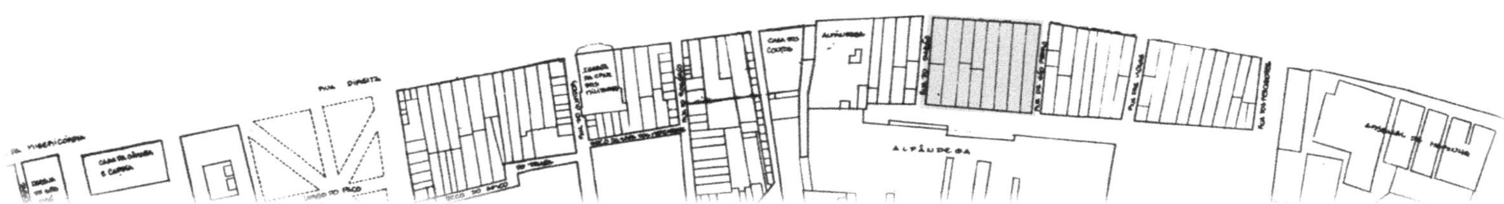

Trecho entre as ruas de São Pedro e das Violas

Lado direito, par

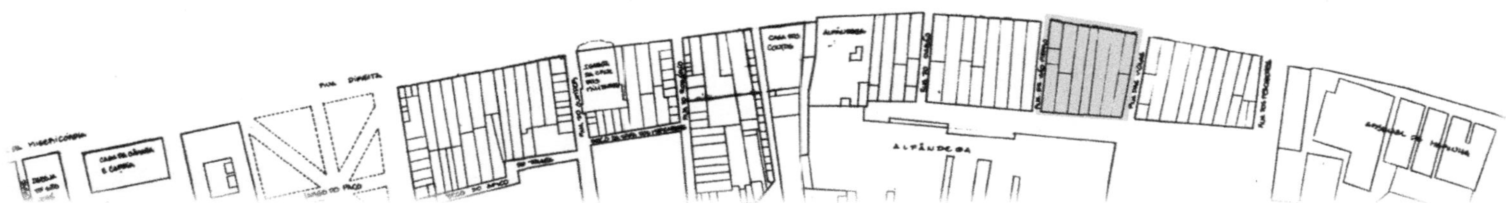

Trecho entre as ruas das Violas e dos Pescadores

Lado direito, par

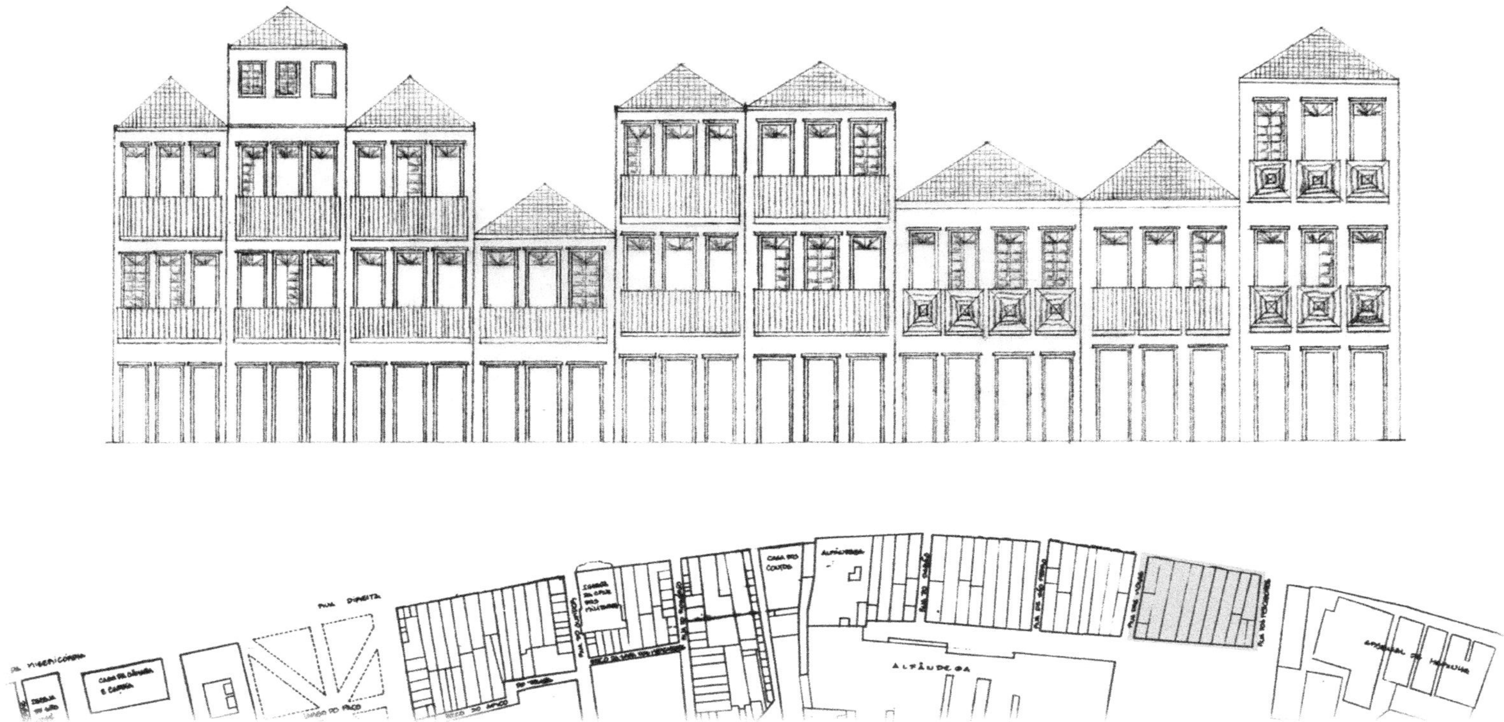

Muro do arsenal da Marinha

Lado direito, par

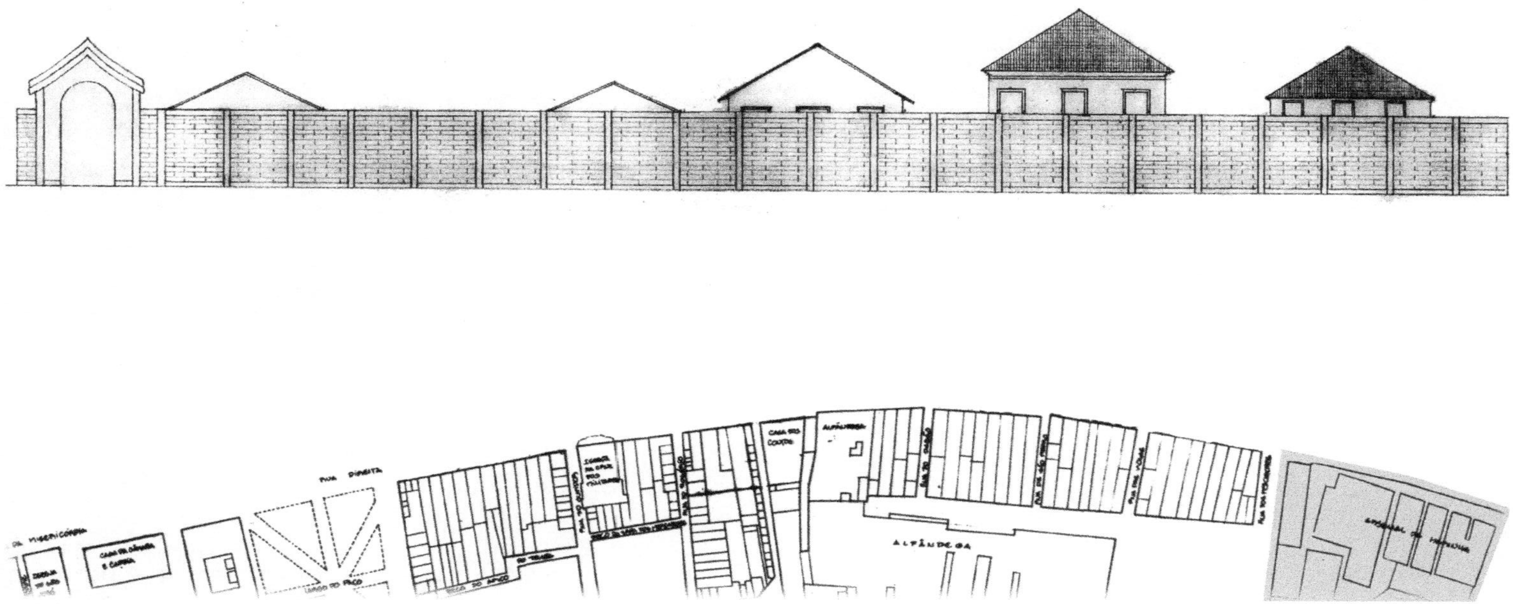

Trecho entre as ruas São José e da Cadeia

Lado esquerdo, ímpar

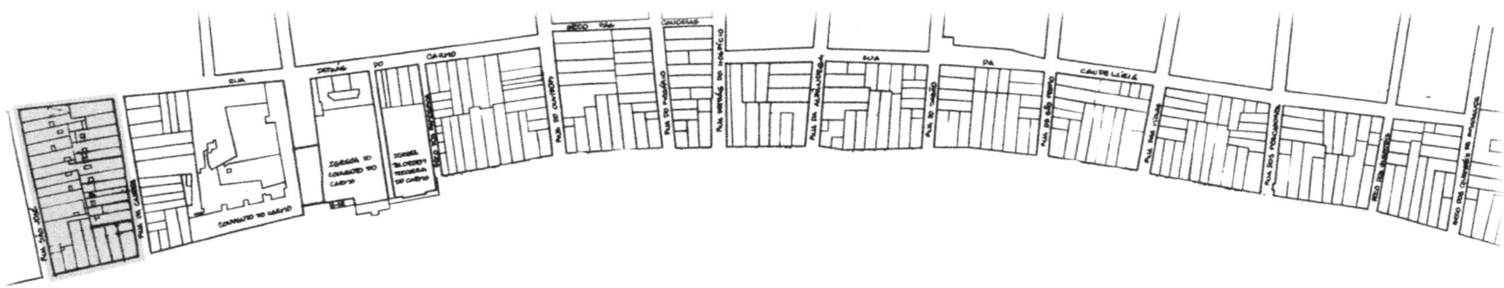

Trecho entre a rua da Cadeia e a igreja do Carmo

Lado esquerdo, ímpar

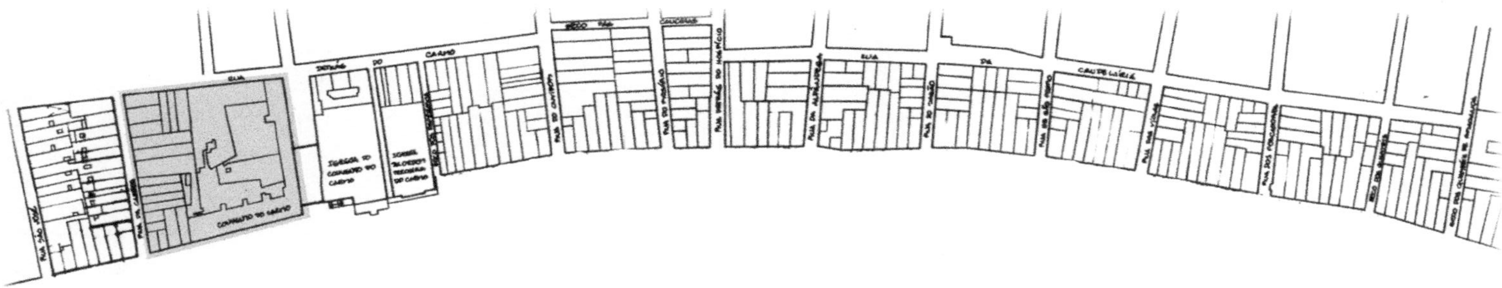

Trecho entre o convento do Carmo e o beco dos Barbeiros

Lado esquerdo, ímpar

Igreja do convento do Carmo

Igreja da Ordem Terceira do Carmo

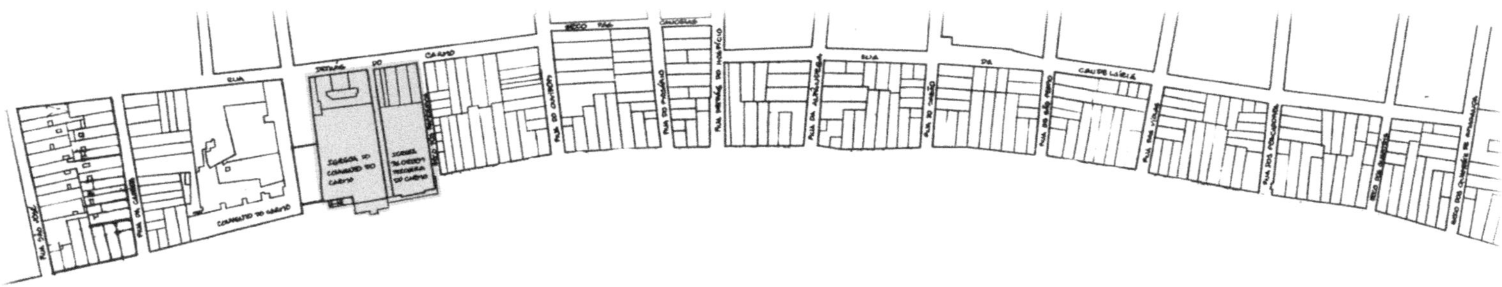

Trecho entre o beco dos Barbeiros e a rua do Ouvidor

Lado esquerdo, ímpar

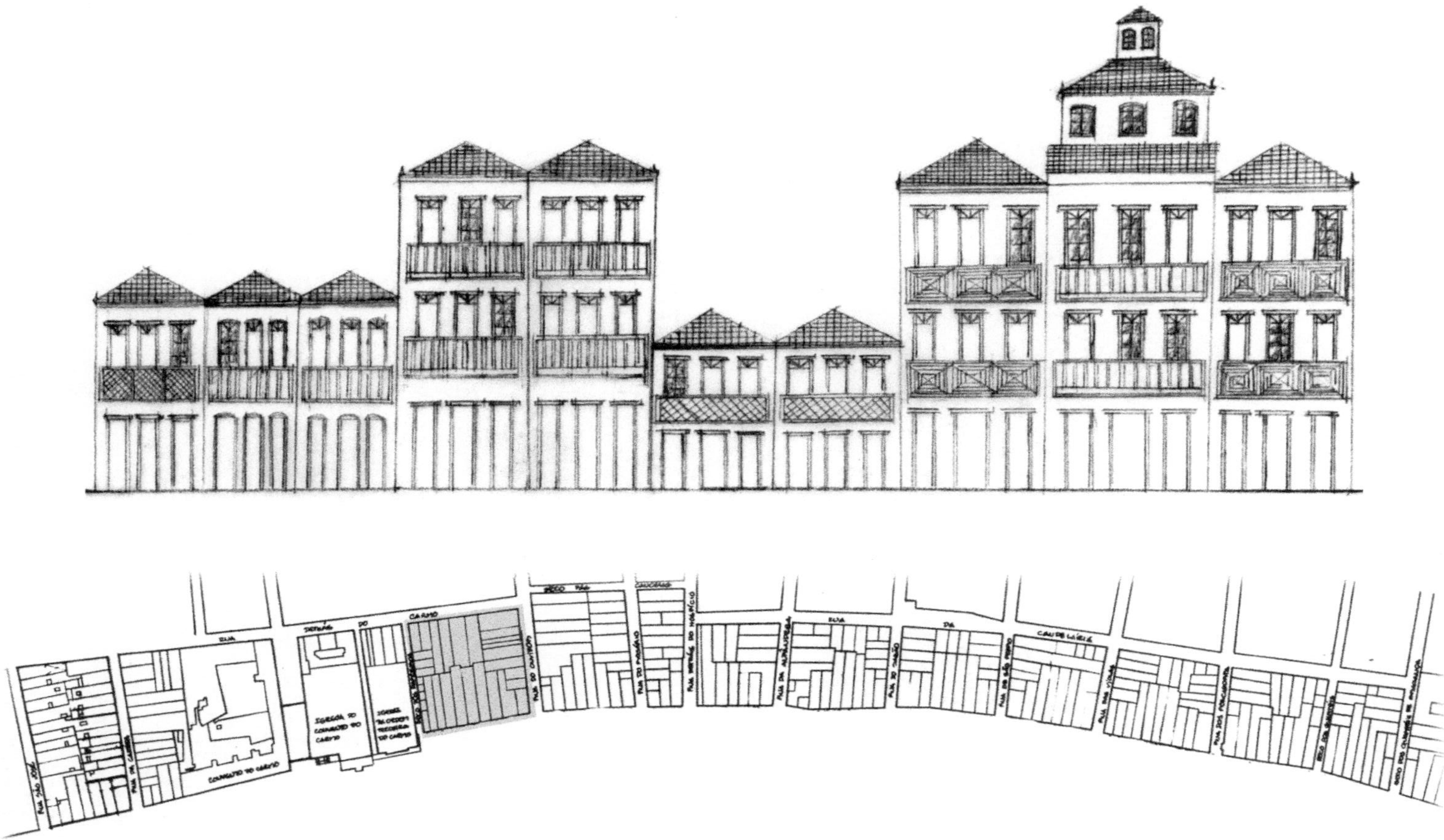

Trecho entre as ruas do Ouvidor e do Rosário

Lado esquerdo, ímpar

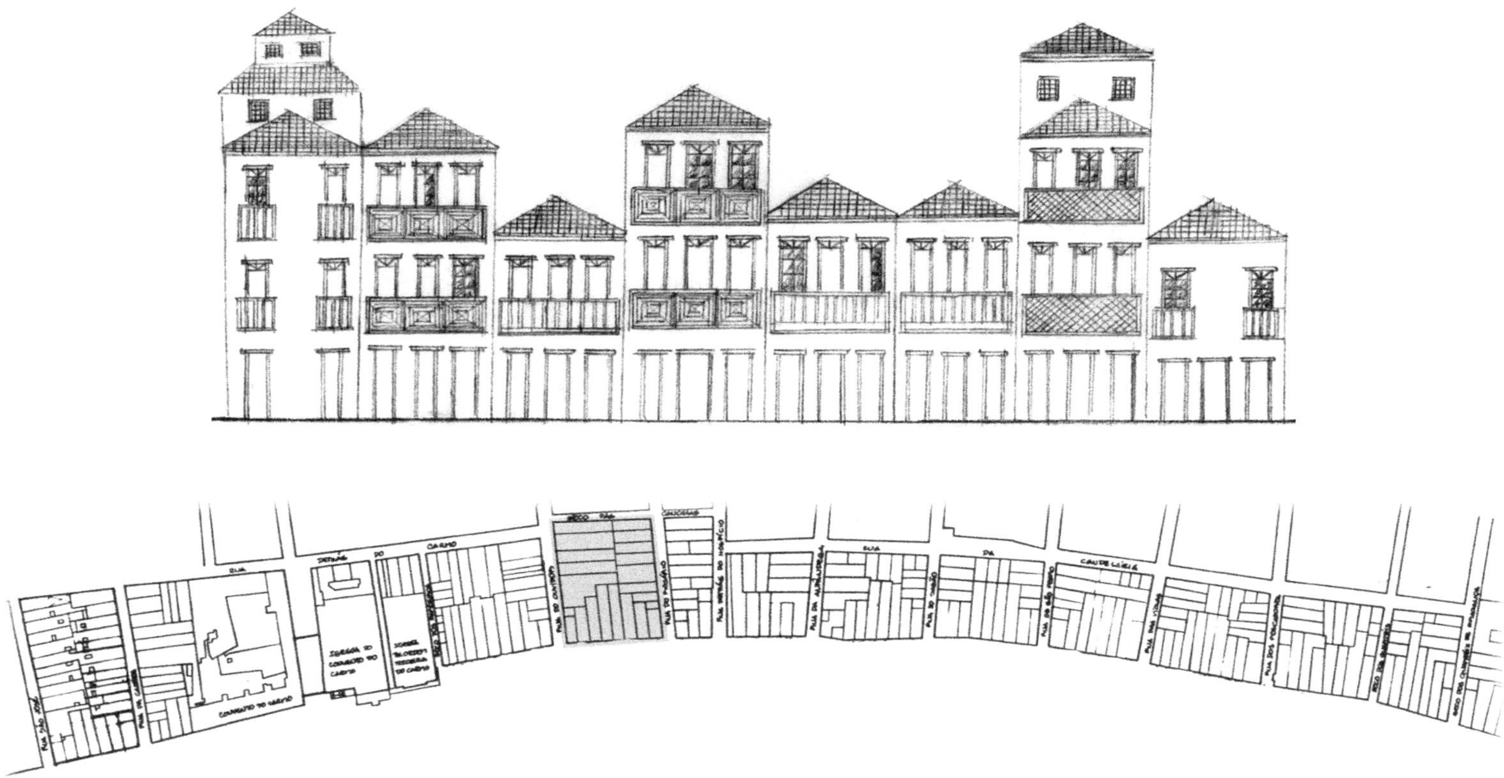

Trecho entre as ruas do Rosário e Detrás do Hospício

Lado esquerdo, ímpar

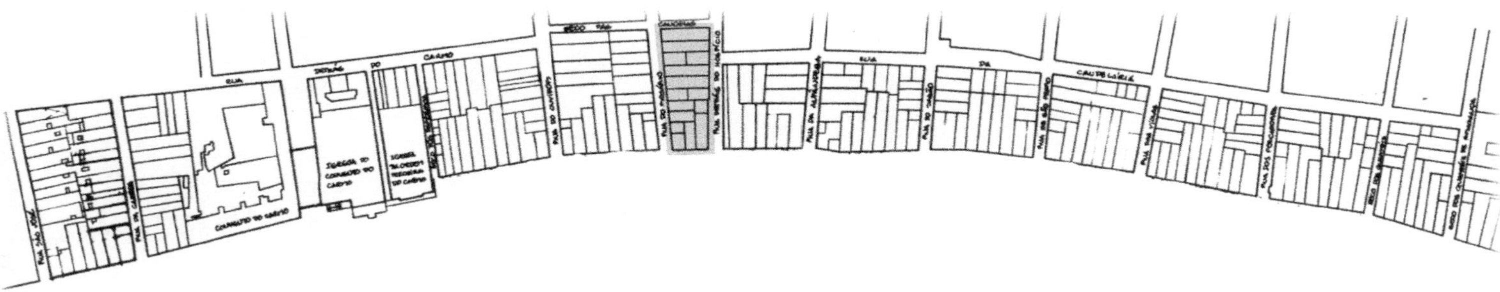

Trecho entre as ruas Detrás do Hospício e Alfândega

Lado esquerdo, ímpar

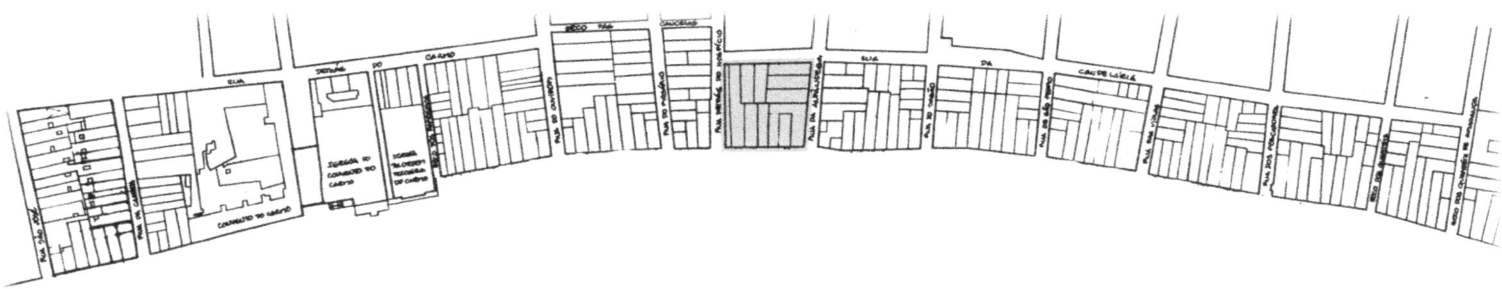

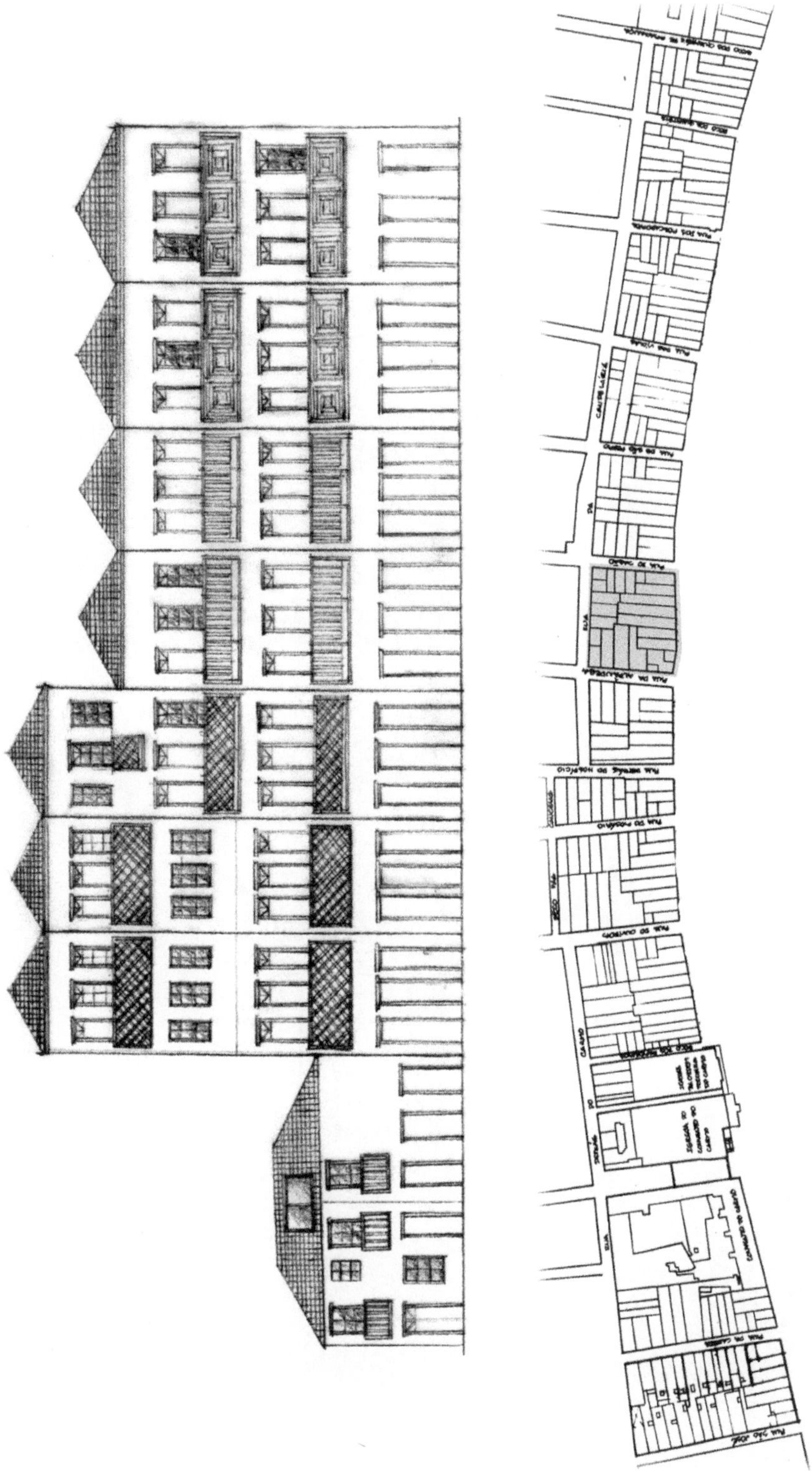

Trecho entre as ruas da Alfândega e do Sabão

Lado esquerdo, ímpar

Trecho entre as ruas do Sabão e São Pedro

Lado esquerdo, ímpar

Trecho entre as ruas de São Pedro e das Violas

Lado esquerdo, ímpar

Trecho entre as ruas das Violas e dos Pescadores

Lado esquerdo, ímpar

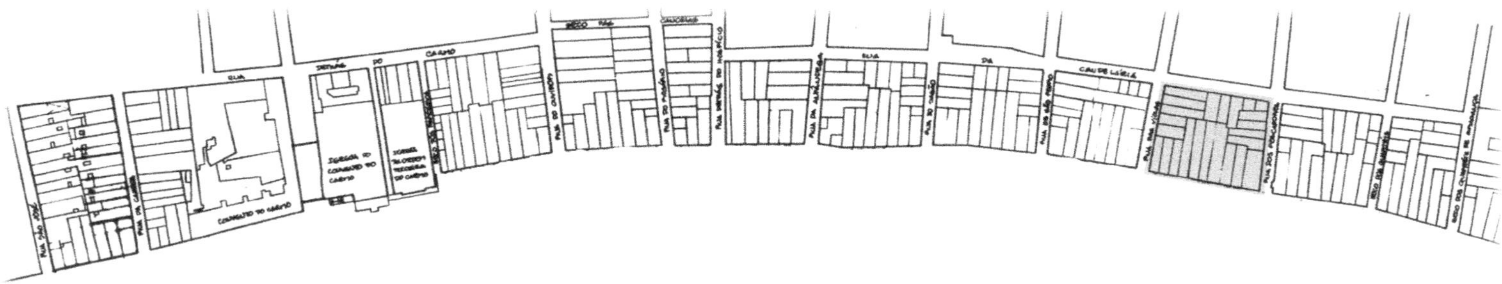

Trecho entre as ruas dos Pescadores e o beco dos Quartéis

Lado esquerdo, ímpar

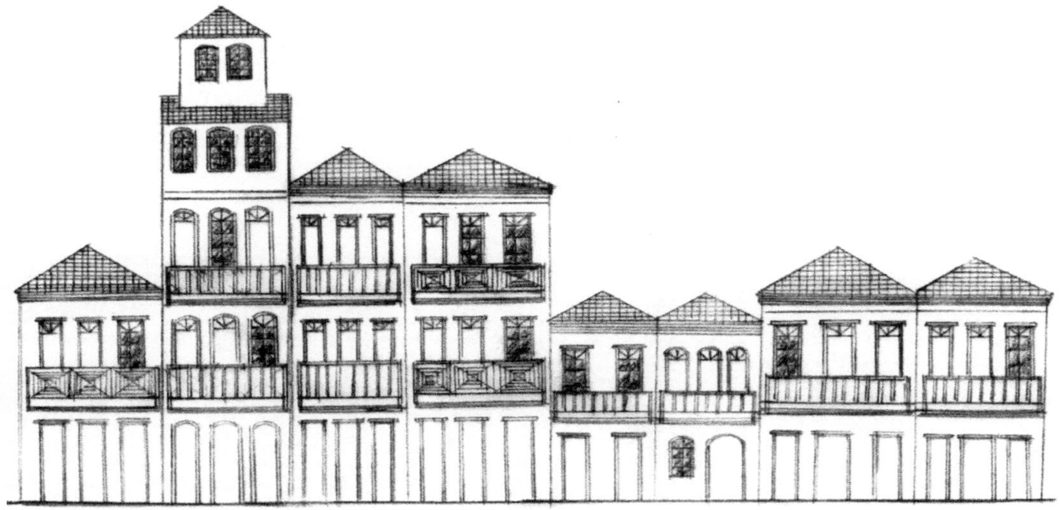

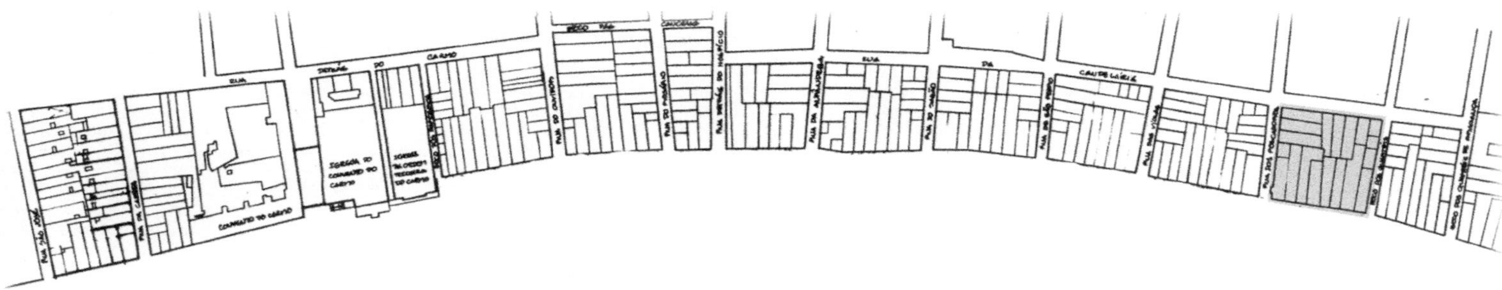

Trecho entre os becos dos Quartéis e dos Quartéis de Bragança

Lado esquerdo, ímpar

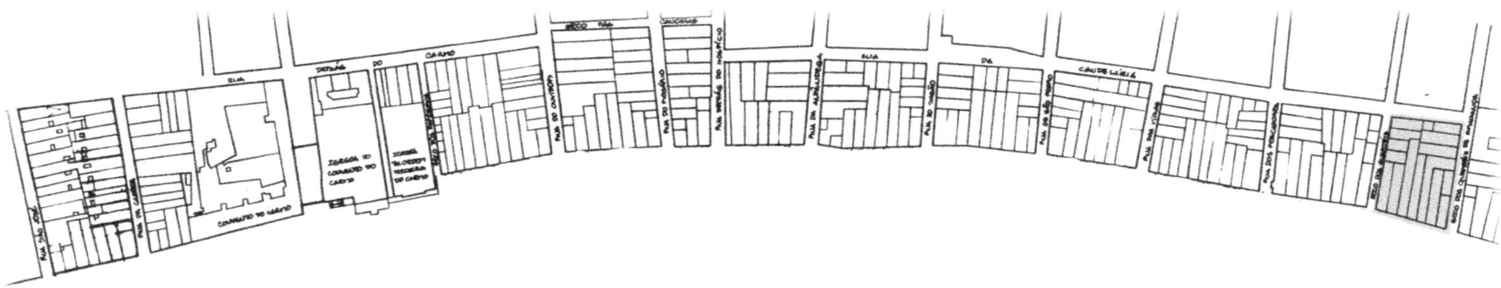

Trecho entre o beco dos Quartéis de Bragança e o morro de São Bento

Lado esquerdo, ímpar

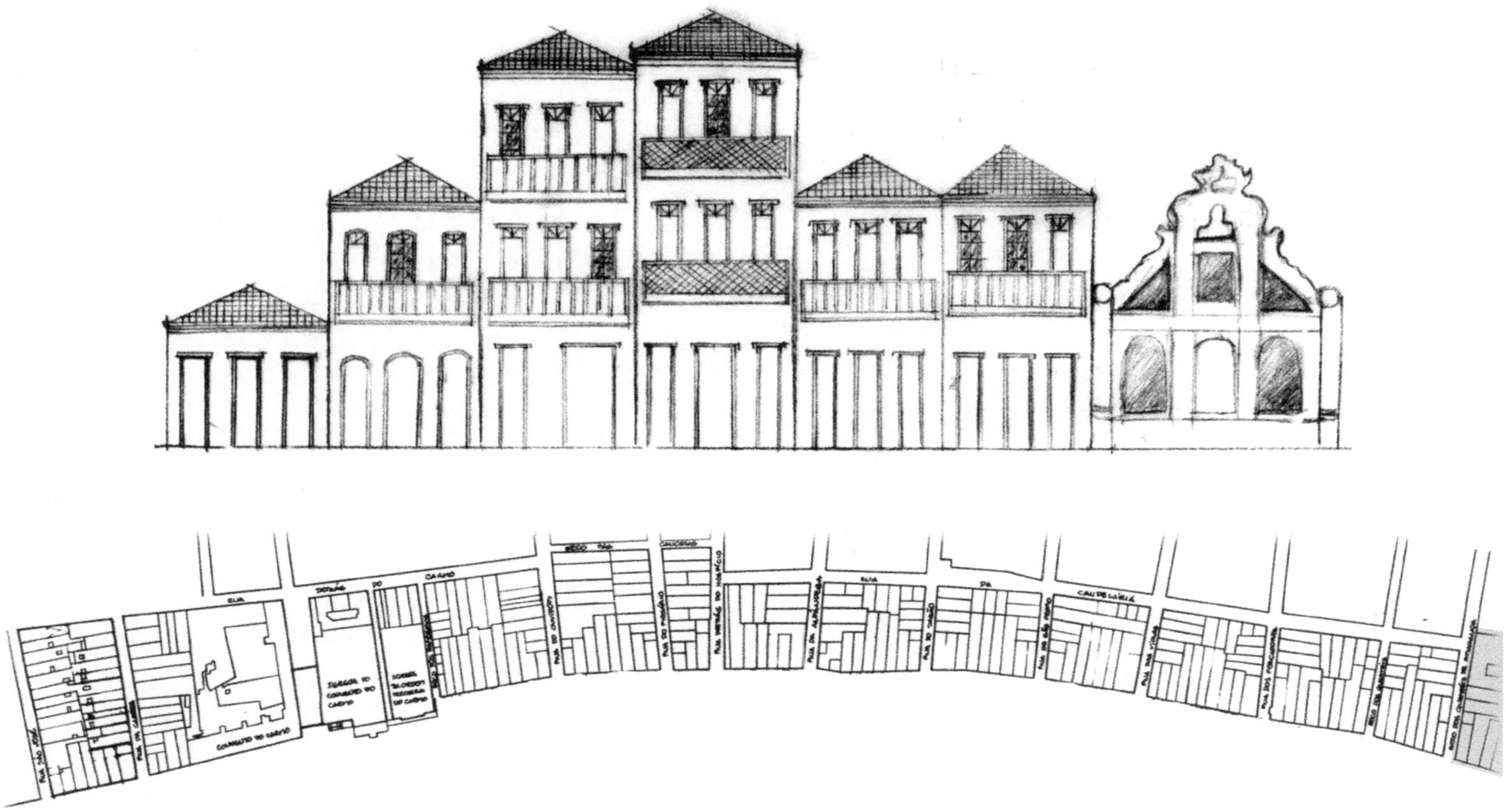

Lista de fontes

Pranchas *(entre as págs. 250 e 251)*

PRANCHA 1 — FERREZ, Gilberto. *O velho Rio de Janeiro através das gravuras de Thomas Ender*. Rio de Janeiro: Melhoramentos, s.d.

PRANCHA 2 — Desenho de Jean-Baptiste Debret.

PRANCHA 3 — Desenho de Jean-Baptiste Debret.

PRANCHA 4 — *Livro de compromisso da Irmandade de Nossa Senhora da Conceição dos homens pardos*, reforma do compromisso de 1700, AVONTNSCBM-RJ.

PRANCHA 5 — *Livro de Compromisso da Irmandade da Gloriosa Virgem Mártir Santa Luzia (1767)*, arquivo da Igreja de Santa Luzia.

PRANCHA 6 — FERREZ, Gilberto. *O velho Rio de Janeiro através das gravuras de Thomas Ender*. Rio de Janeiro: Melhoramentos, s.d.

PRANCHA 8 — FERREZ, Gilberto. *Aquarelas de Richard Bat*. Rio de Janeiro: Galeria Brasiliana, 1965.

Mapas

MAPA 1, p.28 — *Atlas da evolução urbana da cidade do Rio de Janeiro: ensaio, 1565-1965*. Rio de Janeiro, IHGB, 1965.

MAPA 2, p.29 — Indicações baseadas in: *Atlas da evolução urbana da cidade do Rio de Janeiro: ensaio, 1565-1965*. Rio de Janeiro, IHGB, 1965.

MAPA 3, p.41 — TEIXEIRA FILHO, Álvaro. *Roteiro cartográfico da baía de Guanabara e cidade do Rio de Janeiro, séc. XVI e XVII*. Rio de Janeiro: Livraria São José, 1975. (Original da Bibliotéque Nacional de Paris.)

MAPA 4, p.49 — CUNHA, Lygia da Fonseca da. *Álbum cartográfico do Rio de Janeiro (séculos XVIII e XIX)*. Rio de Janeiro: Biblioteca Nacional/ Ministério da Educação e Cultura, 1971. (Representação sobre o mapa do Rio de Janeiro no ano de 1808, segundo "Planta da cidade de São Sebastião do Rio de Janeiro, levantada por Ordem de Sua Alteza Real o Príncipe Regente no ano de 1808". Impressão Régia, 1812.)

MAPA 5, p.53 — Idem.

MAPA 6, p.61 — AN, Seção de Cartografia, códice PD-506. Cópia realizada pelo autor em 1.2.1989.

MAPA 7, p.64 — CUNHA, Lygia da Fonseca da, op.cit. Representação sobre o mapa do Rio de Janeiro no ano de 1808, segundo "Planta da cidade de S. Sebastião do Rio de Janeiro, levantada por ordem de Sua Alteza Real, o príncipe regente, no ano de 1808", Impressão Régia, 1812.

MAPA 8, p.65 — Idem.

MAPA 9, p.67 LEITE, Serafim. *História da Companhia de Jesus no Brasil.* Lisboa / Rio de Janeiro: Editora Livraria Portugália / Civilização Brasileira / INL, 1931-45. Levava como legenda: Os jezuítas no Rio de Janeiro; conforme a "Carta da Costa do Brasil ao Meridiano do Rio de Janeiro desde a barra da Marambaia até Cabo Frio, pelos p.p. Diogo Domingos Capacy S.J. geógrafos régios no Estado do Brasil" (AHC, Rio de Janeiro, 311), e outros documentos.

MAPA 10, p.88 CRULS, Gastão. Aparência do Rio de Janeiro. Vol.1. Rio de Janeiro: José Olympio, 1965, p.193.

MAPA 11, p.162 BN.

MAPA 12, p.177 CUNHA, Lygia da Fonseca da, op.cit.

MAPA 13, p.179 Idem.

MAPA 14, p.262 Idem.

MAPA 15, p.269 AGC, Livros da Décima Urbana.

MAPA 16, p.338 CUNHA, Lygia da Fonseca da, op.cit.

MAPA 17, p.347 BN, Coleção Iconografia, arc.20, gav.1.

MAPA 18, p.349 BN, cód. 656,23, n.2-3-5.

Figuras

FIGURA 1, p.104 XAVIER, Ângela Barreto e Antônio Manuel Hespanha. "A representação da sociedade e do poder". In José Matoso Lisboa (coord.). *História de Portugal — o Antigo Regime.* Vol.IV. Lisboa: Estampa, 1992, p.147.

FIGURA 2, p.175 Plantas 1, 2 e 3, desenhos do autor; planta 4, WERNECK, Evellyn Furquim, *Teatros e cinemas na formação do espaço público das praças Tiradentes e Cinelândia.* Rio de Janeiro (tese de doutoramento), Departamento de História, UFRJ, 1996. (Mimeo.)

FIGURA 3, p.265 Desenho original do autor.

FIGURA 4, p.270 Desenho original do autor.

FIGURA 5, p.288 CHOISY, Auguste. *Historia de la arquitectura.* Buenos Aires: Victor Leru, 1963.

FIGURA 6, p.289 Catálogo da mostra *Rinascimento da Brunelleschi a Michelangelo: la rappresentazione dell'architetura.* Milão: Bompiano, 1994.

FIGURA 7, p.304 ROCHA, Mateus Ramalho. *O Mosteiro de São Bento do Rio de Janeiro, 1590-1990.* Studio HMF, 1991.

FIGURA 8, p.327 Desenho do autor, baseado nas dimensões citadas in *Relação da entrada que fez o Excelentíssimo e Reverendíssimo Senhor D.F. Antônio do Desterro Malheiro, Bispo do Rio de Janeiro, em o primeiro dia deste presente Anno de 1747,* op.cit.

FIGURA 9, p.376 FERREZ, Gilberto. *O Paço da cidade do Rio de Janeiro.* SPHAN/Pró-Memória; MEC-Secretaria de Cultura, 1965.

Quadros

Quadro 19, p.261	Elaborado a partir de Carta Régia, 22.12.1808.
Quadro 20, p.263	Elaborado a partir de: AGC, livros da Décima Urbana, 1808-10.
Quadro 21, p.266	Elaborado a partir de AGC, livros da Décima Urbana, 1808-10.
Quadro 22, p.275	Elaborado a partir de: AGC, livros da Décima Urbana, 1808-10.
Quadro 23, p.278	Elaborado a partir de: AGC, livros da Décima Urbana, 1808-10.
Quadro 24, p.280	Elaborado a partir de: AGC, livros da Décima Urbana, 1808-10.
Quadro 25, p.281	Elaborado a partir de: AGC, livros da Décima Urbana, 1808-10.
Quadro 26, p.281	Elaborado a partir de: AGC, livros da Décima Urbana, 1808-10.
Quadro 27, p.282	Elaborado a partir de: AGC, livros da Décima Urbana, 1808-10; AN, livros de Cartórios e Notas.
Quadro 28, p.283	Elaborado a partir de: AGC, livros da Décima Urbana, 1808-10; outras fontes diversas.
Quadro 29, p.301	Diversas.
Quadro 30, p.319	Diversas.
Quadro 31, p.359	Elaborado a partir de: AGM, cód.912816, F982, Coleção Augusto de Lima Junior.
Quadro 32, p.360	Elaborado a partir de: BN, Seção de Manuscrito, cód.II, 35-5-3.

Tabelas

Tabela 1, p.123	Elaborada a partir de: ANB, livros de Cartórios de Ofícios e Notas (1º, 2º e 4º).
Tabela 2, p.123	Idem.
Tabela 3, p.124	Idem.
Tabela 4, p.125	Idem.

Desenhos

Desenho p.379	Nireu Cavalcanti. Desenho conjectural de um sobrado típico da época, situado na esquina das ruas Direita e dos Pescadores. Baseado em foto de Augusto Malta.
Desenhos p.381 a 390	Marlu Campos. Lado direito da rua.
Desenhos p.391 a 404	Mônica Freitas. Lado esquerdo da rua.

Anexos

Anexo 1

I- Sequência metodológica usada para determinar o local do prédio da Casa da Ópera

Para localizar o prédio da Casa da Ópera do padre Boaventura Dias Lopes foi necessário identificar os nomes antigos dos logradouros do centro do Rio de Janeiro que constam das escrituras consultadas no período (1749-69). As relações de nomes históricos dos logradouros podem ser encontradas, entre outras, nas seguintes obras: BERGER, Paulo, *Dicionário histórico das ruas do Rio de Janeiro*, I e II Regiões Administrativas (Centro). Rio de Janeiro: Gráfica Olímpica, 1974. • COARACY, Vivaldo, *Memórias da cidade do Rio de Janeiro*, Rio de Janeiro, José Olympio, 1965. • SANTOS, Luiz Gonçalves dos, *Memórias para servir à história do Reino do Brasil*, Rio de Janeiro: Zélio Valverde, 1943. Utilizamos trechos do mapa de 1758-60, in: CUNHA, Lygia da Fonseca da, *Álbum cartográfico do Rio de Janeiro*, Rio de Janeiro: Biblioteca Nacional/Ministério da Educação e Cultura, 1971.

1. *Documento*: escritura de empréstimo de 800$000rs que fez o tesoureiro da Sé do Rio de Janeiro a dona Maria de Souza, mãe de Boaventura Dias Lopes, na qual aparece o filho como seu fiador. *Fonte*: AN, 1º Ofício de Notas, lv.118, cx.12867, 17.9.1749. *Conteúdo*: o filho e fiador Boaventura hipotecou duas casas que possuía na rua da "Quitanda dos Mariscos", tendo como vizinhos, de um lado, a casa de dona Joana de Moura, e de outro a "Casa da Ópera", e os fundos voltados para a rua "Senhor do Bom Jesus". *Interpretação dos dados*: a chamada rua da "Quitanda dos Mariscos" era um trecho da rua da Alfândega, na altura do Campo de São Domingos, e a rua do Senhor do Bom Jesus era um trecho da rua do Sabão, na altura também do Campo de São Domingos. Portanto, a Casa da Ópera não podia ficar no largo do Capim, sendo essa hipótese eliminada.

2. *Documento*: escritura de doação de terreno feita por dona Maria de Souza ao seu filho Boaventura Dias Lopes. *Fonte*: AN, 1º Ofício de Notas, lv.118, cx.12867, 6.10.1749. *Conteúdo*: O terreno doado possuía 18 braças (39,60m) de testada e como profundidade ia de "uma rua a outra" (Quitanda dos Mariscos e Senhor Bom Jesus). Como vizinhos foram citados, de um lado, "dona Joana de Moura" (a mesma citada na escritura anterior), casada com João Pereira de Lima Garcia, e do outro lado "de quem direito for". *Interpretação dos dados*: como foram citados vizinhos de ambos os lados do terreno, sendo um deles desconhecido, "de quem direito for", quer dizer que o terreno não fazia "canto" com nenhuma outra rua, isto é, não era esquina.

3. *Documento*: arrendamento de terreno feito pelo capitão José de Souza Guimarães a Agostinho Borges Teixeira. *Fonte*: AN, 1º Ofício de Notas, lv.125, cx.12870, 26.9.1754. *Conteúdo*: arrendamento de terreno com 20 braças (44m) de testada e com duas frentes; uma para a rua da "Ópera dos Vivos", e outra para a rua do "Senhor Bom Jesus". Foram citados como vizinhos, de "uma banda com casas de Cipriano Ferreira e da outra fazem canto". *Interpretação dos dados*: como já havia documento localizando a Casa da Ópera na rua da "Quitanda dos Mariscos", consideramos que, nesse caso, o escrivão, ao se referir à rua da "Ópera dos Vivos", estava dando outro nome à mesma rua. Portanto, o mesmo trecho da rua da Alfândega foi denominado em

1749 como "Quitanda dos Mariscos" e em 1754 como "Ópera dos Vivos". Com essa informação nova eliminava-se a hipótese de que a rua da Pedreira (posteriormente do Fogo e depois dos Andradas) fosse a rua da "Ópera dos Vivos". Se houve alguma "Casa da Ópera" nessa rua, e por isso ela também se chamou rua "da Ópera", seremos levados à conclusão de que havia um outro teatro além desse do padre Boaventura, na rua da "Ópera dos Vivos", ou da Alfândega. Em caso positivo, poderíamos supor que se tratava da "Ópera" citada como "junta" ao terreno da rua das Violas, ao qual nos referimos quando estudamos a localização do "Presépio".

4. *Documento*: escritura de venda de terreno feita por dona Leonor Maria de Vasconcellos, viúva, a João Rodrigues de Carvalho. *Fonte*: AN, 1º Ofício de Notas, lv.126, cx.12870, 21.3.1755. *Conteúdo*: terreno com duas braças (4,40m) de testada com duas frentes, uma para a rua da "Casa da Ópera" e outra para a rua da "Polé". *Interpretação dos dados*: como rua da "Polé" foi um dos nomes que teve a atual rua Senhor dos Passos, paralela e contígua à rua da Alfândega, fica reforçada a hipótese de que a rua da "Casa da Ópera" era a mesma rua da Alfândega — e que ficava nela o teatro do padre Boaventura.

5. *Documento*: escritura de venda de casa térrea feita pelo padre Caetano José de Carvalho a Mariana Rosa de Jesus. *Fonte*: AN, 1º Ofício de Notas, lv.138 A, 16.2.1769. *Conteúdo*: A casa térrea vendida ficava na "travessa da Alfândega, defronte à Ópera Velha". *Interpretação dos dados*: o escrivão, em 1769, já adotava o nome "Alfândega" para todo o percurso da rua, e se referiu ao teatro do padre Boaventura como "Ópera Velha", o que aponta e confirma que, ao contrário, havia na cidade do Rio de Janeiro uma outra "Ópera", mais nova. Ora, a adjetivação "Velha" pode ter sido feita pelo escrivão para representar pelo menos duas possibilidades: a de que se referia à anterioridade dessa "Casa da Ópera", na rua da Alfândega, à da travessa do Paço, na atual Praça XV, ou sua desativação. Caso se configure essa segunda hipótese, como a escritura foi lavrada em 16 de fevereiro de 1769, a possibilidade de ter ocorrido o encerramento das atividades desse teatro poderá ser atribuída ao tão citado "incêndio" que todos os autores asseguravam ter-se abatido sobre a Casa da Ópera do padre Boaventura.

II- Obras e profissionais da arte cênica

Relação das obras e autores levados nos teatros do Rio de Janeiro (nome da obra; autoria identificada; data citada; observações e fonte): *Felinto exaltado*, 11.12.1746; chegada do bispo D.A. Desterro.[a] • *Santa Catarina*; maio 1748; arribada francesa.[b] • *O precipício de Faetonte*; Antônio José da Silva, "o Judeu"; 20.6.65; d. Luiz Antônio de Souza.[c] • *Didone abbandonata*; Tommaso Traetta; 23.6.1765; idem.[d] • *Sirio reconhecido*; 24.6.1765; idem. • *Adriano na Síria*; Pedro Boaventura, vulgo Metastásio/Pergolesi; 30.6.1765; idem. • *Obras de Metastásio*; Metastásio; julho 66; Bougainville.[d] • *Encantos de Medeia*; Antônio José da Silva "o Judeu"; 1769; durante sua encenação o teatro pegou fogo.[e] • *Oratório a São João*; maio 1782; F.L. Langstedt.[f] • *La buona figlinola*; Nicolò Piccinni; maio 1782; F.L. Langstedt. • *Chiquinha*; séc. XVIII; citados por M.J. de Menezes.[g] • *Desertor francês*. • *Desertor espanhol*. • *Encantos de Circe*. • *Italiana em Argel*. • *Italiana em Londres*. • *Romeu e Julieta*; Shakespeare. • *Nina*. • *Oiro não compra amor ou Louco em Veneza*; Marcos Portugal. • *Piedade do amor*. • *Triunfo da América*; d. Gastão Fausto da Câmara Coutinho; 13.5.1810; padre Luís G. dos Santos.[h]

Observações: As obras *Chiquinha*, *Desertor francês*, *Desertor espanhol* e *Nina* foram traduzidas pelo criador da Companhia Lírica (1789) Antônio Nascentes Pinto. • Os autores que escreveram sobre os teatros no Rio colonial são unânimes em afirmar que toda a obra de Antônio José da Silva, "o Judeu", e de Metastásio era encenada nesses teatros. • Citam-se neste quadro as obras referidas por testemunhas que a elas assistiram, estando no Rio de Janeiro.

Fontes

[a] CUNHA, Luiz Antônio Rosado da. *Relação da Entrada que fez o Excelentíssimo e Reverendíssimo Senhor D.F. Antônio do Desterro Malheiro. Bispo do Rio de Janeiro, em o primeiro dia deste prezente Anno de 1747.* Rio de Janeiro: Officina de Antônio Isidoro da Fonseca, MDCCXLVII (1747), p.7. In: BN: Impressos: cód.25-2-5.

[b] FERREZ, Gilberto. "Uma arribada francesa ao tempo de Bobadela (1748)". *Revista do IHGB*, vol.280. Rio de Janeiro: Departamento de Imprensa Nacional, 1968, p.240.

[c] BN, Manuscrito, Arquivo do Morgado de Mateus, cód.23, 2, 14 (1765).

[d] TAUNAY, Affonso d'Escragnole. "Rio de Janeiro de Autano". *Revista do IHGB*, t.90. Rio de Janeiro: Imprensa Nacional, 1924, p.435.

[e] Todos os autores que escreveram sobre a Ópera do padre Boaventura afirmam que o teatro foi destruído por um incêndio, em 1769, quando estava sendo apresentada a peça *Encantos de Medeia*, de Antônio José da Silva, o "Judeu".

[f] OBERACKER JR, Carlos H. "O Rio de Janeiro em 1782 visto pelo pastor F.L. Langstedt". *Revista do IHGB*, vol.299, 1973, p.9.

[g] MENEZES, Manoel Joaquim de. "Companhias líricas no Theatro do Rio de Janeiro antes da Corte Portuguesa em 1808". In: AHMHN. Rio de Janeiro, documentos avulsos: cx.1, nº 194, s.d..

[h] SANTOS, L.G. (padre Perereca). *Memórias para servir à história do Reino do Brasil.* Rio de Janeiro: Zélio Valverde, vol.1, 1943, p.324.

III- Profissionais ligados às artes cênicas (nome; data; atividade; observações)

Antônio da Cunha; 1794; dançarino. • Boaventura Dias Lopes; 1740; empresário; dono das casas de teatro (padre secular) Ópera Nova e Velha. • Domingos Botelho; 1810; ator; interpretou o "Fado" na peça *O triunfo da América*. • Felipe Neri de Almeida; 1768; mestre de dança; de Lisboa veio para o Rio, com 22 anos de idade. • Fernando José de Almeida; empresário; veio para o Rio em 1801, construindo o Teatro São João, inaugurado em 12.10.1813. • Francisca de Assis; 1810; atriz; interpretou a "Poesia" na peça *O triunfo da América*. • Francisca de Paula; XVIII; cantora; da Companhia Lírica criada por Antônio Nascentes Pinto (A.N.P.). • Gastão Fausto da Câmara Coutinho; 1810; escritor; autor do drama teatral *O triunfo da América*. • Ignês; XVIII; cantora; da Cia. Lírica de A.N.P. • Jenoveva; XVIII; cantora; da Cia. Lírica de A.N.P. • João dos Reis Pereira; XVIII; cantor; da Cia. Lírica de A.N.P., baixo profundo. • Joaquina Maria Conceição, vulgo "Joaquina Lapinha"; 1810; atriz e contralto; Interpretou a "América" na peça *O triunfo da América*. • José Inácio da Silva Costa, vulgo "Capacho"; XVIII; ator; da Cia. Lírica de A.N.P. • Ladislao Benavento; XVIII; ator cômico e bufo; da Cia. Lírica de A.N.P. • Luiz Antônio Gonzaga; 1796; empresário; organizava festas, principalmente touradas. • Luis Dias de Souza; 1772; empresário; herdou o teatro do irmão, padre Boaventura Dias Lopes. • Luis Inácio; XVIII; cantor; da Cia. Lírica de A.N.P. • Luis Marques Fernandes; 1766; empresário; arrendou o teatro do padre Boaventura Dias Lopes. • Luisa; XVIII; cantora; da Cia. Lírica de A.N.P. • Manoel Luiz Ferreira; 1775; empresário, músico e bailarino; estabeleceu sociedade com Luis D.S., no teatro, tornando-se depois seu único dono. • Manoel Rodrigues Silva; XVIII; ator; da Cia. Lírica de A.N.P. • Lobato Maria Cândida; 1810; atriz; interpretou a "Gratidão" na peça *O triunfo da América*. Segundo Manoel Joaquim de Menezes (M.J.M.), foi da Cia. Lírica de A.N.P. • Maria Jacinta, vulgo "Marucas"; XVIII; cantora;

da Cia. Lírica de A.N.P., segundo M.J.M. • Paula; XVIII; cantora; da Cia. Lírica de A.N.P., segundo M.J.M. • Pedro; XVIII; ator dramático e cantor; da Cia. Lírica de A.N.P., segundo M.J.M. • Pedro Antônio Pereira; 1796; empresário; responsável pela apresentação da "Dança das ninfas" nas festas do Senado da Câmara. Pode ser o mesmo Pedro citado anteriormente. • Rita Felicianna; 1810; atriz; interpretou a "Vingança" na peça *O triunfo da América*. • Antônio Pereira; 1719; empresário e músico; sócio do "Presépio". • Manoel Silveira Ávila; 1719; empresário e pintor; sócio do "Presépio". • Plácido Coelho de Castro; 1719; empresário e escultor; sócio do "Presépio". • Salvador Cossino de Brito; 1754; empresário músico; arrendou o teatro do padre Boaventura Dias Lopes. • Agostinho da Silva Pinheiro; 1810; fogueteiro; trabalhou nas festas da Irmandade de Nossa Senhora da Conceição dos Homens Pardos. • Antônio Costa Correa; 1796; fogueteiro; idem. • Joaquim Januário; 1810; fogueteiro; idem. • José Ferreira da Silva; 1797; fogueteiro; idem. • José Jorge; 1811; fogueteiro; idem. • Manoel Luz Caldeia; 1793; fogueteiro; boticário, responsável pelo espetáculo pirotécnico de recepção à chegada do príncipe d. João no Rio de Janeiro.

Observação: Os artistas citados como pertencentes à Companhia Lírica fundada por Antônio Nascentes Pinto em 1789 atuaram durante o século XVIII, segundo nos informa Manoel Joaquim de Menezes, que no entanto não precisa os anos em que trabalharam.

Anexo 2

Patrimônio do músico Salvador José de Almeida Faria

Dados biográficos

Natural: Cachoeira do Campo, Minas Gerais; data de nascimento: por volta de 1732 [Os dados acima foram coletados na obra *José Maurício Nunes Garcia: biografia*, de Cleofes Person de Matos, nota 23, p.214]; data de falecimento: 12.4.1799; estado civil: vivia maritalmente com Felícia de Almeida e Faria; com quem teve dois filhos: Augusto Procópio de Almeida (13 anos) e Clementina Calista Ermuta de Almeida (casada com o capitão José Pereira dos Santos Brito).

Relação do patrimônio a partir do inventário post mortem

A. Resumo dos bens inventariados (discriminação, valor e percentual sobre o total)

Casa de sobrado na Rua da Cadeia, 1.100$000 (41,5%); sete escravos (seis homens e uma mulher), 640$400 (24,2%); casa térrea na rua da Cadeia, 420$000, (15,8%); instrumentos musicais, 138$400 (5,2%); músicas, 130$720 (4,9%); trastes de madeira, 62$740 (2,4%); roupa, 42$840 (1,7%); objetos de cobre, 40$750 (1,6%); quadros, 26$640 (1,0%); objetos e joias de prata, 20$125 (0,8%); louça, 11$240 (0,4%); relógio, 9$000 (0,3%); dos devedores, 8$740 (0,2%).

B. Obras que possuía de autores de Portugal e do padre José Maurício Nunes Garcia

1. André da Silva Gomes. Português nascido em Lisboa, em 15.12.1752, e falecido na cidade de São Paulo, em 17.6.1844. Veio para o Rio de Janeiro em 1774, para assumir a função de mestre de capela de sua Sé Catedral. Era compositor, professor e regente (*Enciclopédia da música brasileira, erudita, folclórica e popular*, São Paulo: Art Editora, 1977, vol.1, p.316). Credo (0$400); memento Antifonal Clementíssima (0$400); missa (0$400); Missa (1$200); ofício de defunto — *Missa Sequentia* (3$200); salmo — *Laudate Pueri* (0$600); salmo — *Magnificat* (0$800); *Stabat Mater* (2$560).

2. Antônio Leal Moreira. Importante músico português que nasceu em Abrantes, em 1758, falecendo em Lisboa, em 21.11.1819. Autor da famosa ópera *Sifax e Sofonisba*, exerceu as funções de organista e mestre de capela da Patriarcal e foi regente da companhia lírica do teatro da rua dos Condes, além de regente no Teatro de São Carlos (BORBA, Tomás e Fernando Lopes Graça, *Dicionário de música*, Lisboa: Cosmos, 1956, p.105). Credo, a oito (1$200); credo pequeno (0$300); missa para duas orquestras (4$800); missa, pequena (1$600); missa da Paixão (0$900); missa do Provedor (0$900); novena de Santana e duas Jaculatórias (0$200); salmo *Dixit dominus* (1$000); *Salutaris hostia* (0$300); *Te Deum*, a oito dobrado com o *Salutaris hostia* (8$000); *Te Deum* alternativa (0$500).

3. Frei Antônio do Rosário. Monge da Ordem de São Jerônimo, lisboeta nascido em 20.6.1682 e falecido em 1717. Foi orador sacro de talento e compositor reconhecido. (*Grande enciclopédia portuguesa e brasileira*, Lisboa: Editorial Enciclopédia, vol.XXVI:26, p.238). Sabat mater (1$280).

4. Antônio Teixeira. Nascido em Lisboa, em 1707, e nesta mesma cidade falecido, por ocasião do terremoto de 1755. Compositor, cantor e excelente cravista (*Enciclopédia portuguesa ilustrada*, Porto: Lemos, vol.10, s.d., p.477). *Te Deum*, a oito (2$560); partitura (1$280).

5. David Peres. Italiano nascido em Nápoles, em 1711, e falecido em Lisboa, em 1778. Descendente de família espanhola que se transferira para a Itália, foi mestre de capela da catedral de Palermo. Autor de várias óperas apresentadas na Itália, França e Alemanha, foi convidado pelo rei d. João V, de Portugal, para assumir importantes funções em Lisboa. Um dos responsáveis pelo desenvolvimento da música portuguesa no século XVIII (*Enciclopédia portuguesa ilustrada*, op.cit., vol.8, p.486). Credo (0$600); *Libera me*, a oito (0$300); memento a oito (0$200); missa de defuntos (0$800); missa (0$400); ofício de defuntos (3$200); salmo *Lauda Jerusalem* (0$160); *Sequentia* pelo rei da Polônia (0$300).

6. Padre João Álvares Frovo. Presbítero secular, capelão e bibliotecário da Real Biblioteca de Música de d. João IV e mestre de capela na Sé de Lisboa. Nasceu em Lisboa, em 16.11.1602, e faleceu na mesma cidade, em 29.1.1682 (*Grande enciclopédia portuguesa e brasileira*, op.cit., vol.II:2, p.208). *Invintatorio* (0$600).

7. João Cordeiro da Silva. Compositor português, formado no Seminário de Música da Patriarcal, foi enviado a Nápoles para se aperfeiçoar (RIBEIRO, Mario de Sampaio. "A música em Portugal nos séculos XVIII e XIX", Lisboa: Separata da *Revista História*, 1936, p.38). Credo, a cinco (0$900); salmo *Confiteor* (0$200); salmo *Beatus vir* (0$200); salmo *Laudate dominum* (0$160).

8. João de Souza Carvalho. Compositor português formado pelo Seminário da Patriarcal e com aperfeiçoamento na Itália, enviado pelo rei d. José I. Nasceu no Alentejo e faleceu por volta de 1793, foi mestre da família real e professor no Seminário da Patriarcal (RIBEIRO, Mario de Sampaio, op.cit., p. 48). Missa (2$500); salmo *Laudate pueri* (1$00).

9. José Joaquim dos Santos. Português de nascimento, estudou com David Peres. Em 1787 assumiu as importantes funções de compositor e mestre do Seminário da Patriarcal (*Enciclopédia portuguesa ilustrada*, op.cit., vol.9, p.783). Credo (0$400); missa (0$500); missa (0$400); salmo *Lauda Jerusalem* (0$400); salmo *Nisi dominus* (0$400); salmo *Nisi Dominus laetatus sum* (0$400); salmo *Magnificat* (0$400); *Te Deum* (0$200).

10. Padre José Maurício Nunes Garcia. Carioca, nascido em 22.9.1767, filho de Apolinário Nunes Garcia e Vitória Maria da Cruz, parda. Aluno de Salvador José de Almeida Faria, foi mestre de capela da Sé Catedral do Rio. Faleceu no Rio de Janeiro em 18.4.1830 (MATTOS, Cleofe Person, *Catálogo temático: José Maurício Nunes Garcia*, Rio de Janeiro: Conselho Federal de Cultura-MEC, 1970). Credo (0$200); *Domine adjuvandum* (0$400); *Domine* do príncipe de Santa Cruz (0$200); invitatório (0$800); missa pequena (0$400); ofício de defunto (1$600); cinco quartetos (cinco) e um trito (0$600); salmo *Dixit* (0$600); salmo *Magnificat* (0$100); salmo de *Jeremias Dixit* (0$600); *Te Deum* (2$560); *Te Deum* de alternativa, a quatro (0$600); onze tritos de Nascé (1$100).

11. Luciano Xavier Santos. Nasceu em Lisboa no ano de 1734 e nessa mesma cidade faleceu, em 2. 2.1808. "Foi primeiro organista e mestre de capela real da Bemposta; músico de câmara do príncipe d. José. Distinguiu-se principalmente na música religiosa, deixando muitas composições" (*Grande enciclopédia portuguesa e brasileira*, op.cit., vol.XXVIII:28, p.371). Responsórios do Natal (3$000).

12. Frei Manoel de Santo Elias. Músico português, frade da Ordem de São Paulo, no Convento dos Paulistas, onde exerceu a função de organista. Professor de música no curso público oferecido por sua Ordem (VIEIRA, Ernesto. *Diccionário biográfico de músicos portugueses*, Lisboa: 1900, p.272.). Dois credos, a quatro (0$600); missa (0$900); duas cópias de missa (1$200); missa para Sábado de Santo (0$500); duas novenas de Santana e Jaculatórias (0$200); *Salve Regina* (0$100); *Te Deum* (0$800).

13. Marcos Portugal. Considerado o maior compositor português, nasceu em 1762 e faleceu no Brasil, em 1830. Autor de mais de 50 óperas, é citado em todos os dicionários, enciclopédias e trabalhos que tratam da música portuguesa. Credo (0$600); missa grande (3$200); missa pequena (2$400); missa de trito (0$600); missa pequena (0$400).

C. Obras de músicos italianos

1. Galuppi Baldassare (*Il Burandello*). Nasceu em Burano, em 18.10.1706, e faleceu em Veneza em 3.1.1785. Autor de óperas, música religiosa e outras, em 1748 foi nomeado vice-mestre de capela de São Marcos de Veneza e ascendeu a mestre em 1766 (*Dizionario ricordi della musica e del musicisti*, Milão: 1959, p.134). Missa (0$600).

2. Gioseffo Bencini. Compositor do final do século XVIII, autor da ópera Le Nerone (1726), de sonatas e músicas religiosas (*Dizionario Ricordi della musica e del musicisti*, op.cit., p.134). Missa, a oito (0$500).

3. Giovan Battista Borghi. Compositor de óperas e músicas religiosas, exímio violinista, nasceu em Camerino, em 1740, e faleceu em Loreto, em 25.2.1796 (*Enciclopédia portuguesa ilustrada*, op.cit., vol.II:2, p.182). Missa, a oito (0$500).

4. Giovan Battista Pergolesi. Nasceu, em 1710, em Iesi, e faleceu em 1736. Um dos mestres da escola napolitana, autor de sinfonias e de obras religiosas. Entre as obras dramáticas destaca-se *La Servante maîtresse* (*Enciclopedia Italiana*, Roma: Istituto della Enciclopedia Italiana, 1949, vol.XXVI:26, p.743). Missa (0$500); missa (0$400); salmo *Confitebus* (0$600); salmo *Laudate pueri* (0$500).

5. Leonardo Ortensio Salvatore de Leo. Nasceu em Brindisi, em 5.8.1694, e faleceu em Nápoles, em 31.10.1744. Foi professor no Conservatório della Pietá, de Nápoles, onde fora aluno, e é considerado um dos mais significativos músicos da escola napolitana. Produziu um vasto conjunto de obras religiosas, foi organista da capela real, mestre de capela da Igreja de Santa Maria della Solitária e professor do Conservatório de Santo Onofrio, sucedendo Scarlati (*Enciclopedia italiana*, op.cit.). Credo (0$400); missa (0$400); salmo *Laudate Pueri* (0$160).

6. Luigi Antonio Sabbatine. Nasceu em Roma, em 1739, e faleceu em Pádua, em 1809. Considerado "doutíssimo, genial e arguto" compositor, é autor de mais de cem músicas para quatro vozes e orquestra. Escreveu várias obras sobre teoria musical, como *Elementi teorisi della musici*, 1789-90, *Trattato sopra le fughi musicali*, 1802 e *Solfèges* 1810 (*Dizionario Ricordi della musica e del musicisti*, op.cit., p.931). Credo (0$200); Credo da Paixão, a oito (1$200); missa, a oito (1$000); missa (0$500); missa (0$400); missa de capela, só coro (0$200); missa de Genaro Maria (0$400).

7. Nicolau Jommelli. De família italiana, nasceu em Antuérpia, a 10.9.1714, e faleceu em 25.8.1774. Foi um dos mais brilhantes compositores da escola napolitana, autor de quarenta óperas e de diversas músicas religiosas (FETIS, F.J., *Biographie universelle des musiciens*, Paris: 1866). Missa de defunto (0$800); *Te Deum* (0$300).

8. Nicolò Piccini. Importante músico italiano que nasceu em 1728, em Bari. Mudou-se para Paris, onde faleceu em 1800. Provavelmente estudou no Conservatório de Santo Onofre e é autor de óperas cômicas e do belo drama *L'Alessandro nelle Indie* (*Enciclopedia italiana*, op.cit., vol.XXVII:27, p.155). Credo (0$400); outra cópia de Credo (0$200); missa (0$600).

9. Paolo Orgitano. Napolitano nascido em 1745. Em 1771 foi morar em Londres, onde faleceu em 1807 (*Dizionario Ricordi della musica e del musicisti*, op.cit., p.807). Missa (0$800); Salmo *Dixit dominus* (1$280).

10. Tommaso Traetta. Napolitano nascido em 1727 e falecido em Veneza, em 1779. Estudou no Conservatório de Loreto e estreou sua primeira ópera no Teatro São Carlos, em 1751 (Farnace). Compositor de sucesso na Itália, trabalhou em São Petersburgo sucedendo Galuppi como compositor de óperas. Dessa cidade transferiu-se em 1775 para Londres, onde permaneceu por

pouco tempo, por concorrência com o músico preferido pelo público inglês, Sacchini. Apresentou nos diversos teatros da Europa mais de quarenta óperas de sua autoria, muito apreciadas, como *L'Olimpiade, Solimano, E roi di Campi, Armida, Antígona, Merope, Serverivali e Didone abbandonata*, que foi levada no teatro do padre Boaventura Dias Lopes, no Rio de Janeiro (*Enciclopédia universal ilustrada*, Madri: Espasa e Calpe, 1928, vol.63, p.512). *Stabat Mater* (0$300); *Stabat Mater*, hino a Senhora das Dores (0$100).

11. Músico de nome "Lustrini", cujas referências não foram encontradas. Credo (0$900); Credo (0$600); missa grande (0$600); missa pequena (0$400); duas cópias de salmo *Laudate pueri* (2$000); salmo de *Laetatus sum* (1$600); salmo *Dixit dominus* (0$800); salmo *Beatus vir* (0$800); salmo, a oito (0$600).

D. Anônimos

Ofício de defunto (0$400); salmo *Laudate* (0$160); *Te Deum* (0$300); *Te Deum* de alternativa (0$300).

E. Músicas sem indicação de autor

Nove antífonas (2$000); 28 graduais (3$200); sete ladainhas (0$900); *seis misereres* (3$000); oito motetos (1$200); oito responsórios (0$800); 52 sinfonias (16$000); três *Tantum ergo* (0$300); vários papéis de Semana Santa (5$000).

Fonte: AN, inventário *post mortem*: maço 303, n.5614.

Anexo 3

Bens do boticário Antônio Pereira Ferreira, relacionados à sua profissão

Dados biográficos

Esposa e inventariante: Anna Maria do Bom Sucesso; filhos: Antônio Pereira (22 anos), Anna Maria do Bom Sucesso (20 anos, casou-se depois com o cirurgião-mor licenciado, José de Lemos de Magalhães), Clara de S. João Nepomuceno (19 anos, casou-se depois com o tenente Pedro Teixeira de Carvalho), Maria da Apresentação (14 anos), Joanna Thereza de Jesus (6 anos); falecimento: 4.1.1798; abertura do processo: 10.1.1798; atividade profissional: boticário com loja na rua Direita (atual 1º de Março).

Bens avaliados

Total: livros (19$160); instrumentos de botica (177$400); remédios da botica (4.548$225).

Observações: Obedeci a escrita dos avaliadores e, quando em dúvida indiquei-a com sinal de interrogação (?).• No AN, 1º Ofício de Notas, lv.149, encontramos a escritura de compra que Antônio Pereira da Fonseca fez, em 12.8.1799, da parte da sociedade que tinha na botica com o falecido Manoel Veloso Goes, pelo valor de 1.905$012. O total avaliado era de 2.459$288. O documento revela a data de constituição de sociedade: 25.11.177.

1. Livros: *Paraíso seraphino* (fólio, 3 tomos); Maliere, *Medical deliente* (4º, 2 tomos); *Genealogia da Casa Real de Portugal* (fólio, 6º tomo); *Medicina de Lieutaud* (4º, 2 tomos); Lesneré, *Curso chimico* (fólio, 1 tomo); *Pharmacopeia extemporanea* (4º, 1 tomo); *Madeira* (ilustrado, fólio, 1 tomo); *Tratado de conservação da saúde dos povos* (4º, 1 tomo); *Polianteia do Curvo* (fólio, 1 tomo); *Moral evangélica de Penafiel* (8º, 6 tomos); *Pharmacopea luzitana* (fólio,1 tomo); *Connaissances des médicaments* (8º, 3 tomos); *Medicina luzitana de Mirandela* (fólio, 1 tomo); Vigier, *Istoria das plantas* (8º, 2 tomos); *Pharmacopea dogmática* (fólio, 1 tomo); *Aviso do povo* (2º tomo, 8º, 1 tomo); *Dios corides* (2º tomo, fólio, 1 tomo); *Observações da medicina* (8º, 2 tomos); *Almeida de cirurgia* (fólio, 1 tomo); *Pharmacopea lisbonense* (8º, 1 tomo); *Vigo de cirurgia* (fólio, 1 tomo); *Storchenas*(?) (3º tomo, 8º, 1 tomo); Palacios, *Palestra pharmaceutica* (fólio, 1 tomo); Morato, *Philosofia moral* (3º tomo, 8º, 1 tomo); *Epitome cronológico* (4º, 1 tomo); *Pharmacopea*, Cologir Rigalis(?) (8º, 1 tomo); *Compêndio de ortographia* (4º); *Tesouro de meninas* (2º tomo, 8º, 1 tomo); *Sarmento, das águas de Inglaterra* (4º, 1 tomo); Banpute(?), *Espiritual* (8º, 1 tomo); *Vida de São João de Nepomuceno* (4º, 1 tomo); *Epítome carmelitano* (8º, 1 tomo); *Tresena de Santo Antônio* (4º, 1 tomo); *Culto ao Santo Coração de Maria*

Santíssima (8º, 1 tomo); Miranda, *Relação cirúrgica* (4º, 1 tomo); *Predestinado peregrino* (1 tomo); *Santos de Torres* (4º, 1 tomo); *Um livro de sermões* (1 tomo); *Análises de álgebra* (4º, 1 tomo).

2. Instrumentos da botica: duas coadeiras da botica grandes, compridas com duas asas; duas escoadeiras largas com seu bico; duas medidas de libra cada uma com suas asas; dois irmãos de meia libra; duas medidas de onça cada uma; duas medidas de duas oitavas e uma oitava; três funis; uma bomba; uma espátula; uma colher grande; cinco colheres de espátula de diversos tamanhos; três balanças de prata de diversos tamanhos — tudo pesa 27 marcos e 7 oitavas. Uma almofaria de ferro com sua mão.

3. Remédios da Botica: *Águas*: de Melise; água raz; da Rainha de Ungria (qual. diversas); de cerejas pretas; da Inglaterra. • *Animais e suas partes*: cartório; óleo humano; cantáridas; lixo de lagarto; almicar; carmim fino; aljofar barroco; olhos de caranguejos brutos; milepedes; raspas de ponta de veado; pedra (nazar) ocidental; dentes de javali; sal de leite; nácar de pingos finos; múmia (qual. diversas); nácar finíssimo; unha de gran besta; nácar ordinário; ponta de veado queimado; nácar mais ordinário; víboras em pó; mandíbula lucis. • *Cascas*: canela de Macau; quina-quina; cascas de tamargeira; cascas de romãs; quina-quina fina; cascas de freixo. • *Emplastos*: de sicuta. • *Ervas*: chá da Índia; crina; musgo irlândico; ditamo decreta; centáurea-menor; virgínia áurea; escabioza; betônica; cevadilha; agrimônia; macela galga; sabina; uva ursina; salva; oréganos; sicuta; senne; coroa de reis; engos; fumaria(?); camedrios; pulmonaria; braina marina; marroios brancos; violas; rosmaninho; douradinha; lúpalos; ruta lapravia; cavalina; eufrasia; izopo. • *Extratos*: sabão de Hespanha; pacedano apiado; sabão de (?); pacedano de Esteves; sabão de Veneza; sumo de hiposistidos; extrato de alcassus; barrilha de licante; terra japônica. • *Flores*: anil fina; língua-de-vaca; anil de segunda sorte; borragens; anil ordinária; violas; flor de benjoim; hipericão; açafrão (qual. diversas); malvas; macis; rosas de Toledo (qual. diversas); enxofre (qual. diversas); balamtrias; tília; alfazema; sabugo (qual. diversas). • *Fungos*: esponjas finas; esponjas grossas; agárico. • *Gomas e resinas*: trementina fina; sagapeno; trementina; galbano (qual. diversas); trementina grossa; taramaca; cânfora; benjoim; amoníaco (qual. diversas); arebar (qual. diversas); seamonia fina (qual. diversas); sangue de drago fino; ópio; eufórbio; estoraque calamita (qual. diversas); pau-santo; resina de jálapa; mirra; resina de pinho; aleatira; alambre fino (qual. diversas); opoponaro; goma edra (qual. diversas); assafetida; arábia (qual. diversas); bedelia; rom. sujeita gambá (qual. diversas); sacolola(?); graxa; insenso; almessega fina (qual. diversas); laca; manã (qual. diversas). • *Lenhos*: sândalos setrenos; pau nusfrético(?); sândalos brancos; pau-santo limal; sândalos vermelhos; veico quersário(?) (qual. diversas). • *Minerais*: esmiril ordinário (qual. diversas); pedra hume; salitre refinado (qual. diversas); enxofre; salitre pardo; alvaiade em pedra; arsênico branco (qual. diversas); alvaiade em pó; salamolanos turgnístios(?); alvaiade fino; pós de Joanes(?) (qual. diversas); giz branco; sinábrio nativo (qual. diversas); gesso mater; vermelhão fino; gesso cré; verde estilado; gesso grosso; antimônio diaforetier marcial; ocar claro; quintilio; ocar escuro; coral vermelho; roxo terra; coral fino; almagre; antimônio cru; bolo branco (qual. diversas); jalte(?) em pó; resíduos de água-forte; benastres mineral; pedra cananor(?) bruta (qual. diversas); benastres jovial; hiacintos(?) brutos; trincal (qual. diversas); manteiga de antimônio; solimão; açougue; verdite (qual. diversas); pedra calaminas; fezes de ouro(?) (qual. diversas); porpolinas finas cor de ouro; pedra lupes (qual. diversas); terra segilata vermelha; pedra pomex; bata grossa; vidra de antimônio; pedra ematiltas; zarcão (qual. diversas); cristal montano; capa rosa. • *Óleos expressos, dilatados e por cozimento*: de amêndoas doce; de sabão; de nozes-moscadas; de pau-santo; de buxo; de amêndoas amargas; de vitrieto branco; de alfazema; de macela (qual. diversas); de erva-doce; da mata (qual. diversas); de cravo; de nozes (qual. diversas); de lambre(?);de aparísio (qual. diversas); de violas; de termentina; de vitriolo preto; de alcaparras; de martinhos; de louro; de galfãos; de enxofre; de raposas; de ladrilhos; de linhaça. • *Raízes*: selepo; serpentaceria(?); almeirão; peônia; espargo (qual. diversas); con-

solida maior; rubia tintorum; borragens; azedas; mexoação; escarsioneira(?); imela campana; piretro; ariosto loquia redonda; gensana; coito cheiroso; valeriana silvestre; ruipontier; tormentila (qual. diversas); ênula; gil barbeira; alcaparras; eleboro negro; aipo; lírio florentino; grama; ruibarbo; polipódio de carvalho; cálamo aromático; ermo da tilos; angélica; funxo; salsaparrilha; chicória; alcapes(?); bardana; bistorta; incensa; galanga; singloza; cartina. • *Sais*: tártaro emético (qual. diversas); tamarqueira; sal policret (qual. diversas); centáurea (qual. diversas); sal de gláuber (qual. diversas); artemísia; lorna; cardo-santo (qual. diversas); vitríolo branco; chumbo; catártico; tártaro; cremor tártaro; genirana; tártaro vitriolado; sal volátil de víboras; terra foliada de tártaro (qual. diversas); sal de alambre; sal de favas; açúcar cândi. *Sementes*: cravo-da-índia (qual. diversas); cardano; nozes-moscadas; azedas; coloquíntidas (qual. diversas); arucu; paparras; angélica; malans de cipreste (qual. diversas); alpilre(?); mortinhos; ervilhas; pimenta preta; saragotoa(?); pimenta longa; mirabolanos (qual. diversas); coca; bagas de zimbro; cubebas; bagas de louro; alexandria (qual. diversas); xelim; tremoços; ameixas; nux vômica; galhas; lentilhas; aveia (qual. diversas); pesnia; cabeças de dormideiras; funcho; sementes de artigas; linho; alquequenges. • *Espíritos*: sal amoníaco (qualidades diversas); ponta de veado; verga morta (qualidades diversas); ferrugem; espírito de óleo de sílvia; licor anódino; termentina; éter vitríolo; pau-santo; elixir estomático. • *Tintas*: sinopla fina; brochas nº B (qual. diversas); sinopla ordinária; brochas nº D; verde citilado (qual. diversas); brochas de ponta; maquém (qualidades diversas); brocha de esparrar; verde bexiga; ouro falso; verdexo; prata falsa; cinzas azuis; papel cartuxo; esmalte; tamarindos; sombra da Colônia; triaga magne; pós pretos de Holanda; trocisco roxos do curro; tinta de Nanquim; cana fistula; retalhos de pelica; unguento populcão; Brochas nº C. *Xaropes*: cravos hortenses; quintilio; arroube de sabugo; vermes mineral; amoras.

Fonte: AN, inventário *post mortem*: cx.7118, n.8384, 1798.

Anexo 4

Bens do cirurgião-mor Antônio José Pinto

Dados biográficos

Natural de Arouches, Portugal; filiação: ajudante Luiz Ferreira Sardinha; nascimento: aproximadamente em 1719; filhos naturais: Bazílio (13 anos), Casimiro (8 anos), Maria (18 meses); falecimento: 12.1.1798; atividade profissional: cirurgião do Hospital Militar, cirurgião do Terço de Auxiliares de Infantaria, freguesia da Candelária, cirurgião do Hospital da Santa Casa da Misericórdia, cirurgião da Relação do Rio de Janeiro.

Bens declarados e avaliados

Valor total: 4.979$126rs. • Bens imóveis: 3.400$000rs (68,29%); casa de sobrado em chácara na rua Matacavalos (2.400$000); casa térrea colada ao sobrado (900$000rs); casa térrea na rua dos Arcos (100$000rs). • Escravos: 552$000rs (11,09%); oito homens e duas mulheres. • Trastes da casa: 221$200rs (4,44%). • Sege e carroça com apetrechos: 182$400rs (3,66%). • Livros (213 títulos): 172$040rs (3,45%). • Prata: 144$416rs (2,90%). • Roupa: 84$080rs (1,69%). • Instrumentos cirúrgicos: 81$740rs (1,64%). • Mulas (três) da sege e da carroça: 57$600rs (1,16%). • Joias de ouro: 42$260rs (0,85%). • Relógio: 23$000rs (0,46%). • Louça: 11$310rs (0,14%). • Objetos de cobre: 7$080rs (0,14%)

1. Relação dos instrumentos cirúrgicos: Listados como para "cirurgia": um serrote grande; um trepano de borruma com duas coroas; cinco escalpelos; um perfuratório, dois levantadores e uma faca navicular; um serrote pequeno; uma chave de dentes; duas facas retas; duas balas; uma faca pequena; uma tenaz; uma unha de águia; uma tesoura; 11 agulhas sortidas; um sarjador; dois torniquetes; uma agulha; duas tenazes; três algalias. Listados como "ferros avulsos": um colchete de cabo; uma chave inglesa; um colchete sem cabo; uma pinça; uma tesoura grande; uma tesoura de cotovelo; um par de fórceps forrado; uma tenta cápula; um par fórceps sem forro; um trocater grande; um fórceps singelo; uma unha de águia; uma alavanca (labanca); uma espátula; um sarjador de mola; três escapetos; um estojo velho com seis lancetas; dois postemões; uma caixinha com 11 agulhas; um butoril; uma caixinha com dois canivetes e duas agulhas; um butoril curvo de botão; uma caixinha com três escalpelos; uma agulha de sedenho; uma caixa com seis ferros de limpar dentes; sete agulhas curvas; um serrote pequeno, ordinário; um faringotamo; um cautério de cabo; três tentas, uma agulha de sedenha grande e uma algalas.
2. Relação de livros (na grafia original): Profissionais (145 títulos): *Abuso das águas de Inglaterra* (1 tomo); *Acouchements* de Baudeloque (2 tomos); *Anatomie* de Palfin (2 tomos); *Ana-*

tomie de Santica (1 tomo); *Aphorisme de chirurgie* de Boerhaave (7 tomos); *Aphorisme de chirurgie* de Boerhaave (6 tomos); *Aphorisme de mediciene* de Boerhaave (2 tomos); *Aphorisme sur la cure des maladies* de Boerhaave (1 tomo); *Aphorisme de Hipocrates* (1 tomo); *Aviso ao povo* de Tissot (2 tomos); *Chirurgie de Heifter* (5 tomos); *Chirurgie de Petit* (2 tomos); *Chirurgie de Petit* (3 tomos); *Chirurgie de Ravaton*, 1º tomo (4 tomos); *Chirurgien de l'hospital* (2 tomos); *Chirurgie* de Ferreira (1 tomo); *Cirurgia* de Guido (1 tomo); *Cirurgia* de Leitão, 1º e 3º tomos (3 tomos, 1788?); *Code de médicine militaire* (2 tomos); *Compêndio da arte de pratear* (1 tomo); *Conformité de la medicine* (1 tomo); *Considerações sobre as navegantes* (1 tomo); *Consideraçoens medicas* de Sacheté (1 tomo); *Consultes de chirurgie* de Ledran (1 tomo); *Correção de abusos* por Manoel de Azevedo (1 tomo); *Despedida da medicina aos portugueses* (1 tomo); *Dictionnaire d'anatomie* (2 tomos); *Dictionnaire botanique* (1 tomo); *Dictionnaire de chimique* de Macquer (4 tomos); *Dictionnaire de chirurgie* (2 tomos); *Dictionnaire d'histoire naturel* (12 tomos); *Dictionnaire de medicine pharmacie* (1 tomo); *Dissertation sur les antisseptiques* (1 tomo); *Elementos de cirurgia* de Lopes; *Elementos de cirurgie* de Mstue(?) (2 tomos); *Elementos de farmacia* (1 tomo); *Enciclopédie portative* (2 tomos [obs.: proibida pela Real Mesa Censória]); *Enfermidades dos espíritos* (1 tomo); *Essais sur les aliments* (2 tomos); *Estampas de anatomia* (1 tomo); *Expériences sur la digestion de l'homme* (1 tomo); *Expérience en medicine de Simmerman* (3 tomos); *Frives de Grand* (3 tomos); *Frives de Ituxan* (1 tomo); *Historia natural e de los minerales*; *Historia natural* de Bufon (28 tomos); *Histoire des elephantiasis* (1 tomo); *Histoire de la médicine* de Le Clerc (1 tomo, publicação de Haye, 1729?); *Histoire de la médicine* por Treind (1 tomo); *Histoire naturel de l'homme* de Le Clerc (2 tomos); *Historiologue médique* de Avreu (2 tomos); *Institutions de medicine* de Boerhaave (8 tomos); *Journal de Medicine de 1791* (46 tomos); *La Santé de Jacquem* (1 tomo); *Letra* de Tissot (1 tomo); *Maladico d'Astruc* (4 tomos); *Maladies d'armes de Pringle* (2 tomos); *Maladies* de Baglivi (1 tomo, tradução do latim por Daigaan); *Maladies des dos* de Petit (2 tomos); *Maladies des enfans* de Boerhaave (1 tomo); *Maladies des enfans* de Rosen (1 tomo); *Maladies des enfans* de Undervod (1 tomo); *Maladies epidemiques* de Jamessim (1 tomo); *Maladies des Europeans* de Lind (2 tomos); *Maladies du gens du monde* de Tissot (1 tomo); *Maladies des nègres* (1 tomo); *Maladies par l'air* de Racelen (1 tomo); *Maladies* de Racelus (1 tomo); *Maladies venerienes* de Babre (1 tomo); *Maladies venerienes* de Gardane (1 tomo, 1770?); *Maladies venerienes* de Hunter (1 tomo); *Maladies venerienes* de Sanches (1 tomo); *Maladies venerienes* de Svediaur; *Materia medical* de Boerhaave (1 tomo); *Matière medicale* de Cullen (2 tomos), (dr. Guilherme Cullen, tradução de José Manoel Chaves); *Mauria medica* de Sarmento; *Médicin, intérprète de la nature* (2 tomos); *Medicina doméstica* por Manoel Joaquim (4 tomos); *Medicina prática* do dr. Guilherme Cullen (2 tomos); *Medicina* de (S... deanham?) (2 tomos); *Medicine d'armee* (2 tomos); *Medicine domestique* de Guilliaume Bunhan (5 tomos); *Medicine moderne* de (Buchor?, 1 tomo); *Medicine théorique et pratique* de Bordeu (1 tomo); *Mélanges de phisique* (1 tomo); *Memoires de l'Academie* de Chirurgie de Paris (15 tomos); *Memoires de l'Academie Prusse* (9 tomos, menos o 2º tomo); *Memoires de chirurgie* (1 tomo); *Método de medicina* por Manoel de Azevedo (1 tomo); *Nosologie* de frei Boisser Sauvages (10 tomos); Obras de Baumé sem serem encadernadas; *Sur l'Ictere* (1 tomo); *Sur l'usage de laquine dams les renitente* (1 tomo); *Sur les emanateons des casus staguantes* (1 tomo); *Sur les convultions des enfants* (1 tomo); *Observations de anatomie et chirurgie* (1 tomo); *Observations de chirurgie de Ledran* (2 tomos); *Onanisme* de Tissot (1 tomo, obra proibida pela R.M.C.); *Operations* de Ledran (1 tomo); *Operations* de Scharpa (1 tomo); *Operations* de Garangeot (3 tomos); *Opuscle de chirurgie* de Lombard (2 tomos); *Oracle de Cas* (1 tomo); *Oeuvres* de Goularde (o 1º tomo); *Oeuvres* de Celso (2 tomos); *Oeuvres* de Mead (2 tomos); *Oeuvres* de Tissot (1º, 2º e 4º tomos); *Partos* de Smelie (4 tomos); *Pathologie* de Heven (2 tomos); *Petit verde* de Fouquet (1 tomo); *Pharmacie* de Baumé (1 tomo); *Pharmacologie chirurgial* de Josep J. Plenck (1 tomo); *Pharmacopea euboneme* (1 tomo); *Pharmacopea fubalense* (1 tomo); *Phisiologie* de Haller (1 tomo); *Playes des armes defesi* de Ledran (1 tomo); *Pra-*

tique de Apostema (1 tomo); *Principes de medecine* de Franc Home (1 tomo); *Precis de medicine* de Lieutaud (2 tomos); *Prix de chirurgie* (3 tomos); *Prognostiquer* de Le Roy (1 tomo); *Quinnase* de Tissot (1 tomo); *Recherche de chirurgie* (1 tomo); *Recherche de phisiologie* de Fabre (2 tomos); *Recherche sur la nature de l'home Fabre* (1 tomo); *Segredos do Curvo* (1 tomo); *Sistema dos tumores* de Josep J. Plenck (tradução de Antônio Rodrigues Portugal); *Sisteme des Acouchemens* (2º tomo, do inglês Burton tradução de Moine); *Suplement audit*, brochure (1 tomo); *Tableau de l'amour conjugale* (2 tomos); *Theses medico chirurgica* (5 tomos); *Tisica pulmonar* de Simoni (1 tomo); *Tratado da saúde dos povos* (1 tomo); *Traité de la colique* (1 tomo); *Traité de la disenterie* de Zimmerman (1 tomo); *Traité de l'escorbut* de Lind (2 tomos, tradução do inglês por Boerhaave); *Traité de la perincumonie* (1 tomo); *Traité de pleuris* de Boerhaave (1 tomo); *Traité de la gangarene de Quesnay* (1 tomo); *Traité des médicaments* de Boerhaave (1 tomo); *Traité de la supuration* de Gucenas (1 tomo); *Traité des ulcera* de Bell (1 tomo); *Tratado de calenturas* do dr. Luiz José Pereira (1 tomo); *Vapeurs* de Wit (2 tomos); *Vendaga, capozitos* de Casrivel. • Obras gerais (58 títulos): *Anno christiene* (12 tomos); *Anno christiene* (2º, 3º, 4º, 5º e 18 tomos, 5 livros); *Biblioteca elementar* (1 tomo); *Burlamaqui* (2º tomo); *Cathecismo* de Montpelier (4 tomos); *Compendio historico de Coimbra* (1 tomo); *Concelhos da sabedoria* (3º tomo); *Guisenier Bourgeou* (1 tomo); *Diccionario espanhol e frances*; *Diccionario exegetico* (1 tomo); *Diccionario frances e espanhol*; *Diccionario frances e portugues* (1 tomo); *Diccionario portugues* (2 tomos); *Diccionario portugues e frances* (1 tomo); *Diccionario geografico* (1 tomo); *Ecole du monde de Le Noble* (1º e 2º tomos); *Elements de histoire* (5 tomos); *Elementos de Molilot* (2º, 3º, 5º, 6º e 9º tomos, 5 livros); *Eva e Ave* (1 tomo); *Exercicio na presença de Deos* (1 tomo); *Geografie abregé* (1 tomo); *Geografie de la Croix* (2º tomo); *Histoire de l'Amerique* (1º e um de cinco tomos, 2 livros de mrs. Robertson, obra proibida pela R.M.C.); *Histoire anesenne* (14 tomos); *Historie des empereurs* (12 tomos); *Histoire profane* (6 tomos); *Historie romaine* (menos o 1º, 6º e 7º, 4 tomos); *Histoire de Suède* (3 tomos); *Histoire universel* (8 tomos); *Histoire universel* (2 tomos); *Histoire de Veglise* (4 tomos); *Ideé d'un bon gouvernement* (3 tomos); *Instruction de Foul* (1 tomo); *Instrução sobre os corpos celestes* (1 tomo); *Interets des nation de l'Europe* (4 tomos); *Letra de Bielfelds* (2º tomo); *Letra de Ganganeli* (o 2º tomo); *Lettres de une mere* (3 tomos); *Liçons de navigation* (1 tomo); *Logica de Farinha* (1 tomo); *Modèles de lettres* (1 tomo); *Methodo geografico* (2 tomos); *Modo de bem estudar* (1 tomo); *Noites de Young* (em português (2 tomos); *Novo Testamento* (2º, 3º, 4º, 5º e 6º tomos, 5 livros); *Nuits de Young* (2 tomos); *Origem e ortografia da língua portuguesa* (1 tomo); *Pensées de Guidi* (1 tomo); *Pensées de Marssilon* (1 tomo); *Philosophie de Massuet* (2 tomos); *Recriação filosófica* (5º tomo); *Science de gouvenement* (8 tomos); *Science de la Salvation* (1 tomo); *Sprit des Loix* (1º, 2º e 3º tomos); *Viagens de Ciro* (2 tomos); *Vida do padre Vieira* (1 tomo); *Vida de Santa Margarida de Cortona* (1 tomo); *Voyage de Gentil* (3 tomos).

Fonte: AN, inventário *post mortem*: maço 188, n.3737.

Anexo 5

I- Irmandades do Rio de Janeiro e ano de fundação

Confraria da Caridade, 1738.[i] • Irmandade do Divino Espírito Santo da Capela de Mata Porcos, 1746.[ii] • Irmandade do Divino Espírito Santo da Freguesia de Santa Rita, 1755. • Irmandade de Nossa Senhora da Ajuda, 1600.[iii] • Irmandade de Nossa Senhora do Amparo dos Homens Pardos (ereta na igreja São José), 1654. • Irmandade de Nossa Senhora da Assumpção, antes de 1749.[iv] • Irmandade de Nossa Senhora de Belém, antes de 1775.[v] • Irmandade de Nossa Senhora da Boa Morte e Assunção, 1663.[vi] • Irmandade de Nossa Senhora do Bonsucesso, ≅ 1638.[vii] • Irmandade de Nossa Senhora da Candelária, ≅ 1614. • Irmandade de Nossa Senhora da Conceição da Rua do Sabão, 1797. • Irmandade de Nossa Senhora da Conceição dos Homens Pardos, 1700.[viii] • Irmandade de Nossa Senhora das Dores da Candelária, 1780. • Devotos de Nossa Senhora das Dores, antes de 1765.[xix] • Irmandade de Nossa Senhora da Glória do Outeiro, 1739. • Irmandade de Nossa Senhora da Lampadosa dos homens pretos, antes de 1740.[x] • Irmandade de Nossa Senhora da Lapa dos Mercadores, antes de 1750.[xi] • Irmandade de Nossa Senhora do Livramento, depois de 1670.[xii] • Irmandade de Nossa Senhora Mãe dos Homens, 1750. • Irmandade de Nossa Senhora das Mercês dos homens pretos, 1699.[xiii] • Irmandade de Nossa Senhora da Misericórdia, 1545. • Confraria de Nossa Senhora dos Remédios, 1788. • Irmandade de Nossa Senhora do Rosário dos homens brancos.[xiv] • Irmandade de Nossa Senhora do Rosário e São Benedito, 1640.[xv] • Irmandade de Nossa Senhora do Terço, 1722.[xvi] • Venerável Ordem 3ª do Monte do Carmo, 1648. • Venerável Ordem 3ª dos Mínimos de São Francisco de Paula, 1756. • Venerável Ordem 3ª de São Francisco da Penitência, 1619.[xvii] • Irmandade do Menino Jesus, antes de 1775.[xviii] • Irmandade do SS. Sacramento da Igreja São José, entre 1751 e 1753. • Confraria das Santas Almas da Freguesia da Sé, 1780.[xix] • Confraria de Santa Ana da Freguesia da Candelária, antes do final.[xx] • Irmandade de Santa Cecília, 1784. • Irmandade da Santa Cruz dos Militares, 1628. • Irmandade de Santa Efigênia e Santo Elesbão, 1740. • Irmandade de Santa Luzia, antes de 1592; 1765.[xxi] • Irmandade do Santíssimo Sacramento da Candelária, antes de 1639.[xxii] • Irmandade do Santíssimo Sacramento da Freguesia de Santa Rita. • Irmandade do Sagrado Coração de Jesus, antes de 1747. • Irmandade do Santíssimo Sacramento da Antiga Sé, 1567 a 1569. • Irmandade de Santo Amaro, 1720.[xxiii] • Irmandade de Santo Antônio da Mouraria, 1719.[xxiv] • Irmandade de Santo Antônio dos Pobres, final.[xxv] • Irmandade de Santo Elói dos Ourives, antes de 1759.[xxvi] • Irmandade São Bernardo, antes de 1775.[xxvii] • Irmandade de São Bom Homem dos Alfaiates, antes de 1771.[xxviii] • Confraria de São Brás dos Homens Pardos Livres, 1898. • Irmandade de São Crispim e São Cipriano, antes de 1754.[xxix] • Irmandade do Patriarca São Domingos de Gusmão, 1706.[xxx] • Irmandade de São Felipe e São Tiago, antes de 1764. • Irmandade de São Gonçalo Garcia, 1758.[xxxi] • Irmandade do glorioso mártir São Jorge, 1753.[xxxii] • Irmandade de São José, 1608. • Irmandade de São Matheus, antes de 1765.[xxxiii] • Irmandade de São Miguel, 1579. • Irmandade de São Miguel e Almas do Curato do Santíssimo Sacramento, 1579. • Irmandade de São Miguel e Almas da Freguesia da Candelária, 1733. • Irmandade de São Miguel e Almas da Freguesia de São José, 1759. • Irmandade de São Miguel e Almas da Freguesia de Santa Rita, 1750. •

Irmandade de São Pedro, ≅1600. • Irmandade de São Pedro Gonçalves, antes de 1734.[xxxiv] • Irmandade de São Sebastião, antes de 1716.[xxxv] • Irmandade de São Tiago, 1764.[xxxvi] • Irmandade do Senhor Bom Jesus do Calvário, 1724. • Irmandade do Senhor Bom Jesus do Cálix, antes de 1775.[xxxvii] • Confraria do Senhor do Matosinho, antes de 1780.[xxxviii] • Irmandade do Senhor dos Passos, ≅1647.

Observações

[i] Era unida à Irmandade do Santíssimo Sacramento da Candelária. • [ii] Data da provisão da Igreja. • [iii] Ano de reconstrução da Capela. Provavelmente já estava constituída a irmandade. • [iv] Citada pela Mesa da Irmandade da Misericórdia como confrarias e irmandades existentes na cidade do Rio de Janeiro em 1749. AHUL, C.A., cx. 54, n.14599/604. • [v] Citada pela Irmandade do Rosário, propondo que fosse anexada à sua Igreja em 1775. AHUL, Avulsos RJ, cx. 153, doc. 56, 31.5.1795. • [vi] Em 1663 houve a junção das irmandades: Assunção de N.S. e N.S. da Boa Morte e Assunção. E no século XIX (30.1.1816), tornando-se a Venerável Ordem Terceira de N.S. da Conceição e Boa Morte. • [vii] Extinguiu-se em 1652. Foi então absorvida pela Irmandade de N.S. da Misericórdia. • [viii] Foi instituída na Sé antiga, no morro do Castelo. E no século XIX tornou-se a Venerável Ordem Terceira de N.S. da Conceição e Boa Morte. • [ix] Em 31.5.1795, "pediram permissão ao Rei para tirarem esmolas pela cidade". O culto foi incentivado na década de 1760, pelo bispo d. Frei Antônio do Desterro e o vice-rei conde da Cunha. AHUL, Avulsos RJ, cx.153, doc.56, 1795. • [x] Instituída na Igreja de N.S. do Rosário. • [xi] Em 1750, compraram as casas que ficavam defronte do velho oratório, e foram demolidas para a construção da igreja inaugurada em 1766. • [xii] Em 1670, foi construída a capela na Chácara do Valongo. • [xiii] Surgiu na igreja de N.S. do Parto. • [xiv] Havia no século XVII e meados do século XVIII citações acerca dessa Irmandade. Com a ida da Sé para a Igreja do Rosário ela deve ter-se extinguido. • [xv] Em data próxima foi fundada na Igreja de São Sebastião, no morro do Castelo. Em 1668, a Irmandade de São Benedito juntou-se a esta. • [xvi] Instituída na Igreja de São José. • [xvii] Instituída na Capela da Conceição. • [xviii] Citada pela Irmandade do Rosário propondo que fosse anexada à sua Igreja. AHUL, Avulsos RJ, cx.153, doc.56, 31.5.1795. • [xix] Em 30.8.1780, a Irmandade comprou uma casa térrea na rua do Ouvidor. AN, 1º Ofício de Notas, lv.150. • [xx] Em 22.6.1802, a Irmandade comprou um imóvel. AN, 1º Ofício de Notas, lv.190. • [xxi] Recriação e aprovação de novo estatuto. • [xxii] Sua capela é anterior a 1630. • [xxiii] Citada por d. Mateus no seu livro *O mosteiro de S. Bento do Rio de Janeiro*, p.140. Citada nessa data como existente. Citada no inventário de Bartolomeu Coelho. AN, inventário *post mortem*, maço 2293, n.335. • [xxiv] Instituída na Capela de N.S. do Monte do Carmo, em 16.6.1716. GOUVEA, Alfredo M. de. • [xxv] Construída sua igreja na rua dos Inválidos. • [xxvi] Em 4.5.1759, foi feita uma escritura para colocação do altar de Santo Elói na Igreja Bom Jesus do Calvário. AN, 1º Ofício de Notas, lv.130. • [xxvii] Citada pela Irmandade do Rosário propondo que fosse anexada à sua igreja. AHUL, Avulsos RJ, cx.153, doc.56, 31.5.1795. • [xxviii] Nesse ano, a Irmandade foi envolvida em processo junto ao Senado da Câmara por não comparecer na procissão de *Corpus Cristis*. AGC, códice 48-3-55, 16.7.1773. • [xxix] Existia antes de 8.8.1754. Tinha uma casa na rua do Sabão. Ficou vizinha de Boaventura Dias Lopes. AN, 1º Ofício de Notas, lv.125, Coleção Eclesiástica, cx.926, doc.63, 1861. • [xxx] Já estava constituída nesta data e recebeu um terreno por parte do Senado da Câmara de Vereadores para construção da igreja. AHUL, Avulsos RJ, cx.146, doc.20, 1790. • [xxxi] Ano da fundação da igreja. Uniu-se à Irmandade de São José em 1854. Formando a Confraria de São Gonçalo Garcia e São Jorge. • [xxxii] Ano da fundação da igreja. Uniu-se à Irmandade de São Gonçalo Garcia em 1854. • [xxxiii] Em outubro de 1765, a irmandade fez uma procuração. AN, 1º Ofício de Notas, lv.137. • [xxxiv] Em 1734, o Cabido invadiu a igreja com a imagem de São Sebastião. As duas Irmandades se opuseram. *Breve notícia da Irmandade de N.S. do Rosário*, Joaquim J.C. Op. cit., p.10. • [xxxv] "Pelos livros de óbitos da Freguesia ela constava existir em 1716". SCHUBERT, Pe. Dr. Guilherme. *A província eclesiástica do Rio de Janei-*

ro, 1948, p.37. • [xxxvi] Em 27.6.1764, seu tesoureiro assinou uma escritura de empréstimo feito pela irmandade. AN, 1º Ofício de Notas, lv.136. • [xxxvii] Citada pela Irmandade do Rosário propondo que fosse anexada à sua Igreja. AHUL, Avulsos RJ, cx.153, doc.56, 31.5.1795. • [xxxviii] Segundo o Chanceler da Relação do Rio de Janeiro, José Duarte Freire, essa confraria existia, mas sem compromisso aprovado. •

II- Calendário das festas religiosas e oficiais da cidade do Rio de Janeiro

Janeiro: 1º, Nossa Senhora Mãe de Deus, Circuncisão; 6, Epifania; 16, Santos Mártires de Marrocos; 20, São Sebastião; 23, Desponsórios de Nossa Senhora; 27, Oitavo dia de São Sebastião; 28, Aniversário do último prelado defunto; 2º domingo depois da Epifania — Santíssimo Nome de Deus.

Fevereiro: 2, Nossa Senhora da Candelária e Purificação de Nossa Senhora; 3, São Brás; 15, Aniversário da Sagração do prelado atual; 17, Nossa Senhora do Desterro; 24 ou 25, São Matias.

Março: 7, Aniversário da chegada do príncipe regente do Rio de Janeiro (a partir de 1808); 19, Patriarca São José; 21, Instituição do Santíssimo Sacramento, missa de São Bento e festa de Ordem de Aviz; 25, Nossa Senhora da Anunciação.

Abril: 2, São Francisco de Paula; 23, São Jorge; 25, São Marcos Evangelista; 4º domingo, fuga de Nossa Senhora para o Egito.

Maio: 1º, São Felipe e Santiago Menor; 3, São Felipe e São Tiago, Invenção de Santa Cruz; 22, Santa Rita; 1º domingo, Nossa Senhora Mãe dos Homens e Maternidade de Nossa Senhora.

Junho: 11, São Bento; 13, Santo Antônio de Lisboa; 24, Natividade de São João Batista; 26, São João, mártir; 29, São Pedro e São Paulo; 1º domingo antes do dia 13 Santíssimo Sacramento (Santo Antônio dos Pobres).

Julho: 2, Visitação de Nossa Senhora; 4, Santa Isabel, rainha de Portugal; 16, Nossa Senhora do Carmo; 25, Santiago Maior; 26, São Joaquim, Sant'Ana (ou domingo depois do dia 15); 31, Santo Inácio de Loiola; 3º domingo, Anjo Custódio do Reino.

Agosto: 5, Nossa Senhora das Neves; 6, Transfiguração de Nosso Senhor Jesus Cristo; 8, São Domingos; 10, São Lourenço; 15, Nossa Senhora da Glória, Assunção de Nossa Senhora; 16, São Joaquim (ou domingo depois do dia 15); 20, São Bernardo; 24, São Bartolomeu.

Setembro: 8, Natividade de Nossa Senhora, festa de Nossa Senhora da Lapa dos Mercadores; 14, missa de exaltação da Santa Cruz e festa da Ordem de Cristo; 15, Nossa Senhora das Dores; 19, São Januário; 21, São Mateus; 24, Nossa Senhora das Mercês; 27, São Cosme e São Damião; 29, São Miguel Arcanjo; 1º domingo depois do dia 8, Santíssimo Nome de Maria.

Outubro: 1º, Santa Teresa do Menino Jesus; 7, Nossa Senhora do Rosário; 10, São Francisco de Borja; 18, São Lucas; 19, São Pedro de Alcântara; 20, Santa Iria; 21, Santa Úrsula e suas companheiras; 28, São Simão; 1º domingo, Nossa Senhora do Terço, Santíssimo Rosário de Nossa Senhora; 2º e 3º domingo, Patrocínio de São José.

Novembro: 1º, Todos os Santos; 2, Finados; 21, Apresentação de Nossa Senhora; 22, Santa Cecília; 30, Santo André; 1º domingo depois do dia 8, Patrocínio de Nossa Senhora.

Dezembro: 8, Nossa Senhora da Conceição; 13, Santa Luzia; 18, Nossa Senhora do Parto, Expectação de Nossa Senhora; 21, São Tomé; 25, Natal; 26, 27 e 28, as três oitavas do Natal; 31, São Silvestre.

III- Datas móveis das festas religiosas

Septuagésima: 63 dias antes da Páscoa. • Quinquagésima : 49 dias antes da Páscoa. • Sexta-feira da Paixão: 14 dias antes da Páscoa. • Domingo de Páscoa: 1º domingo depois da 1ª Lua cheia que se ergue no equinócio da primavera, sempre entre 22 de março e 25 de abril (Ressurreição de Cristo). • Quasímodo: sete dias depois da Páscoa. • Ascensão: 40 dias depois da Páscoa. • Domingo de Pentecostes: dez dias depois da Ascensão. • Domingo da Santíssima Trindade: sete dias depois de Pentecostes. • Corpo de Deus: quinta-feira seguinte a Pentecostes, entre 25 de maio e 10 de junho. • Senhor dos Passos: 1ª sexta-feira da Quaresma. • Nossa Senhora dos Prazeres: 1ª oitava da Páscoa. • Quarta-feira de cinzas. • Carnaval: época anterior à Quaresma. • Missa e bênção das palmas em Domingo de Ramos. • Sexta-feira Santa. • Sábado Santo. • Segunda oitavas de Pentecostes. • 1º e 8º dias do Corpo de Deus e as respectivas procissões. • Santíssimo Coração de Jesus. • Domingo da Quadragésima e Votivas: nos dois dias seguintes com as procissões de exposição e reposição do Santíssimo Sacramento nos mesmos dias das 40 horas. • Cinco chagas de Cristo: 1ª sexta-feira da Quaresma. • Sete dores de Nossa Senhora: sexta-feira depois do domingo da Paixão. • Prazeres de Nossa Senhora: segunda-feira depois da dominga *in Albis*. • Cinco domingas da Quaresma. • Quatro domingas do Advento.

Anexo 6

Devassa na Sociedade Literária: inquirição do preso João Marques Pinto (professor de grego)

Auto de perguntas feitas ao preso João Marques Pinto

Ano de Nascimento do Senhor Jesus Cristo de mil setecentos e noventa e cinco, aos vinte e três dias do mês de setembro do dito ano, nesta cidade de São Sebastião do Rio de Janeiro e casas da fortaleza da Conceição, aonde veio o desembargador Antônio Diniz da Cruz e Silva, chanceler-mor da Relação da dita cidade, comigo João Manoel Guerreiro de Amorim Pereira, desembargador da mesma relação e escrivão nomeado para esta diligência e o tabelião Inácio Miguel Pinto Campelo para efeito de fazer perguntas ao preso João Marques Pinto, o qual, depois de posto em sua liberdade o passou a perguntar na forma e maneira seguinte:

Foi perguntado como se chamava, de quem era filho, donde era natural, que idade e ofício tinha, se era casado ou solteiro, se tinha algumas ordens, se estava em perfeito juízo, sem causa que se pudesse constranger a deixar de dizer a verdade no que fosse perguntado.

Respondeu que se chamava João Marques Pinto, filho de outro do mesmo nome, natural de (?), bispado de Coimbra, que a sua idade era de quarenta e três anos, que era solteiro e não tinha ordens algumas e que se achava em perfeito juízo sem causa que o pudesse obrigar a deixar de dizer a verdade em tudo quanto lhe fosse perguntado e que era professor de grego.

Foi perguntado se sabia ou suspeitava qual era a causa de sua prisão.

Respondeu que o não sabia.

Foi instado que ainda que ele, respondente, não pudesse dizer com toda a certeza a causa de sua prisão, não era verossímil que aceitasse de presumir fazendo uma séria reflexão sobre a sua vida e ações, maiormente sendo um homem que pela sua profissão e seus estudos devia pensar com acerto.

Respondeu que não sabia por que olhando para sua vida não descobria nela cousa alguma por onde merecesse ser reduzido à prisão em que se achava.

Foi perguntado quais eram as pessoas com quem ele respondente nesta cidade estava mais familiarmente.

Respondeu que ele, nesta cidade, tinha muito poucos conhecimentos por causa da sua profissão e ter um gênio retirado, mas que apesar disso se comunicava algumas vezes com os seus colegas, a saber: Manoel Inácio da Silva Alvarenga, João Manso, o padre Elias Rodrigues, Agostinho Correia Gulão e Jorge Furtado de Mendonça.

Foi mais perguntado se ele respondente frequentava a casa destes seus colegas e qual delas era a em que ia com mais frequência.

Respondeu que ele visitava a todos os que tem referido, mas que frequentava mais entre todas a de Manoel Inácio da Silva Alvarenga por ser seu vizinho.

Foi mais perguntado se além das casas dos referidos seus colegas frequentava mais alguma nesta cidade.

Respondeu que não; e que só algumas vezes ia visitar o desembargador João de Figueiredo e seu irmão.

Foi mais perguntado se a maior frequência que tinha na casa do professor Manoel Inácio da Silva Alvarenga nascia só da razão de amizade ou se havia outra causa ou título que o obrigasse a frequentá-la mais que as outras.

Respondeu que ele respondente a frequentava mais que as outras, parte pela razão de amizade e por lhe ficar mais vizinho e o dito professor ser mais certo em casa, sem que houvesse outro algum título para frequentá-la.

Foi mais perguntado se nesta cidade não existia uma Sociedade Literária de que ele respondente fora membro.

Respondeu que na verdade tinha existido nesta cidade uma Sociedade Literária autorizada pelo vice-rei que foi deste Estado, Luís de Vasconcelos e Souza, e que ele respondente fora um dos sócios da mesma sociedade.

Foi mais perguntado se a dita sociedade se havia extinguido pela ausência do referido excelentíssimo vice-rei Luís de Vasconcelos e Souza ou se ainda, depois desta, ficara existindo.

Respondeu que a referida sociedade se extinguira pela ausência do sobredito vice-rei e posto que tivera alguma decadência pela morte de alguns dos principais sócios. Se tornara a animar no tempo do atual Ilustríssimo e Excelentíssimo vice-rei; e com permissão do mesmo obtida por intervenção de um dos sócios chamado José Caetano, mas que por fim passados alguns tempos se viera a extinguir por ordem do mesmo Ilustríssimo e Excelentíssimo vice-rei.

Foi mais perguntado onde celebrava as suas sessões a referida sociedade.

Respondeu que no princípio tinha uma casa própria alugada na rua Detrás do Carmo, que depois celebrara as suas sessões na casa de Manoel Inácio da Silva Alvarenga, e isto durante o tempo da sua decadência, e que, ultimamente, quando tornara a cobrar alento, se ajuntavam os sócios no segundo andar das casas em que morava o dito Manoel Inácio, alugado por conta da Sociedade.

Foi instado que ele respondente se contradizia nas suas respostas porquanto tendo respondido antecedentemente que só frequentava a casa Manoel Inácio da Silva Alvarenga pelas razões de amizade e vizinhança e não por outro algum título, na resposta antecedente vinha a confessar que a frequentava com o título de sócio da Academia no tempo em que a mesma se celebrou na casa própria do dito Manoel Inácio, que foi o da sua decadência como ele respondente havia dito.

Respondeu que no tempo em que a sociedade se celebrava na própria casa de Manoel Ignácio da Silva Alvarenga a frequentava ele respondente muito poucas vezes, e que então a não considerava como própria do dito Manoel Inácio da Silva Alvarenga mas como uma casa de que ele lhe fazia favor.

Foi mais perguntado se nas ocasiões em que ele respondente visitava familiares ao dito professor se achavam na mesma casa outras algumas pessoas e no caso de se acharem quem eram elas.

Respondeu que na mesma casa encontrava com mais frequência o médico Jacinto e um Mariano de tal, filho do defunto Biscoito.

Foi mais perguntado se além das pessoas que tem referido se achavam com mais frequência em casa do dito Manoel Inácio da Silva Alvarenga, alguma vez encontrava outros alguns sujeitos.

Respondeu que além dos que tem referido algumas vezes vira nela ainda raras ao médico Vicente Gomes e raríssimas a um Manoel Ferreira, a um Fulano Solano e a um José Bernardo.

Foi perguntado que matérias eram as que tratavam nas ditas conversações.

Respondeu que eram só matérias próprias para divertir e entreter o tempo como eram os sucessos do seu tempo de Coimbra e de Lisboa, lembrar algumas anedotas próprias de uma conversação alegre e destinada a passar o tempo.

Foi perguntado se nas ditas conversações nunca servira para objeto dela ou o atual estado da Europa ou o Governo Político dos seus Estados ou ainda a Religião.

Respondeu que nunca nas mesmas conversações se tratava nem de Religião nem sobre o Governo Político dos Estados do Mundo, e que dos atuais negócios da Europa só se falava no que as Gazetas relatavam.

Foi instado que ele respondente faltava a verdade na antecedente resposta porquanto constava que nas ditas conversações não só se referiram os atuais sucessos da Guerra da Europa mas que além disso se passava a discorrer sobre as diferentes formas de Governo Político, taxando de tirânico a Monarquia e louvando a liberdade Republicana, e que até se chegava a ridicularizar a Religião Cristã.

Respondeu que era falso o dizer-se que nas ditas conversações se falava o que na instância se lhe refere.

Foi mais perguntado se ele respondente em outra alguma casa ou lugar falava ou relatava o que as Gazetas diziam.

Respondeu que não, por não frequentar outras casas além das que expressou no princípio destas perguntas.

E por hora lhe não fez ele desembargador chanceler mais perguntas e houve estes por feitas e acabadas, as quais sendo por mim escrivão lidas ao respondente, disse que eram as mesmas que se lhe haviam feito e respostas que a elas havia dado e que os ratificava e aprovava do que damos nossas fés, e para constar mandou ele desembargador chanceler fazer este auto que assinou comigo escrivão nomeado para esta diligência com o tabelião que também assistiu e com o dito respondente e eu João Manoel Guerreiro de Amorim Pereira, escrivão nomeado para esta diligência a escrevi e assinei.

Silva / João Manoel Guerreiro de Amorim Pereira /
João Marques Pinto / Ignácio Miguel Pinto Campelo.

Auto de continuação e ratificação de perguntas feitas a João Marques Pinto

Ano de Nascimento do Senhor Jesus Cristo de mil setecentos e noventa e cinco, aos trinta dias do mês de dezembro do dito ano, nesta cidade de São Sebastião do Rio de Janeiro e casas da Ordem Terceira de São Francisco aonde veio o desembargador Antônio Diniz da Cruz e Silva chanceler da relação da mesma cidade, comigo escrivão nomeado para esta diligência e o tabelião Inácio Miguel Pinto Campelo para efeito de fazer perguntas a João Marques Pinto que se achava preso nas prisões da dita casa e mandando vir a este a sua presença depois de posto em sua liberdade lhe passou a fazer perguntas na forma e maneira seguinte.

Foi perguntado como se chamava, de quem era filho, donde era natural, que idade e ofício tinha, se era casado ou solteiro, se tinha algumas ordens, se estava em perfeito juízo, sem causa que se pudesse constranger a deixar de dizer a verdade no que fosse perguntado.

Respondeu que se chamava João Marques Pinto, filho de outro do mesmo nome, natural de (?), Bispado de Coimbra, que a sua idade era de quarenta e três anos, que era solteiro e não tinha ordens e que o seu ofício era o de professor de grego, de cuja ocupação vivia, e se achava em perfeito juízo, sem causa ou motivo que o pudesse obrigar a não dizer a verdade na que fosse perguntado.

Foi perguntado se já depois de estar preso se lhe haviam feito algumas perguntas.

Respondeu que já depois de estar preso se lhe haviam feito umas perguntas na fortaleza de Conceição.

Foi mais perguntado se estava certo do seu conteúdo e respostas que a elas havia dado.

Respondeu que estava muito bem certo.

Sendo-lhe por mim escrivão lidas as ditas perguntas neste ato, disse que eram as mesmas que então se lhe haviam feito e que as aprova e ratifica e que só tinha que acrescentar o seguinte: que suposto nas antecedentes respostas dissesse que a academia se ajuntava ultimamente no segundo andar, ajuntavam no primeiro andar das ditas casas alugadas por conta da Sociedade e que nesta forma aprova e ratifica as ditas perguntas de que damos fé.

Foi perguntado se ele respondente em alguma casa ou lugar fora da do dito Manoel Inácio tinha tratado, discorrido ou disputado sobre matéria de religião.

Respondeu que não, só na dita casa de Manoel Inácio da Silva Alvarenga, nunca disputara nem tratara sobre matérias pertencentes a religião, como já disse em duas respostas às primeiras perguntas que lhes foram feitas, mas que da mesma forma em nenhuma outra casa ou lugar tinha conversado ou disputado sobre este objeto.

Foi mais perguntado se um manuscrito que se havia achado entre os papéis que lhe foram sequestrados e que contém um discurso no qual se pretende mostrar que o sacerdote que ministra o sacramento da Eucaristia não tem a autoridade para negar a comunhão a toda e qualquer pessoa que a pede, ainda que pelo seu confessor fosse julgado incapaz de a receber por ser o mesmo que a recebe o juiz e não o sacerdote que deve decidir sobre o estar ou não capaz de o receber, tinha sido composto por ele respondente, cujo manuscrito lhe foi apresentado por mim escrivão neste ato, o qual se continha em onze cadernos rubricados em todas as suas páginas pelo desembargador chanceler que mandou se apensasse a estas perguntas.

Respondeu que não tinha sido composto por ele respondente pois que de matérias eclesiásticas tem muito poucas noções.

Foi perguntado se sabia quem fora o seu autor e porque forma viera ele parar às suas mãos ou para que fim.

Respondeu que ele não se lembrava da razão ou modo porque o dito discurso viera a seu poder, nem de quem lhe tinha dado e que não tinha certeza de quem fora seu autor, ainda que ouvira dizer que tinha sido composto pelo desembargador Luiz de Figueiredo, já falecido, e que o fim porque o conservava era para ter notícia, ou instruir-se nas matérias de religião, nunca é má quando se procura com boa intenção.

Foi instado que ele respondente bem poderia negar que o discurso de que se tratou na pergunta antecedente fosse composto por ele ainda que havia em contrário a presunção de ser achado entre os seus papéis, pois que esta não era uma prova convincente, mas que não podia negar que a representação feita ao Tribunal da Inquisição em que se delatava e pretendia escusar-se ou defender-se de crimes que lhe arguíam sobre a mesma religião, era feita por ele respondente como se colhia da mesma representação e cartas que a ela se seguem cuja representação e cartas lhe foram por mim escrivão apresentadas neste ato rubricado pelo desembargador chanceler que mandou fossem apensas a estas perguntas.

Respondeu que era certo o não poder ele respondente negar que a representação feita ao Tribunal da Inquisição fora feita por ele respondente para se defender das imputações que os eclesiásticos desta cidade contra ele respondente formam, tratando-o de herege, sem outro motivo mais que o de censurar-lhe ele respondente a sua notória ambição, os abusos que fazem do seu poder e usurpações que fazem da autoridade Real e que da mesma sorte confessa que as cartas que se seguem à dita representação e com ela lhe eram apresentadas foram escritas a ele respondente e com parte relativas à mesma representação.

Foi instado que ele respondente não tinha respondido com a verdade que devera às perguntas que até agora se lhe haviam feito porquanto assim como ele respondente tinha faltado à verdade em dizer que nunca havia tratado nem disputado sobre matérias de religião, não só em casa de Manoel Inácio da Silva Alvarenga, mas nem em outra alguma casa o que agora se convencia, não só pela resposta por ele feita ao Tribunal da Inquisição, pois que nela se pretendia defender de crimes sobre a mesma religião que temia lhe imputassem, cujo receio não podia ter outra origem, se não discursos ou disputas que ele respondente tivesse tido com algumas pessoas, da mesma sorte havia faltado a mesma verdade nas respostas que havia dado a tudo o que se lhe tinha perguntado negando haver discorrido e combatido o governo monárquico e que assim, para descargo de sua consciência e em sinal de arrependimento, devia confessar a verdade e dizer tudo quanto a este respeito havia passado na casa de Manoel Inácio da Silva Alvarenga e conversações que aí havia mais em outra qualquer casa ou lugar desta cidade.

Respondeu que ele havia dito a verdade com tudo quanto havia respondido e que não havia faltado a verdade quando dissera que nunca tinha tido disputa sobre a religião, pois que neste ponto se restringia somente ao Dogma e ao que contém o Evangelho sobre o que nunca duvidara nem combatera.

E por hora lhe não fez ele desembargador chanceler mais perguntas e havia estas por feitas e acabadas as quais sendo-lhe por mim escrivão lidas disse que estavam com tudo conforme nas respostas ao que se lhe havia perguntado e que por isso as aprova e ratifica de que damos fé e, para constar, mandou ele desembargador chanceler fazer este Auto que assinou com o mesmo respondente, comigo escrivão e o tabelião que também assistiu e eu João Manoel Guerreiro de Amorim Pereira, escrivão nomeado para esta diligência o escrevi e assinei.

Silva / João Manoel Guerreiro de Amorim Pereira /
João Marques Pinto / Ignácio Miguel Pinto Campelo.

Auto de perguntas feitas a João Marques Pinto e acareação com José Bernardo da Silveira Frade

Ano de Nascimento do Senhor Jesus Cristo de mil setecentos e noventa e seis, aos três dias do mês de janeiro do dito ano, nesta cidade de São Sebastião do Rio de Janeiro e casas da Ordem Terceira de São Francisco aonde veio o desembargador Antônio Diniz da Cruz e Silva, chanceler da relação da dita cidade, comigo João Manoel Guerreiro de Amorim Pereira, escrivão nomeado para esta diligência e o tabelião Inácio Miguel Pinto Campelo para efeito de fazer perguntas ao preso João Marques Pinto e acareado com José Bernardo da Silveira Frade e depois de mandar vir a sua presença o dito preso depois de posto em liberdade lhe passou a perguntar e a fazer acareação na forma e maneira seguinte.

Foi perguntado como se chamava, de quem era filho, donde era natural, que idade e ofício tinha, se era casado ou solteiro, se tinha alguma ordem, e se achava em perfeito juízo, sem causa ou motivo que o obrigasse a faltar a verdade no que fosse perguntado.

Respondeu que se chamava João Marques Pinto, filho de outro do mesmo nome, natural de (?), Bispado de Coimbra, que a sua idade era de quarenta e três anos, que era solteiro e não tinha ordens e que o seu ofício era o de professor de grego e se achava em perfeito juízo, sem causa que o pudesse constranger e não falar a verdade no que lhe fosse perguntado.

Foi perguntado se já depois de estar preso se lhe tinham feito algumas perguntas.

Respondeu que já tinha sido interrogado por duas vezes, uma neste mesmo lugar, e outra, na fortaleza da Conceição.

Foi mais perguntado se estava certo nas perguntas e respostas que a ela tinha dado.

Respondeu que estava muito bem certo.

Sendo-lhe por mim escrivão lidas umas e outras perguntas e respostas neste ato disse que eram as próprias que se lhe haviam feito e respostas que havia dado e que as aprovava e ratificava com as declarações seguintes; a respeito das primeiras perguntas respondidas, que ainda que nelas afirmara positivamente que ainda que nelas afirmara positivamente não ter conversado fora da casa de Manoel Inácio da Silva Alvarenga nos atuais negócios da Europa relatados nas Gazetas, agora melhor lembrado confessa ter discorrido e conversado com outras pessoas em outros lugares dessa cidade sobre as ditas matérias, e que a respeito das segundas perguntas lhe havia esquecido dizer quando foi perguntado para que fim conservava o discurso sobre poder qualquer pessoa comungar quando se julgar dispostas para isso e não ter o sacerdote autoridade para lhe negar a mesma comunhão, que o conservara porque ele respondente o reputava bem ortodoxo, de que de tudo damos fé.

Foi mais perguntado que pessoas eram fora das que relatou encontradas na casa de Manoel Inácio da Silva Alvarenga com quem discorrera sobre as novidades da Gazeta e em que lugares.

Respondeu que as pessoas com quem falava sobre o dito assunto eram os professores seus colegas, os lugares eram nas suas casas e que além destes também falara algumas vezes com o desembargador João de Figueiredo e seu irmão, e que outras vezes falara também com os mesmos e com outras pessoas suas conhecidas e que encontrava de que não tem clara lembrança ao entrar e sair da missa, pelas encontrar nesses lugares.

Foi-lhe perguntado aonde costumava ir à missa e onde tinham sucedido esses encontros e se tinha falado nas ditas matérias.

Respondeu que ordinariamente era no Carmo e algumas vezes na igreja da Mãe dos Homens.

Foi mais perguntado se ele respondente além das ditas duas igrejas costumava ir também a São Francisco de Paula, ao Parto, ou ao Hospício.

Respondeu que algumas vezes também tinha ido à missa na igreja do Hospício por ficar vizinho da mesma igreja.

Foi perguntado se ele respondente tivera também alguma das ditas conversações na igreja do Hospício.

Respondeu que não.

Foi mais perguntado que conceito fazia ele respondente das pessoas com quem tinha tratado em casa de Manoel Inácio da Silva Alvarenga e que havia nomeado nas primeiras perguntas que se lhe fizeram e se os tinha ou não por homens de probidade, honra e verdade.

Respondeu que a todos tinha por homens bons, honrados e verdadeiros excetuando José Bernardo de quem ele respondente soubera, antes de sua prisão, alguns fatos que o caracterizam de um homem mau e falto de honra, de fé e de crédito.

E logo o desembargador chanceler mandou vir a sua presença ao dito José Bernardo que também se achava preso nas casas da dita Ordem Terceira para ser acareado com ele respondente e chegando com efeito à sua presença depois de posto em liberdade passou a fazer a acareação na forma e maneira seguinte.

Acareação

Perguntou ao acareado se o acareante era o José Bernardo de quem falara nas suas respostas.

Ao que respondeu que sim, era o mesmo.

Perguntado ao acareante se o acareado o próprio João Marques Pinto de quem falara no juramento que havia prestado na Devassa.

Respondeu que sim, era o mesmo de quem falara.

Por esta vieram um e outro a reconhecer-se, de que dou fé.

E logo o desembargador chanceler a mim escrivão que lesse ao acareante o dito juramento que havia prestado na Devassa e no que ele respeitava ao acareado o qual sendo-lhe por mim escrivão lido e, depois de ter recebido o juramento que lhe foi deferido pelo desembargador chanceler, disse que era o próprio que havia prestado e que o ratificava com as seguintes declarações que queria valessem como parte do dito juramento: primeira, de que ele acareante não tem toda a certeza se o acareado quando disse que merecia ser enforcado o rei que fazia uma injustiça se falava do rei ou vice-rei e, se falando do vice-rei, ele acareante percebeu mal e entendeu que falava do rei, na forma que já declarou por termo que neste lugar se louvara; segunda, de que toda a prática que houvesse a respeito do Príncipe Nosso Senhor e que o acareante declarou em seu juramento a ouvira primeiro ao próprio acareado na rua Direita em ocasião que iam de passeio e que depois se tornara a sujeitar na casa do dito Manoel Inácio.

E logo pelo dito desembargador chanceler foi instado o acareado que ele pelo juramento do acareante se achava convencido, e que tinha falado a verdade em todas as negações que até agora tinha feito às perguntas que se lhe fizeram de ter tratado e discorrido contra as Monarquias e poder dos Príncipes e em favor das Repúblicas, e que nestas circunstâncias devia, para descargo de sua consciência, confessar a verdade segundo o juramento que acabava de lhe ser lido.

E pelo acareado foi dito que tinha falado em tudo verdade e que o juramento do acareante era falso, exceto na parte em que dizia que na casa de Manoel Inácio, em uma das conversações que ali houvera se tinham lido uns papéis respectivos aos negócios públicos da Europa, mas que o dito papel era o Correio da Europa, e que era certo que nos ditos ajuntamentos se conservava no que respeita a novidade que as Gazetas traziam, e que se não devia dar crédito ao dito juramento pela pouca fé que merecia o acareante em razão de ser homem que costuma ficar por desobrigar como constava de uma certidão que andava junta a uns autos, por ter estado preso na fortaleza da Laje por ter aprovado a revolução que pretendia haver em Minas, e por ter ele acareado ouvido que o acareante já tinha dado um juramento falso a outros fatos que bem provavam a sua má conduta.

Ao que o acareante replicou que era verdadeiro seu juramento e que tudo quanto o acareado dizia era falso e procedido de sua paixão, menos no que toca à certidão de desobriga porque assim se tinha passado por ele acareante não querer dar o seu nome a rol, sem que viesse recebê-lo o seu pároco ou coadjutor.

E depois de terem um e outro disputado entre si, largamente, ficaram ambos firmes no que haviam dito. E por esta forma houve ele desembargador chanceler esta acareação por feita e acabada, a qual sendo lida por mim escrivão ao acareante e acareado disseram que estava em tudo conforme ao que haviam dito e que por isso aprovavam e ratificavam de que damos fé, e sendo-lhe deferido ao acareado o juramento para declarar se era a verdade quanto tinha dito nesta acareação e perguntas que se lhe tinham feito, e neste ato lhe foram lidas depois de retirar-se o acareante debaixo do mesmo juramento que era verdade quanto havia dito a respeito de terceiro e que aprova e ratifica as ditas perguntas por estarem nas respostas conformes ao que havia dito, de que damos fé, e para constar mandou ele desembargador chanceler fazer esse Auto, que assinou comigo escrivão nomeado para esta diligência, com o tabelião que também assistiu e com o carente e careado e eu João Manoel Guerreiro de Amorim Pereira escrivão nomeado para esta diligência a escrevi e assinei.

João Manoel Guerreiro de Amorim Pereira.

E declarou o acareado em continente que o que o acareante dizia em seu juramento a respeito do Príncipe Nosso Senhor ter mandado buscar água do rio Jordão para a Princesa Nossa Senhora era verdade, mas que na dita conversação se reputava este fato como novidade que a Gazeta trazia dele ter mandado buscar a dita água para o batismo da Princesa Nossa Senhora e que da mesma forma se contara também, em uma das ditas conversações como novidade, o fato de terem sido mandados para a Índia uns rapazes por dissensões que tiveram com uns frades do Carmo, e assinou a dita declaração depois dela ser lida e achar conforme, e eu João Manoel Guerreiro de Amorim Pereira, escrivão nomeado para escrever nesta Devassa a escrevi e assinei com o desembargador chanceler, com o carente, o careado e com o tabelião que também assistiu.

Silva / João Manoel Guerreiro de Amorim Pereira / José Bernardo da Silva Frade / João Marques Pinto / Ignácio Miguel Pinto Campelo.

Aos três dias do mês de janeiro de mil setecentos e noventa e seis anos, nesta cidade de São Sebastião do Rio de Janeiro e casas da Ordem Terceira de São Francisco, aonde veio o desembargador Antônio Diniz da Cruz e Silva, chanceler da relação da dita cidade, comigo João Manoel Guerreiro de Amorim Pereira, escrivão nomeado para esta diligência e o tabelião Inácio Miguel Pinto Campelo, para efeito de fazer perguntas ao preso João Marques Pinto, aí pelo desembargador chanceler foi ordenado a mim escrivão que eu apensasse a estas perguntas o Discurso, representações assim as antecedentes perguntas feitas ao mesmo preso em trinta de dezembro do ano passado se referem, cujo mesmo desembargador chanceler, as quais eu com efeito apensei na forma que me foi ordenado de que para constar mandou fazer este termo que assinou comigo escrivão e eu João Manoel Guerreiro de Amorim Pereira , escrivão nomeado para esta diligência a escrevi e assinei.

Silva / João Manoel Guerreiro de Amorim Pereira.

Anexo 7

Relação de grandes proprietários de imóveis urbanos na cidade do Rio de Janeiro (1808-10)

Nome	Imóveis			Observação
	Quant.	Renda	Renda média	
Adriano (ou Adrião) José	24	889$260	37$052	—
Agostinho Ferreira Leal	16	1.102$320	68$895	—
Alexandre José Bento	10	441$600	44$160	—
Amaro Velho da Silva*	6	1.160$000	193$333	negociante
Anacleto Elias Fonseca (herdeiros)*	7	1.284$800	183$592	negociante
Antônio Correa da Costa	15	877$190	58$479	coronel negociante
Antônio José de Almeida	9	1.027$520	114$168	—
Antônio José de Carvalho	14	1.583$520	113$108	negociante
Antônio José da Silva	23	700$160	30$441	negociante
Antônio José Ribeiro Guimarães	9	2.638$240	293$137	vive de seus negócios
Antônio José Souza Oliveira	24	1.254$240	52$676	—
Antônio Leite (herdeiros)	54	4.891$006	90$574	—
Antônio Nunes de Aguiar	15	4.891$006	90$574	—
Antônio Pereira	13	1.011$775	77$828	negociante
Antônio Teixeira Carvalho	10	717$120	71$712	tabelião, 1º Ofício Notas
Antônio Xavier de Sampaio	13	573$120	44$086	—
Bento Luiz	10	1.023$720	102$372	vive de seus negócios
Bernardo da Costa Pacheco	29	1.826$880	73$075	—
Bernardo Francisco de Brito	20	2.365$052	118$252	negociante
Brás Carneiro Leão*	8	2.590$400	323$800	negociante
Camilo Maria Tonelet	14	967$070	69$076	brigadeiro
Cláudio José Pereira da Silva	14	8.834$680	63$120	coronel
Cleto Marcelino Ferreira	22	5.962$476	271$021	negociante
Custódio José da Silva	14	1.295$200	92$514	negociante
Custódio Moreira Lírio	12	892$800	74$400	negociante

continua

Nome	Imóveis			Observação
	Quant.	Renda	Renda média	
Domingos Francisco A. Rozo	31	2.772$920	89$449	negociante
Domingos de Freitas Rangel	7	595$200	85$028	advogado
Francisco Antônio	9	514$080	57$120	alferes
Francisco Cláudio	37	1.367$420	36$957	coronel
Francisco da Cunha Pinheiro	41	1.718$160	41$906	negociante
Francisco Pereira Monteiro	20	1.864$400	93$220	—
Francisco Xavier da Cruz	13	1.142$640	87$895	guarda-menor do Tribunal da Relação
Francisco Xavier Matos	10	432$080	43$208	—
Francisco Xavier Pires*	20	2.302$200	115$110	negociante
Henrique João Leite	23	345$600	15$026	padre reitor S. Lapa
Jerônimo Teixeira Lobo	14	2.888$240	206$302	negociante
João Álvares Ribeiro	11	1.424$140	129$467	negociante
João Antônio A. Guimarães	10	489$600	48$960	—
João Coelho Marinho	15	1.240$080	82$672	pedreiro e mestre de obras
João da Costa Lima	21	1.411$717	67$224	negociante
João Gomes Braga	10	698$880	69$888	capitão
João de Magalhães Peira	9	199$900	22$211	capitão
João de Souza Mota	15	547$240	36$482	capitão
João de Souza Mota	24	1.437$960	59$915	—
Joaquim M. Brito (herdeiros)	10	364$800	36$480	—
José Antônio Santos Xavier	10	676$800	67$680	negociante
José Caetano Álvares*	10	1.072$000	107$200	capitão negociante
José Caetano Araújo (herdeiros)*	41	8.267$035	201$635	coronel negociante
José Cláudio da Silva	22	816$820	37$128	negociante
José da Costa Araújo Barros	22	3.016$993	137$136	negociante
José Francisco do Amaral	48	3.728$160	77$670	negociante
José Francisco de Oliveira	11	1.160$780	105$525	caldeireiro
José Gonçalves Bandeira	17	1.016$877	59$816	—
José Jacinto da Silva	21	1.192$400	56$780	negociante
José da Mota Pereira*	10	570$240	57$024	capitão negociante
José Rodrigues de Carvalho	19	2.062$200	108$536	negociante
Leandro José Marques	23	1.296$080	56$351	negociante
Luiz Antônio Ferreira*	27	3.961$120	146$708	capitão, adm. Caixa Cont. Sal.
Manoel Álvares da Fonseca	62	4.060$800	65$496	coronel e negociante
Manoel Antônio	11	403$840	36$712	—

continua

Nome	Imóveis			Observação
	Quant.	Renda	Renda média	
Manoel Caetano Muniz	13	635$500	48$886	—
Manoel Caetano Pinto*	32	2.116$542	66$141	capitão negociante
Manoel Ferreira de Araújo	11	926$460	84$223	negociante
Manoel Joaquim Ribeiro	11	1.036$640	94$240	negociante
Manoel José da Costa	27	1.083$520	40$130	negociante
Manoel José P. Rego	10	715$200	71$52	negociante
Manoel José Silva Pereira	10	1.145$240	114$524	—
Manoel Luiz Ferreira	24	4.334$080	180$586	coronel e dono de teatro
Manoel Pinheiro Guimarães	9	1.799$200	199$911	negociante
Manoel Pinto Monteiro	14	1.646$960	117$640	—
Mariano José Pereira Fonseca	6	544$320	90$720	advogado, M. Maricá
Salvador Correa A. Quitanilha	11	579$840	52$712	—
Thomaz Gonçalves*	14	2.922$880	208$777	negociante
Anna Joaquina da Mota	11	520$320	47$301	—
Anna Maria de Jesus	16	1.248$480	78$030	—
Anna de Moraes e Silva	28	641$480	22$910	viúva do dr. José de França Miranda
Anna Thereza de Jesus	10	704$640	70$464	—
Antônia Maria dos Reis Ledo	19	806$400	42$442	viúva de Antônio G. Ledo
Catharina Mathildes de Sena	13	737$280	56$713	—
Francisca Maria da Conceição	52	2.501$760	48$110	viúva de Antônio dos Santos
Francisca Revera da Piedade	10	487$680	48$768	—
Francisca Rosa	9	483$840	53$760	—
Inácia Maria de Jesus	11	787$200	71$563	—
Josefa Maria de Jesus	10	456$960	45$696	—
Maria Joaquina de Jesus	10	489$760	48$576	—
Maria da Lapa	10	469$440	46$944	—
Maria Luiza Souza Dias	9	2.318$840	257$648	viúva de José Pinto Dias
Marianna Josefa Mascarenhas	17	1.326$820	78$048	—
Thereza Maria de Jesus	24	1.911$720	79$695	—

Fonte: livros da Décima Urbana e outras diversas.

* Citados pelo vice-rei conde de Resende como os 36 negociantes mais importantes da praça do Rio de Janeiro. AN, correspondência dos vice-reis, cód.68, lv.15.

Não foram estudados outros grandes proprietários com mais de cinco imóveis como: • *Homens*: Antônio Barbosa Passos (9); Antônio Ferreira da Rocha (6, coronel); Antônio Fernandes da Torre (7, negociante); Antônio Francisco (8); Antônio Francisco dos Santos (9); Antônio Gomes (9); Antônio Januário Passos (9); Antônio José Barbosa (9); Antônio Teixeira de Sampaio (8); Francisco de Araújo Pereira (8); Francisco José de Oliveira (8); Francisco Xavier de Araújo (12, capitão) [há citação de um homônimo com sete imóveis, mas sem posto militar]; Ignácio Rangel (8); Jacinto de Mello (9, sargento-mor); Jerônimo Teixeira Lobo (9, capitão) [há citação de um homônimo com 14 imóveis, mas sem posto militar]; João Luis da Silva Soutto (10); João de Souza Ferreira (9); Joaquim Correia dos Santos (8); José Francisco (8); José Machado (8); José Pereira Guimarães (8, capitão-mor); José Pereira Leite (8); José de Souza (9); Luis Duarte Monteiro (8); Manoel Afonso Costa (7, padre); Manoel Gonçalves Moledo (9, os herdeiros desse falecido); Manoel de Oliveira Maia (8) e Rodrigo José Pimenta (7). • *Mulheres*: Anna Joaquina (9); Anna Margarida Dormundo (8); Anna Maria (8); Anna Maria da Conceição (8); Anna Maria Joaquina (9); Anna Maria do Sacramento (9); Anna Thereza (8, freira do convento de Santa Tereza); Bárbara Francisca de Santa Anna Tinoco (9); Cândida Rosa de Vitelbo (9); Catharina da Lapa de Oliveira (8) e Maria Isidora (9).

Anexo 8

Despesas da Câmara de Vereadores: comemoração do nascimento do príncipe d. Antônio, em 21 de março de 1795

I. Obra do curro (praça de touros, tourada)

Material: *Madeira*, 140$280. • *Material de pintura*, 38$780: alvaiade peneirado, alvaiade ordinário, alvaiade, laera de pingos, maquim, verniz, flor de anil, almagre, verde eutilhado, vermelhão, ocre claro, alzalcam peneirado, pedra hume, sinopla de nitelha, brochas, ocre escuro. • *Forração*, 22$480: folha de papelão, cera para o betume, polvilho para betume, farinha de trigo para o betume, breu, arestas para pregar os forros e tiras de panos, taxas de corda, taxas de tamanca, pregos ripares (para caibros e ripas), pregos caixares, ripas de tábua, papel pintado (armação, verde fino, amarelo quartzo), aninhagem para o cortinado. • *Telhado e alvenaria*, 26$920: telha, carreto, cal, areia. • *Iluminação*, 41$825

Mão de obra: *Para lanças, garroxas, caixões e bancos*: Jerônimo Félix Pereira, mestre carpinteiro, 39$040 (61 dias x $640/dia); Luiz Pereira, 19$520 (61 x $320); Antônio José, 22$800 (57 x $400); José Francisco, 9$600 (24 x $400). • *Pintura de três camarotes principais da praça, tetos, cozinhas e corredores*: Manoel dos Santos e Sousa, mestre pintor, 12$160 (19 x 640); Inácio de Freitas 3$600 (10 x $360); Antonino José, 3$200 (10 x $320); Manoel Xavier 3$200 (10 x $320); Francisco de Paula, 1$920 (6 x $320); Francisco José, 2$080 (6,5 x $320); Antônio Pereira, 1$120 (3,5 x $320); preto servente 1$620 (13,5 x $120). • *Forração de três camarotes e cozinhas*: Antônio José de Souza e Oliveira, 12$800 (14 dias); pintor, 1$000; mestre carpinteiro, 10$960; João da Fonseca Figueiredo, mestre, 30$640; Antônio Gomes Rodrigues, fornecedor de material; Francisco José, pedreiro, 1$200 (3 x $400); José Bento, pedreiro, 1$000 (2,5 x $400); Antônio Pires, pedreiro, $800 (2 x $400); Mateus, servente, $360 (3 x $120); Miguel, servente, $360 (3 x $120). • *Iluminação do curro*: João da Fonseca e oficiais, mestre carpinteiro, 65$020; Januário Luís Lisboa e oficiais, pintor, 7$360; dois vigias que tomaram conta da iluminação, 8$000; homem que ajudou na iluminação, $640; o pardo Silvestre, apresentação com galanterias, em pé e a cavalo no monte da iluminação, 1$280; José Leandro de Carvalho, letreiros na fortaleza por baixo dos painéis reais, pintor, 1$280; Sargento artilheiro Aureliano José da Costa, assistiu na casa da preparação de tudo necessário para a iluminação, 2$100, sete dias; soldados que trabalharam.

II. Diversos

Material para a festa: Cera para as luminárias, seis noites na Casa da Câmara, 33$360. • Maço de cartas de jogar, 12 baralhos para se imprimir, 1$200. • Libra de lacres para imprimir os bilhetes de ópera, 1$440. • Gastos com as vestimentas dos dois toureiros, capinhas, pretos dos forçados e preparatórios dos cavalos para tourear (veludo cor de rosa, veludo verde, veludo preto, veludo verde mais, seda pérola ramo de ouro, chapéu fino liso sabido, chapéu fino de dois galões, galão de prata, galão de prata para chapéu, ourante escarlate, bertanha saluzia, calças, maqueduns, tafetá cor de pérola, holanda, holanda crua, holandilha, lenço para pescoço, fita de lágrimas, jaleco bordado de matiz, retrós, linha, botões, marcas, forçal), 477$790. • Vários (40 bandeirinhas, um candeiro, um pote e coco para água, 120 foguetes do ar, cera da terra pra pregar os cartazes, urinol para o camarote do vice-rei) 118$080.

Serviços especiais: Aluguel dos vestuários para os trombeteiros, 25$600. • Aluguel dos vestuários para 20 carreiros, para os carros da dança, 6$400. • Aluguel dos "panos de vás", nos fundos dos camarotes, 3$200. • Aluguel das vestimentas dos lançadores que tiram os bois da Praça, 4$000. • Aluguel de Sege para transporte do inspetor (65 dias), 12$480. • Aluguel de um cavalo, mesmo cap. Lourenço, 13$440. • Aluguel do pano para forrar a Igreja da Sé (3 dias festa). • Carro de aguar (autor, ten. Sebastião da Costa Maia), 300$000.

Profissionais: Inácio Ferreira Pinto, entalhador, armou o madeiramento para o fogo, 100$000. • Clemente Alves de Moura, armação da Igreja da Sé Catedral e janelas de Casa da Câmara, 350$000. Manoel Luiz Ferreira, dono do teatro, 640$000.

Outros profissionais: Gratificação aos músicos do 2º Regimento de Artilharia da cidade, que acompanharam o bando, 25$600. • Cabo e soldados do mesmo regimento que acompanharam o bando, 12$800. • Padre mestre Basto de S. Bento, pelo sermão, 38$400. • Belizário Antônio, carretos, 12$800. • Dois cabos do esquadrão do Regimento, serviços de apoio, 12$800. • Ao lançador de foguetes no Largo do Paço (sinal para as fortalezas), 3$200. • Cerigueiro Antônio José da Silva Braga (trabalhou na confecção dos vestuários dos toureiros, capinhas etc.), 124$620. • Alfaiate Francisco da Fonseca (trabalhou na confecção das vestimentas dos toureiros, capinhas etc.), 24$540. • Joaquim José da Costa Guimarães, arrematou esses serviços (e material), 477$790. • Joaquim José Rodrigues, danças e máscaras (noite de iluminação, 7.1.1796), 25$600. • Pedro Antônio Pereira, danças das ninfas com vestuários e ensaio completo, figurino do cap. Olisses, 300$000. • Manoel Francisco Xavier, professor de música, 299$520. • Música para cinco tardes de touros, 20 vozes que cantaram em duas noites, 64$000. • Vinte músicos instrumentistas, tocaram cinco tardes e duas noites de iluminação, 224$000. • Aluguel de dois rabecões grandes, 2$560. • Aluguel de solfa, 8$960. • Toureiro Luiz Antônio, 740$000. • Toureiro Joaquim Ferreira, 740$000. • Inácio da Fonseca Brandão, bando publicação das máscaras (19.8.1795), 67$760.

Bando de divulgação: O armador Clemente Alves de Moura: preparação da música, dos cavalos e aluguel dos mesmos, além de 648 foguetes, 157$440; roupa para Inácio da Fonseca Brandão, roupa dos músicos, máscaras e outras miudezas, 20$400. • Músicos que tocaram, 7$680. • Prêmio para Inácio da Fonseca Brandão e seis figuras que o acompanharam, como jardineiros, 12$800.

Fonte: AGC, Seção de Manuscritos, cód.43-4-17, cód. 43-4-15, cód. 16-1-15, cód. 6-2-20, cód. 6-2-19.

Agradecimentos

Meus primeiros agradecimentos vão para os servidores, professores e administradores das Universidades que há muito são meus locais permanentes de trabalho — a Federal Fluminense e a Santa Úrsula — assim como para os do Programa de Pós-Graduação em História Social do Instituto de Filosofia e Ciências Sociais da Universidade Federal do Rio de Janeiro.

Vários foram os auxílios que recebi do cnpq nessa minha trajetória. A aprovação em 1988 do projeto de pesquisa sobre "O Vale das Laranjeiras", que despertou meu interesse pela história da cidade que escolhi para viver — o Rio de Janeiro —, não foi o único. Em 1994 foi-me concedida bolsa "sanduíche" nos arquivos de Portugal, fundamental para a complementação da pesquisa que iniciara no Brasil. Também partiu do cnpq a bolsa de iniciação científica aprovada para Eduardo Figueiredo da Silva, meu excelente auxiliar de pesquisa junto aos arquivos da cidade do Rio de Janeiro.

A Fundação de Auxílio à Pesquisa do Rio de Janeiro — Faperj — foi sempre um porto amigo em que pude ancorar outros pedidos de bolsa, que redundaram na participação de Marlucilane Alves Campos e Monica Rosa de Freitas, ambas alunas de arquitetura da uff, competentes pesquisadoras e excelentes desenhistas, cujos traços estarão impressos em várias ilustrações deste livro.

Nos arquivos e bibliotecas, públicas ou privadas situados no Rio de Janeiro pude invariavelmente contar com a solicitude de funcionários identificados com a instituição a que servem, apesar dos baixos salários que recebem. Graças a eles, pode-se dizer, os documentos que preservam a memória do país, do estado e da cidade do Rio de Janeiro tornam-se acessíveis aos consulentes, cuja assiduidade nesses espaços culturais permite testemunhar com que desapreço — salvo raríssimas exceções — os governos e autoridades responsáveis os tratam. Portanto, a essa imensa constelação de profissionais que me atendeu com prestimosa atenção e inteligência durante mais de dez anos de peregrinação confesso minha solidariedade e agradeço pelo exemplo de esperança e responsabilidade que me transmitiram.

Não menos numerosos foram os companheiros — deste trabalho de equipe — que acorreram na hora certa, com sabedoria e presteza: Adelton Gonçalves, Ana Lucia Pragana, Antonio Pedro e Dora Alcântara, Carlos Potsch (já falecido), Cecília Jucá, Célia Freire, Cláudio Santoro, Damião Nascimento, Francisco Calazans Falcon, Hélio Brasil C. da Silva, Luis Pedro Antunes, Lygia da Fonseca Cunha, Márcia Trigueiro Mendes, Maria Elisa Canedo, Maria Aparecida Ferreira, Madre Maria de Fátima Marom Ramos, Maria de Lourdes Viana Lyra (orientadora incansável da tese de doutoramento), Mario Barata, Dom Matheus R. Rocha, Moacir e Iris Reis (já falecidos), Ondemar Ferreira Dias, Paulo César, Peryassu de Souza, Raymundo M. Romêo, Roni Lima, Túlio Mariante e o carioca-panamenho Boris J.A. Randino.

Amigos também encontrei nos arquivos e bibliotecas de Portugal que frequentei. Forneceram-me pistas certas e ensinaram-me a entender melhor o povo daquela terra. Em Braga, Eduardo Oliveira e Ivone Soares abriram-me as portas de sua casa e das instituições pertinentes. Em Lisboa, onde permaneci por mais tempo, fui cercado pelo afeto de muitos e pela orientação oportuna da professora Maria João Madeira Rodrigues (co-orientadora da tese em Portugal), de Jorge Pedreira, Nuno Luis Madureira, Regino Cruz e Célide, Rita Patrício, Renata de Araújo, Clara Silva, Dona Olema, Ruy e Rita.

A todos agradeço de coração nordestino.